The Thomas Guide®

S0-EAW-856

Kern County

streetguide

Contents

Contenidos

Introduction
Introducción

Legend — B
Leyenda

Using Your Street Guide — C
Como usar su Street Guide

PageFinder™ Map — D
Mapa de Páginas

Maps
Mapas

Street Guide Highway Maps — 1-7
Mapas de carreteras

Street Guide Detail Maps — 2119-2763
Mapas de calles

Lists and Indexes
Lista e índices

List of Abbreviations — 1
Lista de abreviaciones

Cities & Communities — 2
Indice de ciudades y comunidades

Street Index and Points of Interest Index — 3
Indice de calles y puntos de interés

We want to hear from you!
Give us your feedback at:
http://go.randmcnally.com/comments

Help us keep your street guide more accurate than online maps. If you find an error, report it here:
http://go.randmcnally.com/report

The paper used inside this book is manufactured using an elemental chlorine-free method and is sourced from forests that are managed responsibly through forest certification programs such as the Sustainable Forestry Initiative®

PageFinder™ Map U.S. Patent No. 5,419,586
Canadian Patent No. 2,116,425
Patente Mexicana No. 188186

randmcnally.com

If you have a comment, suggestion, or even a compliment, please **email us at** consumeraffairs@randmcnally.com,

Or write to:
Rand McNally Consumer Affairs
P.O. Box 7600
Chicago, IL 60680-9915

RAND McNALLY

NAVTEQ ON BOARD

Legend

Leyenda

Interstate highway
Autopista Federal

Interstate (business) highway
Ruta Comerciál de Autopista Federal

U.S. highway
Carretera Federal

State highway
Carretera Estatal

Secondary state highway/ county highway
Carretera Secundaria Estatal, o del Condado

Mexican highway
Carretera Mexicana

Exit number
Número de salida

Carpool lane
Caril de alta ocupación

Freeway
Autopista

Freeway (proposed)
Autopista (propuesto)

Toll highway, toll plaza
Autopista de cuota, caseta de cobro

Ramp
Acceso y salida

Highway
Carretera

Primary road
Ruta mayor

Secondary road
Ruta secundaria

Minor road
Calle menor

Unpaved road
Calle sin pavimentar

Restricted road
Calle con acceso restringida

Walkway or trail
Camino peatonál

One-way road
Circulación

Gate, lock, barricade
Portal, bloquéo, barricada

Park and ride
Estacionamiento de tránsito

Rest area
Baños

Service area
Gasolina y servicios

Bus station
Estación del autobús

Railroad, station
Ferrocarril, estación

Tramway, trolley
Tranvía

Transit line
Metro

Ferry
Transbordador

Waterway
Vía marina navegable

River/creek/shoreline
Río/arroyo/orilla

Levee
Dique

Dry lake
Lago seco

Dam
Presa

International boundary
Frontera Internacionál

State/provincial boundary
Frontera estatal o Provincial

County boundary
Límite del condado

Military installation boundary
Límite de base militar

Township/range boundary, section corner
Límite de terrenos públicos

1200 Block number
Número de cuadra

Postal code boundary
Límite de código postál

12345 Postal code
Código postál

Building footprint
Edificio

Border crossing/port of entry
Aduana

City/town/village hall or other government building
Ayúntamiento

Courthouse
Oficina de justicia

Fire station
Estación de bomberos

Golf course
Campo de golf

Hospital
Hospitál

Information/visitor center/ welcome center
Información turística

Library
Biblioteca

Museum
Muséo

Police/sheriff, etc.
Policía

Post office
Correo

School
Escuela

University or college
Universidad o colegio

Theater/performing arts center
Teatro

Other point of interest
Punto de interés

Using Your Street Guide

The PageFinder™ Map

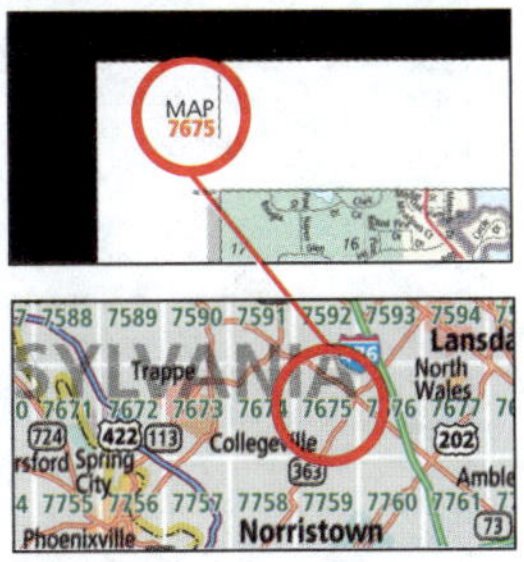

- Turn to the PageFinder™ Map. Each of the small squares outlined on this map represents a different map page in the Street Guide.
- Locate the specific part of the Street Guide coverage area that you're interested in.
- Note the appropriate map page number. Turn to that map page.

The Index

STREET			
Block	City	Map#	Grid
BROADWAY DR			
4400	SCH	533	B6
6200	PLA	532	D2
7800	WCH	532	A3

- The Street Guide includes separate indexes for streets, schools, parks, shopping centers, golf courses, and other points of interest.
- In the street listings, information is presented in the following order: block number, city, map page number, and grid reference.
- A grid reference is a letter-number combination (B6 for example) that tells you precisely where to find a particular street or point of interest on a map.

The Maps

- Each map is divided into a grid formed by rows and columns. These rows and columns correspond to letters and numbers running horizontally and vertically along the edges of the map.
- To use a grid reference from the index, search horizontally within the appropriate row and vertically within the appropriate column. The destination can be found within the grid square where the row and column meet.
- Adjacent map pages are indicated by numbers that appear at the top, bottom, and sides of each map.
- The legend explains symbols that appear on the maps.

Como usar su Street Guide

El PageFinder™ Map

- Refiérese al PageFinder™ Map. Cada una de las cuadras enumeradas en este mapa representan una página de mapa distinta de este guía.
- Identifica el área del mapa PageFinder que le interesa.
- Hágase cuenta del número en la cuadra representada.
- Ese número es la página del guía donde se representa el mapa de esa área.

El Índice

- Esta guía incluye índices para calles, escuelas, parques, centros de comercio, campos de golf, y otros lugares de interés.
- En el índice de calles, información esta representada en forma de: nombre de la calle, número de la cuadra, página, y cuadrícula.
- La cuadrícula es una combinación de letra y números (por ejemplo "B6") que le indica precisamente donde se halla una calle o punto de interés en la página del mapa indicado.

Los Mapas

- Cada mapa está dividido en una cuadrícula de columnas y filas. Estas columnas y filas corresponden a las letras y números que se encuentran por las orillas del mapa.
- Para localizar una cuadrícula representada en el índice, busca la letra de la columna y el número de la fila por las orillas del mapa indicado y sigue la fila y la columna hasta que se encuentren. La calle o punto de interés que busca se encontrará en la cuadra donde la fila y la columna se encuentren.
- Los mapas de continuación se encontrarán en las páginas indicadas por las orillas de los mapas.
- La leyenda explica la mayoría de los símbolos representados en los mapas.

PageFinder™ Map

PageFinder™ Map
U.S. Patent No. 5,419,586
Canadian Patent No. 2,116,425
Patente Mexicana No. 188186

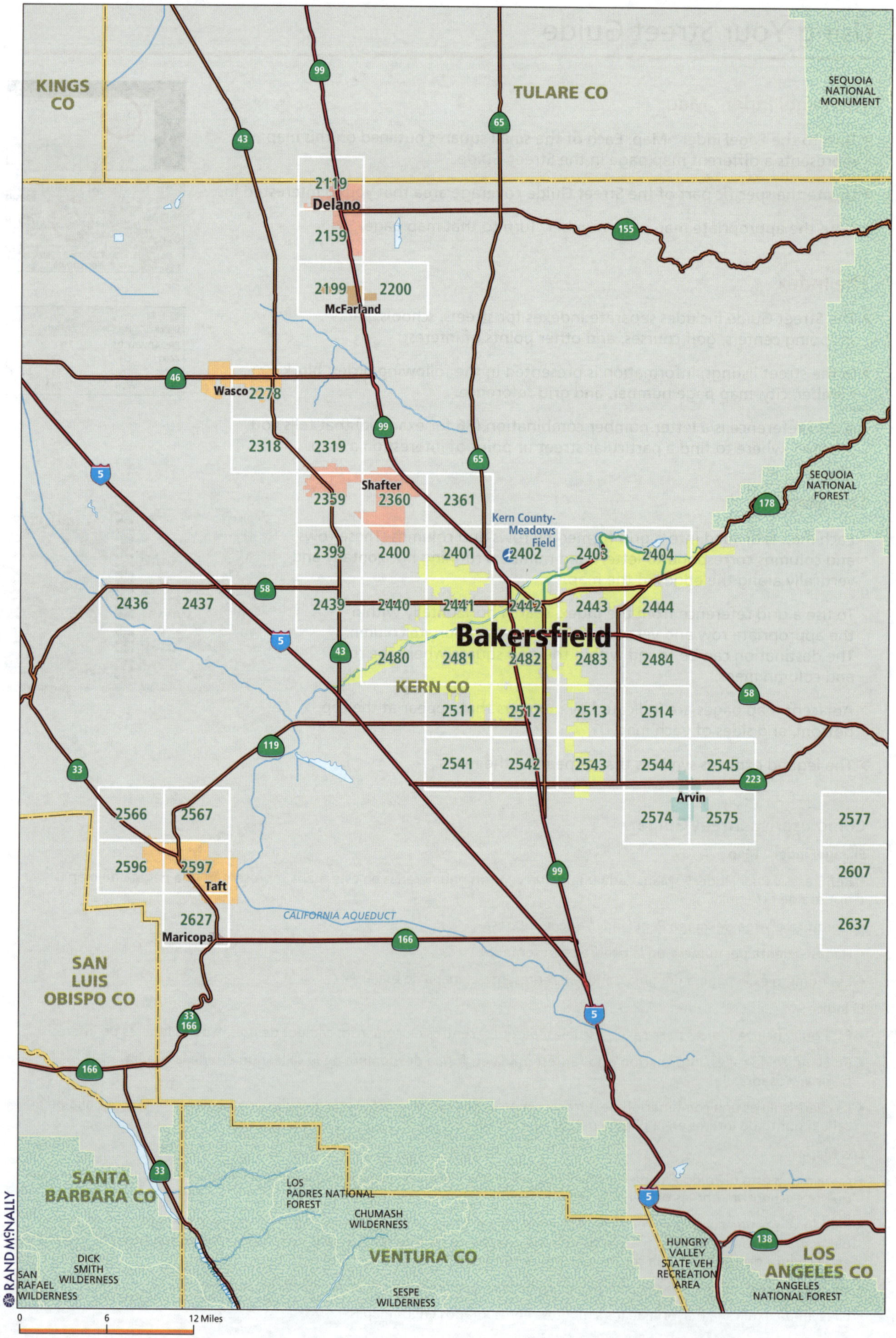

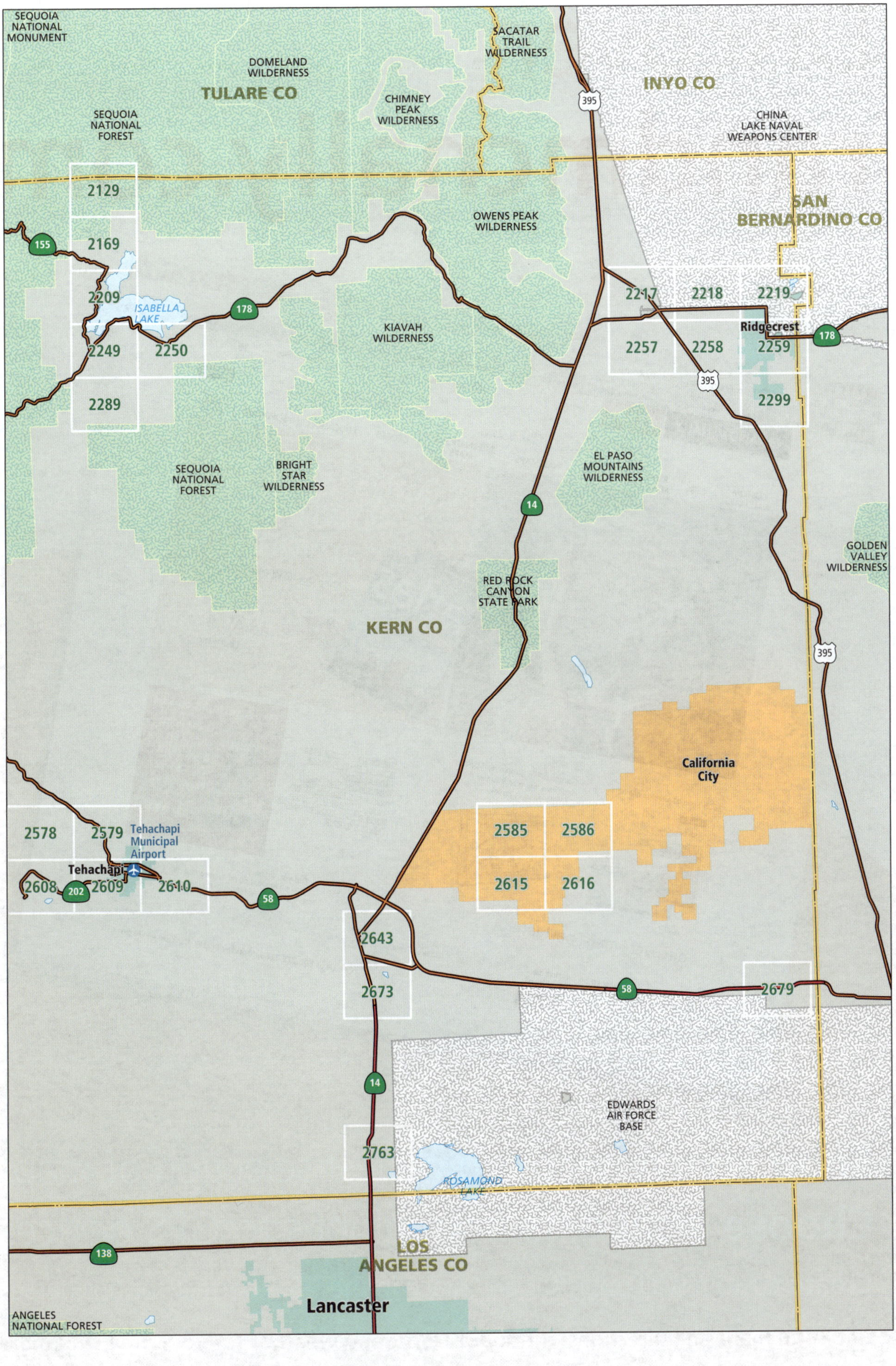
SEQUOIA NATIONAL MONUMENT
SACATAR TRAIL WILDERNESS
DOMELAND WILDERNESS
TULARE CO
INYO CO
CHIMNEY PEAK WILDERNESS
SEQUOIA NATIONAL FOREST
CHINA LAKE NAVAL WEAPONS CENTER
395
2129
SAN BERNARDINO CO
OWENS PEAK WILDERNESS
155
2169
2209
ISABELLA LAKE
178
2217
2218
2219
Ridgecrest
178
KIAVAH WILDERNESS
2249
2250
2257
2258
2259
395
2299
2289
EL PASO MOUNTAINS WILDERNESS
SEQUOIA NATIONAL FOREST
BRIGHT STAR WILDERNESS
14
GOLDEN VALLEY WILDERNESS
RED ROCK CANYON STATE PARK
KERN CO
395
California City
2578
2579
Tehachapi Municipal Airport
2585
2586
Tehachapi
2608
202
2609
2610
58
2615
2616
2643
2673
58
2679
14
EDWARDS AIR FORCE BASE
2763
ROSAMOND LAKE
138
LOS ANGELES CO
Lancaster
ANGELES NATIONAL FOREST

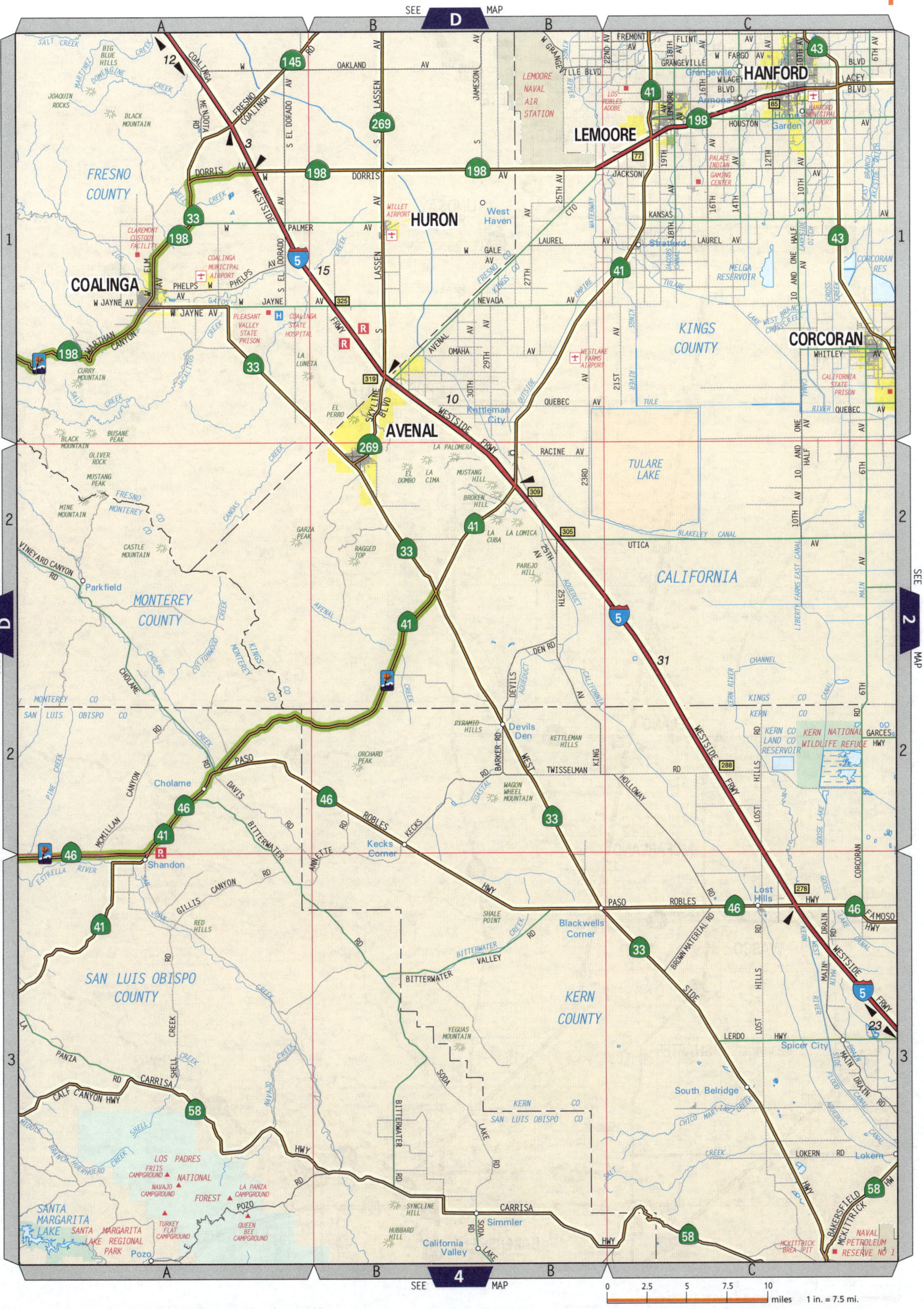
SEE D MAP
SEE 2 MAP
SEE D MAP
SEE 4 MAP
A
B
C
1
2
3
HANFORD
LEMOORE
Lemoore Naval Air Station
HURON
COALINGA
AVENAL
CORCORAN
Grangeville
Armona
Home Garden
Stratford
West Haven
Kettleman City
Parkfield
Cholame
Shandon
Kecks Corner
Devils Den
Blackwells Corner
Lost Hills
Spicer City
South Belridge
Lokern
Simmler
California Valley
Pozo
FRESNO COUNTY
KINGS COUNTY
MONTEREY COUNTY
SAN LUIS OBISPO COUNTY
KERN COUNTY
CALIFORNIA
TULARE LAKE
Melga Reservoir
Corcoran Res
Kern National Wildlife Refuge
Kern Co Land Co Reservoir
Los Padres National Forest
Santa Margarita Lake
Santa Margarita Lake Regional Park
Lemoore Naval Air Station
Coalinga Municipal Airport
Hanford Municipal Airport
Westlake Farms Airport
Willet Airport
Claremont Custody Facility
Pleasant Valley State Prison
Coalinga State Hospital
California State Prison
Palace Indian Gaming Center
Los Robles Adobe
Naval Petroleum Reserve No 1
McKittrick Brea Pit
Westside Frwy
Bakersfield McKittrick Hwy
Paso Robles Hwy
Calf Canyon Hwy
Carrisa Hwy
0 2.5 5 7.5 10 miles
1 in. = 7.5 mi.

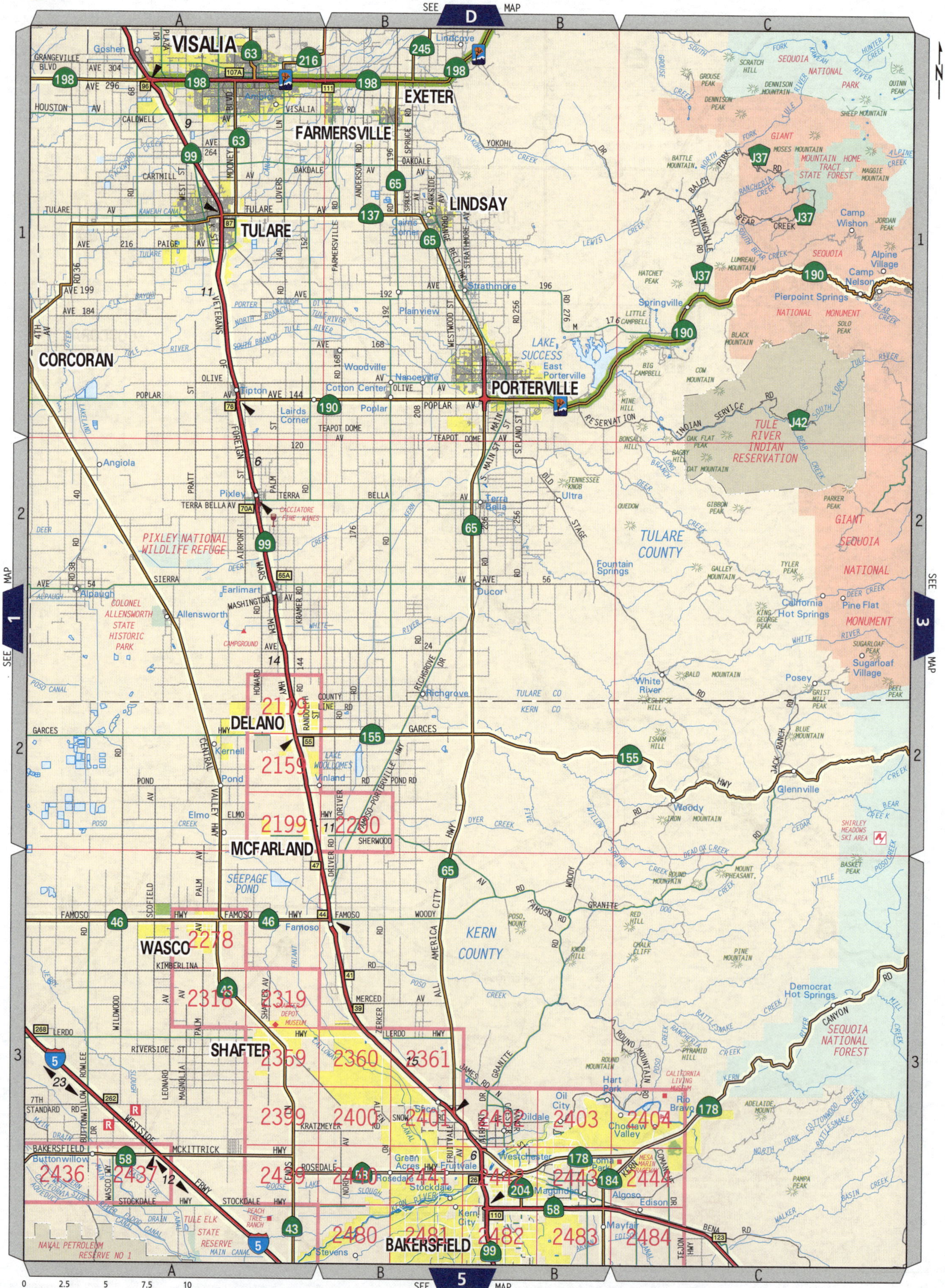

0 2.5 5 7.5 10 miles 1 in. = 7.5 mi.

SEE D MAP
SEE 2 MAP
SEE D MAP
SEE 6 MAP
A
B
C
1
2
3
N
SEQUOIA NATIONAL PARK
INYO NATIONAL FOREST
TULARE COUNTY
INYO COUNTY
OWENS LAKE
Cartago
Olancha
SOUTH HAIWEE RESERVOIR
Dunmovin
Coso Junction
SEQUOIA NATIONAL FOREST
GIANT SEQUOIA NATIONAL MONUMENT
Quaking Aspen
Ponderosa
Johnsondale
Fairview
Alpine Hills
Kennedy Meadows
DOME LAND WILDERNESS AREA
AIRPORT LAKE
NAVAL AIR WEAPONS STATION CHINA LAKE
Pearsonville
Brown
Inyokern
RIDGECREST
China Lake
Freeman
Kernville
Wofford Heights
River Kern
Camp Owens
Alta Sierra
LAKE ISABELLA
Isabella Lake
Mtn Mesa
South Lake
Squirrel Mountain Valley
Bella Vista
Weldon
Onyx
Cane Brake
Bodfish
Miracle Hot Springs
Havilah
CALIFORNIA
KERN COUNTY
Armistead
Harts Place
Claraville
Red Buttes
Garlock
Rand
Johannesburg
Randsburg
Searles
Goler Heights
Saltdale
Ceneda
Gypsite
Cantil
Ricardo
RED ROCK CANYON STATE PARK
KOEHN LAKE (DRY)
Twin Oaks
Loraine
CALIFORNIA CITY
2129
2169
2209
2249
2250
2289
2217
2218
2219
2257
2258
2259
2299
190
395
178
155
14
0 2.5 5 7.5 10 miles 1 in. = 7.5 mi.

SEE 1 MAP
SEE D MAP
SEE D MAP
SEE 5 MAP
A
B
C
1
2
3
SAN LUIS OBISPO COUNTY
SANTA BARBARA COUNTY
CALIFORNIA
LOS PADRES NATIONAL FOREST
CARRIZO PLAIN NATIONAL MONUMENT
SAN RAFAEL WILDERNESS AREA
SANTA MARIA
LOMPOC
BUELLTON
SOLVANG
GOLETA
SANTA BARBARA
McKittrick
Derby Acres
New Cuyama
Cuyama
Nipomo
Huasna
Garey
Sisquoc
Orcutt
Los Alamos
Vandenberg Village
Mission Hills
Los Olivos
Ballard
Santa Ynez
Las Cruces
Gaviota
Naples
Ellwood
Isla Vista
Hope Ranch
Summerland
Montecito
LOPEZ LAKE RECREATION AREA
Lopez Lake
TWITCHELL RESERVOIR
SODA LAKE
LAKE CACHUMA
LAKE CACHUMA REC AREA
GIBRALTAR RESERVOIR
GAVIOTA STATE PARK
VANDENBERG AIR FORCE BASE
MISSION LA PURISIMA
CAMBRIA ESTATE WINERY
RANCHO SISQUOC WINERY
ZACA MESA WINERY
BABCOCK WINERY
CALIFORNIA STANDARD OIL-WELL
SELBY CAMPGROUND
KCL CAMPGROUND
LAZY CAMPGROUND
JESSE CAMPGROUND
WAGON FLAT CAMPGROUND
COLSON CAMPGROUND
BATES CANYON CAMPGROUND
ALISO PARK CAMPGROUND
HOG PEN SPRING CAMPGROUND
MONTGOMERY POTRERO CAMPGROUND
NIRA CAMPGROUND
LOST VALLEY CAMPGROUND
DAVY BROWN CAMPGROUND
MONO CAMPGROUND
BIG CALIENTE CAMPGROUND
P BAR FLATS CAMPGROUND
LOWER CALIENTE CAMPGROUND
MOUNTAIN STATION YNEZ
BLUE CANYON CAMPGROUND
HI MOUNTAIN
MACHESNA MOUNTAIN
FREEBORN MOUNTAIN
BIG BALDY
PILITAS MOUNTAIN
BRANCH MOUNTAIN
SHELL PEAK
MIRANDA PINE MOUNTAIN
TIMBER PEAK
CALIENTE MOUNTAIN
MIDWAY PEAK
MCKITTRICK SUMMIT
TEPUSQUET PEAK
MANZANITA MOUNTAIN
BONE MOUNTAIN
PEAK MOUNTAIN
MCPHERSON PEAK
WHEAT PEAK
BALD MOUNTAIN
LOOKOUT MOUNTAIN
FOX MOUNTAIN
FIGUEROA MOUNTAIN
CACHUMA MOUNTAIN
SAN RAFAEL MOUNTAIN
SAMON PEAK
MCKINLEY MOUNTAIN
BIG PINE MOUNTAIN
MADULCE PEAK
LOMA PELONA
LITTLE PINE MOUNTAIN
LOMA ALTA
HILDRETH PEAK
CAMUESA PEAK
BROADCAST PEAK
SANTA YNEZ PEAK
PALO ALTO
POINT CONCEPCION
GOVERNMENT POINT
CALIFORNIA COASTAL NATIONAL MONUMENT
PACIFIC OCEAN
SANTA BARBARA CHANNEL
SALINAS RIVER
SAN JUAN CREEK
SANTA MARIA RIVER
SISQUOC RIVER
MANZANA CREEK
SANTA YNEZ RIVER
SANTA CRUZ CREEK
CUYAMA RIVER
CUYAMA HWY
CABRILLO HWY
SODA LAKE RD
SEVEN MILE RD
ELKHORN RD
WEST SIDE HWY
BUENA VISTA CREEK
POZO RD
HI MOUNTAIN RD
HUASNA RD
HUASNA TOWNSITE RD
UPPER LOS BERROS RD
SUEY CREEK RD
THOMPSON AV
ORCHARD AV
TEPUSQUET RD
STOWELL RD
BETTERAVIA RD
BLACK RD
BLOSSER RD
TELEPHONE RD
CLARK AV
FOXEN CANYON RD
DOMINION RD
SANTA MARIA MESA RD
CAT CANYON RD
PALMER RD
EL CAMINO REAL
ALISOS CANYON RD
ORCUTT EXWY
HARRIS GRADE RD
SAN ANTONIO CREEK
RUCKER RD
PURISIMA RD
BUELLTON RD
CENTRAL AV
OCEAN AV
OLIVE AV
LOMPOC RD
DRUM CANYON RD
SANTA ROSA RD
SAN MIGUELITO RD
JALAMA RD
BALLARD CANYON RD
PINTADO RD
ROBLAR AV
BASELINE AV
ALAMO PINTADO RD
REFUGIO RD
EDISON ST
MISSION DR
HAPPY CANYON RD
ALISAL RD
PARADISE RD
CAMINO CIELO
CATHEDRAL OAKS RD
HOLLISTER AV
STATE ST
E VALLEY RD
TECOLOTE TUNNEL
101
166
1
135
246
154
192
33
58
173
148
120
96
20
9
6
26
8
3
4
12
0 2.5 5 7.5 10 miles 1 in. = 7.5 mi.

SEE 2 MAP
SEE 4 MAP
SEE 6 MAP
SEE D MAP
A
B
C
1
2
3
N
BAKERSFIELD
2511
2512
2513
2514
2541
2542
2543
2544
2545
ARVIN
2574
2575
2577
2607
2637
2566
2567
2596
2597
2627
TAFT
MARICOPA
NAVAL PETROLEUM RESERVE NO 1
NAVAL PETROLEUM RESERVE NO 2
BUENA VISTA LAKE BED
Tupman
Dustin Acres
Valley Acres
Fellows
Ford City
Wallace Center
Lakeview
Mettler
Wheeler Ridge
Meridian
Lamont
Di Giorgio
Weed Patch
Greenfield
Fuller Acres
Caliente
Bear Valley Springs
Stallion Springs
KERN
COUNTY
CALIFORNIA
Grapevine
GRAPEVINE PEAK
CASTAC LAKE
Lebec
Frazier Park
Lake Of The Woods
Gorman
Neenach
Pine Mountain Club
Lockwood Valley
Ventucopa
LOS PADRES NATIONAL FOREST
VENTURA COUNTY
SANTA BARBARA COUNTY
LOS ANGELES CO
ANGELES NATIONAL FOREST
HUNGRY VALLEY STATE VEHICULAR RECREATION AREA
PYRAMID LAKE
CASTAIC LAKE
Castaic
SESPE CONDOR PRESERVE
LAKE PIRU
Sandberg
OJAI
Meiners Oaks
Mira Monte
Oak View
Casitas Springs
Foster Park
Wheeler Springs
Live Oak Acres
CARPINTERIA
Sandyland
La Conchita
Seacliff
Faria Beach
Solimar Beach
VENTURA
PACIFIC OCEAN
EMMA WOOD STATE BEACH
Pierpont Bay
SANTA PAULA
Saticoy
CAMARILLO
Somis
Moorpark Home Acres
FILLMORE
North Fillmore
Bardsdale
Buckhorn
Piru
Del Valle
Pico
MOORPARK
SIMI VALLEY
Santa Susana
Norwegian Grade
0 2.5 5 7.5 10 miles
1 in. = 7.5 mi.

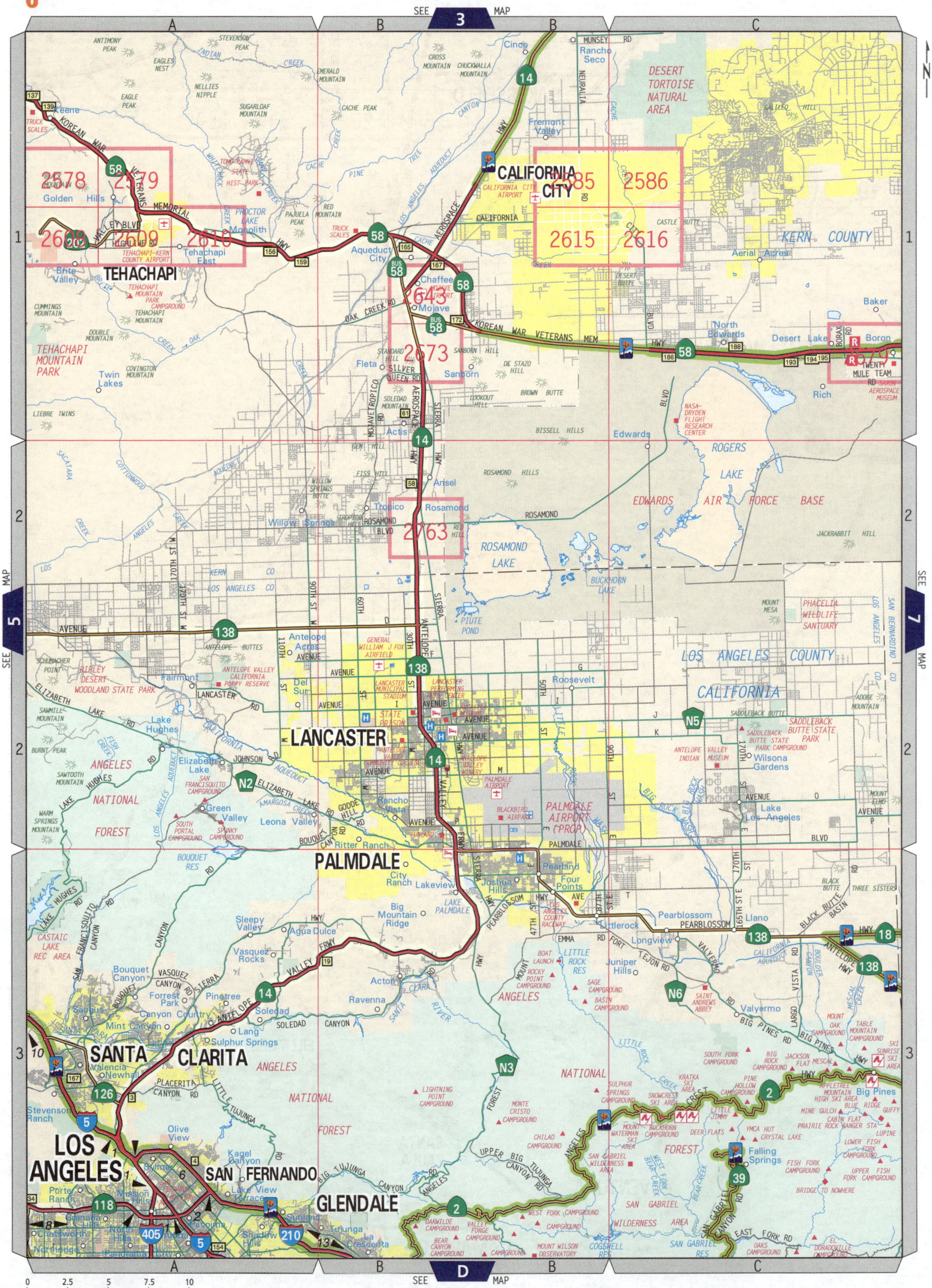

0 2.5 5 7.5 10 miles 1 in. = 7.5 mi.

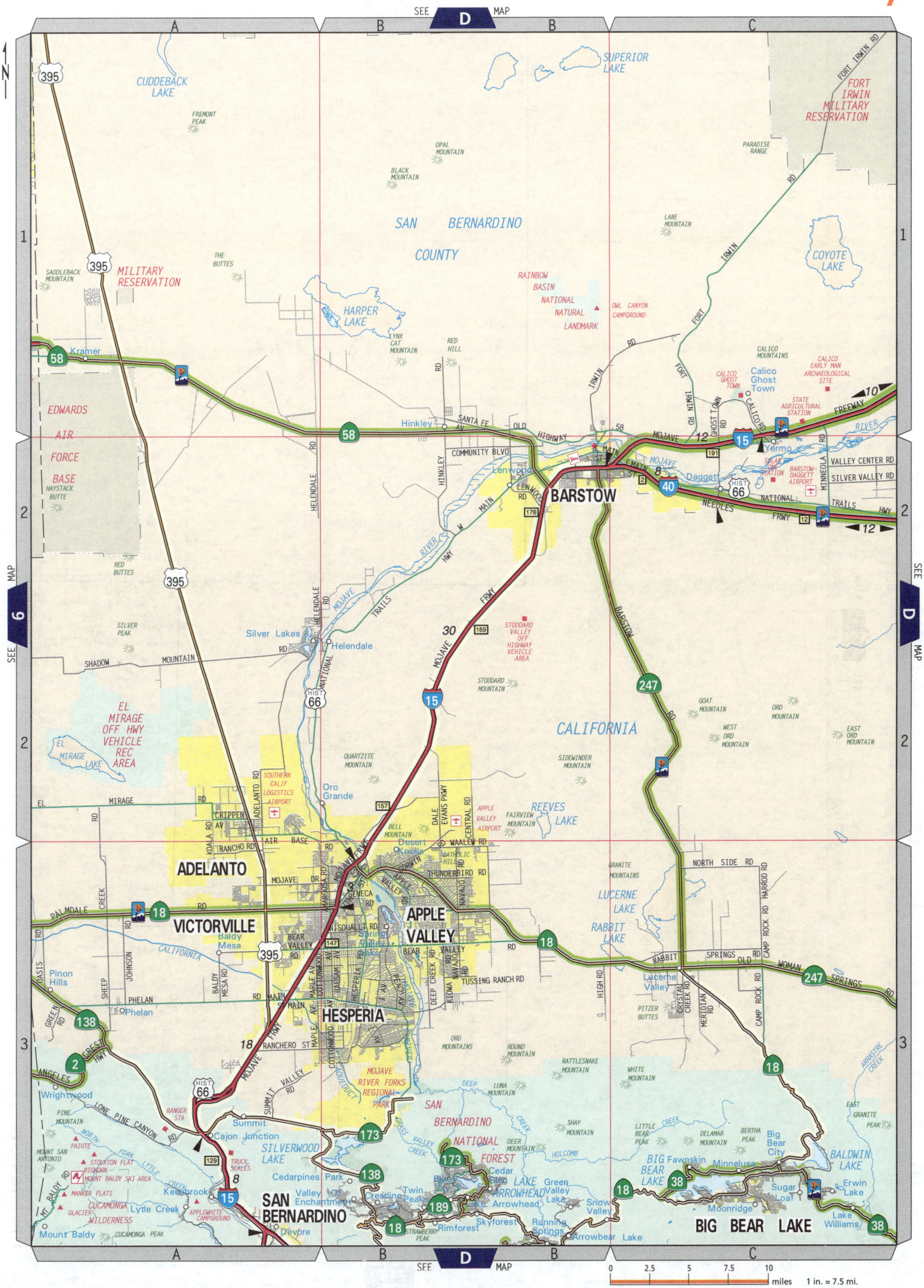
SEE D MAP
SEE 6 MAP
SEE D MAP
CUDDEBACK LAKE
FREMONT PEAK
SUPERIOR LAKE
FORT IRWIN MILITARY RESERVATION
FORT IRWIN RD
PARADISE RANGE
OPAL MOUNTAIN
BLACK MOUNTAIN
SAN BERNARDINO COUNTY
LANE MOUNTAIN
COYOTE LAKE
SADDLEBACK MOUNTAIN
MILITARY RESERVATION
THE BUTTES
RAINBOW BASIN NATIONAL NATURAL LANDMARK
OWL CANYON CAMPGROUND
HARPER LAKE
LYNX CAT MOUNTAIN
RED HILL
Kramer
CALICO MOUNTAINS
CALICO GHOST TOWN
Calico Ghost Town
CALICO EARLY MAN ARCHAEOLOGICAL SITE
STATE AGRICULTURAL STATION
EDWARDS AIR FORCE BASE
HAYSTACK BUTTE
Hinkley
SANTA FE AV
OLD HIGHWAY
MOJAVE FREEWAY
Yermo
COMMUNITY BLVD
Lenwood
BARSTOW
Daggett
BARSTOW-DAGGETT AIRPORT
VALLEY CENTER RD
SILVER VALLEY RD
NATIONAL TRAILS HWY
NEEDLES FRWY
HELENDALE RD
HINKLEY RD
RED BUTTES
SILVER PEAK
Silver Lakes
Helendale
SHADOW MOUNTAIN RD
MOJAVE FRWY
STODDARD VALLEY OFF HIGHWAY VEHICLE AREA
STODDARD MOUNTAIN
BARSTOW RD
EL MIRAGE OFF HWY VEHICLE REC AREA
EL MIRAGE LAKE
CALIFORNIA
GOAT MOUNTAIN
ORD MOUNTAIN
WEST ORD MOUNTAIN
EAST ORD MOUNTAIN
QUARTZITE MOUNTAIN
SOUTHERN CALIF LOGISTICS AIRPORT
Oro Grande
SIDEWINDER MOUNTAIN
REEVES LAKE
FAIRVIEW MOUNTAIN
APPLE VALLEY AIRPORT
BELL MOUNTAIN
Desert Knolls
CATHOLIC HILL
ADELANTO
GRANITE MOUNTAINS
LUCERNE LAKE
RABBIT LAKE
NORTH SIDE RD
VICTORVILLE
APPLE VALLEY
Baldy Mesa
Spring Valley Lake
Pinon Hills
Phelan
HESPERIA
TUSSING RANCH RD
Lucerne Valley
PITZER BUTTES
OLD WOMAN SPRINGS RD
ORD MOUNTAINS
ROUND MOUNTAIN
RATTLESNAKE MOUNTAIN
WHITE MOUNTAIN
Wrightwood
MOJAVE RIVER FORKS REGIONAL PARK
LUNA MOUNTAIN
SAN BERNARDINO NATIONAL FOREST
PINE MOUNTAIN
RANGER STA
Summit
Cajon Junction
SILVERWOOD LAKE
SHAY MOUNTAIN
LITTLE BEAR PEAK
DELAMAR MOUNTAIN
BERTHA PEAK
Big Bear City
EAST GRANITE PEAK
BALDWIN LAKE
MOUNT SAN ANTONIO
STOCKTON FLAT
MOUNT BALDY SKI AREA
MANKER FLATS
CUCAMONGA WILDERNESS
Lytle Creek
Keenbrook
APPLEWHITE CAMPGROUND
Mount Baldy
CUCAMONGA PEAK
SAN BERNARDINO
Devore
Cedarpines Park
Valley of Enchantment
Crestline
Twin Peaks
Blue Jay
Cedar Glen
LAKE ARROWHEAD
Lake Arrowhead
Green Valley Lake
Snow Valley
Running Springs
Skyforest
Rimforest
Arrowbear Lake
Fawnskin
BIG BEAR LAKE
Minnelusa
Moonridge
Sugarloaf
Erwin Lake
Lake Williams
BIG BEAR LAKE
0 2.5 5 7.5 10 miles
1 in. = 7.5 mi.

SEE 2 MAP

1:22,800
1 in. = 1900 ft.
miles 0 0.25 0.5

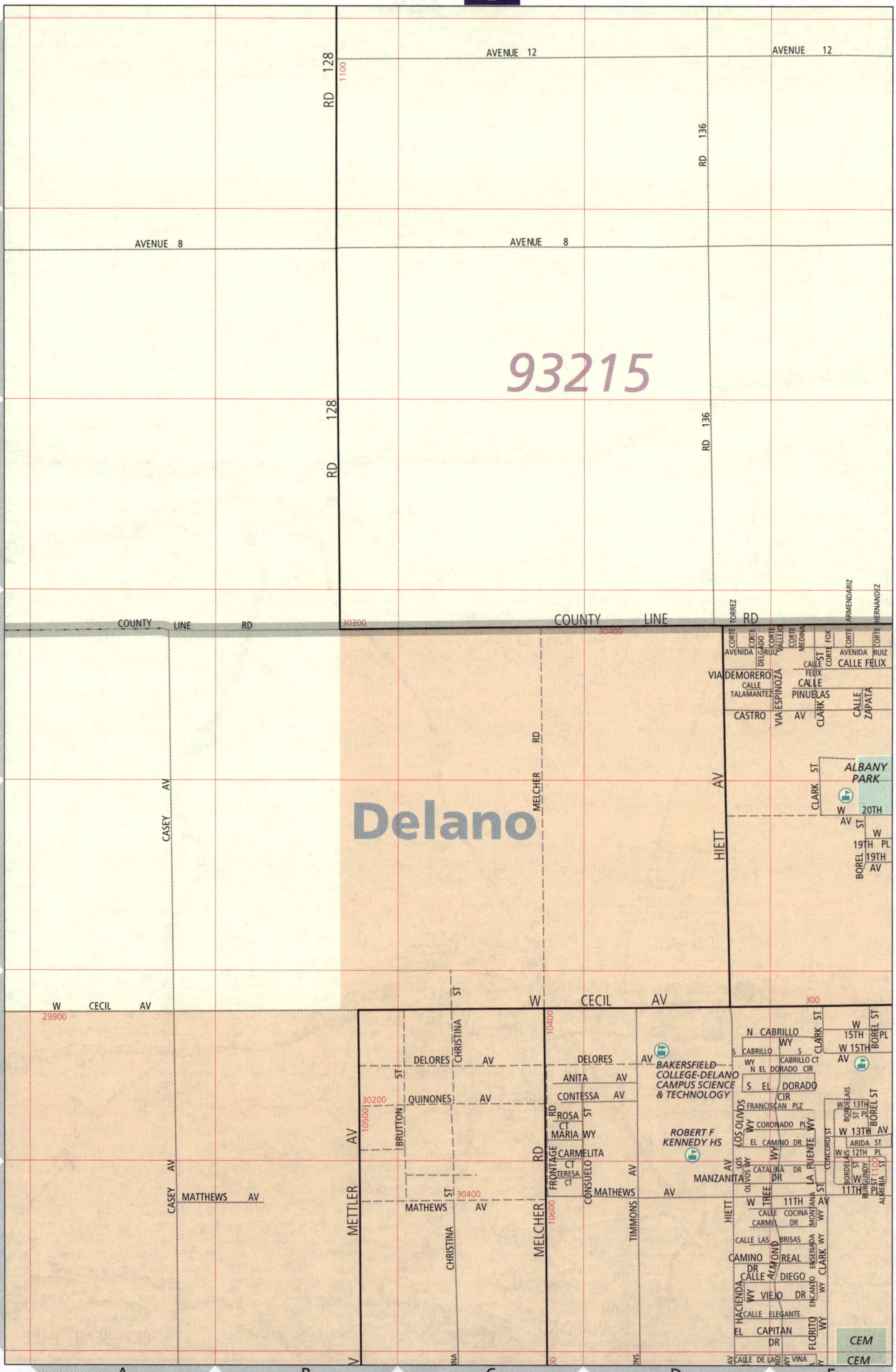

SEE 2 MAP

SEE 2159 MAP

0 0.25 0.5 miles
1:22,800
1 in. = 1900 ft.

SEE 2 MAP

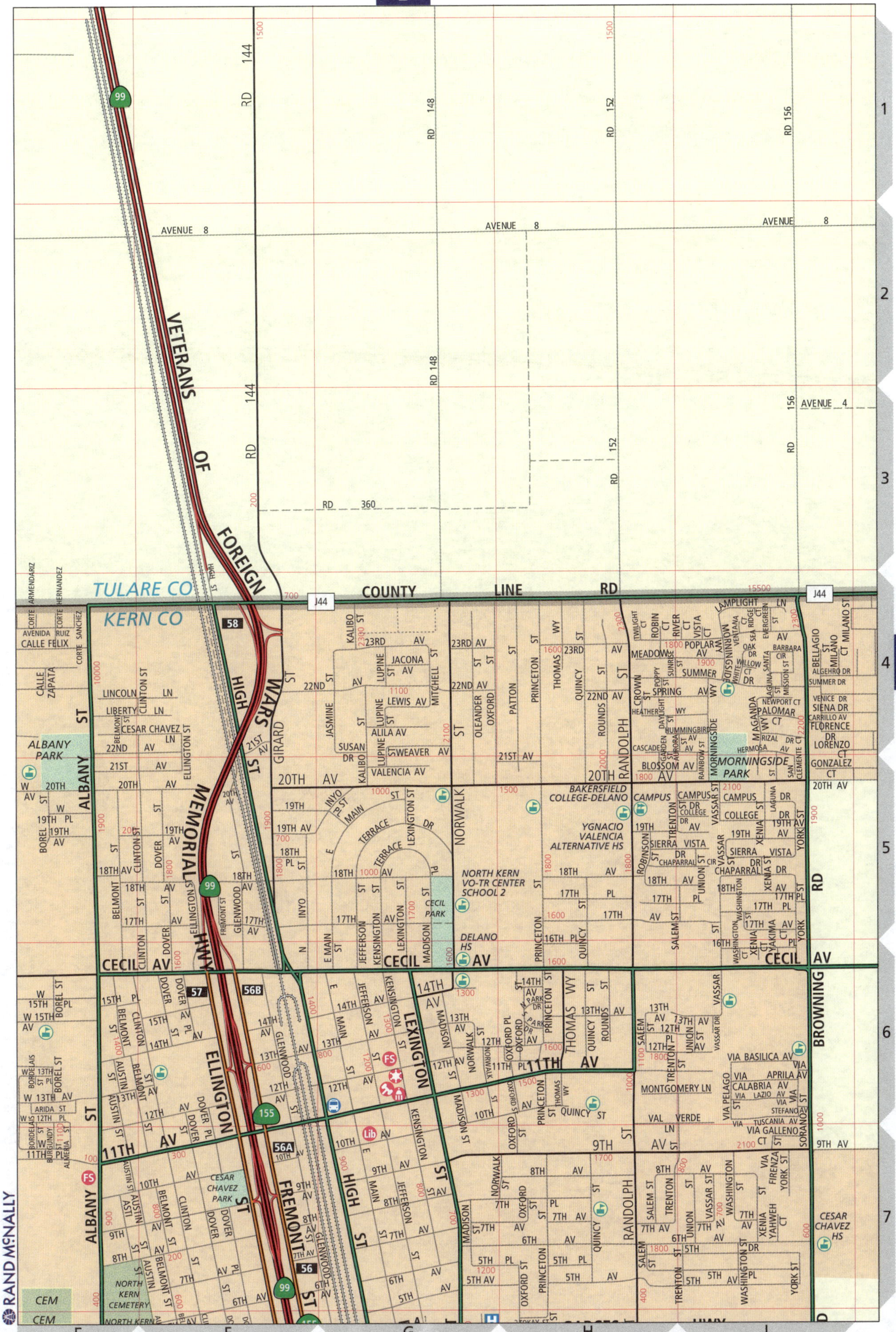

SEE 2159 MAP

SEE 3 MAP

1:22,800
1 in. = 1900 ft.
miles 0 0.25 0.5

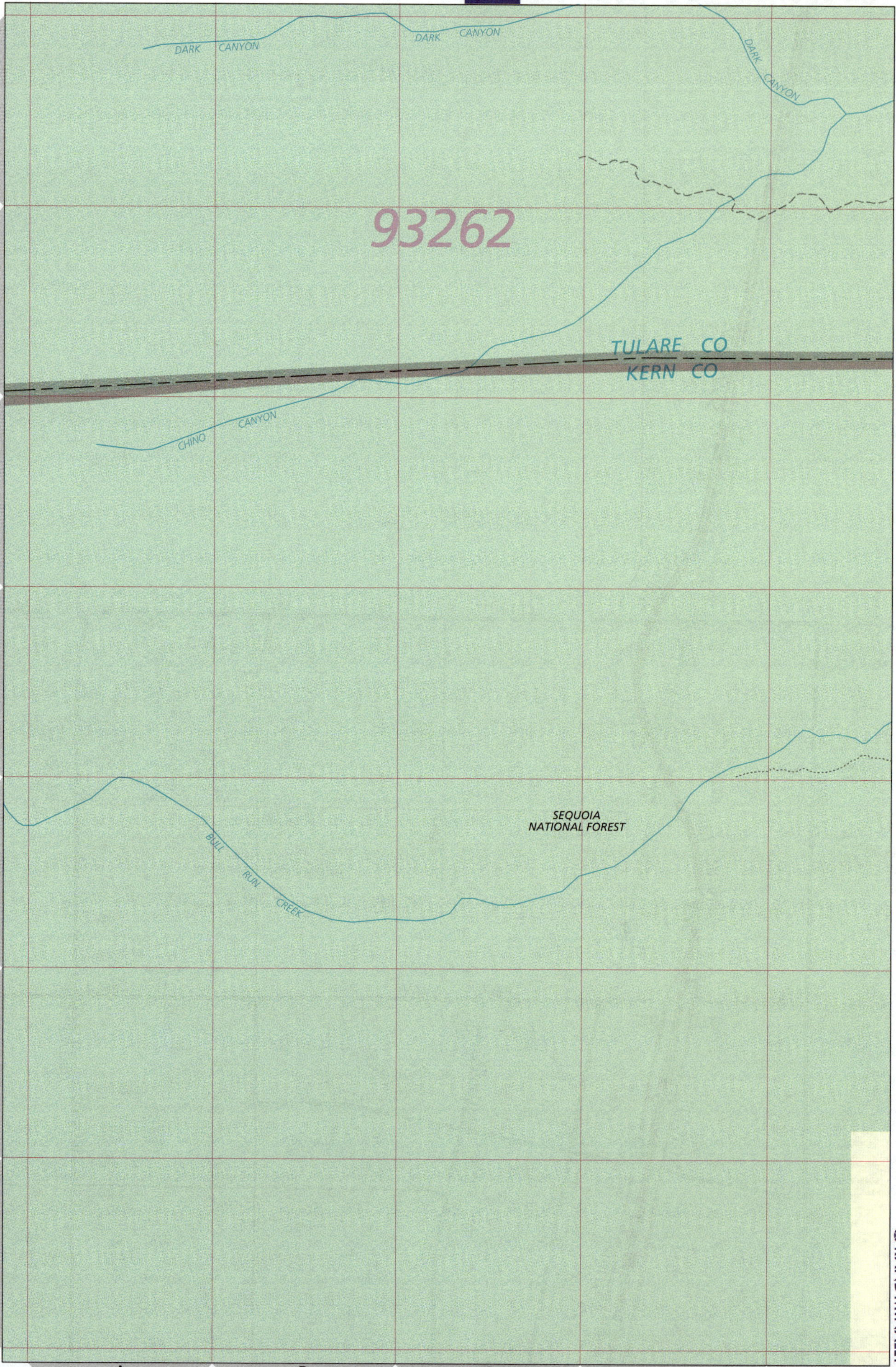

SEE 3 MAP

SEE 2169 MAP

0 0.25 0.5 miles
1:22,800
1 in. = 1900 ft.

SEE 3 MAP

1 2 3 4 5 6 7
E F G H J

SEE 3 MAP

SEE 2169 MAP

SEE 2119 MAP

1:22,800
1 in. = 1900 ft.
miles 0 0.25 0.5

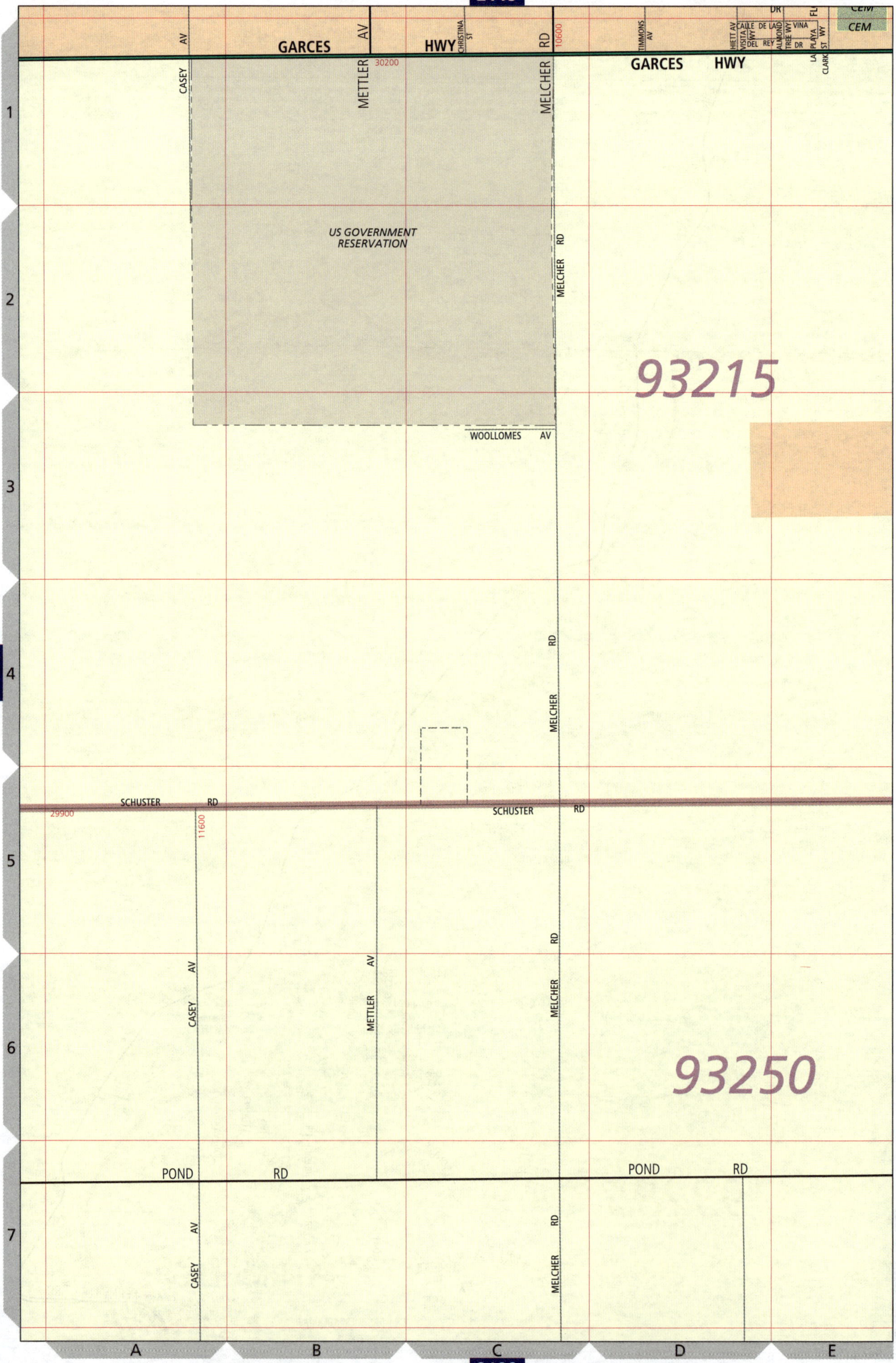

SEE 2 MAP

SEE 2199 MAP

SEE 2119 MAP

0 0.25 0.5 miles
1:22,800
1 in. = 1900 ft.

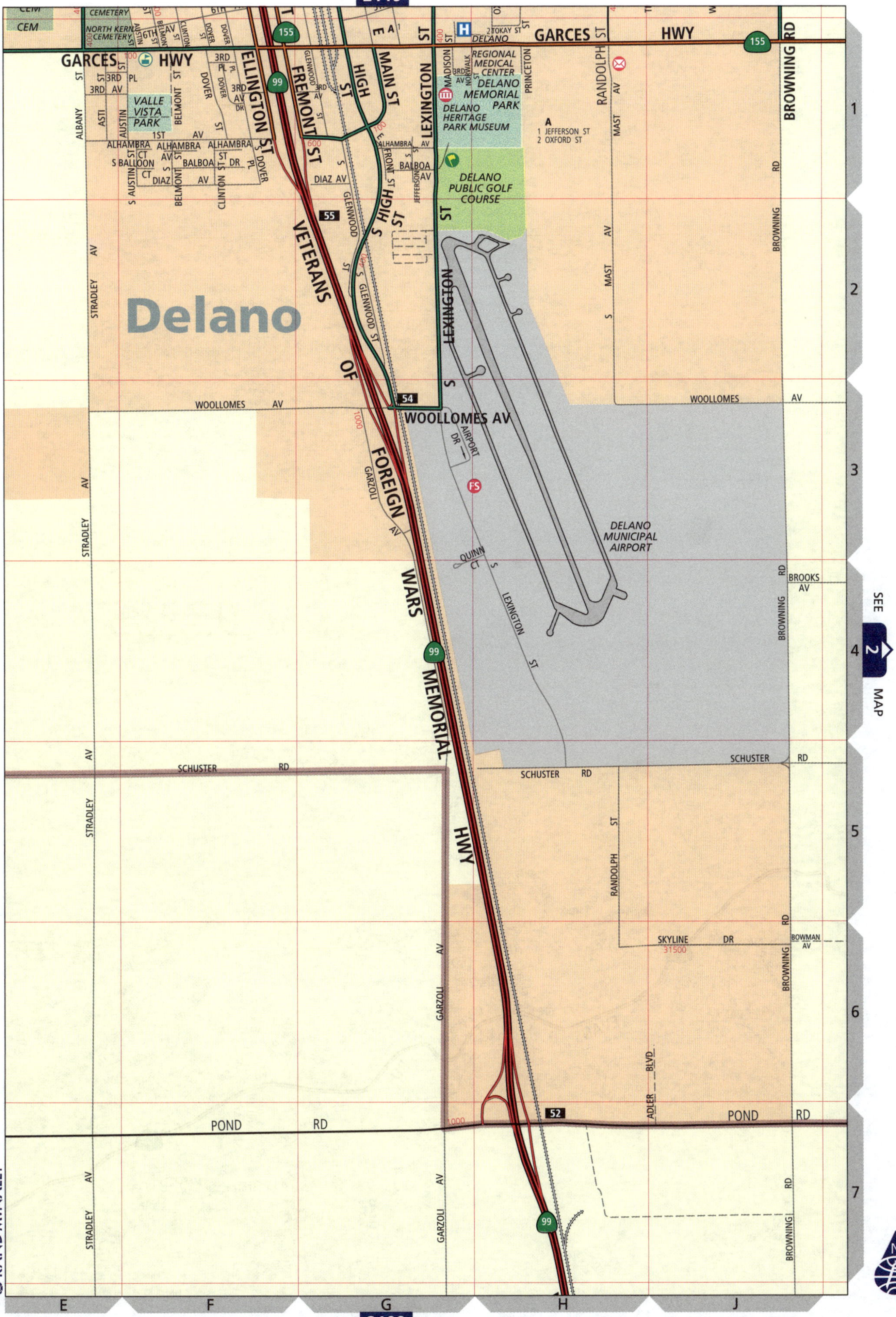

SEE 2 MAP

SEE 2199 MAP

SEE 2129 MAP

1:22,800
1 in. = 1900 ft.
miles 0 0.25 0.5

SEE 3 MAP

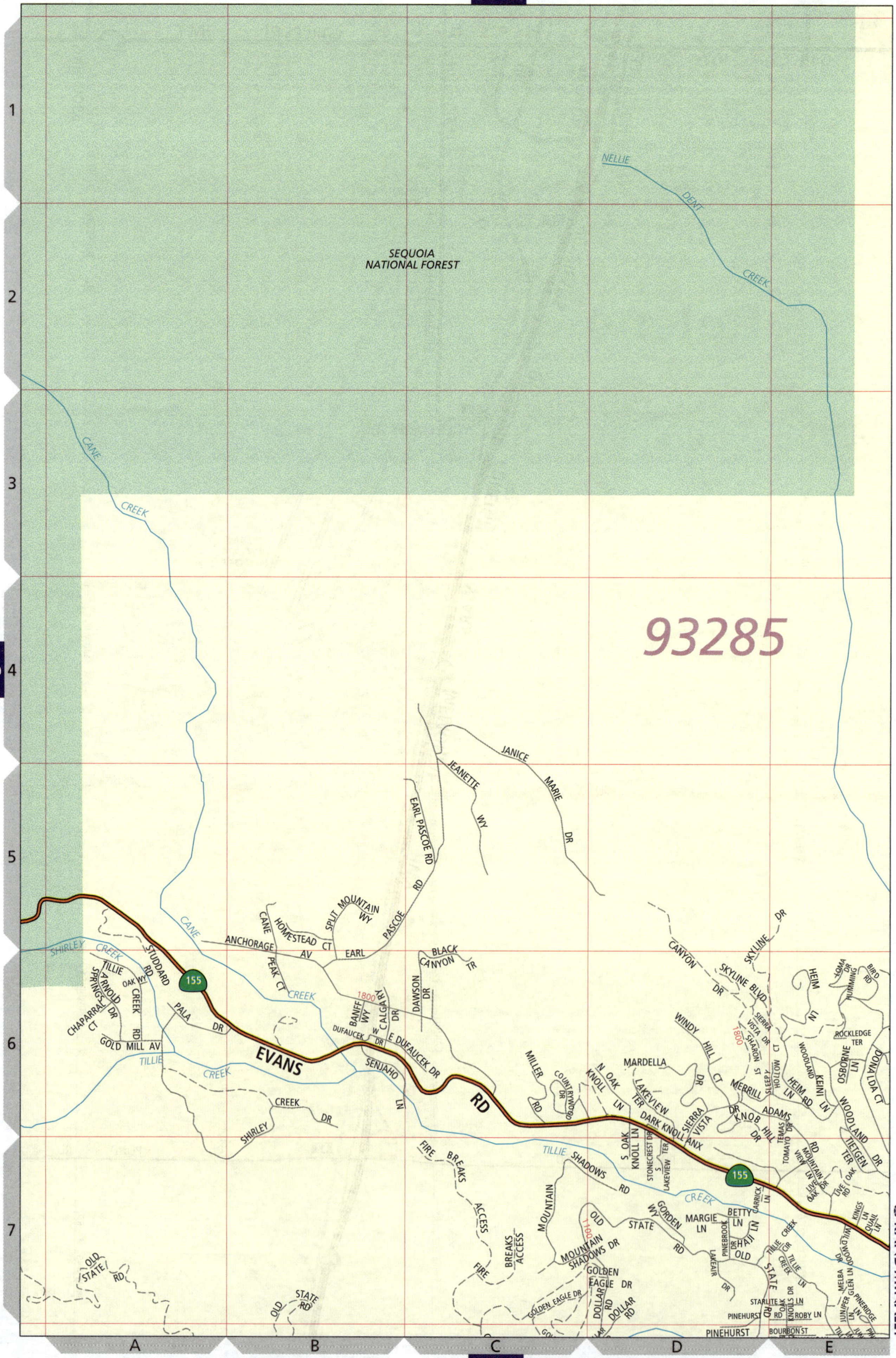

SEE 2209 MAP

RAND McNALLY

0 0.25 0.5 miles
1:22,800
1 in. = 1900 ft.

SEE 2129 MAP

SEE 3 MAP

SEE 2209 MAP

SEE 2159 MAP

1:22,800
1 in. = 1900 ft.
0 0.25 0.5
miles

SEE 2 MAP

SEE 2 MAP

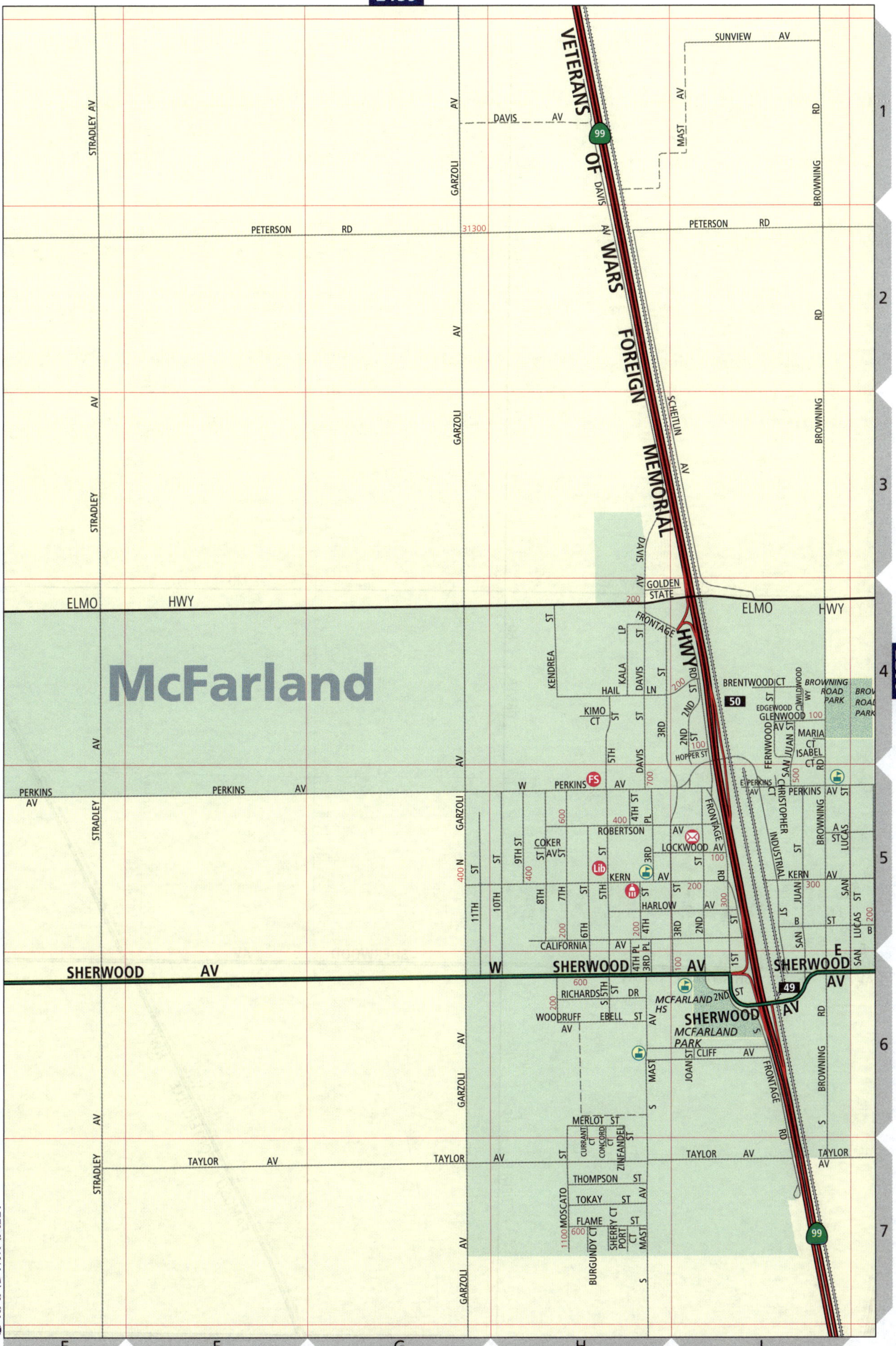
McFarland
VETERANS OF FOREIGN WARS MEMORIAL HWY
99
ELMO HWY
SHERWOOD AV
W SHERWOOD AV
E SHERWOOD AV
PETERSON RD
PERKINS AV
W PERKINS AV
E PERKINS AV
TAYLOR AV
STRADLEY AV
GARZOLI AV
BROWNING RD
SUNVIEW AV
DAVIS AV
MAST AV
SCHEITLIN AV
GOLDEN STATE HWY
FRONTAGE RD
KENDREA ST
HAIL LN
KALA LP
KIMO CT
ROBERTSON AV
LOCKWOOD AV
KERN AV
HARLOW AV
CALIFORNIA AV
COKER AV
RICHARDS DR
WOODRUFF AV
EBELL ST
CLIFF AV
JOAN ST
MCFARLAND HS
MCFARLAND PARK
BRENTWOOD CT
EDGEWOOD WY
GLENWOOD AV
FERNWOOD ST
WILDWOOD
SAN JUAN ST
MARIA CT
ISABEL CT
CHRISTOPHER RD
INDUSTRIAL ST
LUCAS ST
BROWNING ROAD PARK
HOPPER ST
MERLOT ST
CURRANT CT
CONCORD CT
ZINFANDEL ST
THOMPSON ST
TOKAY ST
FLAME ST
MOSCATO ST
BURGUNDY CT
SHERRY CT
PORT CT
50
49
31300
1
2
3
4
5
6
7
E
F
G
H
J
SEE 2200 MAP

SEE 2 MAP

1:22,800
1 in. = 1900 ft.
miles 0 0.25 0.5

SEE 2199 MAP

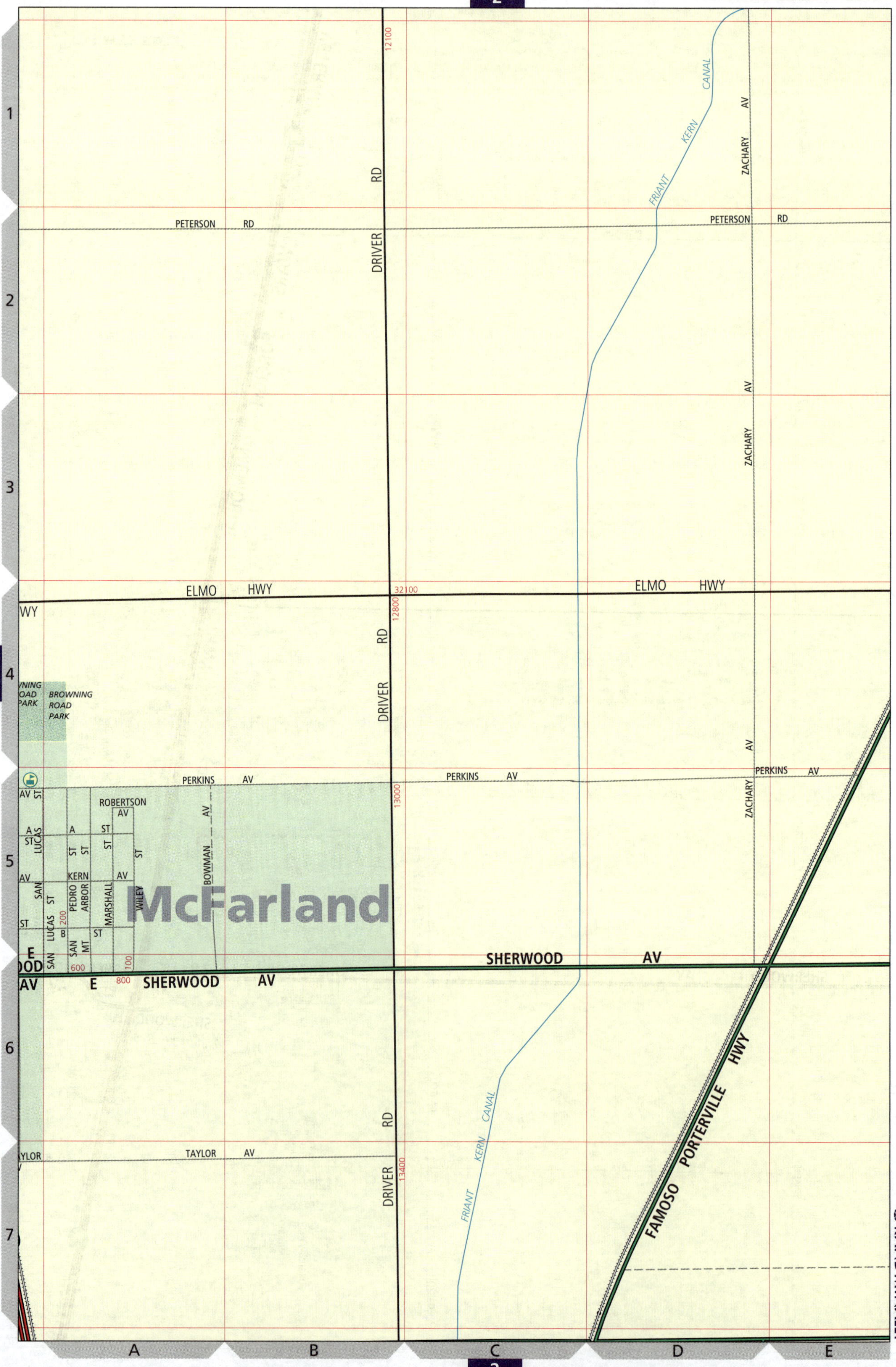

SEE 2 MAP

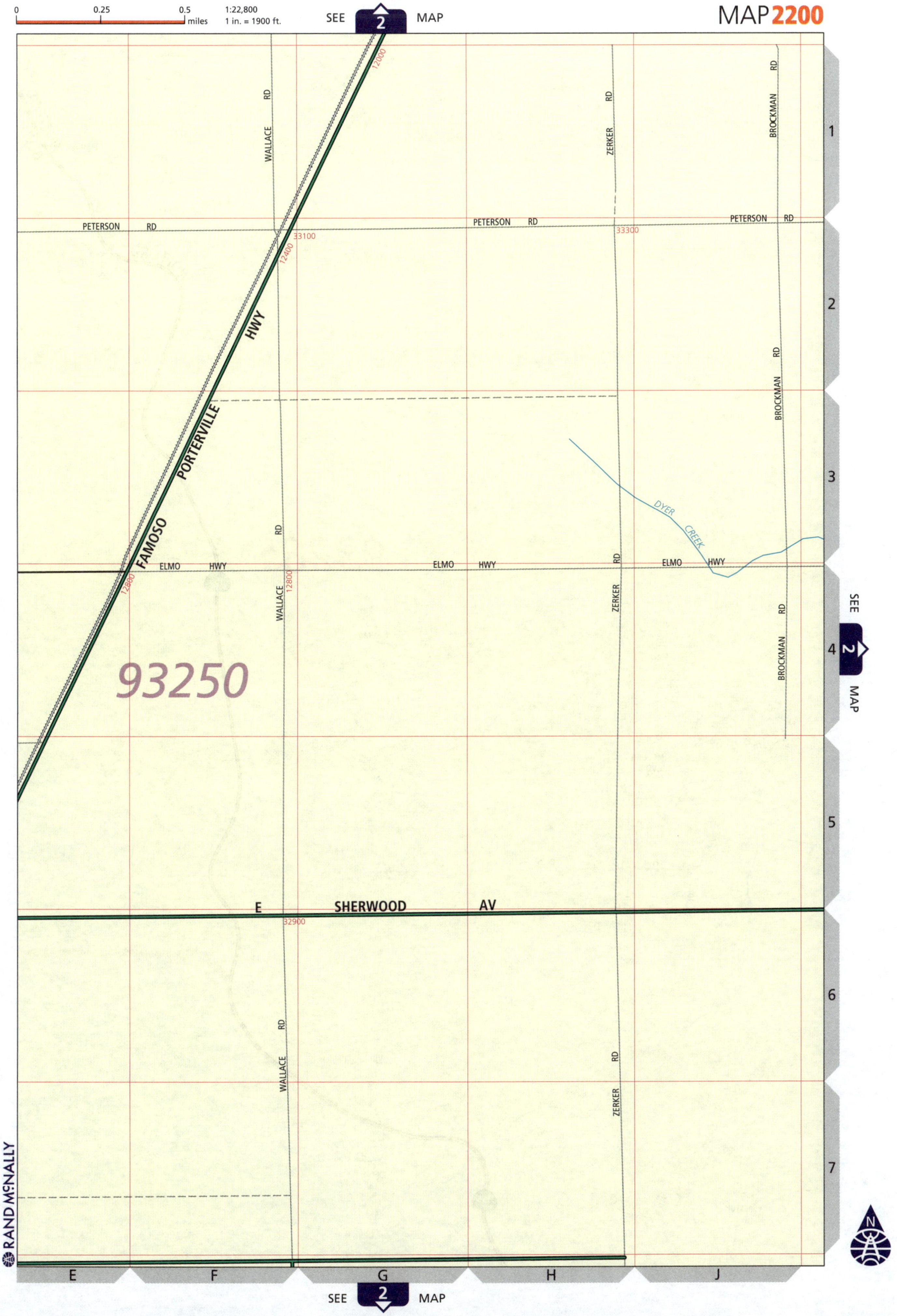
0
0.25
0.5
miles
1:22,800
1 in. = 1900 ft.
SEE 2 MAP
PETERSON RD
PETERSON RD
PETERSON RD
WALLACE RD
ZERKER RD
BROCKMAN RD
12000
33100
12400
33300
FAMOSO PORTERVILLE HWY
DYER CREEK
ELMO HWY
ELMO HWY
ELMO HWY
12800
12800
93250
E SHERWOOD AV
32900
SEE 2 MAP
SEE 2 MAP
1
2
3
4
5
6
7
E
F
G
H
J
N

SEE 2169 MAP

1:22,800
1 in. = 1900 ft.
miles 0 0.25 0.5

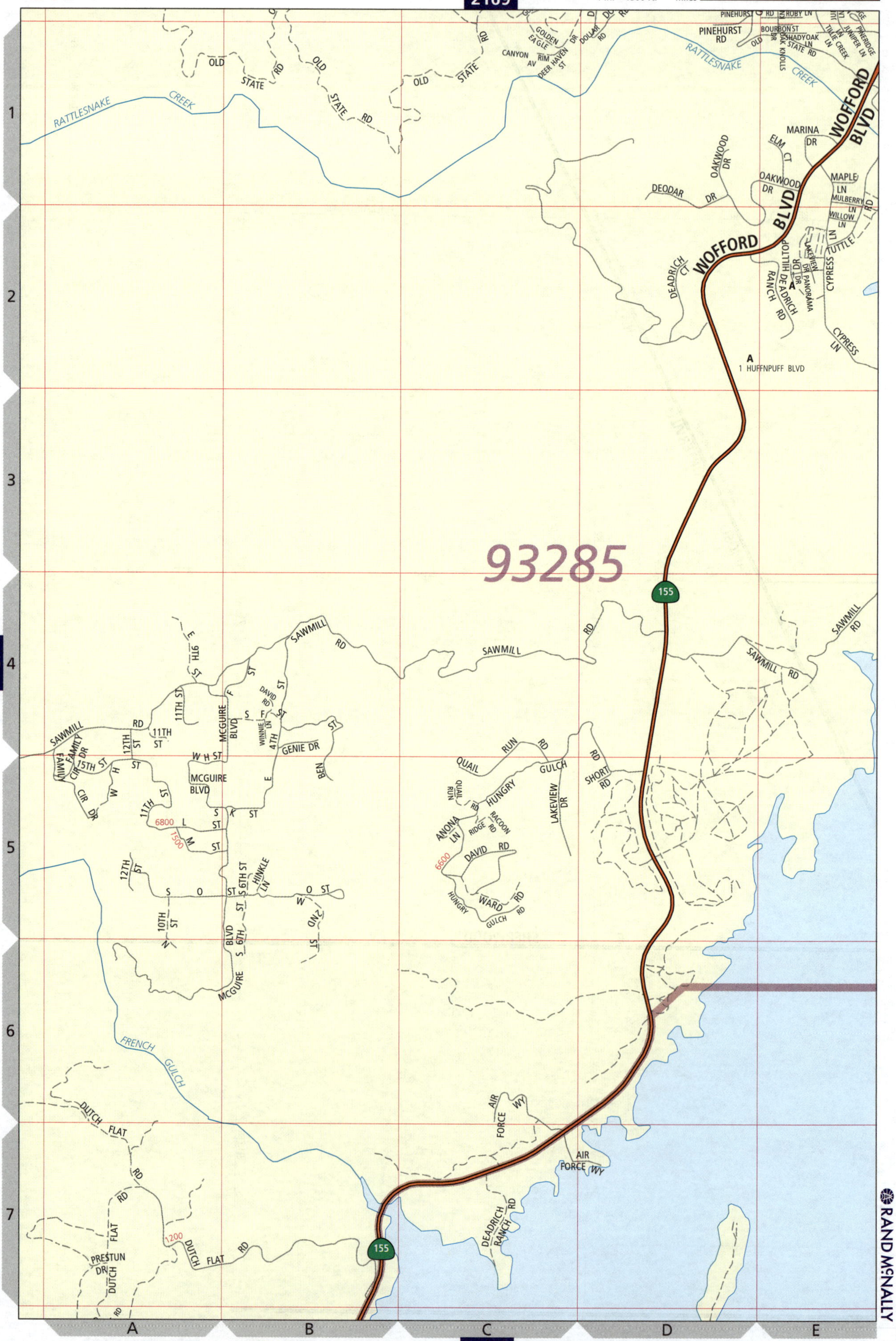

A B C D E
1 2 3 4 5 6 7

SEE 3 MAP

SEE 2249 MAP

0 0.25 0.5 miles
1:22,800
1 in. = 1900 ft.

SEE 2169 MAP

SEE 3 MAP

SEE 2249 MAP

SEE 3 MAP
1:22,800
1 in. = 1900 ft.
miles 0 0.25 0.5

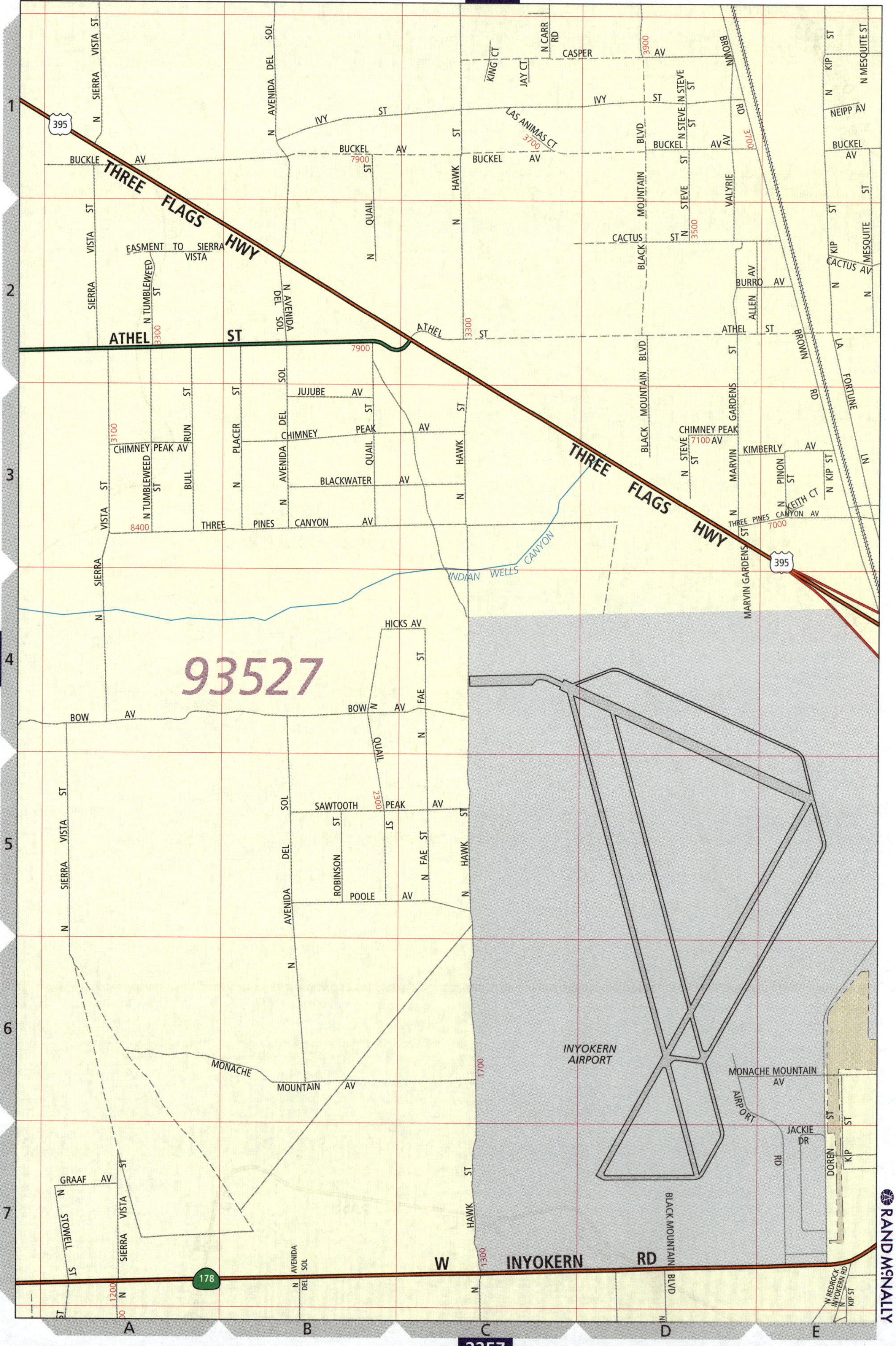

SEE 2257 MAP

0 0.25 0.5 miles
1:22,800
1 in. = 1900 ft.

SEE 3 MAP

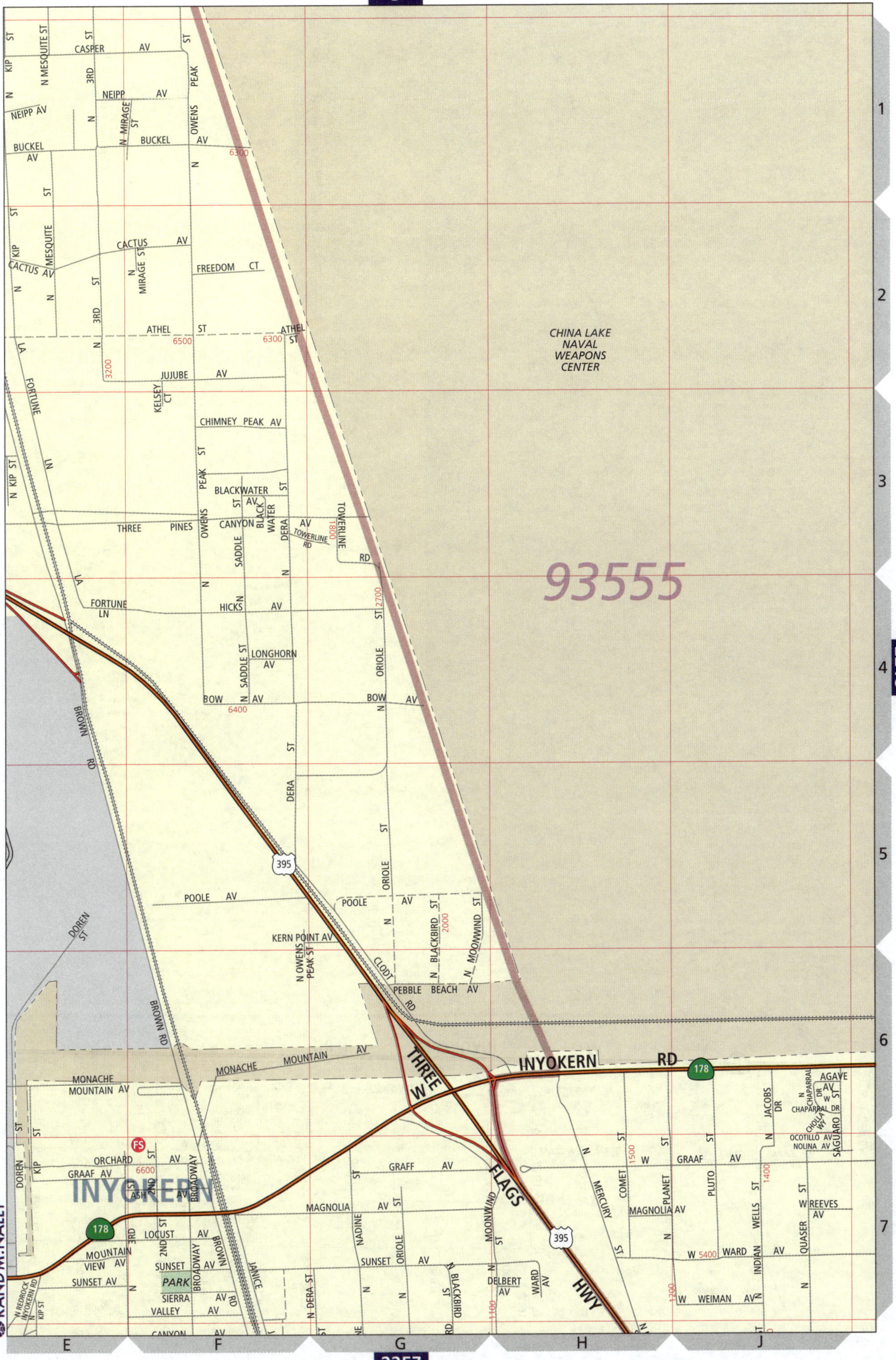

SEE 2218 MAP

SEE 2257 MAP

SEE 3 MAP
1:22,800
1 in. = 1900 ft.
miles 0 0.25 0.5

SEE 2217 MAP

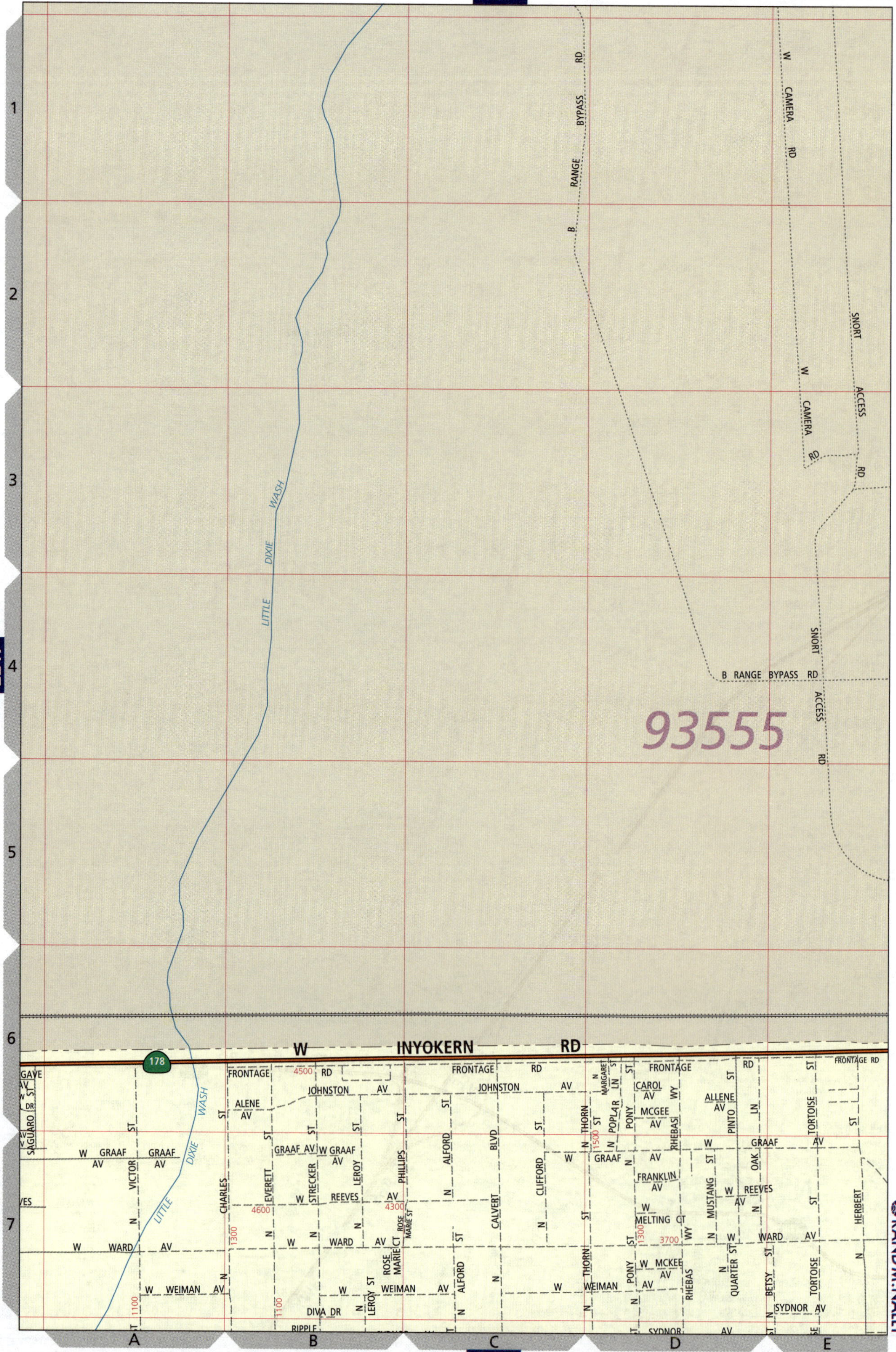

SEE 2258 MAP

RAND McNALLY

SEE 3 MAP

SEE 2219 MAP

SEE 2258 MAP

SEE 3 MAP

1:22,800
1 in. = 1900 ft.
miles 0 0.25 0.5

SEE 2218 MAP

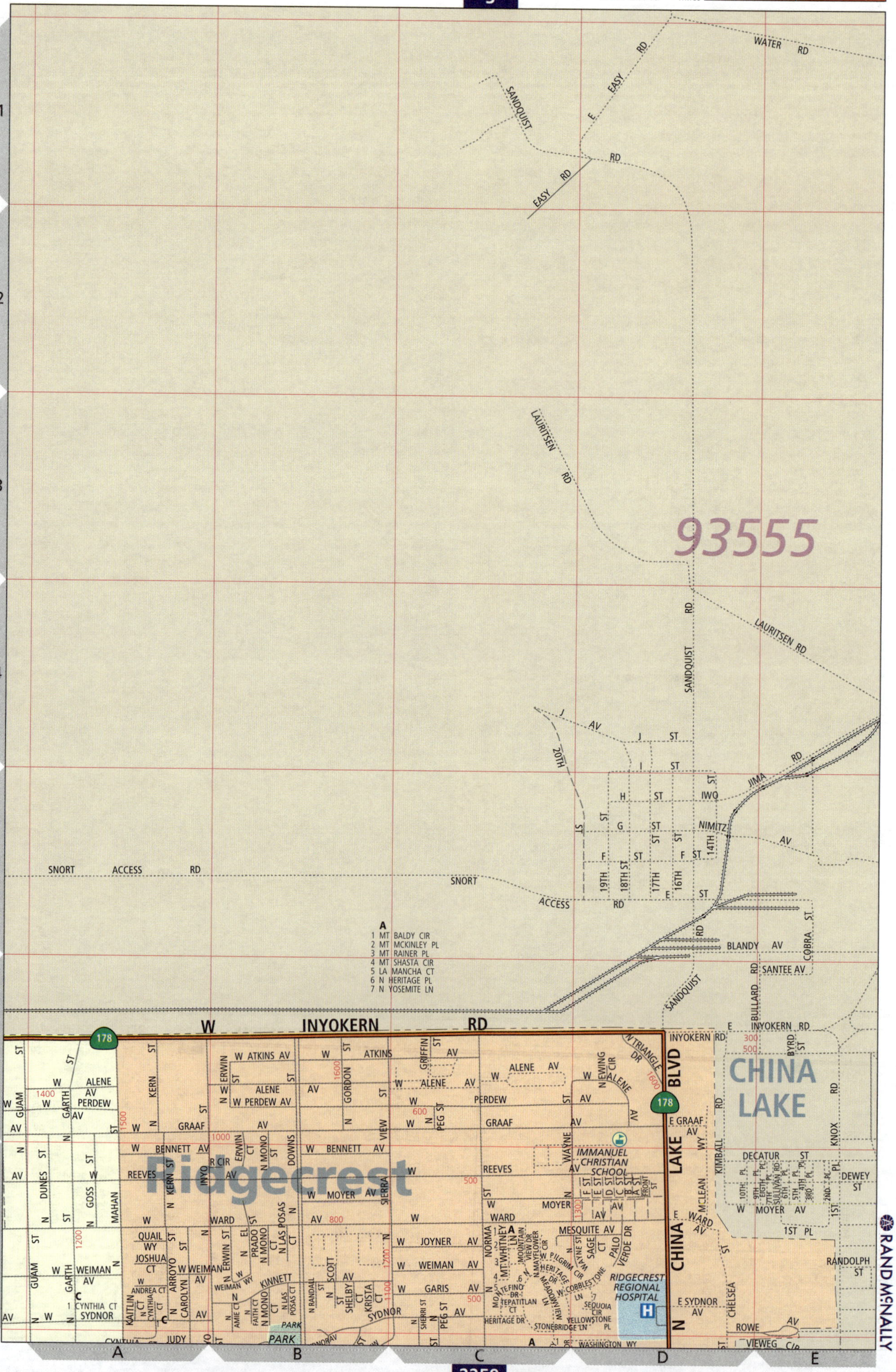

SEE 2259 MAP

0 0.25 0.5 miles
1:22,800
1 in. = 1900 ft.

SEE 3 MAP

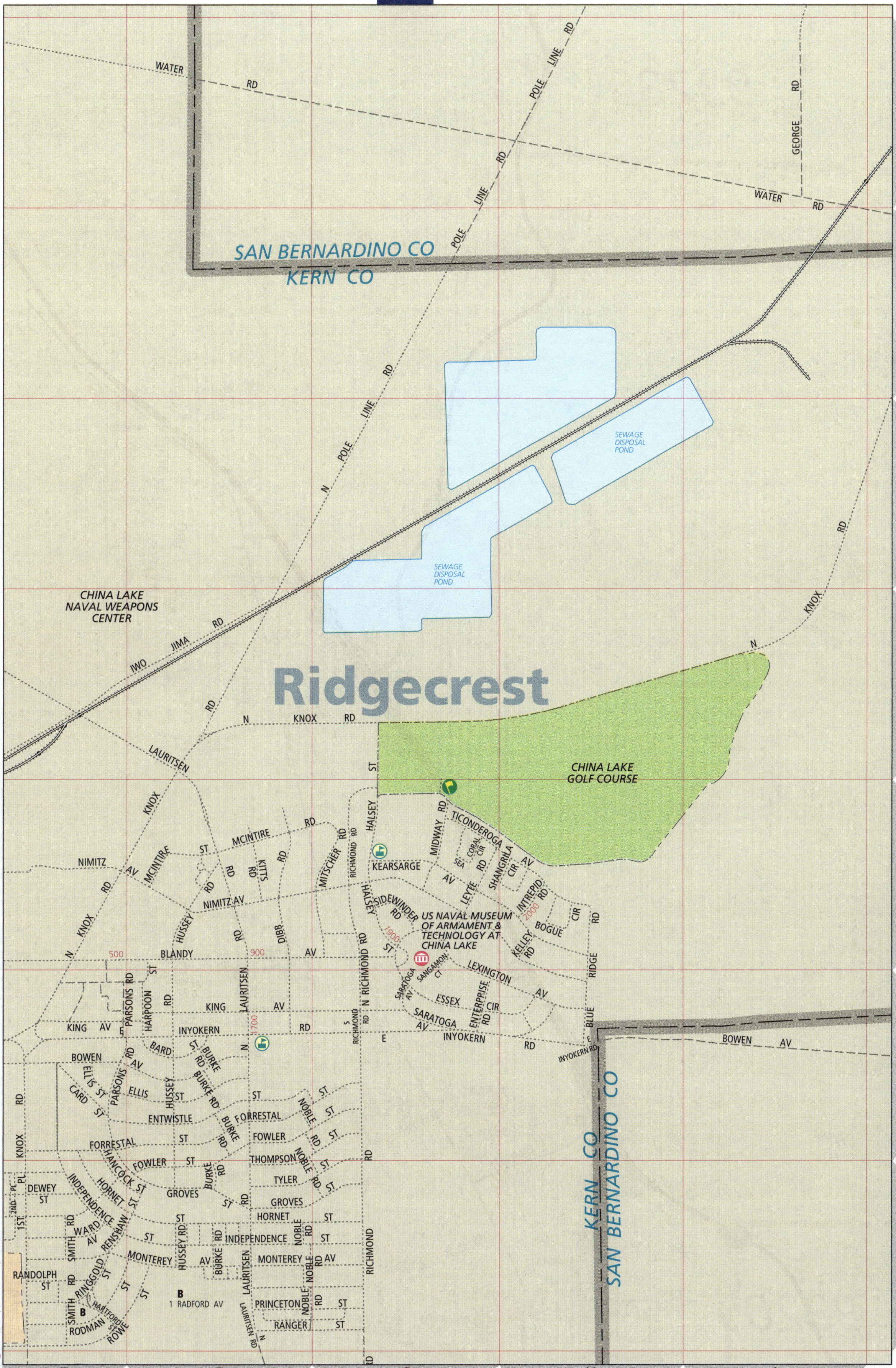

SEE D MAP

SEE 2259 MAP

SEE 2209 MAP

1:22,800
1 in. = 1900 ft.
miles 0 0.25 0.5

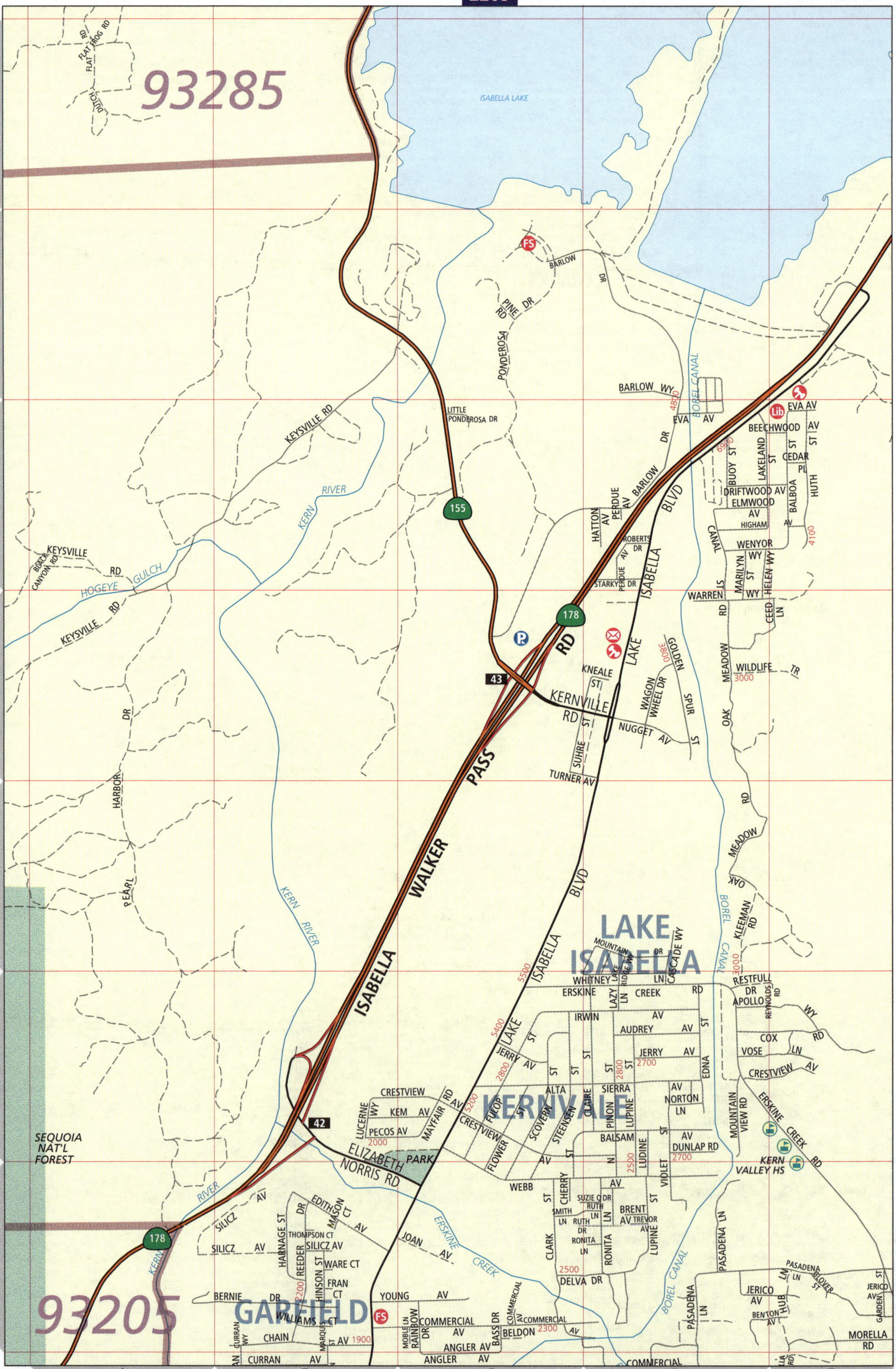

SEE 3 MAP

SEE 2289 MAP

SEE 2209 MAP

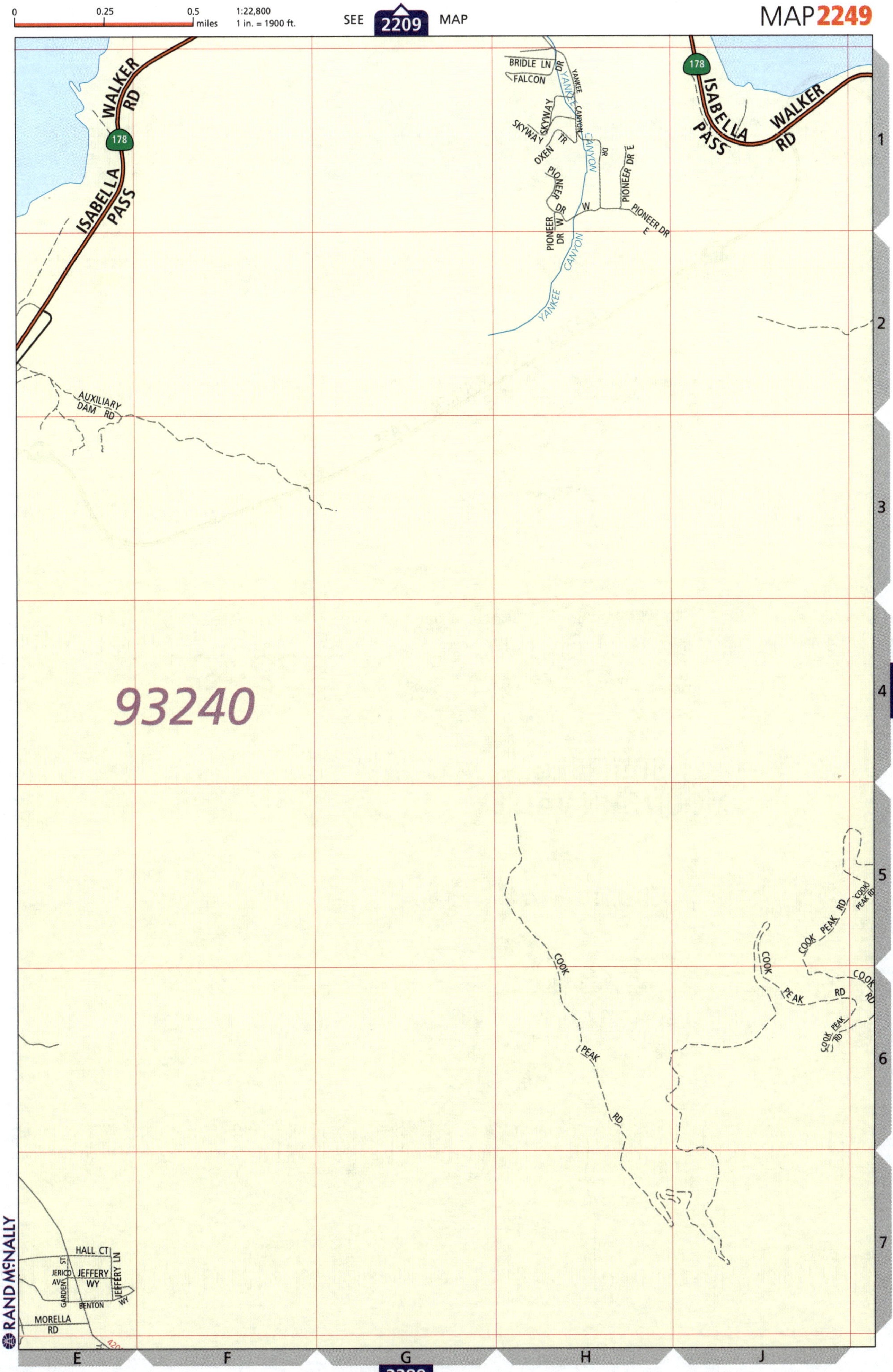

SEE 2250 MAP

SEE 2289 MAP

SEE 3 MAP

1:22,800
1 in. = 1900 ft.
miles 0 0.25 0.5

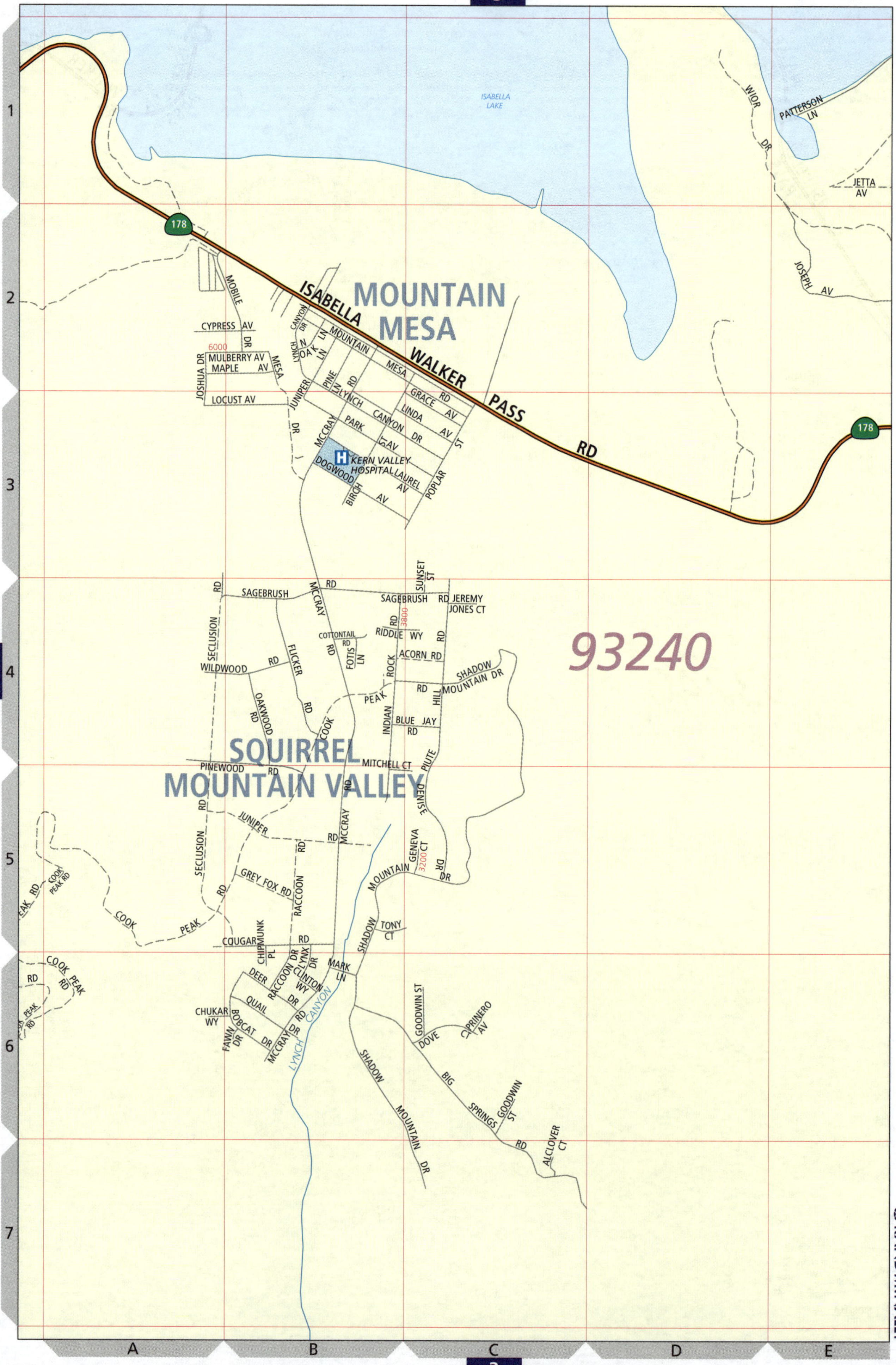

SEE 2249 MAP

SEE 3 MAP

0 0.25 0.5 miles 1:22,800 1 in. = 1900 ft.

SEE 3 MAP

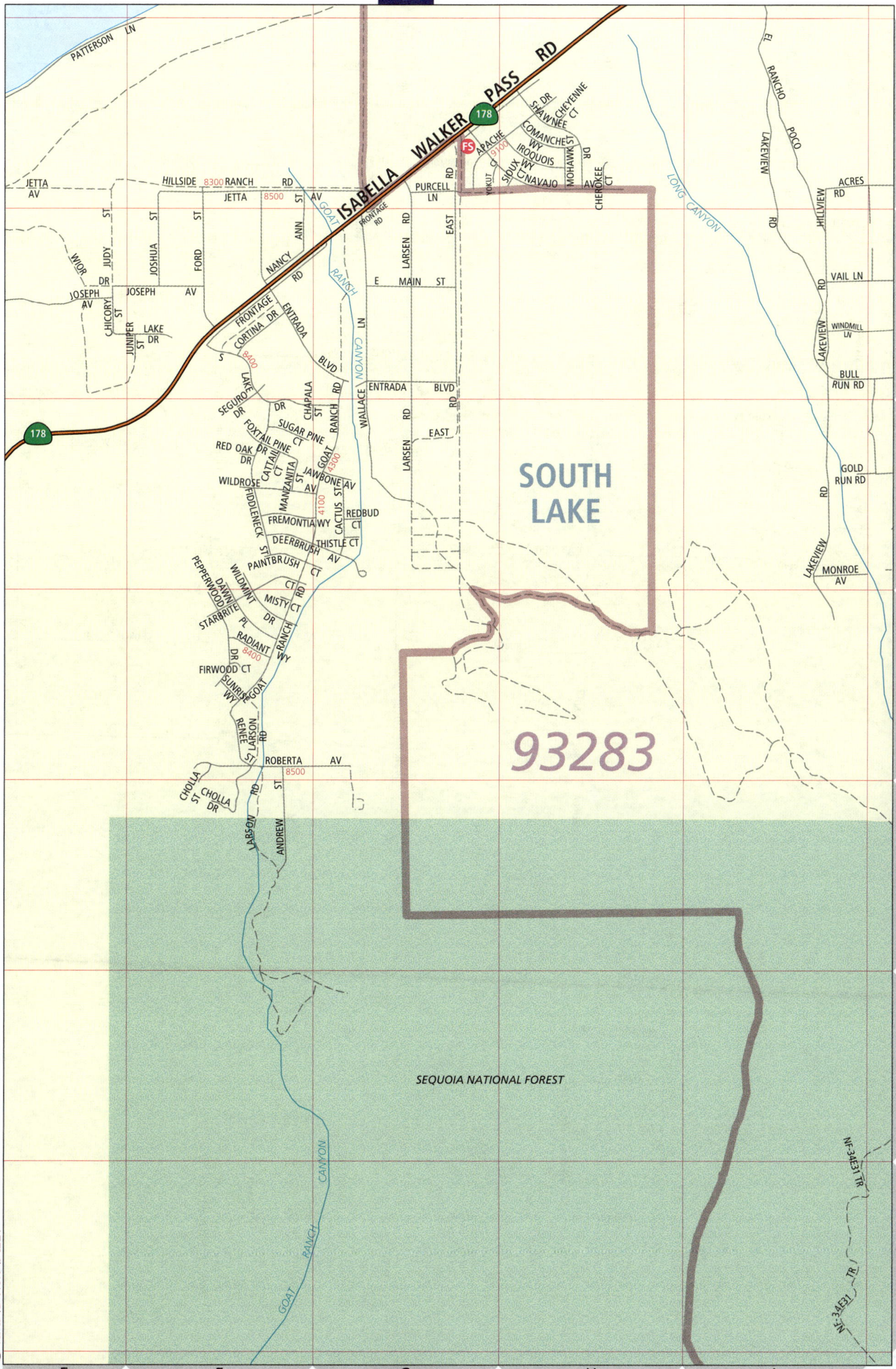

SEE 3 MAP

SEE 3 MAP

SEE 2217 MAP

1:22,800
1 in. = 1900 ft.
miles 0 0.25 0.5

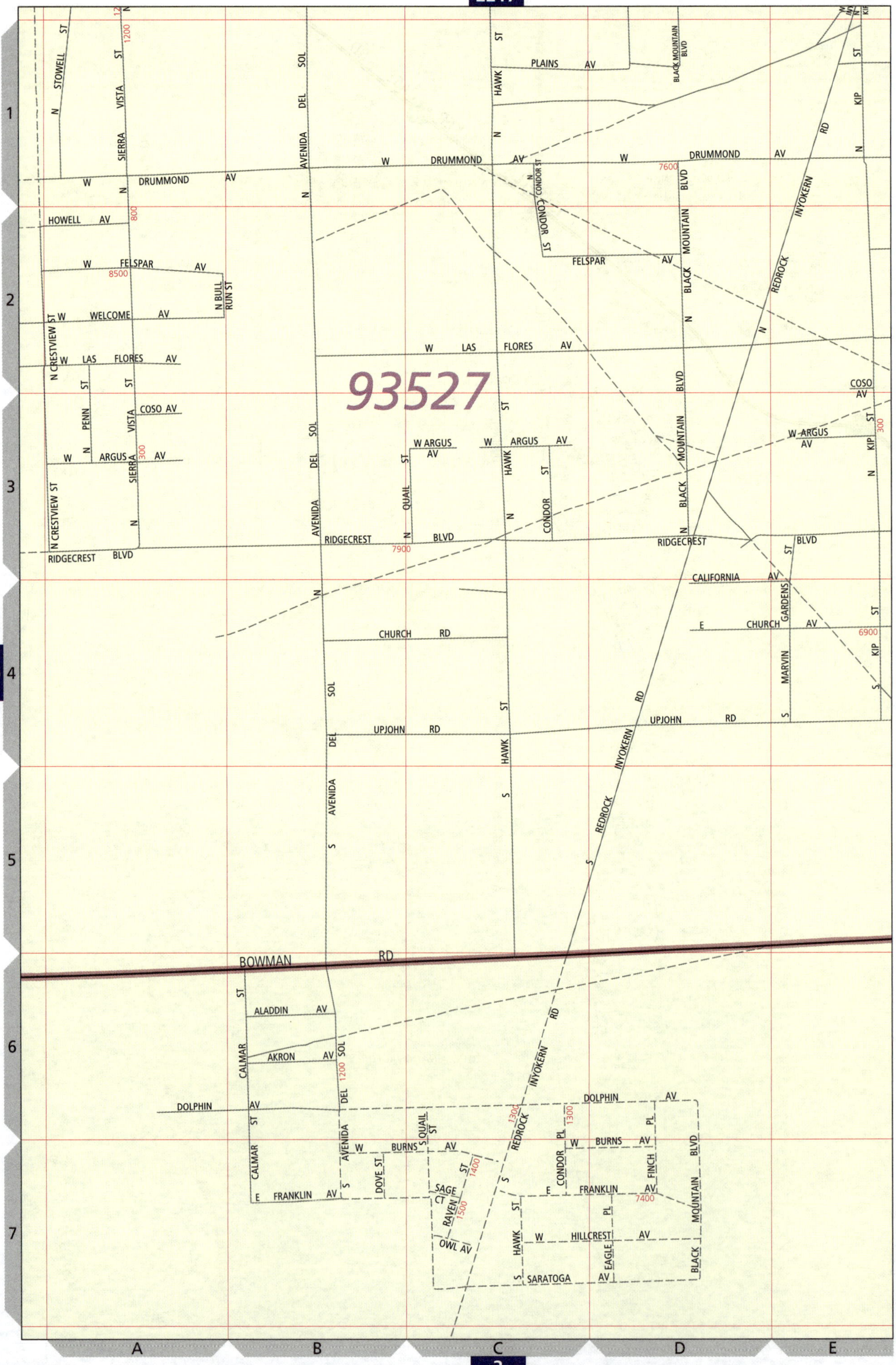

SEE 3 MAP

SEE 3 MAP

0 0.25 0.5 miles 1:22,800 1 in. = 1900 ft.

SEE 2217 MAP

SEE 2258 MAP

SEE 3 MAP

SEE 2218 MAP

1:22,800
1 in. = 1900 ft.
miles 0 0.25 0.5

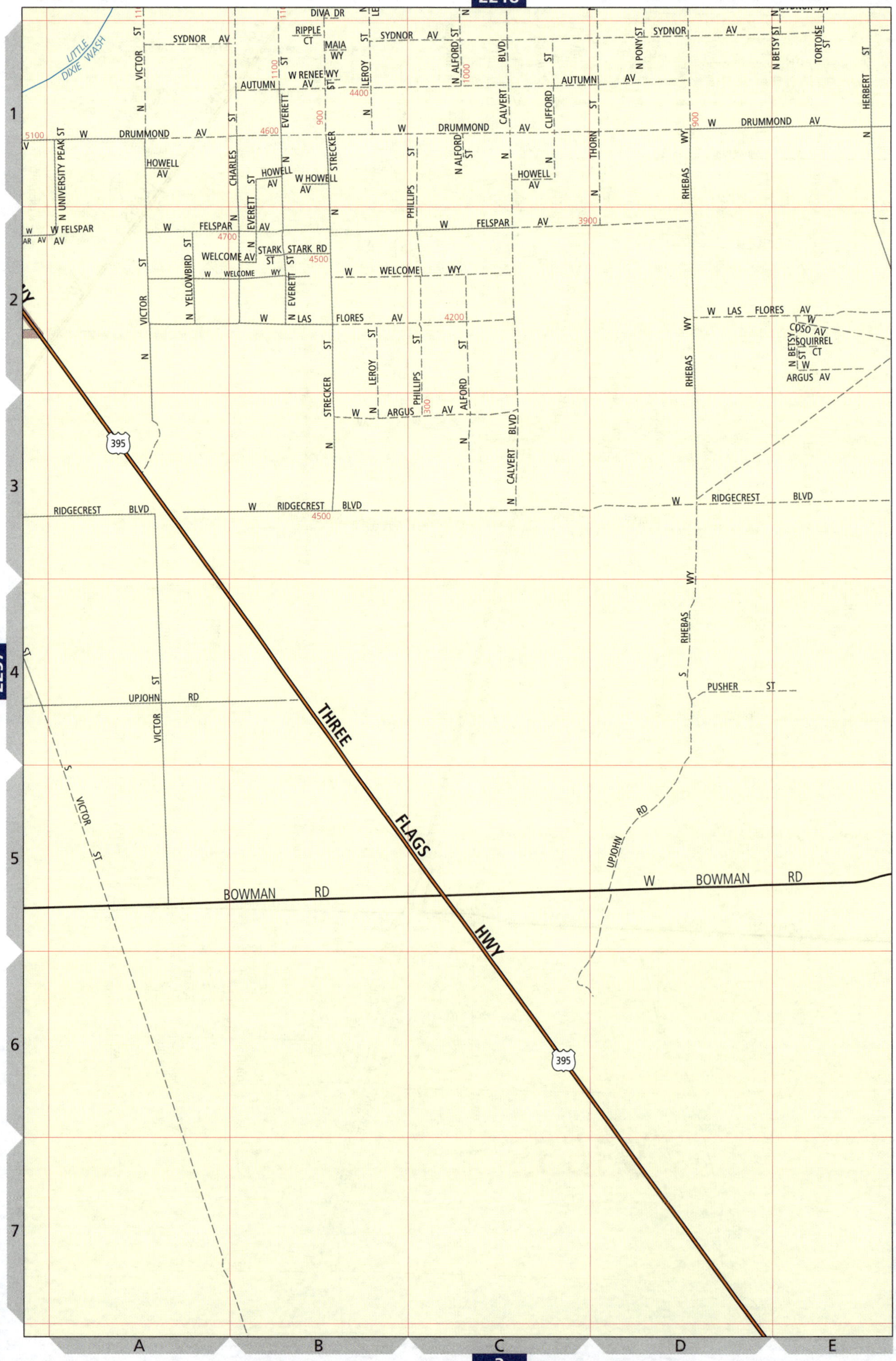

SEE 2257 MAP

SEE 3 MAP

0 0.25 0.5 miles 1:22,800 1 in. = 1900 ft.

SEE 2218 MAP

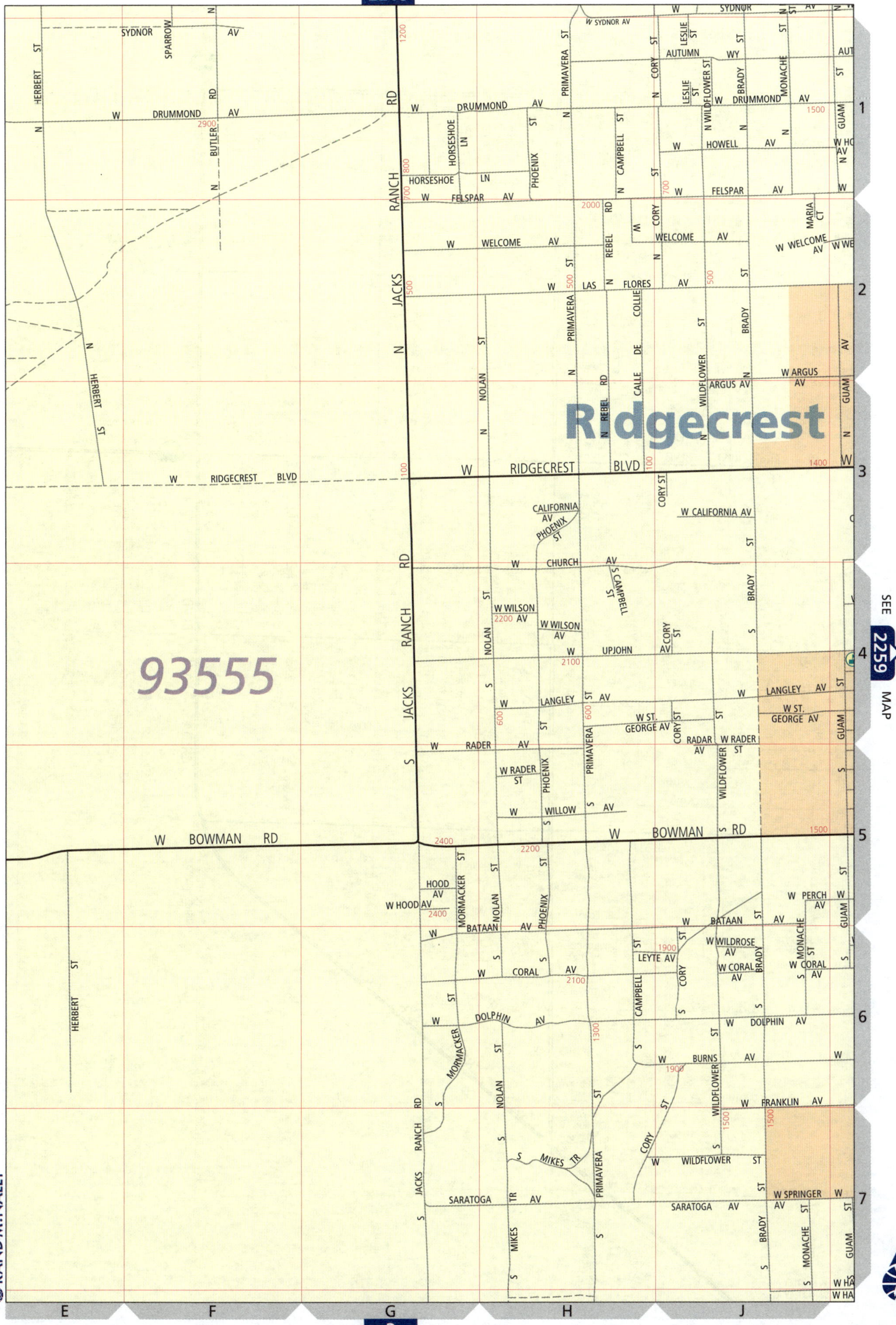

SEE 3 MAP

SEE 2219 MAP

1:22,800
1 in. = 1900 ft.
miles 0 0.25 0.5

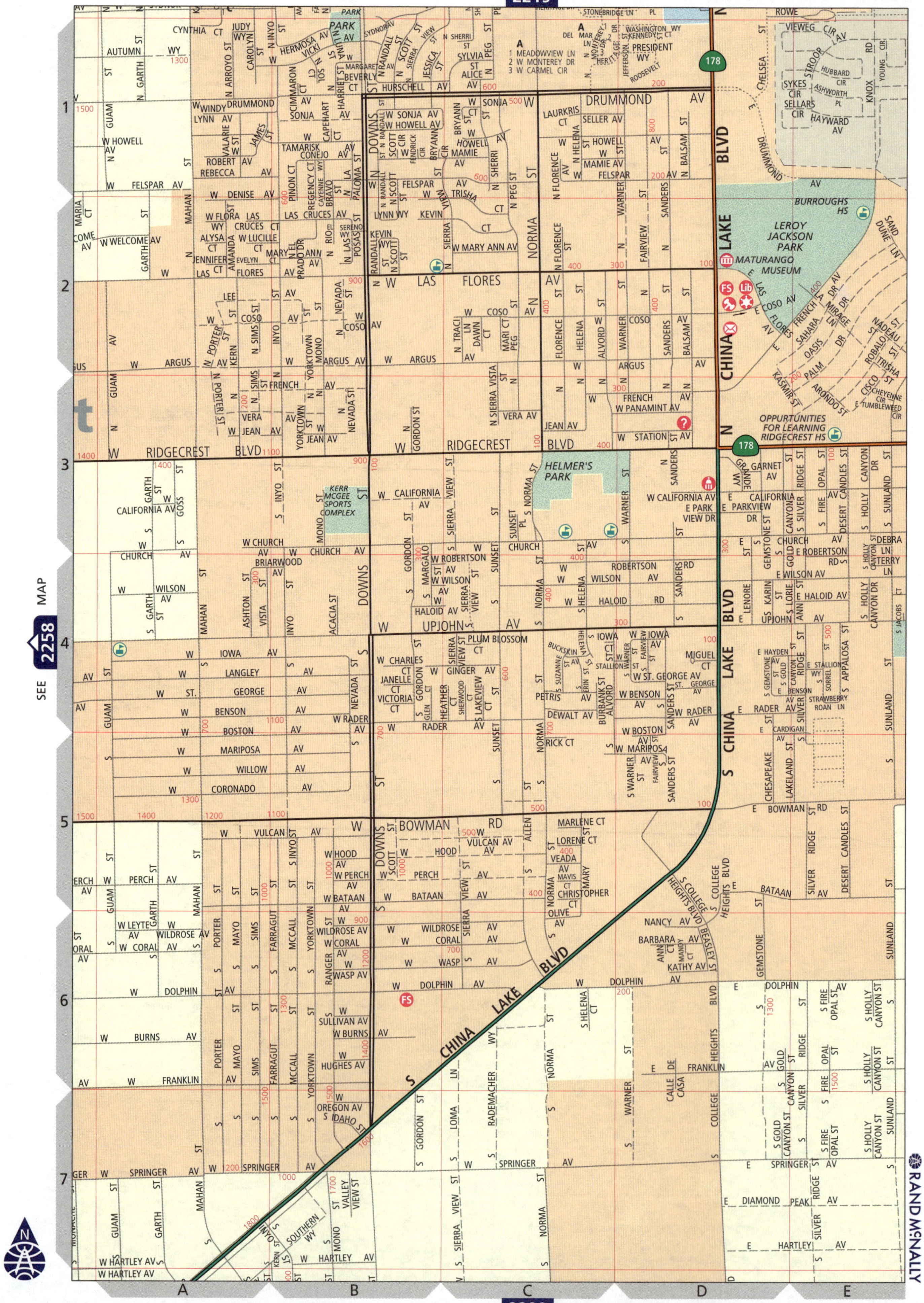

SEE 2258 MAP

SEE 2299 MAP

0 0.25 0.5 miles 1:22,800 1 in. = 1900 ft.

SEE 2219 MAP

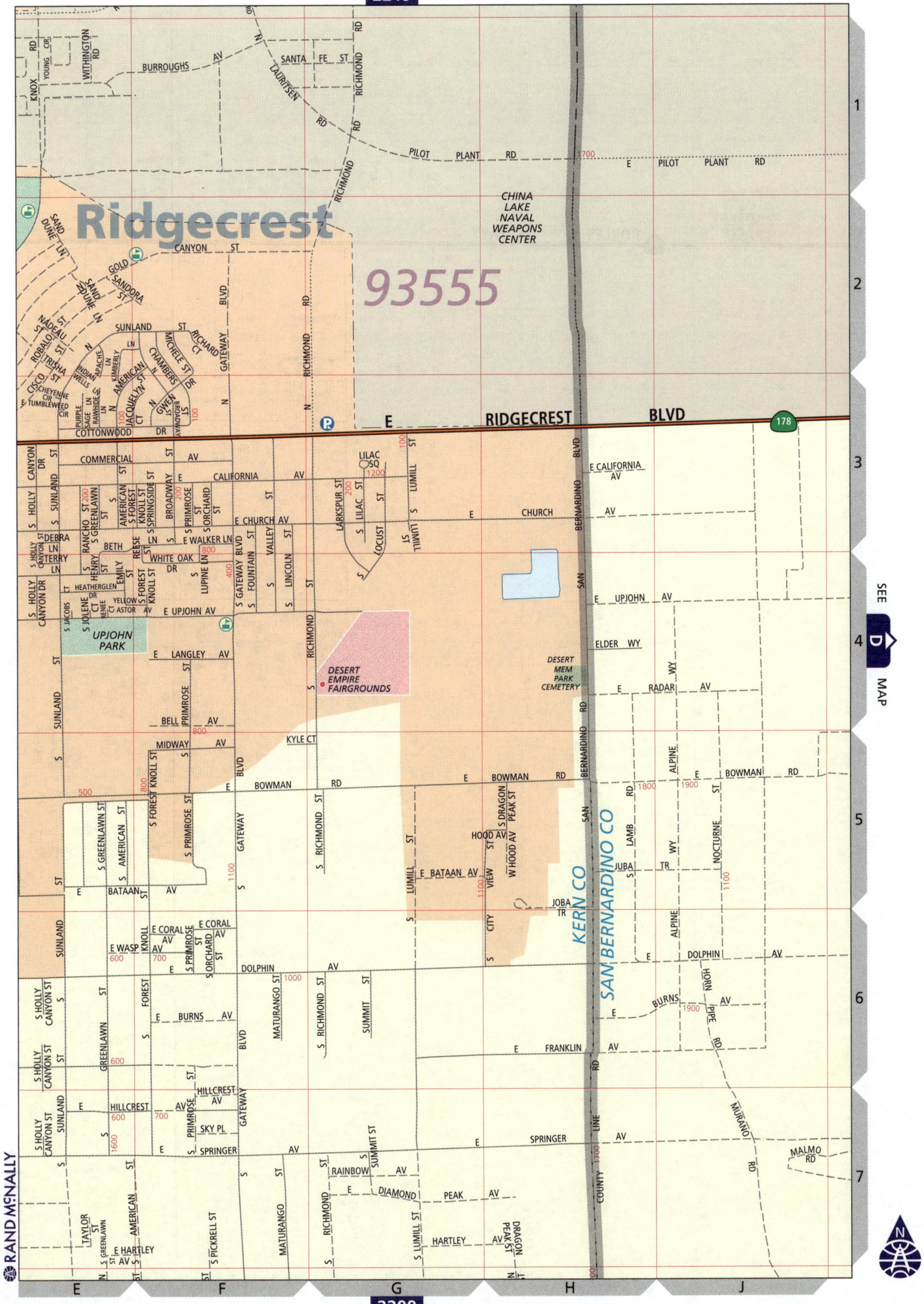

SEE 2299 MAP

SEE 2 MAP

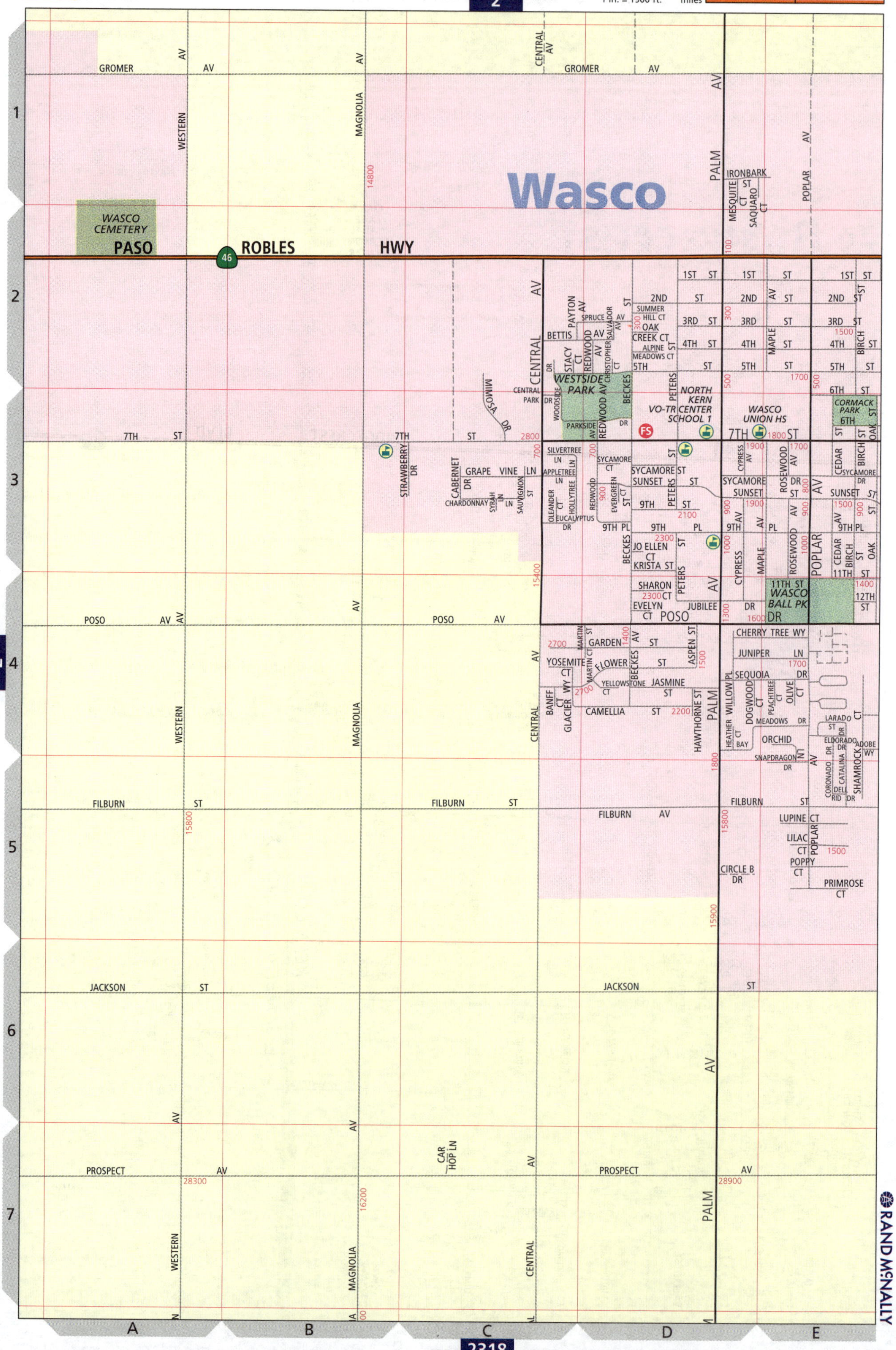

SEE 2 MAP

SEE 2318 MAP

0 0.25 0.5 miles
1:22,800
1 in. = 1900 ft.

SEE 2 MAP

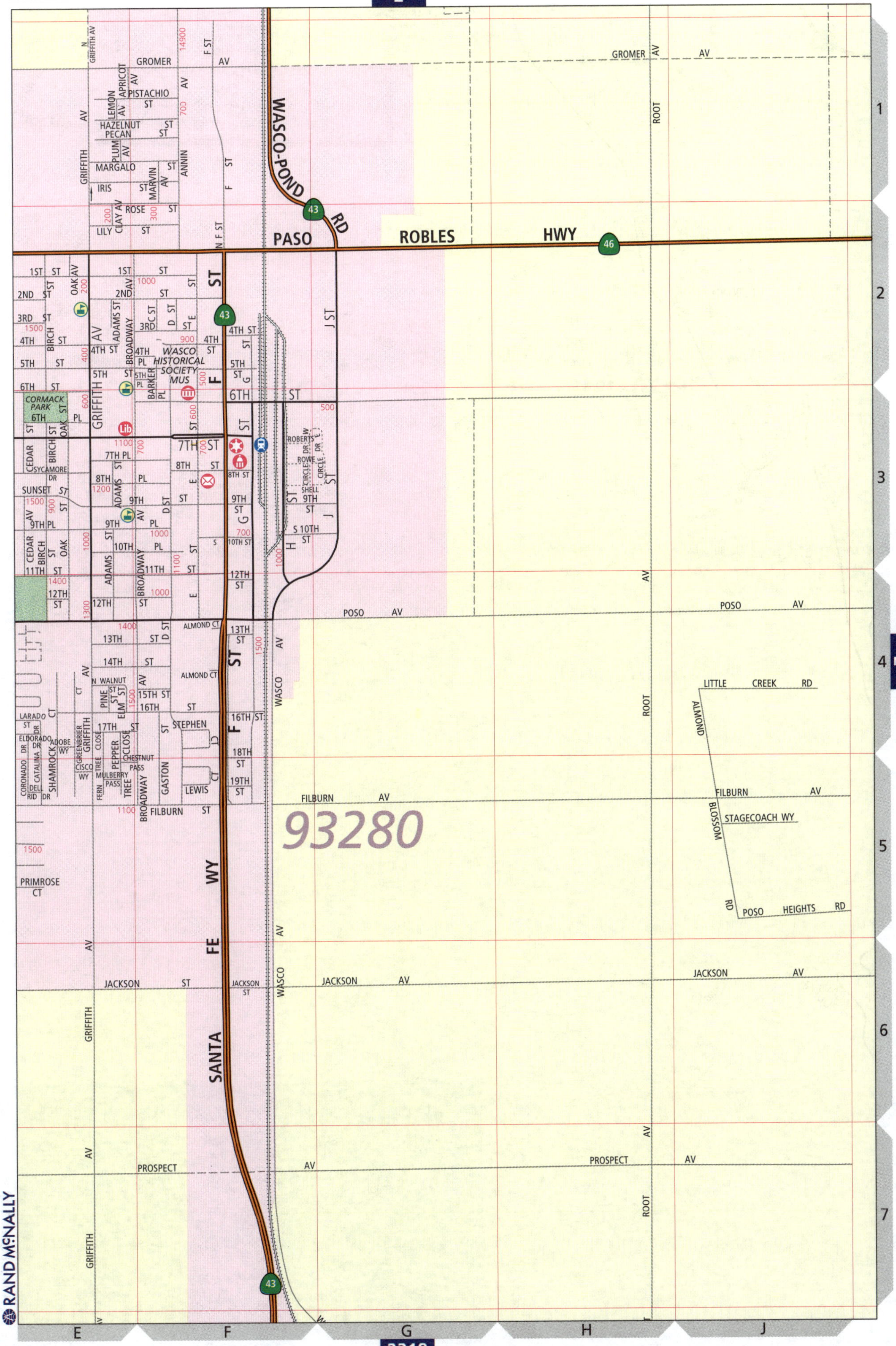

SEE 2 MAP

SEE 2318 MAP

SEE 2249 MAP

1:22,800
1 in. = 1900 ft.
miles 0 0.25 0.5

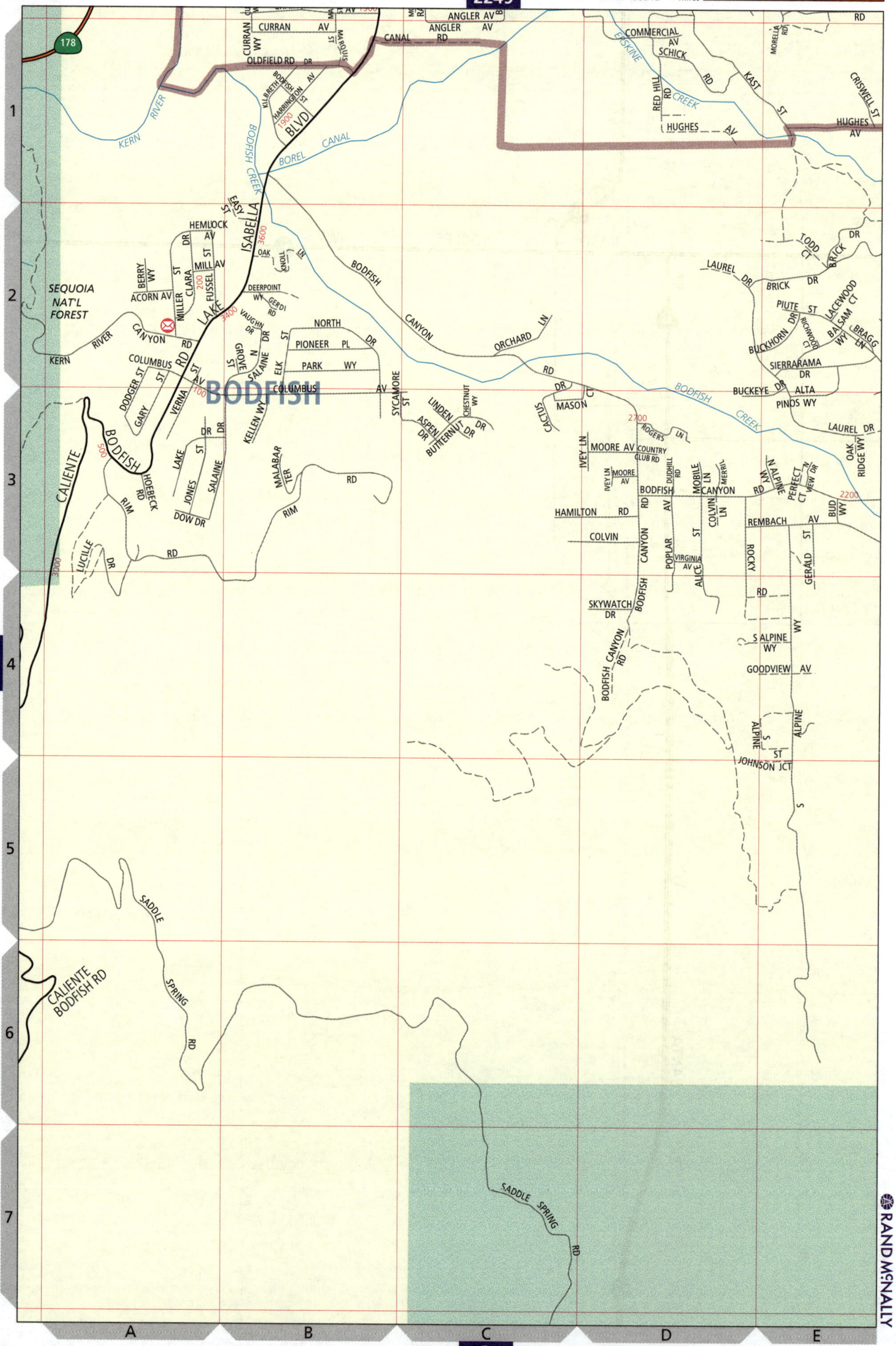

SEE 3 MAP

SEE 3 MAP

0 0.25 0.5 miles
1:22,800
1 in. = 1900 ft.

SEE 2249 MAP

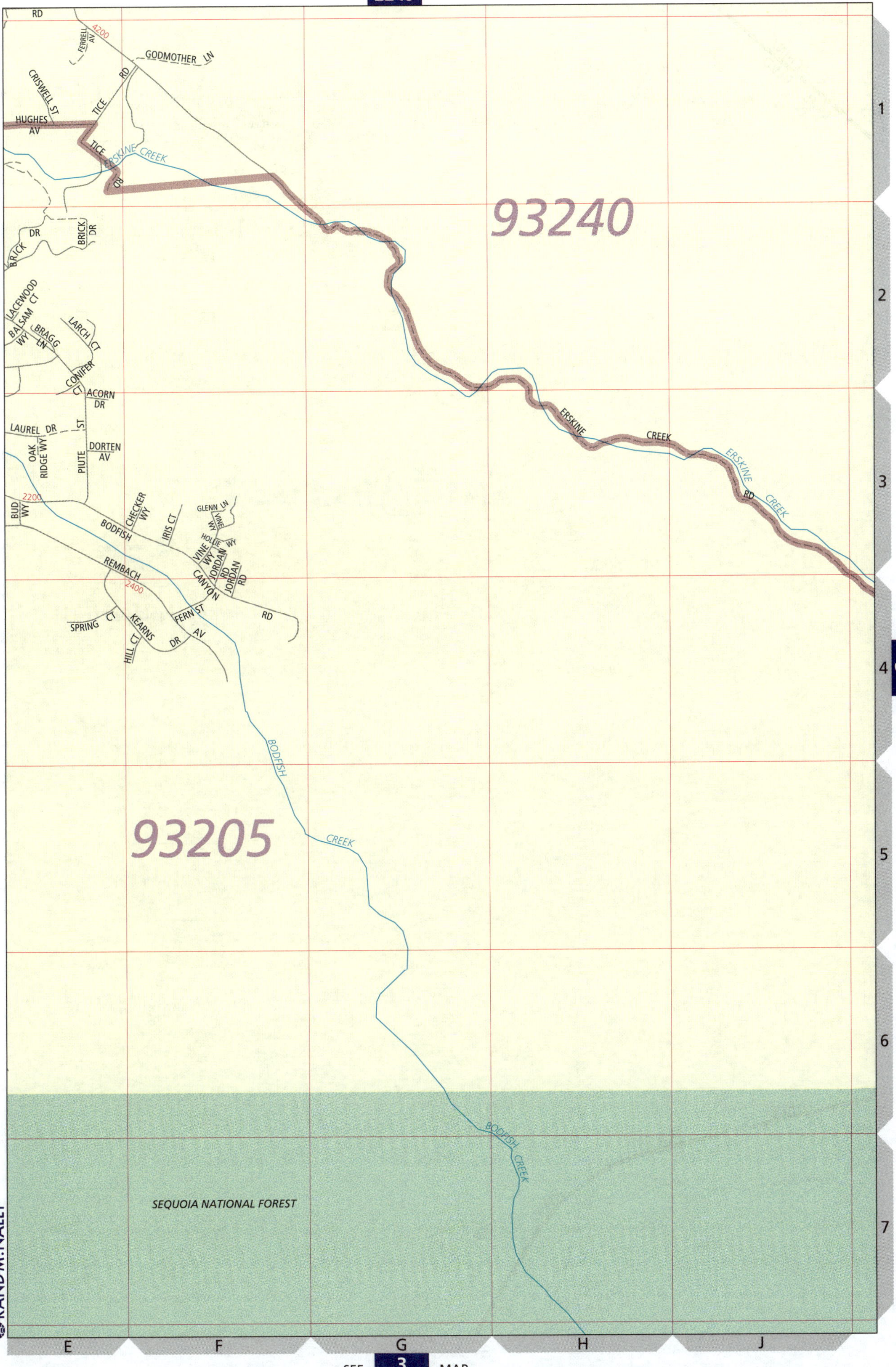

SEE 3 MAP

SEE 3 MAP

SEE 2259 MAP

1:22,800
1 in. = 1900 ft.
0 0.25 0.5 miles

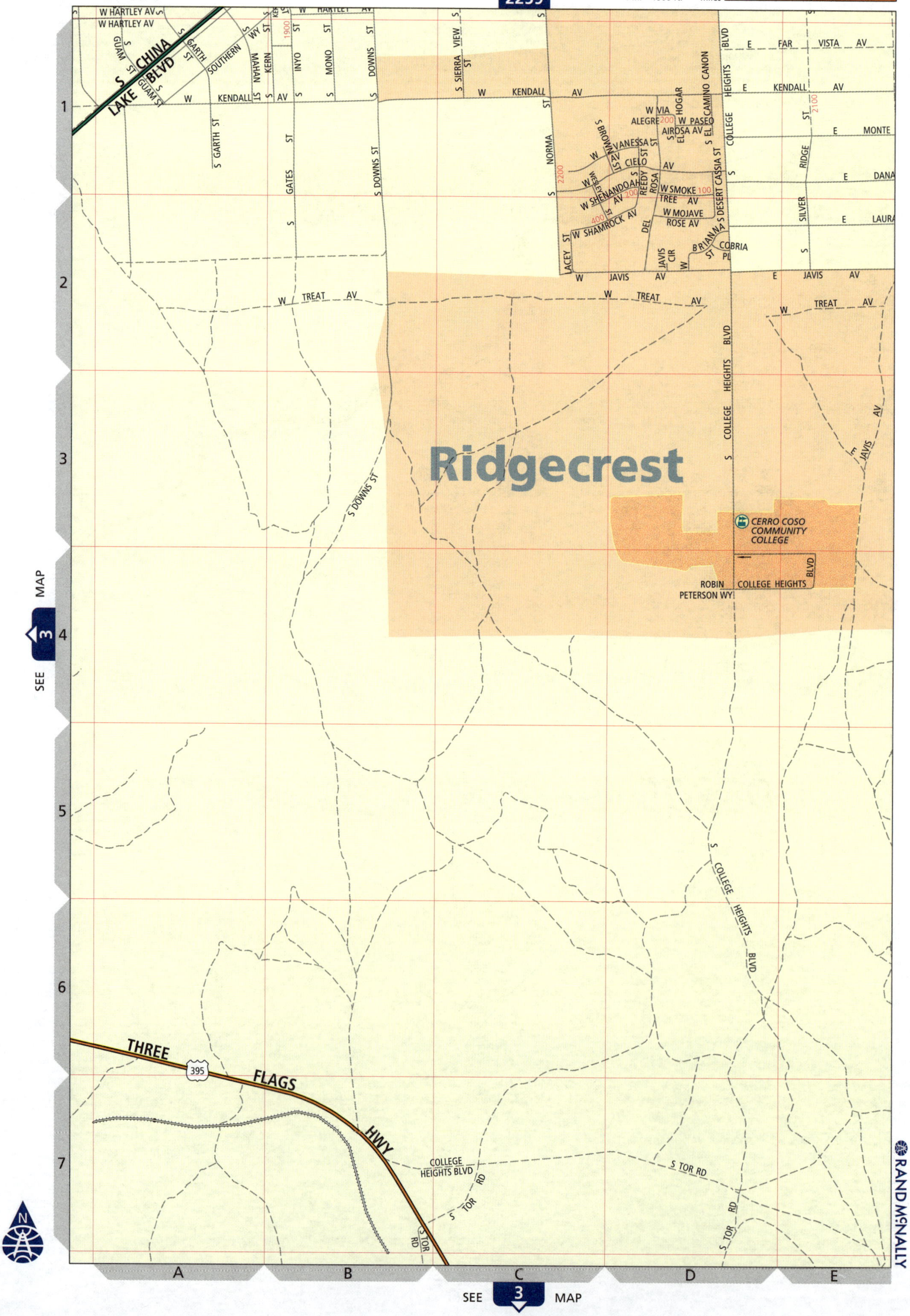

SEE 3 MAP

SEE 3 MAP

SEE 2259 MAP

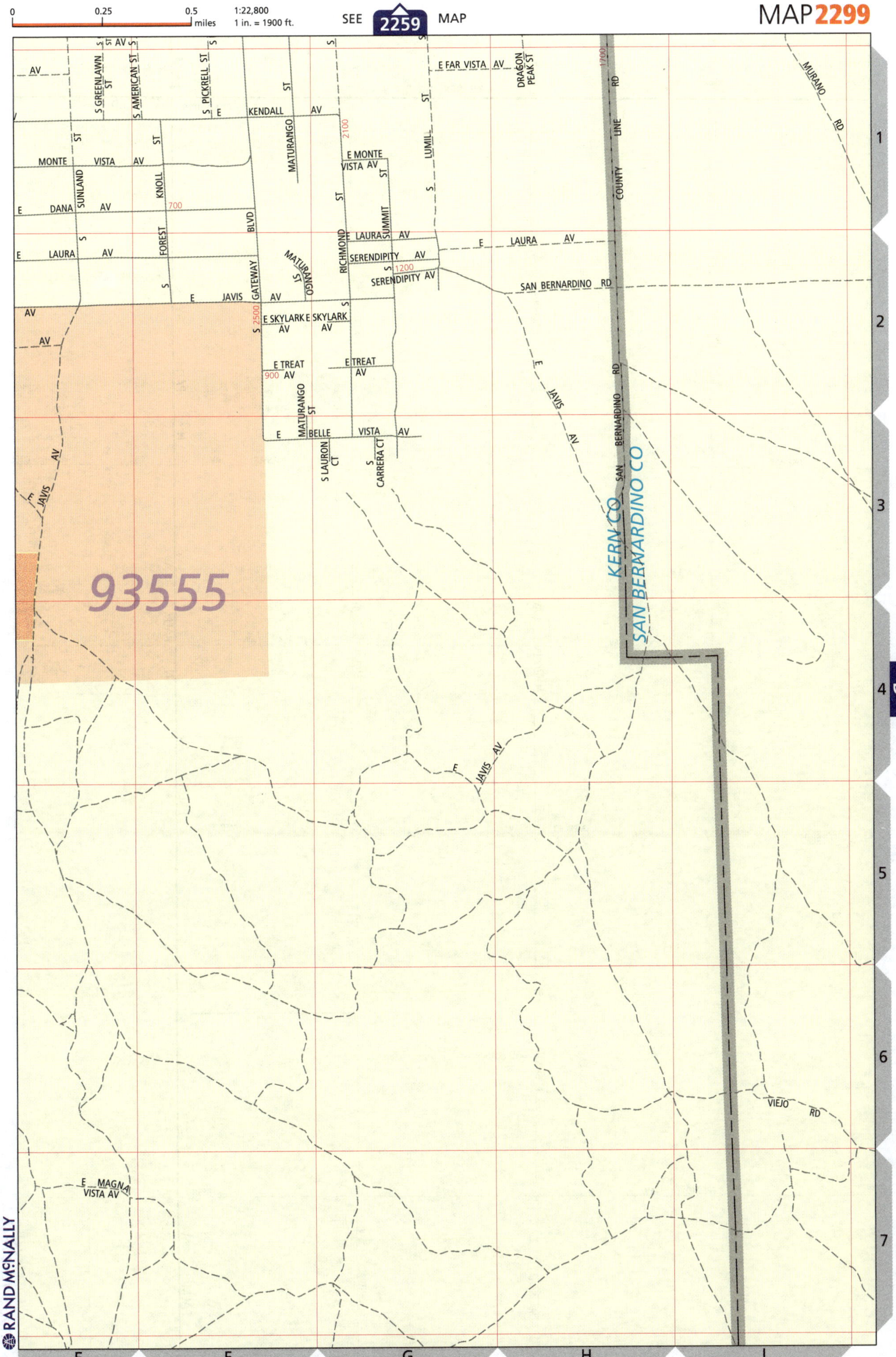

SEE D MAP

SEE 3 MAP

SEE 2278 MAP

1:22,800
1 in. = 1900 ft.
miles 0 0.25 0.5

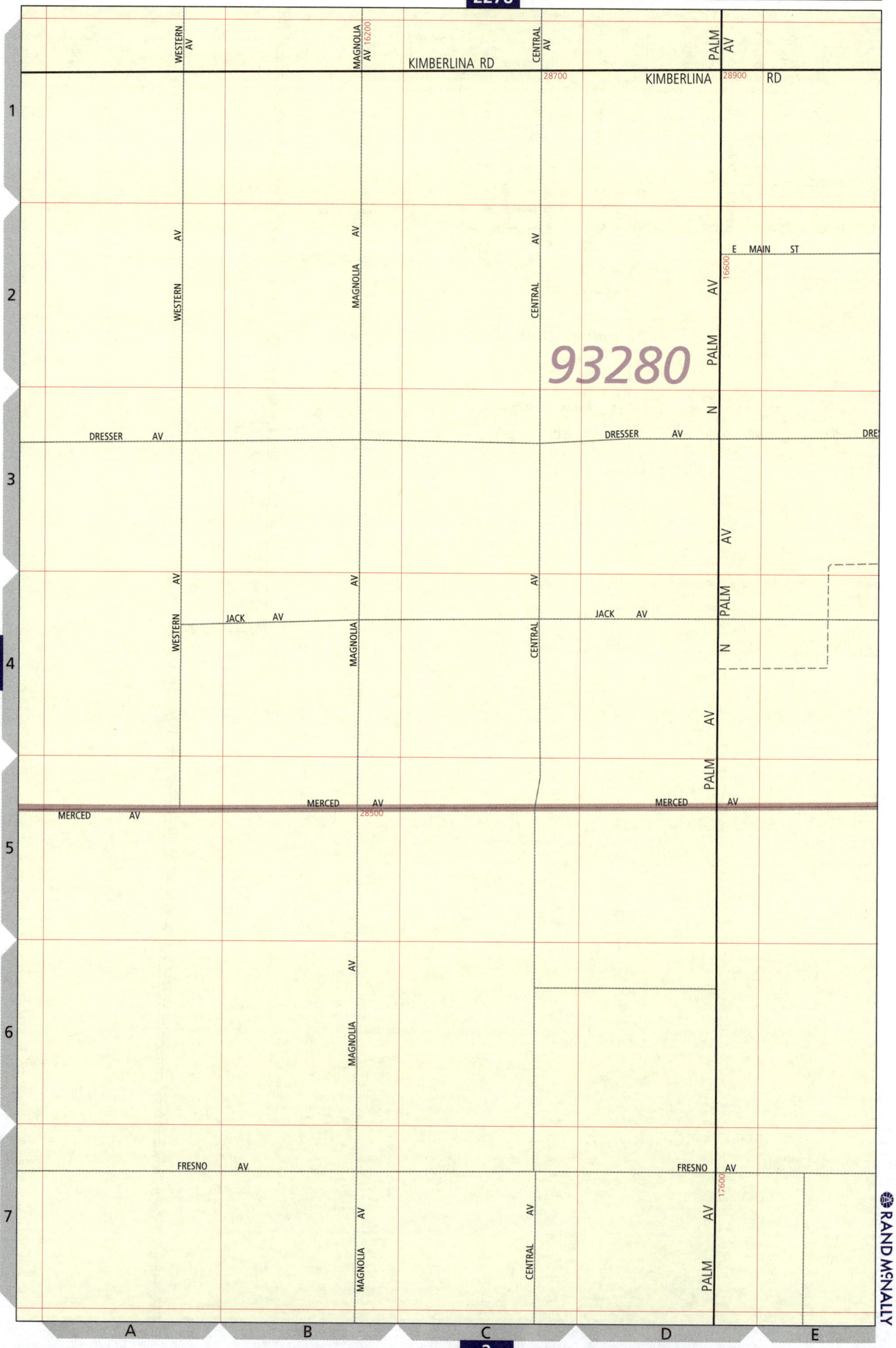

SEE 2 MAP

SEE 2 MAP

0 0.25 0.5 miles 1:22,800 1 in. = 1900 ft.

SEE 2278 MAP

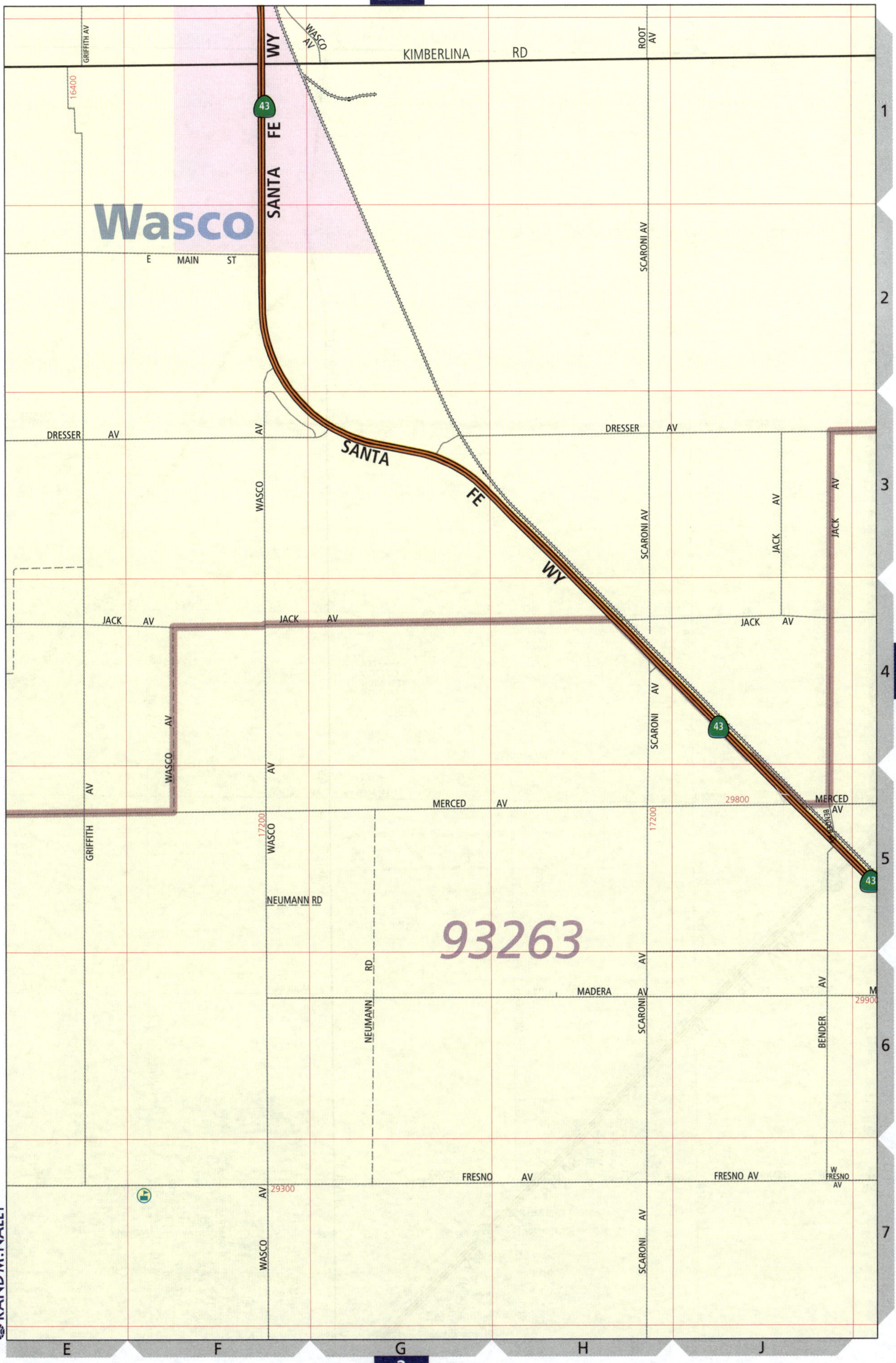

SEE 2319 MAP

SEE 2 MAP

SEE 2 MAP

1:22,800
1 in. = 1900 ft.
miles 0 0.25 0.5

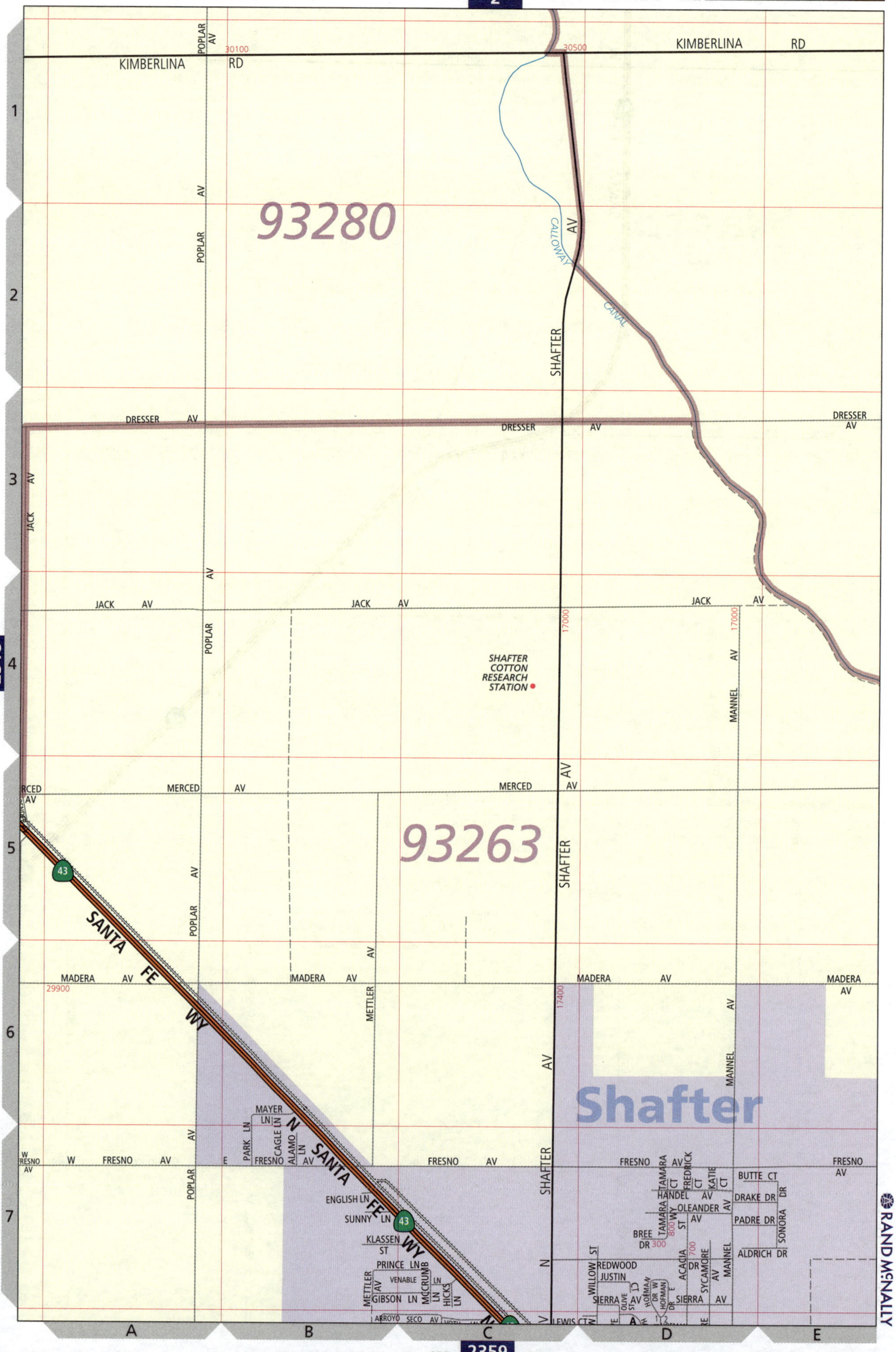

SEE 2318 MAP

SEE 2359 MAP

0 0.25 0.5 miles
1:22,800
1 in. = 1900 ft.

SEE 2 MAP

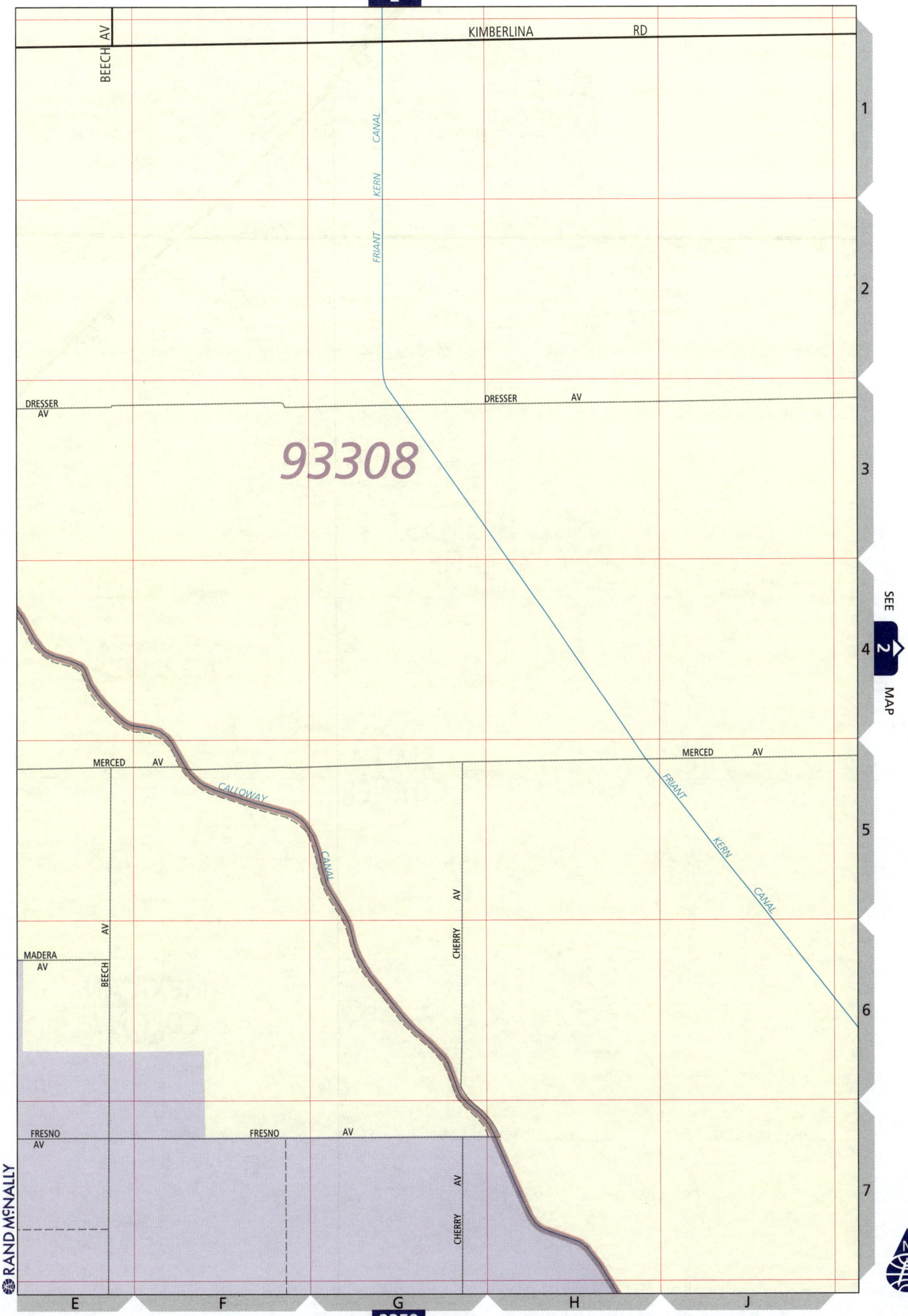

SEE 2 MAP

SEE 2359 MAP

SEE 2319 MAP

1:22,800
1 in. = 1900 ft.
miles 0 0.25 0.5

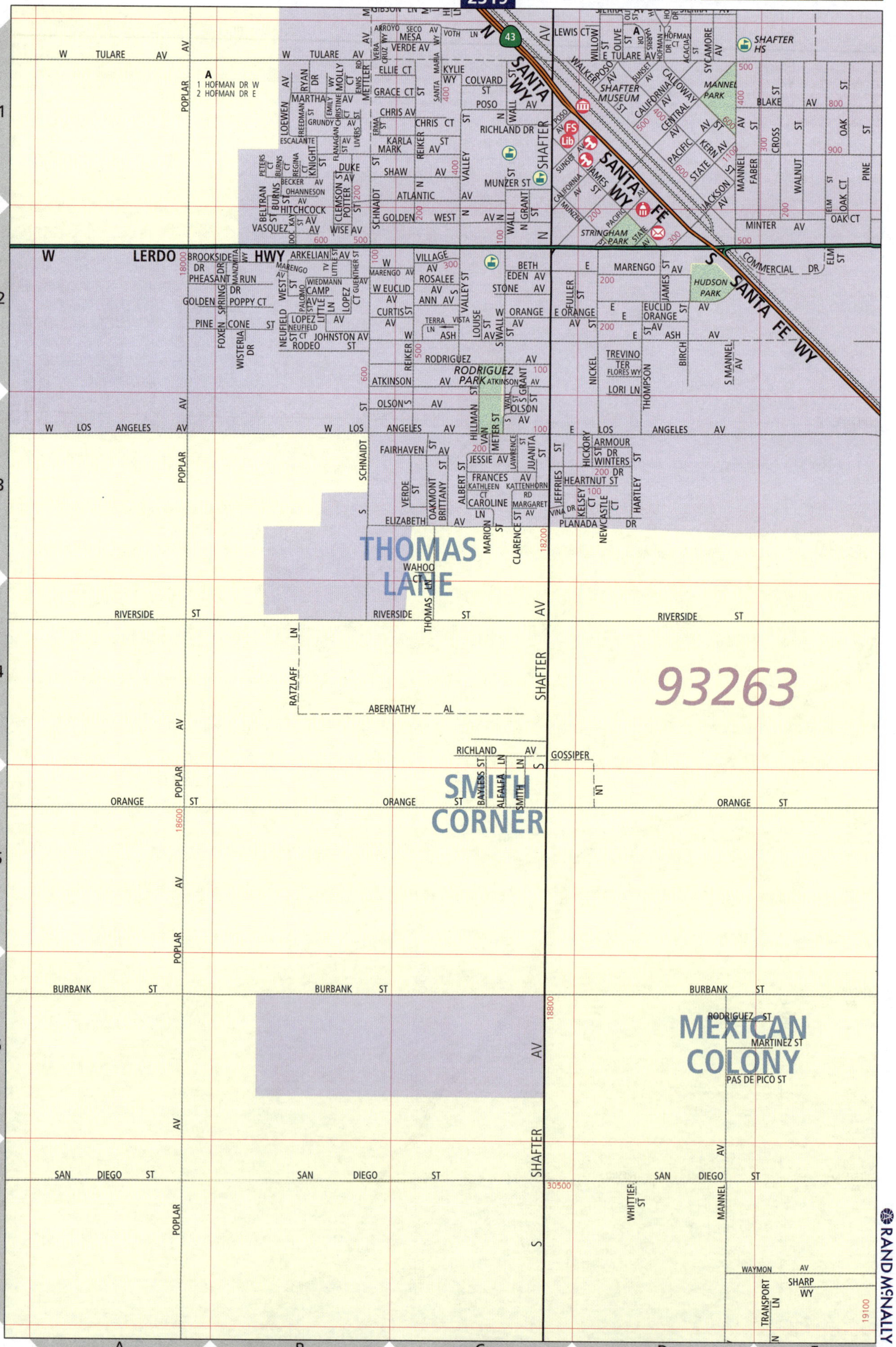

SEE 2 MAP

SEE 2399 MAP

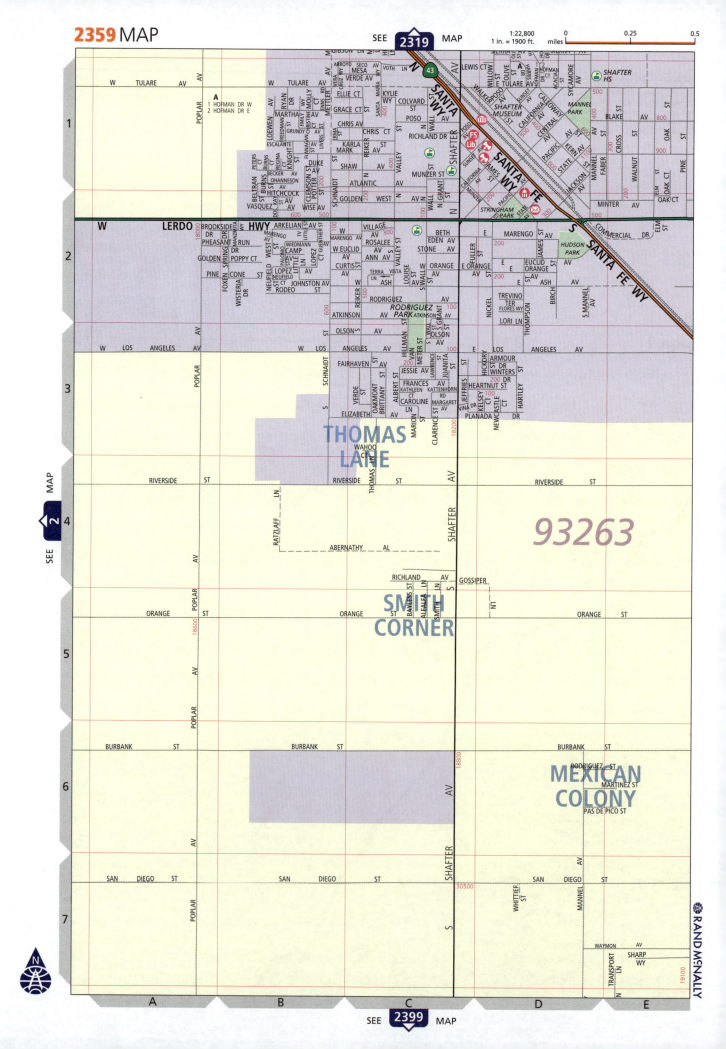

SEE 2319 MAP

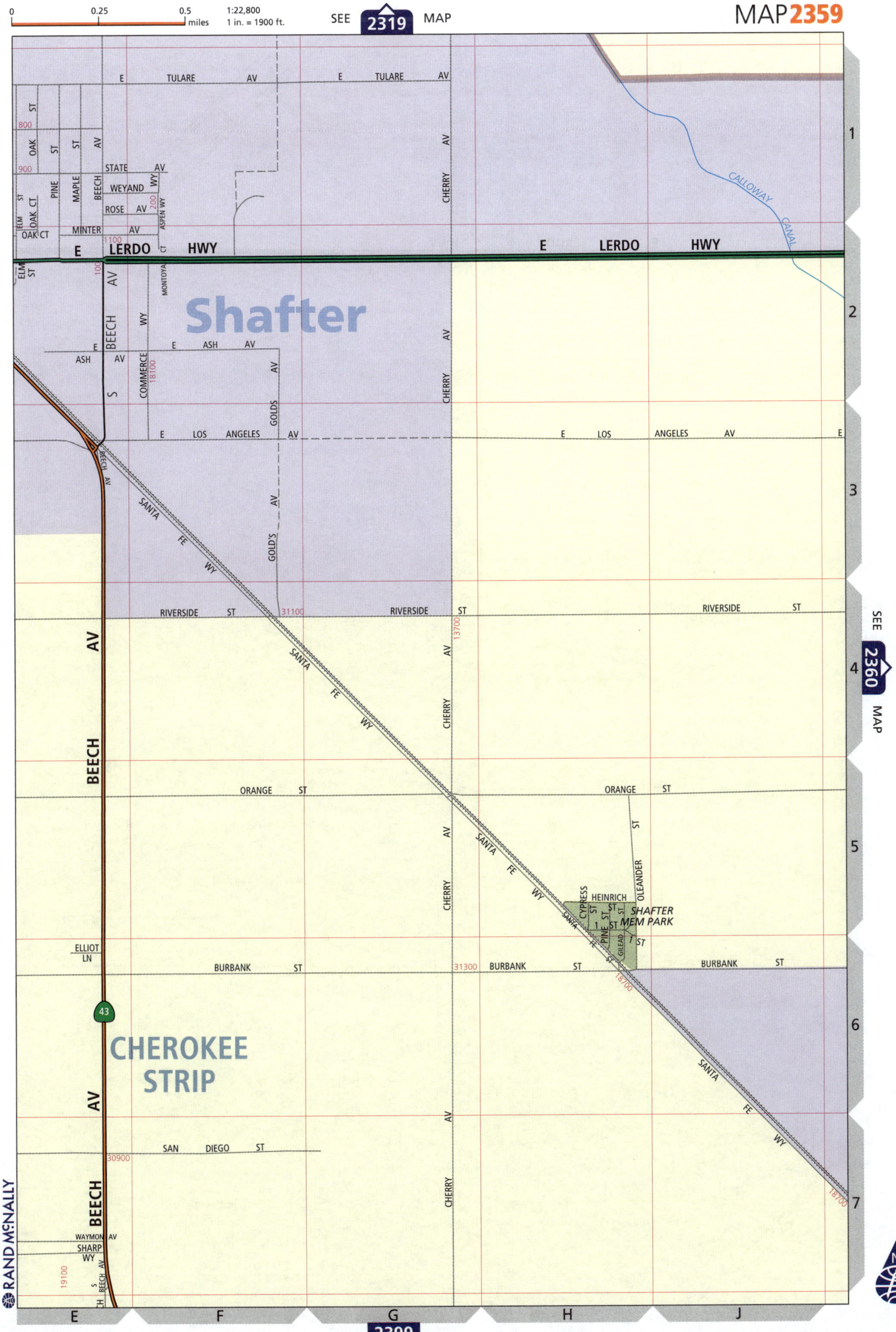

SEE 2360 MAP

SEE 2399 MAP

SEE 2 MAP

1:22,800
1 in. = 1900 ft.
miles 0 0.25 0.5

SEE 2359 MAP

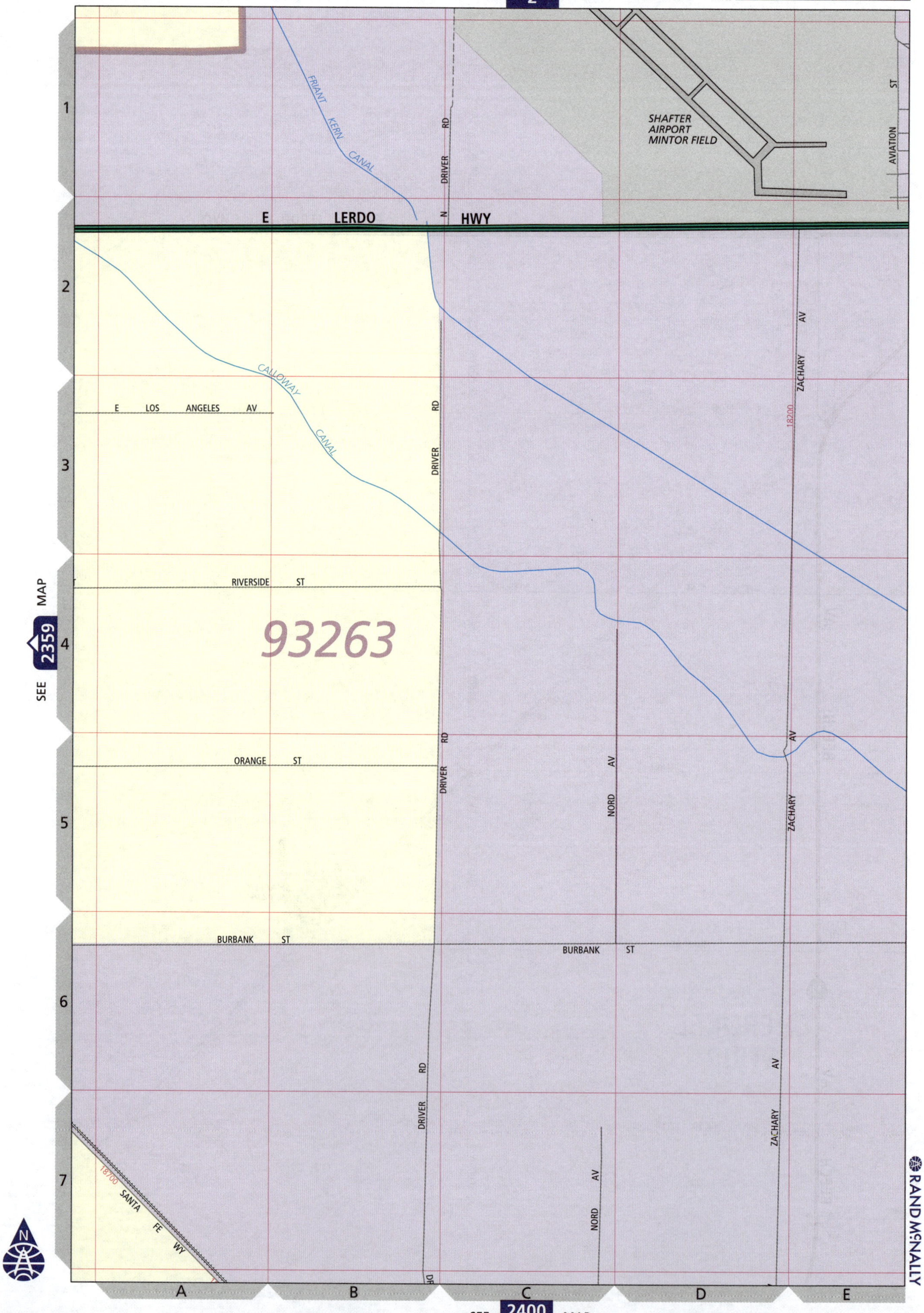

SEE 2400 MAP

0 0.25 0.5 miles
1:22,800
1 in. = 1900 ft.

SEE 2 MAP

SEE 2361 MAP

SEE 2400 MAP

SEE 2 MAP

1:22,800
1 in. = 1900 ft.
miles 0 0.25 0.5

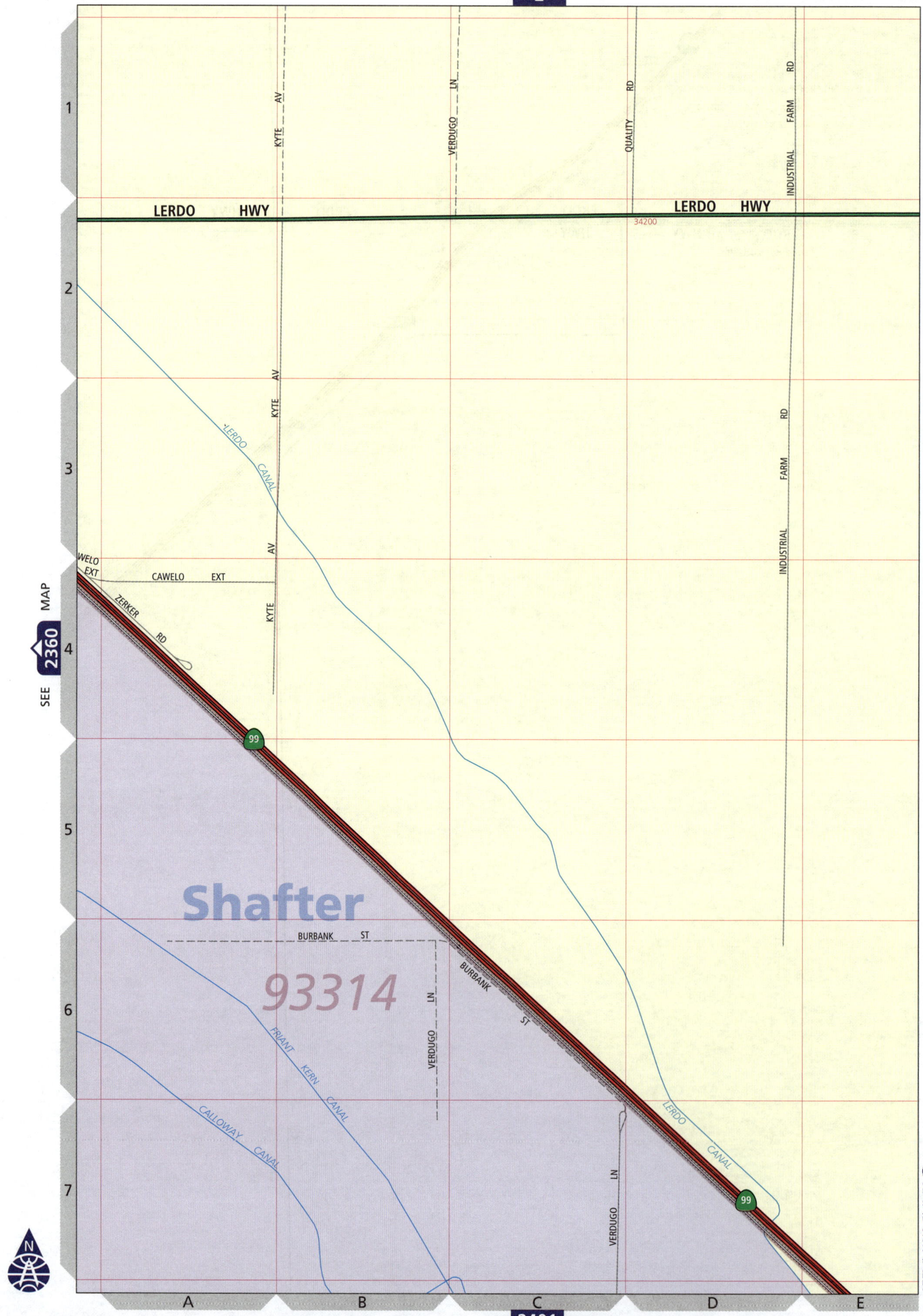

SEE 2360 MAP

SEE 2401 MAP

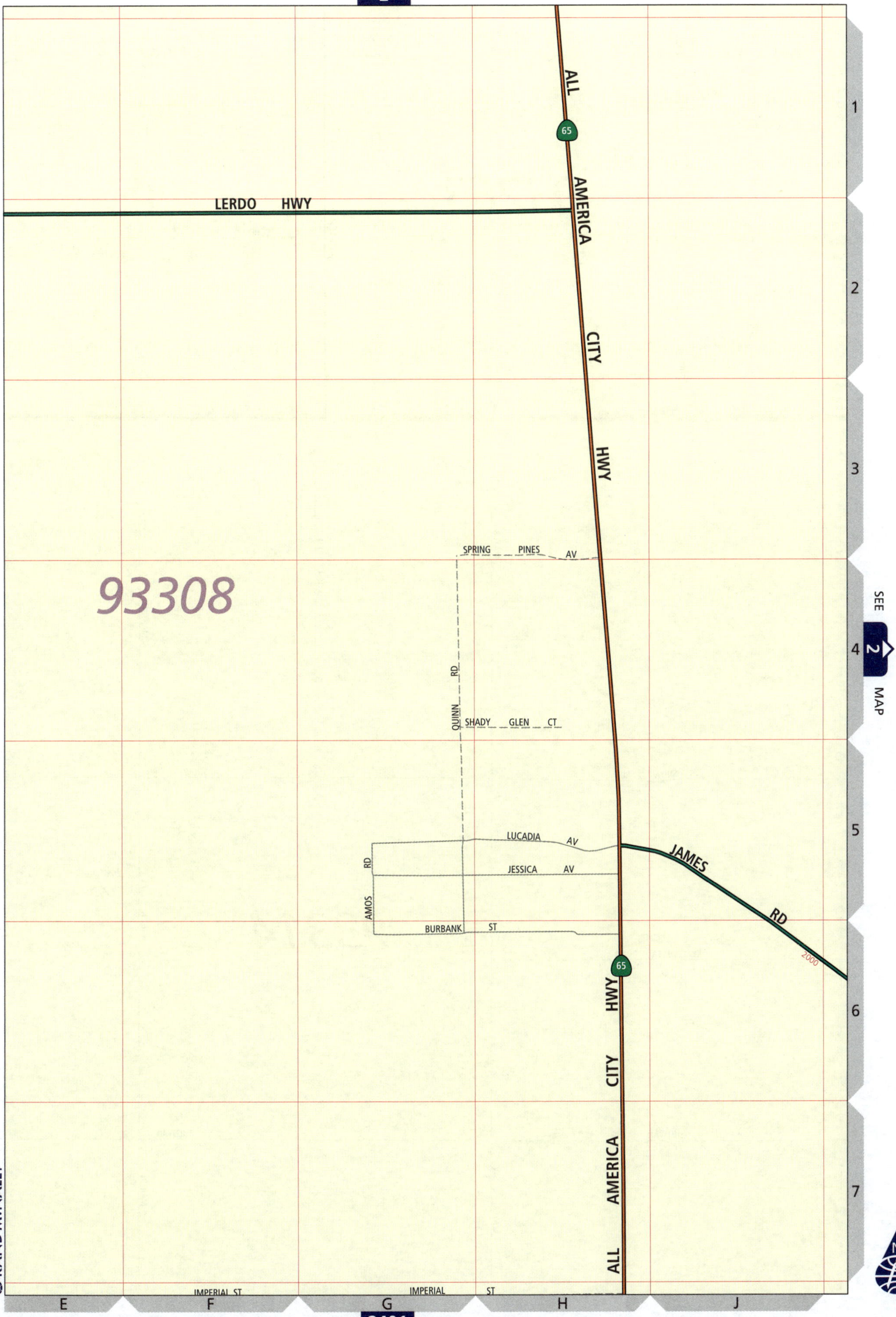
ALL AMERICA CITY HWY
65
LERDO HWY
SPRING PINES AV
93308
QUINN RD
SHADY GLEN CT
LUCADIA AV
JESSICA AV
AMOS RD
BURBANK ST
JAMES RD
2000
65
ALL AMERICA CITY HWY
IMPERIAL ST
IMPERIAL ST
1
2
3
4
5
6
7
E
F
G
H
J
SEE 2 MAP

SEE 2359 MAP

1:22,800
1 in. = 1900 ft.
miles 0 0.25 0.5

SEE 2 MAP

SEE 2439 MAP

0 0.25 0.5 miles
1:22,800
1 in. = 1900 ft.

SEE 2359 MAP

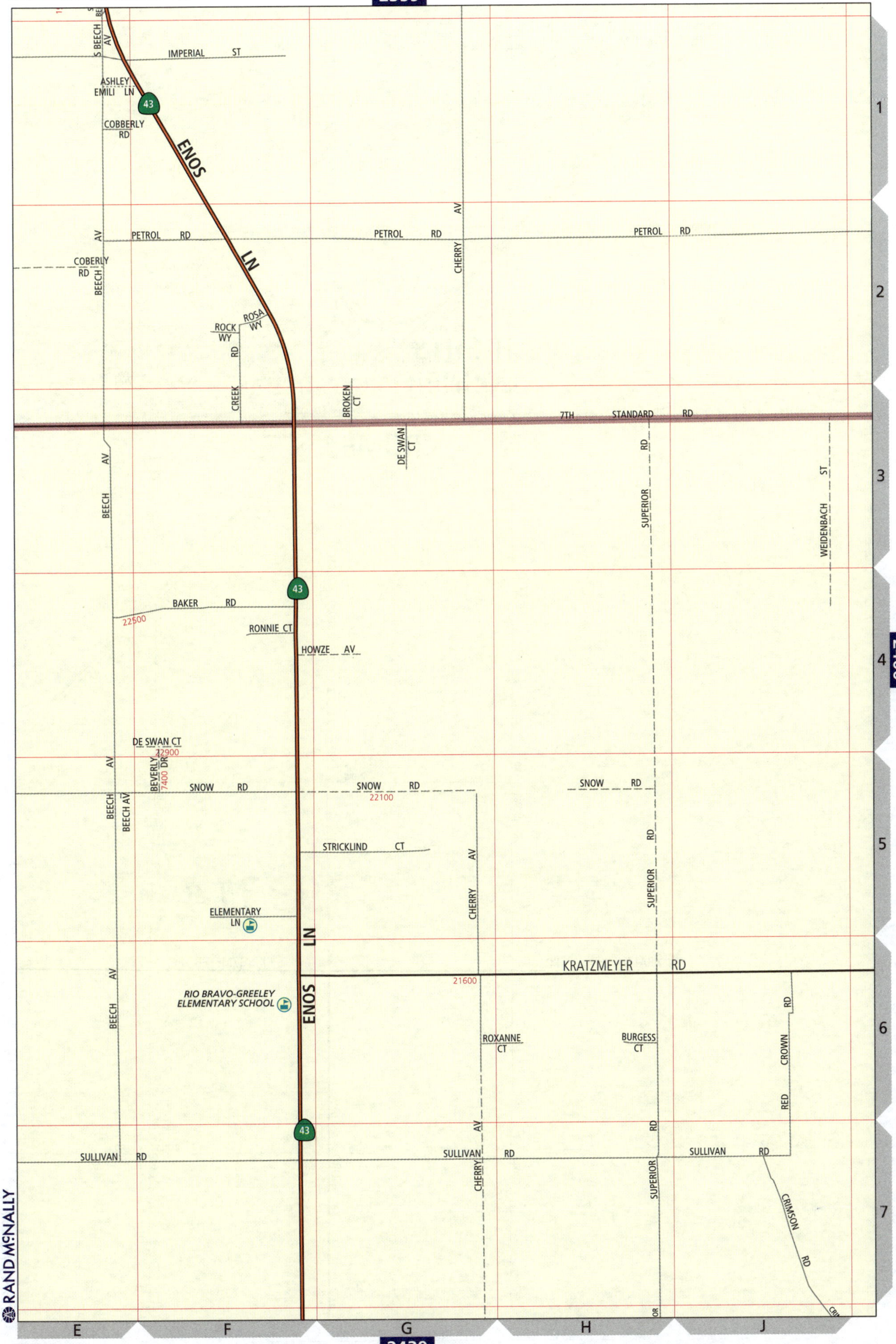

SEE 2400 MAP

SEE 2439 MAP

SEE 2360 MAP

1:22,800
1 in. = 1900 ft.
miles 0 0.25 0.5

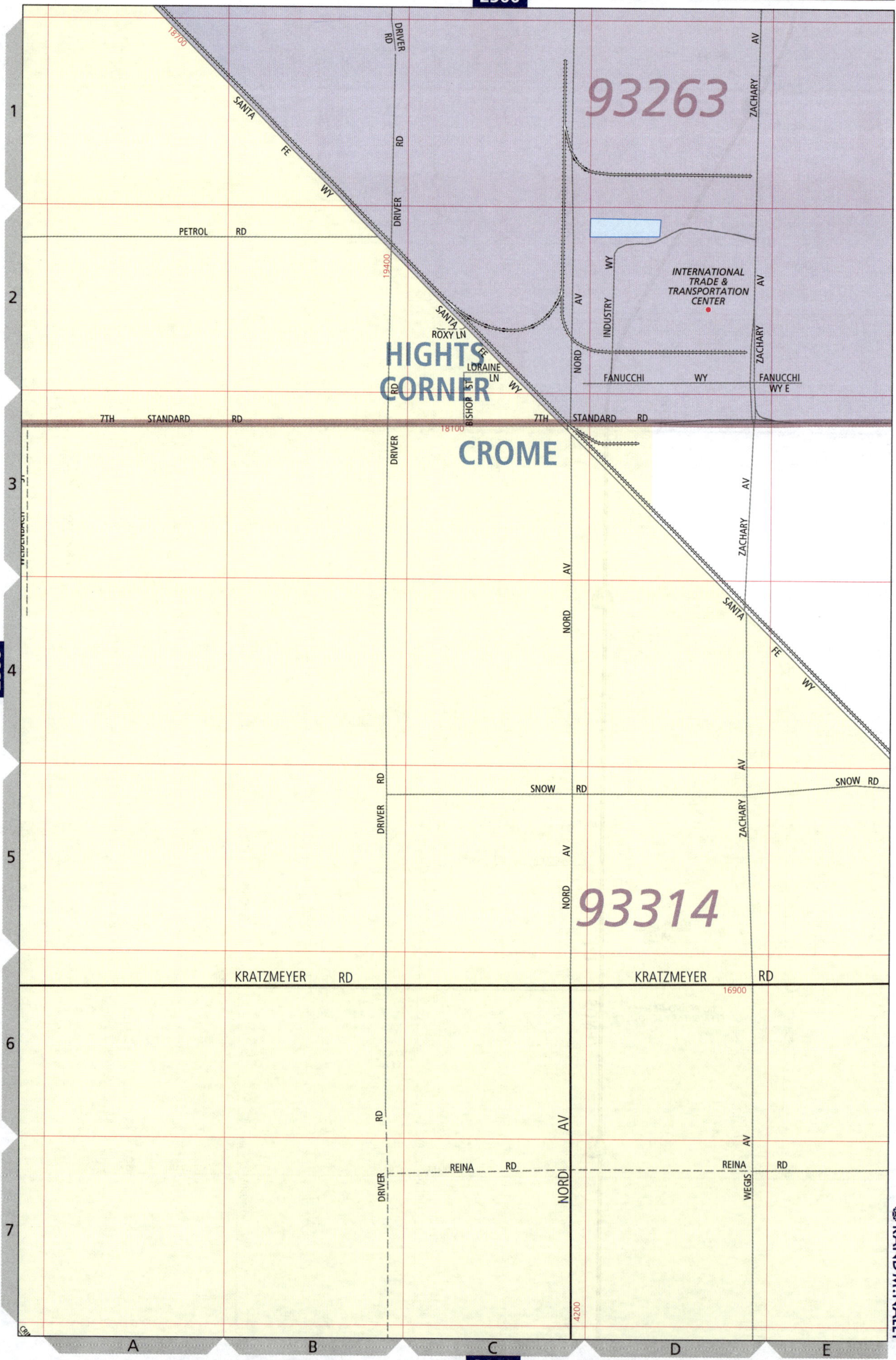

SEE 2399 MAP

SEE 2440 MAP

SEE 2360 MAP

SEE 2401 MAP

SEE 2440 MAP

SEE 2361 MAP

1:22,800
1 in. = 1900 ft.
miles 0 0.25 0.5

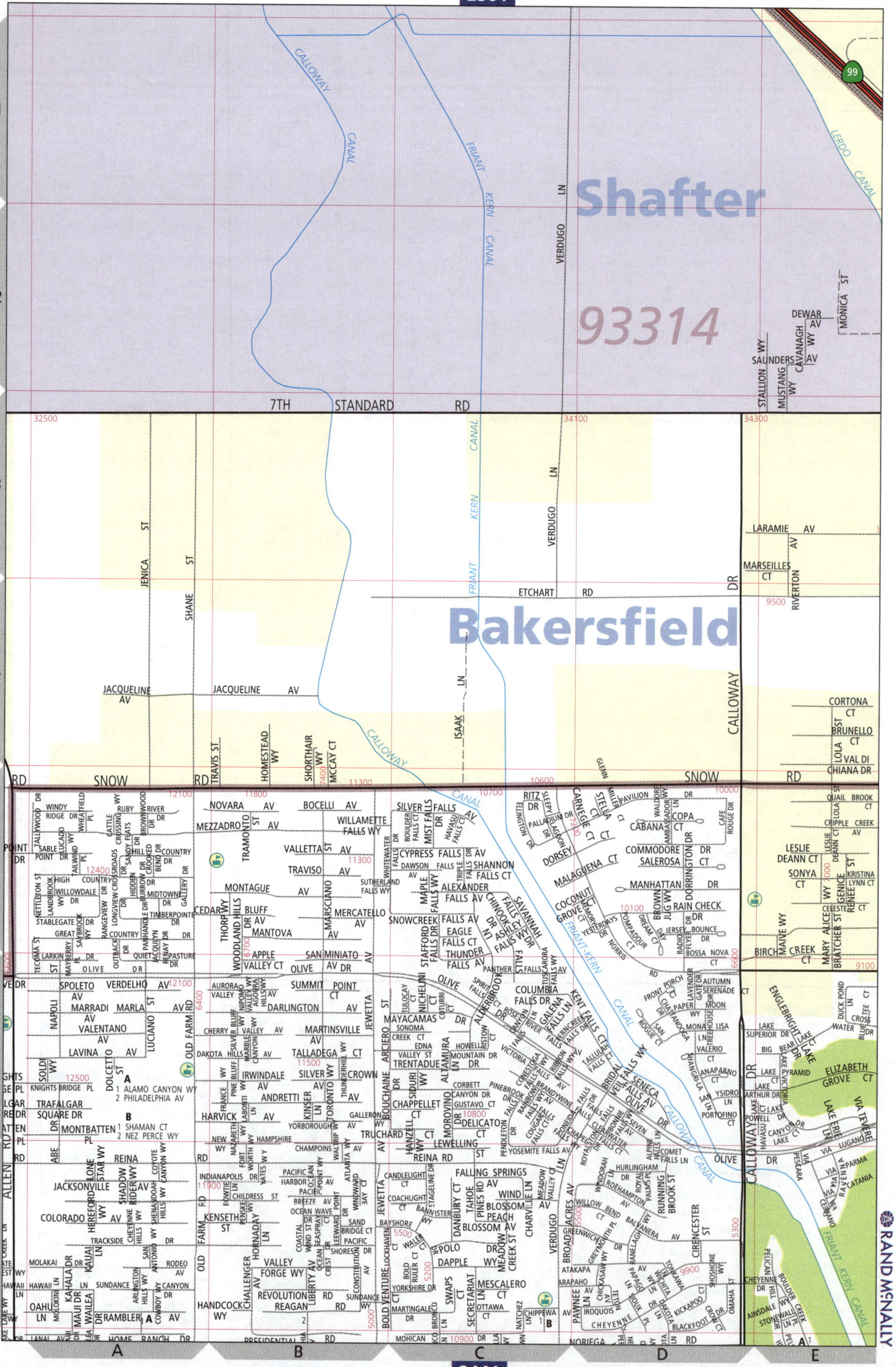

SEE 2400 MAP

SEE 2441 MAP

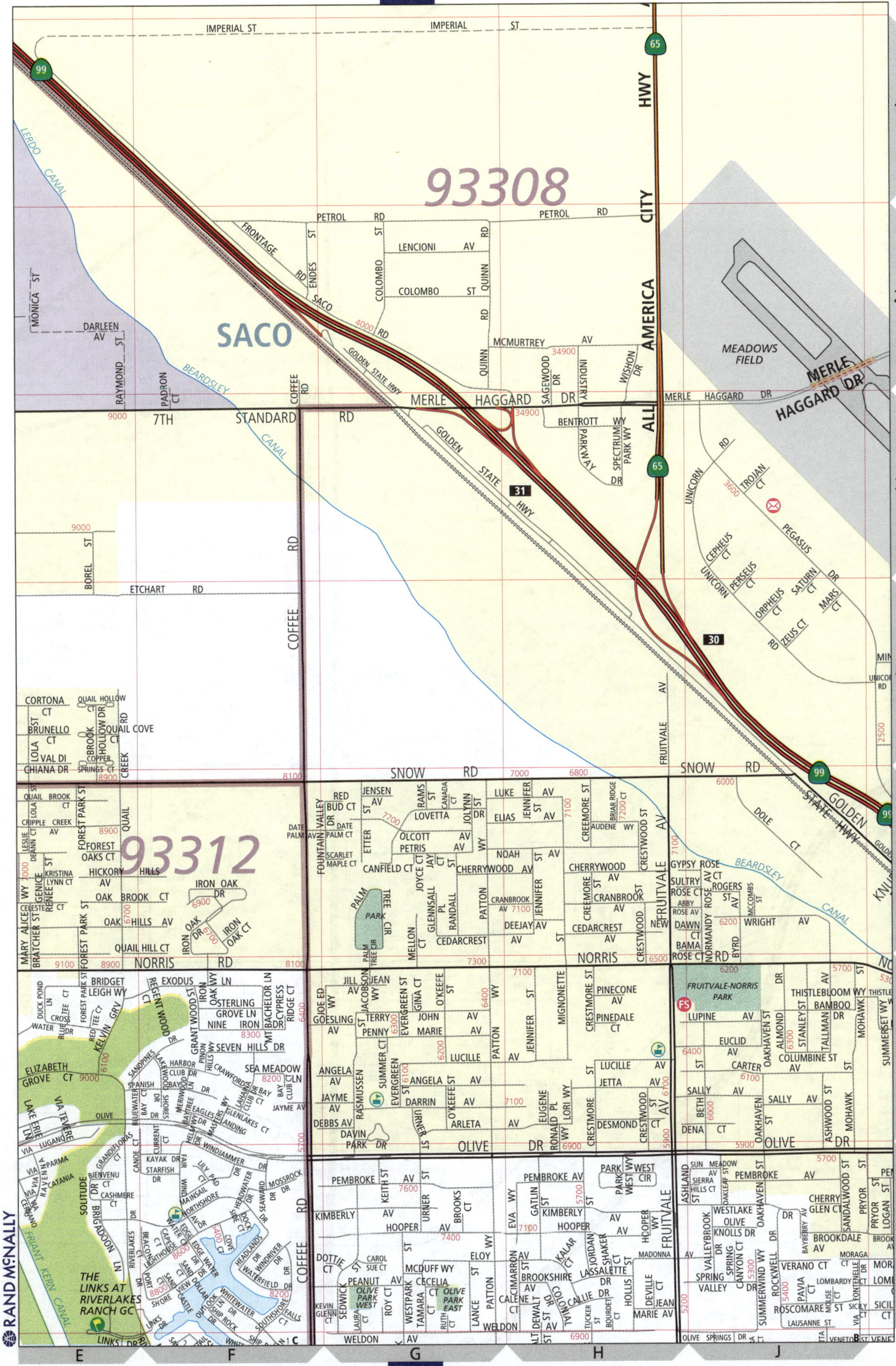
93308
93312
SACO
MEADOWS FIELD
IMPERIAL ST
PETROL RD
LENCIONI AV
COLOMBO ST
QUINN RD
MCMURTREY AV
MERLE HAGGARD DR
7TH STANDARD RD
GOLDEN STATE HWY
ALL AMERICA CITY HWY
LERDO CANAL
BEARDSLEY CANAL
ETCHART RD
BOREL ST
COFFEE RD
SNOW RD
NORRIS RD
OLIVE DR
WELDON AV
FRUITVALE AV
FRUITVALE-NORRIS PARK
PALM PARK
OLIVE PARK WEST
OLIVE PARK EAST
THE LINKS AT RIVERLAKES RANCH GC
FRIANT KERN CANAL
PEMBROKE AV
KIMBERLY AV
HOOPER AV
MCDUFF WY
JENNIFER ST
PATTON WY
CREEMORE ST
CRESTWOOD ST
UNICORN RD
PEGASUS DR
MONICA ST
DARLEEN AV
RAYMOND ST
PADRON CT
99
65
31
30
1
2
3
4
5
6
7
E
F
G
H
J

SEE 2402 MAP

SEE 2 MAP

1:22,800
1 in. = 1900 ft.
miles 0 0.25 0.5

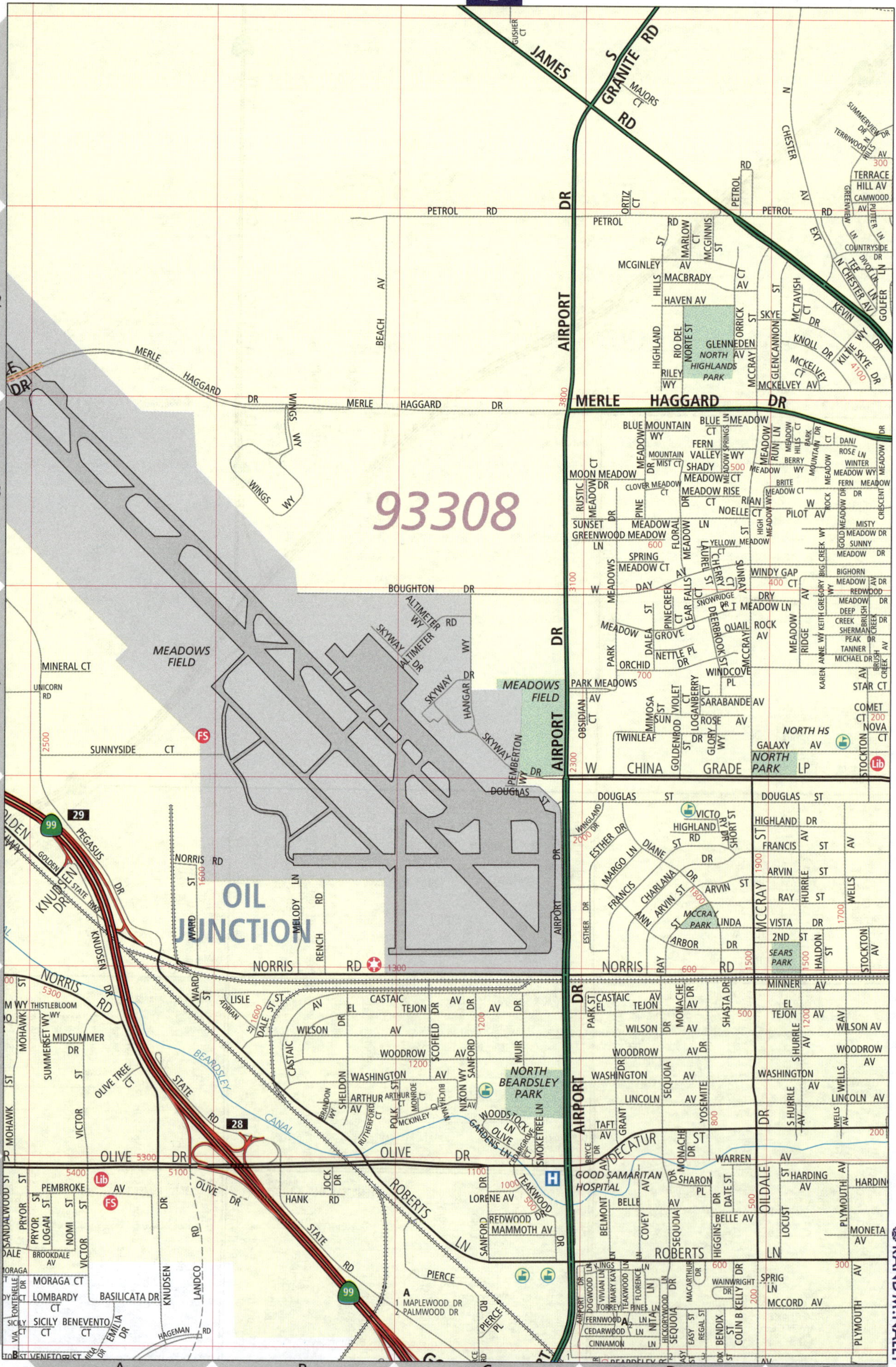

SEE 2401 MAP

RAND McNALLY

SEE 2442 MAP

0 0.25 0.5 miles 1:22,800 1 in. = 1900 ft.

SEE 2 MAP

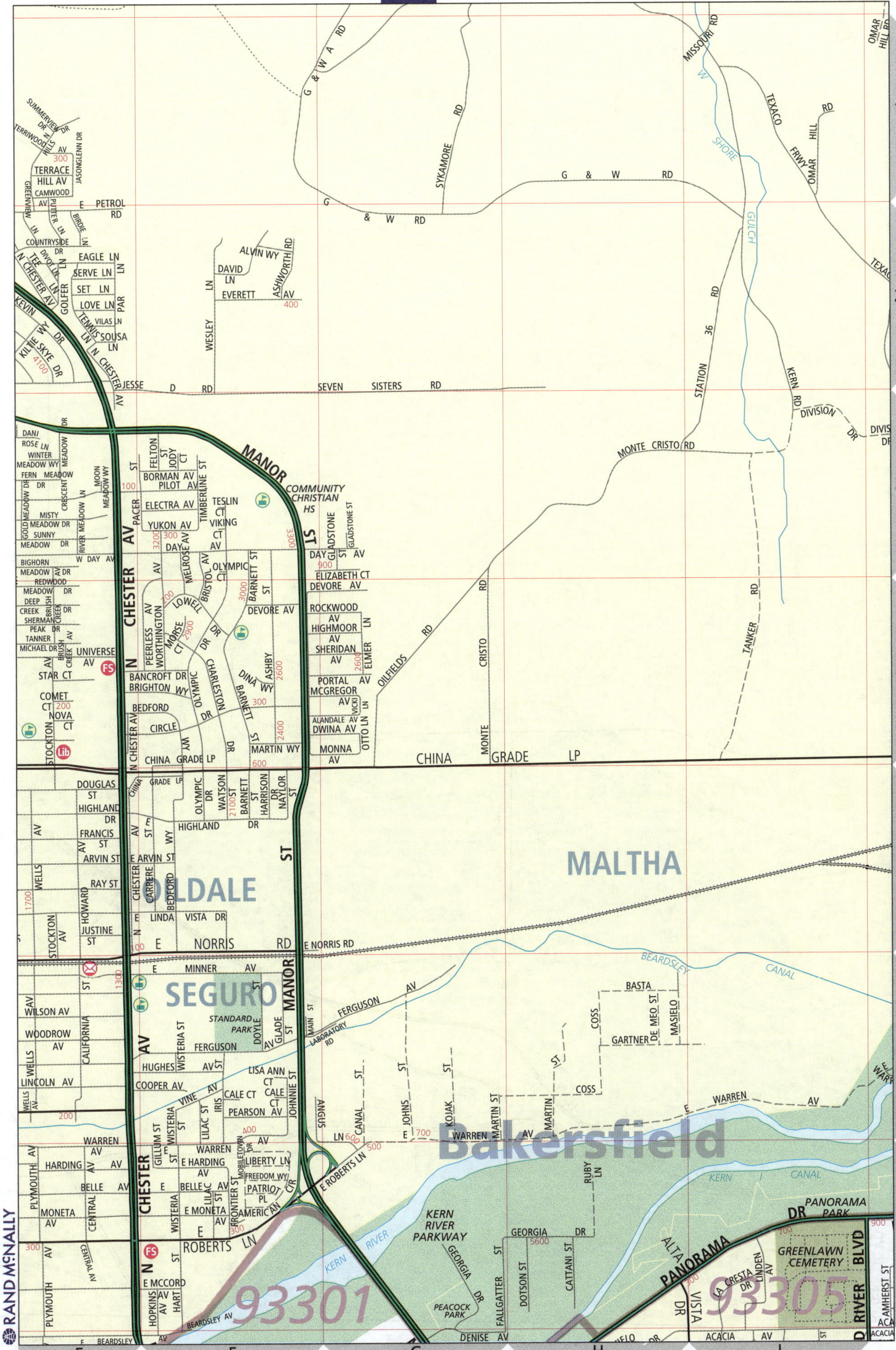

SEE 2403 MAP

SEE 2442 MAP

SEE 2 MAP

1:22,800
1 in. = 1900 ft.
miles 0 0.25 0.5

SEE 2402 MAP

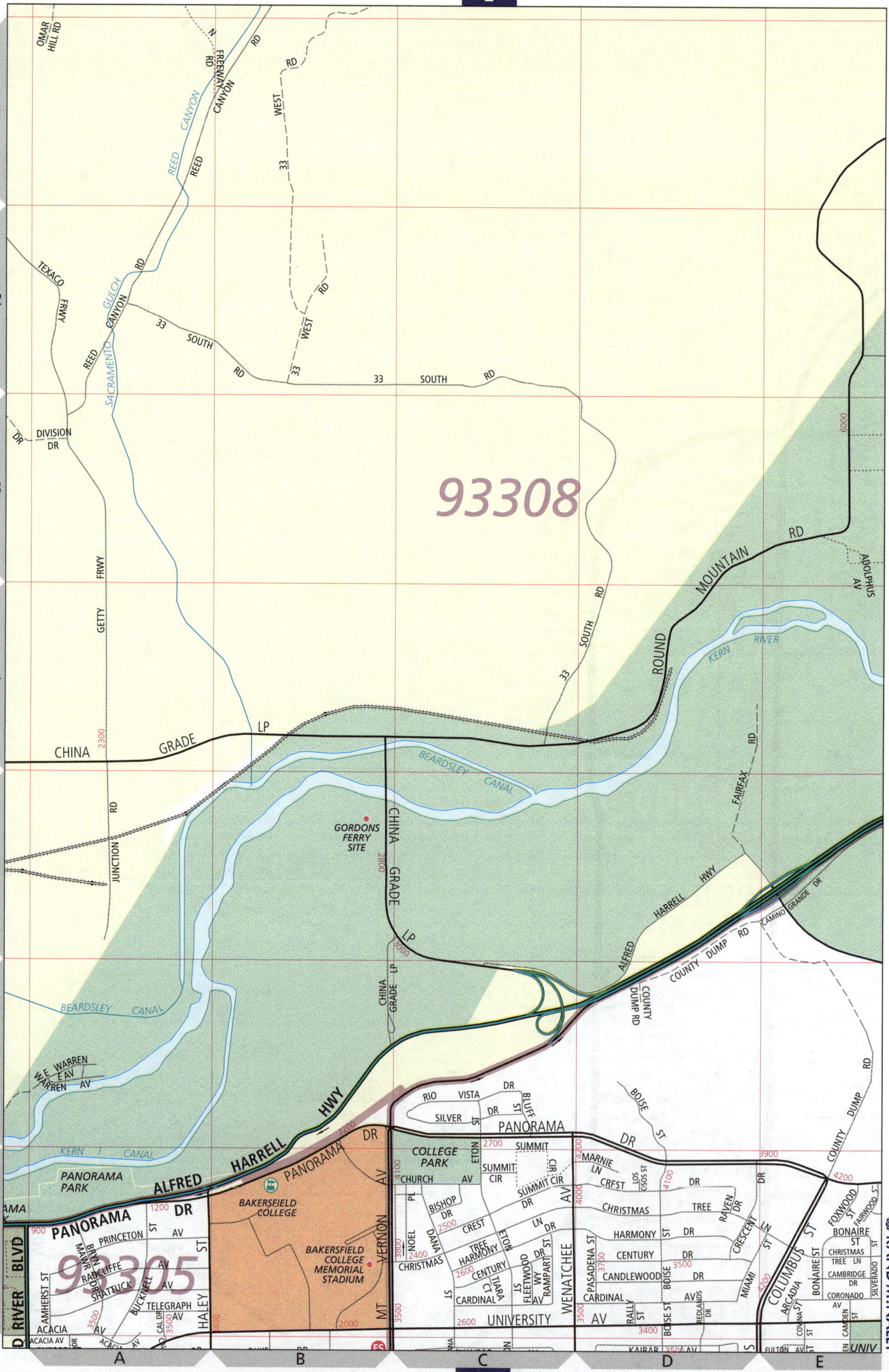

A B C D E
1 2 3 4 5 6 7

RAND McNALLY

SEE 2443 MAP

0 0.25 0.5 miles
1:22,800
1 in. = 1900 ft.

SEE 2 MAP

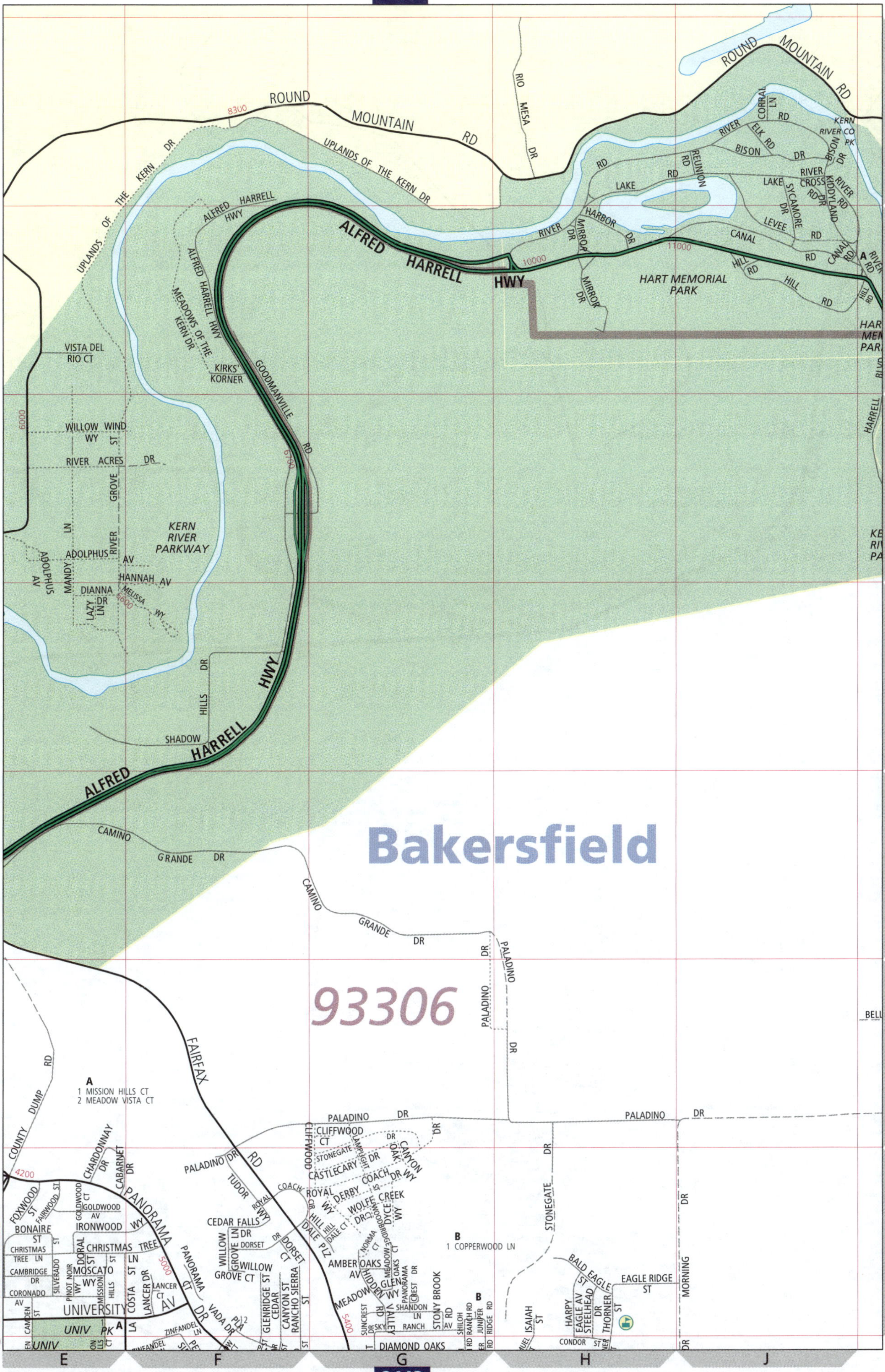

SEE 2404 MAP

SEE 2443 MAP

SEE 2 MAP
1:22,800
1 in. = 1900 ft.
miles 0 0.25 0.5

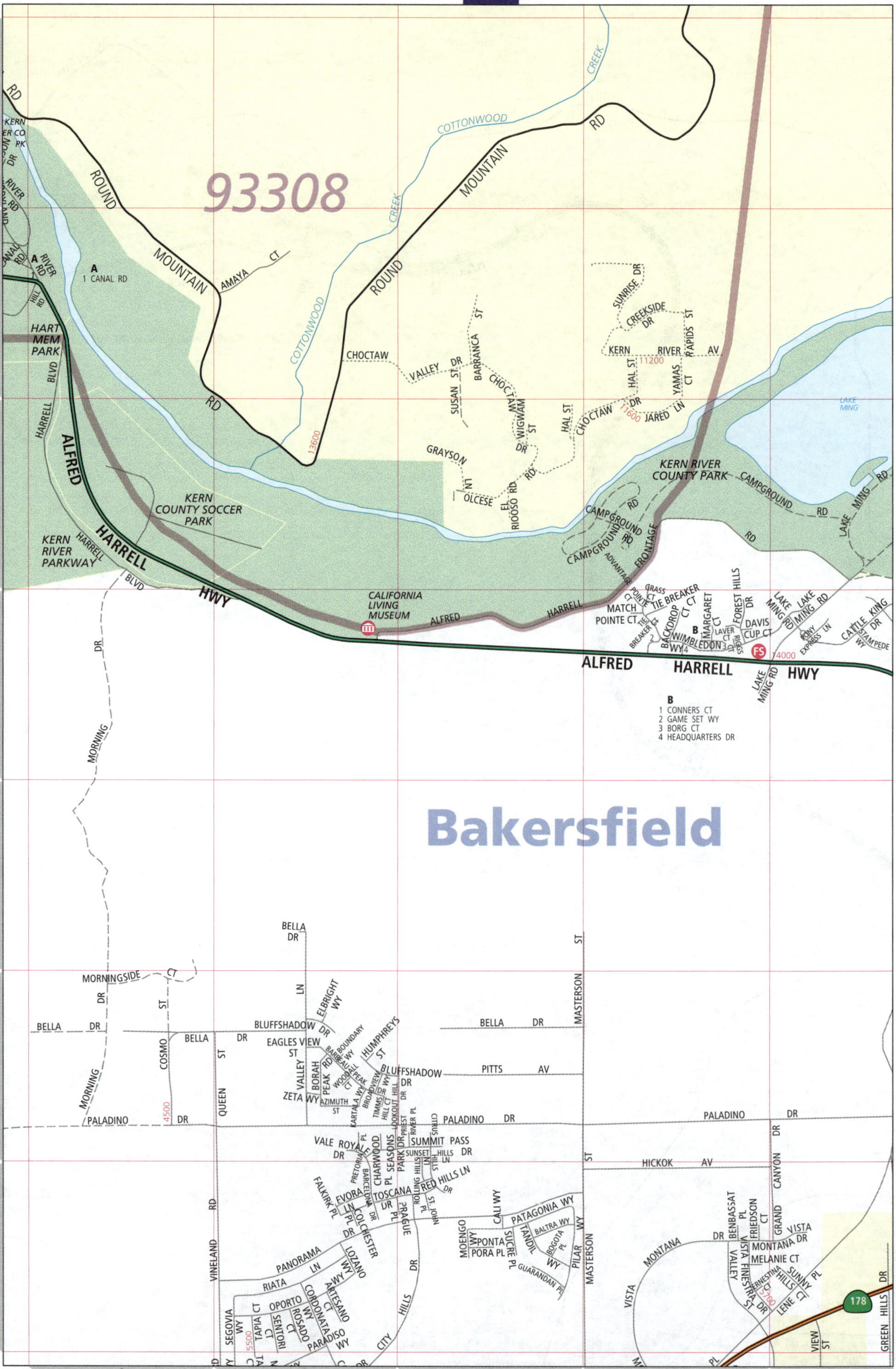

SEE 2403 MAP
SEE 2444 MAP

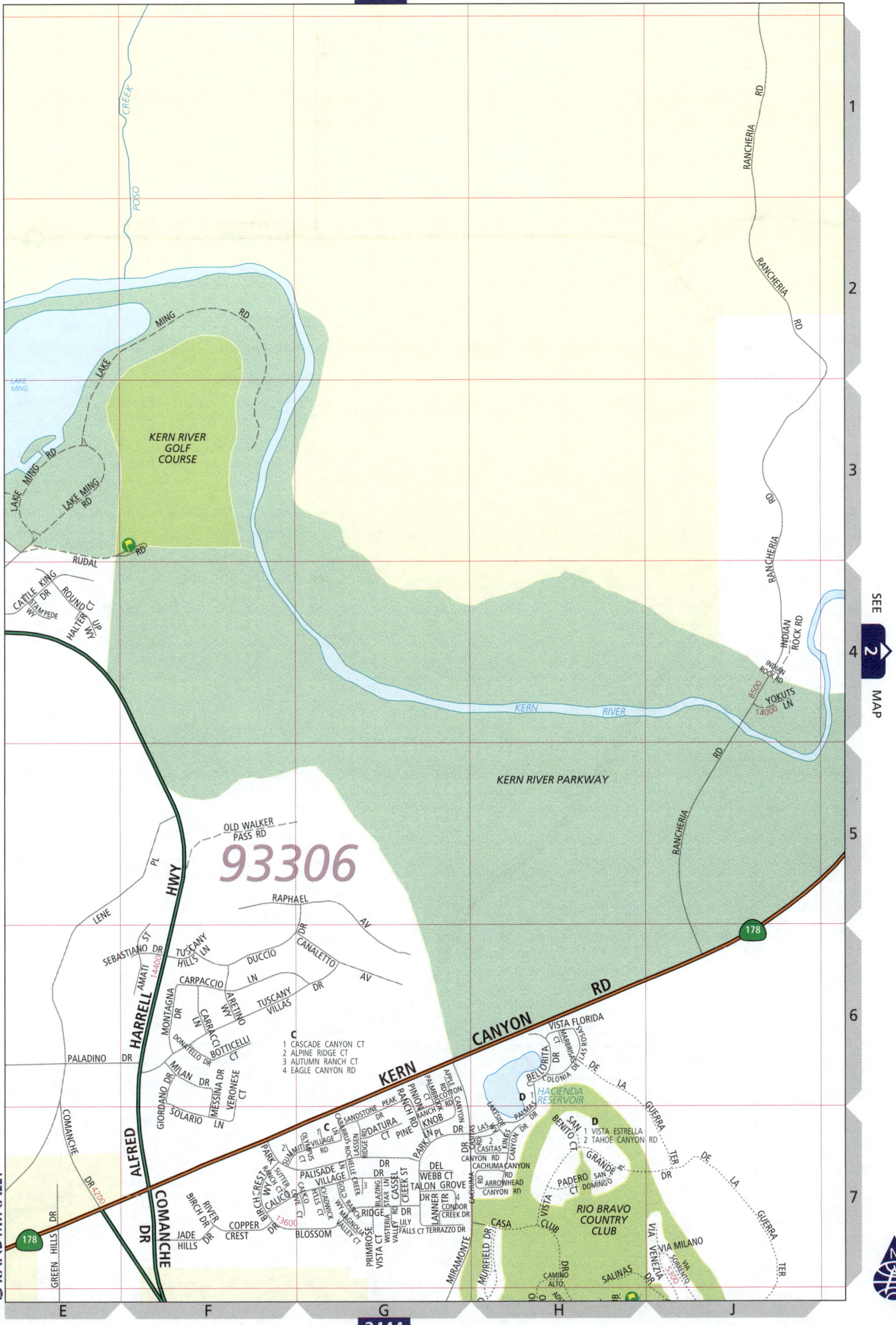
POSO CREEK
LAKE MING
LAKE MING RD
KERN RIVER GOLF COURSE
RUDAL RD
CATTLE KING DR
STAMPEDE WY
ROUND UP WY
HALTER CT
KERN RIVER
KERN RIVER PARKWAY
RANCHERIA RD
INDIAN ROCK RD
YOKUTS LN
8500
14000
OLD WALKER PASS RD
93306
LENE PL
HARRELL HWY
RAPHAEL AV
SEBASTIANO DR
TUSCANY HILLS LN
DUCCIO LN
CANALETTO DR
AV
AMATI ST
14400
CARPACCIO
ARETINO WY
TUSCANY VILLAS DR
MONTAGNA DR
CARRACCI LN
DONATELLO DR
BOTTICELLI CT
PALADINO DR
MILAN DR
MESSINA DR
VERONESE CT
GIORDANO DR
SOLARIO LN
C
1 CASCADE CANYON CT
2 ALPINE RIDGE CT
3 AUTUMN RANCH CT
4 EAGLE CANYON RD
KERN CANYON RD
178
COMANCHE DR
4200
ALFRED HARRELL HWY
COMANCHE DR
GREEN HILLS DR
JADE HILLS
RIVER BIRCH DR
COPPER CREST
BIRCHCREST WY
CALICO
13600
BLOSSOM
PALISADE VILLAGE
SANDSTONE PEAK DR
DATURA CT
PINE KNOB
PINION RANCH RD
PARK RANCH
RIDGE
PRIMROSE VISTA CT
WISTERIA VALLEY
LILY
FALLS CT
TERRAZZO DR
DEL WEBB CT
TALON GROVE
CONDOR CREEK DR
APPLE CANYON DR
PALMBROOK CT
CACHUMA CANYON
ARROWHEAD CANYON RD
CASITAS CT
LAS CASITAS
KINGS CANYON DR
LAKESIDE
MIRAMONTE
MURFIELD DR
CASA
VISTA FLORIDA
BELLORITA DR
MARBRISA CT
LAS ROSAS
COLONIA
PALMAS
HACIENDA RESERVOIR
D
1 VISTA ESTRELLA
2 TAHOE CANYON RD
SAN BENITO CT
GRANDE PL
PADERO CT
SAN DOMINGO
DE LA GUERRA TER
RIO BRAVO COUNTRY CLUB
VISTA CLUB DR
CAMINO ALTO
SALINAS DR
VIA VENEZIA
VIA MILANO
VIA SORRENTO
5300
SEE 2 MAP
1
2
3
4
5
6
7
E
F
G
H
J
RAND McNALLY

SEE 2 MAP

1:22,800
1 in. = 1900 ft.
miles 0 0.25 0.5

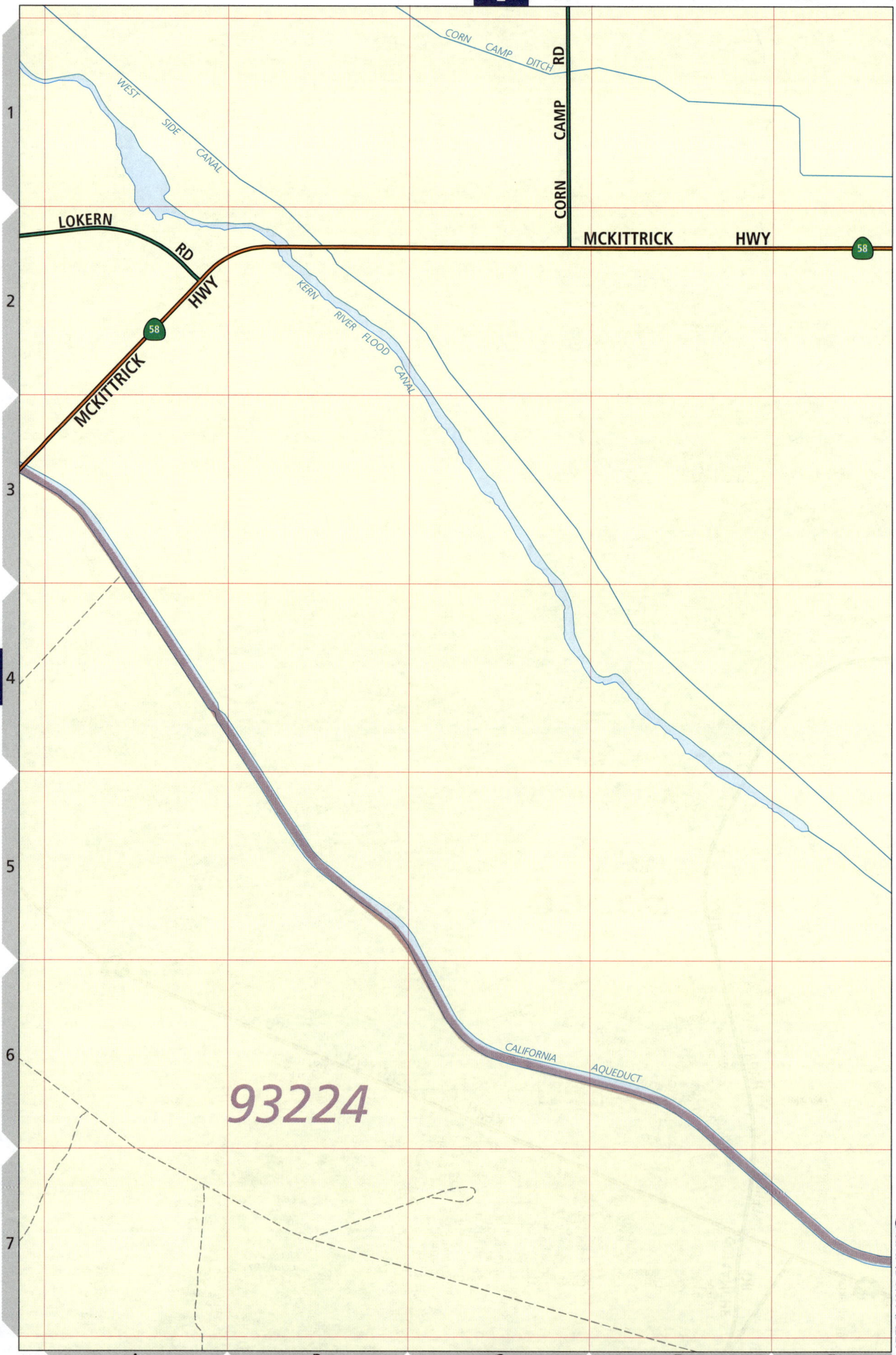

SEE 1 MAP

SEE 2 MAP

0 0.25 0.5 miles 1:22,800 1 in. = 1900 ft.

SEE 2 MAP

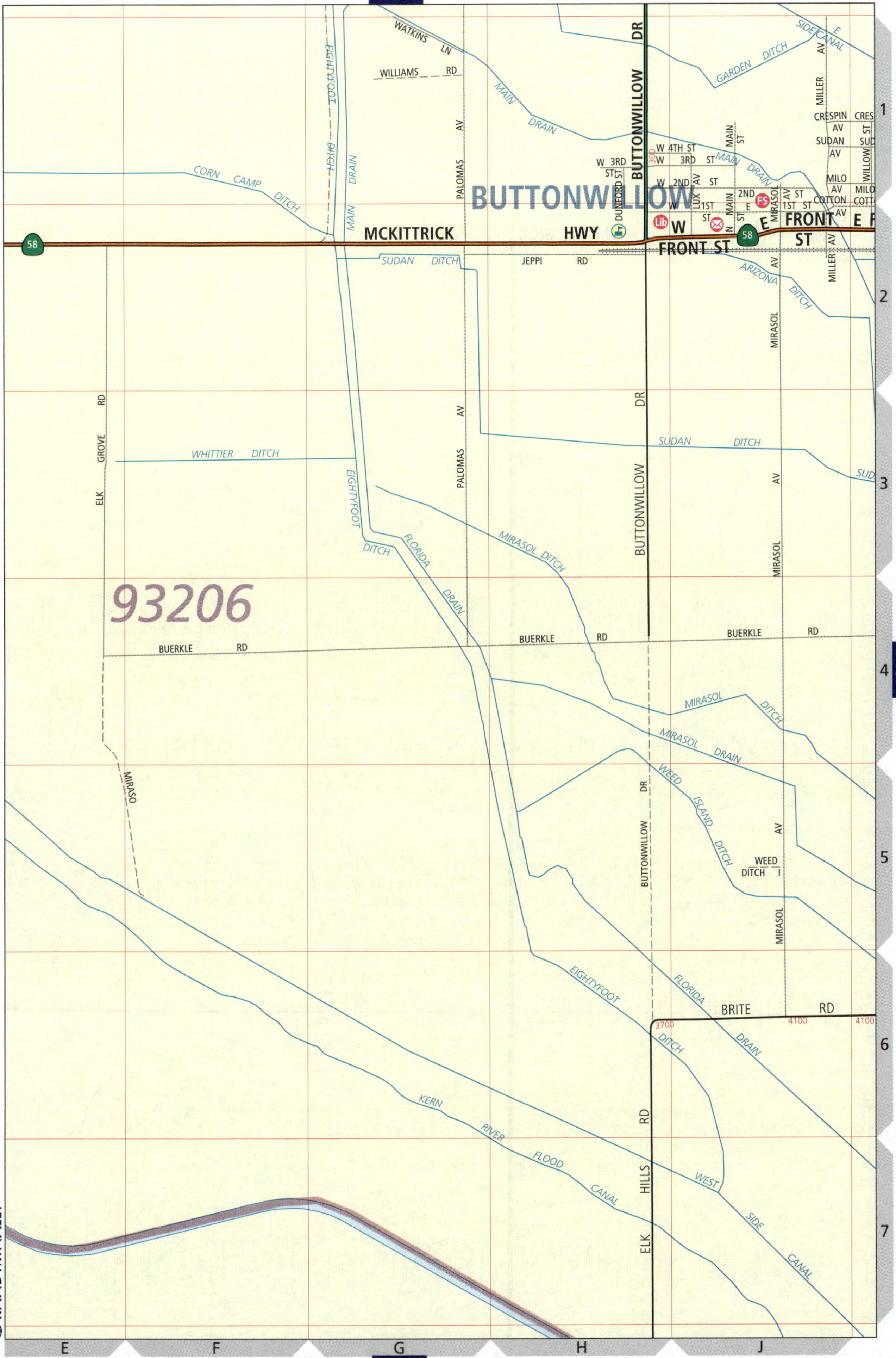

SEE 2437 MAP

SEE 2 MAP

SEE 2 MAP

1:22,800
1 in. = 1900 ft.
miles 0 0.25 0.5

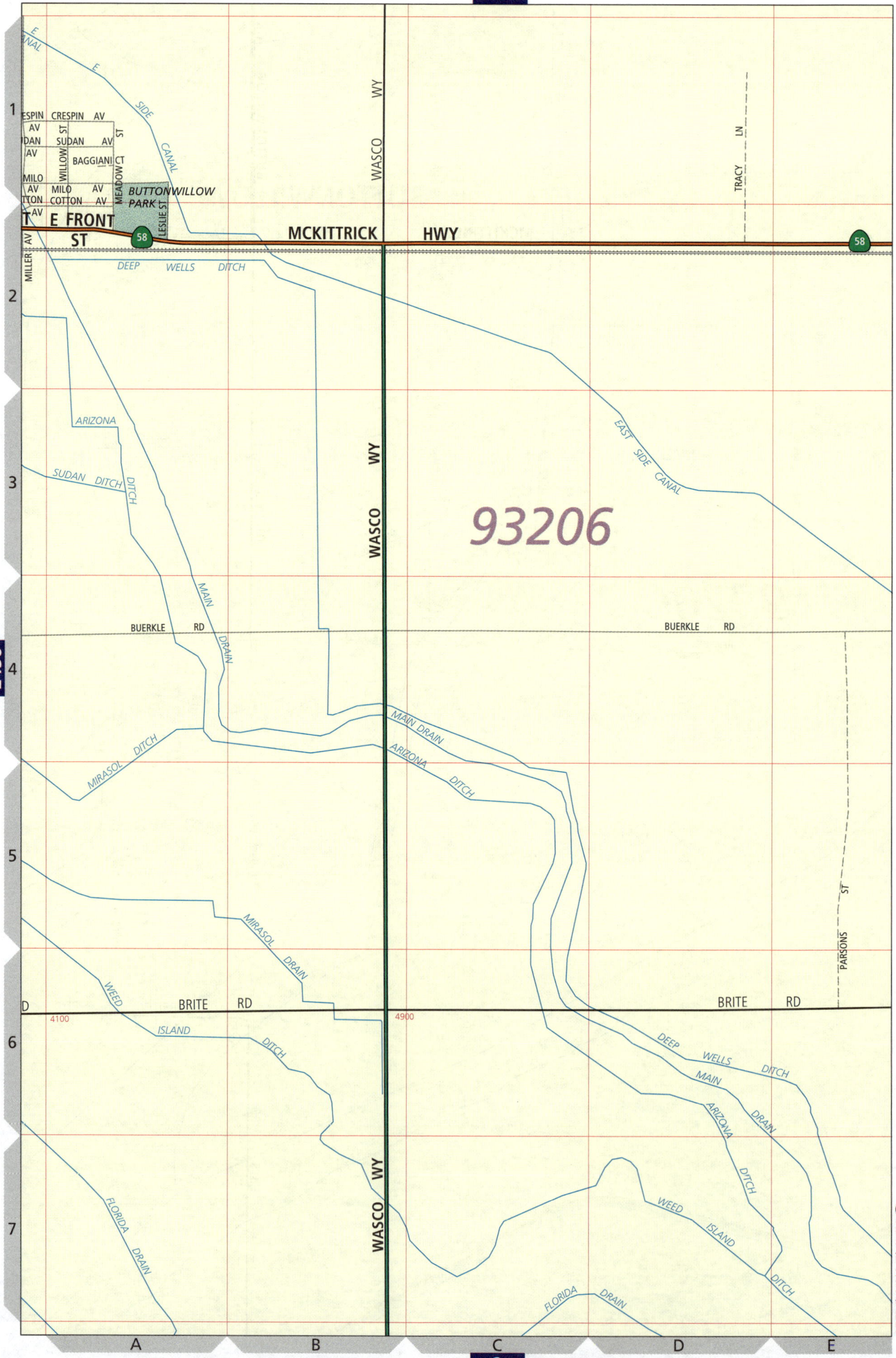

SEE 2436 MAP

SEE 2 MAP

0 0.25 0.5 miles
1:22,800
1 in. = 1900 ft.

SEE 2 MAP

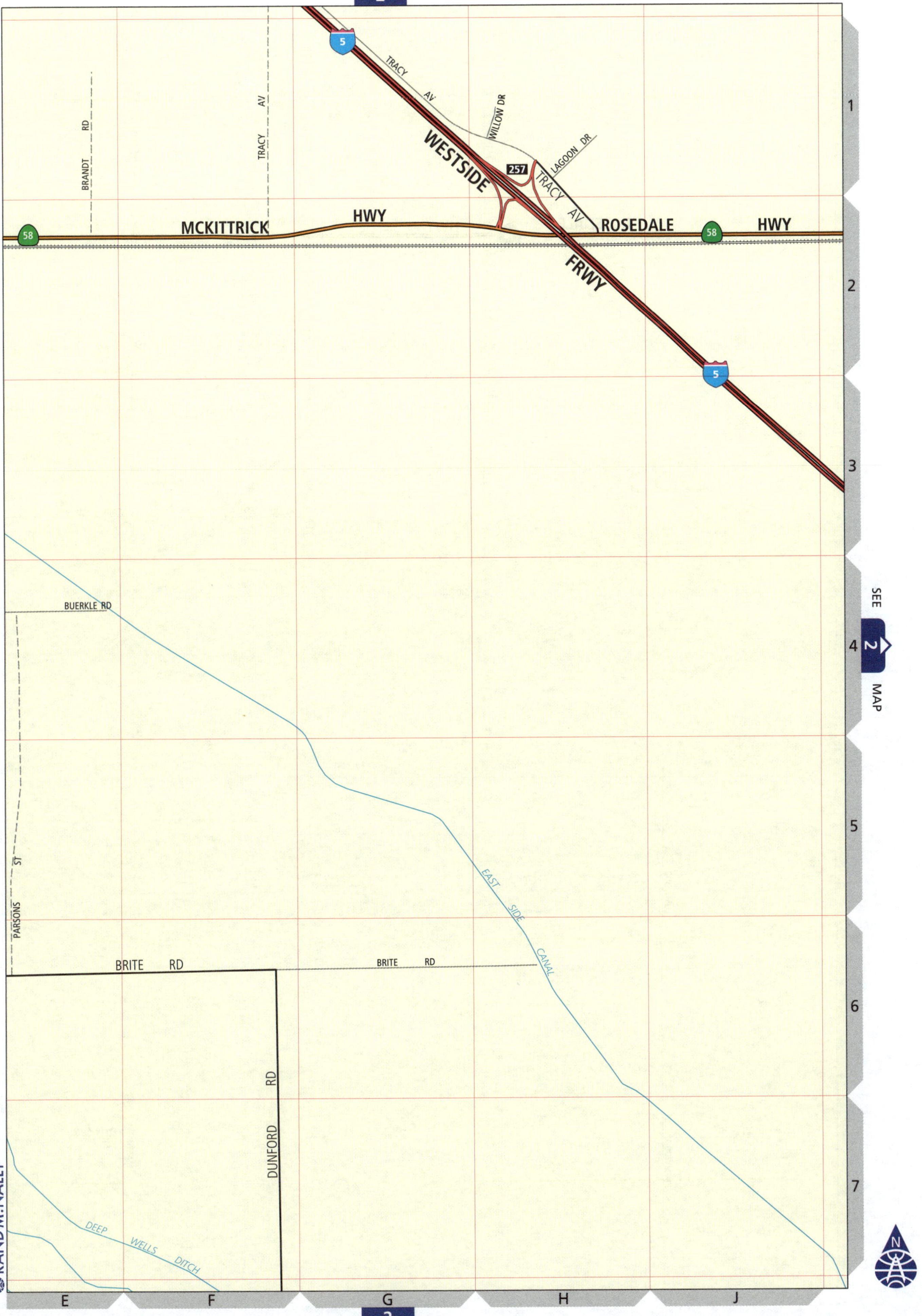

RAND McNALLY

SEE 2 MAP

SEE 2399 MAP

1:22,800
1 in. = 1900 ft.
miles 0 0.25 0.5

SEE 2 MAP

SEE 2 MAP

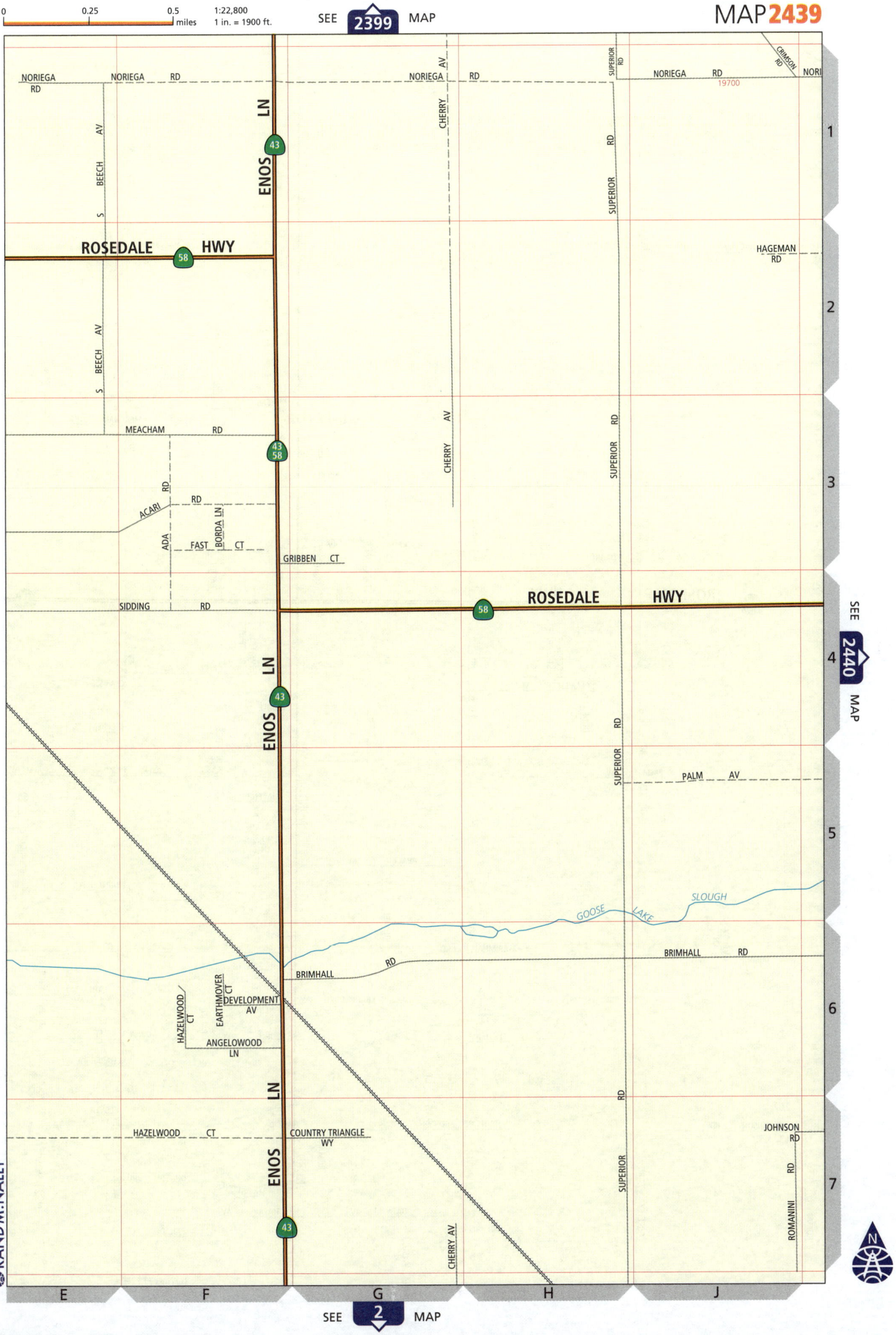
0
0.25
0.5
miles
1:22,800
1 in. = 1900 ft.
SEE 2399 MAP
NORIEGA RD
NORIEGA RD
NORIEGA RD
NORIEGA RD
19700
CRIMSON RD
NORI
SUPERIOR RD
CHERRY AV
ENOS LN
43
S BEECH AV
SUPERIOR RD
ROSEDALE HWY
58
HAGEMAN RD
MEACHAM RD
43
58
CHERRY AV
SUPERIOR RD
ACARI RD
RD
ADA
BORDA LN
FAST CT
GRIBBEN CT
SIDDING RD
ROSEDALE HWY
58
SEE 2440 MAP
ENOS LN
43
SUPERIOR RD
PALM AV
GOOSE LAKE SLOUGH
BRIMHALL RD
BRIMHALL RD
HAZELWOOD CT
EARTHMOVER CT
DEVELOPMENT AV
ANGELOWOOD LN
HAZELWOOD CT
COUNTRY TRIANGLE WY
ENOS LN
43
SUPERIOR RD
JOHNSON RD
ROMANINI RD
CHERRY AV
1
2
3
4
5
6
7
E
F
G
H
J
N
SEE 2 MAP

SEE 2400 MAP

1:22,800
1 in. = 1900 ft.
miles 0 0.25 0.5

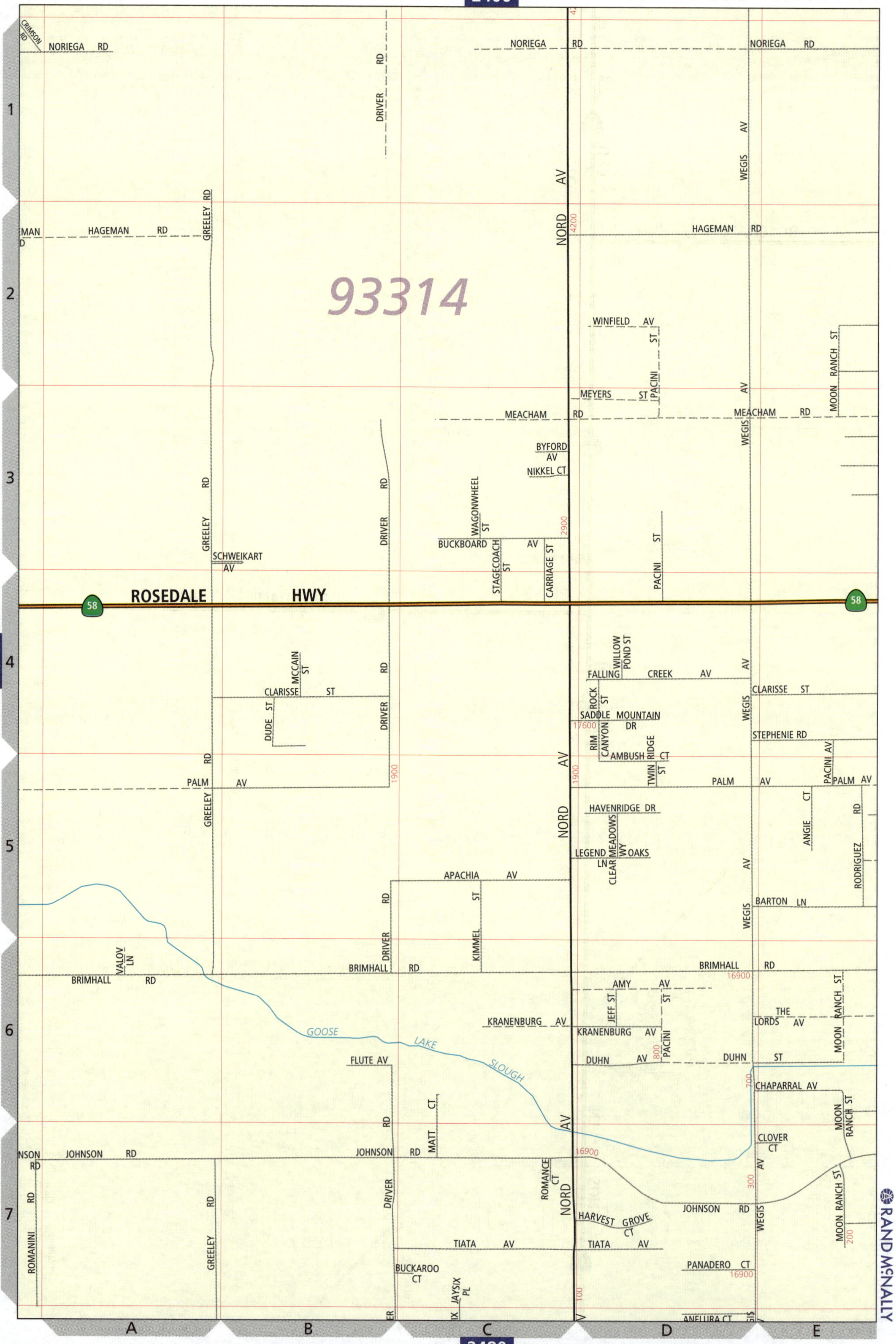

SEE 2439 MAP

SEE 2480 MAP

0 0.25 0.5 miles 1:22,800 1 in. = 1900 ft.

SEE 2400 MAP

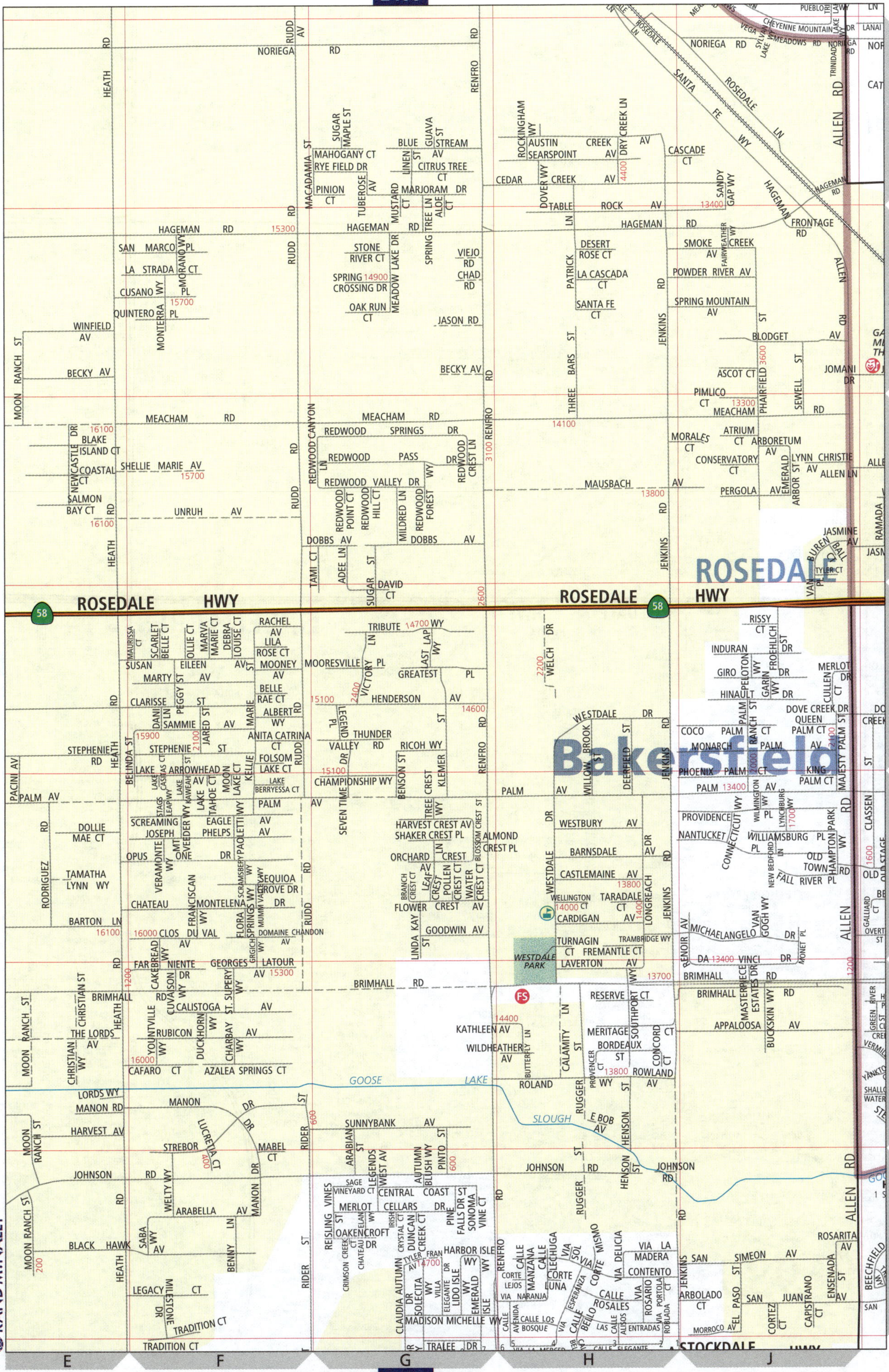

SEE 2441 MAP

SEE 2480 MAP

SEE 2401 MAP

1:22,800
1 in. = 1900 ft.
miles 0 0.25 0.5

SEE 2440 MAP

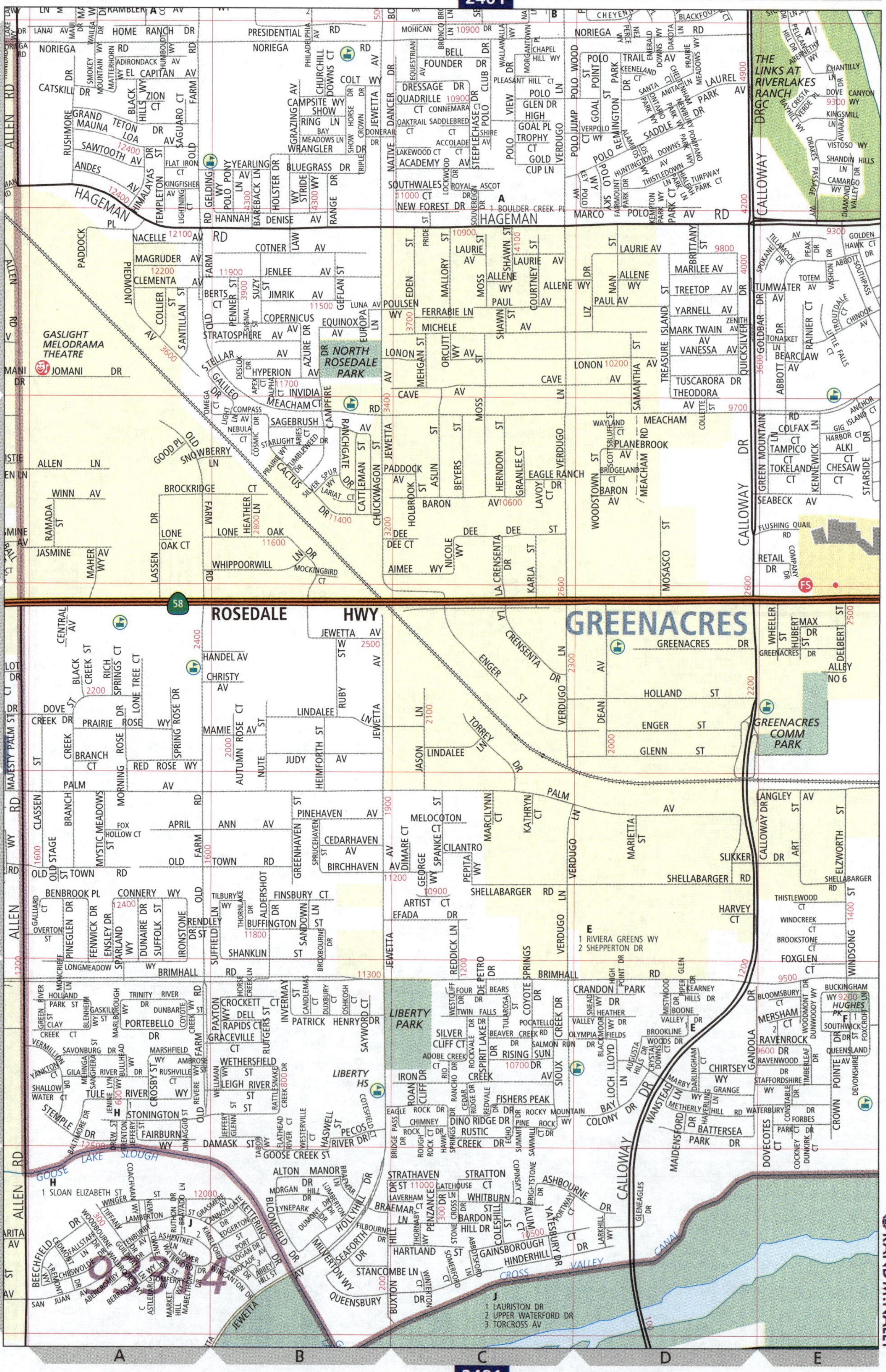

SEE 2481 MAP

0 0.25 0.5 miles 1:22,800 1 in. = 1900 ft.

SEE 2401 MAP

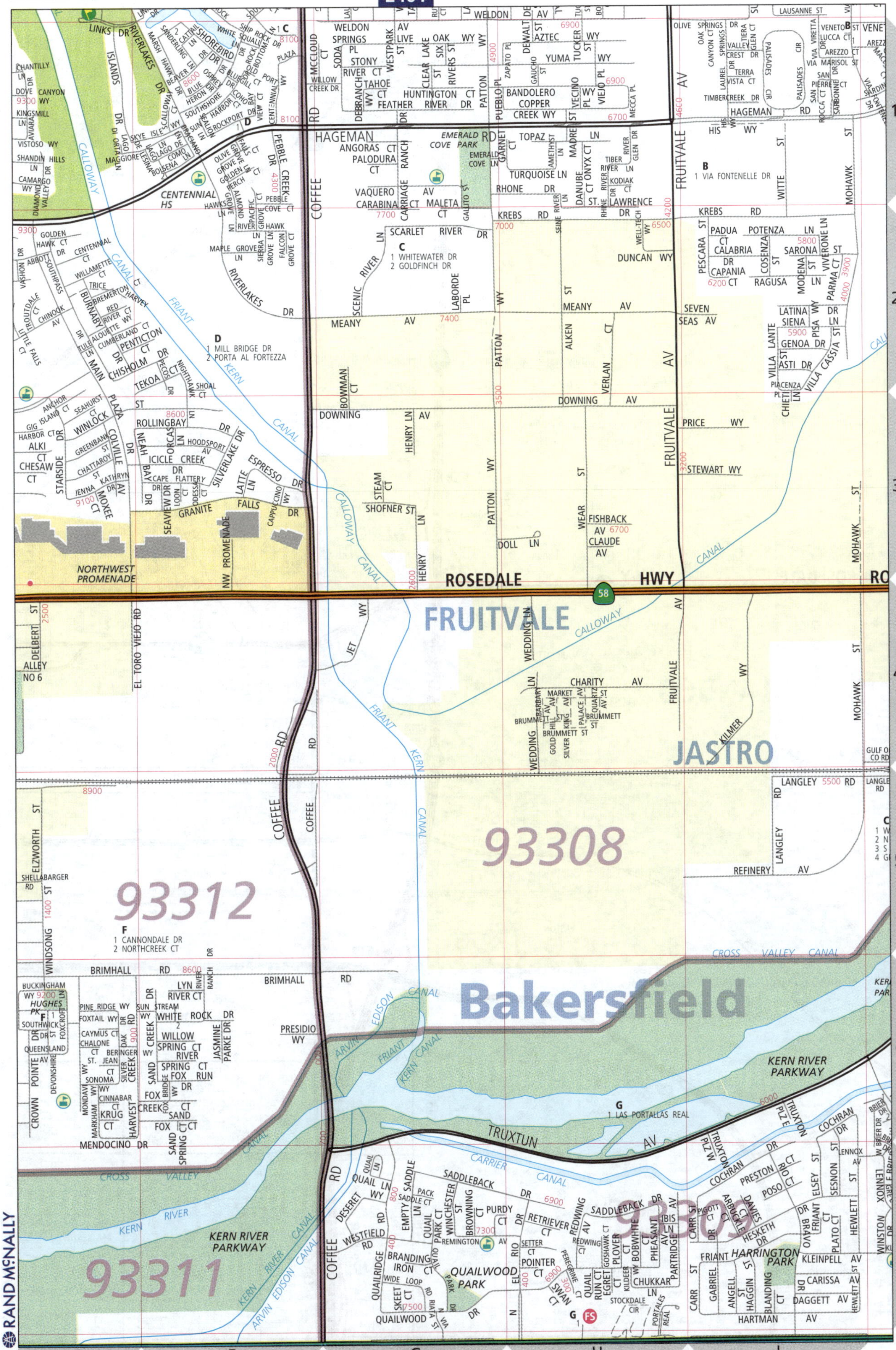

SEE 2442 MAP

SEE 2481 MAP

SEE 2402 MAP

1:22,800
1 in. = 1900 ft.
miles 0 0.25 0.5

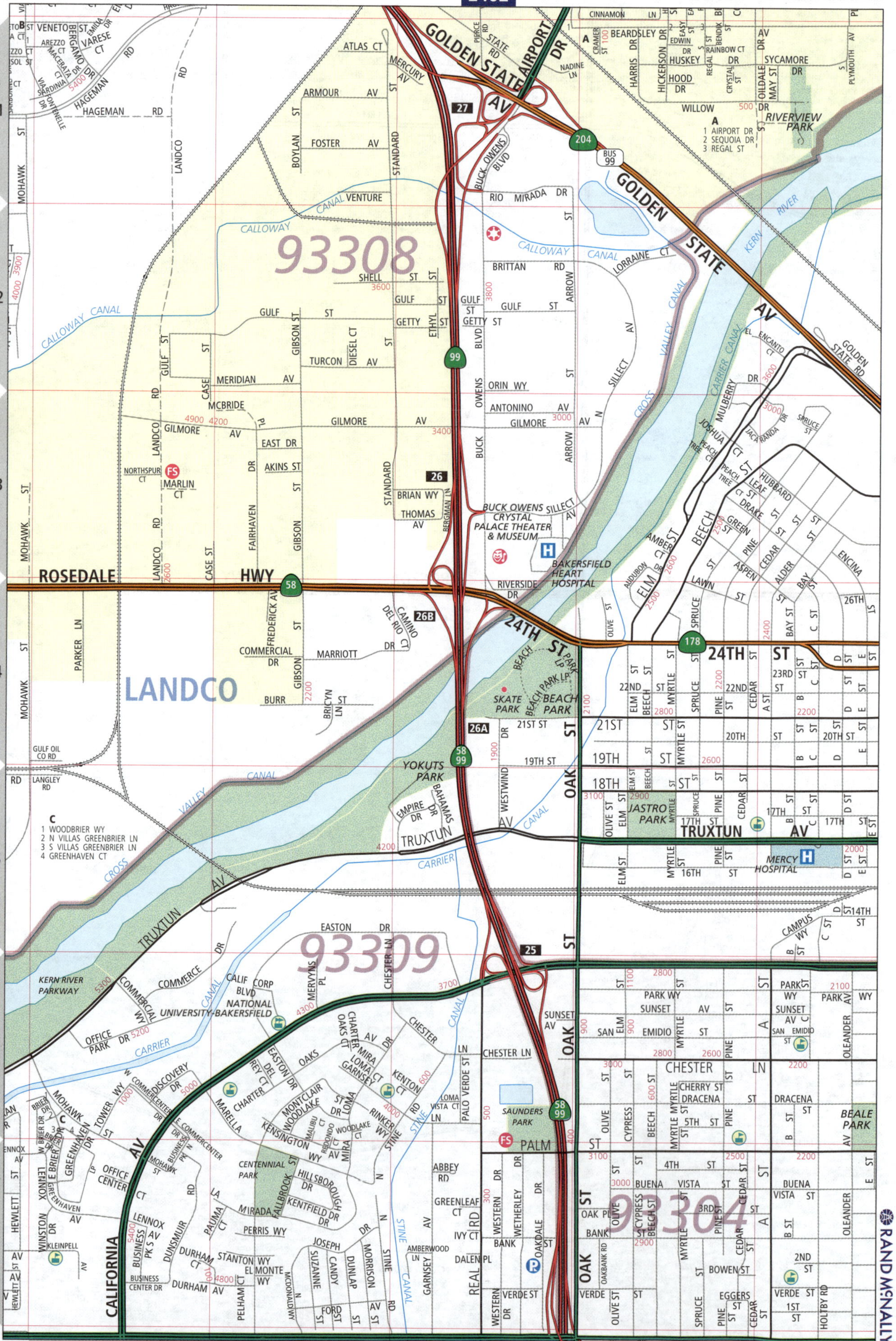

SEE 2441 MAP

SEE 2482 MAP

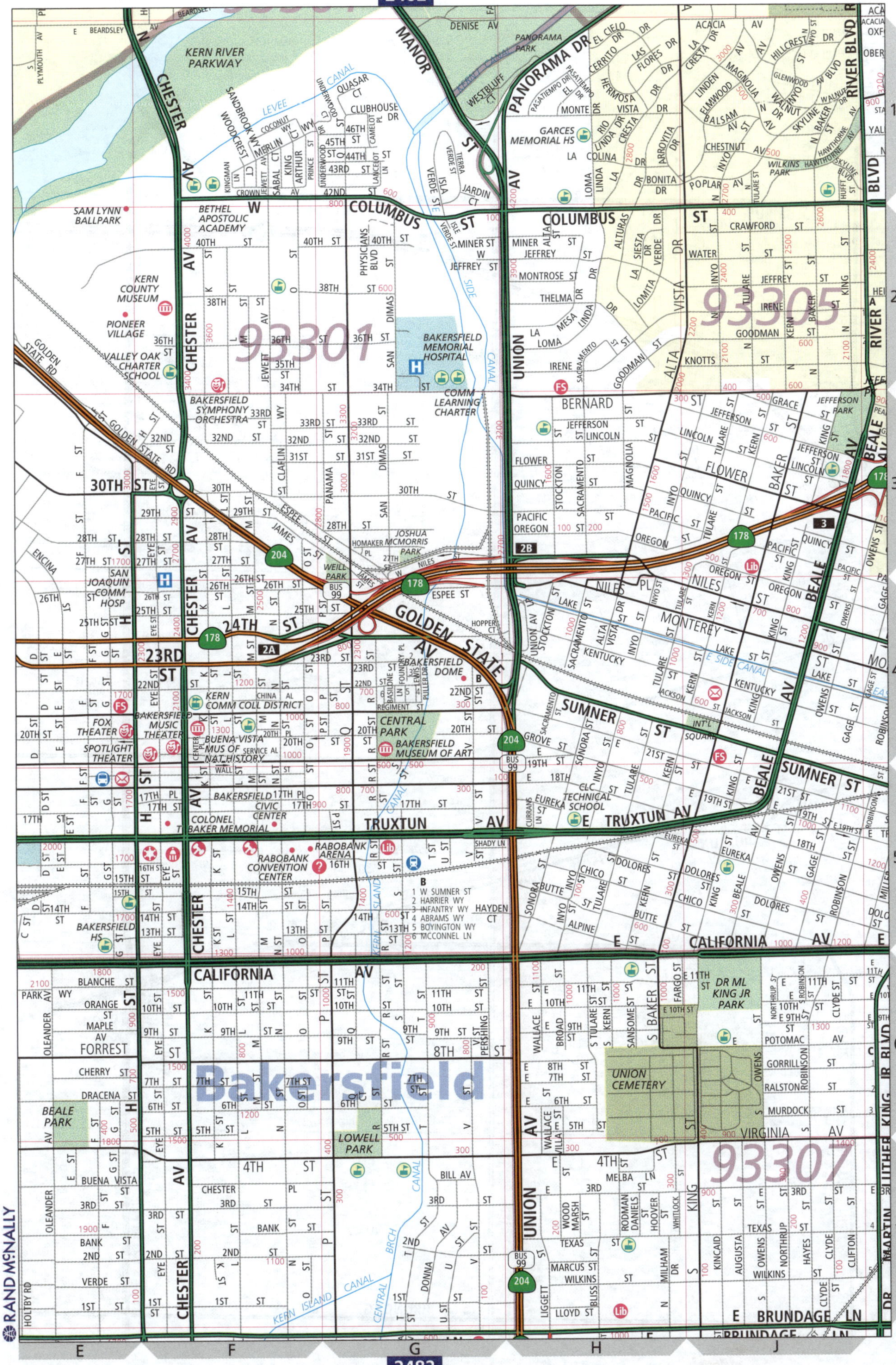
KERN RIVER PARKWAY
SAM LYNN BALLPARK
CHESTER AV
MANOR ST
PANORAMA DR
PANORAMA PARK
GARCES MEMORIAL HS
RIVER BLVD
COLUMBUS ST
BETHEL APOSTOLIC ACADEMY
KERN COUNTY MUSEUM
PIONEER VILLAGE
VALLEY OAK CHARTER SCHOOL
93301
93305
93307
BAKERSFIELD MEMORIAL HOSPITAL
COMM LEARNING CHARTER
UNION AV
BAKERSFIELD SYMPHONY ORCHESTRA
GOLDEN STATE AV
30TH ST
SAN JOAQUIN COMM HOSP
WEILL PARK
JOSHUA MCMORRIS PARK
JEFFERSON PARK
24TH ST
23RD ST
BAKERSFIELD DOME
KERN COMM COLL DISTRICT
FOX THEATER
BAKERSFIELD MUSIC THEATER
BUENA VISTA MUS OF NAT HISTORY
SPOTLIGHT THEATER
CENTRAL PARK
BAKERSFIELD MUSEUM OF ART
SUMNER ST
BEALE AV
BAKERSFIELD CIVIC CENTER
COLONEL BAKER MEMORIAL
TRUXTUN AV
EUREKA SCHOOL
CLC TECHNICAL SCHOOL
RABOBANK ARENA
RABOBANK CONVENTION CENTER
B
1 W SUMNER ST
2 HARRIER WY
3 INFANTRY WY
4 ABRAMS WY
5 BOYINGTON WY
6 MCCONNEL LN
BAKERSFIELD HS
CALIFORNIA AV
DR ML KING JR PARK
UNION CEMETERY
Bakersfield
BEALE PARK
LOWELL PARK
VIRGINIA AV
KERN ISLAND CANAL
MARTIN LUTHER KING JR BLVD
E BRUNDAGE LN
E F G H J
1 2 3 4 5 6 7

SEE 2443 MAP

SEE 2403 MAP

1:22,800
1 in. = 1900 ft.
miles 0 0.25 0.5

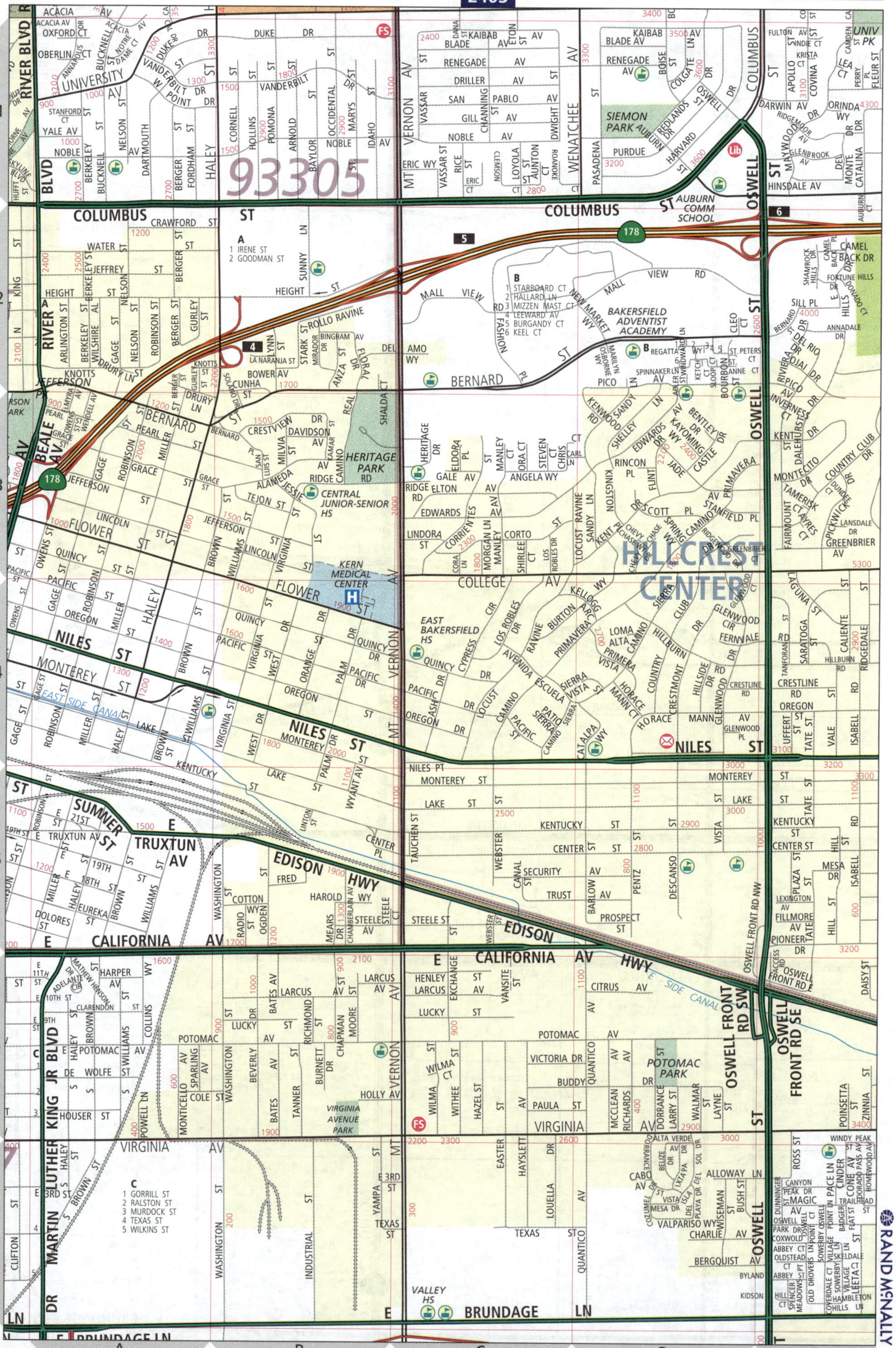

SEE 2442 MAP

SEE 2483 MAP

0 0.25 0.5 miles 1:22,800 1 in. = 1900 ft.

SEE 2403 MAP

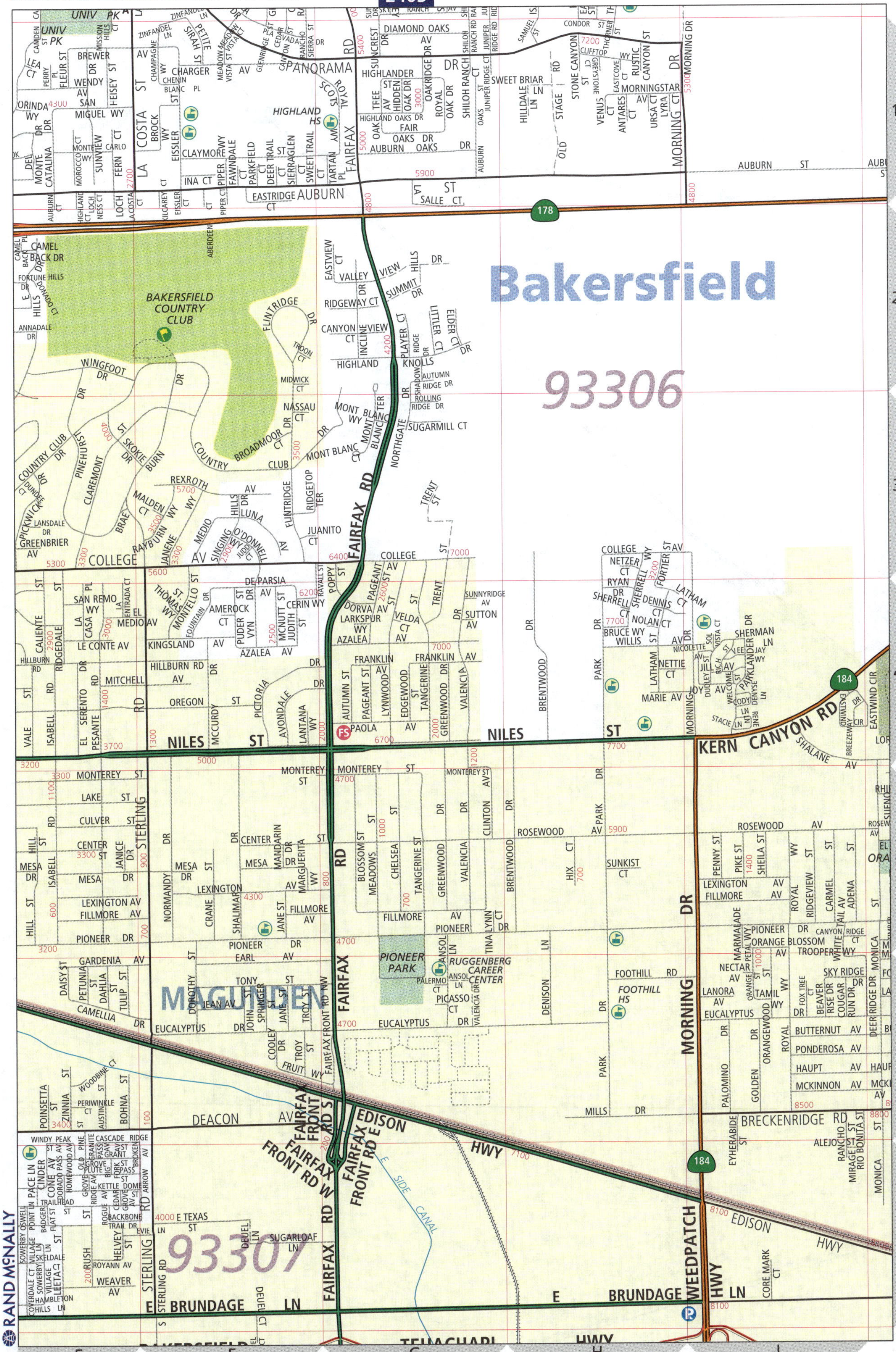

SEE 2444 MAP

SEE 2483 MAP

SEE 2404 MAP

1:22,800
1 in. = 1900 ft.
miles 0 0.25 0.5

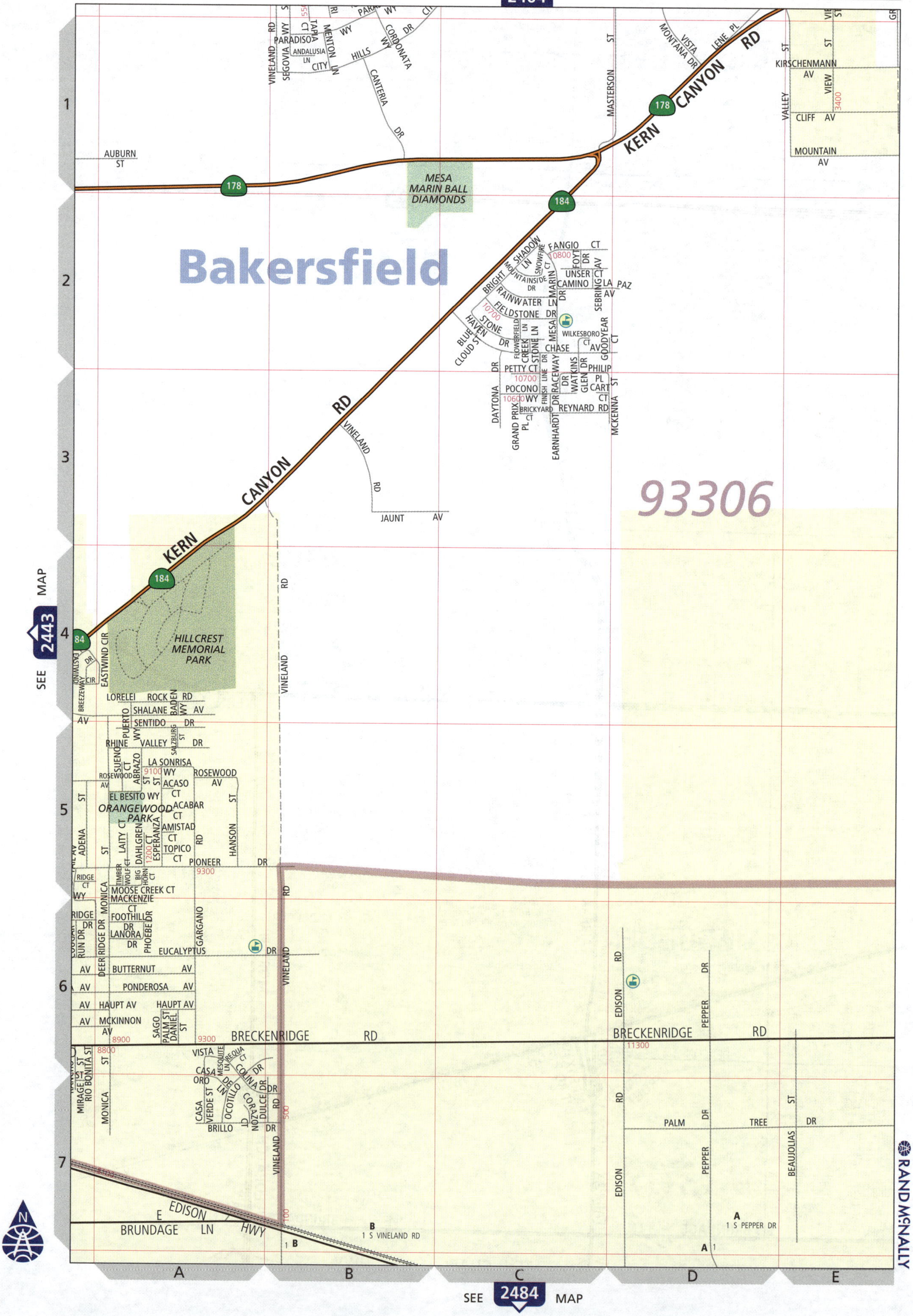

SEE 2443 MAP

SEE 2484 MAP

RAND McNALLY

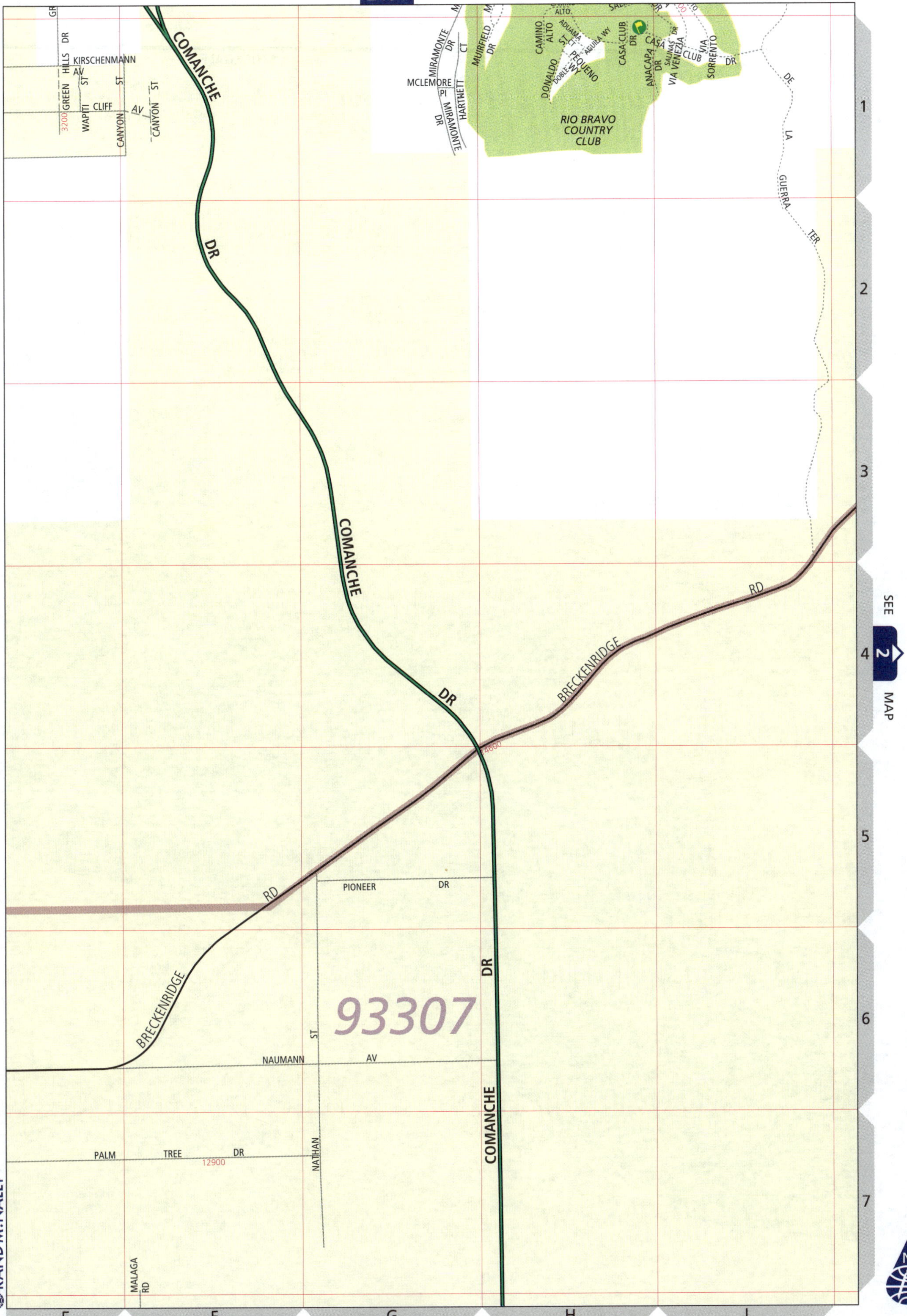
COMANCHE
DR
COMANCHE
DR
COMANCHE
DR
BRECKENRIDGE
RD
BRECKENRIDGE
RD
4600
KIRSCHENMANN
AV
GREEN
HILLS
DR
WAPITI
ST
CLIFF
AV
CANYON
ST
CANYON
ST
3200
MCLEMORE
PI
MIRAMONTE
DR
CT
HARTNETT
MIRAMONTE
DR
MUIRFIELD
DR
CAMINO
ALTO
ALTO
ADUAMA
ST
CT
AGUILA WY
DONALDO
DOBLE WY
PEQUENO
CASA CLUB
DR
CASA
ANACAPA
DR
SALINAS
DR
VIA VENEZIA
CLUB
VIA
SORRENTO
DR
RIO BRAVO
COUNTRY
CLUB
DE
LA
GUERRA
TER
PIONEER
DR
93307
NAUMANN
AV
ST
PALM
TREE
DR
12900
NATHAN
ST
MALAGA
RD
1
2
3
4
5
6
7
E
F
G
H
J
SEE 2 MAP
N

SEE 2440 MAP

1:22,800
1 in. = 1900 ft.
0 0.25 0.5 miles

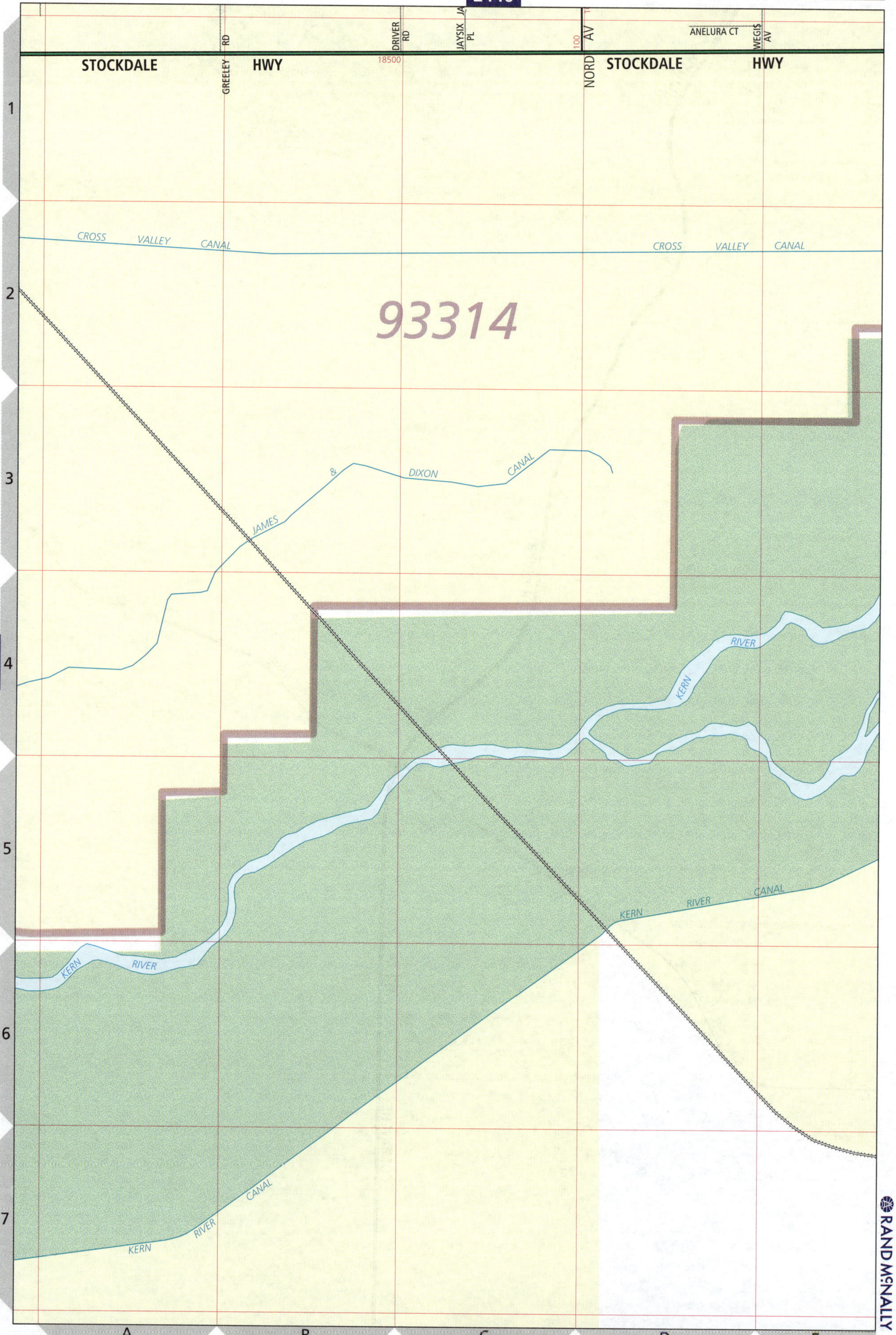

SEE 2 MAP

SEE 5 MAP

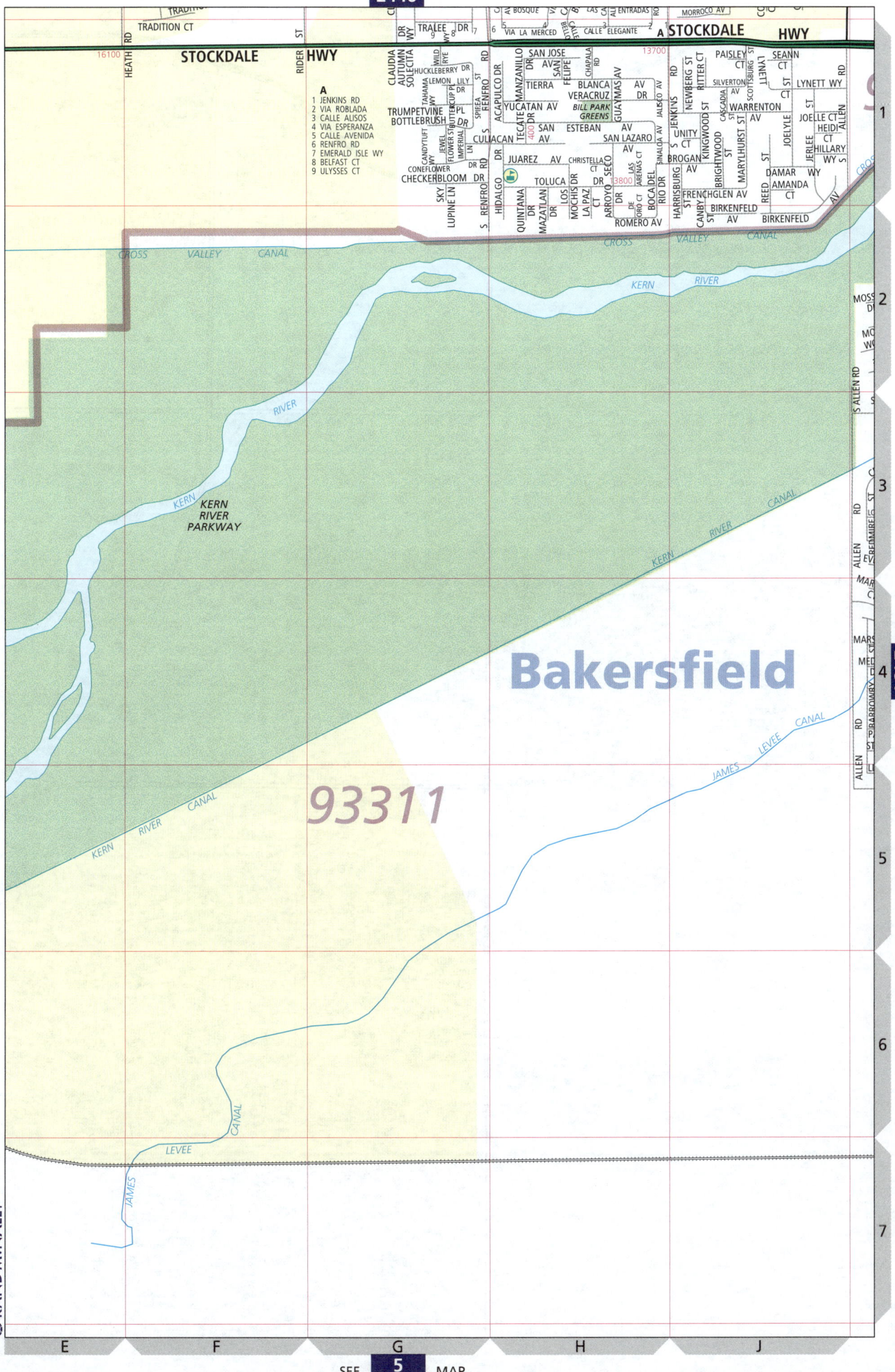
STOCKDALE HWY
TRADITION CT
HEATH RD
RIDER ST
A
1 JENKINS RD
2 VIA ROBLADA
3 CALLE ALISOS
4 VIA ESPERANZA
5 CALLE AVENIDA
6 RENFRO RD
7 EMERALD ISLE WY
8 BELFAST CT
9 ULYSSES CT
TRALEE DR
TRUMPETVINE PL
BOTTLEBRUSH DR
CONEFLOWER DR
CHECKERBLOOM DR
SKY LUPINE LN
S RENFRO RD
HIDALGO DR
ACAPULCO DR
MANZANILLO DR
SAN JOSE AV
TIERRA
YUCATAN AV
CULIACAN AV
TECATE DR
SAN ESTEBAN AV
JUAREZ AV
TOLUCA DR
QUINTANA DR
MAZATLAN DR
LOS MOCHIS DR
LA PAZ CT
ARROYO SECO DR
BLANCA AV
VERACRUZ DR
BILL PARK GREENS
GUAYMAS AV
SAN LAZARO AV
CHRISTELLA CT
ROMERO AV
BOCA DEL RIO DR
JENKINS RD
NEWBERG ST
RITTER CT
UNITY CT
BROGAN AV
HARRISBURG ST
FRENCHGLEN AV
CANBY ST
BIRKENFELD AV
KINGWOOD ST
BRIGHTWOOD ST
MARYLHURST ST
PAISLEY CT
SILVERTON AV
WARRENTON AV
SEANN CT
LYNETT WY
JOELLE CT
HEIDI CT
HILLARY WY
JERLEE ST
DAMAR WY
AMANDA CT
REED ST
BIRKENFELD
S ALLEN RD
CROSS VALLEY CANAL
KERN RIVER
KERN RIVER PARKWAY
KERN RIVER CANAL
JAMES LEVEE CANAL
Bakersfield
93311
16100
13700
13800
400
E F G H J
1 2 3 4 5 6 7

SEE 2441 MAP

1:22,800
1 in. = 1900 ft.
miles 0 0.25 0.5

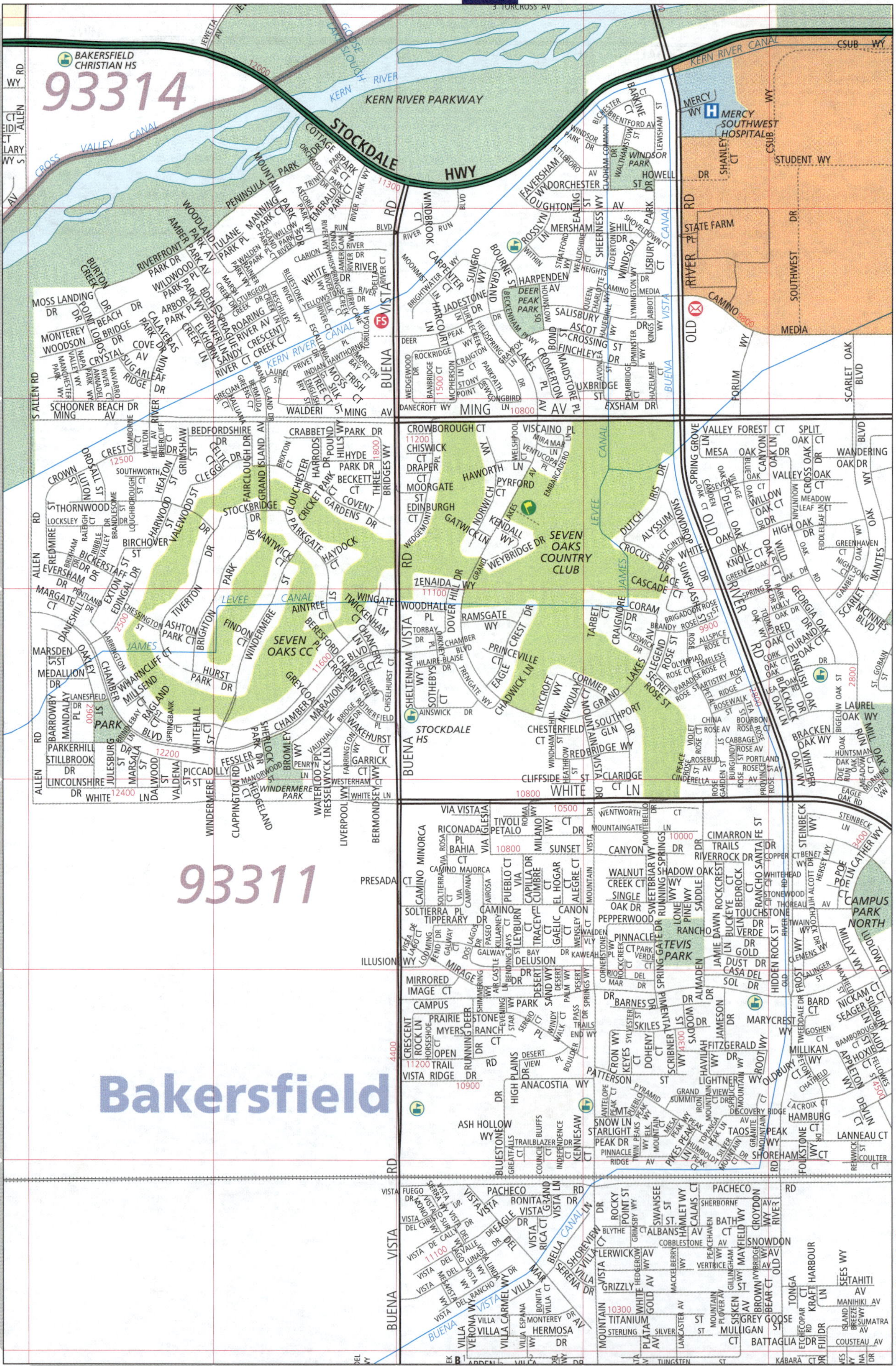

SEE 2480 MAP

SEE 2511 MAP

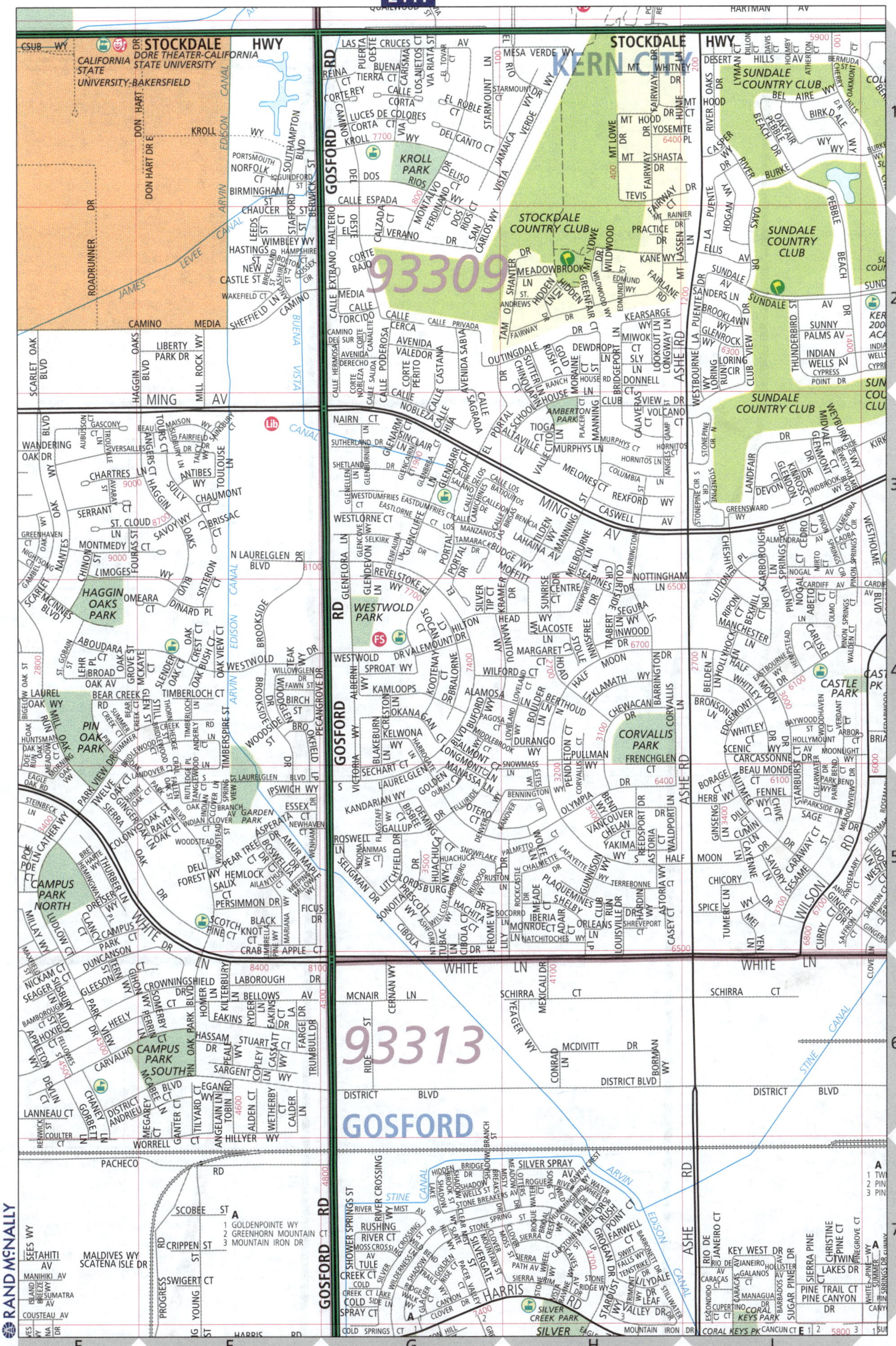
STOCKDALE HWY
CALIFORNIA STATE UNIVERSITY-BAKERSFIELD
DORE THEATER-CALIFORNIA STATE UNIVERSITY
KERN CITY
STOCKDALE COUNTRY CLUB
SUNDALE COUNTRY CLUB
93309
93313
GOSFORD
GOSFORD RD
MING AV
WHITE LN
DISTRICT BLVD
HARRIS RD
ASHE RD
KROLL PARK
AMBERTON PARK
HAGGIN OAKS PARK
WESTWOLD PARK
PIN OAK PARK
CAMPUS PARK NORTH
CAMPUS PARK SOUTH
CORVALLIS PARK
CASTLE PARK
GARDEN PARK
SILVER CREEK PARK
CORAL KEYS PARK
ARVIN EDISON CANAL
STINE CANAL
BUENA VISTA CANAL
JAMES LEVEE
1 2 3 4 5 6 7
E F G H J
A
1 GOLDENPOINTE WY
2 GREENHORN MOUNTAIN CT
3 MOUNTAIN IRON DR
RAND McNALLY

SEE 2482 MAP

SEE 2442 MAP

1:22,800
1 in. = 1900 ft.
miles 0 0.25 0.5

SEE 2481 MAP

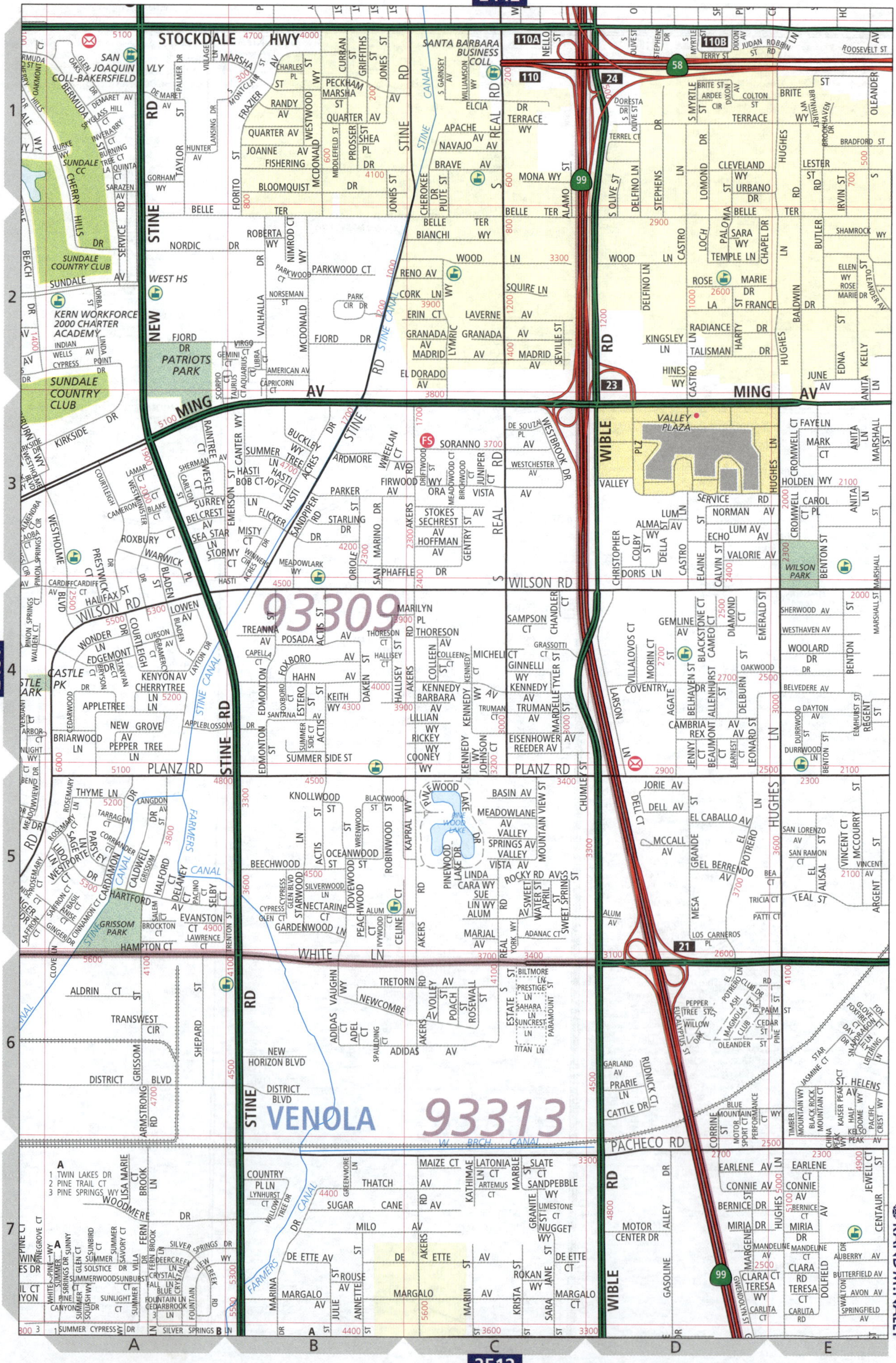

SEE 2512 MAP

0 0.25 0.5 miles
1:22,800
1 in. = 1900 ft.

SEE 2442 MAP

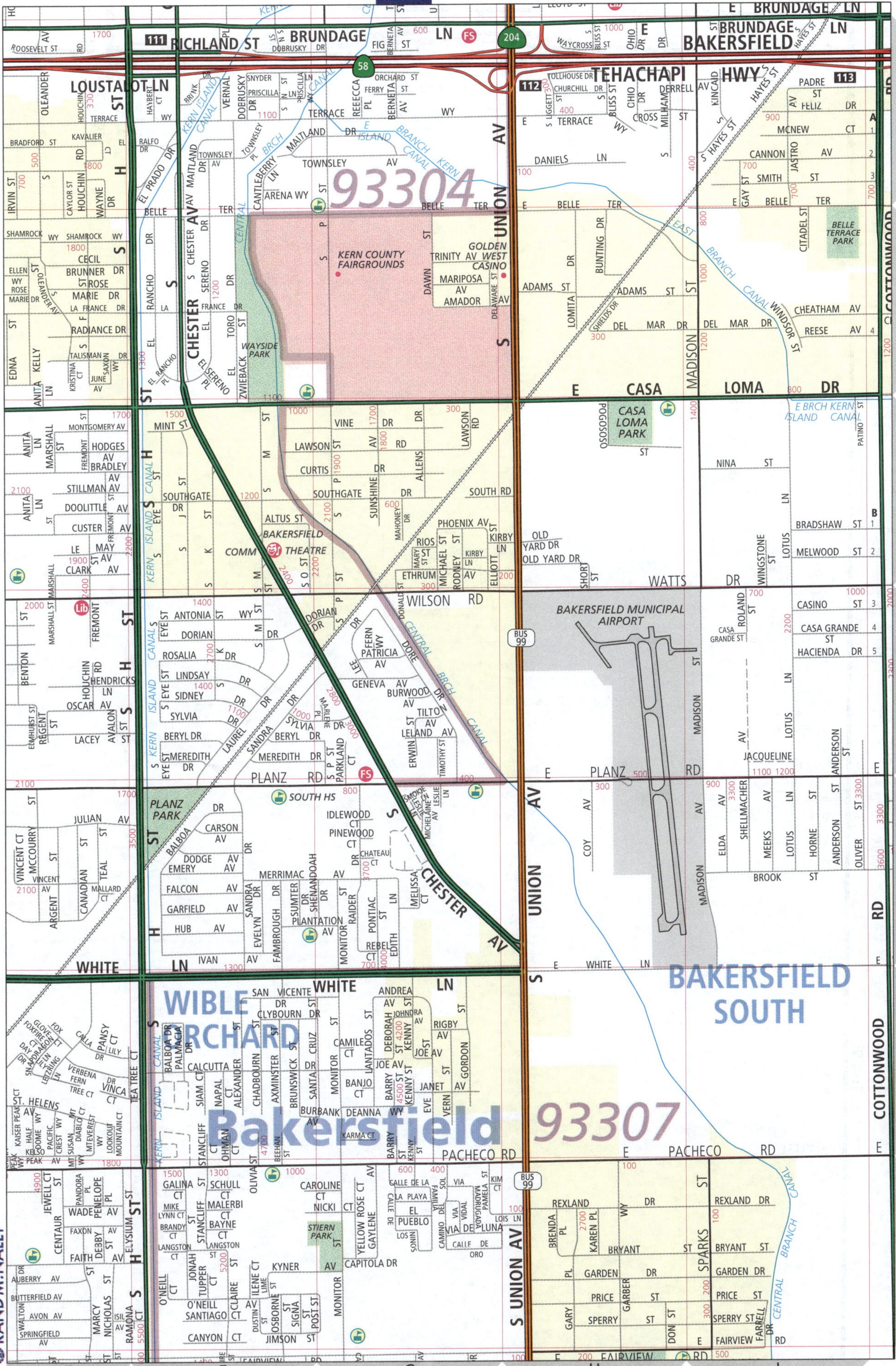

SEE 2483 MAP

SEE 2512 MAP

SEE 2443 MAP

1:22,800
1 in. = 1900 ft.
miles 0 0.25 0.5

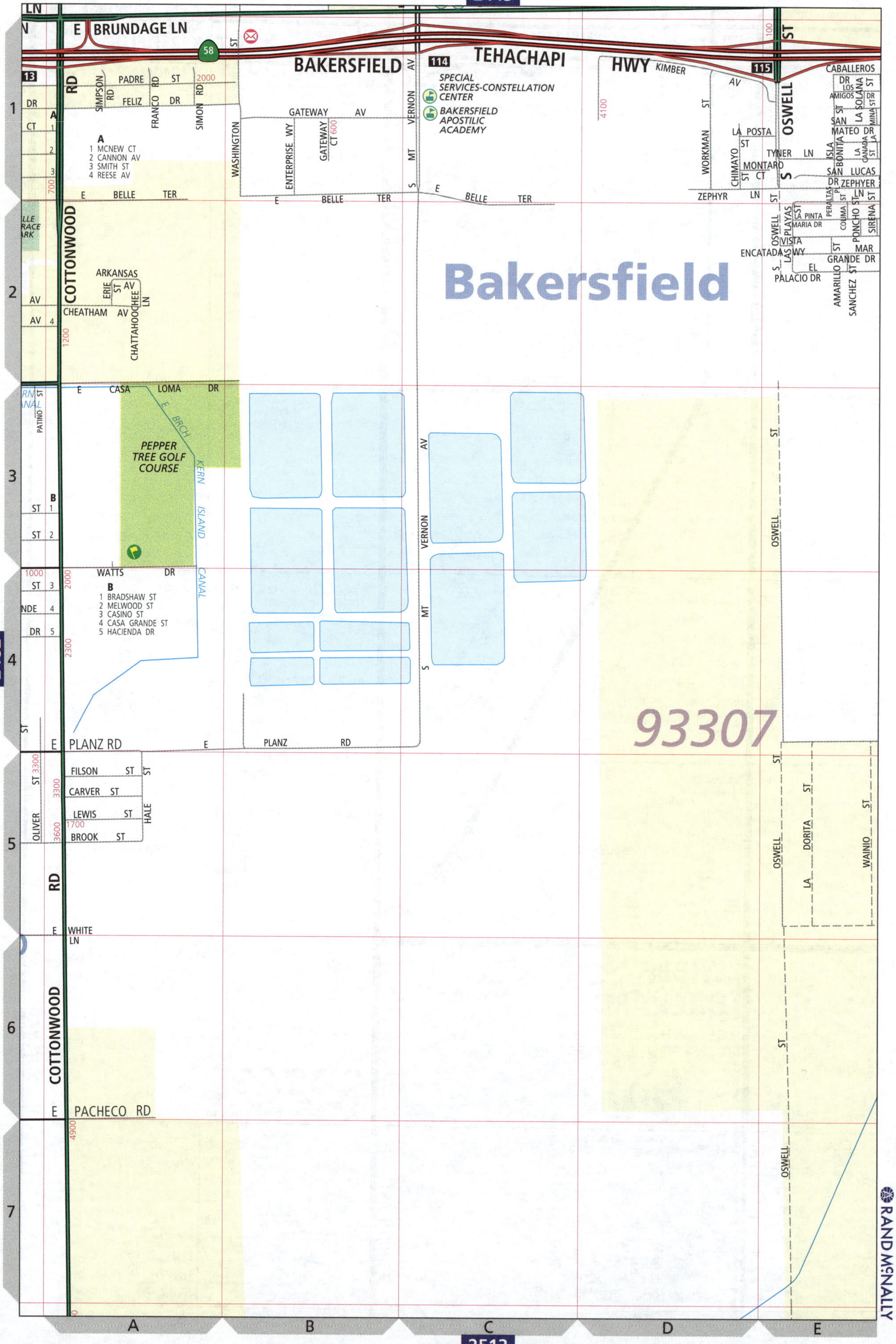

SEE 2482 MAP

SEE 2513 MAP

0 0.25 0.5 miles 1:22,800 1 in. = 1900 ft.

SEE 2443 MAP

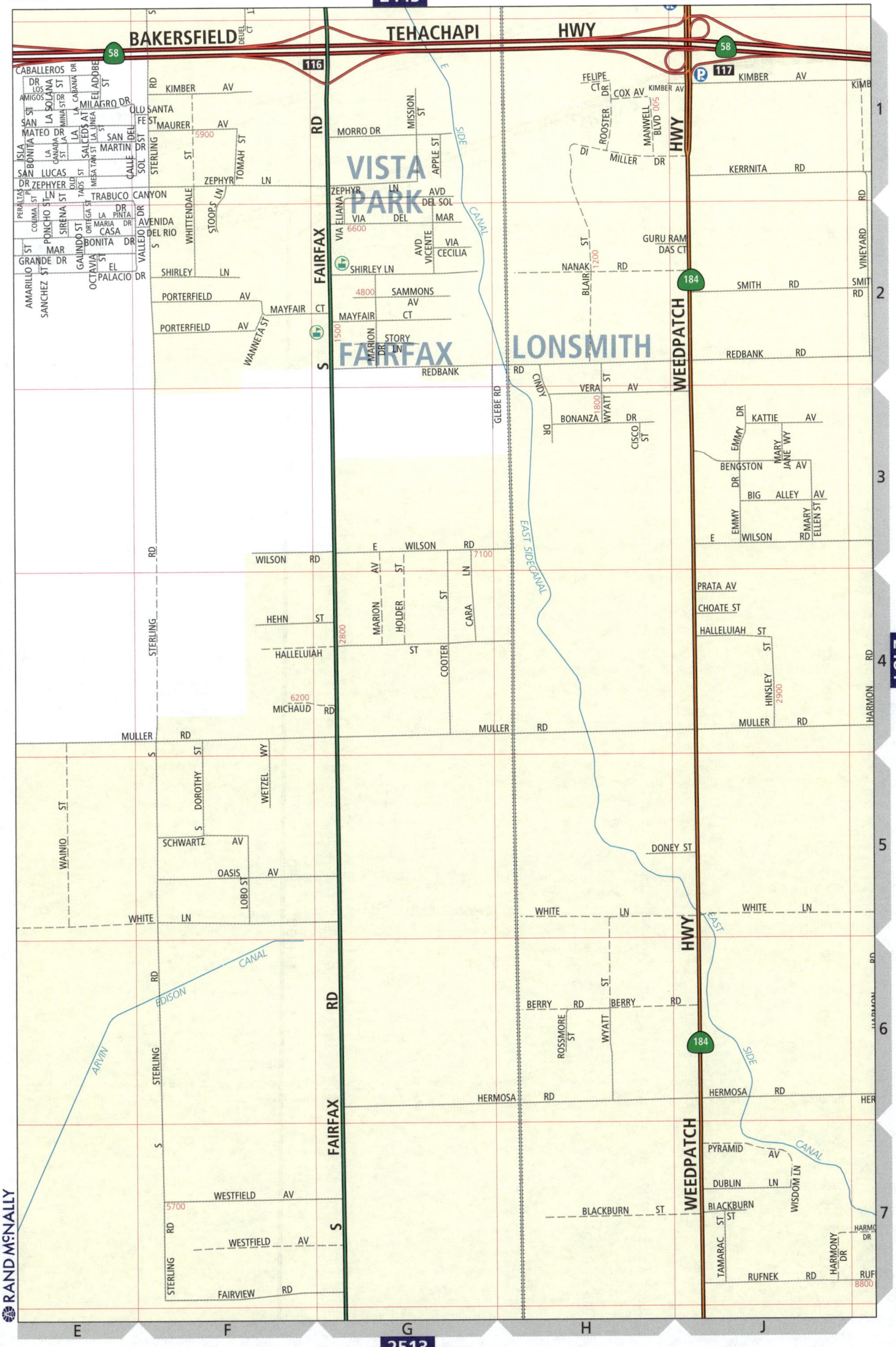

SEE 2484 MAP

SEE 2513 MAP

SEE 2444 MAP

1:22,800
1 in. = 1900 ft.
miles 0 0.25 0.5

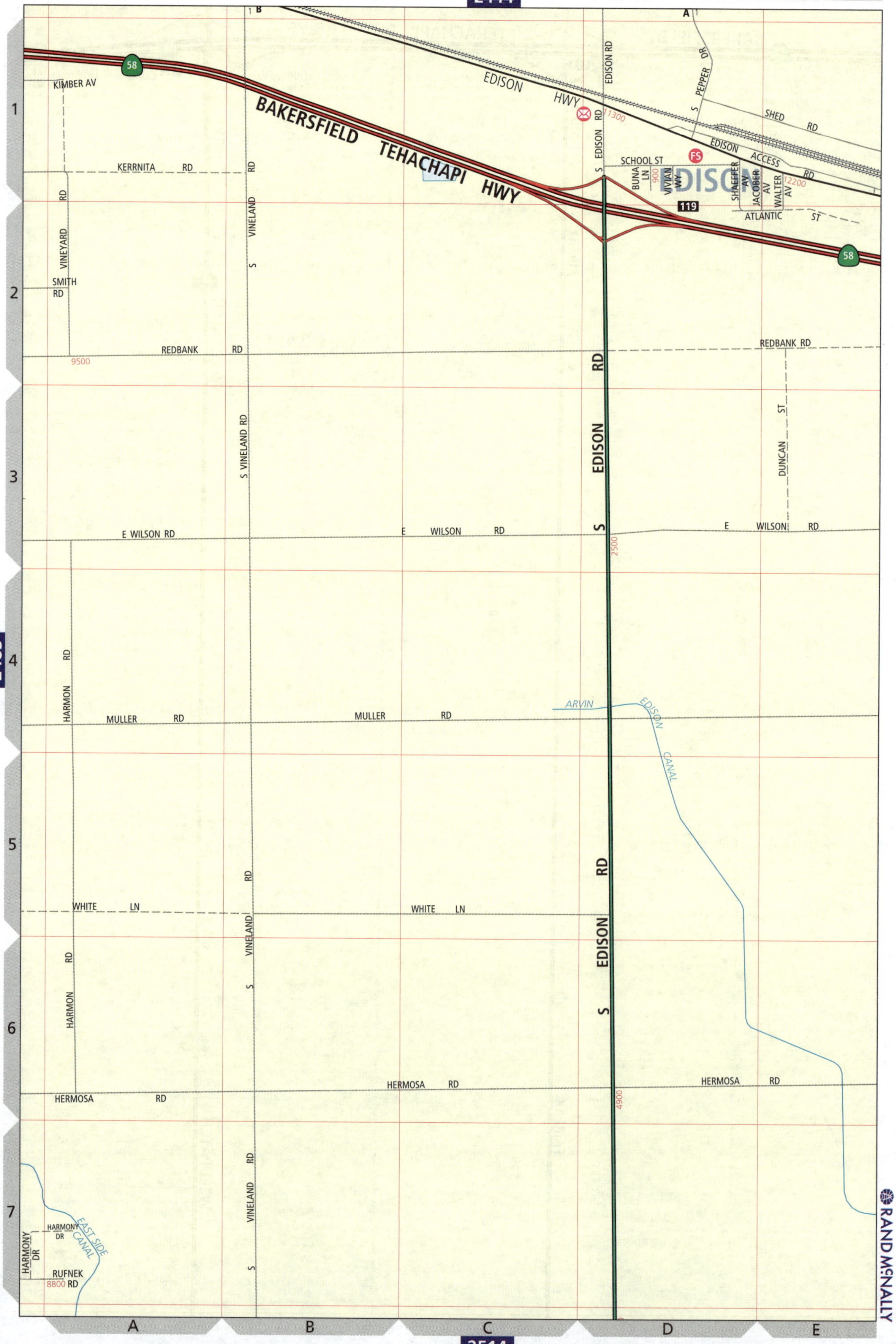

SEE 2483 MAP

SEE 2514 MAP

0 0.25 0.5 miles 1:22,800 1 in. = 1900 ft.

SEE 2444 MAP

SEE 2 MAP

SEE 2514 MAP

SEE 2481 MAP

1:22,800
1 in. = 1900 ft.
miles 0 0.25 0.5

SEE 5 MAP

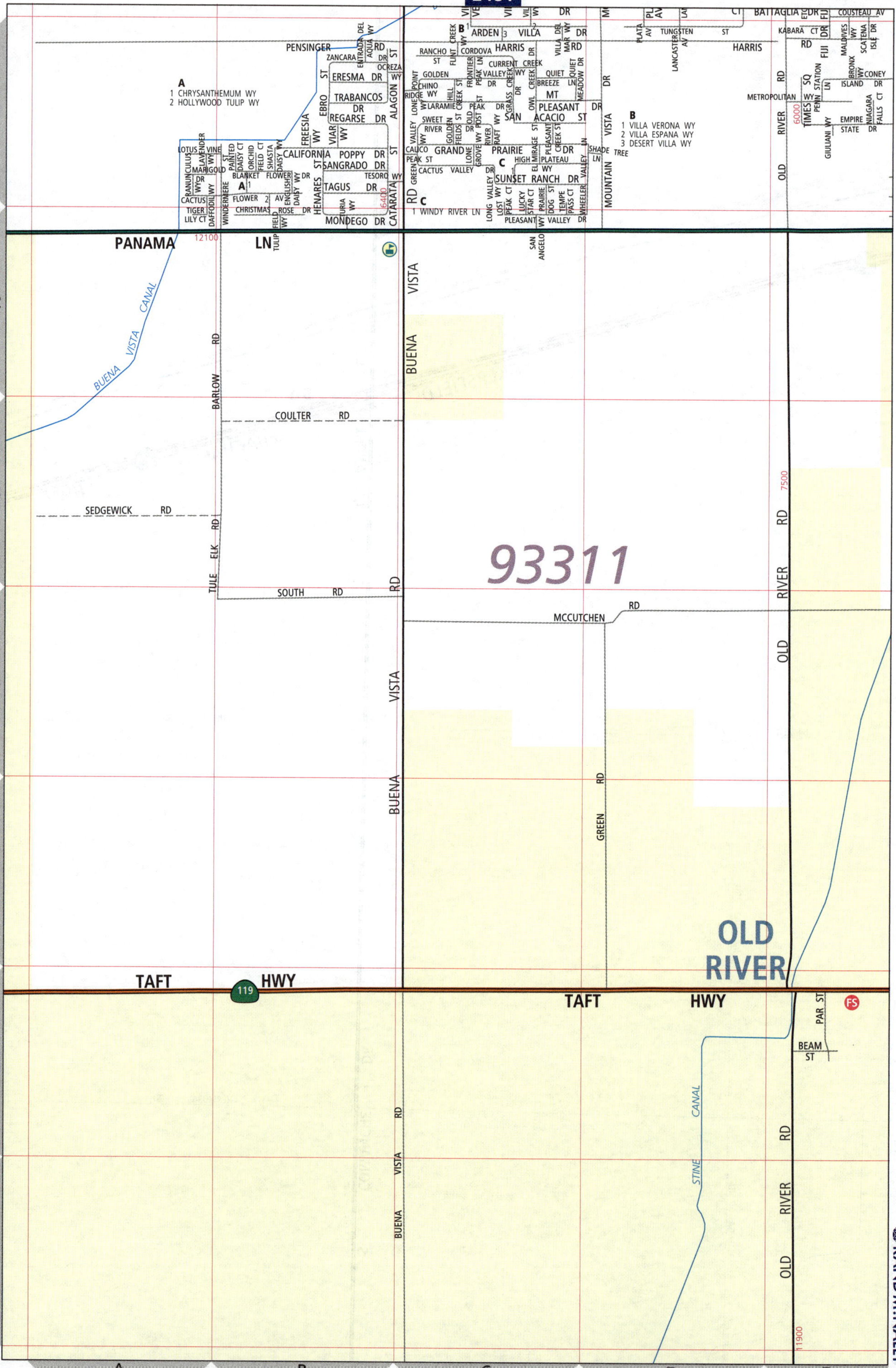

SEE 2541 MAP

0 0.25 0.5 miles 1:22,800 1 in. = 1900 ft.

SEE 2481 MAP

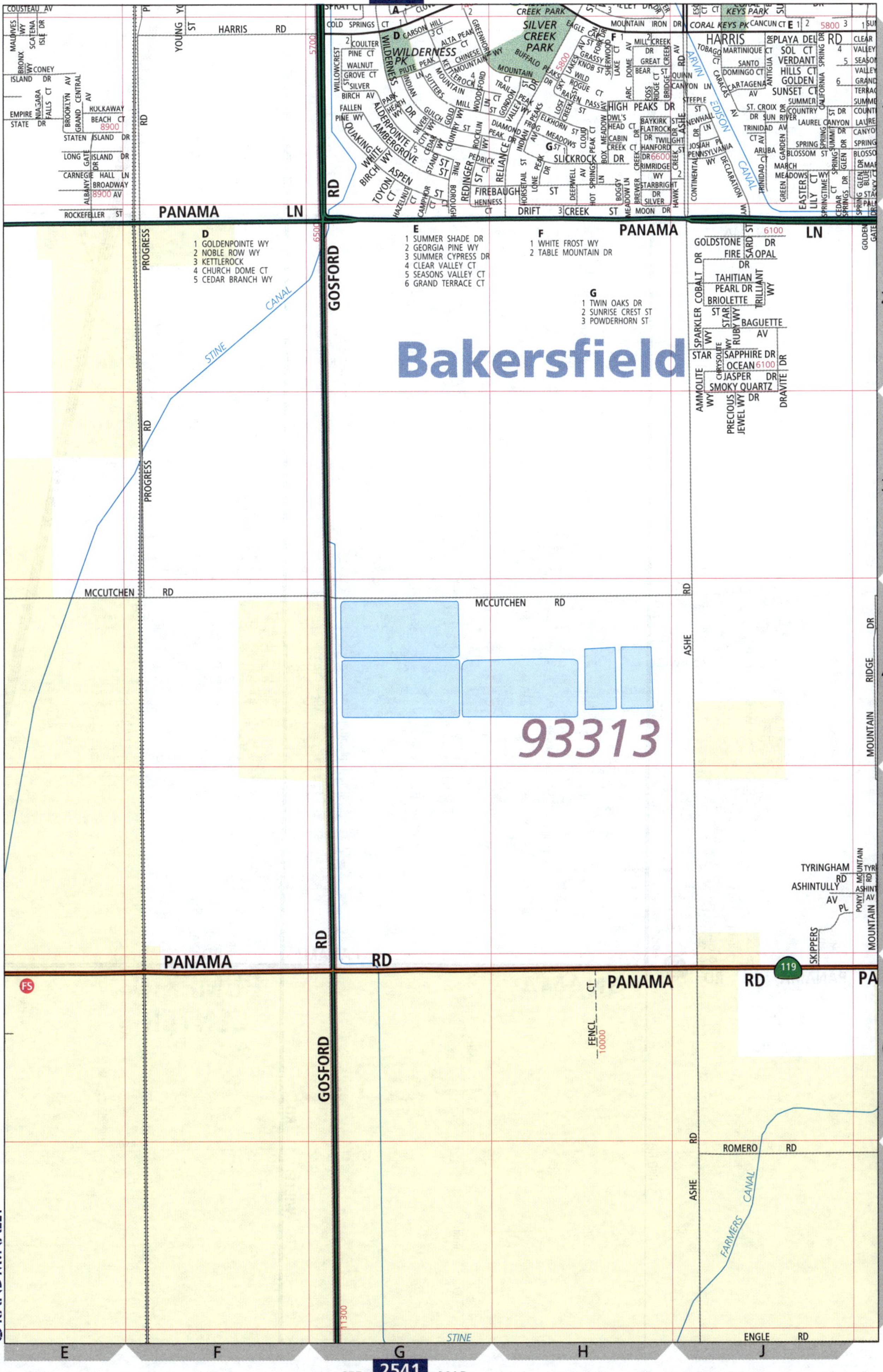

SEE 2512 MAP

SEE 2541 MAP

RAND McNALLY

SEE 2482 MAP

1:22,800
1 in. = 1900 ft.
miles 0 0.25 0.5

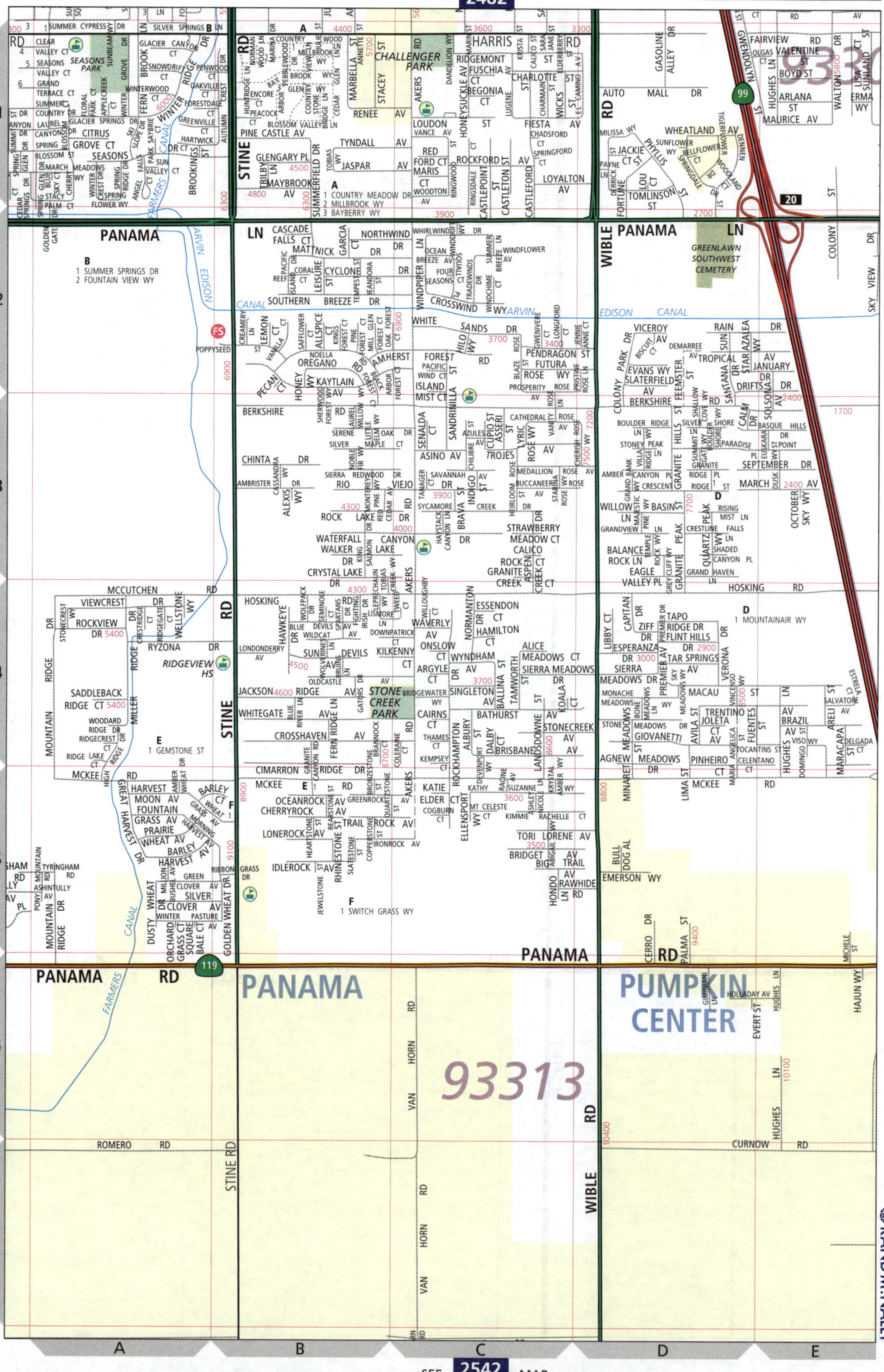

SEE 2511 MAP

SEE 2542 MAP

SEE 2482 MAP

0 0.25 0.5 miles 1:22,800 1 in. = 1900 ft.

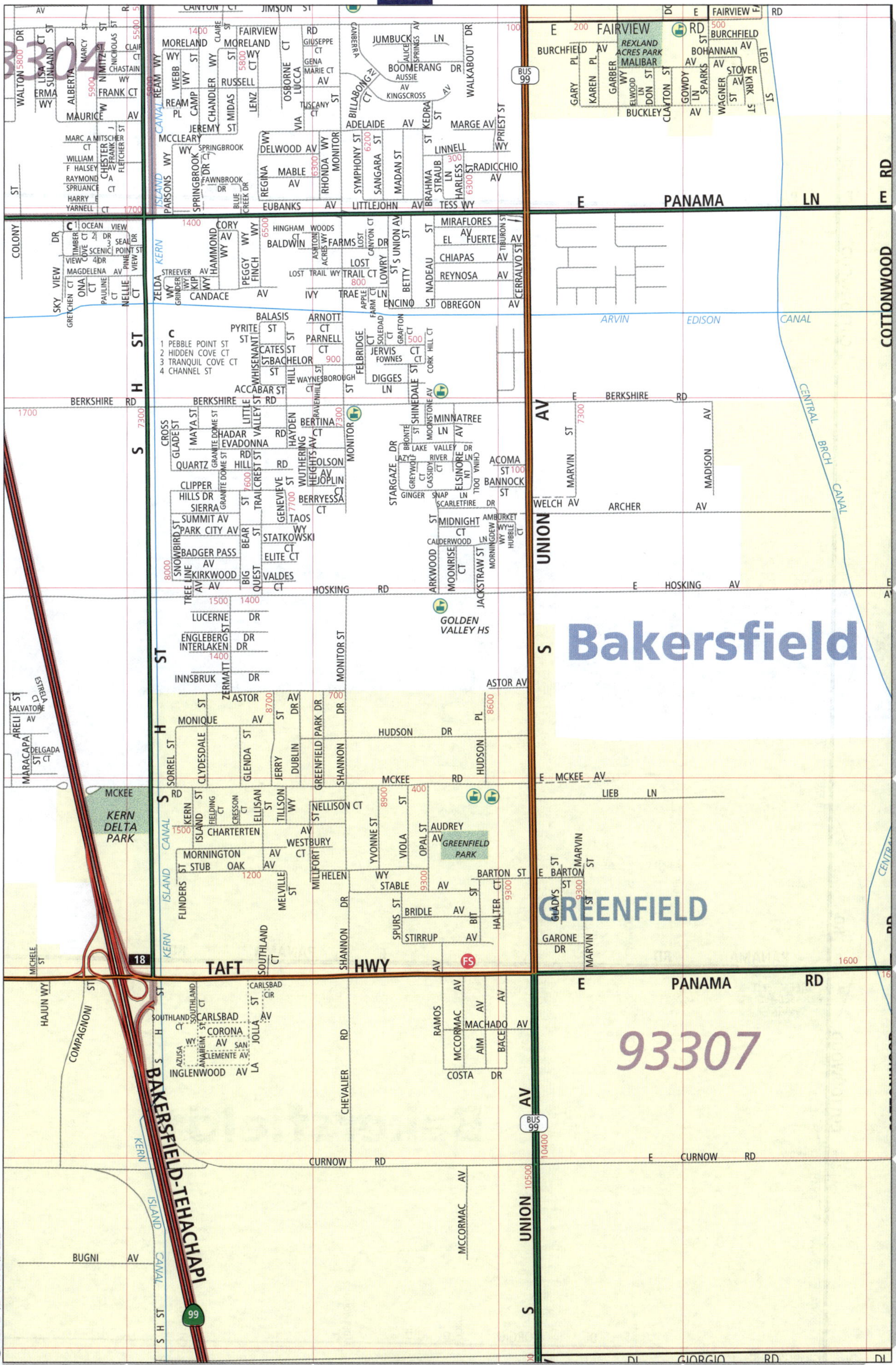

SEE 2513 MAP

E F G H J
1 2 3 4 5 6 7

SEE 2542 MAP

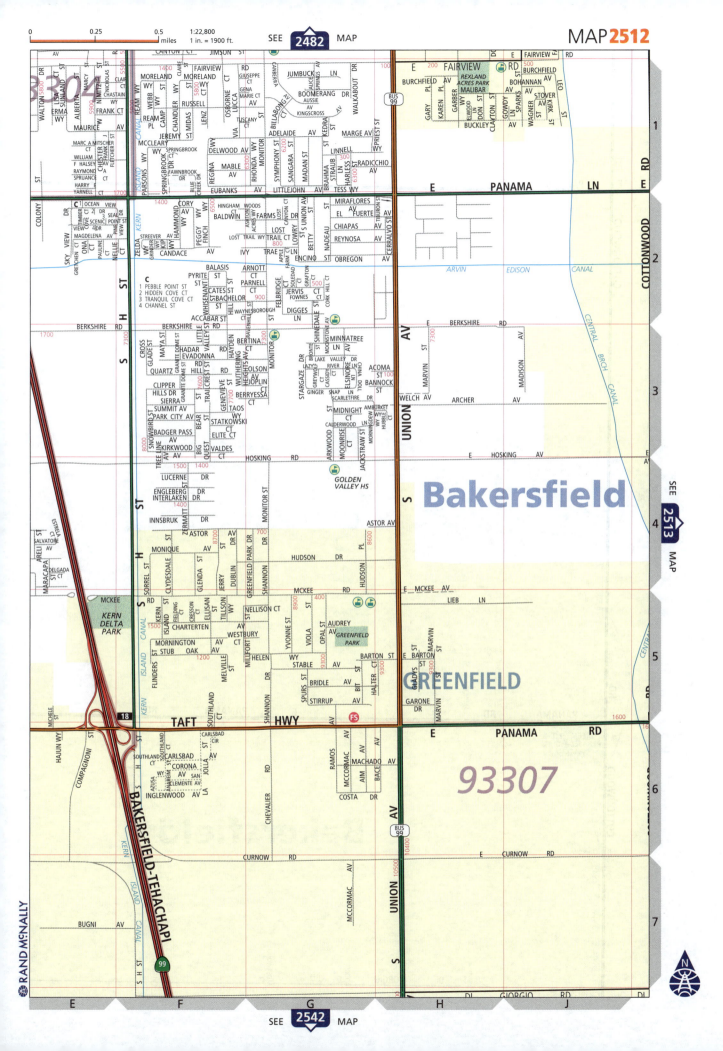

SEE 2483 MAP

1:22,800
1 in. = 1900 ft.
miles 0 0.25 0.5

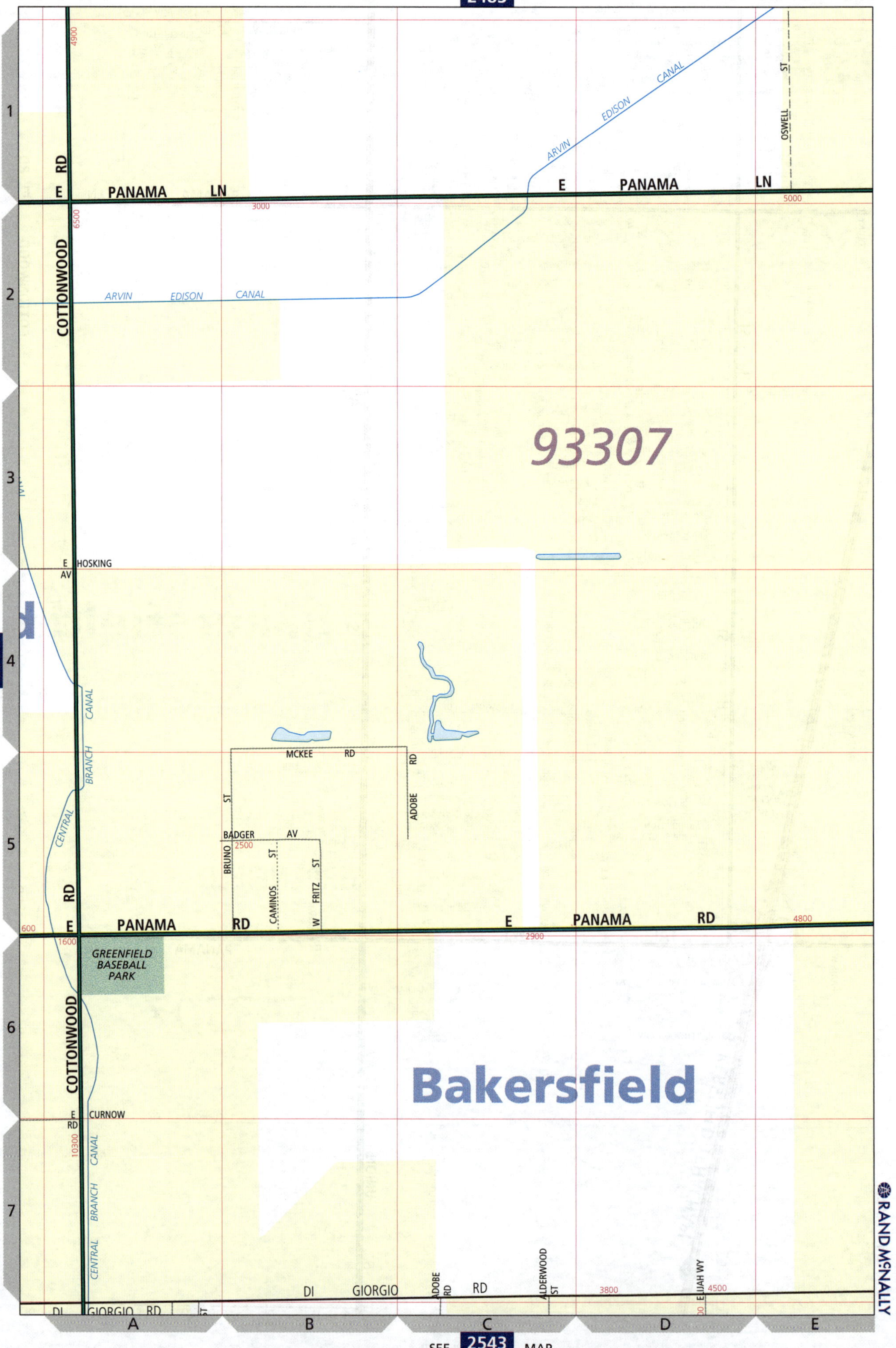

SEE 2512 MAP

SEE 2543 MAP

SEE 2483 MAP

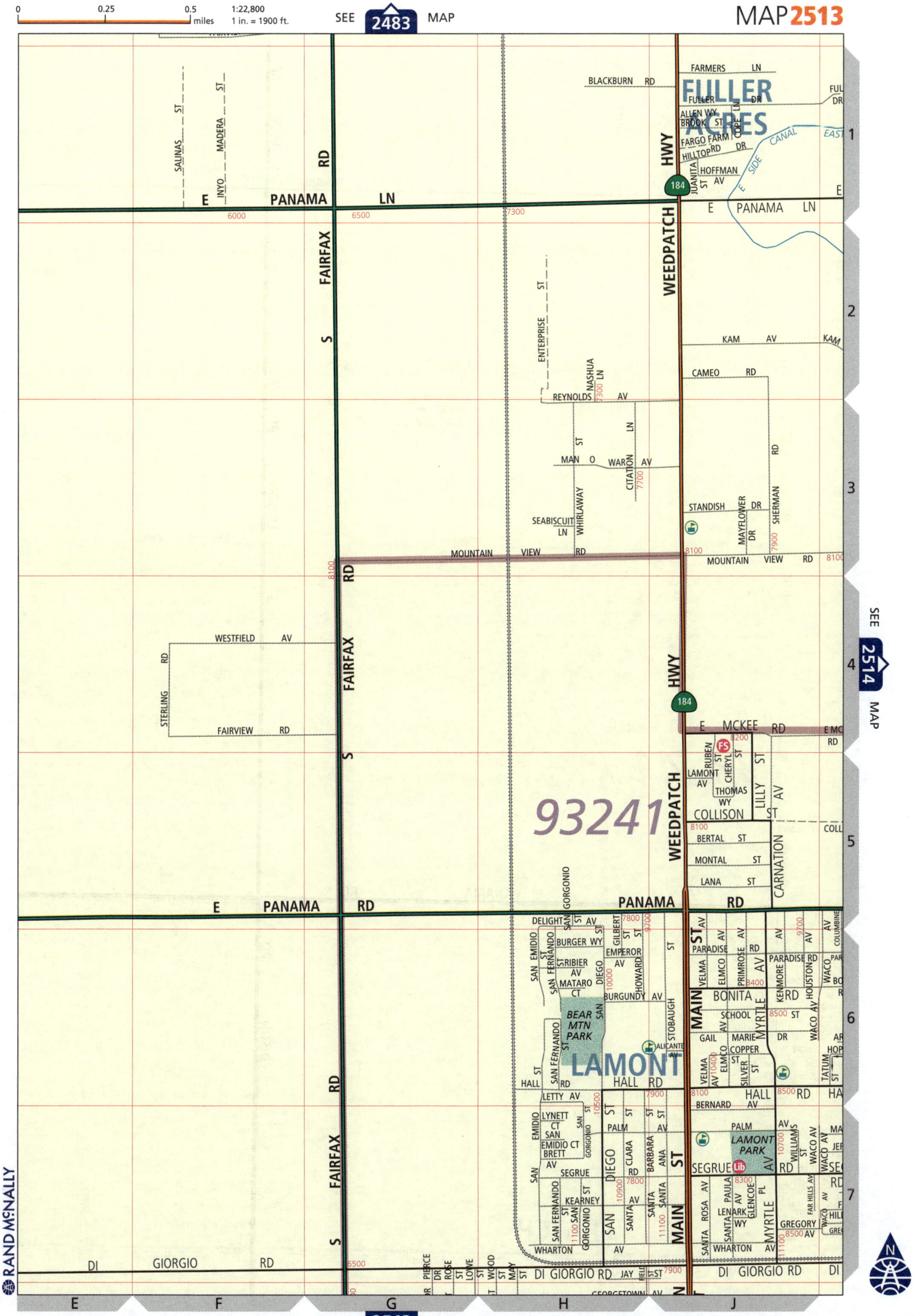

SEE 2514 MAP

SEE 2543 MAP

SEE 2484 MAP

1:22,800
1 in. = 1900 ft.
miles 0 0.25 0.5

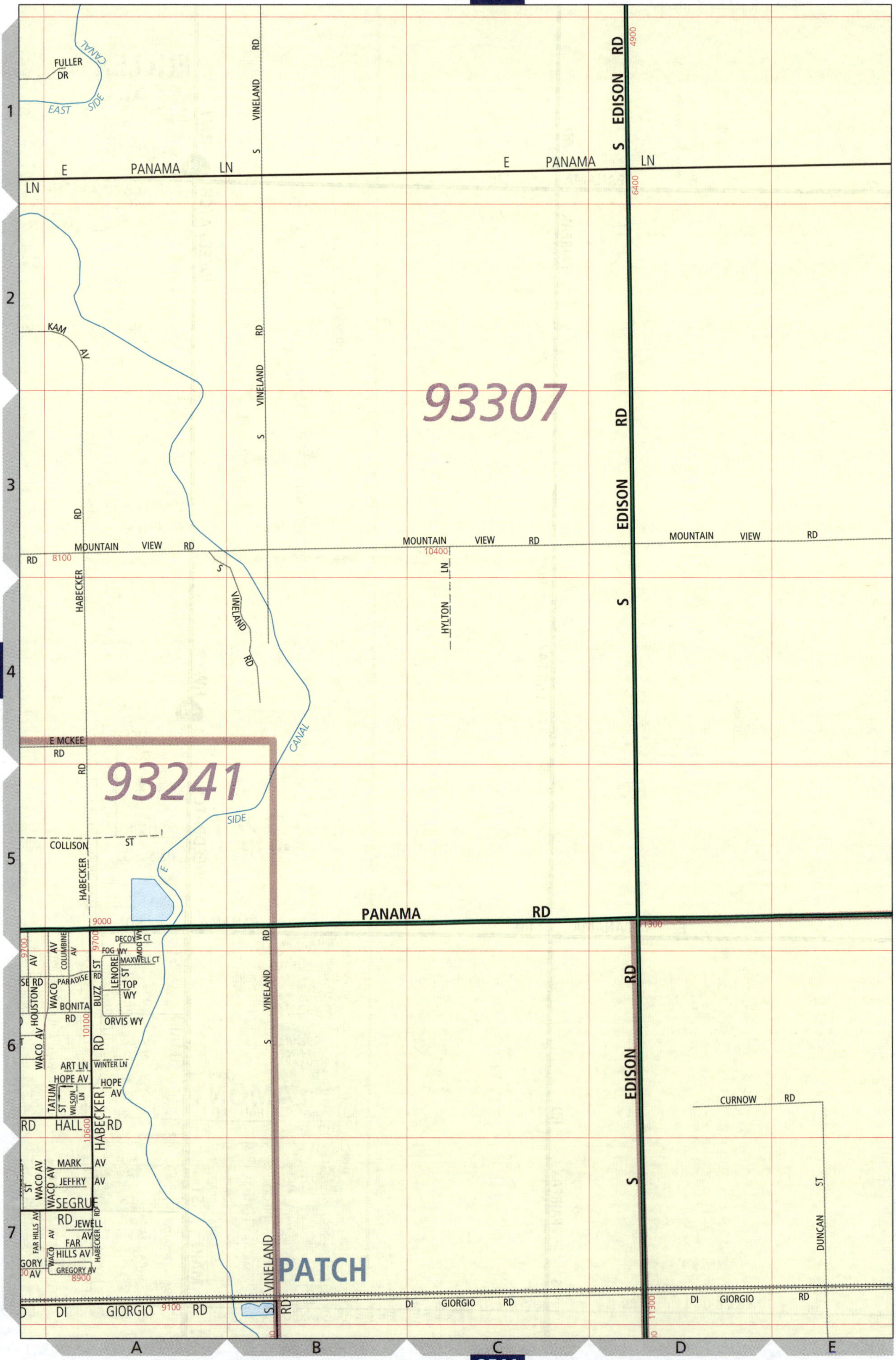

SEE 2513 MAP

SEE 2544 MAP

SEE 2484 MAP

SEE 5 MAP

SEE 2544 MAP

SEE 2511 MAP

1:22,800
1 in. = 1900 ft.
miles 0 0.25 0.5

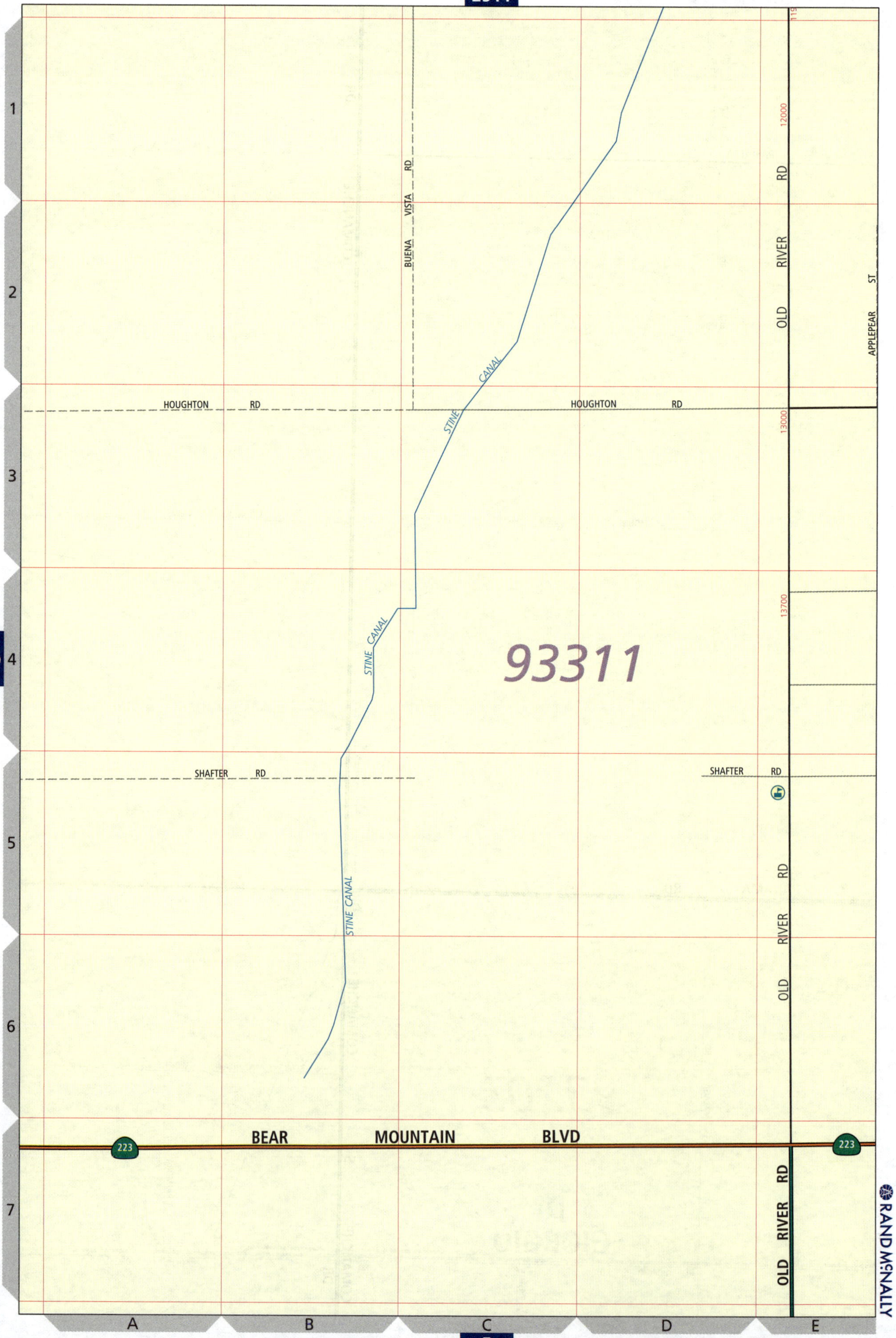

SEE 5 MAP

SEE 5 MAP

0 0.25 0.5 miles
1:22,800
1 in. = 1900 ft.

SEE 2511 MAP

SEE 2542 MAP

SEE 5 MAP

SEE 2512 MAP

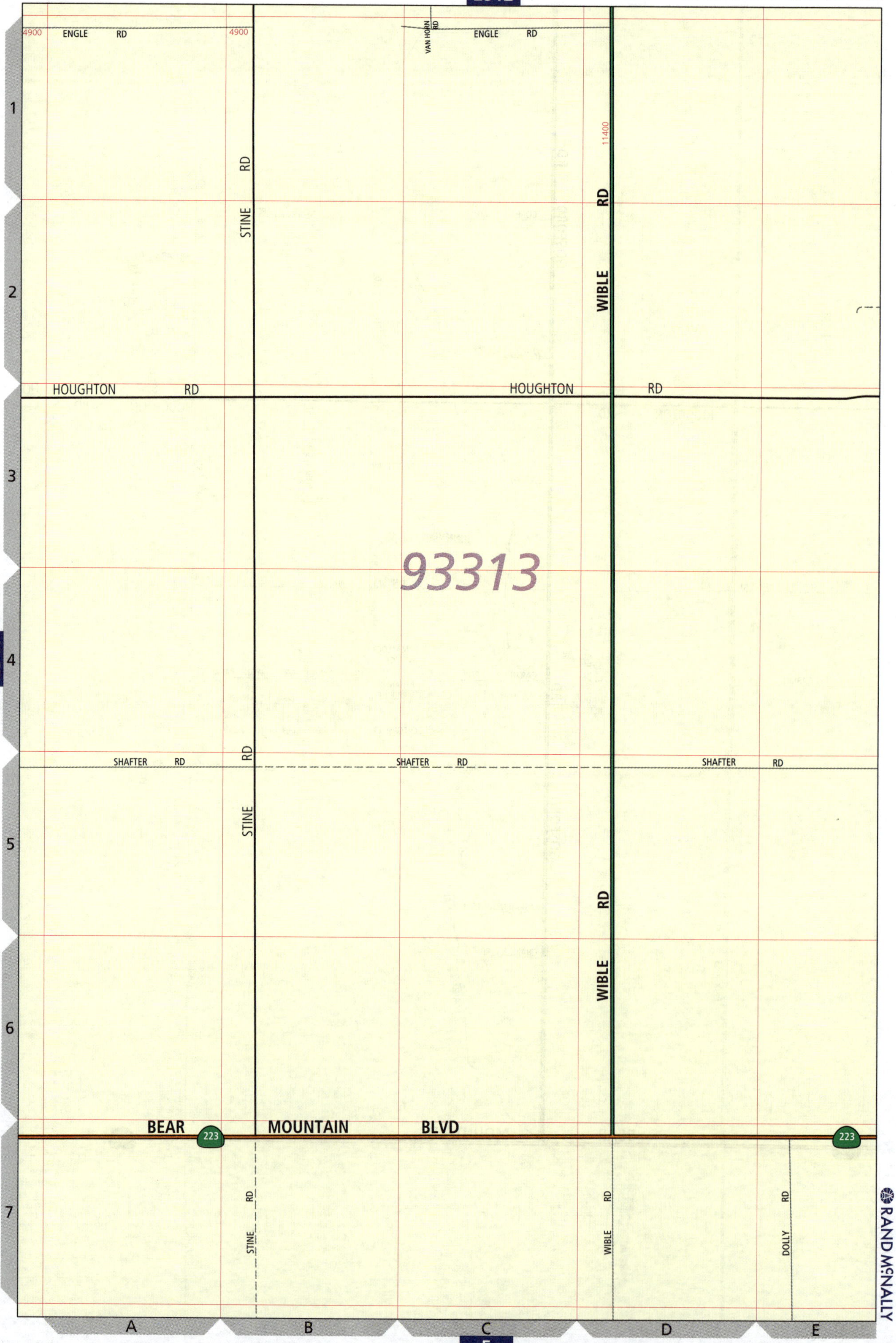

SEE 2541 MAP

SEE 5 MAP

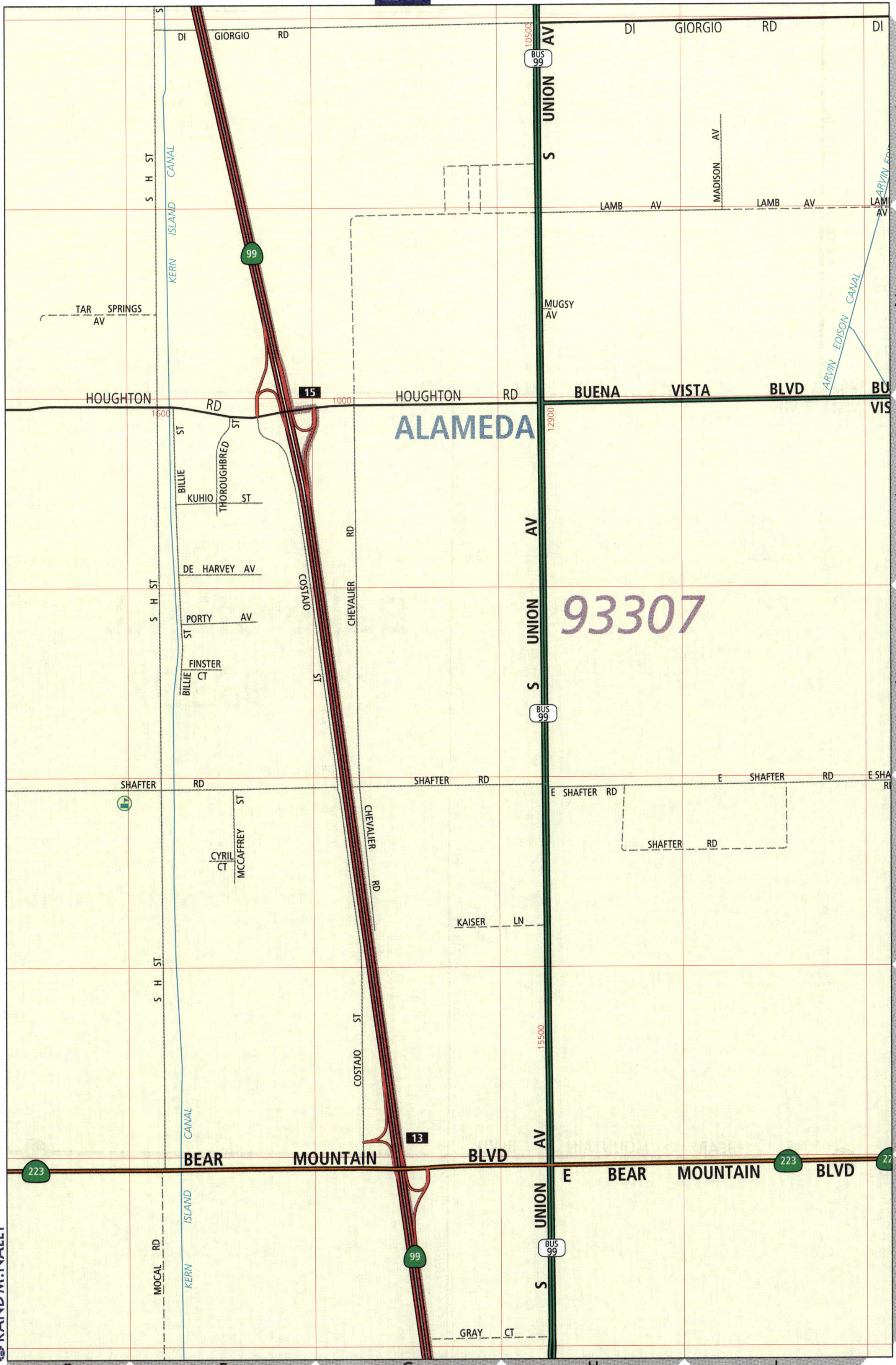
0 0.25 0.5 miles
1:22,800
1 in. = 1900 ft.
SEE 2512 MAP
DI GIORGIO RD
S UNION AV
BUS 99
LAMB AV
MADISON AV
MUGSY AV
ARVIN EDISON CANAL
TAR SPRINGS AV
S H ST
KERN ISLAND CANAL
99
HOUGHTON RD
15
BUENA VISTA BLVD
ALAMEDA
BILLIE ST
THOROUGHBRED ST
KUHIO ST
DE HARVEY AV
PORTY AV
FINSTER CT
COSTAJO ST
CHEVALIER RD
93307
SEE 2543 MAP
SHAFTER RD
E SHAFTER RD
CYRIL CT
MCCAFFREY ST
KAISER LN
13
BEAR MOUNTAIN BLVD
E BEAR MOUNTAIN BLVD
223
MOCAL RD
GRAY CT
E F G H J
1 2 3 4 5 6 7
SEE 5 MAP

SEE 2513 MAP

1:22,800
1 in. = 1900 ft.
miles 0 0.25 0.5

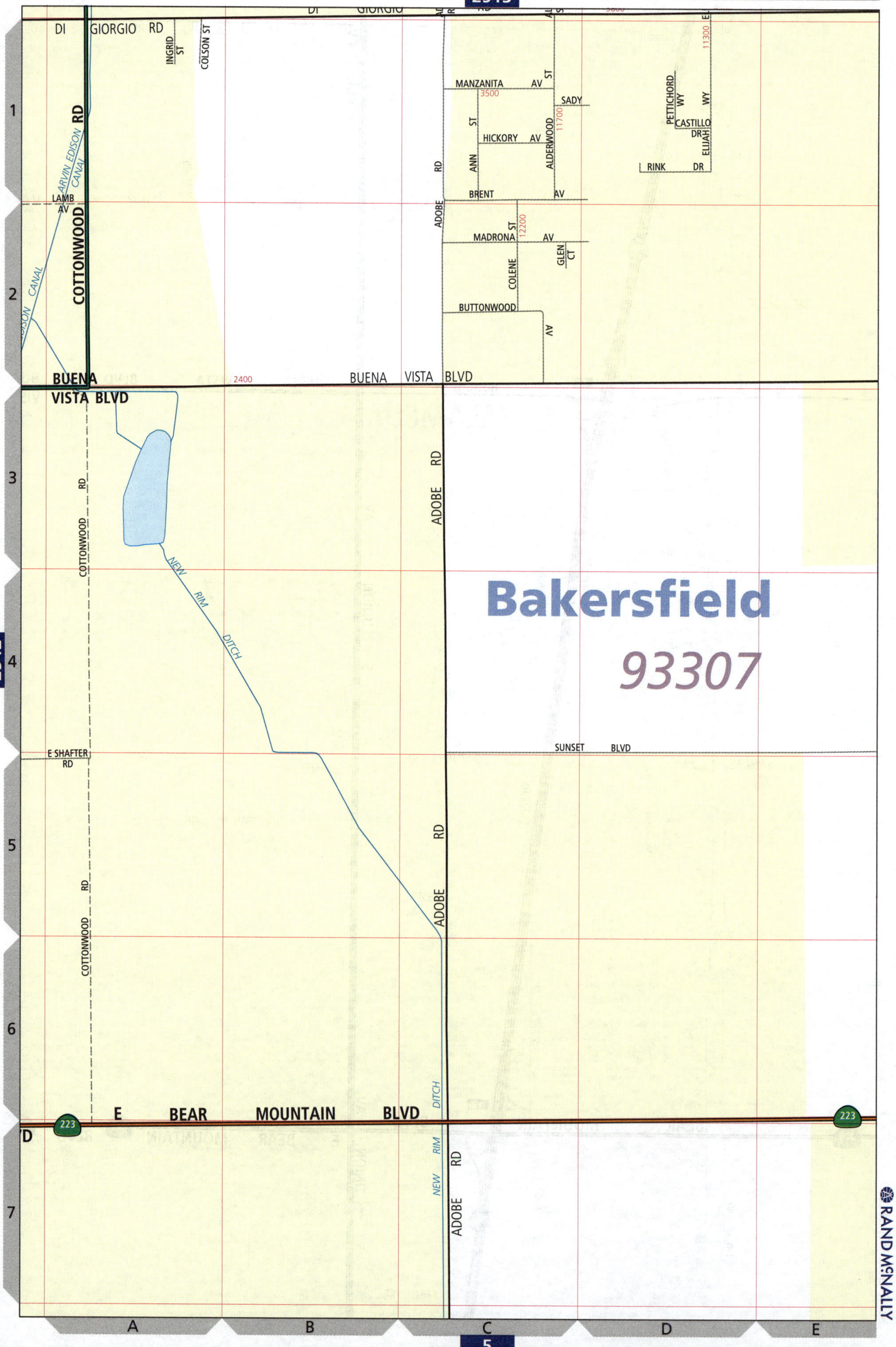

SEE 2542 MAP

SEE 5 MAP

0 0.25 0.5 miles
1:22,800
1 in. = 1900 ft.

SEE 2513 MAP

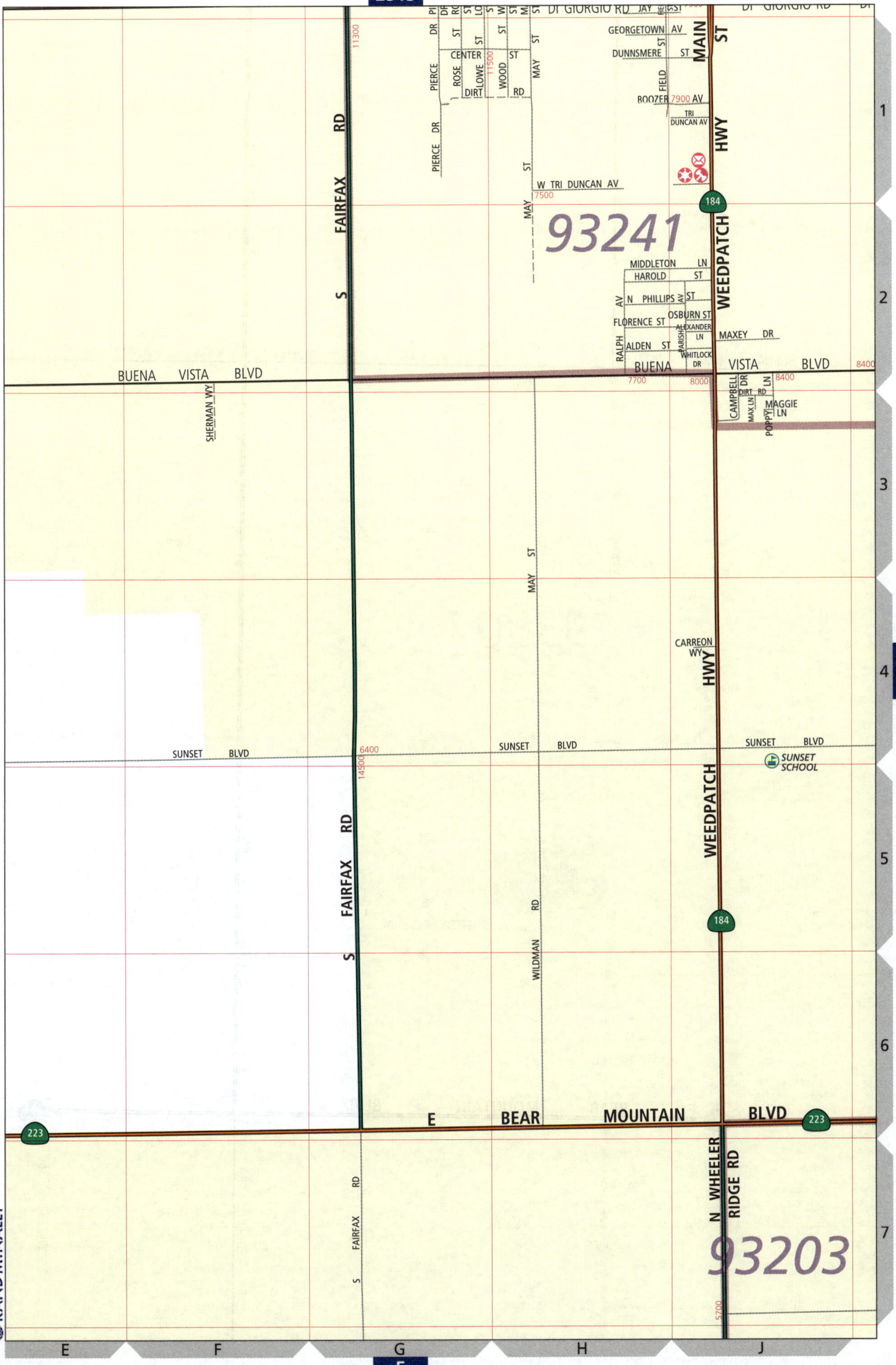

SEE 2544 MAP

SEE 5 MAP

SEE 2514 MAP

1:22,800
1 in. = 1900 ft.
miles 0 0.25 0.5

SEE 2543 MAP

SEE 2574 MAP

0 0.25 0.5 miles
1:22,800
1 in. = 1900 ft.

SEE 2514 MAP

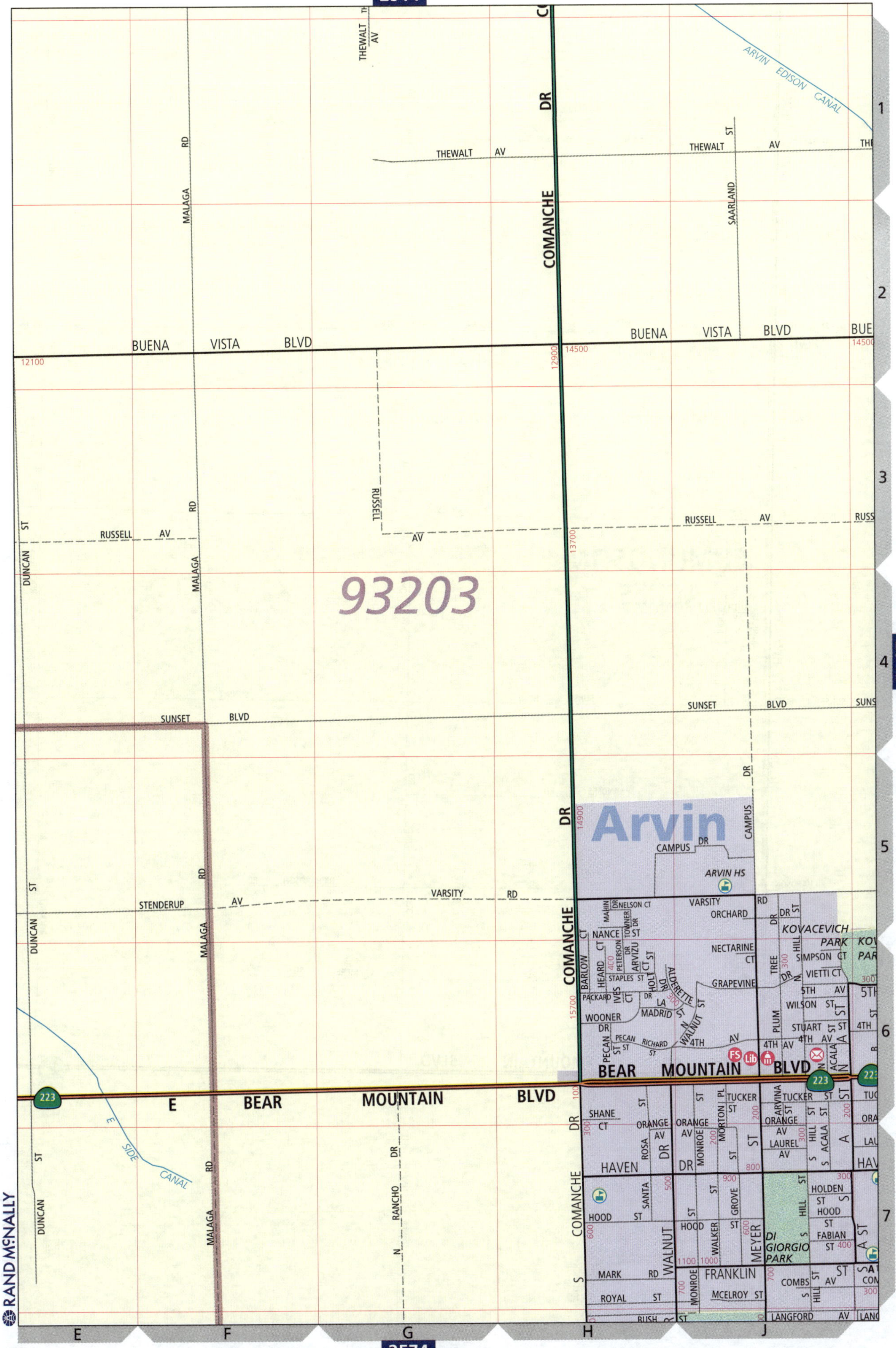

SEE 2545 MAP

SEE 2574 MAP

SEE 5 MAP

1:22,800
1 in. = 1900 ft.
0 0.25 0.5 miles

SEE 2544 MAP

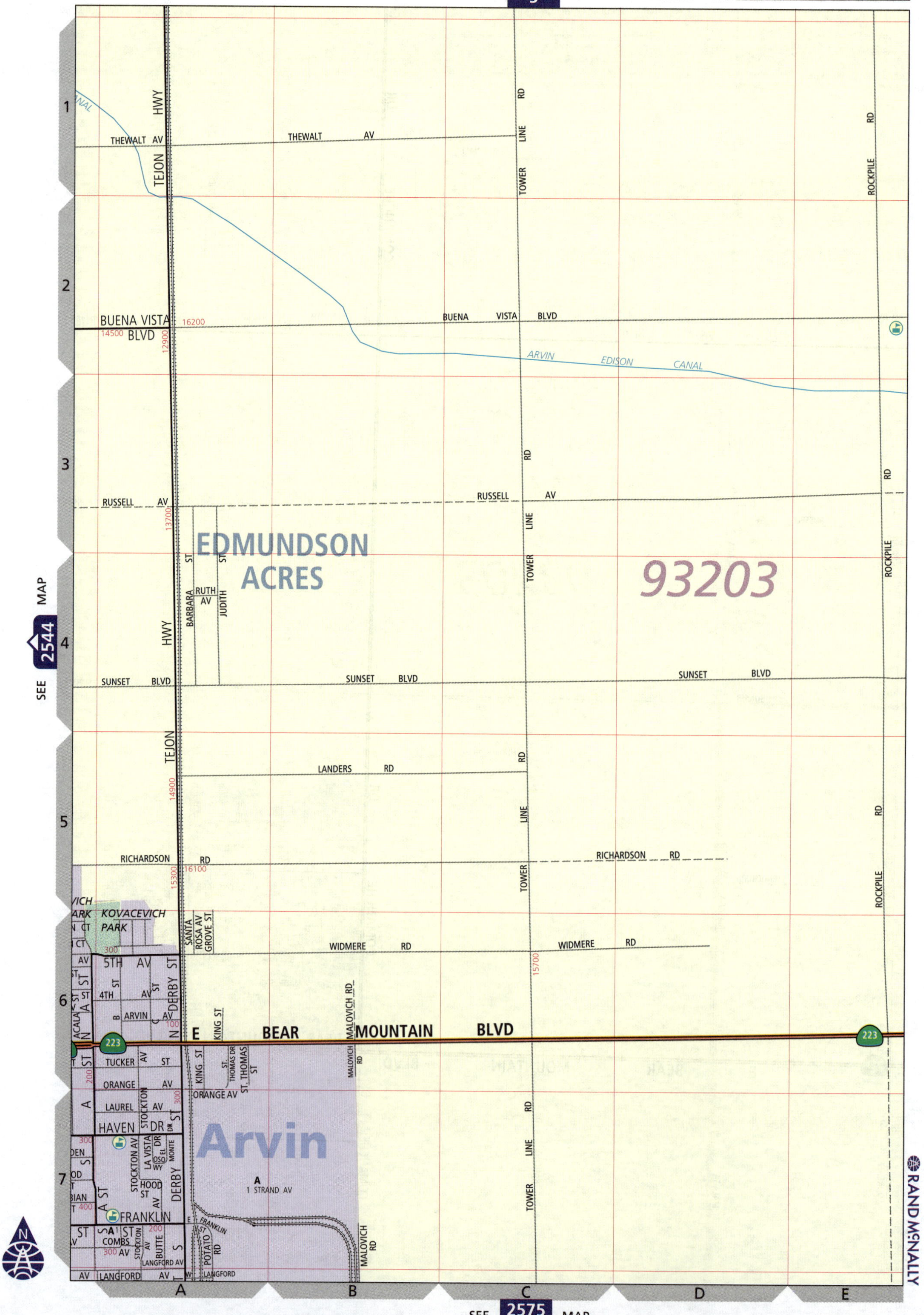

RAND McNALLY

SEE 2575 MAP

0 0.25 0.5 miles
1:22,800
1 in. = 1900 ft.

SEE 5 MAP

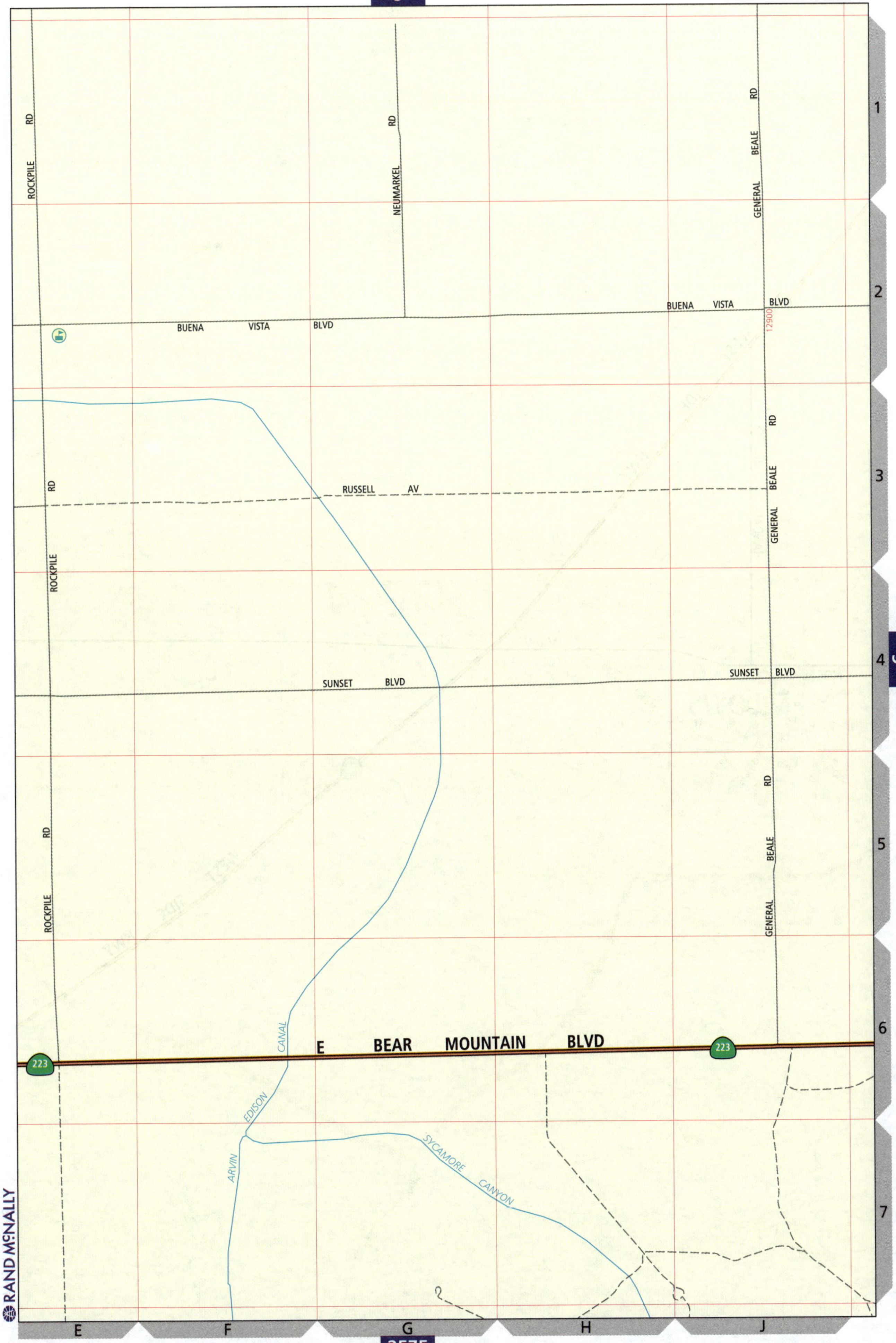

SEE 5 MAP

SEE 2575 MAP

RAND McNALLY

SEE 5 MAP

1:22,800
1 in. = 1900 ft.
0 0.25 0.5 miles

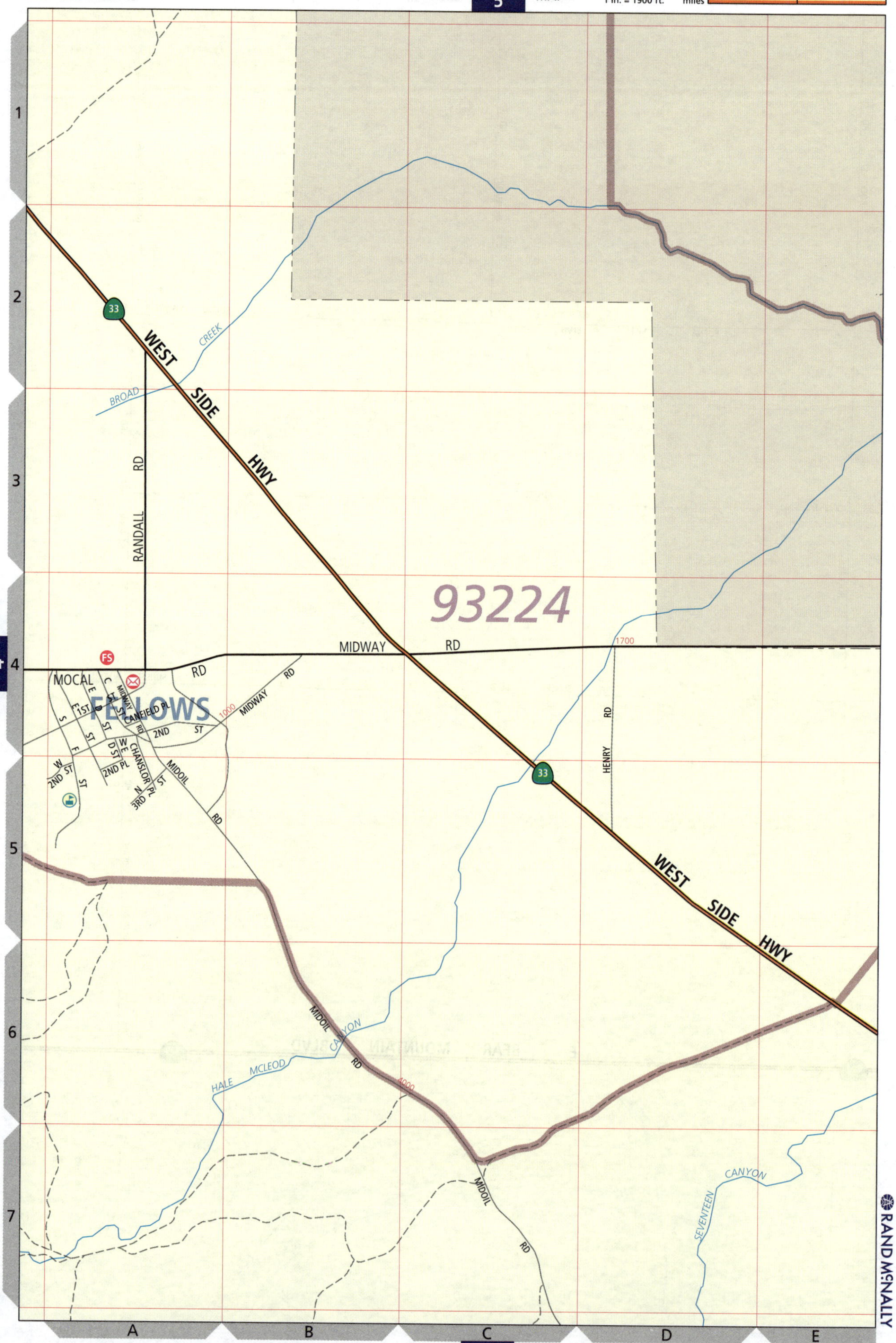

SEE 4 MAP

SEE 2596 MAP

0 0.25 0.5 miles
1:22,800
1 in. = 1900 ft.

SEE 5 MAP

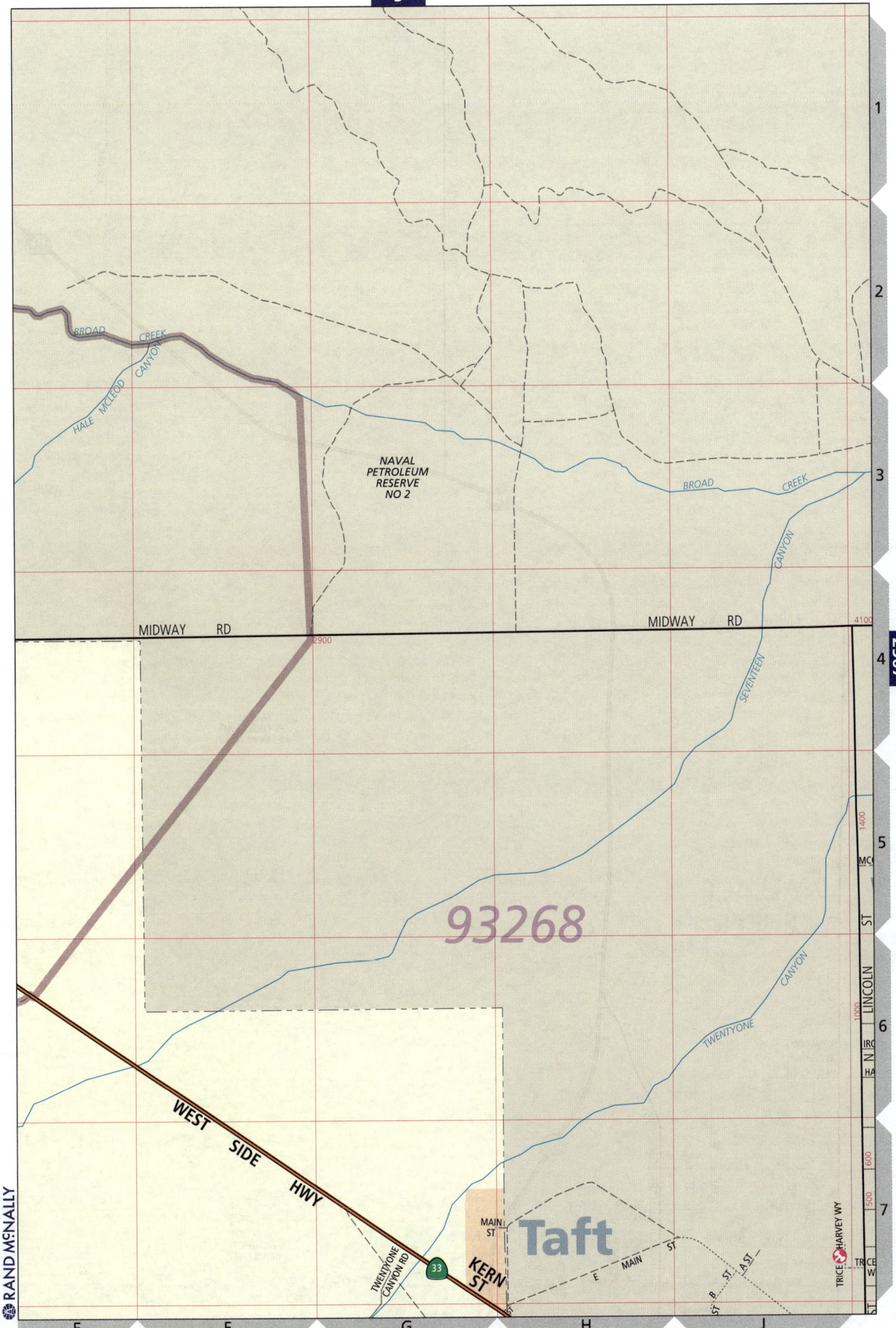

SEE 2567 MAP

SEE 2596 MAP

SEE 5 MAP

1:22,800
1 in. = 1900 ft.
miles 0 0.25 0.5

SEE 2566 MAP

RAND MCNALLY

SEE 2597 MAP

0 0.25 0.5 miles
1:22,800
1 in. = 1900 ft.

SEE 5 MAP

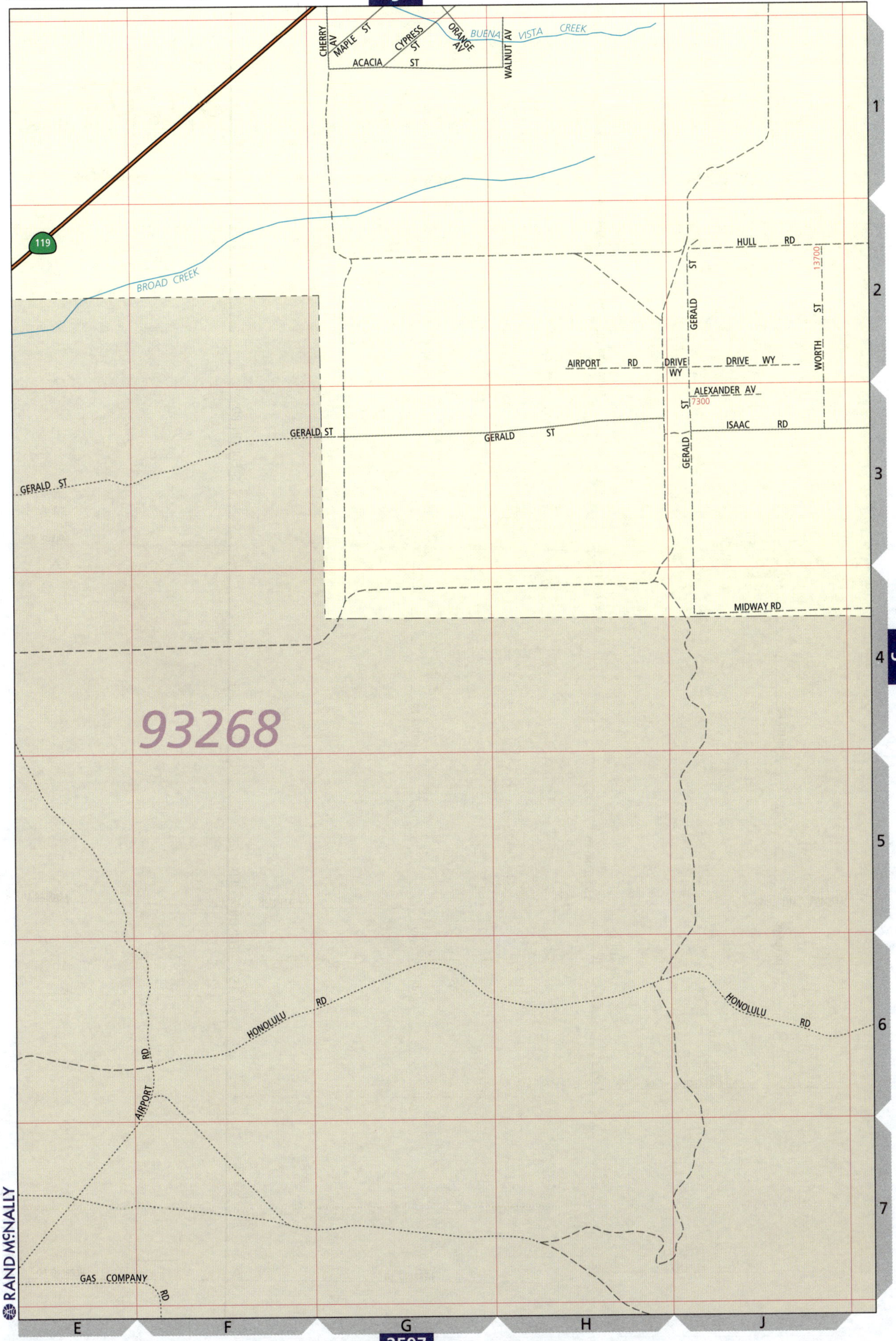

SEE 5 MAP

SEE 2597 MAP

SEE 2544 MAP

1:22,800
1 in. = 1900 ft.

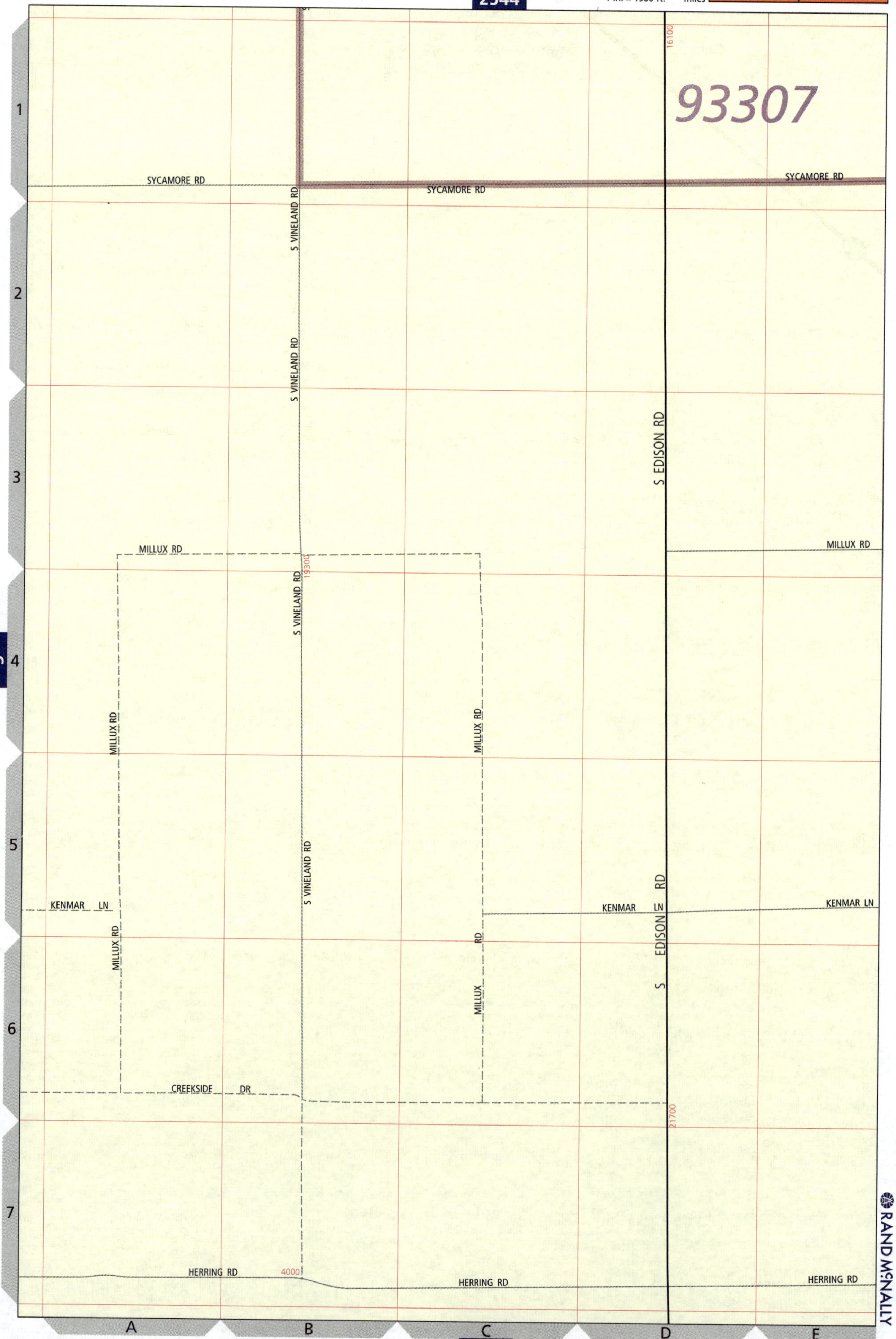

SEE 5 MAP

SEE 5 MAP

0 0.25 0.5 miles 1:22,800 1 in. = 1900 ft.

SEE 2544 MAP

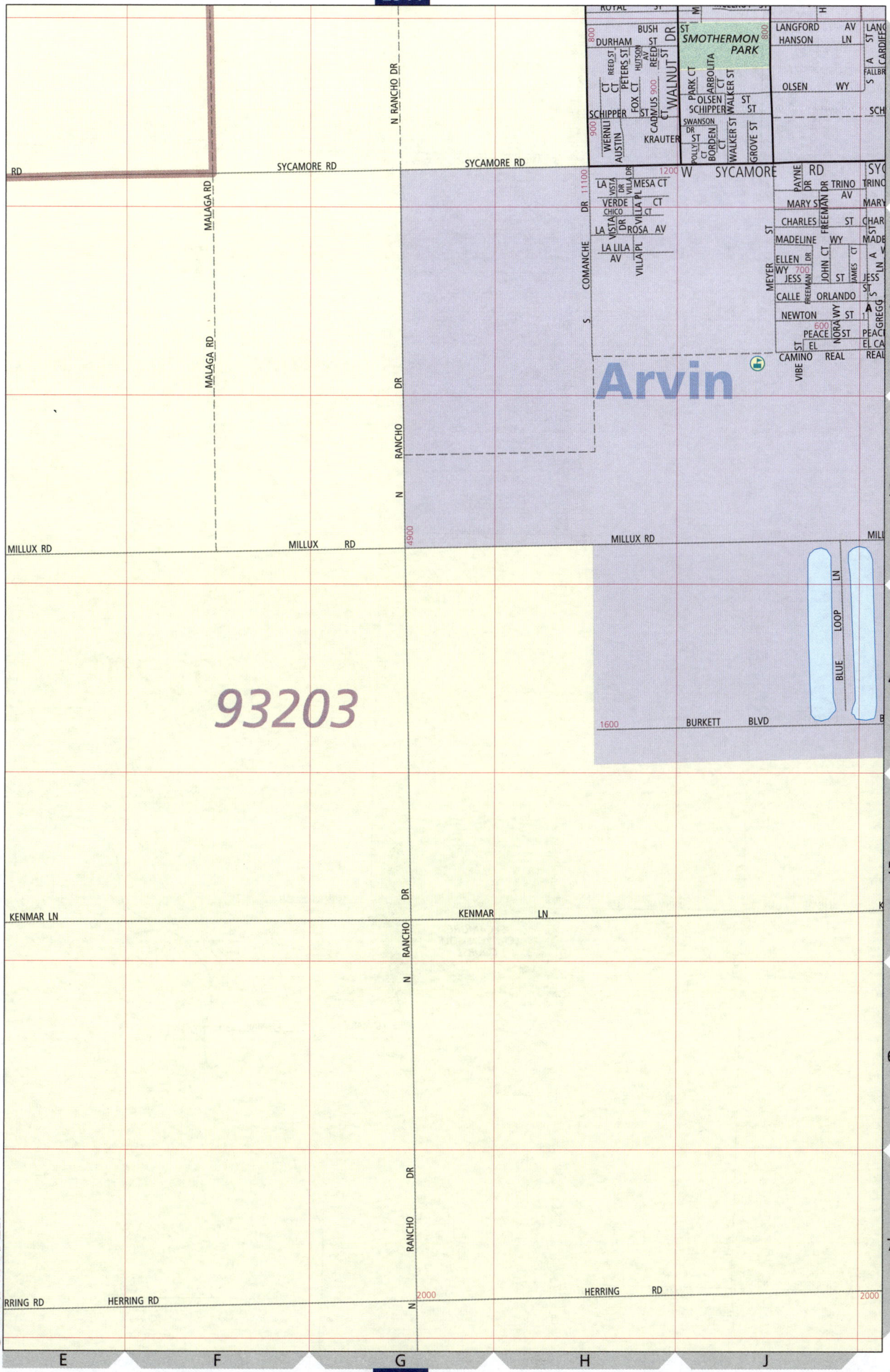

SEE 2575 MAP

SEE 5 MAP

SEE 2545 MAP

1:22,800
1 in. = 1900 ft.
miles 0 0.25 0.5

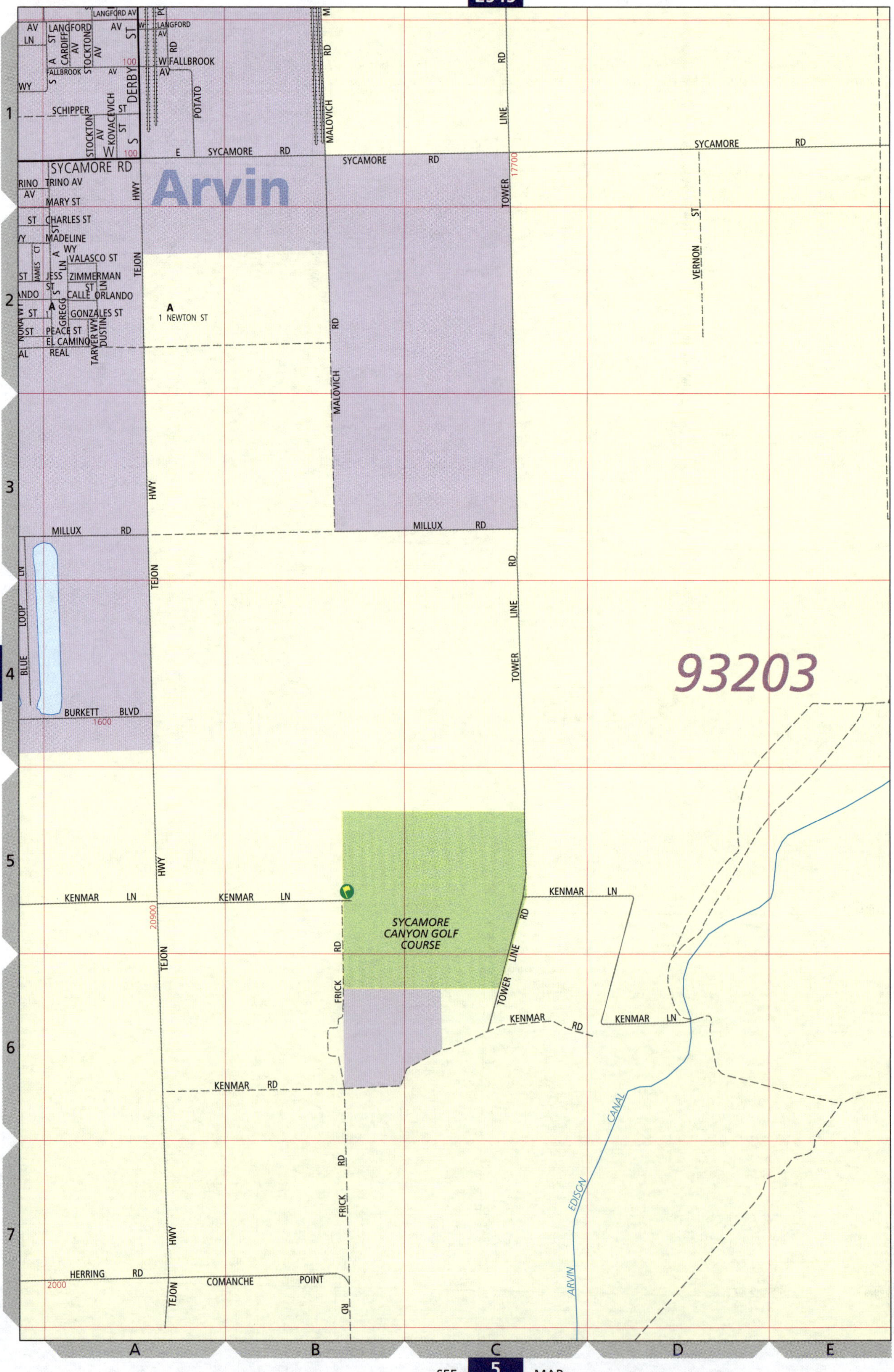

SEE 2574 MAP

SEE 5 MAP

0 0.25 0.5 miles
1:22,800
1 in. = 1900 ft.

SEE 2545 MAP

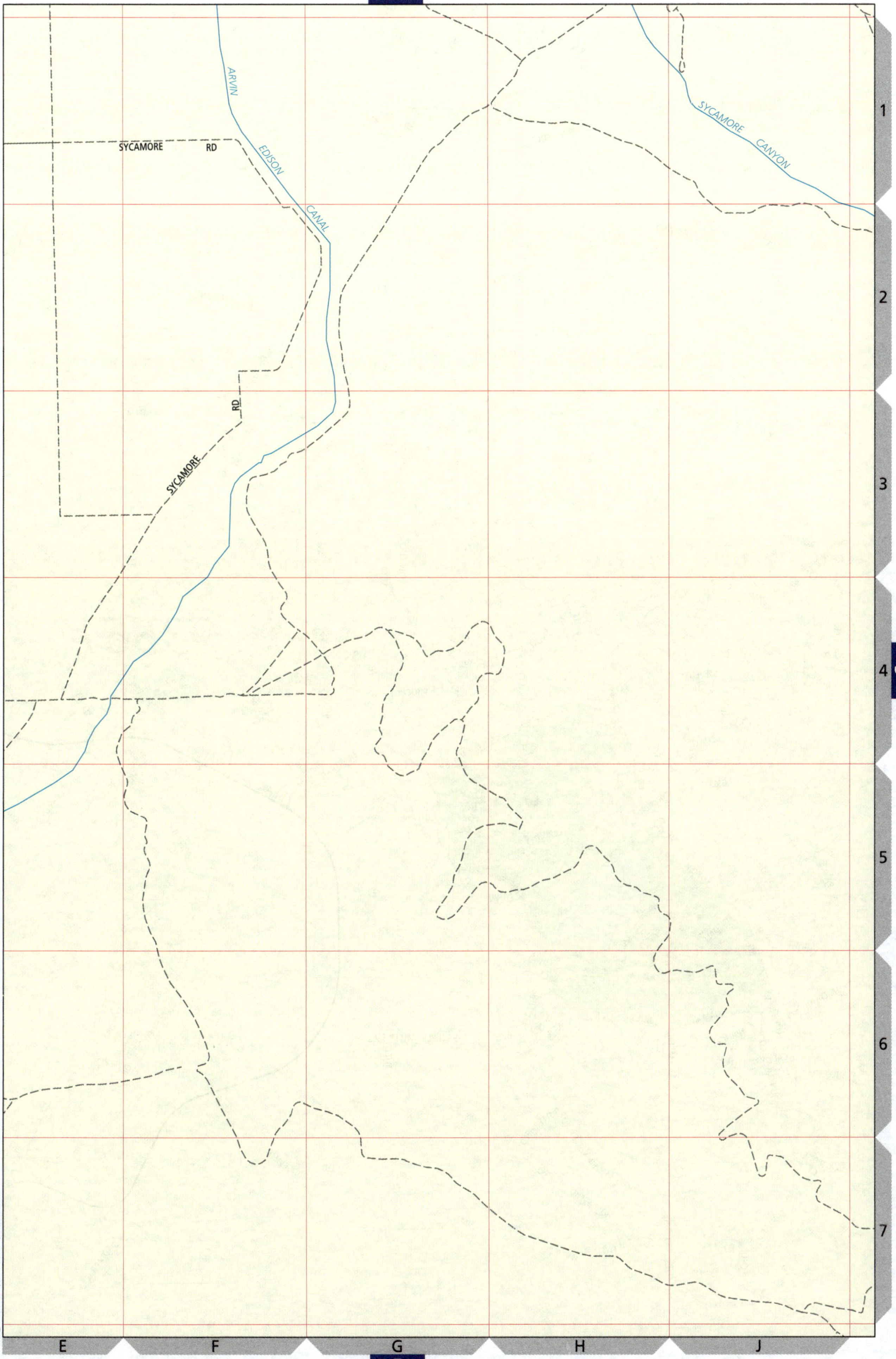

SEE 5 MAP

SEE 5 MAP

SEE 5 MAP

1:22,800
1 in. = 1900 ft.
miles 0 0.25 0.5

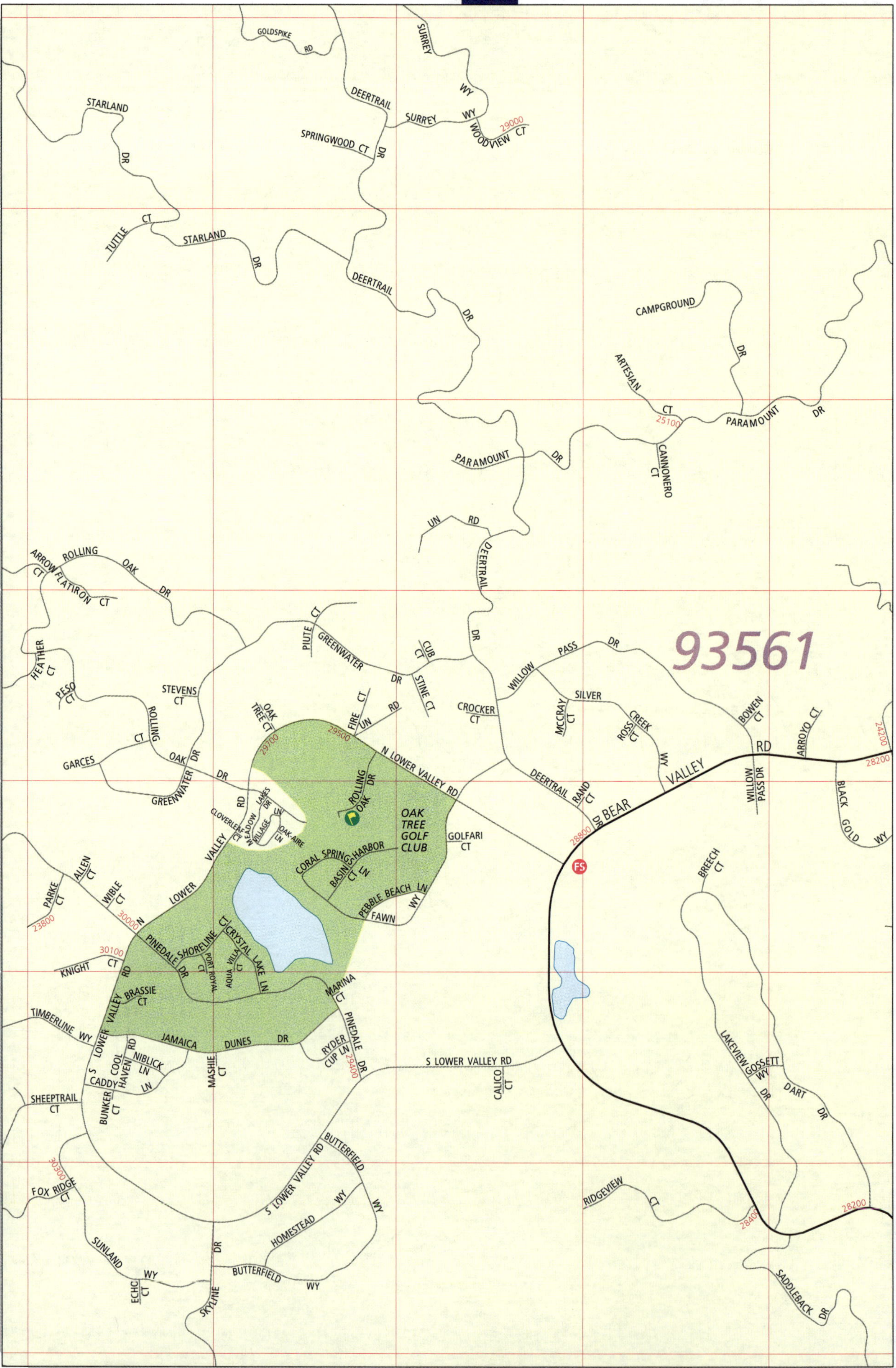

SEE 5 MAP

SEE 2607 MAP

0 0.25 0.5 miles 1:22,800 1 in. = 1900 ft.

SEE 5 MAP

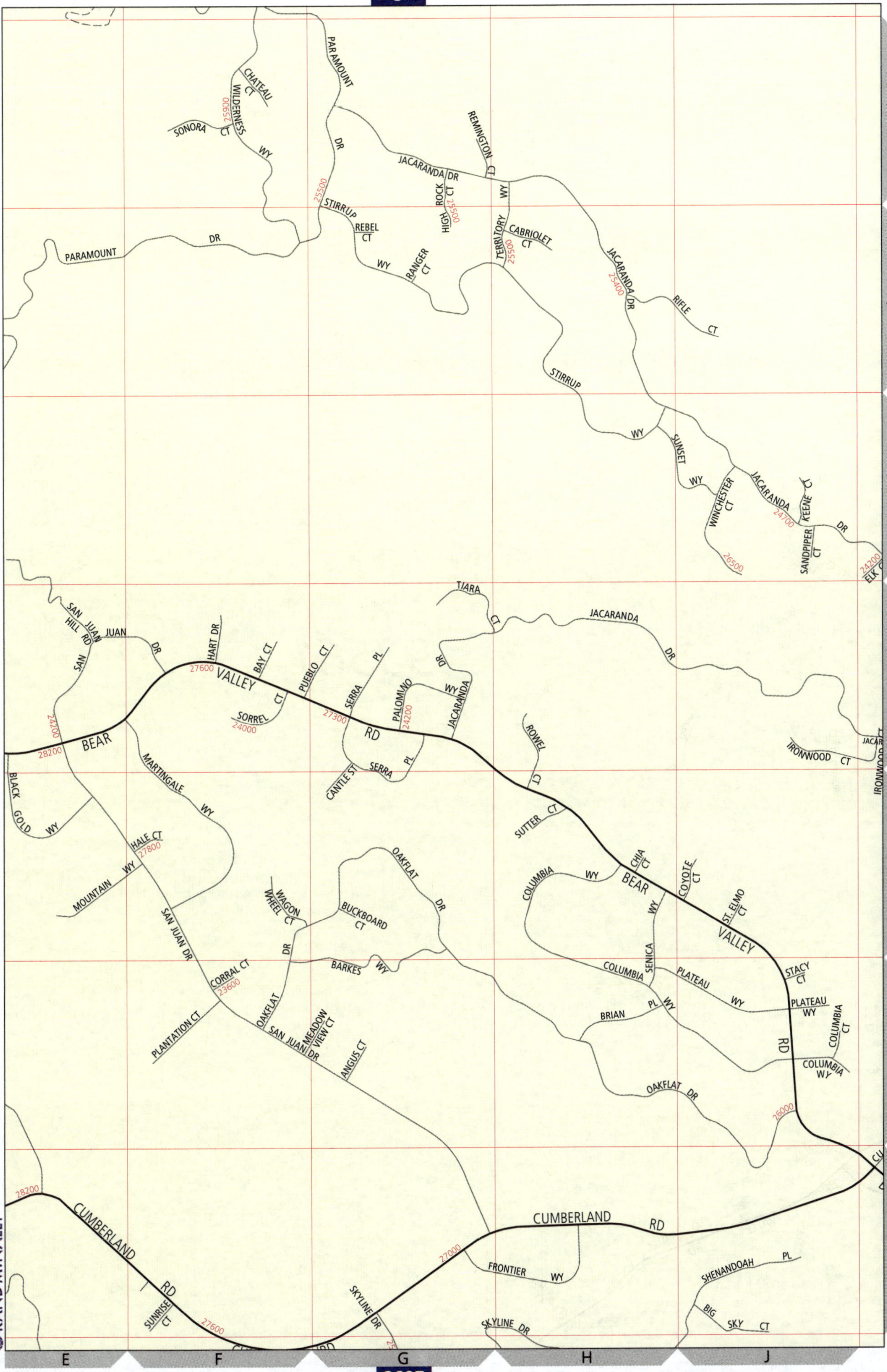

SEE 2578 MAP

SEE 2607 MAP

SEE 6 MAP

1:22,800
1 in. = 1900 ft.
miles 0 0.25 0.5

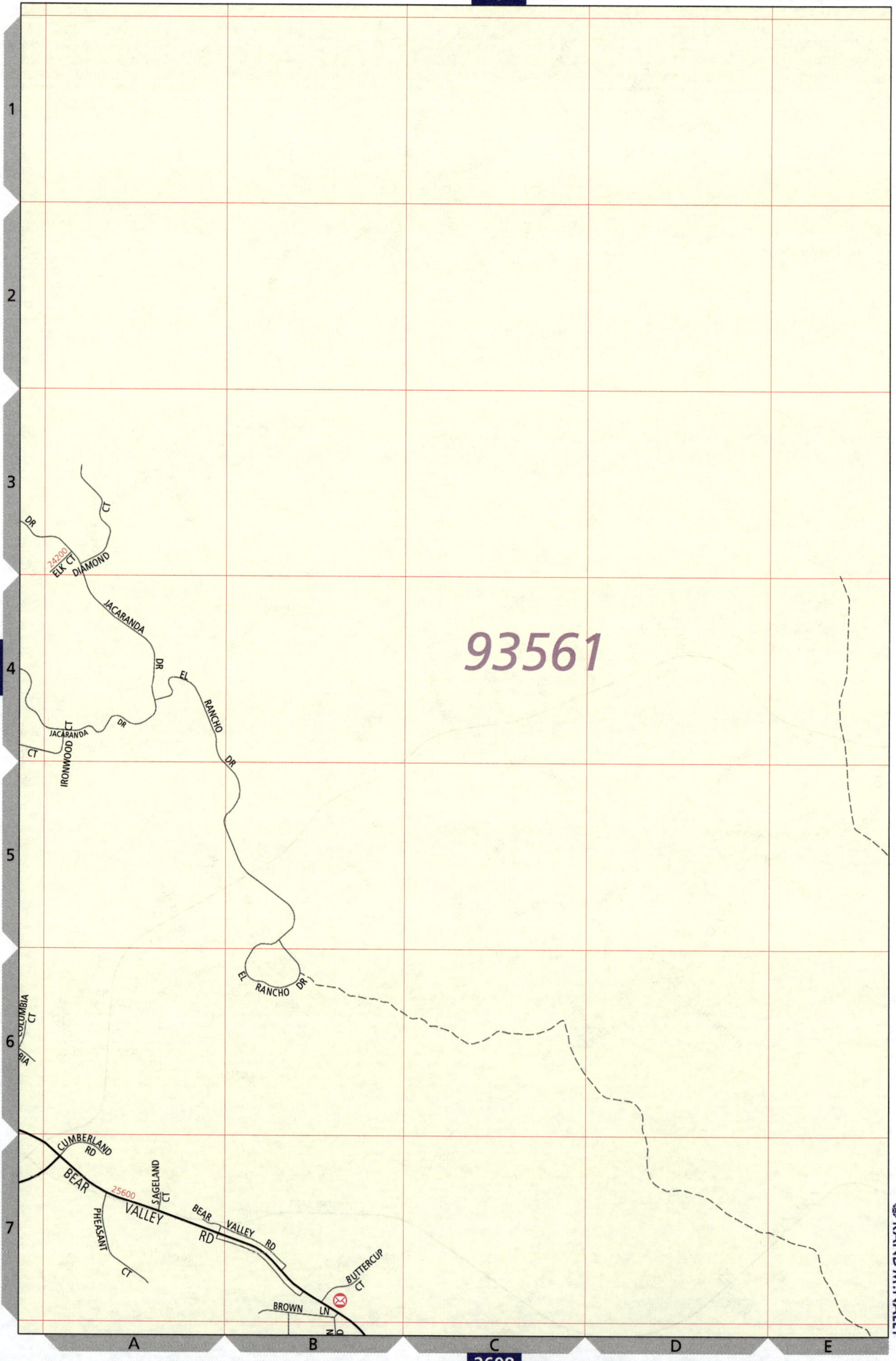

SEE 2577 MAP

SEE 2608 MAP

0 0.25 0.5 miles
1:22,800
1 in. = 1900 ft.

SEE 6 MAP

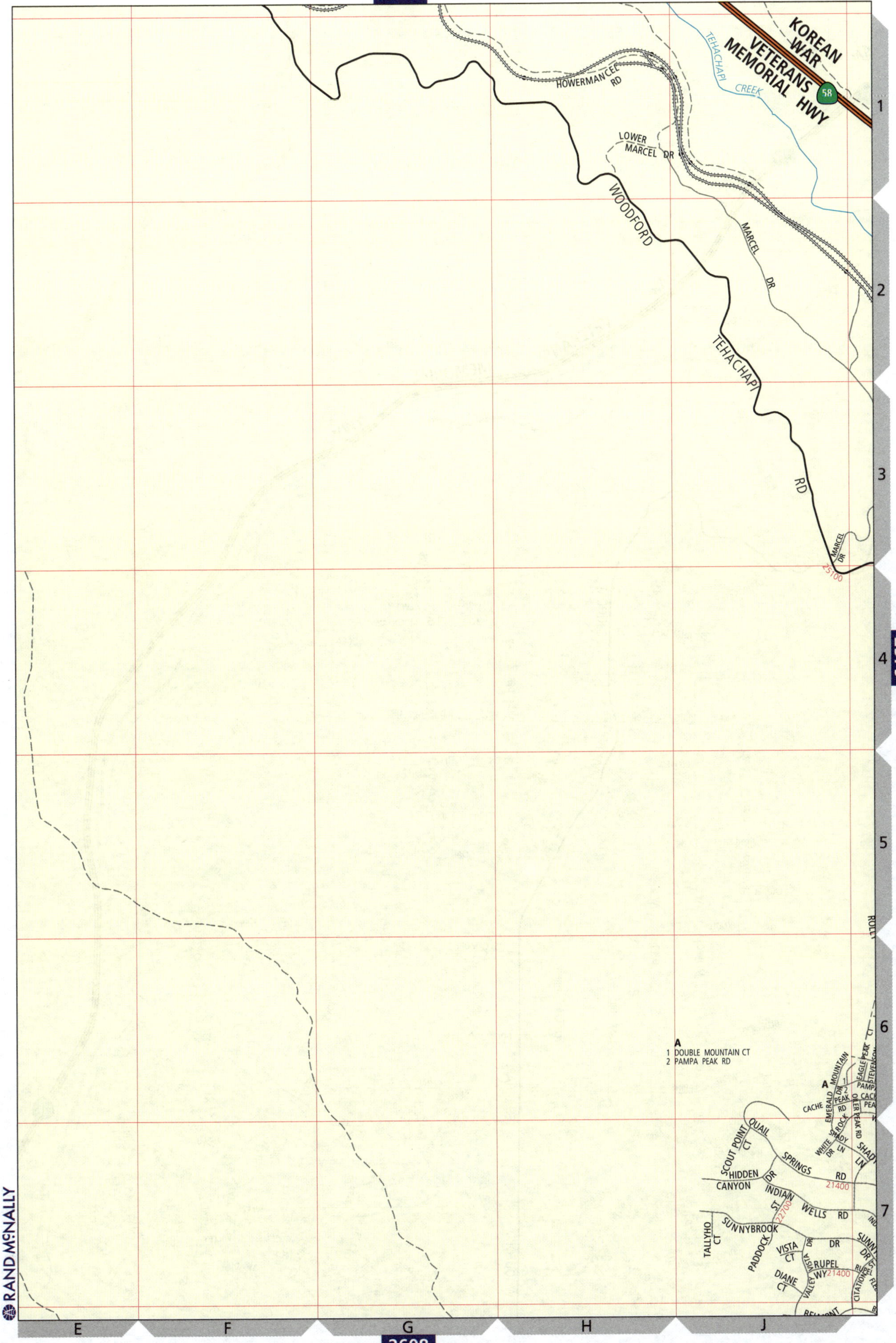

SEE 2579 MAP

SEE 2608 MAP

SEE 6 MAP

1:22,800
1 in. = 1900 ft.
miles 0 0.25 0.5

SEE 2578 MAP

A B C D E

1 2 3 4 5 6 7

SEE 2609 MAP

0 0.25 0.5 miles 1:22,800 1 in. = 1900 ft.

SEE 6 MAP

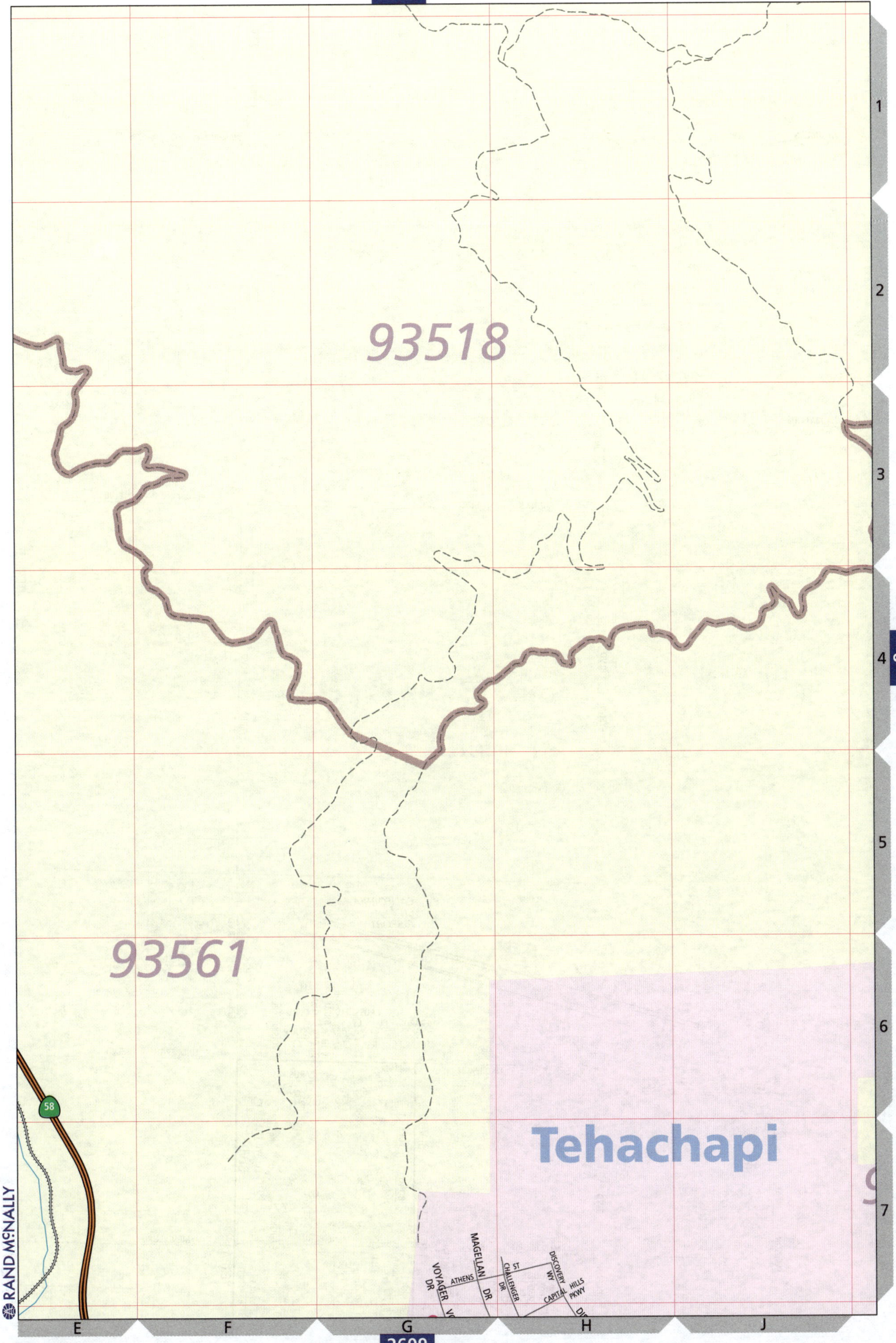

SEE 6 MAP

SEE 2609 MAP

SEE 6 MAP

1:22,800
1 in. = 1900 ft.
miles 0 0.25 0.5

SEE 6 MAP

SEE 2615 MAP

SEE 6 MAP

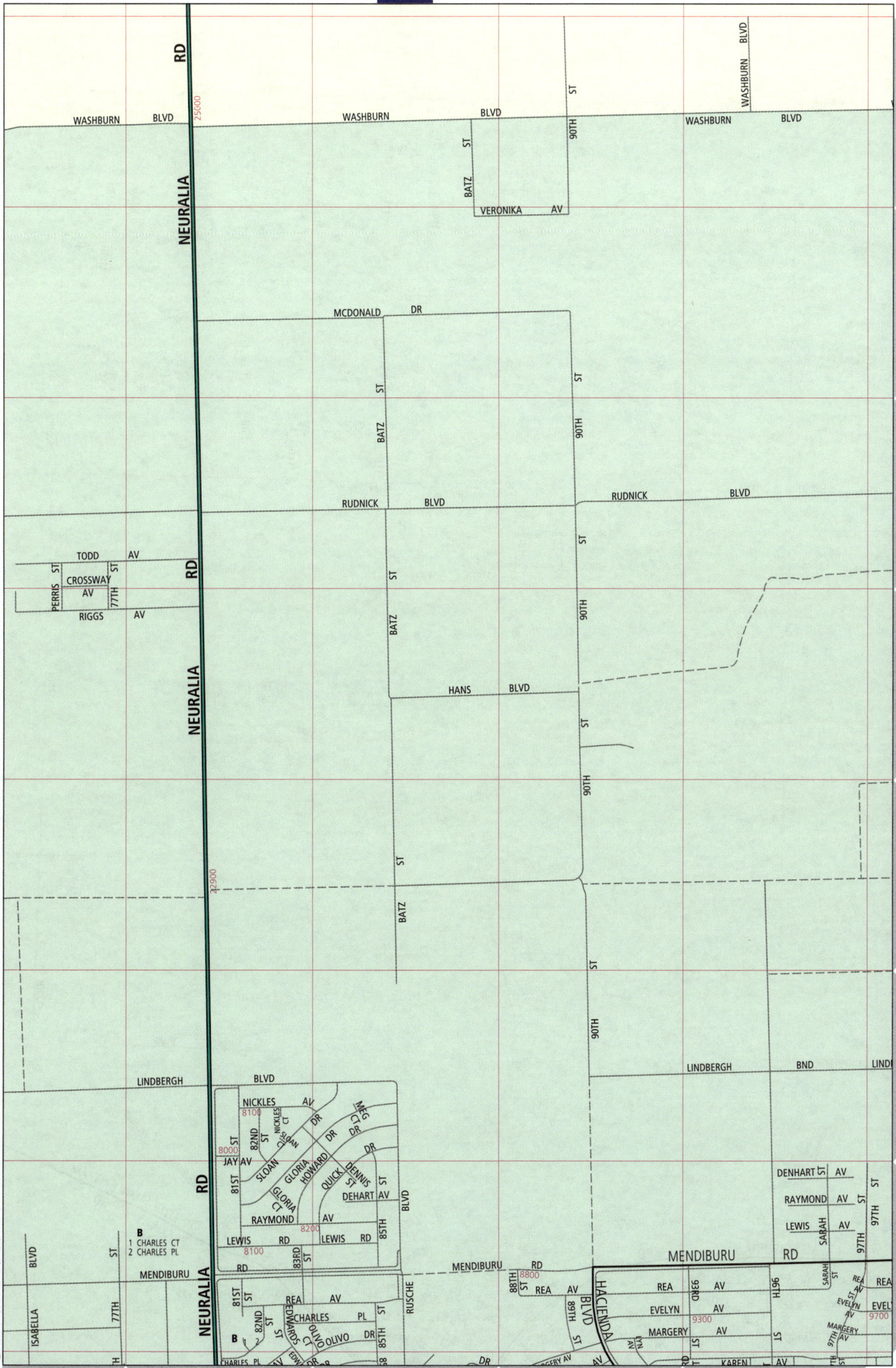

SEE 2586 MAP
SEE 2615 MAP

SEE 6 MAP

1:22,800
1 in. = 1900 ft.
0 0.25 0.5 miles

SEE 2585 MAP

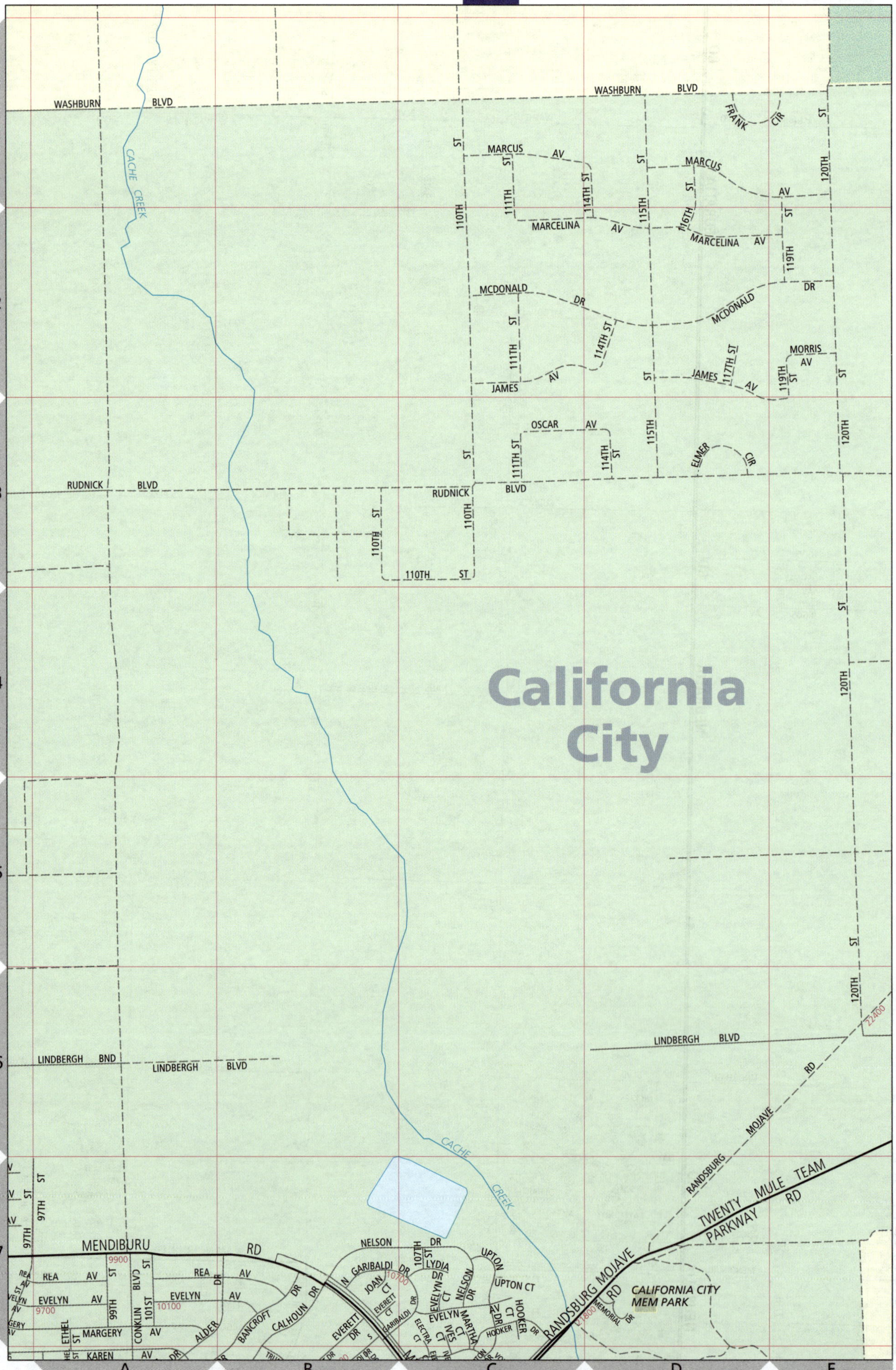

SEE 2616 MAP

0 0.25 0.5 miles
1:22,800
1 in. = 1900 ft.

SEE 6 MAP

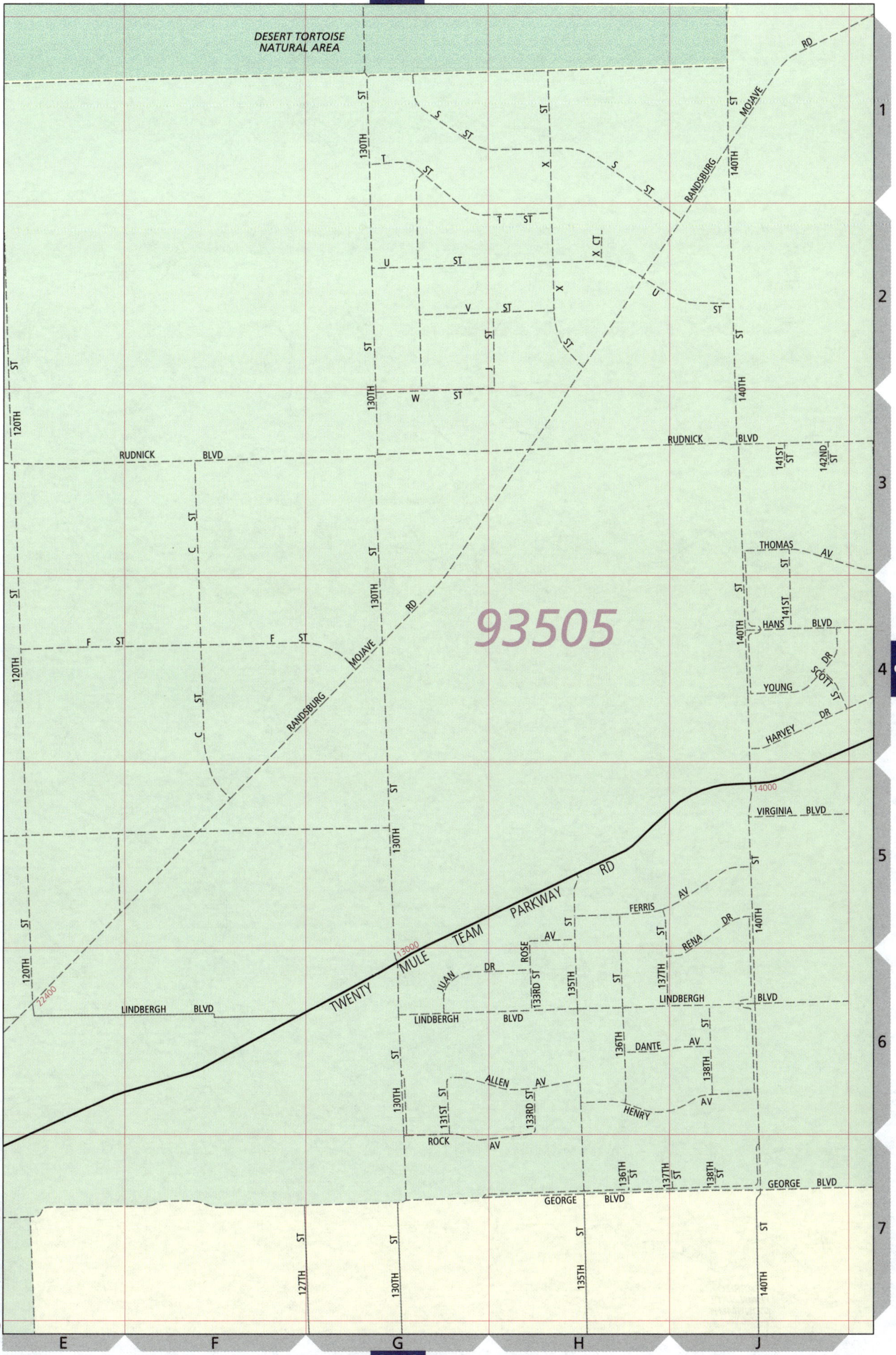

SEE 6 MAP

SEE 2616 MAP

SEE 2566 MAP

1:22,800
1 in. = 1900 ft.
miles 0 0.25 0.5

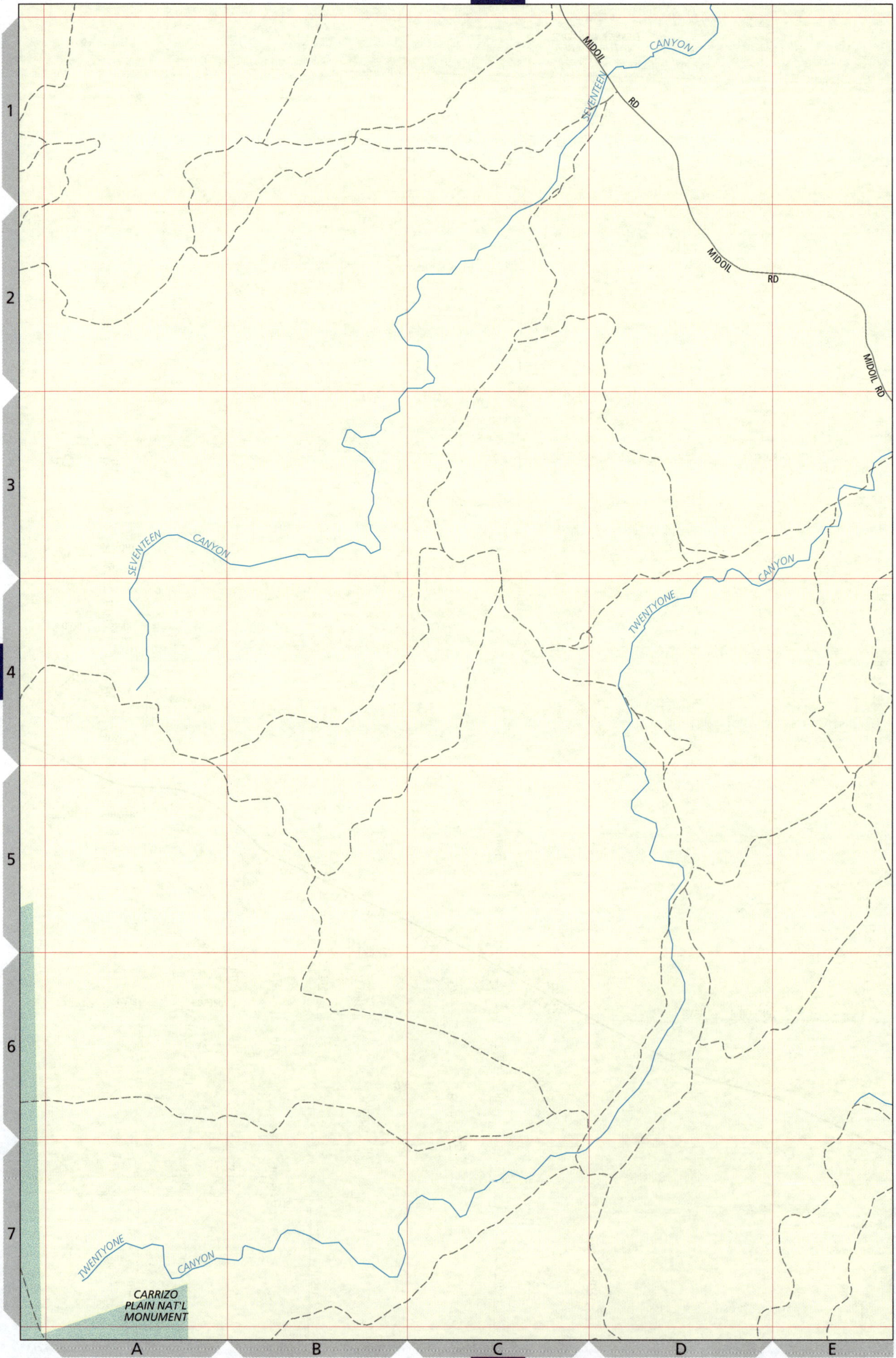

SEE 4 MAP

SEE 5 MAP

0 0.25 0.5 miles
1:22,800
1 in. = 1900 ft.

SEE 2566 MAP

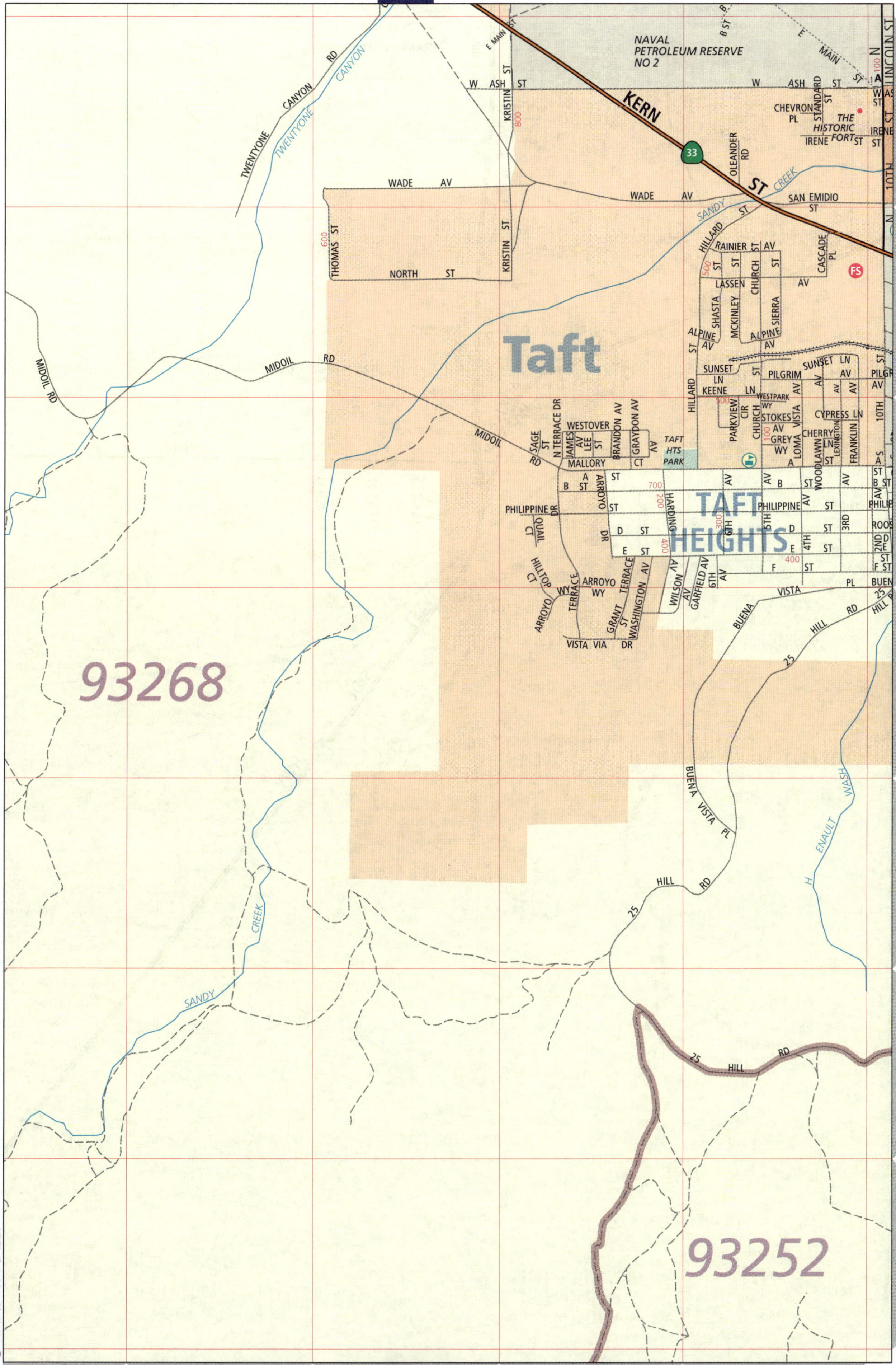

E F G H J
1 2 3 4 5 6 7

SEE 2597 MAP

SEE 5 MAP

SEE 2567 MAP

1:22,800
1 in. = 1900 ft.
miles 0 0.25 0.5

SEE 2596 MAP

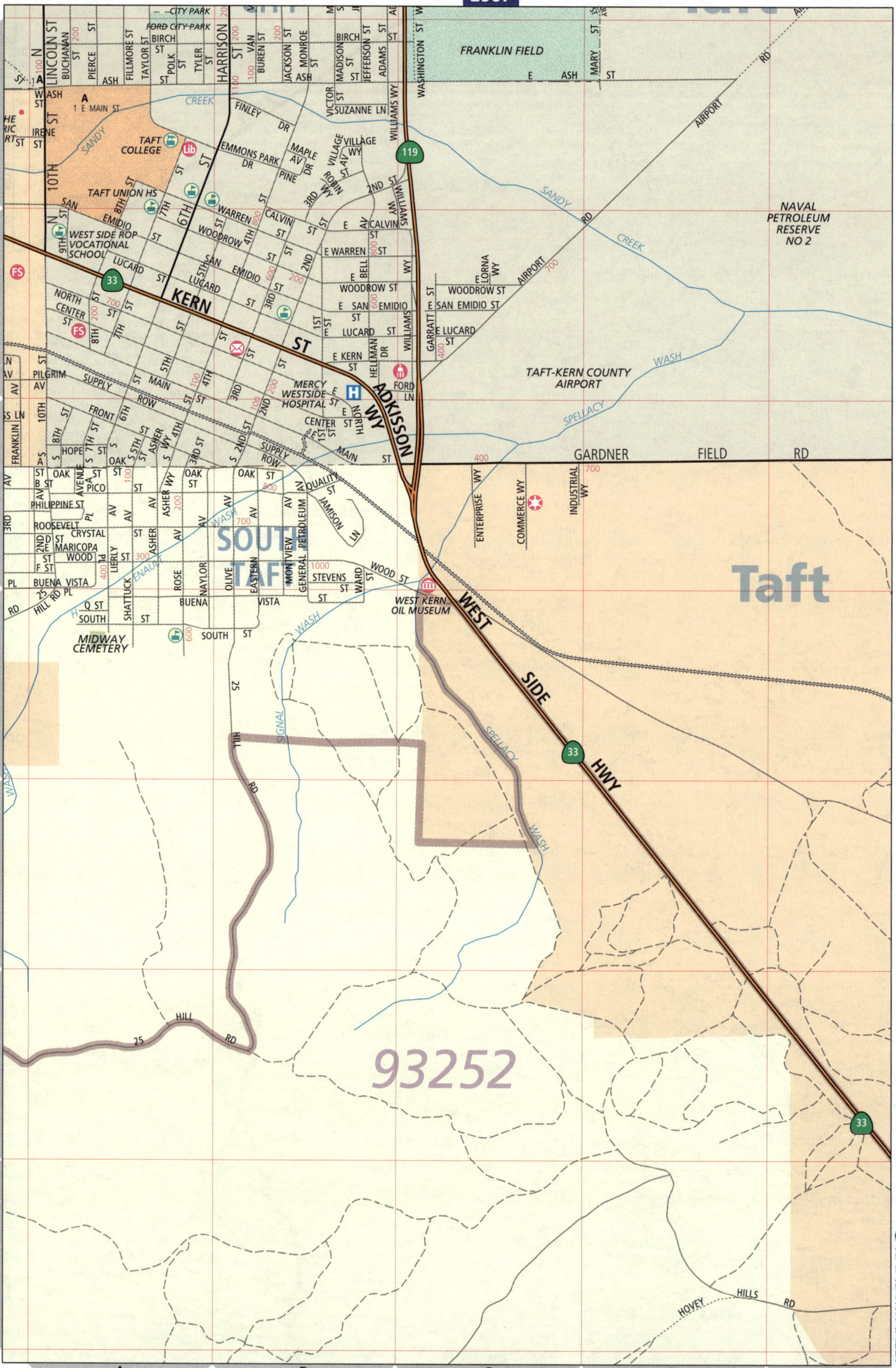

A
B
C
D
E
1
2
3
4
5
6
7

SEE 2627 MAP

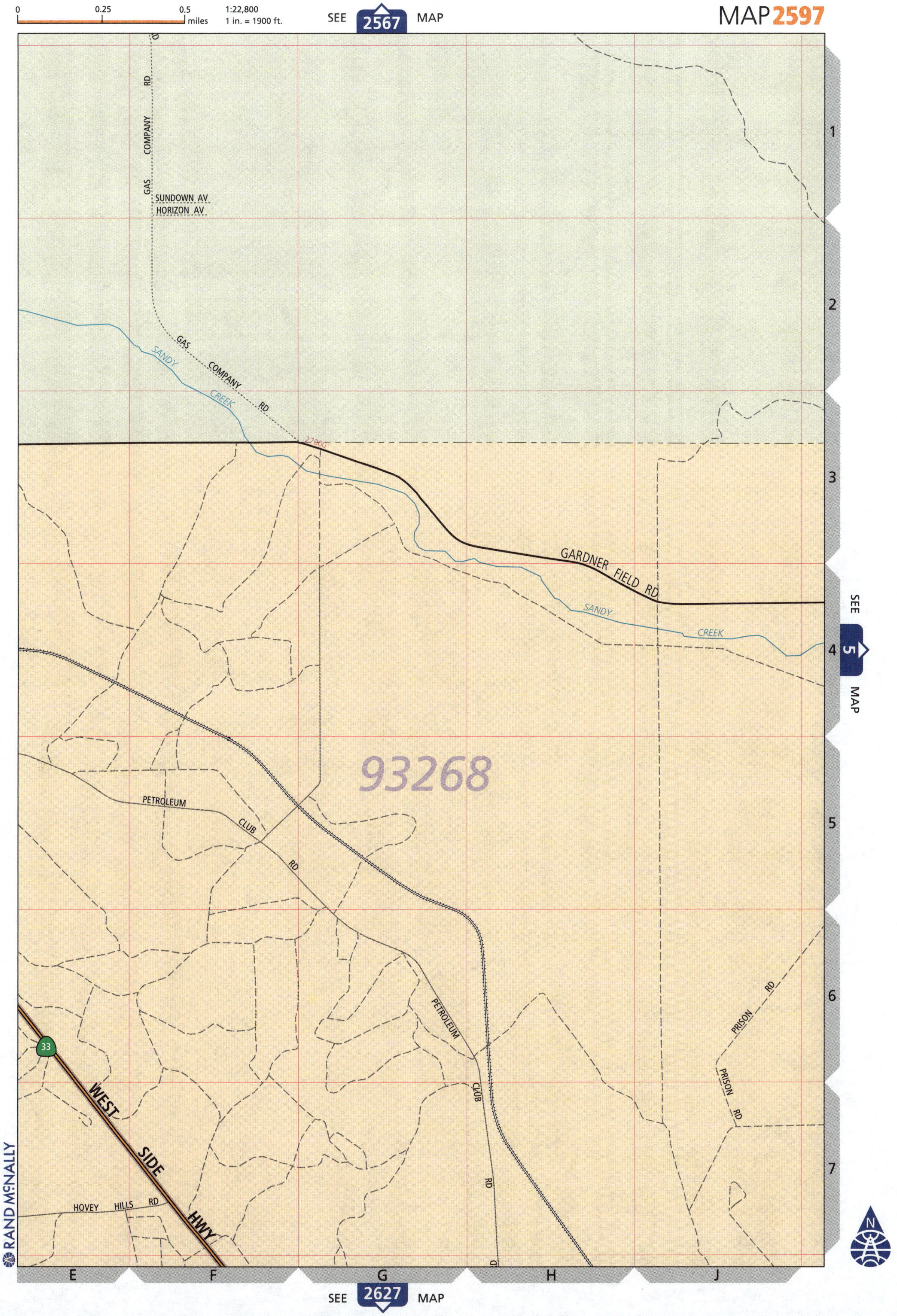
0
0.25
0.5
miles
1:22,800
1 in. = 1900 ft.
SEE 2567 MAP
GAS COMPANY RD
SUNDOWN AV
HORIZON AV
GAS COMPANY RD
SANDY CREEK
27000
GARDNER FIELD RD
SANDY CREEK
93268
PETROLEUM CLUB RD
PETROLEUM
CLUB
RD
PRISON RD
PRISON RD
33
WEST SIDE HWY
HOVEY HILLS RD
SEE 5 MAP
1
2
3
4
5
6
7
E
F
G
H
J
SEE 2627 MAP

SEE 2577 MAP

1:22,800
1 in. = 1900 ft.
miles 0 0.25 0.5

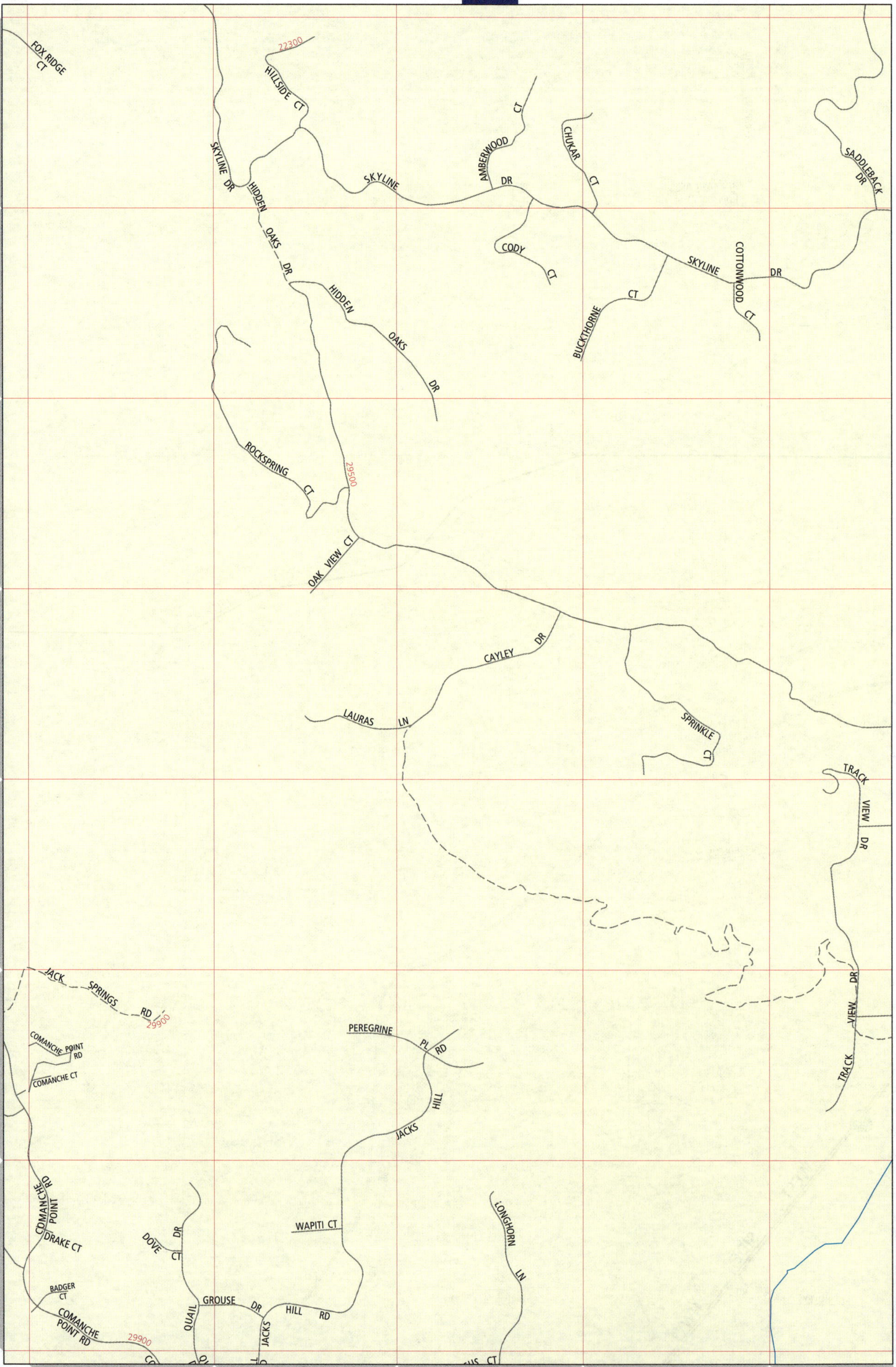

SEE 5 MAP

SEE 2637 MAP

0 0.25 0.5 miles
1:22,800
1 in. = 1900 ft.

SEE 2577 MAP

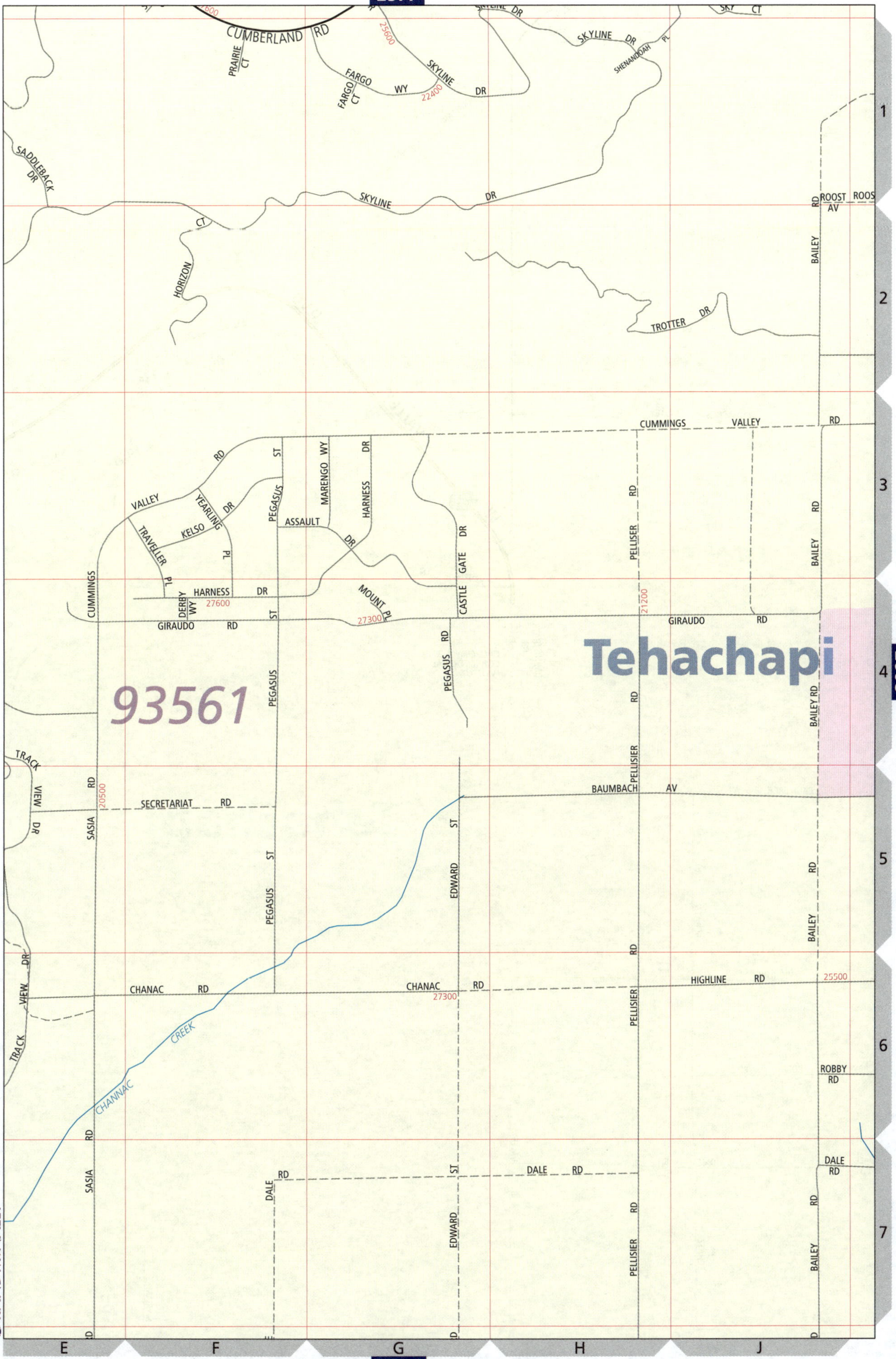

SEE 2608 MAP

SEE 2637 MAP

SEE 2578 MAP

1:22,800
1 in. = 1900 ft.
miles 0 0.25 0.5

SEE 2607 MAP

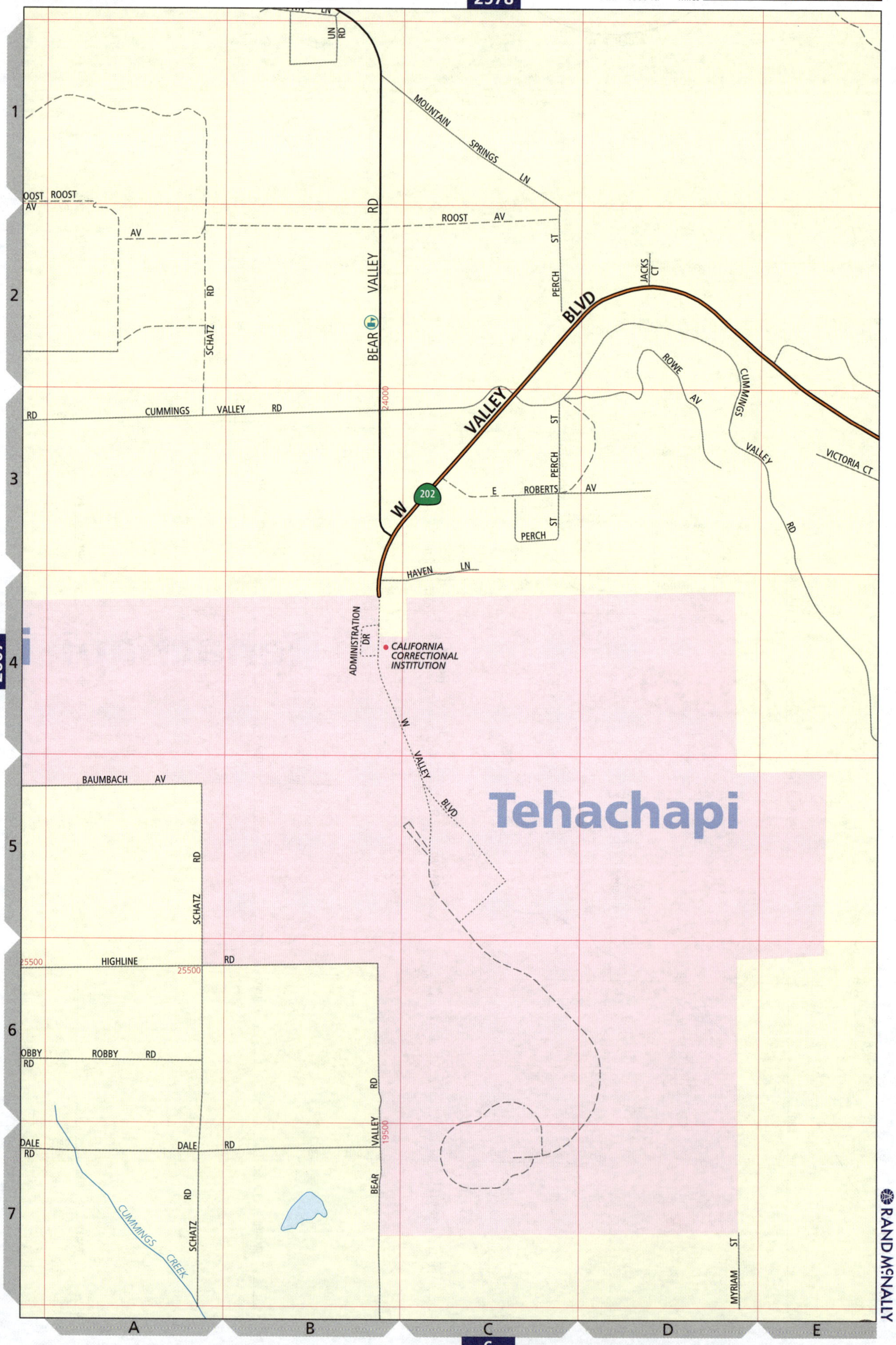

SEE 6 MAP

SEE 2578 MAP

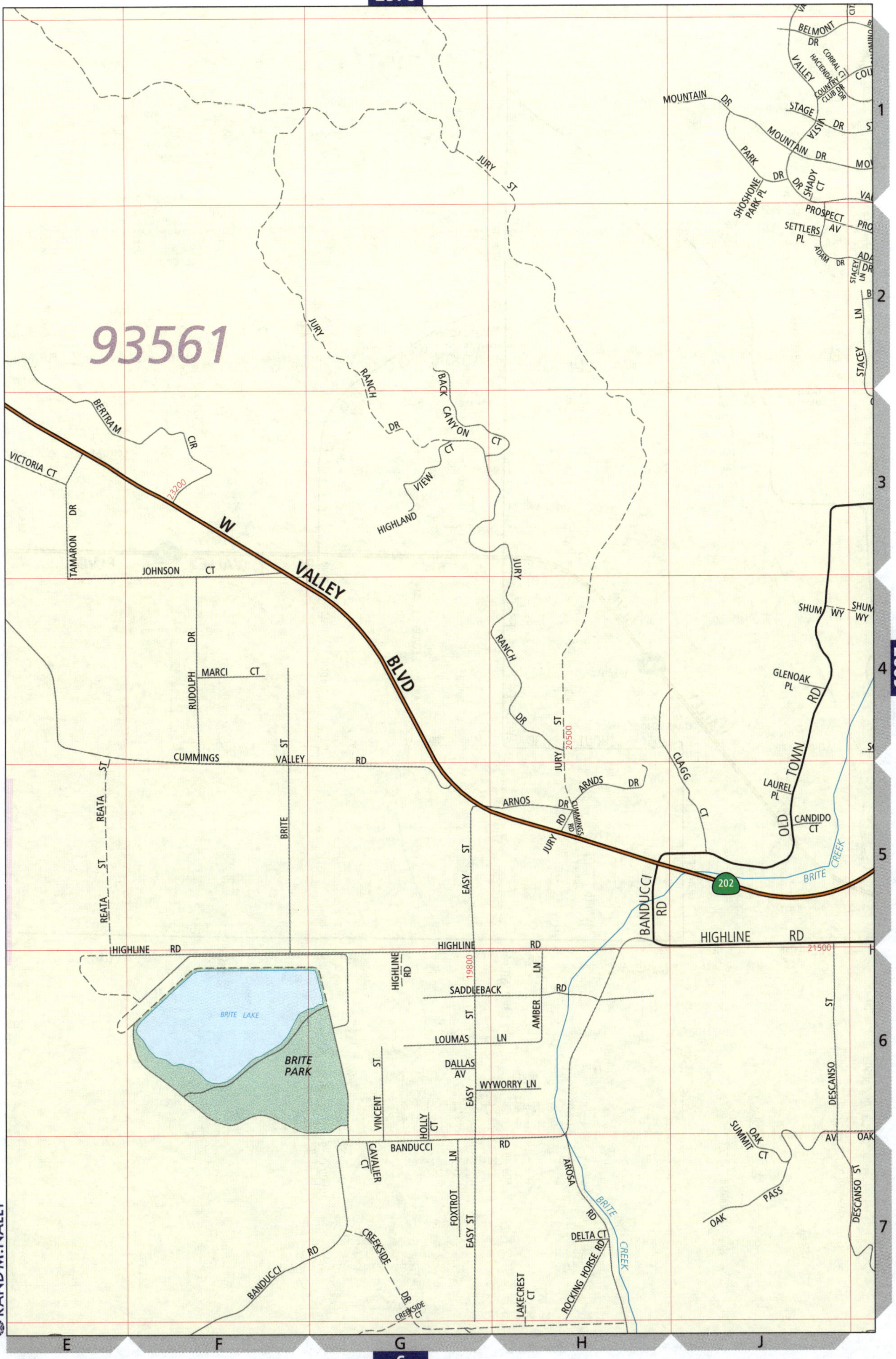

SEE 2609 MAP

SEE 6 MAP

SEE 2579 MAP

1:22,800
1 in. = 1900 ft.
miles 0 0.25 0.5

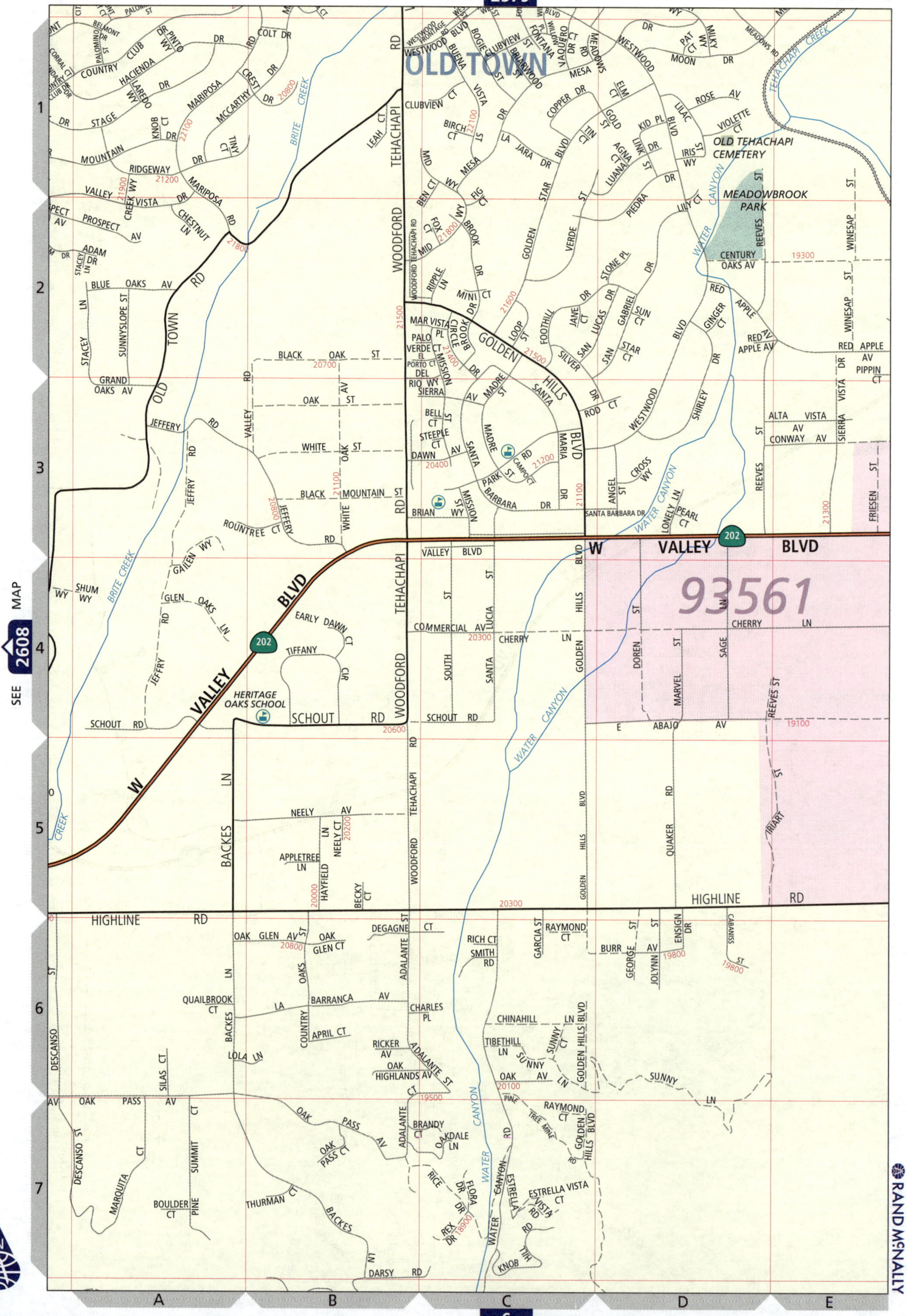

SEE 2608 MAP

SEE 6 MAP

0 0.25 0.5 miles 1:22,800 1 in. = 1900 ft.

SEE 2579 MAP

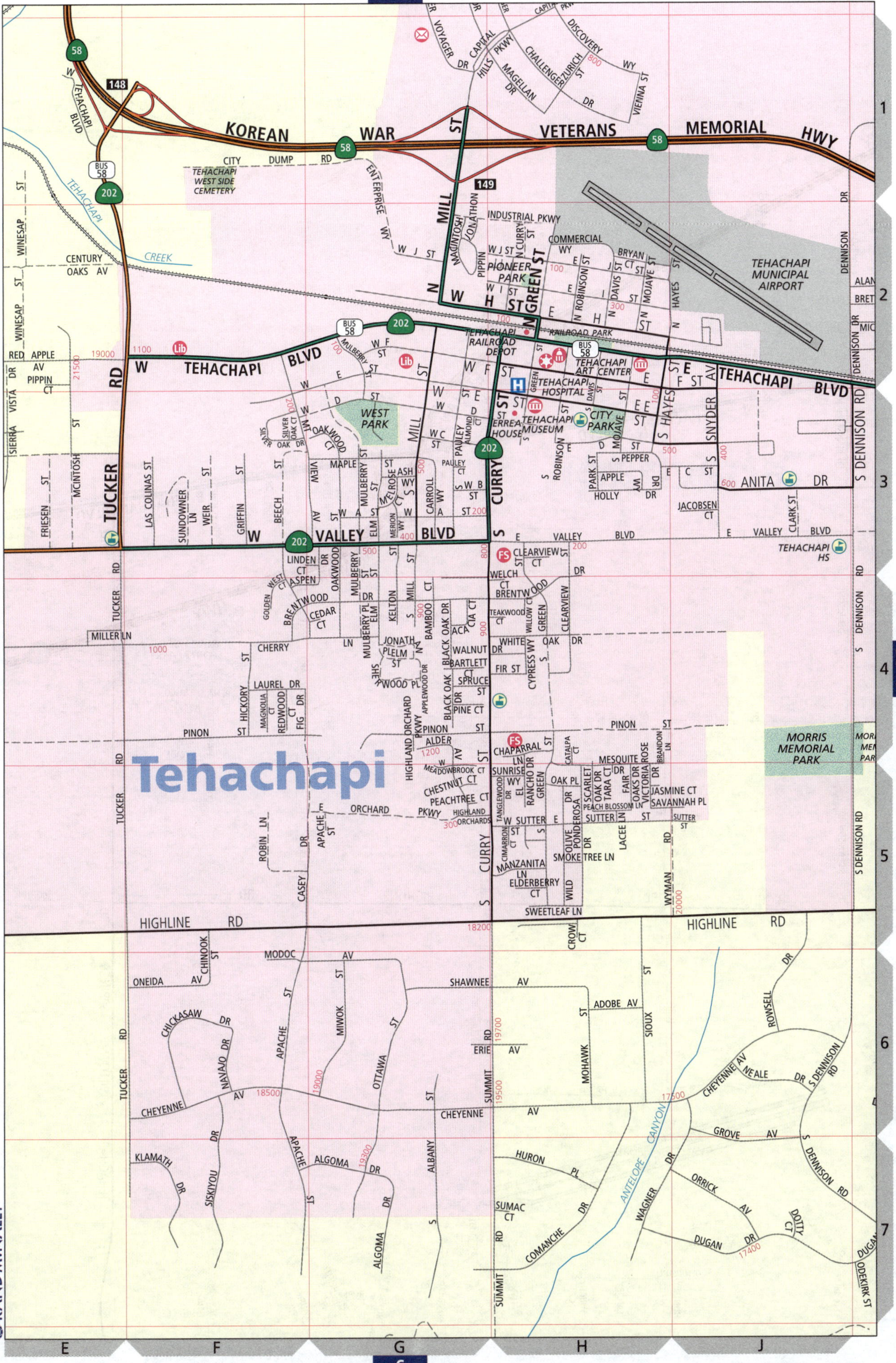

SEE 2610 MAP

SEE 6 MAP

SEE 6 MAP
1:22,800
1 in. = 1900 ft.
miles 0 0.25 0.5

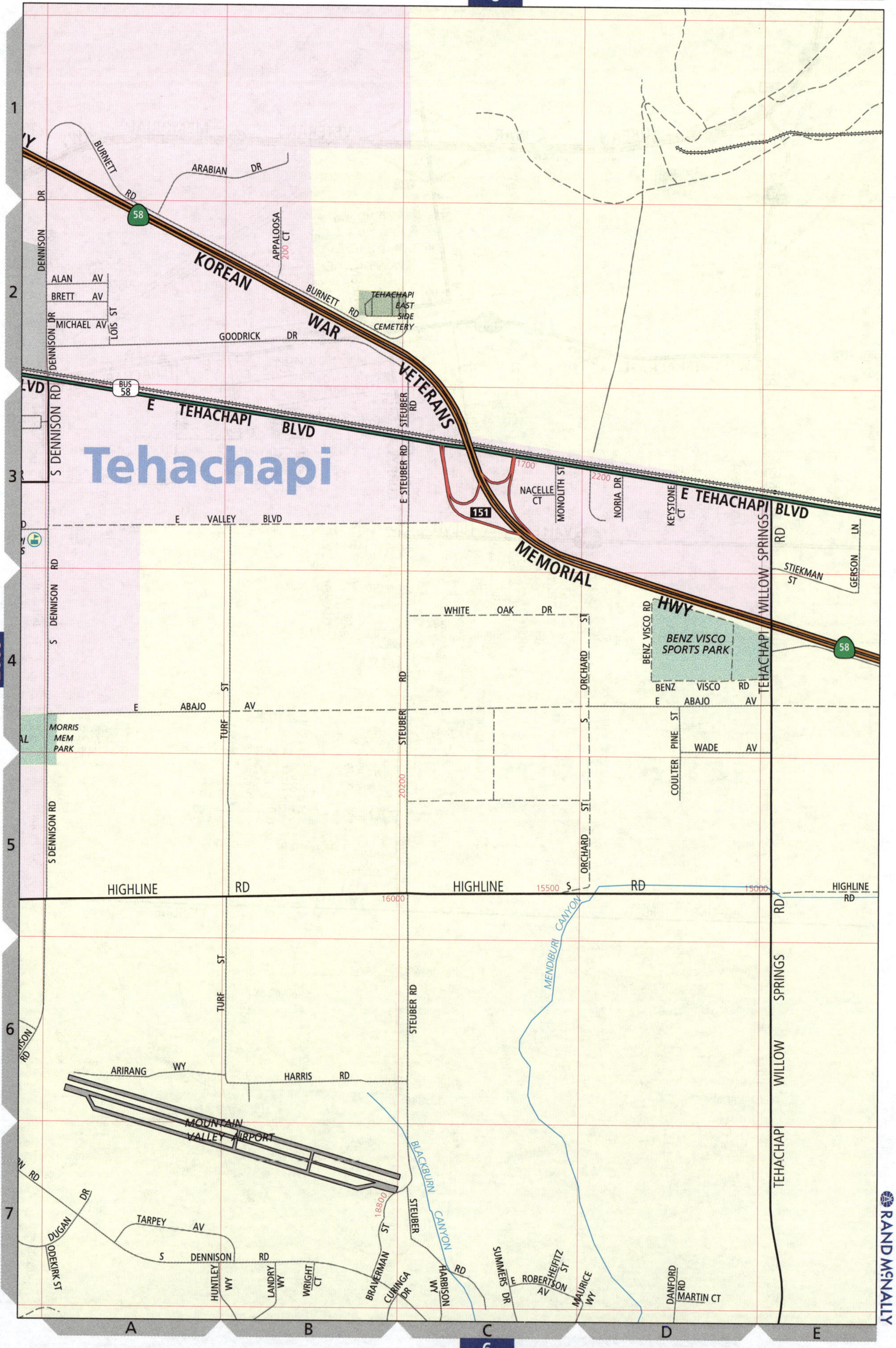

SEE 2609 MAP

SEE 6 MAP

0 0.25 0.5 miles 1:22,800 1 in. = 1900 ft.

SEE 6 MAP

SEE 6 MAP

SEE 6 MAP

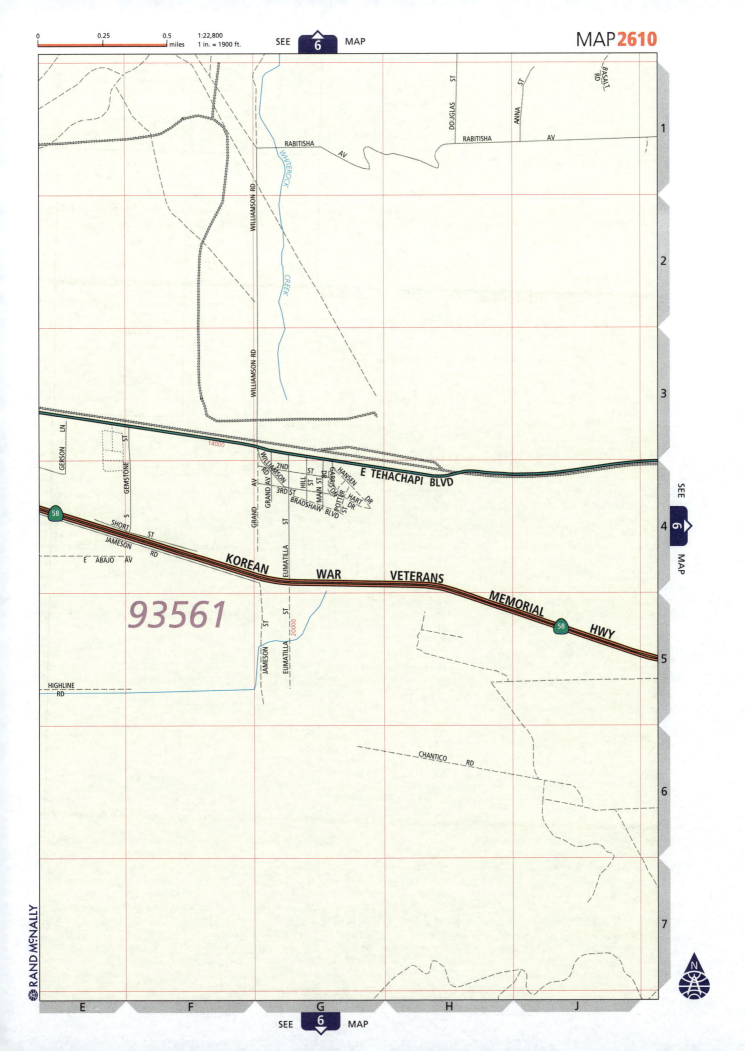

SEE 2585 MAP

SEE 6 MAP

SEE 6 MAP

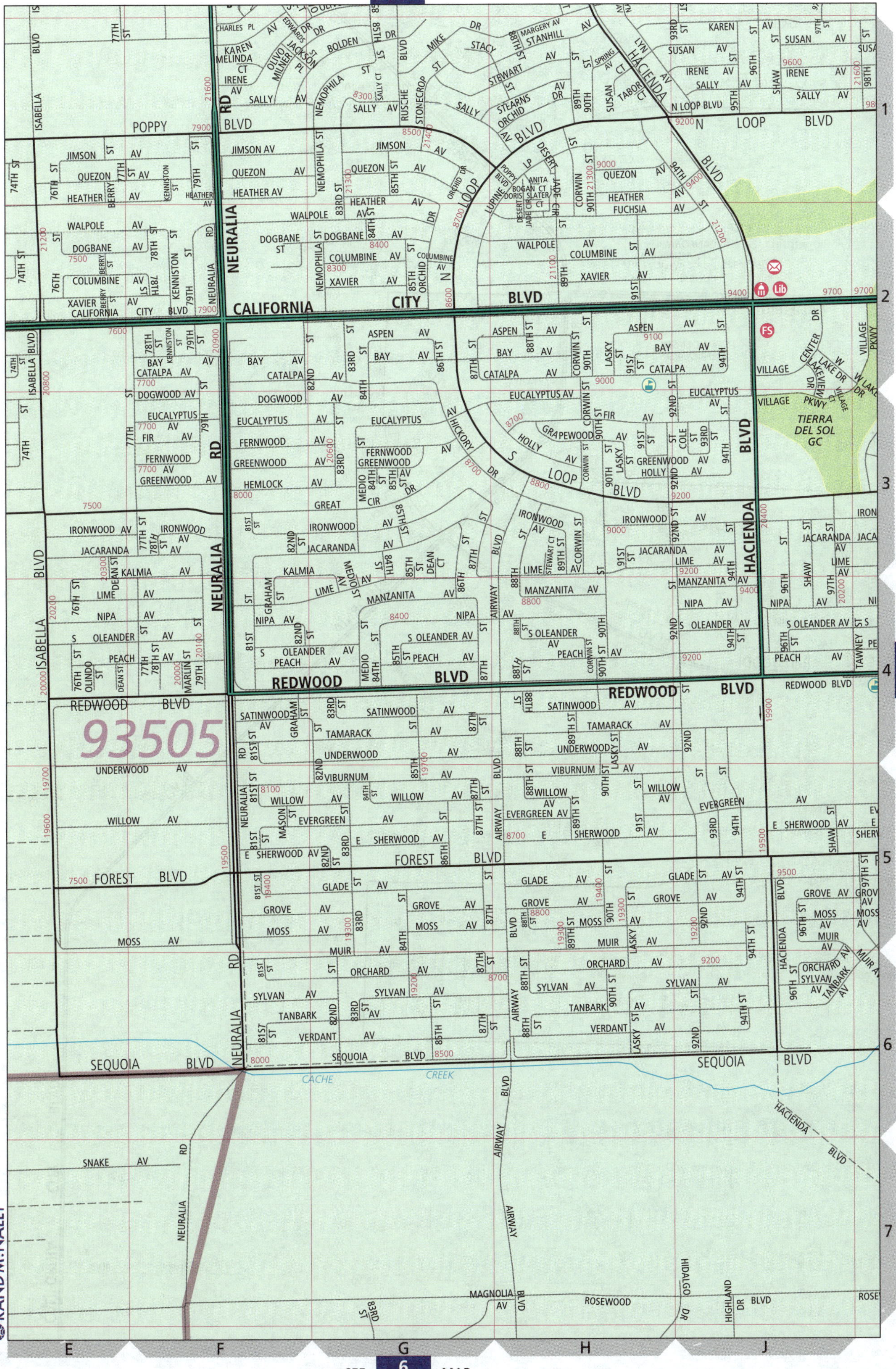
93505
POPPY BLVD
N LOOP BLVD
CALIFORNIA CITY BLVD
S LOOP BLVD
REDWOOD BLVD
FOREST BLVD
SEQUOIA BLVD
NEURALIA RD
ISABELLA BLVD
HACIENDA BLVD
AIRWAY BLVD
MAGNOLIA AV
ROSEWOOD
HIDALGO DR
HIGHLAND DR
SNAKE AV
CACHE CREEK
TIERRA DEL SOL GC
VILLAGE PKWY
W LAKE DR
LAKEVIEW DR
CENTER DR
HICKORY DR
MEDIO CIR
JIMSON AV
QUEZON AV
HEATHER AV
WALPOLE AV
DOGBANE AV
COLUMBINE AV
XAVIER AV
ASPEN AV
BAY AV
CATALPA AV
DOGWOOD AV
EUCALYPTUS AV
FIR AV
FERNWOOD AV
GREENWOOD AV
HEMLOCK AV
GRAPEWOOD
HOLLY AV
GREAT CIR
IRONWOOD AV
JACARANDA AV
KALMIA AV
LIME AV
MANZANITA AV
NIPA AV
S OLEANDER AV
PEACH AV
SATINWOOD AV
TAMARACK AV
UNDERWOOD AV
VIBURNUM AV
WILLOW AV
EVERGREEN AV
E SHERWOOD AV
GLADE AV
GROVE AV
MOSS AV
MUIR AV
ORCHARD AV
SYLVAN AV
TANBARK AV
VERDANT AV
KAREN AV
SUSAN AV
IRENE AV
SALLY AV
STANHILL AV
STEWART ST
STEARNS AV
CORWIN ST
LASKY ST
COLE ST
SHAW ST
TAWNEY
GRAHAM ST
MASON ST
OLINDO ST
DEAN ST
MARLIN ST
KENNISTON ST
BERRY ST
74TH ST
76TH ST
77TH ST
78TH ST
79TH ST
81ST ST
82ND ST
83RD ST
84TH ST
85TH ST
86TH ST
87TH ST
88TH ST
89TH ST
90TH ST
91ST ST
92ND ST
93RD ST
94TH ST
95TH ST
96TH ST
97TH ST
98TH ST
E F G H J
1 2 3 4 5 6 7

SEE 2616 MAP

SEE 2586 MAP

1:22,800
1 in. = 1900 ft.
0 0.25 0.5 miles

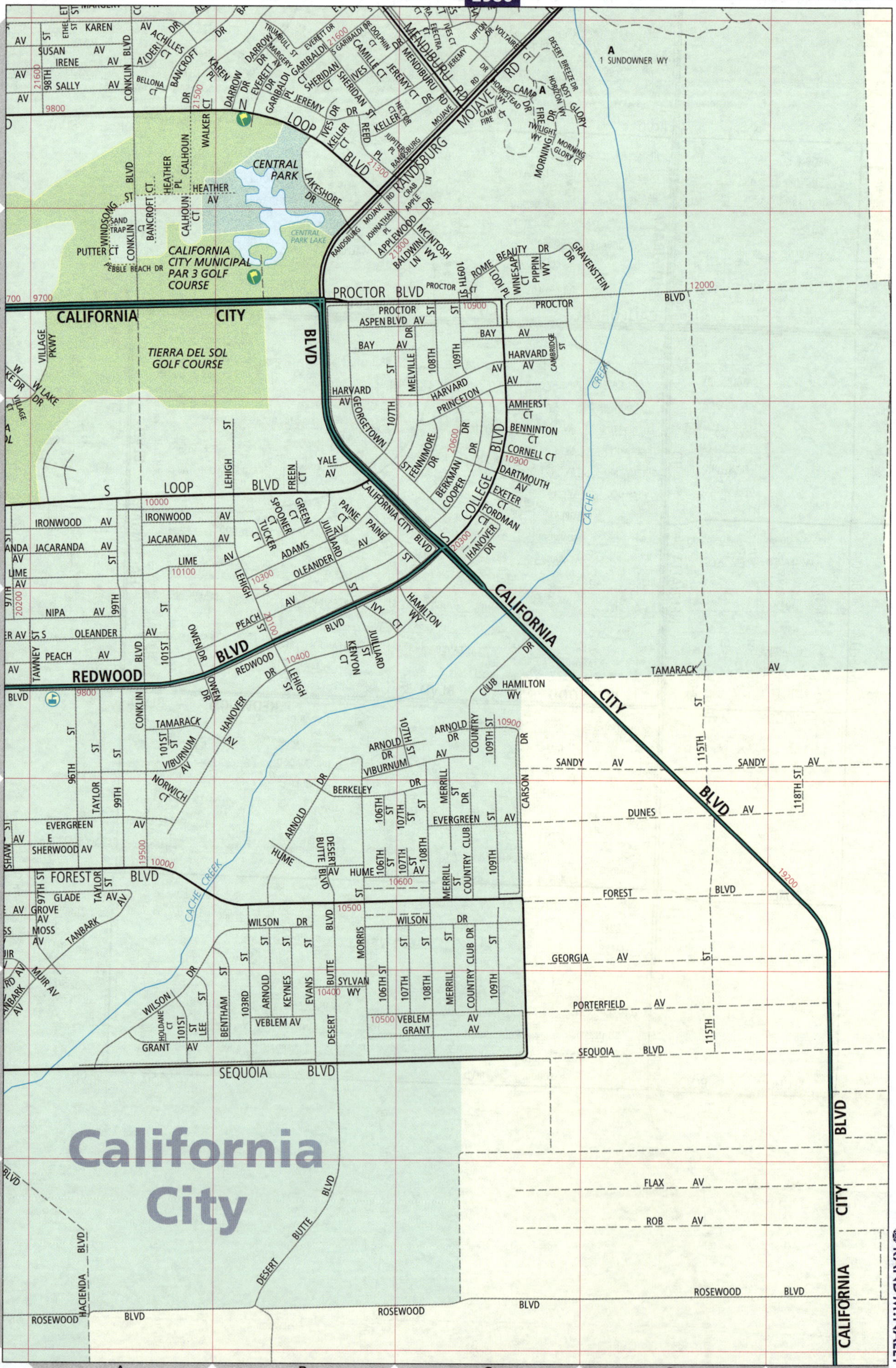

SEE 6 MAP

0 0.25 0.5 miles
1:22,800
1 in. = 1900 ft.

SEE 2586 MAP

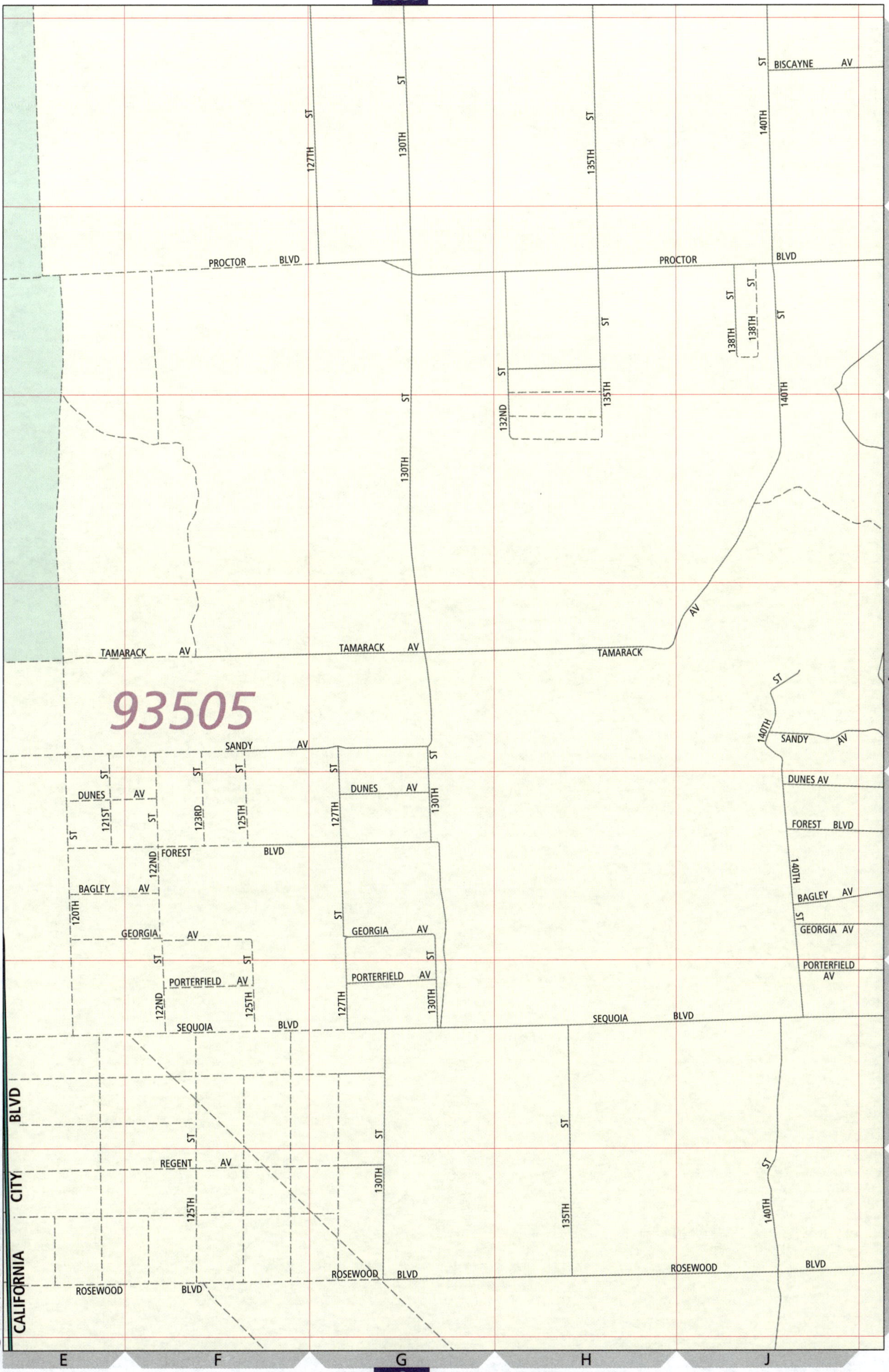

SEE 6 MAP

SEE 6 MAP

SEE 2597 MAP

1:22,800
1 in. = 1900 ft.
miles 0 0.25 0.5

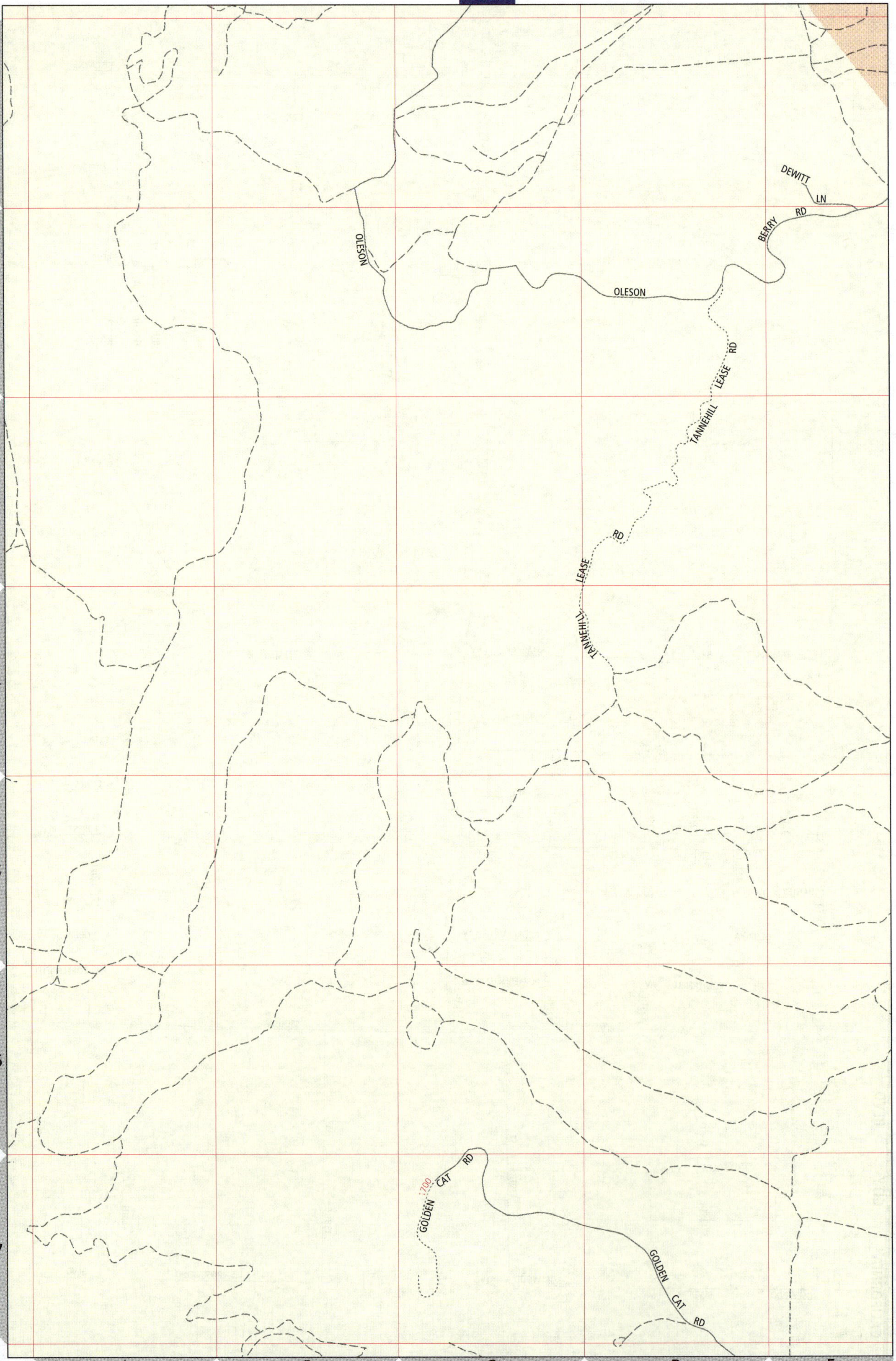

SEE 5 MAP

SEE 5 MAP

0 0.25 0.5 miles
1:22,800
1 in. = 1900 ft.

SEE 2597 MAP

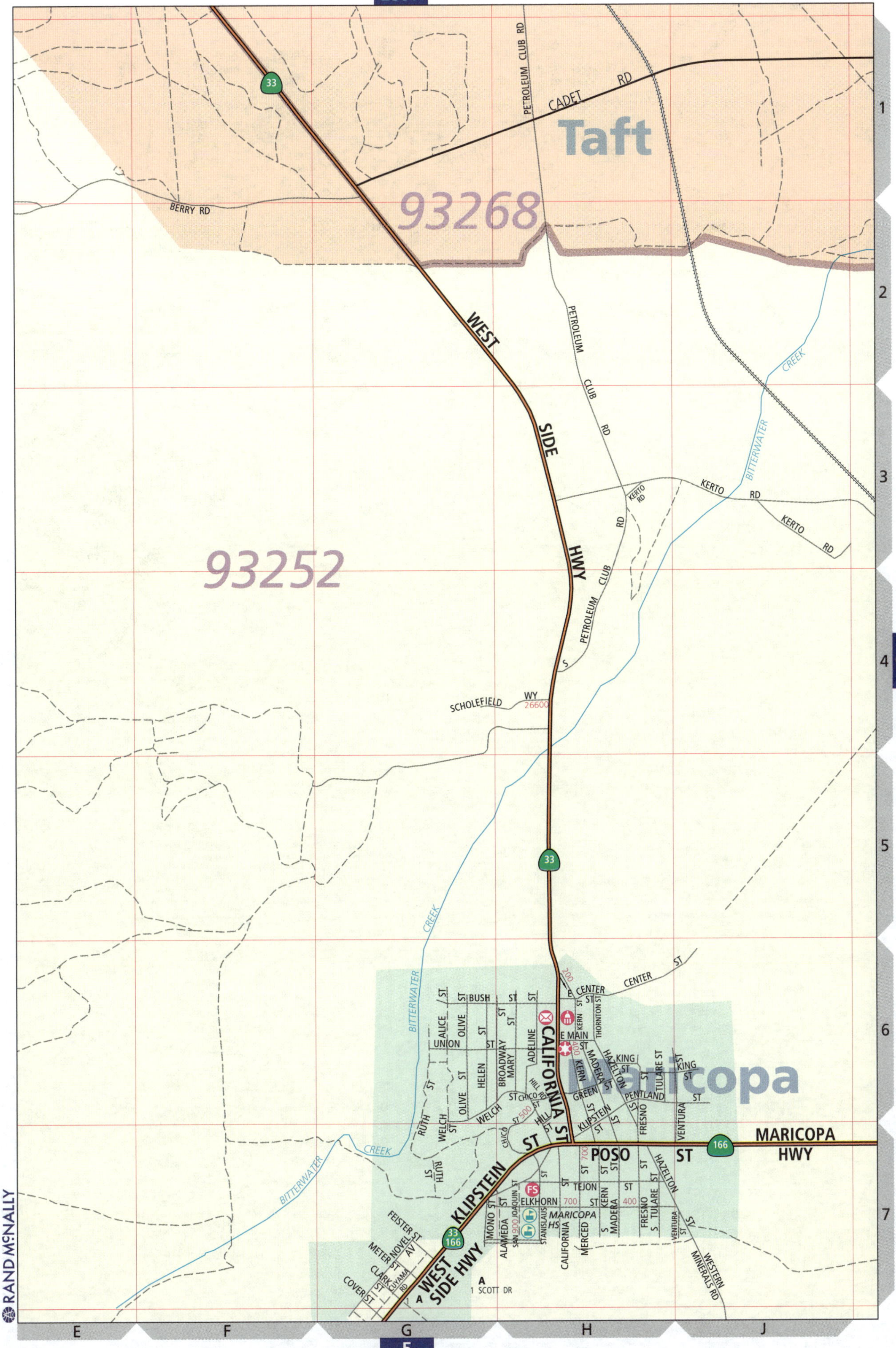

SEE 5 MAP

SEE 2607 MAP

1:22,800
1 in. = 1900 ft.
0 0.25 0.5 miles

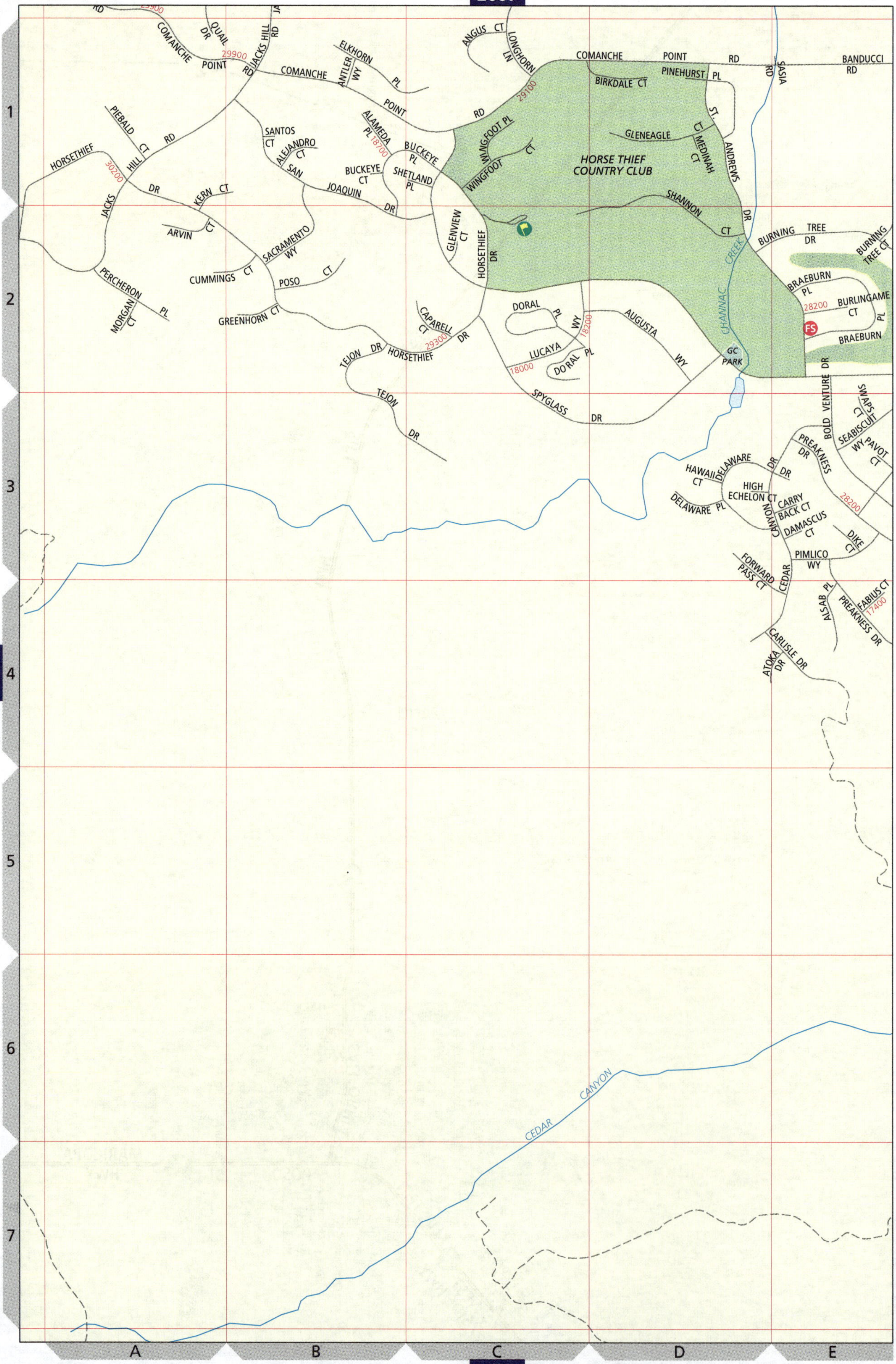

SEE 5 MAP

SEE 5 MAP

0 0.25 0.5 miles
1:22,800
1 in. = 1900 ft.

SEE 2607 MAP

SEE 6 MAP

SEE 5 MAP

SEE 6 MAP

1:22,800
1 in. = 1900 ft.
miles 0 0.25 0.5

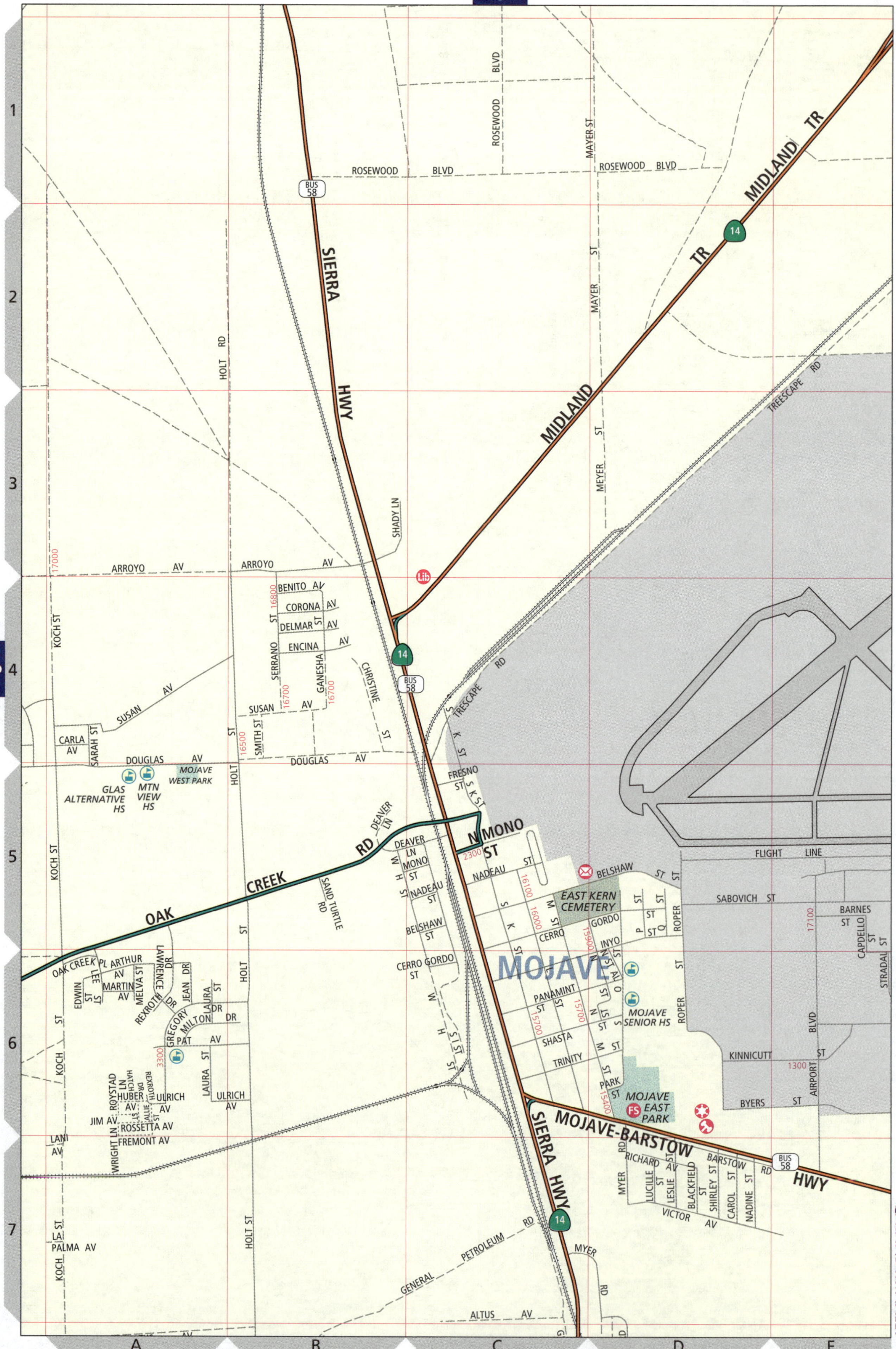

SEE 2673 MAP

0 0.25 0.5 miles
1:22,800
1 in. = 1900 ft.

SEE 6 MAP

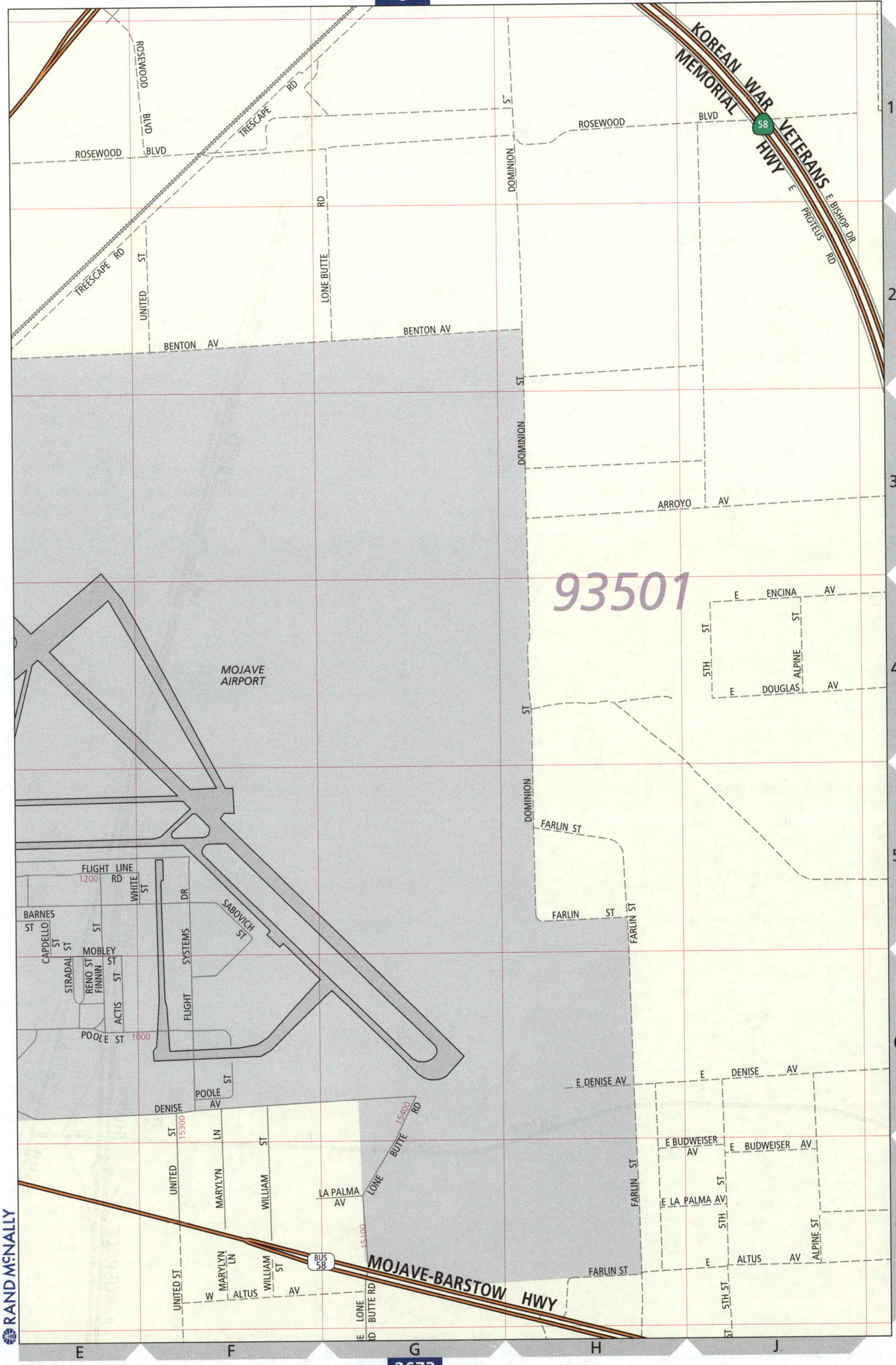

SEE 6 MAP

SEE 2673 MAP

SEE 2643 MAP

1:22,800
1 in. = 1900 ft.
miles 0 0.25 0.5

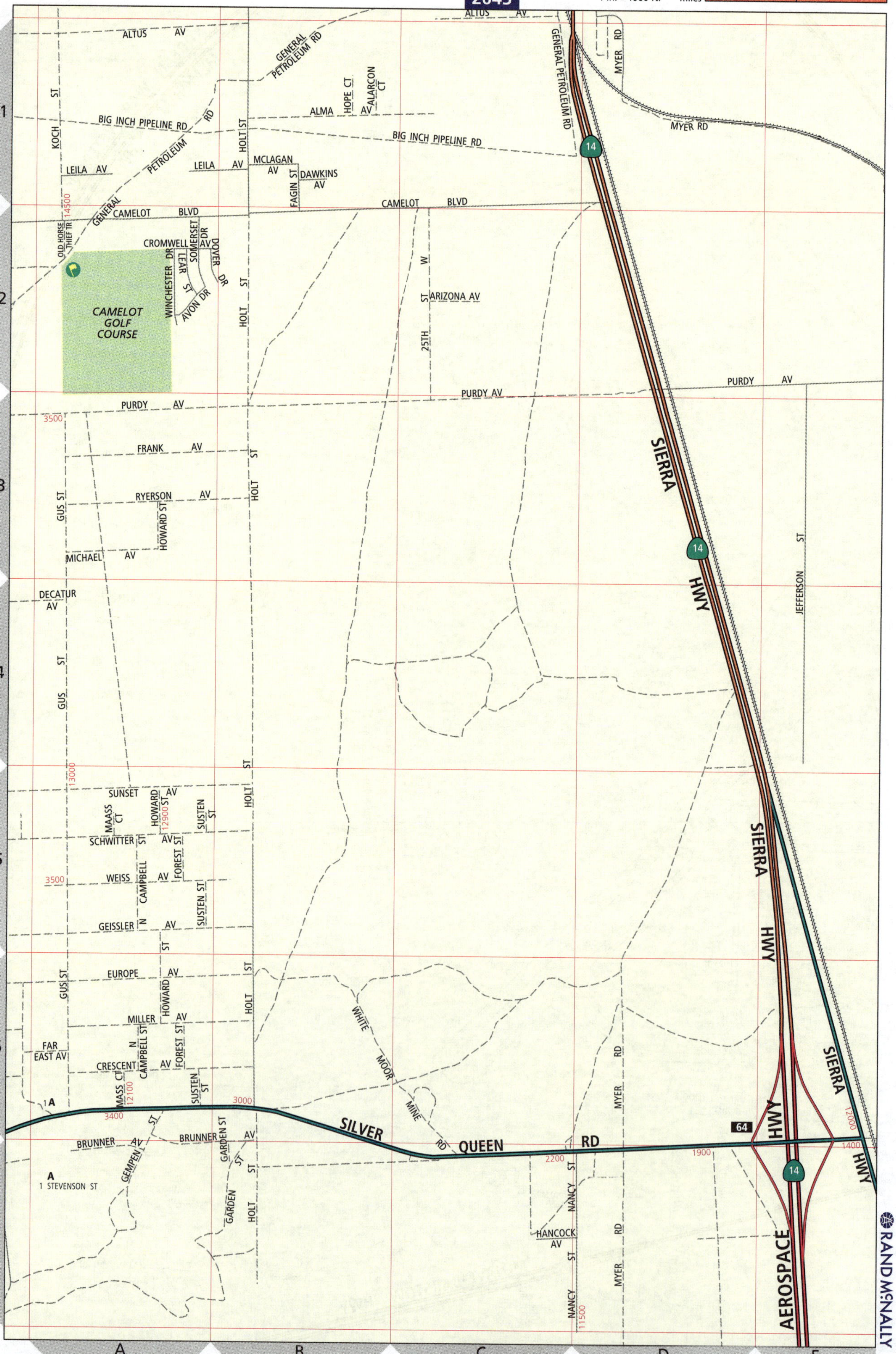

SEE 6 MAP

SEE 6 MAP

0 0.25 0.5 miles
1:22,800
1 in. = 1900 ft.

SEE 2643 MAP

SEE 6 MAP

SEE 6 MAP

SEE 6 MAP

1:22,800
1 in. = 1900 ft.
miles 0 0.25 0.5

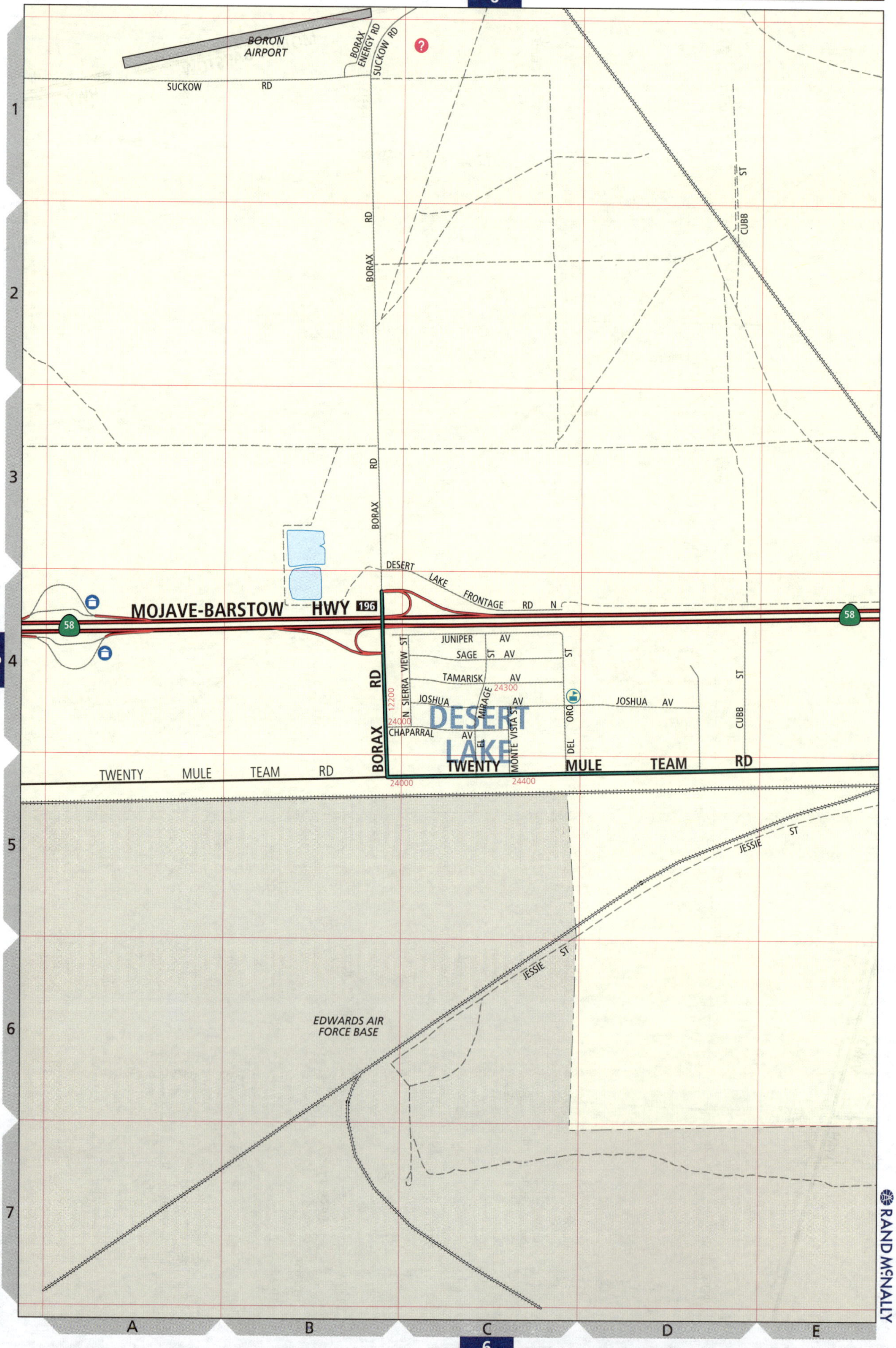

SEE 6 MAP

SEE 6 MAP

0 0.25 0.5 miles
1:22,800
1 in. = 1900 ft.

SEE 6 MAP

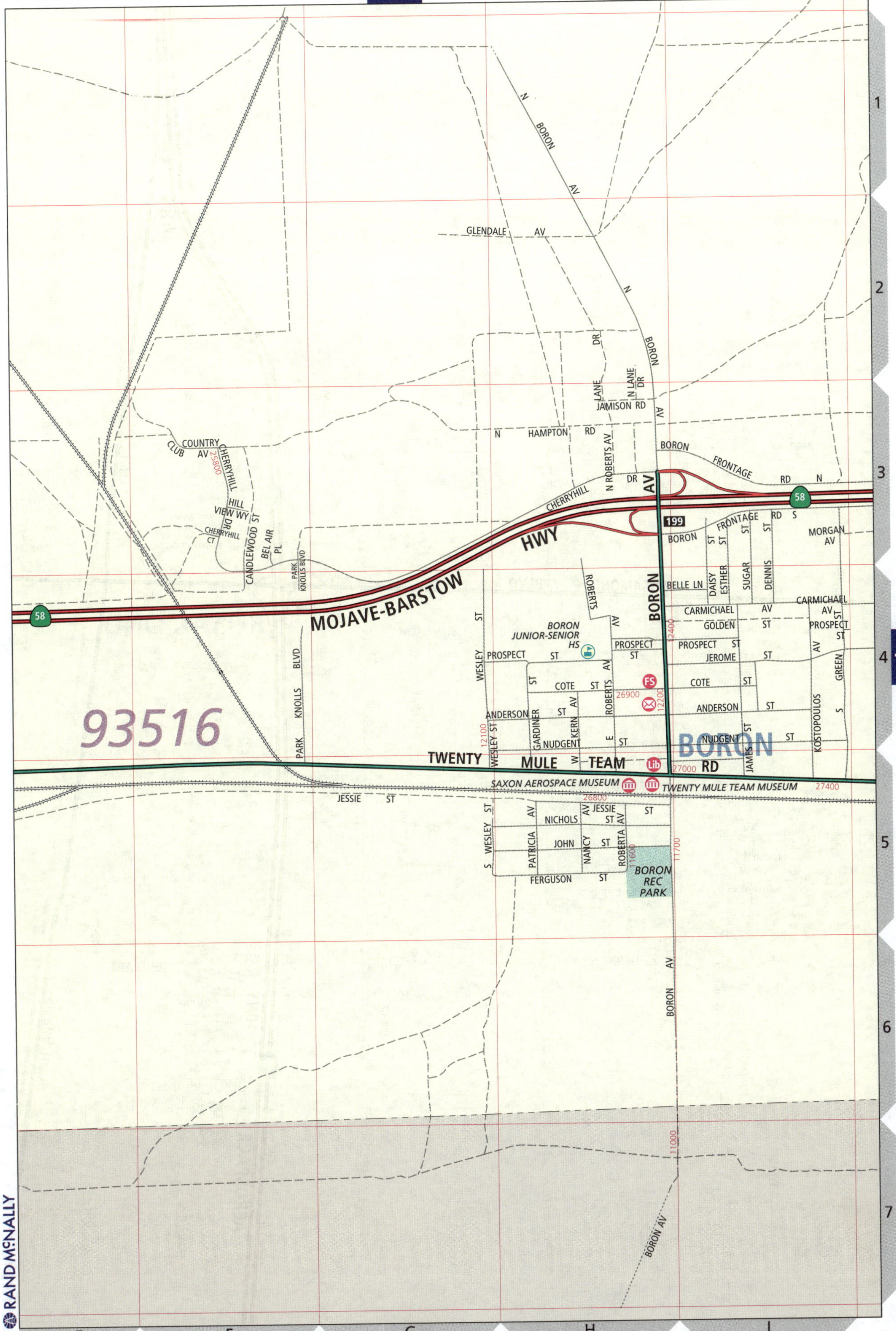

1 2 3 4 5 6 7
E F G H J

SEE 7 MAP

SEE 6 MAP

SEE 6 MAP

1:22,800
1 in. = 1900 ft.
miles 0 0.25 0.5

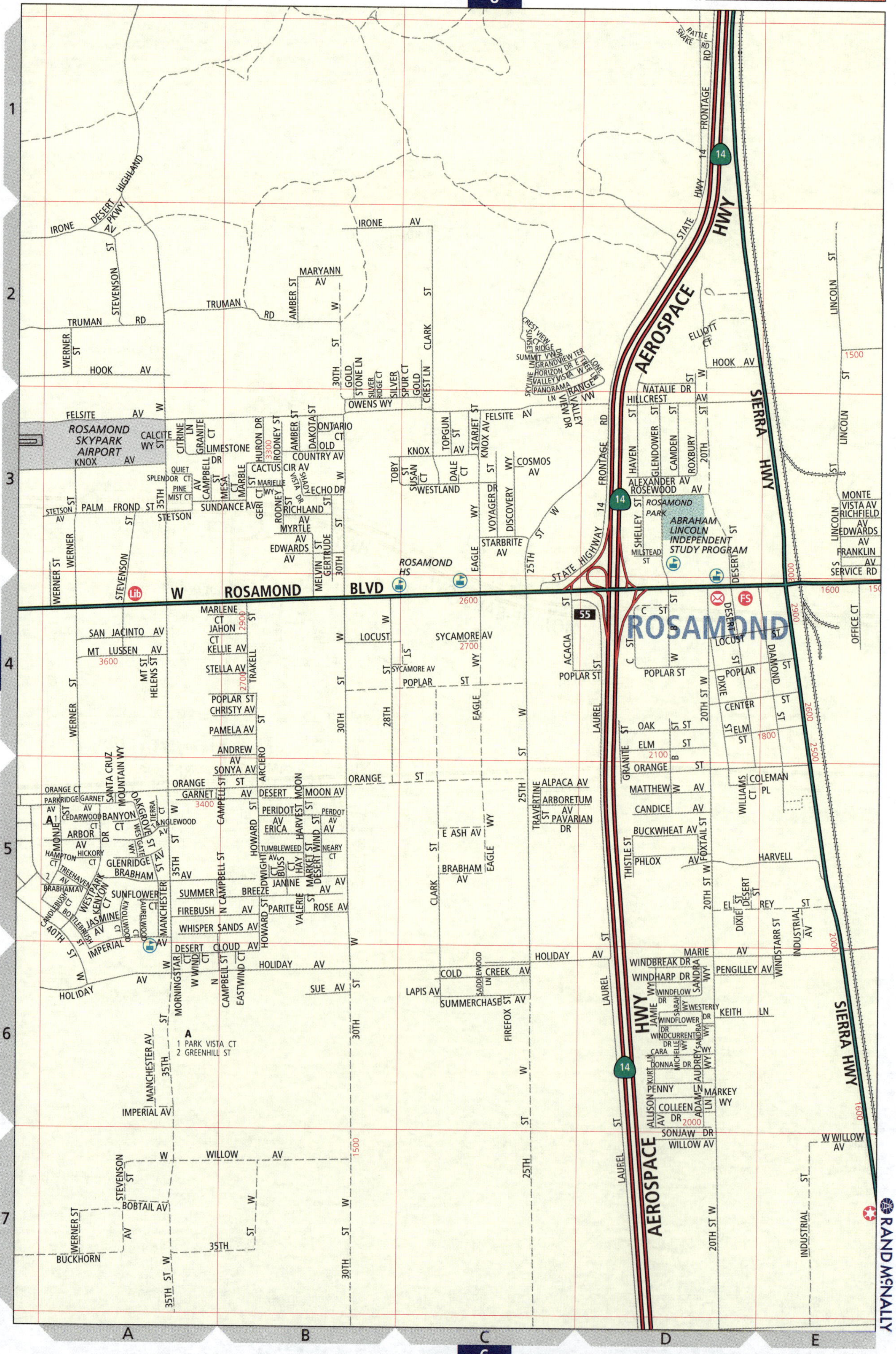

SEE 6 MAP

SEE 6 MAP

0 0.25 0.5 miles
1:22,800
1 in. = 1900 ft.

SEE 6 MAP

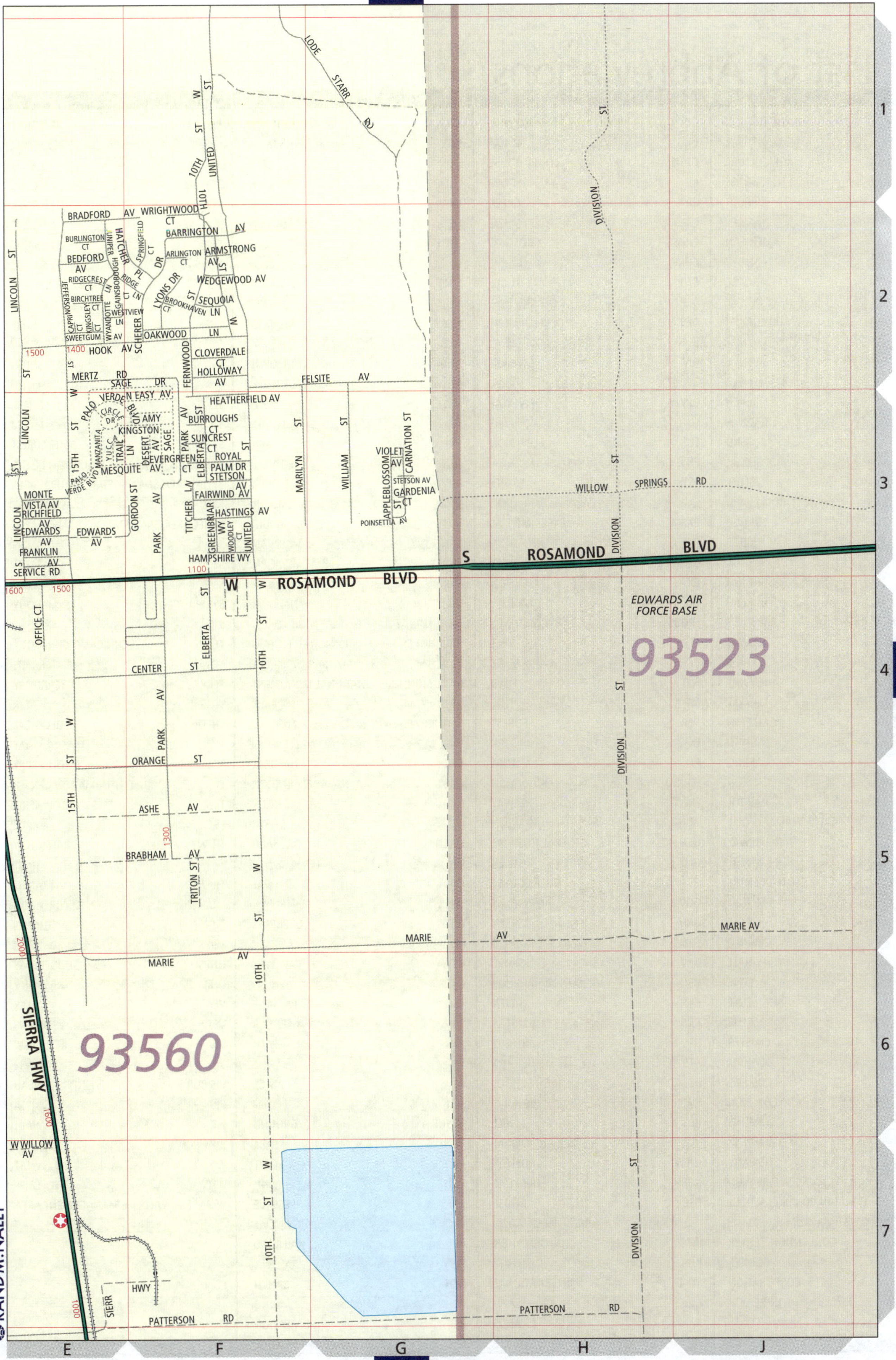

SEE 6 MAP

SEE 6 MAP

List of Abbreviations

ADMIN	ADMINISTRATION	CO	COUNTY	JCT	JUNCTION	REG	REGIONAL
AGRI	AGRICULTURAL	CT	COURT	KNL	KNOLL	RES	RESERVOIR
AG	AGRICULTURE	CT HSE	COURT HOUSE	LK	LAKE	RST	REST
AFB	AIR FORCE BASE	CV	COVE	LNDG	LANDING	RDG	RIDGE
ARPT	AIRPORT	CR	CREEK	LN	LANE	RIV	RIVER
AL	ALLEY	CRES	CRESCENT	LIB	LIBRARY	RD	ROAD
AMER	AMERICAN	CROSS	CROSSING	LDG	LODGE	ST.	SAINT
ANX	ANNEX	CURV	CURVE	LP	LOOP	STE.	SAINTE
ARC	ARCADE	CTO	CUT OFF	MNR	MANOR	SCI	SCIENCE/SCIENTIFIC
ARCH	ARCHAEOLOGICAL	DEPT	DEPARTMENT	MKT	MARKET	SHOP CTR	SHOPPING CENTER
AUD	AUDITORIUM	DEV	DEVELOPMENT	MDW	MEADOW	SHR	SHORE
AVD	AVENIDA	DIAG	DIAGONAL	MED	MEDICAL	SKWY	SKYWAY
AV	AVENUE	DIV	DIVISION	MEM	MEMORIAL	S	SOUTH
BFLD	BATTLEFIELD	DR	DRIVE	METRO	METROPOLITAN	SPR	SPRING
BCH	BEACH	DRWY	DRIVEWAY	MW	MEWS	SQ	SQUARE
BLTWY	BELTWAY	E	EAST	MIL	MILITARY	STAD	STADIUM
BND	BEND	EL	ELEVATION	ML	MILL	ST FOR, SF	STATE FOREST
BIO	BIOLOGICAL	ENV	ENVIRONMENTAL	MON	MONUMENT	ST HIST SITE, SHS	STATE HISTORIC SITE
BLF	BLUFF	EST	ESTATE	MTWY	MOTORWAY	ST NAT AREA, SNA	STATE NATURAL AREA
BLVD	BOULEVARD	EXH	EXHIBITION	MND	MOUND	ST PK, SP	STATE PARK
BRCH	BRANCH	EXPM	EXPERIMENTAL	MT	MOUNT	ST REC AREA, SRA	STATE RECREATION AREA
BR	BRIDGE	EXPO	EXPOSITION	MTN	MOUNTAIN	STA	STATION
BRK	BROOK	EXPWY	EXPRESSWAY	MUN	MUNICIPAL	ST	STREET
BLDG	BUILDING	EXT	EXTENSION	MUS	MUSEUM	SMT	SUMMIT
BUR	BUREAU	FCLT	FACILITY	NAT'L	NATIONAL	SYMPH	SYMPHONY
BUS	BUSINESS	FRGDS	FAIRGROUNDS	NAT'L FOR, NF	NATIONAL FOREST	SYS	SYSTEMS
BSWY	BUSWAY	FT	FEET	NAT'L HIST PK, NHP	NATIONAL HISTORIC PARK	TECH	TECHNICAL/TECHNOLOGY
BYP	BYPASS	FY	FERRY	NAT'L HIST SITE, NHS	NATIONAL HISTORIC SITE	TER	TERRACE
BYWY	BYWAY	FLD	FIELD	NAT'L MON, NM	NATIONAL MONUMENT	TERR	TERRITORY
CL	CALLE	FLT	FLAT	NAT'L PK, NP	NATIONAL PARK	THTR	THEATER
CLJN	CALLEJON	FOR	FOREST	NAT'L REC AREA, NRA	NATIONAL RECREATION AREA	THEOL	THEOLOGICAL
CMTO	CAMINITO	FK	FORK	NAT'L WLD REF, NWR	NATIONAL WILDLIFE REFUGE	THWY	THROUGHWAY
CM	CAMINO	FT	FORT	NAT	NATURAL	TOLL FY	TOLL FERRY
CYN	CANYON	FOUND	FOUNDATION	NAS	NAVAL AIR STATION	TIC	TOURIST INFORMATION CENTER
CAP	CAPITOL	FRWY	FREEWAY	NK	NOOK	TWP	TOWNSHIP
CATH	CATHEDRAL/CATHOLIC	GDN	GARDEN	N	NORTH	TRC	TRACE
CSWY	CAUSEWAY	GEN HOSP	GENERAL HOSPITAL	ORCH	ORCHARD	TRFWY	TRAFFICWAY
CEM	CEMETERY	GLN	GLEN	OHWY	OUTER HIGHWAY	TR	TRAIL
CTR	CENTER/CENTRE	GC	GOLF COURSE	OVL	OVAL	TRAN	TRANSIT
CENT	CENTRAL	GOV'T	GOVERNMENT	OVLK	OVERLOOK	TRANSP	TRANSPORTATION
CIR	CIRCLE	GRN	GREEN	OVPS	OVERPASS	TUN	TUNNEL
CRLO	CIRCULO	GRDS	GROUNDS	PK	PARK	TPK	TURNPIKE
CH	CITY HALL	GRV	GROVE	PKWY	PARKWAY	UNPS	UNDERPASS
CIV	CIVIC	HBR	HARBOR/HARBOUR	PAS	PASEO	UNIV	UNIVERSITY
CLF	CLIFF	HVN	HAVEN	PSG	PASSAGE	VLY	VALLEY
CLB	CLUB	HQS	HEADQUARTERS	PASS	PASSENGER	VET	VETERANS
CLTR	CLUSTER	HT	HEIGHT	PTH	PATH	VW	VIEW
COL	COLISEUM	HTS	HEIGHTS	PN	PINE	VIL	VILLAGE
COLL	COLLEGE	HS	HIGH SCHOOL	PL	PLACE	VIS BUR	VISITORS BUREAU
COM	COMMON	HWY	HIGHWAY	PLN	PLAIN	VIS	VISTA
COMS	COMMONS	HL	HILL	PLGND	PLAYGROUND	WK	WALK
COMM	COMMUNITY	HIST	HISTORIC/HISTORICAL	PLZ	PLAZA	WY	WAY
CO.	COMPANY	HLLW	HOLLOW	PT	POINT	W	WEST
CONS	CONSERVATION	HOSP	HOSPITAL	PND	POND	WLD	WILDLIFE
CONT HS	CONTINUATION HIGH SCHOOL	HSE	HOUSE	PRES	PRESERVE	WMA	WILDLIFE MANAGEMENT AREA
CONV & VIS BUR	CONVENTION AND VISITORS BUREAU	IND RES	INDIAN RESERVATION	PROV	PROVINCIAL		
CONV CTR	CONVENTION CENTER	INFO	INFORMATION	RR	RAILROAD		
COR	CORNER	INST	INSTITUTE	RWY	RAILWAY		
CORP	CORPORATION	INT'L	INTERNATIONAL	RCH	RANCH		
CORR	CORRIDOR	I	ISLAND	RCHO	RANCHO		
CTE	CORTE	IS	ISLANDS	REC	RECREATION		
CC	COUNTRY CLUB	ISL	ISLE	REF	REFUGE		

Cities and Communities Index

Community Name	Abbr.	County	Map Page
Alameda		Kern	2542
* Arvin	ARVN	Kern	2544
* Bakersfield	BKFD	Kern	2442
Bodfish		Kern	2289
Boron		Kern	2679
Buttonwillow		Kern	2436
* California City	CALC	Kern	2615
Camp Owens		Kern	2129
Cherokee Strip		Kern	2359
Crome		Kern	2400
* Delano	DLNO	Kern	2119
Desert Lake		Kern	2679
Di Giorgio		Kern	2514
East Bakersfield		Kern	2443
Edison		Kern	2484
Edmundson Acres		Kern	2545
Fairfax		Kern	2483
Fellows		Kern	2566
Ford City		Kern	2567
Fruitvale		Kern	2441
Fuller Acres		Kern	2513
Garfield		Kern	2249
Greenfield		Kern	2512
Hights Corner		Kern	2400
Hillcrest Center		Kern	2443
Inyokern		Kern	2217
Jastro		Kern	2441
-- Kern County	KrnC		
Kernvale		Kern	2249
Kernville		Kern	2129
Lake Isabella		Kern	2249
Lamont		Kern	2513
Landco		Kern	2442
Lonsmith		Kern	2483
Magunden		Kern	2443
Maltha		Kern	2402
* Maricopa	MCPA	Kern	2627
* McFarland	MCFD	Kern	2199
Mexican Colony		Kern	2359
Mojave		Kern	2643
Mountain Mesa		Kern	2250
Oildale		Kern	2402
Oil Junction		Kern	2402
Old River		Kern	2511
Old Town		Kern	2609
Panama		Kern	2512
Patch		Kern	2514
Pumpkin Center		Kern	2512
* Ridgecrest	RGCR	Kern	2259
Riverkern		Kern	2129
Rosamond		Kern	2763
Rosedale		Kern	2440
Saco		Kern	2401
-- San Bernardino County	SBdC		
Seguro		Kern	2402
* Shafter	SHFT	Kern	2359
Smith Corner		Kern	2359
South Lake		Kern	2250
South Taft		Kern	2597
Squirrel Mountain Valley		Kern	2250
* Taft	TAFT	Kern	2597
Taft Heights		Kern	2596
* Tehachapi	THPI	Kern	2609
Thomas Lane		Kern	2359
-- Tulare County	TulC		
Vista Park		Kern	2483
Wallace Center		Kern	2567
* Wasco	WASC	Kern	2278
Wofford Heights		Kern	2169

* Indicates incorporated city

Kern County Street Index

STREET
Block City Map# Grid

HIGHWAYS

ALT - Alternate Route
BIA - Bureau of Indian Affairs
BUS - Business Route
CO - County Highway/Road
FM - Farm to Market Road
HIST - Historic Highway
I - Interstate Highway
LP - State Loop
PK - Park & Recreation Road
PROV - Provincial Highway
RTE - Other Route
SPR - State Spur
SR - State Route/ Highway
TCH - Trans-Canada Highway
US - United States Highway

CO-J44
700 DLNO 2119 F4
700 TulC 2119 G4
CO-J44 County Line Rd
700 DLNO 2119 F4
700 TulC 2119 F4
I-5
- KrnC 2437 J3
I-5 Westside Frwy
- KrnC 2437 G1
SR-14
- KrnC 2763 D6
14300 KrnC 2673 D1
14700 KrnC 2643 C7
SR-14 Aerospace Hwy
- KrnC 2673 E6
- KrnC 2763 D3
SR-14 Midland Tr
- KrnC 2643 D2
SR-14 Sierra Hwy
14300 KrnC 2673 D1
14700 KrnC 2643 C7
SR-33
10 KrnC 2627 G7
10 MCPA 2627 G7
100 KrnC 2597 C4
100 TAFT 2597 C4
1000 TAFT 2596 J1
1300 KrnC 2596 J1
1600 KrnC 2566 A2
1600 TAFT 2566 G7
28900 TAFT 2627 F1
SR-33 Adkisson Wy
- TAFT 2597 C3
100 KrnC 2597 C3
SR-33 California St
10 KrnC 2627 H6
10 MCPA 2627 F1
SR-33 Kern St
100 TAFT 2597 A2
1000 TAFT 2596 J1
1300 KrnC 2596 J1
1600 KrnC 2566 G7
1600 TAFT 2566 G7
SR-33 Klipstein St
700 MCPA 2627 H7
SR-33 Poso St
800 MCPA 2627 H7
SR-33 West Side Hwy
25900 KrnC 2566 A2
27200 TAFT 2566 G7
28200 KrnC 2597 C4
28200 TAFT 2597 C4
28900 TAFT 2627 F1
30200 KrnC 2627 G7
30200 MCPA 2627 G7
SR-43
- WASC 2318 F1
100 SHFT 2359 C1
100 WASC 2278 G2
300 KrnC 2439 F7
600 SHFT 2319 C7
5400 KrnC 2399 F1
14900 KrnC 2278 F1
16600 KrnC 2318 F1
17200 KrnC 2319 C7
18200 KrnC 2359 E6
SR-43 Beech Av
18200 KrnC 2359 E6
18200 SHFT 2359 E3
SR-43 Enos Ln
- KrnC 2359 E7
300 KrnC 2439 F4
5400 KrnC 2399 F1
SR-43 F St
100 WASC 2278 F7
SR-43 Paso Robles Hwy
500 WASC 2278 F2
SR-43 Santa Fe Wy
- WASC 2318 F1
100 SHFT 2359 C1
15800 WASC 2278 F5
16600 KrnC 2318 F1
17200 KrnC 2319 C7
17300 SHFT 2319 C7
SR-43 N Santa Fe Wy
100 SHFT 2359 C1
600 SHFT 2319 C7
SR-43 S Santa Fe Wy
100 SHFT 2359 D2
SR-43 Wasco-Pond Rd
14900 KrnC 2278 F1
14900 WASC 2278 F2
SR-46
500 WASC 2278 A2
3200 KrnC 2278 H2
SR-46 Paso Robles Hwy
500 WASC 2278 H2
3200 KrnC 2278 H2
SR-58
- BKFD 2442 C4
- BKFD 2482 G1
- BKFD 2483 E1
- KrnC 2482 D1
- KrnC 2483 J1
- KrnC 2484 A1
- KrnC 2578 J1
- KrnC 2579 A1
- KrnC 2609 E1
- KrnC 2610 G4
- KrnC 2643 J1
- KrnC 2679 J3
- THPI 2609 G1
- THPI 2610 A2
100 KrnC 2436 A2
300 KrnC 2437 A2
2600 KrnC 2439 F3
3500 KrnC 2442 B4
5700 KrnC 2441 A4
7300 BKFD 2441 A4
12900 KrnC 2440 A4
13100 BKFD 2440 J4
SR-58 BUS
- KrnC 2673 J1
100 THPI 2609 H2
700 THPI 2610 A3
1200 KrnC 2609 E1
15500 KrnC 2643 C4
SR-58 Bakersfield Tehachapi Hy
- BKFD 2482 G1
- BKFD 2483 E1
- KrnC 2482 D1
- KrnC 2483 G1
- KrnC 2484 A1
SR-58 Enos Ln
2600 KrnC 2439 F3
SR-58 E Front St
100 KrnC 2436 J2
300 KrnC 2437 A2
SR-58 W Front St
100 KrnC 2436 J2
SR-58 Korean War Vet Mem Hwy
- KrnC 2578 J1
- KrnC 2579 A1
- KrnC 2609 G1
- KrnC 2610 D4
- KrnC 2643 J1
- THPI 2609 G1
- THPI 2610 A2
SR-58 McKittrick Hwy
35700 KrnC 2437 H2
42500 KrnC 2436 A2
SR-58 Mojave-Barstow Hwy
- KrnC 2679 J3
SR-58 BUS Mojave-Barstow Hwy
- KrnC 2643 E7
- KrnC 2673 J1
SR-58 Rosedale Hwy
3500 BKFD 2442 C4
3500 KrnC 2442 B4
5700 KrnC 2441 A4
7300 BKFD 2441 A4
13100 BKFD 2440 J4
13100 KrnC 2440 A4
19300 KrnC 2439 H4
33700 KrnC 2437 J2
SR-58 BUS Sierra Hwy
15500 KrnC 2643 B4
SR-58 BUS E Tehachapi Blvd
100 THPI 2609 H2
700 THPI 2610 A3
SR-58 BUS W Tehachapi Blvd
100 THPI 2609 G2
1200 KrnC 2609 E1
SR-65
17400 KrnC 2361 H6
18800 KrnC 2401 H3
SR-65 All America City Hwy
17400 KrnC 2361 H6
19400 KrnC 2401 H3
SR-99
- BKFD 2402 A5
- BKFD 2442 C6
- BKFD 2482 D7
- BKFD 2512 D1
- DLNO 2119 E1
- DLNO 2159 F1
- KrnC 2159 H7
- KrnC 2199 H1
- KrnC 2360 F1
- KrnC 2361 A5
- KrnC 2401 J5
- KrnC 2402 A5
- KrnC 2442 C1
- KrnC 2482 C2
- KrnC 2512 F6
- KrnC 2542 F2
- MCFD 2199 H1
- SHFT 2360 F1
- TulC 2119 F3
SR-99 BUS
- KrnC 2442 D1
10 BKFD 2442 H5
100 BKFD 2482 H4
700 KrnC 2482 H7
5700 BKFD 2512 H1
5700 KrnC 2512 H1
11300 KrnC 2542 H7
SR-99 Bakersfield-Tehachapi
- BKFD 2512 E2
- KrnC 2512 E5
- KrnC 2542 F1
SR-99 BUS Golden State Av
- KrnC 2442 D1
100 BKFD 2442 G4
SR-99 BUS Union Av
10 BKFD 2442 H7
SR-99 BUS S Union Av
100 BKFD 2482 H4
700 KrnC 2482 H7
5700 BKFD 2512 H1
5700 KrnC 2512 H1
10500 KrnC 2542 H1
SR-99 VFW Mem Hwy
- DLNO 2119 E1
- DLNO 2159 F1
- KrnC 2159 H7
- KrnC 2199 H1
- MCFD 2199 H1
- TulC 2119 F2
SR-119
100 KrnC 2567 E2
100 KrnC 2597 C1
100 TAFT 2567 C7
100 TAFT 2597 C1
1900 KrnC 2512 A6
3000 BKFD 2512 A6
5800 BKFD 2511 B6
5800 KrnC 2511 B6
SR-119 Panama Rd
1900 KrnC 2512 A6
3000 BKFD 2512 A6
5800 BKFD 2511 J6
5800 KrnC 2511 J6
SR-119 Taft Hwy
8900 KrnC 2511 B6
10500 BKFD 2511 B6
SR-155
10 KrnC 2169 A6
400 DLNO 2119 F6
400 DLNO 2159 F1
500 KrnC 2249 C3
1800 KrnC 2209 B7
1900 KrnC 2159 J1
SR-155 Ellington St
100 DLNO 2159 F1
400 DLNO 2119 F7
SR-155 Evans Rd
10 KrnC 2169 A6
SR-155 Fremont St
100 DLNO 2159 F1
400 DLNO 2119 F6
SR-155 Garces Hwy
600 DLNO 2159 J1
1900 KrnC 2159 J1
SR-155 Kernville Rd
- KrnC 2249 C4
SR-155 Wofford Blvd
5400 KrnC 2209 B7
6300 KrnC 2169 E7
SR-166
10 KrnC 2627 G7
10 MCPA 2627 G7
SR-166 Klipstein St
700 MCPA 2627 H7
SR-166 Maricopa Hwy
25200 KrnC 2627 J7
25200 MCPA 2627 J7
SR-166 Poso St
10 KrnC 2627 J7
10 MCPA 2627 J7
SR-166 West Side Hwy
30200 KrnC 2627 G7
30200 MCPA 2627 G7
SR-178
- BKFD 2443 D2
- KrnC 2443 A3
- SBdC 2259 J3
100 RGCR 2219 D6
100 RGCR 2259 D3
1000 KrnC 2219 D6
1100 BKFD 2442 D4
1500 KrnC 2218 E6
3100 KrnC 2249 C4
3100 KrnC 2289 A1
5100 KrnC 2217 A7
8600 KrnC 2209 F7
10700 BKFD 2444 A1
10800 KrnC 2250 A2
11600 BKFD 2404 E7
12400 KrnC 2404 E7
SR-178 23rd St
1100 BKFD 2442 G4
SR-178 24th St
1100 BKFD 2442 D4
SR-178 N China Lake Blvd
100 RGCR 2259 D3
1000 RGCR 2219 D7
SR-178 W Inyokern Rd
100 RGCR 2219 D6
1000 KrnC 2219 D6
1500 KrnC 2218 E6
5100 KrnC 2217 A7
SR-178 Isabella Walker Pass Rd
3100 KrnC 2249 A7
3100 KrnC 2289 A1
8600 KrnC 2209 F7
10800 KrnC 2250 A2
SR-178 Kern Canyon Rd
11600 BKFD 2404 E7
11600 BKFD 2444 D1
12400 KrnC 2404 E7
SR-178 E Ridgecrest Blvd
- SBdC 2259 H3
100 RGCR 2259 D3
SR-184
100 KrnC 2443 J4
300 KrnC 2483 J2
5700 KrnC 2513 J4
8700 BKFD 2444 C2
8700 KrnC 2444 C2
11300 KrnC 2543 J2
SR-184 Kern Canyon Rd
8100 KrnC 2443 J4
8700 BKFD 2444 C2
8700 KrnC 2444 C2
SR-184 Main St
9700 KrnC 2513 J6
11300 KrnC 2543 J1
SR-184 Morning Dr
100 KrnC 2443 J4
SR-184 Weedpatch Hwy
10 KrnC 2443 J7
300 KrnC 2483 J2
5700 KrnC 2513 J4
11300 KrnC 2543 J2
SR-202
100 THPI 2609 G3
1200 KrnC 2609 E1
21300 KrnC 2608 C3
24900 THPI 2608 C3
SR-202 S Curry St
100 THPI 2609 G3
SR-202 W Tehachapi Blvd
200 THPI 2609 G2
1200 KrnC 2609 E1
SR-202 W Valley Blvd
100 THPI 2609 G3
19200 KrnC 2609 B4
21300 KrnC 2608 C3
24900 THPI 2608 C3
SR-204
- BKFD 2482 H1
- KrnC 2442 D1
10 BKFD 2442 F3
SR-204 Golden State Av
- KrnC 2442 C1
100 BKFD 2442 F3
SR-204 Union Av
10 BKFD 2442 H7
SR-204 S Union Av
- BKFD 2482 H1
SR-223
100 ARVN 2545 A6
100 KrnC 2542 J7
100 KrnC 2543 J6
100 KrnC 2545 A6
400 ARVN 2544 J6
1700 BKFD 2543 C6
4900 KrnC 2541 A7
8100 KrnC 2544 A6
SR-223 Bear Mountain Blvd
- KrnC 2544 H6
100 KrnC 2542 A7
400 ARVN 2544 J6
4900 KrnC 2541 A7
SR-223 E Bear Mountain Blvd
100 ARVN 2545 A6
100 KrnC 2542 J7
100 KrnC 2543 E6
100 KrnC 2545 A6
1700 BKFD 2543 C6
8100 KrnC 2544 A6
14000 ARVN 2544 H6
US-395
- KrnC 2217 A1
- KrnC 2257 J1
- KrnC 2258 A3
- KrnC 2299 A6
US-395 Three Flags Hwy
- KrnC 2217 A1
- KrnC 2257 J1
- KrnC 2258 A3
- KrnC 2299 A6

A

A Av
32500 SHFT 2360 E2
A St
- KrnC 2566 J7
- RGCR 2219 D7
10 BKFD 2442 E6
100 KrnC 2597 A3
100 TAFT 2597 A3
200 KrnC 2596 J3
200 TAFT 2596 J3
300 MCFD 2199 J5
400 MCFD 2200 A5
N A St
100 ARVN 2544 J6
S A St
100 ARVN 2544 J7
600 ARVN 2545 A7
1700 ARVN 2575 A2
W A St
200 THPI 2609 G3
E Abajo Av
15000 KrnC 2610 D4
16500 THPI 2610 A4
19100 THPI 2609 D4
19900 KrnC 2609 C4
Abbey Rd
3700 BKFD 2442 C7
Abbey Hill St
100 BKFD 2441 B7
Abbotsford Ln
200 BKFD 2441 C7
Abbott Dr
3300 BKFD 2441 E2
Abby Ln
10 KrnC 2169 F6
Abby Rose Av
6300 KrnC 2401 H5
Abe Dr
- BKFD 2401 A7
Abercromby Dr
12300 BKFD 2441 A7
Aberdeen Ct
2600 BKFD 2443 F2
Aberdeen Pl
3500 KrnC 2643 A4
Abernathy Al
- KrnC 2359 B4
Abernethy Wy
9400 BKFD 2441 E1
Abeto Ct
2500 BKFD 2481 J4
Abigail Wy
8900 BKFD 2512 C5
Aboudara Ct
9100 BKFD 2481 E4
Abrams Wy
- BKFD 2442 G5
Abrazo St
1500 KrnC 2444 A5
Acabar Ct
9100 KrnC 2444 A5
Acacia Av
300 KrnC 2442 J1
500 BKFD 2442 J1
900 BKFD 2402 J7
900 BKFD 2403 A7
1000 BKFD 2443 A1
Acacia Ct
900 THPI 2609 G4
Acacia St
- RGCR 2259 B4
500 SHFT 2319 D7
500 SHFT 2359 D1
2800 KrnC 2763 C4
27000 KrnC 2567 G1
Academy Av
10700 BKFD 2441 C1
N Acala St
100 ARVN 2544 J6
S Acala St
200 ARVN 2544 J7
Acapulco Dr
100 BKFD 2480 H1
Acari Rd
22500 KrnC 2439 D3
Acaso Ct
9100 KrnC 2444 A5
Accabar St
1200 BKFD 2512 F2
Access Rd
700 KrnC 2443 E6
Accolade Ct
10900 BKFD 2441 C1
Achilles Ct
10000 CALC 2616 A1
Ack Ack Ct
27900 KrnC 2637 E3
Acoma St
100 BKFD 2512 G3
Acorn Av
10 KrnC 2289 A2
Acorn Dr
10 KrnC 2289 E3
Acorn Rd
6500 KrnC 2250 B4
Actis St
2900 BKFD 2482 B4
16700 KrnC 2643 E6
Ada Rd
2600 KrnC 2439 F3
Adair Ct
3900 BKFD 2481 H5
Adalante Ct
18500 KrnC 2609 B7
Adalante St
16500 KrnC 2609 B6
Adam Dr
21400 KrnC 2608 J2
21400 KrnC 2609 A2
Adam Ln
1500 KrnC 2763 D6
Adams Av
10300 CALC 2616 B3
Adams Rd
10 KrnC 2169 D6
Adams St
100 KrnC 2597 B1
100 TAFT 2597 B1
200 KrnC 2567 B7
300 KrnC 2482 H2
1000 WASC 2278 E4
Adanac Ct
3300 BKFD 2482 C5
Adee Ln
2700 KrnC 2440 G3
Adel Ct
4300 BKFD 2482 B6
Adelaide Av
500 BKFD 2512 G1
Adelante Cir
1000 BKFD 2443 A6
Adeline St
200 MCPA 2627 H6
Adena St
1200 KrnC 2443 J5
Adidas Av
3700 BKFD 2482 B6
Adidas Ct
4400 BKFD 2482 B6
Adirondack Av
12100 BKFD 2441 A1
Adkisson Wy
100 KrnC 2597 C3
100 TAFT 2597 B2
Adkisson Wy SR-33
100 KrnC 2597 C3
100 TAFT 2597 B2
Adler Blvd
- DLNO 2159 J7
- KrnC 2159 J7
Adler Ct
10 KrnC 2129 H6
Adler St
3900 BKFD 2443 D2
3900 KrnC 2443 D2
Administration Dr
- KrnC 2608 B4
- THPI 2608 B4
Adobe Av
17600 KrnC 2609 H6
Adobe Rd
8900 KrnC 2513 C5
11300 BKFD 2513 C7
11300 BKFD 2543 C7
11600 KrnC 2543 C5
Adobe Wy
1400 WASC 2278 E4
Adobe Creek Ct
10900 BKFD 2441 C6
Adolphus Av
5300 KrnC 2403 E3
Adrian St
1600 KrnC 2402 B6
Aduama Ct
14900 BKFD 2444 H1
Advantage Pointe Ct
17100 BKFD 2404 D3
Aeronca St
500 SHFT 2360 F1
Aerospace Hwy
- KrnC 2673 E7
- KrnC 2763 D2
Aerospace Hwy SR-14
- KrnC 2673 E7
- KrnC 2763 D7
Agate St
2500 BKFD 2482 D4
Agave Av
5200 KrnC 2217 J6
Agna Ct
22000 KrnC 2609 D1
Agnew Meadows Dr
2900 BKFD 2512 D4
Agoura Hills Wy
- BKFD 2401 B6
Ailanthus Ct
8300 BKFD 2481 F5
Aim Av
9700 KrnC 2512 G6
Aimee Wy
10000 KrnC 2441 C3
Ainsdale Wy
9500 BKFD 2401 D7
Ainswick Dr
10900 BKFD 2481 C4
Aintree Ct
11600 BKFD 2481 B4
Air Castle Ln
4000 BKFD 2481 C6
Air Force Wy
- KrnC 2209 C6
Airport Blvd
16300 KrnC 2643 E6
Airport Dr
- KrnC 2442 D1
10 BKFD 2442 C1
100 KrnC 2402 C4
1000 DLNO 2159 G3
Airport Rd
- KrnC 2567 H2
200 TAFT 2597 D1
1300 KrnC 2217 D6
1300 TAFT 2567 E7
Airport Wy
22500 CALC 2585 C6
Airway Blvd
19000 CALC 2615 H7
Akers Rd
1700 BKFD 2482 C3
5300 KrnC 2482 C7
5700 BKFD 2512 C1
5700 KrnC 2512 C1
Akins St
- KrnC 2442 B3
Akron Av
8100 KrnC 2257 B6
Aladdin Av
8100 KrnC 2257 B6
Alagon St
5700 BKFD 2511 B1
Alameda Av
1500 KrnC 2443 B3
Alameda Pl
18700 KrnC 2637 B1
Alameda St
800 MCPA 2627 H7
Alamo Ln
1000 SHFT 2319 B7
Alamo St
500 BKFD 2482 C2
500 KrnC 2482 C2
Alamo Canyon Wy
- BKFD 2401 A6
Alamosa Ln
7200 BKFD 2481 G4
Alan Av
49500 THPI 2610 A2
Alandale Av
900 KrnC 2402 F4
Alarcon Ct
14800 KrnC 2673 B1
Albany St
10 DLNO 2159 E1
10 KrnC 2159 E1
400 DLNO 2119 E7
10000 TulC 2119 E4
S Albany St
19000 KrnC 2609 G7
19000 THPI 2609 G7
Albany Gate Dr
- BKFD 2511 E2
- KrnC 2511 E1
Alberni Wy
2700 BKFD 2481 G4
Albert St
800 SHFT 2359 C3
Albert Wy
15300 KrnC 2440 F4
Alberta St
5700 BKFD 2512 E1
Albury St
8600 BKFD 2512 C4
Alclover Ct
- KrnC 2250 C7
Alcott Dr
3600 BKFD 2481 E5
Alden Ct
4600 BKFD 2481 F6
Alden St
7700 KrnC 2543 H2
Alder Av
1200 THPI 2609 G4
Alder Dr
21600 CALC 2616 A1
21700 CALC 2586 A7
Alder St
2400 BKFD 2442 E3
Alderbrook Ln
6300 BKFD 2401 C6
Alderette Dr
300 ARVN 2544 H6
Alderpointe St
5900 BKFD 2511 G1
Aldershot Dr
1200 BKFD 2441 B5
Alderton Wy
900 BKFD 2481 D2
Alderwood St
11300 BKFD 2513 C7
11300 KrnC 2513 C7
11300 KrnC 2543 C1
Aldrich Dr
- SHFT 2319 D7
Aldrin Ct
5300 BKFD 2482 A6
Alegre Ct
3500 BKFD 2481 C5
Alejandro Ct
29600 KrnC 2637 B1
Alejo St
8700 KrnC 2443 J7
Alene Av
4600 KrnC 2218 B6
W Alene Av
700 RGCR 2219 B6
1400 KrnC 2219 A6
Alexander Av
2000 KrnC 2763 D3
7300 KrnC 2567 J3
Alexander Ln
8000 KrnC 2543 J2
Alexander St
4200 BKFD 2482 F6
Alexander Falls Av
10700 BKFD 2401 C5
Alexis Wy
- BKFD 2512 B3
Alfalfa Ln
18200 KrnC 2359 C5
N Alford St
800 KrnC 2258 C1
1100 KrnC 2218 C7
Alfred Harrell Hwy
5900 BKFD 2403 A7
5900 KrnC 2403 A7
11100 KrnC 2404 A3
11500 BKFD 2404 F7
Alfred Harrell Frontage Rd
- BKFD 2404 C4
- KrnC 2404 C4
Algehro Dr
2300 DLNO 2119 J4
Algoma Dr
19000 KrnC 2609 G7
19000 THPI 2609 G7
Alhambra Av
900 DLNO 2159 G1
Alhambra Ct
200 DLNO 2159 E1
Alhambra St
400 DLNO 2159 F1
Al Hatta Ct
17800 KrnC 2637 F3
Alicante Av
7900 KrnC 2513 J6
Alice Av
600 RGCR 2259 C1
Alice St
200 KrnC 2289 D4
200 MCPA 2627 G6
21800 CALC 2585 B7
21800 CALC 2615 B1
Alice Meadows Ct
3500 BKFD 2512 C4
Alice Springs Av
5700 BKFD 2512 G1
Alila Av
1000 DLNO 2119 G4
Alken St
3400 KrnC 2441 H2
3900 BKFD 2441 H2
Alki Ct
9200 BKFD 2441 E3
All America City Hwy
17400 KrnC 2361 H1
19200 KrnC 2401 H3
All America City Hwy SR-65
17400 KrnC 2361 H1
19200 KrnC 2401 H3
Allen Av
- CALC 2586 H6
3300 KrnC 2217 D2
Allen Ct
23900 KrnC 2577 A5
Allen Ln
12200 KrnC 2440 J3
12200 KrnC 2441 A3
Allen Rd
- BKFD 2481 A5
100 BKFD 2440 J7
100 KrnC 2480 J1
100 KrnC 2480 J1
4300 KrnC 2440 J1
5100 BKFD 2400 H3
7100 KrnC 2400 H3
7400 SHFT 2400 H3
S Allen Rd
- BKFD 2481 A3
100 BKFD 2480 J1
S Allen St
500 RGCR 2259 C5
Allen Wy
- KrnC 2513 J1
Allene Av
3500 KrnC 2218 D6
Allene Wy
10100 KrnC 2441 D2
Allenhurst St
2900 BKFD 2482 D4
Allens Dr
1700 KrnC 2482 G3
Alley No 6
8900 KrnC 2441 E4
Allie St
15500 KrnC 2643 A6
Allison Av
1500 KrnC 2763 D6
Alloway Ln
2800 KrnC 2443 D7
3000 BKFD 2443 E7
Allspice Ct
6900 BKFD 2512 B2
Allspice Rose Ct
9000 BKFD 2481 D4
Alma Av
2500 KrnC 2673 B1
Alma Wy
3000 BKFD 2482 D3
Almaden Dr
4000 BKFD 2481 D6
Almendra Av
6000 BKFD 2481 J3
Almendra Ct
5800 BKFD 2481 J3
Almeria St
1100 DLNO 2119 E7
Almond Ct
- WASC 2278 F4
400 THPI 2609 G3
Almond Dr
6300 KrnC 2401 J6
Almond Blossom Rd
- KrnC 2278 J4
Almond Crest Pl
14500 KrnC 2440 G5
Almond Grove Ln
4200 BKFD 2441 F1
Almond Tree Wy
600 DLNO 2159 E1
700 DLNO 2119 E7
Almont Ct
7500 BKFD 2481 G4
Aloe Ct
- KrnC 2440 G2
Alouette Wy
8900 BKFD 2441 E2
Alpaca Av
2400 KrnC 2763 C5
Alpha Ct
3500 BKFD 2441 B2
Alpine Av
400 TAFT 2596 J2
Alpine St
100 BKFD 2442 H5
15000 KrnC 2643 J7
S Alpine St
200 KrnC 2289 D4
Alpine Wy
700 SBdC 2259 J6
N Alpine Wy
10 KrnC 2289 E3
S Alpine Wy
400 KrnC 2289 E4
Alpine Falls Ln
5800 BKFD 2401 D7
Alpine Meadows Ct
2300 WASC 2278 D2
Alpine Ridge Ct
6000 BKFD 2404 F6
Alsab Pl
17300 KrnC 2637 E4
Alta St
4100 BKFD 2442 H2
Altamura Ln
6200 BKFD 2401 C6
Alta Peak Ct
7500 BKFD 2511 G1
Alta Pinos Wy
10 KrnC 2289 E3
Alta Sierra Av
2200 KrnC 2249 C6
Alta Verde Av
4400 KrnC 2443 D6
Altaville Ln
6900 BKFD 2481 H3
Alta Vista Av
19200 KrnC 2609 E3
Alta Vista Dr
1000 BKFD 2442 H4
2000 KrnC 2442 H2
3100 BKFD 2402 H7
3100 KrnC 2402 H7
Altimeter Rd
1500 KrnC 2402 C4
Altimeter Wy
- KrnC 2402 C4
Alton Manor Dr
11400 BKFD 2441 B7
Alturas Dr
2200 KrnC 2442 H2
Altus Av
2000 KrnC 2643 C7
3000 KrnC 2673 A1
E Altus Av
300 KrnC 2643 J7
W Altus Av
500 KrnC 2643 F7
Altus St
1000 KrnC 2482 F3
Alum Av
3900 BKFD 2482 B5
Alum Ct
300 BKFD 2441 C7
Alvin Wy
300 KrnC 2402 F2
N Alvord St
100 RGCR 2259 C2
S Alvord St
500 RGCR 2259 C4
Alysa Ct
1200 RGCR 2259 A2

Kern County Street Index

STREET
Block City Map# Grid

Alyssum Ct
10100 BKFD 2481 D3
N Alzado Ct
100 KrnC 2257 G3
Amador Av
100 KrnC 2482 G2
Amanda Ct
13100 BKFD 2480 J1
Amanda St
500 RGCR 2259 A2
Amarillo St
- BKFD 2483 E2
Amati St
6800 BKFD 2404 F6
Amaya Ct
- KrnC 2404 B2
Ambassador Ln
7200 BKFD 2401 D5
Amber Ct
3100 BKFD 2442 D3
Amber Ln
19700 KrnC 2608 H6
Amber St
3700 KrnC 2763 B2
Amber Canyon Pl
3000 BKFD 2512 D3
Ambergrove St
6000 BKFD 2511 G1
Amber Oaks Av
6000 BKFD 2403 G7
Amber Park Av
900 BKFD 2481 A2
Amber Wheat Dr
- BKFD 2512 A5
Amberwood Ct
22200 KrnC 2607 C1
Amberwood Ln
3800 BKFD 2442 C7
Ambrister Dr
4500 BKFD 2512 B3
Ambrose St
- BKFD 2441 A6
Amburket Wy
100 BKFD 2512 G3
Ambush Ct
17300 KrnC 2440 D5
American Av
4600 BKFD 2482 B2
American Cir
10 KrnC 2402 F7
N American St
100 RGCR 2259 E3
200 SHFT 2360 E1
S American St
100 RGCR 2259 E3
1700 KrnC 2259 F7
1700 KrnC 2299 F1
American River Wy
- BKFD 2481 B2
Amerock Ct
5800 BKFD 2443 F4
Amethyst Ln
4300 BKFD 2441 H1
Amherst Ct
11000 CALC 2616 C3
Amherst St
3500 BKFD 2403 A7
Amherst Forest Rd
3700 BKFD 2512 B2
N Amie Ct
1000 RGCR 2219 B7
Amistad Ct
9100 KrnC 2444 A5
Ammolite Wy
7200 BKFD 2511 J3
Amos Rd
18600 KrnC 2361 G5
Amur Maple Dr
3500 BKFD 2481 F5
Amy
- KrnC 2763 F3
Amy Av
16900 KrnC 2440 D6
Anacapa Dr
- BKFD 2444 H1
Anacostia Wy
10500 BKFD 2481 C6
Anaheim St
9900 KrnC 2512 F6
Anaparno Ct
9800 BKFD 2401 D6
Anchorage Av
1600 KrnC 2169 B5
Anchor Island Ct
9000 BKFD 2441 E3
Andalusia Ln
9700 BKFD 2444 B1
Anderly Ct
3200 BKFD 2481 F4
Anderson St
2900 BKFD 2482 J4
26400 KrnC 2679 J4
Andes Av
12300 BKFD 2441 A1
Andrea Av
600 BKFD 2482 G6
600 KrnC 2482 G6
W Andrea Ct
1200 RGCR 2219 A7
Andretti Av
11300 BKFD 2401 B6
Andrew Av
3200 KrnC 2763 B4
Andrew St
3200 KrnC 2250 F5

Andrieu Ct
8800 BKFD 2481 E6
Anelura Ct
16900 KrnC 2480 D1
Angel St
21000 KrnC 2609 D3
Angela Av
7900 KrnC 2401 G6
Angela Wy
2500 BKFD 2443 C3
Angelain Ln
4600 BKFD 2481 F7
Angel Falls Ct
6300 BKFD 2512 A1
Angell St
100 BKFD 2441 J7
Angelowood Ln
- KrnC 2439 F6
Angels Camp St
1700 BKFD 2481 H3
Angers Ct
1800 BKFD 2481 F3
Angie Ct
1600 KrnC 2440 E5
Angler Av
2100 KrnC 2249 C7
2100 KrnC 2289 C1
Angoras Ct
7600 BKFD 2441 G1
Angus Ct
23300 KrnC 2577 G6
29100 KrnC 2637 C1
Angus Ln
600 KrnC 2402 F6
Animas Ct
7800 BKFD 2481 G5
Anise Ct
5500 BKFD 2482 A5
5600 BKFD 2481 J5
Anita Av
700 DLNO 2119 C6
Anita Dr
500 THPI 2609 J3
700 THPI 2610 A3
Anita Ln
1400 KrnC 2482 E3
2000 BKFD 2482 E3
Anita Bogan Ct
10 CALC 2615 H1
Anita Catrina Ct
15300 KrnC 2440 F4
Ann Av
300 SHFT 2359 C2
Ann Ct
1200 RGCR 2259 D6
Ann St
11500 KrnC 2543 C1
Anna St
21500 KrnC 2610 J1
Annadale Dr
5100 BKFD 2443 E2
Annadel Park Wy
1500 BKFD 2481 A2
Annapolis Dr
3200 BKFD 2443 A1
3400 BKFD 2403 A7
Ann Arbor Dr
500 KrnC 2402 D5
Annette St
5300 BKFD 2482 B7
5500 BKFD 2512 B1
5500 KrnC 2512 B1
Annin Av
100 WASC 2278 F1
Anona Ln
2200 KrnC 2209 C5
Ansol Ln
500 KrnC 2443 G6
Antares Ct
5100 BKFD 2443 H1
Antelope Peak Ct
4500 BKFD 2481 D6
Antibes Wy
8600 BKFD 2481 F3
Antigua Dr
5700 BKFD 2511 J1
Antler Wy
18900 KrnC 2637 B1
Antonia Wy
1100 BKFD 2482 F4
Antonino Av
3000 BKFD 2442 C3
Anza St
2500 KrnC 2443 B2
Apache Av
3700 KrnC 2482 C1
Apache Dr
9000 KrnC 2250 G1
Apache Ln
200 RGCR 2259 E2
Apache St
19000 KrnC 2609 F7
19000 THPI 2609 F6
Apachia Av
- KrnC 2440 C5
Apex Ct
3500 BKFD 2441 B2
Apiary Ct
12000 KrnC 2541 J2
Apollo St
3100 BKFD 2443 E1
Apollo Wy
3000 KrnC 2249 D6
Appaloosa Av
12900 BKFD 2440 J6

Appaloosa Av
12900 BKFD 2440 J6
Appaloosa Ct
200 THPI 2610 B2
S Appaloosa St
500 RGCR 2259 E4
Apple Rd
- KrnC 2257 G3
Apple St
700 KrnC 2483 G1
Apple Wy
300 THPI 2609 H3
Appleblossom Dr
4700 BKFD 2482 A4
Appleblossom St
3000 KrnC 2763 G3
Apple Canyon Rd
6200 BKFD 2404 G6
Applecreek Ct
5900 BKFD 2512 A1
Apple Farm Ct
6800 BKFD 2512 G2
Applepear St
12100 KrnC 2541 E2
Appleton Wy
4300 BKFD 2481 E6
Appletree Ln
2600 WASC 2278 C3
5200 BKFD 2482 A4
20800 KrnC 2609 B5
Apple Valley Ct
11700 BKFD 2401 B6
Applewood Dr
- THPI 2609 G4
10600 CALC 2616 B2
Aprary Ct
- KrnC 2541 J2
Apricot Av
800 WASC 2278 E1
April Ct
20600 KrnC 2609 B6
April St
3700 BKFD 2482 C5
April Ann Av
11700 BKFD 2441 A5
Aquarius Ct
1300 BKFD 2482 B2
Aqua Villa Ct
23700 KrnC 2577 B6
Arabella Av
15500 KrnC 2440 F7
Arabian Dr
1100 THPI 2610 A1
Arabian St
- BKFD 2440 G7
- KrnC 2440 G7
Arapaho Av
10200 BKFD 2401 C7
Arbolado Ct
13500 BKFD 2440 J7
Arbolita Ct
900 ARVN 2574 J1
Arbor Av
3700 KrnC 2763 A5
Arbor Ct
- BKFD 2482 A4
5600 BKFD 2481 J4
Arboretum Av
2400 KrnC 2763 C5
13100 KrnC 2440 J3
Arbor Forest Ct
7200 BKFD 2512 B2
Arbor Glen Wy
4400 BKFD 2512 B1
Arbor Park Pl
12100 BKFD 2481 A2
Arbuckle Ct
500 BKFD 2441 J7
Arcadia St
3500 BKFD 2403 E7
Arc Dome Av
5700 BKFD 2511 H1
Archer Av
- BKFD 2512 H3
- KrnC 2512 J3
Arciero St
2500 KrnC 2763 B5
6200 BKFD 2401 B6
Ardee Cir
2700 KrnC 2482 D1
Arden Av
10 KrnC 2169 F7
Arden Villa Dr
10500 BKFD 2511 C1
Ardmore Av
4100 BKFD 2482 B3
Areli St
8500 BKFD 2512 E4
Arena Wy
1100 BKFD 2482 F1
Aretino Wy
6700 BKFD 2404 F6
Arezzo Ct
5500 BKFD 2441 J1
5500 BKFD 2442 A1
Argent St
3500 BKFD 2482 E5
Argus
- KrnC 2257 H3
Argus Av
1400 RGCR 2259 A2
1700 KrnC 2258 J3
W Argus Av
100 RGCR 2259 B2
1400 RGCR 2258 J2

W Argus Av
4100 KrnC 2258 B3
6500 KrnC 2257 F3
Argyle Ct
3900 BKFD 2512 C4
Arida St
1200 DLNO 2119 E6
Aries Ct
3200 BKFD 2441 B3
Arirang Wy
- KrnC 2610 A6
Arizona Av
2400 KrnC 2673 C2
Arkansas Av
1900 KrnC 2483 A2
Arkelian Av
500 SHFT 2359 B2
Arkwood St
7700 BKFD 2512 G3
Arlana St
2300 BKFD 2512 E1
Arleta Av
6900 KrnC 2401 G6
Arlington Ct
1100 KrnC 2763 F2
Arlington Pl
17600 KrnC 2637 F3
Arlington St
2200 KrnC 2443 A2
Arlington Hills Wy
- BKFD 2401 A7
Armed Ct
17700 KrnC 2637 G3
Armour Av
4100 KrnC 2442 B1
Armour Dr
100 SHFT 2359 D3
Armstrong Av
1000 KrnC 2763 F2
Armstrong Rd
4700 BKFD 2482 A6
Arnds Dr
22000 KrnC 2608 H5
Arnold Dr
10800 CALC 2616 C4
10900 KrnC 2616 C4
Arnold St
2700 BKFD 2443 B1
19100 CALC 2616 B6
Arnold Springs Dr
10 KrnC 2169 A6
Arnos Dr
22300 KrnC 2608 H5
Arnott Ct
900 BKFD 2512 G2
Arondo St
300 RGCR 2259 E3
Arosa Rd
19000 KrnC 2608 H7
Arrow Ct
24800 KrnC 2577 A3
Arrow St
3000 BKFD 2442 C2
Arrowhead Canyon Rd
14500 BKFD 2404 H7
Arroyita Dr
2700 KrnC 2442 H1
Arroyo Av
- KrnC 2643 H3
Arroyo Ct
24200 KrnC 2577 E4
Arroyo Dr
100 KrnC 2596 H3
100 TAFT 2596 H3
N Arroyo St
900 RGCR 2219 A7
900 RGCR 2259 A1
Arroyo Wy
900 TAFT 2596 H4
Arroyo Seco Av
300 SHFT 2359 B1
Arroyo Seco Dr
500 BKFD 2480 H2
Art Ln
8900 KrnC 2514 A6
Art St
1600 BKFD 2441 E5
1600 KrnC 2441 E5
Artemus Ct
3800 BKFD 2482 C7
Artesano Ct
5600 BKFD 2404 B7
Artesian Ct
25100 KrnC 2577 D2
Arthur Av
1200 KrnC 2402 B6
2300 KrnC 2643 A6
Arthur Ct
800 KrnC 2402 B6
Artist Ct
10900 BKFD 2441 C5
Artistry Rose Ct
9800 BKFD 2481 D4
Aruba Ct
6100 BKFD 2511 J1
Arvin Av
100 ARVN 2545 A6
100 KrnC 2545 A6
Arvin Ct
30000 KrnC 2637 A2
Arvin St
100 KrnC 2402 E5
E Arvin St
100 KrnC 2402 F5

Arvina St
200 ARVN 2544 J6
Arvizu Ct
400 ARVN 2544 H6
Ascot Ct
13300 KrnC 2440 J2
17600 KrnC 2637 F3
Ascot Crossing St
10200 BKFD 2481 C2
Ash Av
1600 KrnC 2217 F7
E Ash Av
700 SHFT 2359 E2
2600 KrnC 2763 C5
W Ash Av
100 SHFT 2359 C2
Ash Dr
1400 KrnC 2443 C4
Ash Rd
- BKFD 2482 D6
Ash St
100 KrnC 2597 B1
100 TAFT 2597 B1
E Ash St
100 KrnC 2597 C1
100 TAFT 2597 C1
W Ash St
- KrnC 2596 G1
100 KrnC 2597 A1
100 TAFT 2596 G1
100 TAFT 2597 A1
Ash Wy
400 THPI 2609 G3
Ashbourne Dr
10200 BKFD 2441 C7
Ashby St
2400 KrnC 2402 F4
Ashe Av
1200 KrnC 2763 F5
Ashe Rd
100 BKFD 2481 J2
6400 BKFD 2511 J4
8000 KrnC 2511 J7
10500 KrnC 2541 J3
Ashentree Ln
12300 BKFD 2441 A7
Asher Av
100 KrnC 2597 A3
100 TAFT 2597 A3
Asher Wy
100 TAFT 2597 A3
300 KrnC 2597 A3
Ashfork Ln
3700 BKFD 2481 G5
Ash Hollow Wy
- BKFD 2481 C6
Ashintully Av
- BKFD 2511 J5
- BKFD 2512 A5
Ashland St
5600 BKFD 2401 J7
Ashley Emili Ln
30900 KrnC 2399 E1
Ashley Falls Wy
- BKFD 2401 C5
Ashley Nicole Ln
8800 BKFD 2512 C5
Ashton St
300 RGCR 2259 A4
Ashton Acres Wy
6500 BKFD 2512 G2
Ashton Park Ct
12200 BKFD 2481 A4
Ashwood St
5900 KrnC 2401 J6
Ashworth Pl
400 RGCR 2259 E1
Ashworth Rd
4300 KrnC 2402 F2
Asino Av
3900 BKFD 2512 C3
Aslin St
3300 KrnC 2441 C3
Aspen Av
9000 CALC 2615 H2
10600 CALC 2616 B2
Aspen Dr
10 KrnC 2289 C3
800 THPI 2609 F4
Aspen St
1400 WASC 2278 D4
2300 BKFD 2442 D3
Aspen Wy
200 SHFT 2359 F1
Aspen Creek Dr
- BKFD 2512 C3
Asperata Dr
8200 BKFD 2481 F5
Assault Dr
27000 KrnC 2607 F3
Asseri St
7300 BKFD 2512 C3
Asti Dr
5900 BKFD 2441 J2
Asti St
100 DLNO 2159 E1
800 DLNO 2119 E7
Astor Av
700 BKFD 2512 F4
700 KrnC 2512 F4
Astoria Ct
3500 BKFD 2481 H5
Astoria Wy
3600 BKFD 2481 H5

Astoria Park Wy
700 BKFD 2481 B1
Atakapa Av
10000 BKFD 2401 C7
Athel St
6300 KrnC 2217 F2
Athens St
200 THPI 2579 G7
Atherton Ct
100 BKFD 2481 J1
W Atkins Av
500 RGCR 2219 B6
Atkinson Av
100 SHFT 2359 C2
Atlanta Wy
- BKFD 2401 B7
Atlantic Av
200 SHFT 2359 C1
Atlantic St
11900 KrnC 2484 D2
Atlas Ct
4100 KrnC 2442 B1
Atoka Dr
17200 KrnC 2637 D4
Atrium Ct
13300 KrnC 2440 J3
Attleboro Av
10400 BKFD 2481 C1
Auberry Av
2000 BKFD 2482 E7
Auburn Ct
2600 BKFD 2443 E2
Auburn St
- BKFD 2444 A1
2900 BKFD 2443 J1
Auburn Oaks Dr
5800 BKFD 2443 G1
Auburn Oaks St
6100 BKFD 2443 G1
Aubusson Ct
1700 BKFD 2481 E3
Audene Wy
6500 KrnC 2401 H5
Audrey Av
300 KrnC 2512 G5
2700 KrnC 2249 D6
Audrey Wy
1600 KrnC 2763 D6
Audubon Dr
3100 BKFD 2442 D4
Audy St
4200 BKFD 2481 E6
Augusta St
10 BKFD 2442 J7
Augusta Wy
28600 KrnC 2637 D2
Augusta Hills Dr
800 BKFD 2441 D6
Aurora St
2000 DLNO 2119 J5
Aurora Valley Av
11700 BKFD 2401 B6
Aussie Av
700 BKFD 2512 G1
Austin Ct
900 ARVN 2574 H1
Austin St
100 DLNO 2159 F1
400 BKFD 2443 E6
400 KrnC 2443 E6
1300 DLNO 2119 E6
S Austin St
10 DLNO 2159 F1
Austin Creek Av
13800 KrnC 2440 H1
Austin Lee Ln
1100 KrnC 2169 E6
Auto Mall Dr
2600 BKFD 2512 D1
Autumn Av
4100 KrnC 2258 B1
6100 KrnC 2257 G1
Autumn St
- KrnC 2257 H1
2100 KrnC 2443 G4
Autumn Wy
1300 KrnC 2259 A1
1300 RGCR 2259 A1
1500 KrnC 2258 J1
Autumn Blush Wy
- BKFD 2440 G7
- KrnC 2440 G7
Autumn Crest Dr
5700 BKFD 2512 B1
Autumn Ranch Ct
5900 BKFD 2404 G6
Autumn Ridge Dr
6800 BKFD 2443 G2
Autumn Rose Ct
2000 BKFD 2441 B5
Autumn Serenade Ct
9700 BKFD 2401 D6
Auxiliary Dam Rd
- KrnC 2249 E2
Avalon St
2900 BKFD 2482 E4
Avaray St
2000 BKFD 2481 E3
Avenida del Rio
- BKFD 2483 F2
- KrnC 2483 F2
Avenida del Sol
6600 KrnC 2483 G1

N Avenida del Sol
100 KrnC 2257 B1
1700 KrnC 2217 B5
S Avenida del Sol
100 KrnC 2257 B5
Avenida Derecho
7800 BKFD 2481 G2
Avenida Escuela
2400 KrnC 2443 C4
Avenida Ruiz
- DLNO 2119 E4
Avenida Sabia
1300 BKFD 2481 G2
Avenida Valedor
7500 BKFD 2481 G2
Avenida Vicente
- KrnC 2483 G2
Avenue 4
15600 TulC 2119 J3
Avenue 8
14400 TulC 2119 G2
Avenue 12
12800 TulC 2119 E1
Avenue A
100 KrnC 2597 A3
100 TAFT 2597 A3
Aviara Dr
4500 BKFD 2441 E1
Aviation St
100 SHFT 2360 E1
Avila St
8600 BKFD 2512 D4
Avon Av
1900 BKFD 2482 E7
Avon Dr
14200 KrnC 2673 A2
Avondale Dr
2000 KrnC 2443 F4
Avonlea St
1500 BKFD 2481 D2
Axminster St
4300 BKFD 2482 F6
Ayres Ct
3500 KrnC 2443 E3
Azalea Av
5900 BKFD 2443 F4
6500 KrnC 2443 G4
Azalea Springs Ct
15300 KrnC 2440 F6
Azimuth St
- BKFD 2404 B6
Aztec Wy
6900 BKFD 2441 H1
Azules Av
3700 BKFD 2512 C3
Azure Dr
3600 BKFD 2441 B2
Azusa Wy
1500 KrnC 2512 F6

B

B St
- KrnC 2566 J7
- RGCR 2219 D7
100 ARVN 2545 A6
100 KrnC 2597 A3
200 KrnC 2596 H3
200 MCFD 2199 J5
400 MCFD 2200 A5
700 TAFT 2596 H3
1600 BKFD 2442 E4
W B St
200 THPI 2609 G3
2000 KrnC 2763 D4
Bace Av
9700 KrnC 2512 H6
Bachelor St
900 BKFD 2512 F2
Backbone Trail Dr
5500 BKFD 2443 E7
Back Canyon Ct
14200 KrnC 2608 G2
Backdrop Ct
12100 BKFD 2404 D4
Backes Ln
17700 KrnC 2609 B6
Baden Wy
- KrnC 2444 A4
Badger Av
2400 KrnC 2513 B5
Badger Ct
19200 KrnC 2607 A7
Badger Flat St
500 BKFD 2443 E7
Badger Pass Av
1300 BKFD 2512 F3
Baggiani Ct
- KrnC 2437 A1
Bagley Av
- KrnC 2616 J5
Baguette Av
6100 BKFD 2511 J2
Bahamas Dr
2200 BKFD 2442 C5
Bahia Ct
10900 BKFD 2481 C5
Bailey Rd
19000 KrnC 2637 J1
20000 THPI 2607 J5
21500 KrnC 2607 J2
Bailey St
- BKFD 2400 H3
- SHFT 2400 H3
8800 KrnC 2400 J3

Baker Ct
22100 CALC 2585 C7
Baker Rd
22500 KrnC 2399 F4
Baker St
100 BKFD 2442 J3
2000 KrnC 2442 J3
N Baker St
2000 BKFD 2442 J3
2000 KrnC 2442 J1
S Baker St
800 BKFD 2442 H6
Bakersfield-Tehachapi
- BKFD 2512 E2
- KrnC 2512 F6
- KrnC 2542 F1
Bakersfield-Tehachapi SR-99
- BKFD 2512 E5
- KrnC 2512 F6
- KrnC 2542 F1
Bakersfield Tehachapi Hwy
- BKFD 2482 J1
- BKFD 2483 E1
- KrnC 2482 J1
- KrnC 2483 F1
- KrnC 2484 G2
Bakersfield Tehachapi Hy SR-58
- BKFD 2482 J1
- BKFD 2483 E1
- KrnC 2482 J1
- KrnC 2483 E1
- KrnC 2484 G2
Balance Rock Ln
2900 BKFD 2512 D3
Balasis St
1200 BKFD 2512 F2
Balboa Av
900 DLNO 2159 G1
Balboa Dr
200 DLNO 2159 F1
3500 BKFD 2482 F5
Balboa St
4100 KrnC 2249 E3
Bald Eagle St
7300 BKFD 2403 H7
Bald Mountain Dr
20000 KrnC 2579 C7
Baldwin Ln
21300 CALC 2616 C2
Baldwin Rd
400 KrnC 2482 E2
1200 BKFD 2482 E3
Baldwin Farms Dr
700 BKFD 2512 F2
Ball Ct
2800 KrnC 2440 J3
Ballina St
8400 BKFD 2512 C4
S Balloon Ct
200 DLNO 2159 F1
Balsam Av
300 KrnC 2442 J1
2600 KrnC 2249 D6
N Balsam St
700 RGCR 2259 D1
Balsam Wy
10 KrnC 2289 E2
Baltimore Dr
500 BKFD 2441 A7
Baltra Wy
11100 BKFD 2404 C7
Balvanera Av
9700 BKFD 2401 D7
Bama Rose Ct
6300 KrnC 2401 H5
Bamboo Ct
800 THPI 2609 G4
Bamboo Dr
5700 KrnC 2401 J6
Bamborough Ct
9300 BKFD 2481 E6
Banbridge Ct
1500 BKFD 2481 C3
Bancroft Ct
21100 CALC 2616 A2
Bancroft Dr
100 KrnC 2402 E4
21500 CALC 2616 A1
21600 CALC 2586 B7
Bandolero Wy
6900 BKFD 2441 H1
Banducci Rd
19500 KrnC 2608 J5
25000 KrnC 2637 E1
Banff Ct
1600 WASC 2278 C4
Banff Wy
10 KrnC 2169 B6
Banjo Ct
800 BKFD 2482 G6
Bank St
- CALC 2615 B5
900 BKFD 2442 F7
Bannister Wy
11000 BKFD 2401 C7
Bannock St
100 BKFD 2512 G3
Banyon Ct
3600 KrnC 2763 A5
Barbados Av
5300 BKFD 2481 J7

Barbara Av
100 RGCR 2259 D6
3700 BKFD 2482 C4
Barbara St
25400 KrnC 2545 A4
Barbary Av
- KrnC 2441 H4
Barbeau Peak Dr
- BKFD 2404 B6
Barcelona Dr
6100 BKFD 2404 B7
Bard Ct
9500 BKFD 2481 E6
Bard St
- RGCR 2219 F6
Bardon Hill Dr
10800 BKFD 2441 C7
Bareback Ln
4200 BKFD 2441 B2
Barker Pl
400 WASC 2278 F3
Barkes Wy
27000 KrnC 2577 G6
Barkine Ct
300 BKFD 2481 D1
Barley Ct
4900 BKFD 2512 A5
Barley Harvest Av
5000 BKFD 2512 A5
Barlow Ct
300 ARVN 2544 H6
Barlow Dr
2000 KrnC 2249 C2
Barlow Rd
6500 BKFD 2511 B3
Barlow St
600 KrnC 2443 D5
Barlow Wy
- KrnC 2249 D2
Barnes Dr
9900 BKFD 2481 D6
Barnes St
1300 KrnC 2643 E5
Barnett St
2100 KrnC 2402 F4
Barnsdale Av
13700 BKFD 2440 H5
13700 KrnC 2440 H5
Baron Av
10600 KrnC 2441 C3
Baron Blvd
21000 CALC 2615 B1
21700 CALC 2585 B7
Barranca St
9700 KrnC 2404 C2
Barrington Av
1000 KrnC 2763 F2
Barrington St
2200 BKFD 2481 H4
Barronett Dr
5300 BKFD 2481 H7
Barrowby St
2600 BKFD 2481 A4
Barry St
4800 BKFD 2482 G6
Barstow Rd
1500 KrnC 2643 D7
Bartlett Ct
200 THPI 2609 G4
Barton Ln
16100 KrnC 2440 E5
Barton St
100 KrnC 2512 G5
E Barton St
10 KrnC 2512 H5
Basalt Rd
22000 KrnC 2610 J1
Basil Ct
3800 BKFD 2482 A5
Basilicata Dr
5100 BKFD 2402 A7
Basilone Ln
- BKFD 2442 G4
Basin Av
3700 BKFD 2482 C5
Basin Harbor Ct
23900 KrnC 2577 B5
Basque Hills Dr
2400 BKFD 2512 E3
Bass Dr
2000 KrnC 2249 C7
Basta
- KrnC 2402 H6
E Bataan Av
500 KrnC 2259 E5
500 RGCR 2259 E5
W Bataan Av
400 RGCR 2259 B5
1200 KrnC 2259 A5
1600 KrnC 2258 G6
5300 KrnC 2257 J6
Bates Av
400 KrnC 2443 B6
Bath Ct
9700 BKFD 2481 D7
Bathurst Av
3300 BKFD 2512 C4
Battaglia Dr
9500 BKFD 2481 D7
Battersea Park Dr
9700 BKFD 2441 D6
Batz St
- CALC 2585 G3
- KrnC 2585 G1

Kern County Street Index

STREET / Block City Map# Grid

Baumbach Av
25500 KrnC 2607 H5
25500 KrnC 2608 A5
25500 THPI 2607 H5
25500 THPI 2608 A5
Bay Av
9100 CALC 2615 H2
10900 CALC 2616 C2
Bay Ct
24300 KrnC 2577 F4
Bay St
2400 BKFD 2442 E4
Bayberry Av
5600 BKFD 2401 J7
Bayberry Wy
- BKFD 2512 B2
Bay Brook Wy
4400 BKFD 2512 B1
Bay Club Ct
6100 BKFD 2401 F6
Bay Colony Dr
10100 BKFD 2441 D6
Bayhill Wy
4600 BKFD 2441 E1
Baykirk St
6600 BKFD 2511 H1
Bayless St
18400 KrnC 2359 C5
Baylor St
2700 BKFD 2443 B1
Bay Meadows Dr
1700 WASC 2278 D4
Bay Meadows Ln
11500 BKFD 2441 B1
Bayne Ct
1300 BKFD 2482 F7
Bayshore Dr
5200 BKFD 2401 B7
Baytree Wy
- BKFD 2401 F6
Bay View Ct
4600 BKFD 2441 F1
Baywood St
5800 BKFD 2481 J4
Bea Ct
2500 BKFD 2482 D5
Beach Av
- KrnC 2402 B2
Beach Park Lp
- BKFD 2442 C4
Beacon Ct
5300 BKFD 2401 F7
Beale Av
1200 BKFD 2442 J5
1900 BKFD 2443 A3
1900 KrnC 2443 A3
Beam St
9400 KrnC 2511 E6
Bearclaw Av
9500 BKFD 2441 E2
Bear Creek Ct
2900 BKFD 2481 E4
Bear Creek Rd
8900 BKFD 2481 E4
Beardsley Av
100 KrnC 2442 D1
200 BKFD 2402 F7
200 KrnC 2402 F7
E Beardsley Av
100 KrnC 2442 E1
Bear Mountain Blvd
- KrnC 2544 H6
100 KrnC 2542 F7
400 ARVN 2544 H6
4900 KrnC 2541 F7
Bear Mountain Blvd SR-223
- KrnC 2544 H6
100 KrnC 2542 F7
400 ARVN 2544 H6
4900 KrnC 2541 F7
E Bear Mountain Blvd
100 ARVN 2545 A6
100 KrnC 2542 H7
100 KrnC 2543 H6
100 KrnC 2545 B6
1700 BKFD 2543 C6
8100 KrnC 2544 B6
14000 ARVN 2544 F6
E Bear Mountain Blvd SR-223
100 ARVN 2545 A6
100 KrnC 2542 H7
100 KrnC 2543 H6
100 KrnC 2545 A6
1700 BKFD 2543 C6
8100 KrnC 2544 B6
14000 ARVN 2544 F6
Bear Mountain Winery Rd
15400 KrnC 2514 H6
Bearstone St
- BKFD 2512 B5
Bear Valley Rd
19000 KrnC 2608 B7
19000 THPI 2608 B7
25400 KrnC 2578 A7
25900 KrnC 2577 E4
Beasley St
1200 RGCR 2259 D6
Beatrice Pl
6300 CALC 2615 C2
Beaujolias St
3300 KrnC 2444 E7
Beau Maison Wy
8500 BKFD 2481 F3
Beau Monde Ct
6100 BKFD 2481 J5
Beaumont Ct
3100 BKFD 2482 D4
Beaver Dr
8500 BKFD 2441 F1
Beaver Creek Dr
10700 BKFD 2441 C6
Beaver Rise Dr
800 KrnC 2443 J6
Beckenham Pkwy
1100 BKFD 2481 C2
Becker Av
600 SHFT 2359 B1
Beckes Av
1400 WASC 2278 D4
Beckes St
100 WASC 2278 D3
Beckett Ct
11300 BKFD 2481 B3
Becky Av
16100 KrnC 2440 E2
Becky Ct
- KrnC 2609 B5
Bedford Av
1400 KrnC 2763 E2
Bedford Wy
100 KrnC 2402 F5
Bedfordshire Dr
11900 BKFD 2481 A3
Bedrock Ct
3600 BKFD 2481 D5
Beech Av
- KrnC 2399 E5
100 SHFT 2359 E1
17200 KrnC 2319 E6
17300 SHFT 2319 E6
18200 KrnC 2359 E5
Beech Av SR-43
18200 KrnC 2359 E5
18200 SHFT 2359 E3
S Beech Av
100 SHFT 2359 E2
4200 KrnC 2439 E1
19100 KrnC 2359 E7
19100 KrnC 2399 E1
Beech St
700 THPI 2609 F3
1800 BKFD 2442 D4
Beechfield Dr
12600 BKFD 2441 A7
Beechwood Av
2900 KrnC 2219 D3
Beechwood St
4400 BKFD 2482 B5
Beehan St
4700 BKFD 2482 F6
Begonia Ct
3700 BKFD 2512 C1
Bel Air Pl
12600 KrnC 2679 F3
Bel Aire Wy
5900 BKFD 2481 J1
Belcrest Av
5000 BKFD 2482 A3
Belden Ln
2700 BKFD 2481 J4
Beldon
2000 KrnC 2249 C7
Belfast Ct
10 BKFD 2480 G1
Belhaven St
2900 BKFD 2482 D4
Belinda St
1900 KrnC 2440 F5
Belize Dr
100 KrnC 2443 D7
Bell Av
400 TAFT 2597 B2
700 RGCR 2259 F4
Bell Ct
20400 KrnC 2609 C3
Bella Dr
8900 BKFD 2404 A6
Bellagio St
2100 DLNO 2119 J4
Belle Av
100 KrnC 2402 E7
E Belle Av
100 KrnC 2402 F7
Belle Ln
27000 KrnC 2679 H4
Belle Ter
100 KrnC 2482 D2
3600 BKFD 2482 A2
E Belle Ter
100 KrnC 2482 H2
700 BKFD 2482 J2
1100 KrnC 2483 A1
2500 BKFD 2483 B1
Belle Rae Ct
15300 KrnC 2440 F4
E Belle Vista Av
900 KrnC 2299 G3
900 RGCR 2299 F3
Bellflower Ct
2800 KrnC 2512 D1
Bell Founder Dr
10800 BKFD 2441 C1
Bellona Ct
10000 CALC 2616 A1
Bellorita Dr
6300 BKFD 2404 H6
Bellows Av
8100 BKFD 2481 F6
Belmont Av
300 KrnC 2402 D7
Belmont Dr
21400 KrnC 2608 J1
21400 KrnC 2609 A1
Belmont St
400 DLNO 2159 F1
1100 DLNO 2119 E6
S Belmont St
200 DLNO 2159 F2
Belshaw St
1900 KrnC 2643 D5
Beltran St
100 SHFT 2359 B2
Belvedere Av
2100 BKFD 2482 E4
Ben Ct
21900 KrnC 2609 C2
Ben St
1900 KrnC 2209 B5
Benbassat Pl
6000 BKFD 2404 D7
Benbrook Pl
12600 BKFD 2441 A5
Bend Wy
3400 BKFD 2481 H5
Bender Av
17200 KrnC 2318 J5
Bending Rays St
3900 BKFD 2481 C6
Bendix St
100 KrnC 2402 D7
100 KrnC 2442 D1
Benet Wy
9400 BKFD 2481 E5
Benevento Ct
5300 BKFD 2402 A7
Bengston Av
8100 KrnC 2483 J3
Benito Av
2700 KrnC 2643 B4
W Bennett Av
- KrnC 2219 A7
- RGCR 2219 A7
Bennington Wy
7100 BKFD 2481 H5
Benninton Ct
11000 CALC 2616 C3
Benny Ln
200 KrnC 2440 F7
E Benson Av
200 RGCR 2259 D4
W Benson Av
900 RGCR 2259 A4
Benson St
1900 KrnC 2440 G5
Bentham St
19000 CALC 2616 B6
Bentley Dr
2400 KrnC 2443 D3
Benton Av
- KrnC 2643 G2
3000 KrnC 2249 D7
Benton St
1600 KrnC 2482 E3
2500 BKFD 2482 E4
Benton Wy
3300 KrnC 2249 E7
Bentrott Wy
- KrnC 2401 H3
Benz Visco Rd
- KrnC 2610 D4
Beresford Pl
2500 BKFD 2481 B4
Bergamo Dr
4800 BKFD 2442 A1
Berger St
2400 KrnC 2443 A2
2600 BKFD 2443 A2
Bergman Ln
2900 KrnC 2442 C3
Bergquist Av
4500 KrnC 2443 D7
4700 BKFD 2443 E7
Beringer Wy
8900 BKFD 2441 E6
Berkeley Dr
10500 CALC 2616 B5
Berkeley St
2400 KrnC 2443 A2
2700 BKFD 2443 A1
Berkman Dr
20400 CALC 2616 C3
Berkshire Rd
2400 BKFD 2512 B3
E Berkshire Rd
10 BKFD 2512 H3
Bermondsey Wy
- BKFD 2481 B5
Bermuda St
100 BKFD 2481 J1
100 BKFD 2482 A1
Bermuda Greens Ct
1500 BKFD 2481 B2
Bernard Av
8100 KrnC 2513 J7
Bernard Pl
1400 KrnC 2443 B3
Bernard St
10 BKFD 2442 H3
200 KrnC 2442 H3
900 KrnC 2443 A3
2700 BKFD 2443 E2
Berneta Av
300 BKFD 2482 G1
Bernice Ct
2300 BKFD 2482 E7
Bernice Dr
2500 BKFD 2482 D7
Bernie Dr
1500 KrnC 2249 B7
Berriedale Wy
12300 BKFD 2441 A7
Berry Rd
- KrnC 2627 E1
- TAFT 2627 F2
7500 KrnC 2483 H6
Berry St
21100 CALC 2615 E2
Berry Wy
200 KrnC 2289 A2
Berryessa Ct
900 BKFD 2512 F3
Berry Meadow Wy
200 KrnC 2402 E3
Bertal St
8100 KrnC 2513 J5
Berthoud Ln
7100 BKFD 2481 H4
Bertina Ct
900 BKFD 2512 F3
Bertram Cir
23200 KrnC 2608 E3
Berts Ct
11900 BKFD 2441 A2
Berwick St
500 BKFD 2481 F2
Beryl Dr
1100 BKFD 2482 F4
Beth Ln
500 RGCR 2259 E3
Beth St
5900 BKFD 2401 J7
5900 KrnC 2401 J6
Beth Eden Av
100 SHFT 2359 C2
Betony Dr
4300 BKFD 2481 E6
N Betsy St
300 KrnC 2258 E2
1100 KrnC 2218 E7
Bettis Av
- WASC 2278 C2
Betty Ln
10 KrnC 2169 D7
Betty St
6500 BKFD 2512 G2
Beverly Ct
900 RGCR 2259 B1
Beverly Dr
400 KrnC 2443 B6
7400 KrnC 2399 F5
Bexhill Ct
2500 BKFD 2481 J4
Beyers St
3300 KrnC 2441 C3
Bianchi Wy
3600 BKFD 2482 C2
3600 KrnC 2482 C2
Bichester Ct
10200 BKFD 2481 D1
Bickerstaff Dr
12500 BKFD 2481 A3
Bienvenu Ct
8900 BKFD 2401 E7
Big Alley Av
8200 KrnC 2483 J3
Big Bear St
7700 BKFD 2512 F3
Big Bear Lake Ct
9300 BKFD 2401 E6
Big Blue Rd
10 KrnC 2129 J7
Big Creek Wy
- KrnC 2402 E3
Bigelow Oak St
2900 BKFD 2481 E4
Big Fork Av
- BKFD 2443 E7
Big Horn Ct
1100 KrnC 2444 A5
Bighorn Meadow Dr
200 KrnC 2402 E3
Big Inch Pipeline Rd
- KrnC 2673 B1
Big Sky Ct
26100 KrnC 2577 J7
Big Springs Rd
2700 KrnC 2250 C6
Big Trail Av
- BKFD 2512 C5
Bill Av
300 BKFD 2442 G7
Billabong Ct
5800 BKFD 2512 G1
Billie St
12900 KrnC 2542 F3
Biltmore Ln
3500 BKFD 2482 C6
Bimelech Ct
18000 KrnC 2637 F2
Bingham Av
1100 KrnC 2443 B2
Birch Ct
20300 KrnC 2609 C1
Birch St
100 KrnC 2597 A1
100 TAFT 2597 B1
100 WASC 2278 E2
200 SHFT 2359 D2
4200 KrnC 2250 B3
8100 BKFD 2481 F4
Birch Creek Ct
8900 KrnC 2401 E5
9500 BKFD 2401 D5
Birchcrest Wy
5700 BKFD 2404 F7
Birchhaven Av
11000 BKFD 2441 B5
Birchover St
12400 BKFD 2481 A3
Birchtree Ct
1400 KrnC 2763 E2
Birchwood Ct
1900 BKFD 2482 C3
Birdie Ct
20000 KrnC 2579 C7
Birdie Ln
4800 KrnC 2402 E2
Birkdale Ct
28700 KrnC 2637 D1
Birkdale Wy
300 BKFD 2481 J1
Birkenfeld Av
13300 BKFD 2480 J2
Birmingham St
8100 BKFD 2481 F1
Bisbee Ct
3300 BKFD 2481 G5
Biscayne Av
- KrnC 2616 J1
Biscuit Ct
7000 BKFD 2512 D2
Bishop Dr
2500 BKFD 2403 C7
E Bishop Dr
10 KrnC 2643 J2
Bishop St
19400 KrnC 2400 C3
Bison Dr
- KrnC 2403 J1
Bit St
9300 KrnC 2512 G5
Blackbird St
600 KrnC 2257 G1
N Blackbird St
1100 KrnC 2217 G7
1100 KrnC 2257 G1
Blackburn Rd
- KrnC 2513 H1
Blackburn St
7000 KrnC 2483 H7
Black Canyon Rd
3300 KrnC 2249 A3
Black Canyon Tr
10 KrnC 2169 C6
Black Creek St
2200 BKFD 2441 A4
Blackfield St
15300 KrnC 2643 D7
Blackfoot Dr
9700 BKFD 2401 D7
Black Forest Ct
7200 BKFD 2512 B2
Black Gold Wy
28000 KrnC 2577 E5
Black Hawk Av
15500 KrnC 2440 E7
Black Hills Wy
4600 BKFD 2441 A1
Blackjack Oak Ln
2800 BKFD 2481 E4
Black Knot Ct
8300 BKFD 2481 F5
Blackmoor Wy
- BKFD 2441 D6
Black Mountain Blvd
1100 KrnC 2257 D1
3300 KrnC 2217 D2
N Black Mountain Blvd
200 KrnC 2257 D3
Black Mountain St
20500 KrnC 2609 B3
Black Oak Dr
900 THPI 2609 G4
20600 KrnC 2579 A6
Black Oak St
20500 KrnC 2609 B2
Black Rock Mountain Ct
4600 BKFD 2482 E6
Blackstone Ct
2500 BKFD 2482 D4
Black Water
6300 KrnC 2217 F3
Blackwater Av
- KrnC 2217 B3
Blackwood St
4200 BKFD 2482 B5
Blade Av
3200 BKFD 2443 D1
Bladen St
2300 BKFD 2482 A3
Blair St
800 KrnC 2483 H2
Blake Av
500 SHFT 2359 E1
Blake Ct
5300 BKFD 2482 A3
Blakeburn Ln
3000 BKFD 2481 G4
Blake Island Ct
16200 KrnC 2440 E3
Blanche St
1700 BKFD 2442 E6
Blanding Ct
100 BKFD 2441 J7
Blandy Av
500 RGCR 2219 F5
Blanket Flower Dr
11800 BKFD 2511 B1
Blaze Rose St
6900 BKFD 2512 C2
Blazing Star Ln
5800 BKFD 2404 G7
Blenheim Wy
1000 BKFD 2441 A6
Bliss St
10 BKFD 2442 H7
S Bliss St
10 BKFD 2482 H1
Blodget Av
12900 KrnC 2440 J2
Bloomfield Dr
200 BKFD 2441 B7
Bloomquist Dr
100 KrnC 2482 B1
200 BKFD 2482 B1
Bloomsbury Ct
9500 BKFD 2441 E6
Blossom Av
1800 DLNO 2119 H5
Blossom St
700 KrnC 2443 G5
Blossom Crest St
1600 KrnC 2440 G5
Blossom Ridge Dr
13600 BKFD 2404 G7
Blossom Valley Ln
4400 BKFD 2512 B1
Blue Cloud St
- BKFD 2444 C2
Blue Creek Dr
6400 BKFD 2512 F1
Blue Devils Av
4300 BKFD 2512 B4
Blue Fountain Ln
5200 BKFD 2482 A7
Bluegill Dr
4700 BKFD 2441 F1
Bluegrass Dr
11400 BKFD 2441 B1
Blue Heron Dr
8400 BKFD 2441 F1
Blue Jay Rd
6600 KrnC 2250 B4
Blue Loop Ln
3300 ARVN 2574 J4
Blue Meadow Ct
500 KrnC 2402 D3
Blue Mountain Wy
600 KrnC 2402 D3
2400 BKFD 2482 D6
Blue Oak Dr
1900 BKFD 2481 D3
Blue Oaks Av
21100 KrnC 2609 A2
Blueridge Dr
21000 KrnC 2579 A6
Blue Ridge Rd
1700 RGCR 2219 H6
Blue River Ln
- BKFD 2512 B4
Blue Sky Ct
6400 BKFD 2512 A1
Bluestone Dr
4500 BKFD 2481 C7
Bluestone River Wy
1000 BKFD 2481 B2
Blue Stream Av
- KrnC 2440 G1
Blue Tee Ct
6300 BKFD 2401 E6
Bluewater Bay Ct
6000 BKFD 2401 E6
Bluff St
4300 BKFD 2403 C6
Bluffshadow Dr
- BKFD 2404 B6
Blythe Ct
10300 BKFD 2481 D7
E Bob Av
- KrnC 2440 H6
Bobcat Dr
2600 KrnC 2250 B6
Bobtail Av
- KrnC 2763 A7
Bobwhite Ct
500 BKFD 2441 H7
Boca del Rio Dr
600 BKFD 2480 H1
Bocelli Av
11300 BKFD 2401 B5
Bodfish St
1700 KrnC 2289 B1
Bodfish Canyon Rd
10 KrnC 2289 E3
Boeing St
200 SHFT 2360 F1
Boggy Meadow Ln
6400 BKFD 2511 H1
Bogie St
22200 KrnC 2609 C1
22400 KrnC 2579 C7
Bogota Pl
5900 BKFD 2404 C7
Bogue Cir
1900 RGCR 2219 H5
Bohannan Av
500 KrnC 2512 J1
Bohna St
400 BKFD 2443 E6
400 KrnC 2443 E6
Boise St
3100 BKFD 2443 D1
3600 BKFD 2403 D7
Bolden Dr
8200 CALC 2615 G1
Bold Ruler Ct
5200 BKFD 2401 C7
Bold Venture Ct
5100 BKFD 2401 C7
Bold Venture Dr
16900 KrnC 2637 E3
Bolsena Ln
8600 BKFD 2441 F1
Bolton St
8100 BKFD 2481 F2
Bonaire St
3600 BKFD 2403 E7
Bonanza Dr
7500 KrnC 2483 H3
Bond St
1400 BKFD 2481 C2
Bone Meadows Ln
8500 BKFD 2512 D4
Bong Ct
22100 CALC 2585 C7
Bonita Dr
200 KrnC 2442 H1
Bonita Rd
8100 KrnC 2513 J6
8700 KrnC 2514 A6
Bonnie Falls Wy
- BKFD 2401 D6
Boomerang Dr
- BKFD 2512 G1
Boone Valley Dr
9900 BKFD 2441 D6
Boozer Av
7800 KrnC 2543 H1
Borage Ct
6400 BKFD 2481 J5
Borah Peak Rd
- BKFD 2404 B6
Borax Rd
12000 KrnC 2679 B5
Borax Energy Rd
- KrnC 2679 B1
Borda Ln
2900 KrnC 2439 F3
Bordeaux St
13700 BKFD 2440 H6
Bordelais St
1100 DLNO 2119 E7
Borden Ct
1000 ARVN 2574 J1
Borel St
1800 DLNO 2119 E5
8200 BKFD 2401 E4
8200 KrnC 2401 E4
Borg Ct
11900 BKFD 2404 D4
Borman Av
200 KrnC 2402 F3
Borman Wy
4400 BKFD 2481 H6
Boron Av
11000 KrnC 2679 H6
N Boron Av
12900 KrnC 2679 H1
Boron Frontage Rd N
27000 KrnC 2679 H3
Boron Frontage Rd S
27000 KrnC 2679 J3
Bossa Nova Ct
9700 BKFD 2401 D5
W Boston Av
200 RGCR 2259 D4
Boswellia Dr
3500 BKFD 2481 F5
Botticelli Ct
13300 BKFD 2404 F6
Bottlebrush Dr
14500 BKFD 2480 G1
Bottlebrush St
3700 KrnC 2763 A5
Bouchaine Dr
5900 BKFD 2401 B6
Boughton Dr
900 KrnC 2402 B4
Boulder Ct
21100 KrnC 2609 A7
Boulder Ln
3000 BKFD 2481 H4
Boulder Creek Pl
4900 BKFD 2401 E7
4900 BKFD 2441 C2
Boulder Falls Ct
7200 BKFD 2401 C5
Boulder Pass Dr
- BKFD 2481 C6
Boulder Ridge Ln
3000 BKFD 2512 D3
Boulder Shore Wy
- BKFD 2512 D3
Boundary Wy
- BKFD 2404 B6
Bourbon St
10 BKFD 2443 D2
100 KrnC 2209 E1
Bourbon Rose Ct
9800 BKFD 2481 D4
Bourdet Ct
5100 BKFD 2401 H7
Bourne St
1000 BKFD 2481 C2
Bow Av
7800 KrnC 2217 B4
Bowen Av
- SBdC 2219 J6
500 RGCR 2219 E6
Bowen Ct
24200 KrnC 2577 D4
Bowen St
2400 BKFD 2442 D7
Bower Av
1700 KrnC 2443 B2
Bowie St
17900 KrnC 2637 G3
Bowman Av
- DLNO 2159 J6
- KrnC 2159 J6
- KrnC 2200 A5
- MCFD 2200 A5
Bowman Ct
3400 BKFD 2441 G3
3400 KrnC 2441 G3
Bowman Rd
4300 KrnC 2258 B5
4900 KrnC 2257 H5
E Bowman Rd
100 RGCR 2259 F5
1700 SBdC 2259 J5
W Bowman Rd
100 RGCR 2259 B5
1200 KrnC 2259 A5
1500 KrnC 2258 D5
1500 RGCR 2258 J5
Bowtie Ln
- BKFD 2401 B7
Box Meadow Av
6000 BKFD 2511 H1
Boyd St
2300 BKFD 2512 E1
Boyd Lake Dr
13100 BKFD 2400 J7
Boyington Wy
- BKFD 2442 G5
Boylan St
4900 KrnC 2442 B1
Brabham Av
2600 KrnC 2763 C5
Braciano Ln
4500 BKFD 2441 F1
Bracken Oak Wy
9400 BKFD 2481 E4
Bradford Av
1200 KrnC 2763 E2
Bradford St
1900 KrnC 2482 E1
Bradley Av
1700 BKFD 2482 E3
Bradshaw Blvd
- KrnC 2610 G4
Bradshaw St
800 BKFD 2482 J3
800 BKFD 2483 A4
N Brady St
100 KrnC 2258 J2
100 RGCR 2258 J2
1000 KrnC 2218 J7
S Brady St
100 KrnC 2258 J4
100 RGCR 2258 J4
Brae Burn Dr
3500 KrnC 2443 E3
Braeburn Pl
28000 KrnC 2637 E2
Braemar Ln
- BKFD 2441 B7
Bragg Ln
- KrnC 2289 E2
Brahma St
6200 BKFD 2512 G1
Bralorne Ct
2500 BKFD 2481 G4
Branch Ct
12500 BKFD 2441 A4
22800 KrnC 2579 E7
Branch Creek St
1600 BKFD 2441 A5
Branch Crest Ct
1400 KrnC 2440 G5
Branding Iron Ct
7500 BKFD 2441 G7
18300 KrnC 2637 F2
Brandlesome St
- BKFD 2481 A3
Brandon Av
100 TAFT 2596 H3
Brandon Ln
1200 THPI 2609 H4
Brandon Wy
700 KrnC 2402 B6
Brandt Rd
- KrnC 2437 E1
Brandy Ct
1500 BKFD 2482 F7
20400 KrnC 2609 B7
Brandy Rose St
9900 BKFD 2481 D4
Brandywine Falls Av
10400 BKFD 2401 C6
B Range Bypass Rd
- KrnC 2218 C2
Brannock Ct
8700 BKFD 2512 B4
Brassie Ct
30000 KrnC 2577 A6
Bratcher St
6500 BKFD 2401 E6
6500 KrnC 2401 E6
Brava St
7700 BKFD 2512 C3
Bravado Ln
300 BKFD 2441 A7
Brave Av
3700 KrnC 2482 C1
Braverman St
18800 KrnC 2610 B7
Brazil Av
2100 BKFD 2512 E4
Breckenridge Rd
8100 KrnC 2443 J6
8800 KrnC 2444 F6
Breckland St
900 BKFD 2481 F2
Bree Dr
300 SHFT 2319 D7
Breech Ct
23900 KrnC 2577 D5
Breeze Pl
19700 KrnC 2579 D7
Breezeway Dr
2000 KrnC 2443 J4
Bremerton Ct
8900 BKFD 2441 E2
Brenda Pl
2700 KrnC 2482 H7
Brent Av
2600 KrnC 2249 D7
3300 BKFD 2543 C1
3300 KrnC 2543 C1
Brentford Av
10200 BKFD 2481 D1
Brentwood Ct
100 MCFD 2199 J4
Brentwood Dr
- BKFD 2443 H4
- KrnC 2443 H4
10 THPI 2609 H4
20800 KrnC 2579 A7
Bret Harte Wy
3600 BKFD 2481 E5
Brett Av
7400 KrnC 2513 H7
49500 THPI 2610 A2
Brewer Av
4400 BKFD 2443 E1
Brewer Creek Dr
6000 BKFD 2511 H1
Brian Pl
26400 KrnC 2577 H6
Brian Wy
3500 KrnC 2442 C3
20400 KrnC 2609 B3
W Brianna St
100 KrnC 2299 D2
100 RGCR 2299 D2
Briar Ridge Ct
7200 KrnC 2401 H5
Briarwood Av
1100 RGCR 2259 A4
Briarwood Ln
5600 BKFD 2482 A4
Briarwood St
22200 KrnC 2609 C1
22300 KrnC 2579 C7
Brick Dr
10 KrnC 2289 E2
Brickyard Ct
10700 BKFD 2444 C3
Bricyn Ln
2100 BKFD 2442 B4
Bridal Crest Wy
5100 BKFD 2481 H7
Bridal Veil Falls Wy
6100 BKFD 2401 D6
Bridge Creek Av
5700 BKFD 2511 H1
Bridgeland Ct
10200 KrnC 2441 D3
Bridge Pass Dr
500 BKFD 2441 C7
Bridgeport Ln
1300 BKFD 2481 H2
Bridget Av
3300 BKFD 2512 C5
Bridget Leigh Wy
8900 BKFD 2401 E6
Bridgewater Wy
3900 BKFD 2512 C4
Bridle Av
200 KrnC 2512 G5
Bridle Ln
5500 KrnC 2249 H1
Bridlewood Ct
3200 BKFD 2481 F4
Bridlewood Ln
8600 BKFD 2481 E4
Brier Dr
10 BKFD 2442 A7

STREET Block City Map# Grid

E Brier Dr
10 BKFD 2442 A7
W Brier Dr
10 BKFD 2442 A7
Briercliff Ct
1700 BKFD 2481 A3
Brigadoon Ln
5300 BKFD 2401 E7
Brigadoon Rose St
10000 BKFD 2481 D4
Brighton Wy
100 KrnC 2402 E4
Brighton Park Dr
2000 BKFD 2481 A4
Bright Shadow Ln
4100 BKFD 2444 C2
Brightstone Dr
400 BKFD 2441 C7
Brightwater Wy
11000 BKFD 2481 C2
Brightwood St
500 BKFD 2480 J1
Brillo Dr
9300 KrnC 2444 A7
Brimhall Rd
9700 KrnC 2441 D6
11400 BKFD 2441 C6
12900 KrnC 2440 J6
13900 BKFD 2440 D6
19500 KrnC 2439 G6
Brindlebay Ln
- BKFD 2481 A4
Brink Dr
200 BKFD 2482 F1
Briolette St
6100 BKFD 2511 J2
Brisbane Av
3300 BKFD 2512 C4
Brissac Ct
8500 BKFD 2481 F3
Bristlecone Dr
10 KrnC 2169 E6
Bristol Av
3000 KrnC 2402 F4
Brite Rd
3700 KrnC 2436 J6
4100 KrnC 2437 A6
Brite St
2000 BKFD 2482 E1
2700 KrnC 2482 D1
20000 KrnC 2608 F5
Brite Meadow Ct
400 KrnC 2402 E3
Brite Valley Dr
19300 KrnC 2579 D7
Brittan Rd
3200 BKFD 2442 C2
Brittany St
800 KrnC 2359 C3
800 SHFT 2359 C3
4100 BKFD 2441 D2
Brixham Dr
- BKFD 2481 A3
Brixton Ct
1800 BKFD 2481 B3
Broad St
800 BKFD 2442 H6
Broad Acres Av
5400 BKFD 2401 C7
Broadmoor Ct
6300 BKFD 2443 F3
Broad Oak Av
9000 BKFD 2481 E4
Broadview Wy
- BKFD 2404 B6
Broadway
1100 KrnC 2217 F1
1100 KrnC 2257 F1
Broadway Av
100 WASC 2278 F2
8900 BKFD 2511 E1
Broadway St
200 MCPA 2627 H6
N Broadway St
100 RGCR 2259 F3
S Broadway St
100 RGCR 2259 F3
Brocade Av
100 BKFD 2441 B7
Brock Wy
2800 BKFD 2443 F1
Brockman Rd
12800 KrnC 2200 J4
Brockridge Ct
11700 KrnC 2441 A3
Brockton Ct
5100 BKFD 2482 A5
Brogan Av
13400 BKFD 2480 J1
Broken Ct
19400 KrnC 2399 G3
Broken Arrow Av
500 BKFD 2443 E7
Bromley Wy
3000 BKFD 2481 B4
Bronco Ln
5000 BKFD 2441 C1
5100 BKFD 2401 C7
Bronson Ln
6300 BKFD 2481 J4
Bronte St
- BKFD 2512 G3
Bronx Wy
- BKFD 2511 E1
Bronzestone St
8800 BKFD 2512 B5
Brook Dr
21400 KrnC 2609 C2
Brook St
- KrnC 2513 J1
900 BKFD 2482 J5
1600 BKFD 2483 A5
Brookdale Av
5400 KrnC 2402 A7
5500 KrnC 2401 J7
5600 BKFD 2401 J7
Brookfield Lp
3100 BKFD 2481 F4
Brookhaven Ct
1200 KrnC 2763 F2
Brookhaven Dr
400 KrnC 2482 E1
Brook Hollow Dr
- KrnC 2401 E4
Brookings St
- BKFD 2512 A1
Brooklawn Wy
6300 BKFD 2481 J2
Brookline Woods Dr
10000 BKFD 2441 D6
Brooklyn Av
5900 BKFD 2511 E1
Brooks Av
31700 DLNO 2159 J4
31700 KrnC 2159 J4
Brooks Ct
5600 BKFD 2401 G7
Brooks St
21000 CALC 2615 C2
Brookshire Av
7100 BKFD 2401 H7
Brookside Dr
700 SHFT 2359 A2
2400 BKFD 2481 F4
Brookstone Ct
9300 BKFD 2441 E5
Brown Ln
25200 KrnC 2578 B7
Brown Rd
100 KrnC 2257 G3
1100 KrnC 2217 D1
S Brown Rd
100 KrnC 2257 H7
Brown St
10 BKFD 2443 A5
1600 KrnC 2443 A4
S Brown St
200 BKFD 2443 A6
2200 RGCR 2299 C1
Brown Bear Ct
5300 BKFD 2481 D7
Browning Ct
600 BKFD 2441 G7
Browning Rd
100 DLNO 2159 J1
100 KrnC 2159 J6
100 MCFD 2199 J5
400 DLNO 2119 J6
400 KrnC 2119 J6
700 KrnC 2199 J1
S Browning Rd
100 MCFD 2199 J6
400 KrnC 2199 J7
Brown Jug Wy
6900 BKFD 2401 D5
Brownwood Dr
- BKFD 2401 A5
Broxbourne Dr
1300 BKFD 2441 B6
Bruce Wy
7700 BKFD 2443 H4
Bruins Ln
- BKFD 2512 B4
Brummett St
10 KrnC 2441 H4
Brundage Ln
10 BKFD 2482 F1
E Brundage Ln
100 BKFD 2482 H1
1700 BKFD 2443 A7
1700 BKFD 2483 A1
1800 KrnC 2443 F7
9400 KrnC 2444 A7
Brunello Ct
9100 KrnC 2401 E4
Brunner Av
3300 KrnC 2673 A7
Brunni Dr
- KrnC 2399 B4
Bruno St
8900 KrnC 2513 B5
Brunswick St
4300 BKFD 2482 F6
Brush Creek Av
- KrnC 2402 E4
Brutton St
10400 DLNO 2119 C6
Bryan Ct
400 THPI 2609 H2
Bryann Cir
700 RGCR 2259 B1
Bryann St
800 RGCR 2259 C1
Bryant St
10 KrnC 2482 J7
Bryce Dr
700 KrnC 2402 D6
Brynhurst Wy
400 KrnC 2482 E1
Bryn Mawr Dr
3500 BKFD 2403 A7
Bryson Ct
2800 BKFD 2482 A4
Buccaneer Rose Av
3300 BKFD 2512 C3
Buchanan Ct
800 KrnC 2402 C6
Buchanan St
100 KrnC 2597 A1
100 TAFT 2597 A1
200 KrnC 2567 A7
Buckaroo Ct
17900 KrnC 2440 C7
Buckaroo Wy
27700 KrnC 2637 F2
Buckboard Av
17700 KrnC 2440 C3
Buckboard Ct
27400 KrnC 2577 G5
Buckel Av
7700 KrnC 2217 B1
Buckeye Ct
29500 KrnC 2637 B1
Buckeye Dr
10 KrnC 2289 D3
Buckeye Ln
3800 BKFD 2481 D5
Buckeye Pl
18500 KrnC 2637 C1
Buckhorn Av
- KrnC 2763 A7
Buckhorn Dr
10 KrnC 2289 D2
Buckingham Wy
9200 BKFD 2441 E6
Buckle Av
8400 KrnC 2217 A1
Buckley Av
200 KrnC 2512 H1
Buckley Wy
4700 BKFD 2482 B3
Bucknell St
2700 BKFD 2443 A1
3500 BKFD 2403 A7
Buck Owens Blvd
2600 BKFD 2442 C3
Buckpasser Dr
27000 KrnC 2637 F3
Buckpasser Pl
17700 KrnC 2637 G3
Buckskin Av
400 RGCR 2259 C4
Buckskin Wy
900 KrnC 2440 J6
Buckthorne Ct
21700 KrnC 2607 C2
Buckwheat Av
2000 KrnC 2763 D5
Bud Wy
10 KrnC 2289 E3
Buddy Dr
2500 KrnC 2443 C6
Budge Wy
7300 BKFD 2481 G3
E Budweiser Av
400 KrnC 2643 H7
Buena Tierra Ct
7700 BKFD 2481 G1
Buena Vista Blvd
100 KrnC 2542 H3
100 KrnC 2543 F2
1700 BKFD 2543 E2
8400 KrnC 2544 H2
14500 KrnC 2545 J2
Buena Vista Dr
10 KrnC 2129 J7
Buena Vista Pl
- KrnC 2596 J4
- TAFT 2596 J4
100 KrnC 2597 A3
Buena Vista Rd
100 BKFD 2481 C7
5300 BKFD 2511 C7
6500 KrnC 2511 C7
9700 KrnC 2541 C2
Buena Vista St
200 KrnC 2597 A4
1700 BKFD 2442 E7
22000 KrnC 2609 C1
Buerkle Rd
2500 KrnC 2436 F4
4100 KrnC 2437 D4
Buffalo Peaks Dr
7100 BKFD 2511 H1
Buffington St
11500 BKFD 2441 B5
Buford Wy
2900 BKFD 2481 G4
Bugni Av
2000 KrnC 2512 E7
Bullard Rd
- RGCR 2219 E6
Bull Dog Al
9200 KrnC 2512 D5
Bullhead Wy
800 BKFD 2441 A6
Bull Run Rd
10 KrnC 2129 F3
10000 KrnC 2250 J2
Bull Run St
2900 KrnC 2217 A3
N Bull Run St
- KrnC 2257 A2
Buna Ln
900 KrnC 2484 D1
Bunker Ct
23300 KrnC 2577 A6
Bunting Dr
800 KrnC 2482 H2
Buoy St
4200 KrnC 2249 D3
Burbank Av
1000 BKFD 2482 F6
Burbank St
600 RGCR 2259 C4
29700 KrnC 2359 A6
30100 SHFT 2359 J6
31700 SHFT 2360 A6
31900 KrnC 2360 B6
33000 SHFT 2361 C6
34700 KrnC 2361 G6
Burchfield Av
500 KrnC 2512 J1
Burgandy Ct
- BKFD 2443 C2
Burger Wy
7500 KrnC 2513 H6
Burgess Ct
20900 KrnC 2399 H6
Burgundy Av
7700 KrnC 2513 H6
Burgundy Ct
1100 MCFD 2199 H7
Burgundy St
1100 DLNO 2119 E7
Burgundy Rose St
3100 BKFD 2481 D4
Burke Rd
- RGCR 2219 F7
Burke Wy
5700 BKFD 2482 A1
5900 BKFD 2481 J1
Burkett Blvd
900 ARVN 2574 J4
900 ARVN 2575 A4
900 KrnC 2575 A4
Burlando Rd
10 KrnC 2129 H7
10 KrnC 2169 J1
Burlingame Ct
28200 KrnC 2637 E2
Burlington Ct
1400 KrnC 2763 E2
Burma Rd
10 KrnC 2129 G5
Burnaby Dr
3500 BKFD 2441 E2
Burnett Dr
600 KrnC 2443 B6
Burnett Rd
800 THPI 2610 A1
1400 KrnC 2610 A1
Burning Tree Ct
5400 BKFD 2482 A1
18400 KrnC 2637 E2
Burning Tree Dr
28000 KrnC 2637 D2
E Burns Av
1700 SBdC 2259 J6
W Burns Av
900 RGCR 2259 B6
1300 KrnC 2258 J6
1300 KrnC 2259 A6
7800 KrnC 2257 B7
Burns Ct
200 SHFT 2359 B1
Burns St
400 SHFT 2359 B1
Burr Av
19800 KrnC 2609 D6
Burr St
3700 BKFD 2442 B4
3900 KrnC 2442 B4
Burro Av
7000 KrnC 2217 D2
Burroughs Av
- RGCR 2259 F1
Burroughs Ct
1100 KrnC 2763 F3
Burton Wy
1700 KrnC 2443 C4
Burton Creek Dr
1200 BKFD 2481 A2
Burwood Av
400 BKFD 2482 G4
Bush St
100 KrnC 2443 D7
700 MCPA 2627 G6
1100 ARVN 2574 H1
1200 KrnC 2574 H1
Busher Wy
17600 KrnC 2637 E3
Business Pk N
5000 BKFD 2442 A7
Business Pk S
5200 BKFD 2442 A7
Business Center Dr
5200 BKFD 2442 A7
Buss Ct
2200 KrnC 2763 B5
Butler Rd
400 KrnC 2482 E2
N Butler Rd
- KrnC 2218 F7
- KrnC 2258 F1
Butte Av
600 ARVN 2545 A7
Butte Ct
- SHFT 2319 D7
Butte St
500 BKFD 2442 H5
Buttercup Ct
22600 KrnC 2578 B7
Buttercup Pl
- BKFD 2480 G1
Butterfield Av
1900 BKFD 2482 E7
Butterfield Wy
29400 KrnC 2577 B7
Butterfly Ln
900 KrnC 2440 H6
Butternut Av
8500 KrnC 2443 J6
8500 KrnC 2444 A6
Butternut Dr
10 KrnC 2289 C3
Buttonwillow Dr
10 KrnC 2436 H1
Buttonwood Av
3100 BKFD 2543 C2
3100 KrnC 2543 C2
Buxton Hill Dr
100 BKFD 2441 C7
Buzz St
9800 KrnC 2514 A6
Byers St
- KrnC 2643 D6
Byers Wy
4900 KrnC 2567 B3
Byford Av
32100 KrnC 2440 C3
Byland Abbey St
4900 BKFD 2443 D7
Byrd Av
6600 KrnC 2401 J5
Byrd St
- RGCR 2219 E6

C

C St
- CALC 2586 F4
- RGCR 2219 D7
10 KrnC 2566 A4
100 ARVN 2545 A6
300 WASC 2278 F2
800 BKFD 2442 E6
2800 KrnC 2763 D4
E C St
500 THPI 2609 J3
W C St
200 THPI 2609 G3
Caballeros Dr
5200 BKFD 2483 E1
Cabaniss St
19800 KrnC 2609 D5
Cabarnet Dr
4100 BKFD 2403 E7
Cabarrus Ln
6100 BKFD 2404 G7
Cabbage Rose Av
9800 BKFD 2481 D4
Cabernet Dr
- WASC 2278 C3
Cabin Creek Ct
6800 BKFD 2511 H1
Cabo Av
- KrnC 2443 D7
S Cabrillo Ct
300 DLNO 2119 E6
N Cabrillo Wy
300 DLNO 2119 D6
S Cabrillo Wy
400 DLNO 2119 D6
Cabriolet Ct
26600 KrnC 2577 H2
Cache Peak Rd
- KrnC 2578 J6
- KrnC 2579 A6
Cachuma Rd
- BKFD 2404 H7
Cachuma Canyon Rd
14500 BKFD 2404 H7
Cactus Av
6500 KrnC 2217 E2
Cactus Dr
10 KrnC 2289 C3
11300 KrnC 2441 B3
11400 BKFD 2441 B3
Cactus St
4000 KrnC 2250 G3
6900 KrnC 2217 D2
Cactus Cir Av
3200 KrnC 2763 B3
Cactus Flower Av
11700 BKFD 2511 A1
Cactus Valley Dr
10900 BKFD 2511 C1
Caddy Ln
29900 KrnC 2577 A6
Cadet Rd
10 TAFT 2627 H1
Cadmus Ct
900 ARVN 2574 H1
Cafaro Ct
15800 KrnC 2440 F6
Cafe Rouge Dr
7200 BKFD 2401 D5
Cagle Ln
1100 SHFT 2319 B7
Cairns Ct
3900 BKFD 2512 C4
Cakebread Wy
- KrnC 2440 F6
Cal Dr
3500 BKFD 2403 A7
3500 BKFD 2443 A1
Calabria Dr
6100 BKFD 2441 J2
Calais Ct
4900 BKFD 2481 D7
Calamity Ln
800 BKFD 2440 H6
800 KrnC 2440 H6
Calaveras Ct
1700 BKFD 2481 H3
Calaveras Park Dr
1300 BKFD 2481 A2
Calcite Wy
3400 KrnC 2763 A3
Calcutta Dr
7700 BKFD 2481 G1
Calder Ln
4600 BKFD 2481 F6
Calderwood Ln
200 BKFD 2512 G3
Caldwell Dr
3400 BKFD 2482 A5
Cale Ct
300 KrnC 2402 F6
Calene Ct
7100 BKFD 2401 G7
Calgary Dr
10 KrnC 2169 B6
Calhoun Ct
21200 CALC 2616 A2
Calhoun Dr
21200 CALC 2616 A1
21600 CALC 2586 B7
Cali Wy
- BKFD 2404 C7
Calico Ct
23300 KrnC 2577 C6
Calico St
5700 BKFD 2512 C1
Calico Cove Ct
5800 BKFD 2404 G7
Calico Peak St
11200 BKFD 2511 C1
Calico Rock Ct
3500 BKFD 2512 C3
Calico Village Dr
13600 BKFD 2404 F7
Caliente St
2900 KrnC 2443 E4
Caliente Bodfish Rd
10 KrnC 2289 A3
Calif Corp Blvd
- BKFD 2442 B6
California Av
- KrnC 2258 H3
10 BKFD 2442 A7
10 MCFD 2199 H5
500 SHFT 2359 D1
7100 KrnC 2257 D4
E California Av
100 RGCR 2259 D3
700 BKFD 2442 J5
1300 BKFD 2443 A5
1700 SBdC 2259 H3
2500 KrnC 2443 C6
W California Av
100 RGCR 2259 D3
1300 KrnC 2259 A3
1700 KrnC 2258 J3
California St
10 MCPA 2627 H6
900 KrnC 2402 E6
900 KrnC 2627 H7
California St SR-33
10 KrnC 2627 H6
10 MCPA 2627 H6
California City Blvd
7000 CALC 2615 F2
17100 KrnC 2616 E7
20200 CALC 2616 A2
California Poppy Dr
11400 BKFD 2511 B1
California Spring Dr
5700 BKFD 2511 J1
Calistoga Av
15300 KrnC 2440 F6
Calla Lily Dr
1800 BKFD 2482 E6
Calle Alisos
100 BKFD 2440 H7
100 BKFD 2480 G1
Calle Avenida
100 BKFD 2440 H7
100 BKFD 2480 G1
Calle Bello
100 BKFD 2440 H7
100 BKFD 2480 H1
Calle Castana
1500 BKFD 2481 G3
Calle Cerca
7600 BKFD 2481 G2
Calle Cocina
300 DLNO 2119 D7
Calle Corta
7600 BKFD 2481 G1
Calle de Casa
- RGCR 2259 D7
Calle de Collie
100 KrnC 2258 H3
Calle de la Familia
10 BKFD 2482 G7
Calle de la Vina
300 DLNO 2159 D1
Calle de Los Ninos
10 BKFD 2482 G7
Calle del Sol St
500 BKFD 2483 F1
Calle de Oro
100 BKFD 2482 G7
Calle de Salano
7400 BKFD 2481 G3
Calle Diego
300 DLNO 2119 D7
Calle Elegante
300 DLNO 2119 D7
13800 BKFD 2480 H1
Calle Espada
7700 BKFD 2481 G1
Calle Extrano
1100 BKFD 2481 G2
Calle Felix
100 DLNO 2119 E4
Calle Hermosa
1400 BKFD 2481 G3
Calle Hija
1600 BKFD 2481 G3
Callejon de Benicia
7300 BKFD 2481 G3
Calle Las Brisas
300 DLNO 2119 D7
1900 BKFD 2481 G3
Calle Lechuga
300 BKFD 2440 H7
Calle Los Batiquitos
7300 BKFD 2481 G3
Calle Los Bosque
14200 BKFD 2440 H7
Calle Los Camichines
1900 BKFD 2481 G3
Calle Los Manzanos
7300 BKFD 2481 G3
Calle Manzana
300 BKFD 2440 H7
Calle Nobleza
7300 BKFD 2481 G3
Calle Orlando
300 ARVN 2575 A2
500 ARVN 2574 J2
Calle Pinuelas
100 DLNO 2119 E4
Calle Poderosa
1300 BKFD 2481 G3
Calle Privada
7300 BKFD 2481 G2
Calle Rosales
13900 BKFD 2440 H7
Calle Sagrada
7300 BKFD 2481 G3
Calle Salida
1600 BKFD 2481 G3
Calle Talamantez
400 DLNO 2119 D4
Calle Torcido
7800 BKFD 2481 G2
Calle Zapata
- DLNO 2119 E4
Callie Dr
6700 BKFD 2401 H7
Calloway Dr
100 BKFD 2481 D1
1200 KrnC 2441 D7
2400 BKFD 2441 E1
5000 BKFD 2401 E7
6400 KrnC 2401 D6
8900 SHFT 2401 D3
Calloway St
300 SHFT 2359 D1
Calm Dr
- BKFD 2512 D3
Calmar St
900 KrnC 2257 B6
N Calvert Blvd
100 KrnC 2258 C3
1100 KrnC 2218 C7
Calvin St
200 TAFT 2597 B2
2300 BKFD 2482 D4
E Calvin St
100 TAFT 2597 B2
Calzada Ct
900 BKFD 2481 G2
Camargo Wy
9200 BKFD 2441 E1
Camborne Ct
1800 BKFD 2481 A3
Cambria Av
2600 BKFD 2482 D4
Cambridge Dr
4100 BKFD 2403 E7
Cambridge St
20800 CALC 2616 C2
Camden St
3300 BKFD 2403 E7
3300 BKFD 2443 E1
3300 KrnC 2763 D3
Camden Oak Ct
1900 BKFD 2481 D3
Camel Back Dr
4200 BKFD 2443 E2
Camel Back Pl
2400 BKFD 2443 E2
Camellia Dr
3300 KrnC 2443 E6
Camellia St
2200 WASC 2278 D4
Camelot Blvd
2000 KrnC 2673 B1
Camelot Pl
4400 BKFD 2442 G1
Cameo Ct
2500 BKFD 2482 D4
Cameo Rd
8100 KrnC 2513 J2
E Camera Rd
- KrnC 2218 E2
W Camera Rd
- KrnC 2218 E1
Cameron Ct
5300 BKFD 2482 A3
Camile Ct
800 BKFD 2482 G6
Camille Ct
10500 CALC 2616 B1
Camino Alto
- BKFD 2404 H7
- BKFD 2444 H1
Camino del Oeste
100 BKFD 2481 G1
Camino del Rio Ct
3100 BKFD 2442 C4
Camino del Sol
10 BKFD 2482 G7
Camino del Sur
7800 BKFD 2481 G2
Camino El Canon
10500 BKFD 2481 C5
S Camino El Canon
2100 RGCR 2299 D1
Camino Grande Dr
7000 BKFD 2403 E5
Camino la Paz Av
10900 BKFD 2444 C2
Camino Majorca
11000 BKFD 2481 C5
Camino Media
7900 BKFD 2481 E2
Camino Minorca
3500 BKFD 2481 C5
Camino Primavera
1300 KrnC 2443 C4
Camino Real
2100 KrnC 2443 B3
Camino Real Dr
300 DLNO 2119 D7
Caminos St
9200 KrnC 2513 B5
Camino Sierra
1400 KrnC 2443 C4
Camp Av
500 SHFT 2359 B2
Camp Dr
22500 KrnC 2579 E7
Camp St
5700 BKFD 2512 F1
Campbell Dr
12900 KrnC 2543 J3
Campbell St
3200 KrnC 2763 A3
N Campbell St
700 KrnC 2258 H1
2000 KrnC 2763 B6
12600 KrnC 2673 A5
S Campbell St
900 KrnC 2258 H6
Campell St
2400 KrnC 2763 B5
Camp Fire Ct
100 CALC 2616 C1
Camp Fire Dr
100 CALC 2616 C1
Campfire Dr
3100 BKFD 2441 B3
3100 KrnC 2441 B3
Campground Dr
25100 KrnC 2577 D2
Campground Rd
- KrnC 2404 D3
Camphor Ct
6600 BKFD 2511 G2
Campo Ct
21200 KrnC 2609 C3
Campsite Wy
11500 BKFD 2441 B1
Campus Dr
- ARVN 2544 H5
500 KrnC 2544 J5
2100 DLNO 2119 J5
Campus Wy
2200 BKFD 2442 E5
Campus Park Ct
8900 BKFD 2481 E5
Campus Park Dr
9300 BKFD 2481 C6
Camwood Av
200 KrnC 2402 E1
Canada Ct
7300 KrnC 2401 G5
Canadian St
3500 BKFD 2482 E5
Canal Rd
- KrnC 2403 J2
- KrnC 2404 A2
2000 KrnC 2289 B1
Canal St
- KrnC 2402 G6
700 KrnC 2443 C5
Canal St
4000 KrnC 2249 D3
Canal Wy
10 SHFT 2360 E1
Canaletto Av
6800 BKFD 2404 G6
Canberra Av
5700 BKFD 2512 G1
Canby St
700 BKFD 2480 J2
Cancun Ct
6100 BKFD 2511 J1
Candace Av
1100 BKFD 2512 F2
Candice Av
2000 KrnC 2763 D5
Candido Ct
- KrnC 2608 J5
Candlebush Ct
2100 KrnC 2763 A5
Candlelight Ct
11100 BKFD 2401 B7
Candlemas Ct
1000 BKFD 2441 B6
Candlewood Dr
3200 BKFD 2403 D7
Candlewood St
12500 KrnC 2679 F4
Candy St
10 BKFD 2442 B7
Candytuft Wy
- BKFD 2480 G1
Cane Peak Ct
10 KrnC 2169 B5
Canfield Ct
7700 KrnC 2401 G5
Canfield Pl
100 KrnC 2566 A4
Cannel Creek Rd
10 KrnC 2129 F2
Cannell Dr
- KrnC 2129 J7
Cannon Av
600 KrnC 2482 J1
1000 KrnC 2483 A1
Cannondale Dr
9200 BKFD 2441 E5
Cannonero Ct
25000 KrnC 2577 D3
Cannongate Dr
200 BKFD 2441 B7
Canoe Ct
5700 BKFD 2401 E7
Canter Wy
1700 BKFD 2482 B3
Canteria Dr
- BKFD 2444 B1
Cantle St
24000 KrnC 2577 G5
Cantleberry Ln
600 BKFD 2482 F2
700 KrnC 2482 F1
Canyon Av
6400 KrnC 2257 F1
Canyon Ct
1300 BKFD 2482 F7
Canyon Dr
10 KrnC 2169 D5
Canyon St
- BKFD 2444 F1
3200 KrnC 2444 F1
Canyon Clover Dr
7400 BKFD 2481 G7
Canyon Falls Ln
6300 BKFD 2401 C6
Canyon Lake Ct
9400 BKFD 2401 E6
Canyon Oak Ln
1800 BKFD 2481 D3
Canyon Oak Wy
- BKFD 2403 G6
Canyon Peak Dr
5000 BKFD 2443 E7
Canyon Ridge Ct
8700 KrnC 2443 J5
Canyon Rim Av
10 KrnC 2209 C1
Canyon View Ct
6300 BKFD 2443 G2
Caoba Ct
5800 BKFD 2481 J3
Capania Ct
6200 BKFD 2441 J2
Caparell Ct
18200 KrnC 2637 C2
Capdello St
- KrnC 2643 E6
Cape Ct
5400 BKFD 2401 F7
Cape Flattery Dr
8500 BKFD 2441 F3
Capehart Ct
800 RGCR 2259 B1
Capella Ct
4700 BKFD 2482 B4
Capistrano Ct
100 KrnC 2440 J7
Capital Hills Pkwy
900 THPI 2609 G1
1500 THPI 2579 H7
Capitan Dr
8100 BKFD 2512 D4
Capitola Dr
700 BKFD 2482 G7

Kern County Street Index

STREET
Block City Map# Grid

Capot Ct
17800 KrnC 2637 E3
Cappuccino Wy
- BKFD 2441 F3
Capri Ct
3600 KrnC 2763 E2
Capricorn Ct
1300 BKFD 2482 B2
Capstone St
5100 BKFD 2481 H7
Cara Ln
2600 KrnC 2483 G4
Cara Wy
2000 KrnC 2763 D6
Carabina Ct
7500 BKFD 2441 G2
Caracas Av
5300 BKFD 2481 J7
5700 BKFD 2511 J1
Caracas Ct
6300 BKFD 2481 J7
Caraway Ct
3400 BKFD 2511 J5
Carcassonne Dr
5800 BKFD 2481 J4
Card St
- RGCR 2219 E6
Cardamon Dr
3300 BKFD 2482 A5
Cardiff Av
800 ARVN 2575 A1
5700 BKFD 2481 J4
5700 BKFD 2482 A4
Cardiff Ct
5700 BKFD 2482 A4
Cardigan Av
13800 KrnC 2440 H5
E Cardigan Av
200 RGCR 2259 D4
Cardinal Av
2600 BKFD 2403 C7
Car Hop Ln
- KrnC 2278 C7
Carissa Av
5600 BKFD 2441 J7
Carl Ln
2800 BKFD 2443 C3
2800 KrnC 2443 C3
Carla Av
3400 KrnC 2643 A4
Carlisle Ct
2700 BKFD 2481 J4
Carlisle Dr
17200 KrnC 2637 D4
Carlita Ct
2500 BKFD 2482 D7
Carlita Rd
2300 BKFD 2482 E7
Carlock Rd
- KrnC 2541 F2
Carlsbad Av
1100 KrnC 2512 F6
Carlsbad Cir
9700 KrnC 2512 F6
Carlton St
2000 BKFD 2482 A3
W Carmel Cir
300 RGCR 2259 C1
Carmel Dr
300 DLNO 2119 D7
Carmel St
1200 KrnC 2443 J5
Carmelita Ct
800 DLNO 2119 C6
Carmichael Av
27000 KrnC 2679 J4
Carnation Av
9200 KrnC 2513 J5
Carnation St
3100 KrnC 2763 G3
Carnegie Ct
7200 BKFD 2401 C5
Carnegie Hall Ln
8900 BKFD 2511 E1
Carol Av
- KrnC 2218 D6
Carol Pl
2100 BKFD 2482 E3
Carol St
15200 KrnC 2643 D7
Caroline Ct
900 BKFD 2482 F7
Caroline Ln
200 SHFT 2359 C3
Carol Sue Ct
7700 BKFD 2401 G7
Carolyn St
900 RGCR 2259 A1
1100 RGCR 2219 A7
Carpaccio Ln
13200 BKFD 2404 F6
Carpenter Ct
1100 BKFD 2481 C2
N Carr Rd
3900 KrnC 2217 C1
Carr St
100 BKFD 2441 J7
Carracci Ln
6600 BKFD 2404 F6
Carreon Wy
8000 KrnC 2543 J4
S Carrera Ct
2800 KrnC 2299 G3
Carrere St
1700 KrnC 2402 F5

Carriage Dr
20900 KrnC 2579 A7
Carriage St
2600 KrnC 2440 C4
Carriage Ranch Dr
4300 BKFD 2441 G2
Carrick Ln
10 KrnC 2169 D7
Carrillo Av
2300 DLNO 2119 J4
Carroll Wy
500 THPI 2609 G3
Carry Back Ct
28300 KrnC 2637 E3
Carsen Wy
300 SHFT 2360 F2
Carson Av
1300 BKFD 2482 F5
Carson Dr
19000 CALC 2616 C5
19000 KrnC 2616 C5
Carson Hill Ct
7400 BKFD 2511 G1
Cart Ct
11100 BKFD 2444 C3
Cartagena Av
6100 BKFD 2511 J1
Carter Av
5700 KrnC 2401 J6
Carvalho Ct
8700 BKFD 2481 E6
Carver St
1700 BKFD 2483 A5
Casa Bonita Dr
5000 BKFD 2483 E2
Casa Club Dr
- BKFD 2404 H7
15000 BKFD 2444 H1
Casa del Sol Dr
9700 BKFD 2481 D6
Casa de Oro Ln
9300 KrnC 2444 A6
Casa Grande St
600 BKFD 2482 J4
800 BKFD 2483 A4
E Casa Loma Dr
100 BKFD 2482 H3
100 KrnC 2482 H3
1000 BKFD 2483 A3
1000 KrnC 2483 A3
Casa Verde St
400 KrnC 2444 A7
Cascade Av
1800 DLNO 2119 H4
Cascade Ct
13400 KrnC 2440 H1
Cascade Pl
500 TAFT 2596 J2
Cascade Wy
10 KrnC 2249 D6
Cascade Canyon Ct
6100 BKFD 2404 F6
Cascade Falls Ct
4500 BKFD 2512 B2
Cascade Ridge St
5400 BKFD 2443 E6
Cascadia St
300 BKFD 2480 J1
Case St
- BKFD 2442 B4
3200 KrnC 2442 A3
Casey Av
10000 DLNO 2119 A6
10000 KrnC 2119 A5
10600 DLNO 2159 A1
11600 KrnC 2159 A6
12000 KrnC 2199 A3
Casey Ct
3800 BKFD 2481 H5
Casey Dr
1400 THPI 2609 F5
Cashmere Ct
8900 BKFD 2401 E7
Casino St
800 BKFD 2482 J4
800 BKFD 2483 A4
Casitas Rd
- BKFD 2404 H7
Casitas Canyon Rd
14500 BKFD 2404 H7
Casper Av
7100 KrnC 2217 C1
Casper Wy
6400 BKFD 2481 J1
Cassandra Wy
- BKFD 2512 B3
Cassatt Wy
4500 BKFD 2481 F6
Cassel Creek St
5800 BKFD 2404 G7
Cassidy Ct
7600 BKFD 2512 G3
Castaic Av
900 KrnC 2402 B6
Castillo Dr
- KrnC 2543 D1
Castle Dr
2300 KrnC 2443 D3
C Astlebar Dr
100 BKFD 2441 A7
Castle Cary Dr
6200 BKFD 2403 G7
Castleford St
5900 BKFD 2512 C2

Castle Gate Dr
19000 KrnC 2607 G4
Castlemaine Av
13800 KrnC 2440 H5
Castlepoint St
6100 BKFD 2512 C2
Castleton St
6100 BKFD 2512 C2
Castro Av
100 DLNO 2119 D4
Castro Ln
400 KrnC 2482 D3
2100 BKFD 2482 D3
Caswell Av
6500 BKFD 2481 H3
Catalina Dr
10 WASC 2278 E5
300 DLNO 2119 D7
2700 BKFD 2443 E1
Catalpa Av
7000 CALC 2615 D2
Catalpa Ct
1200 THPI 2609 H4
Catalpa Wy
1300 KrnC 2443 D4
Catarata St
6100 BKFD 2511 B2
Cates St
1200 BKFD 2512 F2
Cathedral Rose Av
3300 BKFD 2512 C3
Cather Wy
3400 BKFD 2481 E5
Cathy Ct
10 KrnC 2169 E7
Catskill Dr
12500 BKFD 2441 A1
Cattail Ct
4300 KrnC 2250 F3
Cattail Ln
8600 BKFD 2441 F1
Cattani St
5100 BKFD 2402 H7
Cattle Dr
2900 BKFD 2482 D6
Cattle Crossing Wy
7200 BKFD 2401 A5
Cattle King Dr
12100 BKFD 2404 E4
Cattleman St
3000 KrnC 2441 B3
3100 BKFD 2441 B3
Cavalcade Pl
17700 KrnC 2637 F3
Cavalier Ct
19400 KrnC 2608 G7
Cavan Ct
17700 KrnC 2637 E3
Cavanagh Wy
19400 SHFT 2401 E2
Cave Av
10100 KrnC 2441 C3
Cawelo Ext
- KrnC 2360 J3
- KrnC 2361 A4
Cayenne Ln
3500 BKFD 2481 J5
Cayenne Wy
- RGCR 2259 B2
Cayley Dr
20700 KrnC 2607 C4
Caylor St
700 KrnC 2482 E2
Caymus Ct
9000 BKFD 2441 E6
Cecelia Ct
7500 BKFD 2401 G7
Cecil Av
2400 DLNO 2119 J6
2400 KrnC 2119 J6
W Cecil Av
100 DLNO 2119 A6
29900 KrnC 2119 A6
Cecil Brunner Dr
1700 BKFD 2482 F2
1700 KrnC 2482 E2
Cedar Av
900 WASC 2278 E3
Cedar Ct
600 THPI 2609 G4
Cedar Pl
3100 KrnC 2249 E3
Cedar St
- BKFD 2482 D6
100 KrnC 2567 B7
100 TAFT 2567 B7
600 WASC 2278 E3
1700 BKFD 2442 D5
E Cedar St
100 KrnC 2567 C7
100 TAFT 2567 C7
Cedar Wy
10 KrnC 2169 F6
Cedar Bluff Av
11700 BKFD 2401 A5
Cedar Branch Wy
5800 BKFD 2404 G7
6400 BKFD 2511 F2
Cedarbrook Ln
5200 BKFD 2482 A7
Cedar Canyon Dr
17300 KrnC 2637 E4
Cedar Canyon St
3400 BKFD 2403 F7
3400 BKFD 2443 F1

Cedar Creek Av
13400 KrnC 2440 H1
Cedarcrest Av
6500 KrnC 2401 H5
Cedar Falls Dr
5800 BKFD 2403 F7
Cedar Glen Dr
20000 KrnC 2579 C6
Cedar Glen Ln
5700 BKFD 2512 B1
Cedar Grove Av
- BKFD 2443 E7
Cedargrove Ct
- KrnC 2402 C7
Cedarhaven Av
11300 BKFD 2441 B5
Cedar Ridge Dr
6400 BKFD 2441 C6
Cedar Springs Dr
6400 BKFD 2511 J2
Cedar Stand Wy
6300 BKFD 2511 G1
Cedarwood Ct
3700 KrnC 2763 A5
Cedarwood Dr
2900 BKFD 2482 A4
Cedarwood Ln
10 KrnC 2402 D7
Cedmont Dr
100 BKFD 2441 A7
Cedro Ct
2200 BKFD 2481 J3
Ceed Ln
3800 KrnC 2249 E4
Celentano Ct
2500 BKFD 2512 D4
Celeste Ct
9100 KrnC 2401 E5
Celine Ct
3700 BKFD 2482 B5
Celtic Ct
1800 BKFD 2481 A3
Centaur St
4900 BKFD 2482 E7
Centennial Ct
9000 BKFD 2441 E2
Centennial Plaza Wy
- BKFD 2441 F1
Center Pl
- BKFD 2442 F4
2100 KrnC 2443 B5
Center St
- KrnC 2627 H6
- MCPA 2627 H6
100 TAFT 2597 A2
1700 KrnC 2763 D4
2200 KrnC 2443 C5
6900 KrnC 2543 G1
E Center St
100 TAFT 2597 B3
500 MCPA 2627 H6
Central Av
100 KrnC 2402 E7
100 SHFT 2359 D1
100 WASC 2278 C7
2100 BKFD 2441 A4
2100 KrnC 2441 A4
14800 KrnC 2278 C1
16200 KrnC 2318 C1
Central Coast St
14600 BKFD 2440 G7
Central Park Dr
2700 WASC 2278 C3
Centre Ct
7100 BKFD 2481 H4
Century Dr
3200 BKFD 2403 D7
Century Oaks Av
19200 KrnC 2609 E2
Cepheus Ct
2300 KrnC 2401 J3
Cerin Wy
6200 BKFD 2443 F4
Cernan Wy
4100 BKFD 2481 G6
Cerralvo St
6500 BKFD 2512 H2
Cerro Dr
9400 KrnC 2512 D6
Cerro Gordo St
1900 KrnC 2643 C5
Cesar Chavez Ln
100 DLNO 2119 E4
Cessna St
200 SHFT 2360 F1
Chad Rd
14500 KrnC 2440 G2
Chadbourn St
4200 BKFD 2482 F6
Chadsford Ct
3500 BKFD 2512 C1
Chadwick Ln
10800 BKFD 2481 C4
Chadwick Hills Ct
5800 BKFD 2404 G7
Chaidez Rd
7300 KrnC 2541 G6
Chain Av
1600 KrnC 2249 B7
Challedon Ct
27400 KrnC 2637 F2
Challenger Av
5100 BKFD 2401 B7

Challenger Dr
800 THPI 2609 H1
1000 THPI 2579 H7
Chalmette Dr
7000 BKFD 2481 H5
Chalone Ct
9000 BKFD 2441 E6
Chamber Blvd
- BKFD 2481 B4
Chamberlain Av
1100 KrnC 2443 B5
Chambers St
100 RGCR 2259 F2
Champagne Wy
3100 BKFD 2443 F1
Championship Wy
14900 KrnC 2440 G5
Champoins Av
11300 BKFD 2401 B7
Chanac Rd
26500 KrnC 2607 G6
Chancery Ln
- BKFD 2481 B4
Chandler Ct
2500 BKFD 2482 C4
Chandler Wy
5800 BKFD 2512 F1
Chaney Ln
4500 BKFD 2481 E6
Channel St
- BKFD 2512 F2
Channing St
2900 BKFD 2443 C1
Chanslor Pl
200 KrnC 2566 A4
Chantico Rd
12700 KrnC 2610 H6
Chantilly Ln
9400 BKFD 2441 E1
Chapala Rd
100 BKFD 2480 H1
Chapala St
4300 KrnC 2250 F3
Chaparal St
20800 KrnC 2579 A4
Chaparral Av
16500 KrnC 2440 E6
24000 KrnC 2679 B4
Chaparral Cir
1800 DLNO 2119 H5
Chaparral Ct
10 KrnC 2169 A6
Chaparral Dr
2100 DLNO 2119 J5
N Chaparral Dr
1600 KrnC 2217 J6
W Chaparral Dr
5200 KrnC 2217 J6
Chaparral Ln
100 THPI 2609 H4
Chapel Dr
900 KrnC 2482 D2
Chapel Falls Wy
10400 BKFD 2401 C6
Chapel Hill Wy
10500 BKFD 2441 C1
Chapman St
800 KrnC 2443 B6
Chapparal Dr
10 KrnC 2129 F5
Chappellet Ct
11000 BKFD 2401 C6
Chapperill Dr
10 KrnC 2129 F4
Charbay Wy
- KrnC 2440 F6
Chardonnay Dr
4100 BKFD 2403 E7
Chardonnay Ln
- WASC 2278 C3
Charger Av
4900 BKFD 2443 F1
Charity Av
6500 KrnC 2441 H4
Charlana Dr
500 KrnC 2402 D5
N Charlene Pl
21200 CALC 2615 D2
S Charlene Pl
21100 CALC 2615 D2
Charles Ct
21800 CALC 2585 F7
W Charles Ct
800 RGCR 2259 B4
Charles Pl
4500 BKFD 2482 B1
4500 KrnC 2482 B1
8000 CALC 2585 F7
8000 CALC 2615 F1
20400 KrnC 2609 B6
Charles St
500 ARVN 2574 J2
500 ARVN 2575 A2
N Charles St
500 KrnC 2258 B1
1100 KrnC 2218 B7
Charleston Dr
2300 KrnC 2402 F4
Charlie Av
4500 KrnC 2443 D7
Charlotte St
3300 BKFD 2512 C1
Charmain St
5900 BKFD 2512 C1

Charring Cross Ln
- BKFD 2481 B4
Charter Oaks Av
4100 BKFD 2442 B6
Charter Oaks Ct
900 BKFD 2442 B6
Charterten Av
900 KrnC 2512 F5
Chartres Ln
9000 BKFD 2481 E3
Charville Ln
5600 BKFD 2401 C7
Charwood Pl
6400 BKFD 2404 B7
Chase Av
10700 BKFD 2444 C2
Chastain Wy
1700 BKFD 2512 E1
Chateau Ct
700 BKFD 2482 G5
27500 KrnC 2577 F1
Chateau Elan Wy
- BKFD 2440 G7
Chateau Montelena Dr
15300 KrnC 2440 F5
Chatfield Ct
9400 BKFD 2481 E6
Chatfield Meadow Wy
- BKFD 2400 J7
- KrnC 2400 J7
Chattahoochee Ln
1200 KrnC 2483 A2
Chattanooga Dr
6400 BKFD 2401 D6
Chattaroy St
9000 BKFD 2441 E3
Chaucer St
8000 BKFD 2481 F2
Chaumont Ct
8600 BKFD 2481 F3
Cheatham Av
1300 KrnC 2482 J2
1300 KrnC 2483 A2
Checker Wy
10 KrnC 2289 F3
Checkerbloom Dr
14500 BKFD 2480 G1
Chelan Ct
6600 BKFD 2481 H5
Chelsea St
- RGCR 2219 D7
- RGCR 2259 D1
700 KrnC 2443 G5
Cheltenham Ct
4800 BKFD 2441 D1
Chenin Blanc Pl
4800 BKFD 2443 F1
Cherish Rose Wy
7400 BKFD 2512 D3
Cherokee Ct
5000 KrnC 2250 H1
Cherokee Dr
500 KrnC 2482 C2
Cherry Av
- KrnC 2439 G1
6200 KrnC 2399 G7
13700 KrnC 2359 G7
13700 SHFT 2359 G1
17600 KrnC 2319 G7
17600 SHFT 2319 G7
26000 KrnC 2567 G1
Cherry Ln
10 TAFT 2596 J3
500 THPI 2609 F4
19900 KrnC 2609 C4
Cherry St
1700 BKFD 2442 E6
2400 KrnC 2249 C7
Cherry Blossom Ct
5900 BKFD 2512 A1
Cherry Creek Ln
5200 BKFD 2400 J7
Cherry Glen Ct
5700 KrnC 2401 J7
Cherryhill Ct
25800 KrnC 2679 F3
Cherryhill Dr
25800 KrnC 2679 F3
Cherry Hills Dr
100 BKFD 2481 J1
300 BKFD 2482 A1
Cherry Laurel St
3000 KrnC 2402 D3
Cherryrock Av
4400 BKFD 2512 B5
Cherrytree Ln
5200 BKFD 2482 A4
Cherry Tree Wy
1700 WASC 2278 D4
Cherry Valley Av
11700 BKFD 2401 A6
Cherrywood Av
7100 KrnC 2401 G5
Cheryl St
8900 KrnC 2513 J5
Chesapeake St
700 RGCR 2259 D5
Chesaw Ct
9200 BKFD 2441 E3
Cheshire Dr
2300 BKFD 2481 J3
Chessington St
12300 BKFD 2481 A4

Chester Av
3000 BKFD 2442 F2
4200 KrnC 2442 F1
N Chester Av
- BKFD 2442 F1
100 KrnC 2402 E4
100 KrnC 2442 F1
S Chester Av
1600 BKFD 2482 G5
1600 KrnC 2482 F3
Chester Ln
2100 BKFD 2442 D6
Chester Pl
900 BKFD 2442 F7
Chester St
- KrnC 2402 E5
N Chester Av Ext
4300 KrnC 2402 E1
Chesterfield Ct
10500 BKFD 2481 C4
Chester W Nimitz St
5700 BKFD 2512 E1
Chestnut Av
300 KrnC 2442 J1
Chestnut Ct
200 THPI 2609 G5
Chestnut Ln
21800 KrnC 2609 A2
Chestnut Wy
10 KrnC 2289 C3
Chestnut Pass
1100 WASC 2278 E5
Cheswolde Dr
12500 BKFD 2441 A7
Chevalier Rd
9700 KrnC 2512 G6
12900 KrnC 2542 G4
Chevron Pl
300 TAFT 2596 J1
Chevy Chase Dr
1800 KrnC 2443 D3
Chevy Chase Wy
1800 KrnC 2443 D3
Chewacan Dr
3100 BKFD 2481 H4
Cheyenne Av
17000 KrnC 2609 J6
17700 THPI 2609 F6
Cheyenne Blvd
- CALC 2585 B4
Cheyenne Cir
400 RGCR 2259 E3
Cheyenne Ct
5200 KrnC 2250 H1
Cheyenne Dr
9700 BKFD 2401 D7
Cheyenne Hills Wy
- BKFD 2401 A7
Cheyenne Mountain Dr
13000 BKFD 2440 J1
13200 BKFD 2400 J7
Chia Ct
23800 KrnC 2577 H5
Chiapas Av
100 BKFD 2512 G2
Chickasaw Dr
19600 THPI 2609 F6
Chickasaw Wy
5300 BKFD 2401 D7
Chico Ct
1200 ARVN 2574 H2
Chico St
300 BKFD 2442 H5
500 MCPA 2627 H7
Chicory Dr
5800 BKFD 2481 J5
Chicory St
4600 KrnC 2250 E2
Chieti Ln
3400 BKFD 2441 J3
Childress St
11700 BKFD 2401 B7
Chilibre St
7300 BKFD 2512 C3
Chimayo St
600 BKFD 2483 D1
Chimney Peak Av
7700 KrnC 2217 B3
Chimney Rock Dr
11000 BKFD 2441 C6
China Al
- BKFD 2442 F4
China Doll Ln
7600 BKFD 2512 G3
China Grade Lp
200 KrnC 2402 E5
1500 KrnC 2403 B5
1900 BKFD 2403 B5
W China Grade Lp
100 KrnC 2402 D4
Chinahill Ln
20000 KrnC 2609 C6
N China Lake Blvd
100 RGCR 2259 D2
1000 RGCR 2219 D7
N China Lake Blvd SR-178
100 RGCR 2259 D3
1000 RGCR 2219 D7
S China Lake Blvd
100 RGCR 2259 D5
1300 KrnC 2259 D5
1900 KrnC 2299 A1

China Peak Wy
4800 BKFD 2482 E7
China Rose Av
10000 BKFD 2481 D4
Chinese Mountain Wy
7400 BKFD 2511 G1
Chinon St
2300 BKFD 2481 E3
Chinook Av
9200 BKFD 2441 E2
Chinook St
18700 THPI 2609 F6
Chinook Falls Dr
6500 BKFD 2401 C5
Chino Ridge Wy
11200 BKFD 2511 C1
Chinquapin Ct
1500 BKFD 2481 H2
Chinta Dr
4500 BKFD 2512 B3
Chipmunk Pl
2900 KrnC 2250 B6
Chippewa Av
10500 BKFD 2401 C7
Chirtsey Wy
9700 BKFD 2441 D6
Chiselhurst Ct
2800 BKFD 2481 B4
Chisholm Dr
8700 BKFD 2441 E2
Chiswick Ct
11200 BKFD 2481 C3
Chive Ct
3700 BKFD 2481 J5
Choate St
8100 KrnC 2483 J4
Choctaw Dr
11000 KrnC 2404 C2
Choctaw Valley Dr
- KrnC 2404 B2
Cholla Dr
3300 KrnC 2250 F5
Cholla St
- KrnC 2250 F5
Cholla Wy
5200 KrnC 2217 J6
Choppo Dr
100 KrnC 2169 F6
Chris Av
400 SHFT 2359 B1
Chris Ct
300 SHFT 2359 C1
2200 BKFD 2443 C3
Christella Ct
14000 BKFD 2480 H1
Christian St
- KrnC 2440 E6
Christian Wy
800 KrnC 2440 E6
Christina St
- DLNO 2159 C1
- KrnC 2159 C1
10400 DLNO 2119 C6
Christine Ct
400 SHFT 2359 B1
Christine St
16500 KrnC 2643 B4
Christine Pine Ct
5300 BKFD 2481 J7
Christmas Rose Dr
11700 BKFD 2511 B2
Christmas Tree Ln
2300 BKFD 2403 D7
Christopher Ct
400 RGCR 2259 C5
400 WASC 2278 D2
500 MCFD 2199 J5
2300 BKFD 2482 D4
Christy Av
- KrnC 2763 A4
11900 BKFD 2441 A4
Chrysanthemum Wy
- BKFD 2511 A1
Chrysolite Wy
- BKFD 2511 J2
Chuckwagon St
3000 KrnC 2441 B3
3100 BKFD 2441 B3
Chukar Ct
22200 KrnC 2607 C1
Chukar Wy
6100 KrnC 2250 A6
Chukkar Ln
6400 BKFD 2441 H7
Chumley St
3200 BKFD 2482 C5
Church Av
2500 BKFD 2403 C7
E Church Av
100 RGCR 2259 F3
1700 SBdC 2259 J3
6500 KrnC 2257 D4
W Church Av
100 RGCR 2259 A3
1300 KrnC 2259 A4
1600 KrnC 2258 H4
Church Rd
- KrnC 2257 B4
Church St
100 KrnC 2596 J3
100 TAFT 2596 J3
Church Dome Ct
5900 BKFD 2511 F2

Churchill Dr
200 BKFD 2482 H1
Churchill St
17700 KrnC 2637 F2
Churchill Downs Ct
4800 BKFD 2441 B1
Cibola Ct
3900 BKFD 2481 G5
Cibola Dr
7300 BKFD 2481 G5
W Cielo Av
100 KrnC 2299 D1
100 RGCR 2299 D1
Cilantro
10900 BKFD 2441 C5
Cimarron Ct
1400 THPI 2609 H5
Cimarron St
5100 BKFD 2401 H7
Cimarron Ridge Dr
4400 BKFD 2512 B5
Cimarron Trails Dr
9700 BKFD 2481 D5
Cimmaron Ct
900 RGCR 2259 B1
Cinder Cone Av
600 BKFD 2443 E7
Cinderella Av
9700 BKFD 2481 D5
Cindy Dr
1700 KrnC 2483 H2
Cinnabar Ct
8900 BKFD 2441 E6
Cinnamon Ct
3800 BKFD 2482 A5
Cinnamon Ln
10 KrnC 2402 D7
Cio Ct
21900 CALC 2585 C7
Circle Dr
- KrnC 2763 E3
100 KrnC 2402 F4
21300 KrnC 2609 C2
Circle Dr E
600 WASC 2278 G3
Circle Dr W
600 WASC 2278 F3
Circle B Dr
- WASC 2278 D5
Cirencester St
5400 BKFD 2401 D7
Cisco St
200 RGCR 2259 E3
1900 KrnC 2483 H3
Cisco Wy
1300 WASC 2278 E5
Citadel St
800 KrnC 2482 J2
Citation Ln
7400 KrnC 2513 H3
Citation St
22400 KrnC 2578 J7
22400 KrnC 2579 A7
22400 KrnC 2609 A1
Citrine Ln
3400 KrnC 2763 A3
Citrus Av
2700 KrnC 2443 D6
Citrus Grove Ct
5400 BKFD 2512 A1
Citrus Hills Dr
6300 BKFD 2404 C6
Citrus Tree Ct
- KrnC 2440 G1
City Dump Rd
400 KrnC 2609 F1
400 THPI 2609 F1
City Hills Dr
- BKFD 2404 B7
- BKFD 2444 B1
S City View St
1000 RGCR 2259 H6
1100 KrnC 2259 H6
Cladham Common Dr
600 BKFD 2481 D1
Claflin Wy
3000 BKFD 2442 F3
Clagg Ct
20200 KrnC 2608 J4
Claire St
2600 KrnC 2249 D6
5200 BKFD 2482 F7
5600 BKFD 2512 F1
Clancy Ct
3900 BKFD 2481 E5
Clappington Rd
3100 BKFD 2481 B5
Clara Ct
2500 BKFD 2482 D7
Clara Dr
10 KrnC 2289 A2
Clara Rd
2300 BKFD 2482 E7
Claremont St
3300 KrnC 2443 E3
Clarence St
200 SHFT 2359 C3
800 KrnC 2359 C3
Clarendon St
1500 BKFD 2443 A6
Claridge Ct
10400 BKFD 2481 D4
Clarion River Dr
11300 BKFD 2481 B2

Kern County Street Index

STREET
Block City Map# Grid

Clarisse St
15500 KrnC 2440 D4
Clark Av
1700 BKFD 2482 E3
Clark St
- TulC 2119 E4
100 KrnC 2627 G7
100 MCPA 2627 G7
400 DLNO 2119 E7
400 DLNO 2159 E1
400 KrnC 2159 E1
600 THPI 2609 J3
1800 KrnC 2763 C5
2000 KrnC 2249 C7
Classen St
1600 BKFD 2441 A5
Claude Av
6700 KrnC 2441 H3
Claudia Autumn Dr
10 BKFD 2440 G7
10 BKFD 2480 G1
Clay Av
200 WASC 2278 E2
Clay Creek Ct
12600 BKFD 2441 A6
Claymore St
- BKFD 2443 F1
Clayton St
5800 KrnC 2512 H1
Clear Falls Ct
2900 KrnC 2402 D4
Clear Lake St
4700 BKFD 2441 G1
Clear Meadows Wy
- KrnC 2440 D5
Clear Mist Wy
5100 BKFD 2481 G7
Clear Valley Ct
5700 BKFD 2511 G2
5700 BKFD 2512 A1
Clearview Ct
- THPI 2609 H3
Clearview St
800 THPI 2609 H4
Clearwater Dr
3200 BKFD 2481 J5
Clearwater Falls Ct
10200 BKFD 2401 D6
Clegg Dr
11900 BKFD 2481 A3
Clemens Wy
9500 BKFD 2481 E5
Clementa Av
12100 BKFD 2441 A2
12100 KrnC 2441 A2
Clemson Ct
2600 BKFD 2443 C1
Clemson St
100 SHFT 2359 B2
Cleo Ct
2600 BKFD 2443 D2
Cleveland Wy
2500 KrnC 2482 D1
Cliff Av
10 MCFD 2199 J6
12000 KrnC 2444 E1
12100 BKFD 2444 E1
Clifford Ct
7300 KrnC 2541 G4
N Clifford St
800 KrnC 2258 C1
1300 KrnC 2218 C7
Clifftop Wy
7200 BKFD 2443 H1
Cliffside St
10500 BKFD 2481 C5
Cliffwood Ct
6200 BKFD 2403 G6
Cliffwood Wy
6200 BKFD 2403 F6
Clifton St
100 BKFD 2442 J7
Clinton Av
1000 KrnC 2443 G5
Clinton St
100 DLNO 2159 F2
600 DLNO 2119 E6
Clinton Wy
6300 KrnC 2250 B6
Clipper Hills Dr
1100 BKFD 2512 F3
Clodt Rd
- KrnC 2217 G6
Clos du Val Av
15600 KrnC 2440 F5
Closterman Ct
6600 CALC 2585 C7
Cloud Peak Ct
6100 BKFD 2511 H1
Clove Ln
4000 BKFD 2482 A6
Clover Ct
16700 KrnC 2440 E7
Clover Dr
21300 CALC 2615 C1
N Clover Dr
6600 CALC 2615 C1
Cloverdale Ct
1000 KrnC 2763 F2
Cloverleaf Ct
10 KrnC 2577 B5
Clover Meadow Ct
600 KrnC 2402 D3
Clover Moss St
5200 BKFD 2481 H7
Clover Mountain St
5200 BKFD 2481 G7
Clover Springs Pl
22800 KrnC 2579 B7
Clover Springs Rd
23100 KrnC 2579 B6
Club Dr
- BKFD 2482 D6
Club Run
3800 BKFD 2481 H5
Clubhouse Dr
600 BKFD 2442 G1
Clubview Ct
20100 KrnC 2609 C1
Club View Dr
1200 BKFD 2481 J2
Clybourn Dr
1000 BKFD 2482 F6
Clyde St
100 BKFD 2442 J7
Clydesdale St
8700 BKFD 2512 F5
8700 KrnC 2512 F4
Coach Ct
22900 KrnC 2579 A7
Coachlight Ct
11100 BKFD 2401 C7
Coachman Wy
200 BKFD 2441 A7
Coastal Ct
16200 KrnC 2440 E3
Coastal Wind St
5400 BKFD 2401 B7
Cobalt Dr
6700 BKFD 2511 J2
Cobb Rd
7700 KrnC 2541 G2
Cobberly Rd
1000 KrnC 2399 E1
Cobblestone Av
9900 BKFD 2481 D7
W Cobblestone Ln
200 RGCR 2219 D7
Coberly Rd
- KrnC 2399 E2
Cobra St
- RGCR 2219 E5
Cobria Pl
100 KrnC 2299 D2
100 RGCR 2299 D2
Cochran Ct
6700 CALC 2585 D7
Cochran Dr
5700 BKFD 2441 J6
Cockney Ct
400 BKFD 2441 E7
Coconut Wy
800 BKFD 2442 F1
Coconut Grove Ct
10300 BKFD 2401 C5
Coco Palm Ct
13200 BKFD 2440 J4
Cody Ct
21900 KrnC 2607 C2
Cody Ln
10 KrnC 2443 J4
Coffee Rd
100 BKFD 2441 F5
100 BKFD 2481 F1
2900 KrnC 2441 G2
4800 BKFD 2401 F4
5900 KrnC 2401 F7
Cogburn Ct
- BKFD 2512 C5
Coho Ct
4700 BKFD 2441 F1
Coker Av
800 MCFD 2199 H5
Colby St
2200 BKFD 2482 D3
Colchester Pl
6000 BKFD 2404 B7
Cold Creek Av
2500 KrnC 2763 C6
Cold Creek Ct
7900 BKFD 2481 G7
Cold Spray Ct
7900 BKFD 2481 G7
Cold Springs Ct
7900 BKFD 2511 G1
Cole St
1700 BKFD 2443 A6
1700 KrnC 2443 A6
20600 CALC 2615 J3
Coleman Pl
1800 KrnC 2763 D5
Colene St
12100 KrnC 2543 C2
Coleraine Ct
8700 BKFD 2512 C4
Coleshill St
300 BKFD 2441 C7
Colfax Ct
9400 BKFD 2441 E3
Colgate Ln
3200 BKFD 2443 D1
Colima St
- BKFD 2483 E2
Colin B Kelly Dr
200 KrnC 2402 D7
Colleen Ct
3700 BKFD 2482 C4
Colleen Dr
2000 KrnC 2763 D6
Colleen St
2700 BKFD 2482 C4
College Av
2100 KrnC 2443 E3
5700 BKFD 2443 G3
S College Blvd
20300 CALC 2616 C3
College Dr
1900 DLNO 2119 J5
College Heights Blvd
- KrnC 2299 C7
- RGCR 2299 D4
S College Heights Blvd
1100 KrnC 2259 D7
1100 RGCR 2259 D7
1900 KrnC 2299 D5
1900 RGCR 2299 D1
Collette St
3400 BKFD 2441 D3
3400 KrnC 2441 D3
Collier St
3700 KrnC 2441 A2
Collins St
- CALC 2585 A3
- KrnC 2585 A2
Collins Wy
800 BKFD 2443 A6
Collison St
8100 KrnC 2513 J5
8500 KrnC 2514 A5
Colombo St
19400 KrnC 2401 G2
Colonia de Las Rosas
14900 BKFD 2404 H6
Colonial Dr
5100 BKFD 2401 H7
Colony St
6400 BKFD 2512 E2
Colony Oak St
3300 BKFD 2481 E5
Colony Park Dr
7000 BKFD 2512 D3
Colorado Av
12100 BKFD 2401 A7
Colson St
11300 BKFD 2513 A7
11300 BKFD 2543 A1
11300 KrnC 2513 A7
11300 KrnC 2543 A1
Colt Dr
20800 KrnC 2609 B1
Colt Wy
11300 BKFD 2441 B1
Colton St
2400 KrnC 2482 D1
Columbia Ct
23300 KrnC 2577 J6
Columbia Ln
6500 BKFD 2481 H3
Columbia Wy
25900 KrnC 2577 H6
Columbia Falls Dr
10400 BKFD 2401 C6
Columbine Av
8700 CALC 2615 H2
9700 KrnC 2514 A6
Columbine St
5800 KrnC 2401 J6
Columbus Av
10 KrnC 2289 B3
Columbus St
10 BKFD 2442 H2
100 KrnC 2442 H2
900 BKFD 2443 D1
900 KrnC 2443 A1
3900 BKFD 2403 E7
W Columbus St
100 BKFD 2442 G2
Colvard St
200 SHFT 2359 C1
Colville Av
2900 BKFD 2441 E3
Colvin
- KrnC 2289 D3
Colvin Ln
10 KrnC 2289 D3
Comanche Ct
- KrnC 2607 A6
Comanche Dr
100 KrnC 2444 H7
100 KrnC 2484 H2
1000 BKFD 2404 F7
4100 BKFD 2404 E7
11300 KrnC 2514 H7
11300 KrnC 2544 H2
14500 ARVN 2544 H6
19000 KrnC 2609 H7
S Comanche Dr
100 ARVN 2544 H7
100 KrnC 2544 H7
800 ARVN 2574 H2
800 KrnC 2574 H1
1700 KrnC 2484 H3
4900 KrnC 2514 H2
Comanche Wy
9100 KrnC 2250 H1
Comanche Point Rd
28600 KrnC 2637 A1
30300 KrnC 2607 A7
38100 KrnC 2575 A7
Combs Av
200 ARVN 2545 A7
400 ARVN 2544 J7
Comet Ct
200 KrnC 2402 E4
Comet St
1200 KrnC 2257 H6
1300 KrnC 2217 H7
S Comet St
1000 KrnC 2257 H6
Comet Falls Ln
10000 BKFD 2401 D7
Commerce Dr
4800 BKFD 2442 A6
Commerce Wy
100 TAFT 2597 C3
500 SHFT 2359 F2
E Commercenter Dr
4900 BKFD 2442 A6
W Commercenter Dr
5000 BKFD 2442 A6
Commercial Av
500 RGCR 2259 E3
2000 KrnC 2249 C7
2600 KrnC 2289 D1
20300 KrnC 2609 B4
Commercial Dr
100 SHFT 2359 D2
4000 BKFD 2442 B4
4000 KrnC 2442 B4
Commercial Wy
100 THPI 2609 H2
1400 BKFD 2442 A6
Commodore Dr
9700 BKFD 2401 D5
Compagnoni St
9700 KrnC 2512 E6
Company Dr
- BKFD 2441 E3
Compass Av
11800 BKFD 2441 B3
Concord Ct
700 MCFD 2199 H7
800 BKFD 2440 H6
Concord St
1100 DLNO 2119 E7
Condor Pl
1300 KrnC 2257 C7
Condor St
100 KrnC 2257 C3
7200 BKFD 2443 H1
N Condor St
- KrnC 2257 C1
Condor Creek Dr
14400 BKFD 2404 G7
Coneflower Dr
14500 BKFD 2480 G1
Conejo Av
900 RGCR 2259 B1
Conestoga Falls Wy
6100 BKFD 2401 C6
Coney Island Dr
9200 BKFD 2511 E1
Congreve Ct
6600 CALC 2585 C6
Conifer Ct
10 KrnC 2289 E2
Conklin Blvd
19500 CALC 2616 A4
21700 CALC 2586 A7
Connecticut Wy
1700 BKFD 2440 J5
Connemara Ct
10900 BKFD 2441 C1
Conners Ct
11800 BKFD 2404 D4
Connery Wy
12200 BKFD 2441 A5
Connie Av
2500 BKFD 2482 D7
Conrad Ln
4400 BKFD 2481 H6
Conservatory Ct
13300 KrnC 2440 J3
Constable Dr
600 BKFD 2441 E6
Constitution Av
5100 BKFD 2401 B7
Consuelo St
1100 DLNO 2119 D7
Contessa Av
700 DLNO 2119 C6
Continental Dr
6100 BKFD 2511 J1
Conway Av
19000 KrnC 2609 E3
19000 THPI 2609 D3
Cook Peak Rd
2900 KrnC 2249 J6
2900 KrnC 2250 A6
Cooley Dr
300 KrnC 2443 F6
Cool Haven Rd
23400 KrnC 2577 A6
Cooney Wy
3800 BKFD 2482 C4
Cooper Av
100 KrnC 2402 F6
Cooper Dr
20300 CALC 2616 C3
Cooter St
2500 KrnC 2483 G4
Copa Cabana Ct
9800 BKFD 2401 D5
Cope Ln
6100 KrnC 2513 J1
Copernicus Av
11700 BKFD 2441 B2
Copinsay Ct
400 BKFD 2441 C7
Copley Ln
4500 BKFD 2481 F6
Copper Ct
9700 BKFD 2481 E5
Copper Dr
22000 KrnC 2609 C1
Copper St
8100 KrnC 2513 J6
Copper Creek Wy
6900 BKFD 2441 H1
Copper Crest Dr
13300 BKFD 2404 F7
Copper Springs Ct
8900 KrnC 2401 E4
Copperstone St
- BKFD 2512 B5
Copperwood Ln
6200 BKFD 2403 G7
Cora Ln
1800 KrnC 2443 C3
Coral Av
5400 KrnC 2257 H6
E Coral Av
800 KrnC 2259 F6
W Coral Av
500 RGCR 2259 B6
1300 KrnC 2259 A6
1900 KrnC 2258 H6
Coral Reef Ct
4500 BKFD 2512 B2
Coral Sea Cir
2000 RGCR 2219 G5
Coral Springs Ln
23900 KrnC 2577 B5
Coram Dr
10200 BKFD 2481 D4
Corazon Ct
400 KrnC 2444 A7
Corbett Canyon Dr
10800 BKFD 2401 C6
Cordonata Wy
- BKFD 2444 B1
5600 BKFD 2404 B7
Core Mark Ct
10 KrnC 2443 J7
Cork Ln
3900 BKFD 2482 B2
3900 KrnC 2482 B2
Cork Hill Ct
6900 BKFD 2512 G2
Cork Oak Ct
9700 BKFD 2481 D4
Cormier Dr
2700 BKFD 2481 C4
Corn Camp Rd
1800 KrnC 2436 C2
Cornell Ct
10900 CALC 2616 C3
Cornell St
2700 BKFD 2443 B1
Cornerstone Wy
3800 BKFD 2481 D6
Corona Av
1300 KrnC 2512 F6
2700 KrnC 2643 B4
Coronado Av
4100 BKFD 2403 E7
W Coronado Av
900 RGCR 2259 A5
Coronado Dr
10 WASC 2278 E5
Coronado Pl
300 DLNO 2119 D6
Corral Ct
22300 KrnC 2608 J1
22300 KrnC 2609 A1
23600 KrnC 2577 F6
Corral Ln
- KrnC 2403 J1
Corriander Ct
5200 BKFD 2482 A5
Corrientes St
1800 KrnC 2443 C3
2100 BKFD 2443 C3
Corrine St
4700 BKFD 2482 D7
Corte Armendariz
- DLNO 2119 E4
Corte Bajo
7900 BKFD 2481 G2
Corte Canalete
1400 BKFD 2481 G2
Corte Delgado
- DLNO 2119 D4
Corte Fox
- DLNO 2119 E4
Corte Hernandez
- DLNO 2119 E4
Corte Lejos
14400 BKFD 2440 H7
Corte Luna
14200 BKFD 2440 H7
Corte Medina
- DLNO 2119 E4
Corte Mismo
400 BKFD 2440 H7
Corte Nobleza
7600 BKFD 2481 G2
Corte Perito
1500 BKFD 2481 G2
Corte Rey
7900 BKFD 2481 G1
Corte Sanchez
- DLNO 2119 E4
Corte Torrez
- DLNO 2119 D4
Corte Vallejo
- DLNO 2119 E4
Cortez Ct
100 KrnC 2440 J7
Cortina Dr
4500 KrnC 2250 F2
Corto St
2200 KrnC 2443 C3
Cortona Ct
9100 KrnC 2401 E4
Corvallis Ct
3000 BKFD 2481 H5
Corvallis Ln
3000 BKFD 2481 H4
Corwin St
20500 CALC 2615 H3
Cory Av
1300 BKFD 2512 F2
Cory St
400 KrnC 2258 J4
N Cory St
500 KrnC 2258 J2
1200 KrnC 2218 H7
S Cory St
1100 KrnC 2258 J6
Cosenza St
3900 BKFD 2441 J2
Cosmic Dr
3200 BKFD 2441 B3
Cosmo St
4500 BKFD 2404 A6
Cosmos Av
2500 KrnC 2763 C3
Coso Av
300 RGCR 2259 A2
5700 KrnC 2257 G2
E Coso Av
100 RGCR 2259 D2
W Coso Av
100 RGCR 2259 C2
3300 KrnC 2258 E2
Coss
- KrnC 2402 H6
Costa Dr
200 KrnC 2512 G6
Costajo St
12900 KrnC 2542 G6
Cote St
26600 KrnC 2679 J4
Cotesfield Ct
500 BKFD 2441 B6
Cotner Av
11300 BKFD 2441 B2
Cottage Park Ct
600 BKFD 2481 B1
Cotton Av
300 KrnC 2436 J2
300 KrnC 2437 A2
Cotton Wy
1700 BKFD 2443 B5
1700 KrnC 2443 B5
Cotton Ranch Rd
14200 BKFD 2404 G6
Cottontail Rd
6400 KrnC 2250 B4
Cottonwood Ct
21800 KrnC 2607 D2
Cottonwood Dr
500 RGCR 2259 E3
Cottonwood Rd
10 BKFD 2483 A2
100 KrnC 2483 A6
4900 BKFD 2513 A6
4900 KrnC 2513 A6
11300 KrnC 2543 A2
Coturri Ct
6500 BKFD 2401 C6
Cougar Rd
6000 KrnC 2250 B5
Cougar Falls Ct
5900 BKFD 2401 C6
Cougar Run Dr
800 KrnC 2443 J6
Coulter Ct
9000 BKFD 2481 E7
Coulter Rd
11300 BKFD 2511 B3
11300 KrnC 2511 B3
Coulter Pine Ct
7800 BKFD 2511 G1
Coulter Pine St
20200 KrnC 2610 D5
Council Bluffs Ct
4800 BKFD 2481 C7
Count Fleet Ct
22400 KrnC 2579 A7
22400 KrnC 2609 A1
Country Club Av
25700 KrnC 2679 F3
Country Club Dr
1500 KrnC 2443 D4
4200 BKFD 2443 F3
19400 CALC 2616 C5
20500 KrnC 2579 B7
21100 KrnC 2609 A1
21400 KrnC 2608 J1
Country Club Rd
- KrnC 2289 D3
Country Meadow Dr
5700 BKFD 2512 B1
Country Oaks St
19500 KrnC 2609 B6
Country Pl Ln
4600 BKFD 2482 B7
Countryside Dr
100 KrnC 2402 E2
Country Triangle Wy
21800 KrnC 2439 G7
Country View Ln
5900 BKFD 2512 B1
Countrywood Dr
100 KrnC 2169 C6
Country Wood Ln
4400 BKFD 2512 B1
County Dump Rd
4200 BKFD 2403 D6
4200 KrnC 2403 D6
County Line Rd
700 DLNO 2119 G4
1100 KrnC 2259 H7
1700 KrnC 2299 H1
30000 KrnC 2119 A4
County Line Rd CO-J44
700 DLNO 2119 G4
700 TulC 2119 G4
Courtleigh Dr
2600 BKFD 2482 A4
Courtney St
3800 KrnC 2441 C2
Courtside Cir
6900 BKFD 2481 H3
Cousteau Av
9300 BKFD 2481 E7
Cove Ct
5400 BKFD 2401 F7
Covent Gardens Dr
11300 BKFD 2481 B3
Coventry Dr
2700 BKFD 2482 D4
Cover St
100 KrnC 2627 G7
100 MCPA 2627 G7
Coverdale Ct
10 BKFD 2443 E7
10 KrnC 2443 E7
Covey Av
300 KrnC 2402 D7
Covina St
3100 BKFD 2443 E1
3400 BKFD 2403 E7
Cowbelle Blvd
10 KrnC 2129 F3
Cowboy Wy
- BKFD 2401 A7
Cox Av
7700 KrnC 2483 H1
Cox Rd
10 KrnC 2249 D6
Coxwold Abbey Ct
4900 BKFD 2443 E7
Coy Av
2200 BKFD 2482 H5
Coyote Ct
23700 KrnC 2577 J5
Coyote Canyon Wy
- BKFD 2401 A7
Coyote Creek Wy
1000 BKFD 2441 A6
Coyote Springs Dr
800 BKFD 2441 C6
1000 KrnC 2441 C6
Cozumel Dr
500 KrnC 2443 D7
Crab Apple Ct
8100 BKFD 2481 F5
Crab Apple Ln
10700 CALC 2616 C1
Crabbet Park Dr
11300 BKFD 2481 B3
Craignore St
2500 BKFD 2481 D4
Craigton Ct
10900 BKFD 2481 C2
Crail Ct
3200 BKFD 2481 F4
Cramer St
100 KrnC 2442 D1
Cranbrook Av
6500 KrnC 2401 H5
Crandon Park Dr
10200 BKFD 2441 D6
Crane St
700 KrnC 2443 F5
Crawford St
300 KrnC 2442 J2
1200 BKFD 2443 A2
1200 KrnC 2443 A2
Crawford Bay Ct
8300 BKFD 2401 F6
Creamery Ln
6900 BKFD 2512 B2
Creek Rd
19400 KrnC 2399 F3
Creek Wy
21900 KrnC 2609 A2
Creekside Ct
22000 KrnC 2608 G7
Creekside Dr
- KrnC 2574 A6
10500 KrnC 2404 D2
Creekside Dr
22700 KrnC 2608 G7
Creek Stone Ln
- BKFD 2444 C2
Creemore St
6800 KrnC 2401 H5
7200 BKFD 2401 H5
Crescent Av
3000 KrnC 2673 A6
Crescent Dr
3800 BKFD 2403 D7
Crescent Creek Ct
11800 BKFD 2481 B2
Crescent Meadow Dr
3400 KrnC 2402 E3
Crescent Ridge St
2700 BKFD 2512 D3
Crescent Rock Ln
4100 BKFD 2481 C6
Crespin Av
- KrnC 2436 J1
- KrnC 2437 A1
Cresson Ct
9000 KrnC 2512 F5
Crest Dr
2500 BKFD 2403 D7
20800 KrnC 2609 A1
Cresta Verde Pl
4700 BKFD 2441 E1
Crestline Rd
3100 KrnC 2443 E4
Crestline Falls Ln
2700 BKFD 2512 D3
Crestmont Dr
1400 KrnC 2443 D4
Crestmore St
5900 BKFD 2401 H7
5900 KrnC 2401 H6
Creston Ln
2800 BKFD 2481 G4
Crestridge Ct
8200 BKFD 2512 A4
Crestview Av
2000 KrnC 2249 C6
Crest View Ct
2400 KrnC 2763 C2
Crestview Dr
1500 KrnC 2443 B3
N Crestview St
300 KrnC 2257 A3
Crestwood St
5900 BKFD 2401 H7
6600 KrnC 2401 H6
Cricket Park Ct
1900 BKFD 2481 B3
Crimson Rd
- KrnC 2399 J7
- KrnC 2439 J1
Crimson Creek Ct
200 BKFD 2440 G7
Crippen St
8500 BKFD 2481 F7
Cripple Creek Av
8900 KrnC 2401 E5
Criswell St
1800 KrnC 2289 E1
Crocker Ct
29100 KrnC 2577 C4
Crockett Ct
11700 BKFD 2441 B6
Crocus Dr
2200 BKFD 2481 D3
Crofun Rd
27700 KrnC 2637 E2
Cromerton Pl
1400 BKFD 2481 C2
Cromwell Av
3000 KrnC 2673 A2
Cromwell Ct
2100 BKFD 2482 E3
Cron Wy
4300 BKFD 2481 D6
Crooked Bend Dr
- BKFD 2401 A5
Crosby St
700 BKFD 2441 A6
Cross St
200 SHFT 2359 E1
600 BKFD 2482 H1
Cross Wy
19800 KrnC 2609 D3
Crossfield Ct
6600 CALC 2585 C6
Cross Glade St
7400 BKFD 2512 F3
Crosshaven Av
4100 BKFD 2512 B4
Cross Oak Dr
1800 BKFD 2481 E3
Crossroads Dr
7000 BKFD 2401 A5
Cross Water Dr
9000 BKFD 2401 E6
Crossway Av
- CALC 2585 E3
Crosswind Wy
3600 BKFD 2512 C2
Crow Ct
5000 BKFD 2401 D7
19900 KrnC 2609 H5
19900 THPI 2609 H5
Crowborough Ct
11200 BKFD 2481 C3
Crown Av
800 BKFD 2442 F1
Crown St
2100 DLNO 2119 H4
Crown Crest Dr
12100 BKFD 2481 A3
Crowningshield Dr
8700 BKFD 2481 F6
Crown Pointe Dr
400 BKFD 2441 E6
Croydon Wy
- BKFD 2481 D7
Crystal St
100 KrnC 2597 A3
400 KrnC 2442 D1
Crystal Cove Av
12400 BKFD 2481 A2
Crystal Downs Ct
800 BKFD 2441 D6
Crystal Fall Ln
5200 BKFD 2482 A7
Crystal Lake Dr
4100 BKFD 2512 B3
Crystal Lake Ln
23600 KrnC 2577 B5
Crystal Springs Dr
5300 BKFD 2482 A7
Csub Wy
- BKFD 2481 E1
Cub Ct
24500 KrnC 2577 C4
Cubb St
- KrnC 2679 D2
Cuda Dr
14500 KrnC 2544 C6
Culiacan Av
14200 BKFD 2480 G1
Cullen Ct
2200 BKFD 2440 J4
Culver St
3300 KrnC 2443 E5
Cumberland Ct
8800 BKFD 2441 E2
Cumberland Rd
25700 KrnC 2578 A7
27200 KrnC 2607 F1
27600 KrnC 2577 E7
Cumbre Ct
3500 BKFD 2481 C5
Cumin Ln
6000 BKFD 2481 J5
Cummings Ct
29900 KrnC 2637 A2
Cummings Rd
22000 KrnC 2608 H5
Cummings Valley Rd
22000 KrnC 2608 F4
25000 KrnC 2607 H3
Cunha St
1400 KrnC 2443 B2
Cupertino Ct
6300 BKFD 2481 J7
Cupio St
7300 BKFD 2512 C3
Curinga Dr
18700 KrnC 2610 B7
Curnow Rd
- KrnC 2514 D6
10 KrnC 2512 G7
2500 BKFD 2512 D7
E Curnow Rd
10 KrnC 2512 J7
10 KrnC 2513 A6
Curran Av
1600 KrnC 2289 B1
Curran St
10 BKFD 2482 B1
10 KrnC 2482 B1
Curran Wy
2000 KrnC 2249 B7
2000 KrnC 2289 B1
Currans Ln
400 BKFD 2442 H5
Currant Ct
700 MCFD 2199 H7
Current Ct
5800 BKFD 2401 F7
Current Creek Wy
10700 BKFD 2511 C1
Curry Ct
3800 BKFD 2481 J5
N Curry St
400 THPI 2609 H2
S Curry St
100 THPI 2609 H5
S Curry St SR-202
100 THPI 2609 H3
Curson Av
5200 BKFD 2482 A4
Curtis Av
400 SHFT 2359 B2
Curtis Dr
400 KrnC 2482 F3
Curtiss Pl
5900 CALC 2585 B6
Cusano Pl
15700 KrnC 2440 E2
Custer Av
1700 BKFD 2482 E3
Cuvaison Wy
- KrnC 2440 F6
Cuyama Rd
1200 KrnC 2627 G7

STREET
Block City Map# Grid

Cyclone Dr
4000 BKFD 2512 B2
Cynthia Ct
1200 RGCR 2219 A7
1200 RGCR 2259 A1
N Cynthia Ct
1000 RGCR 2219 A7
Cypress Av
900 WASC 2278 D4
6000 KrnC 2250 A2
Cypress Cir
1600 KrnC 2443 C4
Cypress Ext
10 KrnC 2169 F7
Cypress Ln
10 KrnC 2209 E2
10 TAFT 2596 J3
100 KrnC 2169 E7
Cypress St
- KrnC 2359 H5
10 BKFD 2442 D7
27000 KrnC 2567 G1
Cypress Wy
10 KrnC 2169 F7
1000 THPI 2609 H4
Cypress Falls Av
10800 BKFD 2401 C5
Cypress Glen Blvd
3700 BKFD 2482 B5
Cypress Glen Ct
4700 BKFD 2482 B5
Cypress Point Dr
5400 BKFD 2482 A2
5600 BKFD 2481 J2
Cypress Ridge Ct
6300 BKFD 2401 F6
Cyril Ct
1400 KrnC 2542 F5
Cyrus Canyon Rd
5500 KrnC 2169 J7

D

D St
- RGCR 2219 D7
100 KrnC 2597 A3
200 KrnC 2596 H3
400 WASC 2278 F3
700 TAFT 2596 J3
1500 BKFD 2442 E5
E D St
200 KrnC 2566 A4
200 THPI 2609 H3
W D St
100 THPI 2609 G3
Daffodil Ln
23300 KrnC 2579 C5
Daffodil Wy
6400 BKFD 2511 A2
Daggett Av
5700 BKFD 2441 J7
Dahlgren Ct
1200 KrnC 2444 A5
Dahlia St
400 KrnC 2443 E6
Daisy St
400 KrnC 2443 E6
12500 KrnC 2679 J4
Daken St
2700 BKFD 2482 B4
Dakota Ln
5000 BKFD 2401 D7
5000 BKFD 2441 D1
Dakota St
3400 KrnC 2763 B3
Dakota Hills Av
11700 BKFD 2401 A6
Dalby Ct
8600 BKFD 2512 C4
Dale Av
6000 CALC 2615 B2
Dale Ct
3300 KrnC 2763 C3
Dale Rd
- THPI 2608 B7
25500 KrnC 2608 A7
25800 KrnC 2607 H7
27000 KrnC 2637 F1
Dale St
1600 KrnC 2402 B6
Dalea St
2700 KrnC 2402 D4
Dalehurst Dr
3600 KrnC 2443 E3
3800 BKFD 2443 E3
Dalen Pl
3600 BKFD 2442 C7
Dallas Av
22500 KrnC 2608 G6
Dalwood St
3100 BKFD 2481 A5
Damar Wy
13100 BKFD 2480 J1
Damascus Ct
28300 KrnC 2637 E3
Damask St
11800 BKFD 2441 A7
E Dana Av
100 KrnC 2299 E1
100 RGCR 2299 E1
Dana St
3400 BKFD 2403 C7
3400 BKFD 2443 C1
Danbury Ct
5500 BKFD 2401 C7
Dandelion Wy
- BKFD 2512 C1
- KrnC 2512 C1
Danecroft Wy
11000 BKFD 2481 C3
Daneshill Dr
2400 BKFD 2481 A4
Danford Rd
18500 KrnC 2610 D7
Dani Ln
2200 KrnC 2440 F4
Daniel St
400 KrnC 2444 A6
Daniels Ln
100 BKFD 2482 H1
Daniels St
200 BKFD 2442 H7
Dani Rose Ln
200 KrnC 2402 E3
Dante Av
- CALC 2586 H6
Danube Ct
4200 BKFD 2441 H1
Dapple Wy
10700 BKFD 2401 C7
Dark Knoll Anx
- KrnC 2169 D6
Darleen Av
8800 SHFT 2401 E2
Darlingham Ct
700 BKFD 2441 D6
Darlington Av
11300 BKFD 2401 B6
Darrin Av
7100 KrnC 2401 G6
Darrow Dr
21600 CALC 2616 B1
Darsy Rd
20700 KrnC 2609 B7
Dart Dr
23000 KrnC 2577 E6
Dartmouth Av
10800 CALC 2616 C3
Dartmouth St
2700 BKFD 2443 A1
Darwin Av
3900 BKFD 2443 E1
Darwin Wy
- KrnC 2610 G4
Date St
100 KrnC 2567 B7
500 KrnC 2402 D7
Date Palm Av
- KrnC 2401 F5
Date Palm Ct
7900 KrnC 2401 G5
Datura Ct
14000 BKFD 2404 G7
David Ct
14000 KrnC 2440 G4
David Ln
300 KrnC 2402 F2
David Rd
2300 KrnC 2209 C5
Davidson Av
1700 KrnC 2443 B3
Davies Ct
500 BKFD 2441 J7
Da Vinci Dr
13100 BKFD 2440 J6
Davin Park Dr
7700 KrnC 2401 G6
Davis Av
12200 KrnC 2199 H1
12400 MCFD 2199 H3
Davis Ct
100 BKFD 2481 J1
Davis St
700 MCFD 2199 H5
1100 KrnC 2199 H5
N Davis St
100 THPI 2609 H2
S Davis St
100 THPI 2609 H3
Davis Cup Ct
12000 BKFD 2404 D4
Dawkins Av
2700 KrnC 2673 B1
Dawn Av
20300 KrnC 2609 B3
Dawn Ct
300 RGCR 2259 C2
Dawn Pl
8300 KrnC 2250 F3
Dawn St
900 BKFD 2482 G2
900 KrnC 2482 G2
Dawson Dr
10 KrnC 2169 C6
Dawson Falls Av
11000 BKFD 2401 C5
Day Av
100 KrnC 2402 F3
W Day Av
100 KrnC 2402 D4
Day Dream Ct
6600 BKFD 2401 D5
Daylight St
2000 DLNO 2119 H4
Day Lily Dr
2100 BKFD 2482 E6
Dayton Av
2100 BKFD 2482 F4
Daytona Dr
3600 BKFD 2444 C3
Deacon Av
3800 BKFD 2443 F6
3800 KrnC 2443 F6
Deadrich Ct
2100 BKFD 2512 E4
Deadrich Dr
- KrnC 2209 D2
Deadrich Ranch Rd
- KrnC 2209 C7
Dean Av
2000 KrnC 2441 D4
Dean Ct
20300 CALC 2615 G3
Dean St
20000 CALC 2615 E4
Deanna Wy
600 BKFD 2482 G6
Deaver Ln
2400 KrnC 2643 B5
Debbie Pl
22600 KrnC 2579 C7
Debbs Av
7900 KrnC 2401 F6
Debby St
5100 BKFD 2482 E7
Deborah St
4200 KrnC 2482 G6
Debra Ln
400 RGCR 2259 E3
Debra Louise Ct
2400 KrnC 2440 F4
Debranch Wy
4700 BKFD 2441 G1
Decatur Av
3500 KrnC 2673 A4
Decatur St
- RGCR 2219 D7
100 KrnC 2402 D7
Declaration Wy
6000 BKFD 2511 J1
De Colores Ct
7600 BKFD 2481 G1
Decoy Ct
9000 KrnC 2514 A5
Dee Dee Ct
11100 KrnC 2441 B3
Dee Dee St
10500 KrnC 2441 C3
Deejay Av
7000 KrnC 2401 H5
Deep Creek Dr
200 KrnC 2402 E4
Deepwell Av
- BKFD 2511 H2
Deer Dr
6100 KrnC 2250 B6
Deerbrook St
2600 KrnC 2402 D4
Deerbrush Av
8400 KrnC 2250 F3
Deercreek Ln
5200 BKFD 2482 A7
Deerfield St
1900 KrnC 2440 H5
Deer Haven St
- KrnC 2209 C1
Deer Peak Dr
10800 BKFD 2481 C2
Deerpoint Wy
- KrnC 2289 B2
Deer Ridge Dr
800 KrnC 2444 A6
Deer Trail Ct
2700 BKFD 2443 F1
Deertrail Dr
24000 KrnC 2577 C3
De Ette Av
3600 BKFD 2482 B7
3800 KrnC 2482 B7
De Ette Ct
3300 BKFD 2482 C7
Degagne Ct
20400 KrnC 2609 B6
Dehart Av
8300 CALC 2585 G7
De Harvey Av
1300 KrnC 2542 F3
Dehaviland Ct
6600 CALC 2585 C6
De La Guerra Ter
- BKFD 2444 J1
- KrnC 2444 J1
De la Guerra Ter
6000 BKFD 2404 H6
Del Amo Wy
2000 KrnC 2443 B2
Delaney Ct
3700 BKFD 2482 A5
Delaware Dr
28400 KrnC 2637 D3
Delaware Pl
28600 KrnC 2637 D3
Delaware St
1100 KrnC 2482 G2
Delbert Av
5800 KrnC 2217 H7
Delbert St
2200 KrnC 2441 E4
2500 BKFD 2441 E4
Delburn St
2700 BKFD 2482 D4
Del Canto Ct
7400 BKFD 2481 G1
Delfina Ct
2400 DLNO 2119 J4
Delfino Ln
500 BKFD 2482 D2
500 KrnC 2482 D2
Delgada Ct
2100 BKFD 2512 E4
Delicato Ct
10800 BKFD 2401 C6
Delight Av
7400 KrnC 2513 H5
Dell Av
2900 BKFD 2482 D5
Dell Ct
3400 BKFD 2482 D5
Della St
2200 BKFD 2482 D3
Dell Forest Wy
8500 BKFD 2481 F5
Dell Oak Ln
2000 BKFD 2481 D3
Dell Rapids Ct
11700 BKFD 2441 B6
Dell Rid Dr
- WASC 2278 E5
Delmar Av
2700 KrnC 2643 B4
21200 KrnC 2579 A7
Del Mar Dr
300 KrnC 2482 H2
Del Mar Ln
300 RGCR 2259 C1
Del Monte Dr
2800 BKFD 2443 E1
Delores Av
700 DLNO 2119 C6
Del Oro St
12000 KrnC 2679 C4
Del Playa Dr
10 KrnC 2443 D7
Del Rey Ct
- BKFD 2442 B6
Del Rey Dr
300 DLNO 2159 D1
Del Rio Dr
- BKFD 2443 E2
- KrnC 2443 E2
Del Rio Wy
20400 KrnC 2609 B2
Del Rosa St
2100 RGCR 2299 D2
Delta Ct
22000 KrnC 2608 H7
Delta River Ct
1100 BKFD 2481 B2
Delusion Dr
10500 BKFD 2481 C5
Deluze Av
7300 KrnC 2541 G3
Delva Dr
2500 KrnC 2249 C7
Del Webb Ct
14300 BKFD 2404 G7
Delwood Av
1000 BKFD 2512 F1
Demaret Av
5200 BKFD 2482 A1
Demarree Av
2700 BKFD 2512 D2
De Meo St
- KrnC 2402 H6
Deming Ct
3300 BKFD 2481 G5
Dena Ct
6200 KrnC 2401 H6
Denhart Av
9600 CALC 2585 J7
Denise Av
- KrnC 2643 F6
100 BKFD 2402 G7
100 BKFD 2442 G1
E Denise Av
300 KrnC 2643 J6
6200 KrnC 2257 F3
W Denise Av
1100 RGCR 2259 A2
Denise Dr
3100 KrnC 2250 C5
Denison Ln
500 KrnC 2443 H6
Dennen St
6100 BKFD 2512 D1
6100 KrnC 2512 D1
Dennis Ct
7900 BKFD 2443 H4
Dennis St
12500 KrnC 2679 J4
22200 CALC 2585 G7
Dennison Dr
10 THPI 2610 A2
100 THPI 2609 J2
S Dennison Rd
200 THPI 2610 A3
19400 KrnC 2610 A7
20500 KrnC 2609 J7
Denver Wy
3300 BKFD 2481 G5
Denyse Ln
10 KrnC 2443 J4
Deodar Dr
10 KrnC 2209 D1
De Oro Ct
6600 BKFD 2480 H1
De Parsia Av
5800 BKFD 2443 F4
De Petro Dr
1100 BKFD 2441 C6
Dera St
- KrnC 2217 F5
N Dera St
1100 KrnC 2257 G1
2500 KrnC 2217 F3
Derby Dr
6200 BKFD 2403 G7
N Derby St
100 ARVN 2545 A6
100 KrnC 2545 A6
S Derby St
100 ARVN 2545 A7
100 KrnC 2545 A6
800 ARVN 2575 A1
Derby Wy
21000 KrnC 2607 F4
Derrell Av
800 BKFD 2482 H1
Derrick St
6000 BKFD 2512 D1
Descanso St
800 KrnC 2443 D5
19200 KrnC 2608 J6
19200 KrnC 2609 A7
Deschules Creek Ln
1200 BKFD 2481 B2
Deseret Wy
600 BKFD 2441 G7
Desert Av
- KrnC 2763 F3
Desert St
2500 KrnC 2763 D3
Desert Breeze Dr
200 CALC 2616 C1
Desert Butte Blvd
- KrnC 2616 B7
19000 CALC 2616 B7
Desert Candles St
900 RGCR 2259 E5
S Desert Candles St
100 RGCR 2259 E3
S Desert Cassia St
2300 RGCR 2299 D2
Desert Cloud Av
3200 KrnC 2763 A6
Desert Highland Pkwy
- KrnC 2763 A2
Desert Hills Av
5900 BKFD 2481 J1
Desert Jade Cir
- CALC 2615 H2
Desert Lake Frontage Rd N
24000 KrnC 2679 B3
Desert Moon Av
3100 KrnC 2763 B5
Desert Palm Wy
4000 BKFD 2481 C6
Desert Rose Ct
13900 KrnC 2440 H2
Desert Sand Wy
4000 BKFD 2481 C6
Desert Springs Wy
4000 BKFD 2481 C6
Desert View Pl
- BKFD 2481 C6
Desert Villa Wy
- BKFD 2511 D1
Desert Wind St
2200 KrnC 2763 B5
Deslok Dr
3600 BKFD 2441 B2
Desmond Ct
6500 KrnC 2401 H6
De Souza Pl
3500 BKFD 2482 C3
De Swan Ct
22900 KrnC 2399 F4
Deuel Ct
100 KrnC 2443 F7
100 KrnC 2483 F1
Deuel Ln
- KrnC 2443 F7
Development Av
22500 KrnC 2439 F6
Devenport Wy
8800 BKFD 2512 C5
Devil Diver Ct
27400 KrnC 2637 F2
Deville Ct
5200 BKFD 2401 H7
Devlin Ct
4500 BKFD 2481 E6
Devon Dr
6100 BKFD 2481 J3
Devonshire St
900 BKFD 2441 E6
Devore Av
900 KrnC 2402 F4
Dewalt Av
300 RGCR 2259 C4
Dewalt St
4900 BKFD 2441 H1
5100 BKFD 2401 H7
Dewar Av
34200 SHFT 2401 E2
Dewdrop Ln
6800 BKFD 2481 H2
Dewey St
- RGCR 2219 E7
DeWitt Ln
- KrnC 2627 E1
De Wolfe St
1600 BKFD 2443 A6
Diablo Rd
10 KrnC 2129 G5
Diamond Ct
2500 BKFD 2482 D4
24600 KrnC 2578 A3
Diamond St
2300 KrnC 2763 E4
Diamond Oaks Av
5800 BKFD 2443 G1
E Diamond Peak Av
100 KrnC 2259 D7
100 RGCR 2259 D7
Diamond Peak Dr
- BKFD 2511 H1
Diamond Valley Dr
4300 BKFD 2441 E2
Diane Ct
6700 CALC 2615 C2
21600 KrnC 2578 J7
Diane Dr
1700 KrnC 2402 D5
Diane Pl
6600 CALC 2615 C2
Dianna Dr
5500 KrnC 2403 E4
Diaz Av
- DLNO 2159 F1
Dibb Rd
1900 RGCR 2219 F5
Diesel Ct
3500 KrnC 2442 B2
Digges Ln
500 BKFD 2512 G2
Di Giorgio Rd
10 KrnC 2542 F1
10 KrnC 2543 A1
1500 BKFD 2513 A7
1500 KrnC 2513 J7
8500 KrnC 2514 A7
Dike Ct
17600 KrnC 2637 E3
Dill Ct
6100 BKFD 2481 J5
Dillon Ct
100 BKFD 2481 J1
Dimaggio St
500 BKFD 2441 A7
Dimare Ct
1600 BKFD 2441 C5
Di Miller Dr
7500 KrnC 2483 H1
Dina Wy
2600 KrnC 2402 F4
Dinard Pl
8600 BKFD 2481 F4
Dino Ridge Dr
10800 BKFD 2441 C6
Dirt Rd
8200 KrnC 2543 J3
Discovery Dr
1100 BKFD 2442 A6
Discovery Wy
800 THPI 2609 H1
900 THPI 2579 H7
3100 KrnC 2763 C3
Discovery Ridge Av
9700 BKFD 2481 D6
District Blvd
4400 BKFD 2482 A6
5500 BKFD 2481 J6
Diva Dr
4400 KrnC 2218 B7
Division Dr
- KrnC 2402 J3
- KrnC 2403 A3
Division St
- KrnC 2763 H5
11600 KrnC 2673 H7
Divot Ln
10 KrnC 2402 E2
Dixie St
2400 KrnC 2763 D4
Dixon Av
10 BKFD 2482 D1
300 KrnC 2482 D1
Dobbs Av
14500 KrnC 2440 G3
Doble Aguila Wy
5300 BKFD 2444 H1
Dobrusky Dr
300 BKFD 2482 F1
Doc Kay St
- SHFT 2359 B2
Dock Side Ct
5500 BKFD 2401 F7
Dodge Av
1300 BKFD 2482 F5
Dodger St
10 KrnC 2289 A3
Doe Oak Run
3100 BKFD 2481 E4
Dogbane Av
6900 CALC 2615 D2
Dogbane St
- CALC 2615 F2
Dogwood Av
6400 KrnC 2250 B3
7100 CALC 2615 D3
Dogwood Ct
1500 WASC 2278 D4
Dogwood Dr
20300 KrnC 2579 B6
Dogwood Ln
10 KrnC 2402 D7
Dogwood St
10 KrnC 2129 H6
Doheny Ct
4300 BKFD 2481 D6
Dolcetto St
- BKFD 2401 A6
Dole Ct
7200 KrnC 2401 J5
Dolfield Av
5000 BKFD 2482 E7
Doll Ln
2700 KrnC 2441 H3
Dollar Rd
10 KrnC 2169 D7
10 KrnC 2209 D1
Dollie Mae Ct
16200 KrnC 2440 E5
Dolly Rd
16100 KrnC 2542 E7
Dolores St
900 BKFD 2442 J5
1200 BKFD 2443 A5
Dolphin Av
7300 KrnC 2257 A6
E Dolphin Av
100 KrnC 2259 D6
100 RGCR 2259 D6
W Dolphin Av
200 RGCR 2259 C6
500 KrnC 2259 B6
1400 KrnC 2258 J6
Dolphin Ct
10600 CALC 2616 B1
Domaine Chandon Av
15300 KrnC 2440 F5
Domingo St
8700 BKFD 2512 E5
Dominion St
- KrnC 2643 H3
- KrnC 2673 H6
Don St
2700 KrnC 2482 H7
5800 KrnC 2512 H1
Donado Ct
5100 BKFD 2443 E2
Donald St
2300 BKFD 2482 G4
2300 KrnC 2482 G4
Donalda Ct
10 KrnC 2169 E6
Donaldo St
5000 BKFD 2444 H1
Donatello Dr
6500 BKFD 2404 F6
Doncastle Wy
- SHFT 2360 H1
Donerail Dr
11200 BKFD 2441 B1
Doney St
7800 KrnC 2483 H5
Don Hart Dr
- BKFD 2481 F1
Don Hart Dr E
- BKFD 2481 F1
Donna Av
100 BKFD 2442 G7
Donna Dr
2000 KrnC 2763 D6
Donnell Ct
6600 BKFD 2481 H2
Doolittle Av
1700 BKFD 2482 E3
5100 SHFT 2360 E1
Doolittle Ct
21800 CALC 2585 C7
Doolittle Pl
22000 CALC 2585 C7
Dorado Pass Av
500 BKFD 2443 E7
Doral Pl
29000 KrnC 2637 C2
Doral St
3700 BKFD 2403 E7
Dorchester St
10200 BKFD 2481 C1
Dore Dr
2500 BKFD 2482 G4
Doren St
- KrnC 2217 E7
20600 THPI 2609 D4
20800 KrnC 2609 D4
Doresta Dr
3100 BKFD 2482 D1
Dorian Dr
900 BKFD 2482 F4
900 KrnC 2482 F4
Doris Ln
3000 BKFD 2482 D3
Doris Slater Ct
10 CALC 2615 H1
Dorothy Ct
21900 CALC 2585 C7
Dorothy St
300 KrnC 2443 F6
S Dorothy St
3400 KrnC 2483 F5
Dorrance St
100 KrnC 2443 D6
Dorrington Dr
7000 BKFD 2401 D5
Dorset Ct
5900 BKFD 2403 F7
Dorset Dr
5800 BKFD 2403 F7
Dorsey Ct
10200 BKFD 2401 C5
Dorten Av
10 KrnC 2289 E3
Dorva Av
6600 KrnC 2443 G4
Dos Lagos Dr
3900 BKFD 2481 C5
Dos Rios Ct
800 BKFD 2481 G2
Dos Rios Wy
7300 BKFD 2481 G1
Dotson St
5000 BKFD 2402 H7
Dottie Ct
8000 BKFD 2401 F7
Dotty Ct
19100 KrnC 2609 J7
Double Mountain Ct
- KrnC 2578 J6
- KrnC 2579 A6
Douglas Av
3000 KrnC 2643 A5
5100 SHFT 2360 E1
E Douglas Av
500 KrnC 2643 J4
Douglas St
900 KrnC 2402 C5
22000 KrnC 2610 H1
Dove Ct
6600 KrnC 2250 C6
30000 KrnC 2607 A7
Dove St
1400 KrnC 2257 B7
Dove Canyon Wy
9300 BKFD 2441 E1
Dovecotes Ct
400 BKFD 2441 E7
Dove Creek Dr
12700 BKFD 2441 A4
12900 BKFD 2440 J4
Dover Dr
100 DLNO 2159 F1
14300 KrnC 2673 A2
Dover Pl
100 DLNO 2159 F1
400 DLNO 2119 F7
S Dover Pl
100 DLNO 2159 F1
Dover St
100 DLNO 2159 F1
400 DLNO 2119 F7
Dover Wy
- KrnC 2440 H1
Dover Hill Dr
2400 BKFD 2481 C4
Dove Tail Ct
19500 KrnC 2579 D4
Dovewood St
3400 BKFD 2482 B5
Dow Dr
10 KrnC 2289 A3
Downing Av
6500 KrnC 2441 H3
7600 BKFD 2441 G3
Downpatrick Ct
4100 BKFD 2512 B4
N Downs St
100 RGCR 2259 B1
1000 RGCR 2219 B7
S Downs St
100 RGCR 2259 B4
1600 KrnC 2259 B7
1900 KrnC 2299 B1
1900 RGCR 2299 B1
Doyle St
1000 KrnC 2402 F6
Dracena St
1700 BKFD 2442 D6
Dragon Peak St
1900 KrnC 2259 H7
1900 KrnC 2299 H1
S Dragon Peak St
900 RGCR 2259 H5
Drake Ct
30300 KrnC 2607 A7
Drake Dr
- SHFT 2319 D7
Drake St
2400 BKFD 2442 D3
Drakes Passage Wy
4300 BKFD 2441 E1
Draper Ct
11200 BKFD 2481 C3
Dravite Dr
7000 BKFD 2511 J3
Dreiser Wy
3700 BKFD 2481 E5
Dressage Dr
10900 BKFD 2441 C1
Dresser Av
500 KrnC 2319 C3
28100 KrnC 2318 E3
Drew St
500 BKFD 2441 A7
Drift Creek St
6800 BKFD 2511 H2
Drifts Dr
2400 BKFD 2512 D2
Driftwood Av
3000 KrnC 2249 D3
Driftwood St
1900 BKFD 2482 C3
Driller Av
2400 BKFD 2443 C1
Drive Wy
- KrnC 2567 J2
Driver Rd
100 KrnC 2440 B7
100 KrnC 2480 B1
12100 KrnC 2200 B4
12800 MCFD 2200 B5
18400 KrnC 2360 B7
18400 SHFT 2360 B5
19200 SHFT 2400 B2
19400 KrnC 2400 B2
N Driver Rd
200 SHFT 2360 C1
Dr Martin Luther King Jr Blvd
10 BKFD 2443 A7
E Drummond Av
100 RGCR 2259 D1
W Drummond Av
100 RGCR 2259 C1
1100 KrnC 2259 A1
1500 KrnC 2258 G1
5800 KrnC 2257 A1
Drury Ln
1100 KrnC 2443 A2
Dry Creek Ln
4400 KrnC 2440 H1
Dry Meadow Ln
400 KrnC 2402 D4
Dublin Dr
8700 BKFD 2512 F4
8700 KrnC 2512 F4
Dublin Ln
8000 KrnC 2483 J7
Duccio Dr
13200 BKFD 2404 F6
Duckhorn Wy
- KrnC 2440 F6
Duck Pond Ln
6300 BKFD 2401 E6
Dude St
- KrnC 2440 B4
Dudhill Rd
10 KrnC 2289 D3
Dudley St
100 KrnC 2443 J4
E Dufaucek Dr
10 KrnC 2169 B6
W Dufaucek Dr
10 KrnC 2169 B6
Dugan Dr
16900 KrnC 2610 A7
17200 KrnC 2609 J7
Duhn Av
16900 KrnC 2440 D6
Duhn St
16000 KrnC 2440 D6
Duke Av
500 SHFT 2359 B1
Duke Dr
1200 BKFD 2443 B1
Dulce Dr
400 KrnC 2444 B7
Dumont Dr
300 BKFD 2441 B7
Dunaire Dr
1300 BKFD 2441 A5
Dunbar St
- BKFD 2441 A6
Duncan St
- KrnC 2484 E3
- KrnC 2514 E7
9800 KrnC 2544 E7
Duncan Wy
6500 KrnC 2441 H2
Duncan Creek Ct
200 BKFD 2440 G7
Duncanson Dr
8700 BKFD 2481 E6
Dundee Ct
3500 KrnC 2443 E3
Dunes Av
- CALC 2615 A5
- CALC 2616 C5
- KrnC 2616 D5
N Dunes St
1300 KrnC 2219 A7
Dunford Rd
4100 KrnC 2437 F7
Dunford St
100 KrnC 2436 H2
Dunkirk Ct
400 BKFD 2441 E7
Dunlap Rd
2700 KrnC 2249 D6
Dunlap St
10 BKFD 2442 B7
Dunninger St
500 BKFD 2443 E7
600 KrnC 2443 E7
Dunnsmere St
7700 KrnC 2543 H1
Dunsmuir Rd
4900 BKFD 2442 A7
Dunwoody Wy
1000 BKFD 2441 E6
Durand Oak Ct
9500 BKFD 2481 E4
Durango Wy
7200 BKFD 2481 H4
Durham Av
4700 BKFD 2442 A7

STREET Block City Map# Grid
Durham Ct
100 BKFD 2442 A7
Durham St
1200 ARVN 2574 H1
1400 KrnC 2574 H1
Durrwood Ln
2300 BKFD 2482 E4
Durrwood St
3000 BKFD 2482 E4
Durwood St
10 KrnC 2129 J7
Dusk Wy
- BKFD 2512 E3
Dustin Ln
2100 ARVN 2575 A2
Dustin St
5400 BKFD 2482 F7
Dusty Wheat Dr
9300 BKFD 2512 A5
Dutch Flat Rd
800 KrnC 2209 A7
1400 KrnC 2249 A1
Dutch Iris Dr
10100 BKFD 2481 D3
Duxbury Ct
1000 BKFD 2441 B6
Dwight Ct
- KrnC 2763 B5
Dwight St
2900 BKFD 2443 C1
Dwina Av
900 KrnC 2402 F4
Dyce Wy
5900 BKFD 2403 G7

E

E St
- KrnC 2219 D5
- RGCR 2219 D5
10 KrnC 2566 A4
100 KrnC 2597 A3
100 WASC 2278 F3
200 KrnC 2596 J3
300 BKFD 2442 E7
700 TAFT 2596 H3
E E St
100 THPI 2609 H3
W E St
100 THPI 2609 G2
Eagle Ln
10 KrnC 2402 E2
Eagle Pl
1500 KrnC 2257 D7
Eagle Wy
2200 KrnC 2763 C5
22500 KrnC 2579 D7
Eagle Canyon Rd
5800 BKFD 2404 F6
Eagle Cap St
6800 BKFD 2511 H1
Eagle Crest Dr
2500 BKFD 2481 C4
Eagle Falls Ct
10900 BKFD 2401 C5
Eagle Oak Rd
9400 BKFD 2481 E5
Eagle Peak Ct
- KrnC 2579 A6
Eagle Ranch Dr
10500 KrnC 2441 C3
Eagle Ridge St
7600 BKFD 2403 H7
Eagle Rock Dr
11000 BKFD 2441 C6
Eagles Landing Dr
8300 BKFD 2401 F6
Eagles View St
- BKFD 2404 B6
Eagle Valley Pl
9700 BKFD 2512 D3
Eagle Vista Dr
10700 BKFD 2481 C7
Eakins Ct
4300 BKFD 2481 F6
Eakins Dr
8300 BKFD 2481 F6
Ealing St
10500 BKFD 2481 C2
Earhart Av
5600 SHFT 2360 F1
Earhart Ct
22100 CALC 2585 D7
Earl Av
4200 KrnC 2443 F6
Earlene Av
2500 BKFD 2482 D7
Earlene Ct
2100 BKFD 2482 E7
Earl Pascoe Rd
10 KrnC 2169 B6
Early Dawn Ct
20500 KrnC 2609 B4
Earnest Ct
3100 BKFD 2482 D4
Earnhardt Dr
3600 BKFD 2444 C3
Earthmover Ct
1000 KrnC 2439 F6
Easment to Sierra Vista
- KrnC 2217 A2
East Dr
4000 KrnC 2442 B3
East Rd
4000 KrnC 2250 G3
Eastbourne Wy
6100 BKFD 2481 J4
Eastcove Ct
5300 BKFD 2443 H1
Eastdumfries Ct
7500 BKFD 2481 G3
Easter St
200 BKFD 2443 C7
200 KrnC 2443 C7
Easter Lily Ct
6400 BKFD 2511 J2
Eastern Av
100 KrnC 2597 B3
100 TAFT 2597 B3
Eastlorne Ct
7600 BKFD 2481 G3
Easton Dr
1200 BKFD 2442 B5
Eastridge Ct
5100 BKFD 2443 F1
Eastview Ct
3400 BKFD 2443 G2
Eastwind Cir
8800 KrnC 2443 J4
8900 KrnC 2444 A4
Eastwind Ct
2000 KrnC 2763 B6
N Easy Av
- KrnC 2763 F3
Easy Rd
- KrnC 2219 C1
E Easy Rd
- KrnC 2219 D1
Easy St
10 KrnC 2289 B1
100 KrnC 2402 D7
100 KrnC 2442 D1
19500 KrnC 2608 G6
Ebell St
300 MCFD 2199 H6
Eberle Rd
12100 KrnC 2541 H4
Ebro St
5800 BKFD 2511 B1
Echo Av
2300 BKFD 2482 D3
Echo Ct
26800 KrnC 2577 A7
Echo Dr
3000 KrnC 2763 B3
Echo Summit Dr
500 BKFD 2441 C6
Eden St
- BKFD 2441 C2
3700 KrnC 2441 C2
Eden Park Wy
- BKFD 2481 A2
Edgemont Dr
5400 BKFD 2482 A4
5800 BKFD 2481 J4
Edgerton St
200 BKFD 2441 B7
Edge Water Ct
5500 BKFD 2401 F7
Edge Water Dr
5300 BKFD 2401 F7
Edgewood Ct
100 MCFD 2199 J4
Edgewood St
2100 KrnC 2443 G4
Edinburgh Ct
11200 BKFD 2481 C3
Edingal Dr
2300 BKFD 2481 A4
Edison Hwy
1700 BKFD 2443 B5
1700 KrnC 2443 J7
8100 KrnC 2444 A7
9700 KrnC 2484 C1
Edison Ln
10 KrnC 2169 E7
Edison Rd
- KrnC 2484 D1
800 KrnC 2444 D7
S Edison Rd
10 KrnC 2484 D3
4900 KrnC 2514 D1
11300 KrnC 2544 D1
16100 KrnC 2574 D3
Edison Access Rd
11200 KrnC 2484 D1
Edith Av
1700 KrnC 2249 B7
Edith Ln
3800 BKFD 2482 G5
Edmonton St
3000 BKFD 2482 B5
Edmund St
1100 KrnC 2481 H2
Edmund Wy
6700 KrnC 2481 H2
Edna St
1300 BKFD 2482 E2
1300 KrnC 2482 E2
2600 KrnC 2249 D6
Edna Valley St
11100 BKFD 2401 C6
Edward St
18500 KrnC 2637 G2
19000 KrnC 2607 G5
Edwards Av
2200 KrnC 2443 C3
3000 KrnC 2763 B3
Edwards Av
3100 BKFD 2443 D2
Edwards St
21700 CALC 2585 F7
21700 CALC 2615 F1
Edwin Dr
600 KrnC 2442 D1
Edwin St
15800 KrnC 2643 A6
Efada Dr
10900 BKFD 2441 C5
Egan Wy
8500 BKFD 2481 F6
Eggers St
2500 BKFD 2442 D7
Egret Ct
300 BKFD 2441 H7
Eigth Pl
- RGCR 2219 E7
Eisenhauer Rd
10 KrnC 2169 E5
Eisenhower Av
3300 BKFD 2482 C4
Eissler Ct
2600 BKFD 2443 F2
Eissler St
2700 BKFD 2443 F1
El Adobe St
400 BKFD 2483 E1
Elaine St
2100 BKFD 2482 D3
El Alisal St
3500 BKFD 2482 E5
El Berrendo Av
2600 BKFD 2482 D5
Elberta St
3200 KrnC 2763 F3
El Besito Wy
8900 KrnC 2444 A5
Elbright Wy
- BKFD 2404 B6
El Caballo Av
2600 BKFD 2482 D5
El Camino Av
5700 BKFD 2512 D1
El Camino Dr
300 DLNO 2119 D6
El Camino Real
500 ARVN 2574 J2
500 ARVN 2575 A2
El Capitan Av
12100 BKFD 2441 A1
El Capitan Dr
300 DLNO 2119 D7
El Cerrito Dr
10 BKFD 2442 H1
100 KrnC 2442 H1
Elcia Dr
3300 BKFD 2482 C1
3300 KrnC 2482 C1
El Cielo Dr
200 BKFD 2442 H1
200 KrnC 2442 H1
Elda Av
3300 BKFD 2482 J5
Elder Ct
4200 BKFD 2443 G2
Elder Wy
1700 RGCR 2259 H4
1700 SBdC 2259 H4
Elderberry Ct
- THPI 2609 H5
Elderberry St
5700 BKFD 2512 C1
Eldora Pl
2200 KrnC 2443 C3
El Dorado Av
3900 BKFD 2482 B2
3900 KrnC 2482 B2
N El Dorado Cir
300 DLNO 2119 D6
S El Dorado Cir
300 DLNO 2119 D6
Eldorado Dr
- WASC 2278 E4
Electra Av
200 KrnC 2402 F3
Electra Ct
21700 CALC 2586 C7
21700 CALC 2616 C1
Elementary Ln
22500 KrnC 2399 F5
El Encanto Ct
3200 BKFD 2442 D2
El Fuerte Av
10 BKFD 2512 G2
S El Hogar
2100 RGCR 2299 D1
El Hogar Ct
3500 BKFD 2481 C5
Elias Av
7000 KrnC 2401 G5
Elijah Wy
11300 BKFD 2513 D7
11300 KrnC 2513 D7
11300 KrnC 2543 D1
Eliso Ct
7400 BKFD 2481 G1
Elite Ct
11100 BKFD 2512 F3
Elizabeth Av
100 KrnC 2359 B3
100 SHFT 2359 B3
Elizabeth Ct
900 KrnC 2402 G3
Elizabeth Grove Ct
9000 BKFD 2401 E6
Elizabeth Norris Rd
- KrnC 2249 B6
Elk Ct
24200 KrnC 2578 A3
Elk Rd
- KrnC 2403 J1
Elk St
10 KrnC 2289 B2
Elk Grove Rd
2500 KrnC 2436 E3
Elk Hills Rd
4100 KrnC 2436 H7
12900 KrnC 2567 C2
Elkhorn Pl
29300 KrnC 2637 B1
Elkhorn St
200 MCPA 2627 H7
6900 BKFD 2511 H1
Elkhorn Creek Ln
1300 BKFD 2481 A2
Elk Mountain Ct
4600 BKFD 2481 D6
Elk River Ct
1200 BKFD 2481 B2
Elk Run Ct
5300 BKFD 2400 J7
Ellen Wy
700 ARVN 2574 J2
2100 KrnC 2482 E2
Ellensport Wy
8900 BKFD 2512 C5
Ellie Ct
400 SHFT 2359 B1
Ellington Dr
7100 BKFD 2401 C5
Ellington St
100 DLNO 2159 F1
2000 DLNO 2119 F5
Ellington St SR-155
100 DLNO 2159 F1
400 DLNO 2119 F6
Elliot Ln
30700 KrnC 2359 E6
Elliott Ct
- KrnC 2763 D2
Elliott St
2200 KrnC 2482 G3
Ellis Av
6300 BKFD 2481 J2
Ellis St
- RGCR 2219 F6
Ellisan St
9000 KrnC 2512 F5
Elm Ct
10 KrnC 2209 E1
22300 KrnC 2609 D1
Elm St
10 KrnC 2129 H6
100 SHFT 2359 E2
300 KrnC 2567 A7
500 THPI 2609 G4
800 BKFD 2442 D6
1500 WASC 2278 E4
2000 KrnC 2763 D4
Elmco Av
9700 KrnC 2513 J6
El Medio Av
5500 KrnC 2443 F4
Elmer Cir
- CALC 2586 D3
Elmer Ln
2600 KrnC 2402 G4
Elmhurst St
3000 BKFD 2482 E4
El Mirage St
6100 BKFD 2511 C1
12000 KrnC 2679 C4
Elmo Hwy
200 KrnC 2199 B4
200 MCFD 2199 B4
31700 KrnC 2200 A4
El Monte Dr
500 ARVN 2545 A7
El Monte Wy
4600 BKFD 2442 B7
Elmwood Av
2800 KrnC 2442 J1
2900 KrnC 2249 D3
3000 BKFD 2442 J1
Elmyra Av
2100 KrnC 2443 A3
Eloy Av
6800 BKFD 2401 G7
El Palacio Dr
5000 BKFD 2483 E2
El Paso St
100 KrnC 2440 J7
El Portal Dr
1500 BKFD 2481 G4
El Porto Ct
20400 KrnC 2609 B2
El Potrero Ln
3300 BKFD 2482 D5
El Prado Dr
400 BKFD 2482 F1
N El Prado Dr
500 RGCR 2259 B2
N El Prado St
1200 RGCR 2219 B7
El Pueblo
10 BKFD 2482 G7
El Ralfo Dr
- KrnC 2482 E1
El Ralfo Dr
1500 BKFD 2482 E1
El Rancho Dr
800 BKFD 2482 F2
1200 THPI 2609 H5
23400 KrnC 2578 B6
El Rancho Pl
1500 BKFD 2482 F2
El Rancho Poco
- KrnC 2250 J1
El Rey St
1600 KrnC 2763 D5
El Rio Dr
200 BKFD 2481 H1
N El Rio Dr
400 BKFD 2441 H7
El Riooso Rd
- KrnC 2404 C3
El Roble Ct
7300 BKFD 2481 G1
El Sereno Dr
600 BKFD 2482 F2
El Sereno Pl
1500 BKFD 2482 F2
El Sereno Wy
900 RGCR 2259 B2
El Serento Dr
1300 KrnC 2443 E4
Elsey St
600 BKFD 2441 J7
Elsinore Av
7600 BKFD 2512 G3
El Tejon Av
100 KrnC 2402 E6
Elton Av
2200 KrnC 2443 C3
El Toro Dr
400 BKFD 2482 F2
1300 KrnC 2482 F3
El Toro Viejo Rd
1900 BKFD 2441 F4
1900 KrnC 2441 F4
El Tovar Ct
200 BKFD 2481 G1
El Verano Dr
7400 BKFD 2481 G2
Elwood Ln
5800 KrnC 2512 H1
Elysium St
4900 BKFD 2482 F7
Elzworth St
1500 BKFD 2441 E5
1500 KrnC 2441 E5
Embarcadero Ln
- BKFD 2481 C3
Emerald St
2500 BKFD 2482 D4
Emerald Arbor St
3100 KrnC 2440 J3
Emerald Cove Ln
7200 BKFD 2441 G1
Emerald Downs Wy
- BKFD 2441 D1
Emerald Isle Wy
10 BKFD 2480 G1
100 BKFD 2440 G7
Emerald Mountain Dr
- KrnC 2578 J6
Emerald Park Ct
700 BKFD 2481 B2
Emerson St
1900 BKFD 2482 B3
Emerson Wy
2800 BKFD 2512 D5
2800 KrnC 2512 D5
Emery Av
1300 BKFD 2482 F5
Emilia Dr
5000 BKFD 2402 A7
5000 BKFD 2442 A1
Emily St
400 RGCR 2259 E4
Emily Wy
400 SHFT 2359 B1
Emmers Wy
8100 KrnC 2541 F4
Emmons Park Dr
10 KrnC 2597 A1
10 TAFT 2597 B1
Emmy Dr
1900 KrnC 2483 J3
Emperor Av
7800 KrnC 2513 H6
Empire Dr
4000 BKFD 2442 C5
Empire State Dr
9200 BKFD 2511 E1
Empty Saddle Ln
600 BKFD 2441 G7
Encanto Wy
800 DLNO 2119 E7
Encina Av
2700 KrnC 2643 B4
E Encina Av
500 KrnC 2643 J4
Encina St
2400 BKFD 2442 E3
Encino St
500 BKFD 2512 G2
Encore Ct
4700 BKFD 2512 B1
Endes St
19400 KrnC 2401 F2
Enger St
10400 KrnC 2441 C4
Engle Rd
3000 KrnC 2542 C1
4900 KrnC 2541 J1
Engleberg Dr
1200 BKFD 2512 F4
Englebright Lake Dr
6300 BKFD 2401 E6
English Ln
500 SHFT 2319 B7
English Daisy Wy
- BKFD 2511 B1
English Fry St
1500 BKFD 2481 B2
English Oak Dr
2600 BKFD 2481 E4
Enns Rd
- SHFT 2359 B1
Enos Ln
- KrnC 2359 E7
300 KrnC 2439 F4
5400 KrnC 2399 F1
Enos Ln SR-43
- KrnC 2359 E7
300 KrnC 2439 F1
5400 KrnC 2399 F1
Enos Ln SR-58
2600 KrnC 2439 F4
Ensenada St
200 KrnC 2440 J7
Ensenada Wy
900 DLNO 2119 E7
Ensign Dr
19700 KrnC 2609 D6
Ensley Dr
1300 BKFD 2441 A5
Enterprise Rd
10 RGCR 2219 G6
Enterprise St
- KrnC 2513 H2
Enterprise Wy
100 TAFT 2597 C3
300 KrnC 2609 G1
300 THPI 2609 G1
600 BKFD 2483 B1
Entrada Blvd
8100 KrnC 2250 F2
Entrada del Aqua Wy
- BKFD 2511 B1
Entwistle St
- RGCR 2219 F6
Equestrian Av
4800 BKFD 2441 C1
Equinox Av
11400 BKFD 2441 B2
Eresma Dr
11400 BKFD 2511 B1
Eric Ct
2600 BKFD 2443 C1
Eric Wy
2300 BKFD 2443 C1
Erica Av
3000 KrnC 2763 B5
Erie Av
17800 KrnC 2609 G6
17800 THPI 2609 G6
Erie St
1200 KrnC 2483 A2
Erin Ct
3800 KrnC 2482 C2
S Erin St
500 RGCR 2259 C4
Erma St
400 SHFT 2359 B1
Erma Wy
2100 BKFD 2512 E1
Ernestina Ct
12000 BKFD 2404 D7
Erskine Creek Rd
2500 KrnC 2249 C6
4200 KrnC 2289 H3
Erwin Ct
1400 RGCR 2219 B7
Erwin St
3000 BKFD 2482 G4
N Erwin St
1500 RGCR 2219 B6
Escalante Av
500 SHFT 2359 B1
Escallonia Dr
1400 BKFD 2481 B2
Escondido Ct
5600 BKFD 2481 J7
Espee St
100 BKFD 2442 F3
Esperanza Dr
3000 BKFD 2512 D4
Esperanza St
1200 KrnC 2444 A5
Espresso Dr
- BKFD 2441 F3
Essendon Ct
3600 BKFD 2512 C4
Essex Cir
1200 RGCR 2219 G6
Essex Ct
8100 BKFD 2481 F5
Estate St
4100 BKFD 2482 C6
Estero St
2900 BKFD 2482 B4
Estes Wy
3200 BKFD 2481 H5
Esther Dr
1500 KrnC 2402 D5
Esther St
12500 KrnC 2679 J4
Estrela Ct
8500 BKFD 2512 E4
Estrella Vista Ct
- KrnC 2609 C7
Estrella Vista Rd
- KrnC 2609 C7
Etchart Rd
8600 BKFD 2401 C4
8600 KrnC 2401 E4
Etchecopar Rd
- BKFD 2481 E7
Ethart Av
5500 SHFT 2360 F1
Ethel St
21700 CALC 2586 A7
21700 CALC 2616 A1
Ethrum Av
100 KrnC 2482 G3
Ethyl St
3500 KrnC 2442 C2
Eton St
3300 BKFD 2403 C7
3300 BKFD 2443 C1
Etter St
7000 KrnC 2401 G5
7300 BKFD 2401 G5
Eubanks Av
900 BKFD 2512 F2
Eucalyptus Av
8300 CALC 2615 G3
Eucalyptus Dr
2600 WASC 2278 C3
3400 KrnC 2443 F6
8700 KrnC 2444 A6
Eucalyptus St
- BKFD 2482 D6
Euclid Av
6100 KrnC 2401 J6
E Euclid Av
200 SHFT 2359 D2
W Euclid Av
400 SHFT 2359 B2
Eugene Pl
6000 KrnC 2401 H6
Eumatilla St
19900 KrnC 2610 G5
Eureka St
600 BKFD 2442 H5
1200 BKFD 2443 A5
Europa Ln
3800 BKFD 2441 B2
Europe Av
3000 KrnC 2673 A6
Euskara St
- BKFD 2512 E3
Eva Av
2900 KrnC 2249 D3
Eva Wy
5600 BKFD 2401 H7
Evadonna Rd
900 BKFD 2512 F3
Evans Rd
10 KrnC 2169 B6
Evans Rd SR-155
10 KrnC 2169 B6
E Evans Rd
10 KrnC 2169 G7
400 KrnC 2209 G1
Evans St
19000 CALC 2616 B6
Evans Wy
3000 BKFD 2512 D2
Evanston Ct
4900 BKFD 2482 A5
Eve St
4200 BKFD 2482 G6
4200 KrnC 2482 G6
Evelyn Av
- CALC 2615 C1
9000 CALC 2585 H7
10700 CALC 2586 C7
Evelyn Ct
1100 RGCR 2259 A2
2300 WASC 2278 D4
21800 CALC 2586 C7
Evelyn Dr
3800 BKFD 2482 F5
Evening Star Wy
- BKFD 2481 C6
Everett Av
300 KrnC 2402 F2
Everett Ct
21800 CALC 2586 B7
Everett Dr
21500 CALC 2616 B1
21600 CALC 2586 B7
N Everett St
600 KrnC 2258 B1
1100 KrnC 2218 B7
Evergreen Av
9100 CALC 2615 J5
10800 CALC 2616 C5
10900 KrnC 2616 C5
Evergreen Ct
900 WASC 2278 D3
1100 KrnC 2763 F3
Evergreen St
2300 DLNO 2119 J4
6000 KrnC 2401 G6
Eversham Dr
12700 BKFD 2481 A3
Evert St
9800 BKFD 2512 E6
9800 KrnC 2512 E6
Evie Ln
5600 KrnC 2443 F7
Evora Ln
- BKFD 2404 B7
N Ewing Cir
1600 RGCR 2219 D6
Exchange St
700 KrnC 2443 C6
Exeter Ct
- CALC 2616 C3
Exodus Ln
8300 BKFD 2401 F6
Exsham Dr
10200 BKFD 2481 D3
Exton St
2200 BKFD 2481 A4
Eye St
10 BKFD 2442 F5
S Eye St
1800 KrnC 2482 F3
2600 BKFD 2482 F4
Eyherabide St
- KrnC 2443 J7

F

F St
- CALC 2586 F4
- KrnC 2209 B4
- KrnC 2219 D5
- RGCR 2219 D7
10 BKFD 2442 E7
100 KrnC 2597 A3
100 WASC 2278 F2
200 KrnC 2596 J3
F St SR-43
100 WASC 2278 F2
E F St
100 THPI 2609 J2
N F St
100 WASC 2278 F2
S F St
10 KrnC 2566 A4
900 KrnC 2482 E2
1300 BKFD 2482 E2
1800 KrnC 2209 B4
W F St
100 THPI 2609 H2
Faber St
200 SHFT 2359 D1
Fabian St
400 ARVN 2544 J7
400 ARVN 2545 A7
Fabius Ct
17400 KrnC 2637 E4
N Fae St
2100 KrnC 2217 C5
Fagin St
14500 KrnC 2673 B1
Fairburn Wy
12100 BKFD 2441 A6
Fairclough Dr
1800 BKFD 2481 B3
Fairfax Rd
- KrnC 2403 D5
1000 KrnC 2443 G7
2300 BKFD 2443 G1
5400 BKFD 2403 F6
S Fairfax Rd
10 KrnC 2443 G7
400 KrnC 2483 G7
1500 BKFD 2483 G7
5800 KrnC 2513 G2
11300 KrnC 2543 G2
12900 BKFD 2543 G7
Fairfax Front Rd E
200 KrnC 2443 G7
Fairfax Front Rd NW
300 KrnC 2443 G6
Fairfax Front Rd S
200 KrnC 2443 F6
Fairfax Front Rd W
200 KrnC 2443 F7
Fairfield Dr
8600 BKFD 2481 F3
Fairhaven Av
300 SHFT 2359 B3
Fairhaven Dr
2600 KrnC 2442 B3
Fairlane Rd
10 KrnC 2481 H2
Fairmount St
3400 KrnC 2443 E3
Fairmount Park Dr
4300 BKFD 2441 D2
Fair Oaks Dr
1300 THPI 2609 H5
5800 BKFD 2443 G1
Fairview Rd
- KrnC 2513 F4
100 BKFD 2512 D1
5700 KrnC 2483 F7
E Fairview Rd
100 BKFD 2512 H1
100 KrnC 2512 H1
500 KrnC 2482 J7
Fairview St
- RGCR 2259 D5
N Fairview St
200 RGCR 2259 D2
S Fairview St
500 RGCR 2259 D4
Fairway Ct
10 KrnC 2481 H2
22600 KrnC 2579 B7
Fairway Dr
10 BKFD 2481 H1
300 KrnC 2481 H1
Fairweather Wy
4100 KrnC 2440 J2
Fair Wind Av
5600 BKFD 2401 F7
Fairwind Av
1000 KrnC 2763 F3
Fairwood St
3900 BKFD 2403 E7
Faith Av
1700 BKFD 2482 E7
N Faith Ct
1100 RGCR 2219 B7
Falcon Av
1300 BKFD 2482 F5
6000 CALC 2615 B2
Falcon Dr
4500 KrnC 2249 H1
Falcon Grove Ct
4100 BKFD 2441 F2
Falkirk Pl
- BKFD 2404 B7
Fallbrook Av
100 ARVN 2575 A1
W Fallbrook Av
100 ARVN 2575 A1
Fallbrook St
300 BKFD 2442 B7
Fallen Leaf Dr
20100 KrnC 2579 B4
Fallen Oak St
3300 BKFD 2481 F5
Fallen Pine Wy
7900 BKFD 2511 G1
Fallgatter St
5000 BKFD 2402 G7
Falling Creek Av
- KrnC 2440 D4
Falling Springs Av
10600 BKFD 2401 C7
Fall River Pl
13000 BKFD 2440 J5
Falls Ct
8100 BKFD 2401 F7
Falls Grove Ln
4500 BKFD 2441 F1
Fallstaff Ln
12600 BKFD 2441 A7
Fambrough Dr
3800 BKFD 2482 F5
Family Cir Dr
- KrnC 2209 A5
Famoso Porterville Hwy
12000 KrnC 2200 F3
Fangio Ct
10800 BKFD 2444 C2
Fanucchi Wy
10 SHFT 2400 D2
Fanucchi Wy E
10 SHFT 2400 D2
Far East Av
3500 KrnC 2673 A6
Fargo Ct
22400 KrnC 2607 G1
Fargo St
10 BKFD 2442 H6
Fargo Wy
22400 KrnC 2607 G1
Fargo Farm Rd
8200 KrnC 2513 J1
Far Hills Av
8700 KrnC 2513 J7
8800 KrnC 2514 A7
Farlin St
- KrnC 2643 H7
11500 KrnC 2673 H7
Farmers Ln
8100 KrnC 2513 J1
Far Niente Dr
15700 KrnC 2440 F6
S Farragut St
900 RGCR 2259 B6
1500 KrnC 2259 B7
Farrell Dr
500 KrnC 2482 J7
Farrington Wy
3000 BKFD 2481 B4
E Far Vista Av
- KrnC 2299 G1
100 RGCR 2299 D1
Farwell Ct
6800 BKFD 2481 H7
Fashion Pl
2600 BKFD 2443 C2
Fast Ct
22500 KrnC 2439 F3
Faversham Wy
600 BKFD 2481 C1
Fawn Dr
2700 KrnC 2250 B6
Fawn St
8100 BKFD 2481 F4
Fawn Wy
29100 KrnC 2577 B5
Fawnbrook Dr
1300 BKFD 2512 F1

STREET Block City Map# Grid

Fawndale Ct
2700 BKFD 2443 F1
Faxon Av
1800 BKFD 2482 E7
Faye Ln
2100 BKFD 2482 E3
Feather River Dr
7300 BKFD 2441 G1
Feemster St
7000 BKFD 2512 D2
Feister St
100 KrnC 2627 G7
100 MCPA 2627 G7
Felbridge Ct
6900 BKFD 2512 G2
Felipe Ct
7500 KrnC 2483 H1
Feliz Dr
900 KrnC 2482 J1
1000 KrnC 2483 A1
1400 BKFD 2483 A1
Fellowes St
4500 BKFD 2481 E6
Felsite Av
- KrnC 2763 F2
Felspar Av
- KrnC 2257 C2
W Felspar Av
100 RGCR 2259 C1
1300 KrnC 2259 A1
1600 KrnC 2258 J1
5800 KrnC 2257 H1
Felton St
3600 KrnC 2402 F3
Fencl Ct
9800 BKFD 2511 H6
9800 KrnC 2511 H6
Fendrick Cir
700 RGCR 2259 B1
Fennel Wy
5900 BKFD 2481 J5
Fennimore Dr
20500 CALC 2616 C3
Fenwick Dr
1300 BKFD 2441 A5
Ferdinand Ct
800 BKFD 2481 G2
Ferguson Av
100 KrnC 2402 F6
Ferguson St
26500 KrnC 2679 H5
Fern St
100 KrnC 2289 F4
Fern Wy
2700 BKFD 2482 G4
Fern Brook Ln
- BKFD 2512 A1
5300 BKFD 2482 A7
Ferncreek Falls Dr
6300 BKFD 2401 C6
Fern Meadow Dr
200 KrnC 2402 E3
Fern Ridge Ln
8600 BKFD 2512 B4
Fern Tree Ct
1900 BKFD 2482 E6
Fern Tree Close
1800 WASC 2278 E5
Fernvale Rd
2900 KrnC 2443 D4
Fern Valley Wy
500 KrnC 2402 D3
Fernwood Av
7700 CALC 2615 F3
Fernwood Ln
100 KrnC 2402 D7
Fernwood St
100 MCFD 2199 J4
3500 KrnC 2763 F2
Ferrabie Ln
- KrnC 2441 C2
Ferrell Av
3200 KrnC 2289 E1
Ferris Av
- CALC 2586 H5
Ferry St
500 BKFD 2482 G1
Fessler Ln
11900 BKFD 2481 B4
Fetters St
11200 KrnC 2673 H7
Ficus Dr
8100 BKFD 2481 F5
Fiddleleaf Ln
2000 BKFD 2481 E3
Fiddleneck St
4000 KrnC 2250 F3
Field St
- KrnC 2513 H7
11600 KrnC 2543 H1
Fielding Ct
9000 KrnC 2512 F5
Fieldspring Dr
1300 BKFD 2481 C2
Fieldstone Dr
10700 BKFD 2444 C2
Fiesta Av
3300 BKFD 2512 C1
Fig Ct
21900 KrnC 2609 C1
Fig Dr
1100 THPI 2609 F4
Fig St
500 BKFD 2482 G1
Fighting Irish Dr
8100 BKFD 2512 B4
Fiji Dr
5500 BKFD 2481 E7
5600 BKFD 2511 E1
Filbourne Dr
11300 BKFD 2441 B7
Filburn Av
- KrnC 2278 J5
2100 WASC 2278 D5
Filburn St
700 WASC 2278 F5
28100 KrnC 2278 A5
Fillmore Av
4800 KrnC 2443 G5
Fillmore St
100 KrnC 2597 A1
100 TAFT 2597 A1
200 KrnC 2567 A6
Filson St
1700 BKFD 2483 A5
Finch Pl
1300 KrnC 2257 D7
Finch Wy
6500 BKFD 2512 F2
Finchley Dr
10200 BKFD 2481 C2
Findon Ct
11900 BKFD 2481 B4
Finish Line Dr
3800 BKFD 2444 C3
Finley Dr
400 TAFT 2597 B1
Finnin St
16700 KrnC 2643 E6
Finsbury Ct
11500 BKFD 2441 B5
Finster Ct
1300 KrnC 2542 F4
Fiorito St
600 BKFD 2482 B2
600 KrnC 2482 B2
Fir Av
8700 CALC 2615 H3
Fir Dr
23200 KrnC 2579 C5
Fir St
10 THPI 2609 H4
500 KrnC 2567 A7
Fire Ct
24300 KrnC 2577 B4
Firebaugh St
6800 BKFD 2511 G1
Fire Breaks Access
- KrnC 2169 C7
Firebush Av
3200 KrnC 2763 A5
Firefox St
1800 KrnC 2763 C6
Fire Opal Dr
6100 BKFD 2511 J2
S Fire Opal St
100 RGCR 2259 E3
1600 KrnC 2259 E7
Firwood Ct
8400 KrnC 2250 F4
Firwood Wy
4000 BKFD 2482 B3
Fishback Av
6700 KrnC 2441 H3
Fishering Dr
4000 KrnC 2482 B1
4400 BKFD 2482 B1
Fishers Peak Dr
10600 BKFD 2441 C6
Fitzgerald Dr
9700 BKFD 2481 D6
Fjord Dr
4700 BKFD 2482 A2
Flagstaff Wy
3300 BKFD 2481 G5
Flame St
400 MCFD 2199 H7
Flanagan St
- SHFT 2359 B1
Flare Dr
18100 KrnC 2637 F2
Flat Frog Rd
- KrnC 2249 A1
Flathead River Ct
500 BKFD 2441 B7
Flat Iron Ct
12100 BKFD 2441 A1
Flatiron Ct
24700 KrnC 2577 A3
Flatrock Dr
6600 BKFD 2511 H1
Flax Av
- KrnC 2616 D7
Fleetwood Wy
3600 BKFD 2403 C7
Fleur St
3100 BKFD 2443 E1
Flicker Dr
4200 BKFD 2482 B3
Flicker Rd
3500 KrnC 2250 B4
Flight Line
- KrnC 2643 D5
Flight Line Rd
1000 KrnC 2643 E5
Flight Systems Dr
16500 KrnC 2643 F6
Flinders St
9100 KrnC 2512 F5
Flint Dr
2100 KrnC 2443 D3
Flint Creek Wy
5600 BKFD 2511 C1
Flint Hills Dr
2900 BKFD 2512 D4
Flintridge Dr
2900 BKFD 2443 F3
3100 KrnC 2443 F2
Flora Dr
19300 KrnC 2609 C7
W Flora Wy
1200 RGCR 2259 A2
Floral Dr
2500 KrnC 2443 B2
Floral Meadow Dr
3200 KrnC 2402 D3
Floral Park Ct
5900 BKFD 2512 A1
Flora Springs Wy
- KrnC 2440 F5
N Florence Av
700 RGCR 2259 C1
Florence Dr
2300 DLNO 2119 J4
Florence Ln
200 KrnC 2402 D7
Florence St
7700 KrnC 2543 H2
N Florence St
200 RGCR 2259 C2
Flores Wy
200 SHFT 2359 D2
Florito Wy
700 DLNO 2119 E7
Flower St
300 BKFD 2442 J3
900 BKFD 2443 A3
900 KrnC 2443 B4
2200 WASC 2278 D4
2500 KrnC 2249 C7
2700 KrnC 2278 D4
Flower Crest Av
14500 KrnC 2440 G5
Flowerfield Ln
- BKFD 2444 C2
Flushing Quail Rd
- BKFD 2441 E3
Flute Av
- KrnC 2440 B6
Fog Wy
9000 KrnC 2514 A6
Folkstone Wy
4800 BKFD 2481 E7
Folsom Lake Ct
15300 KrnC 2440 F4
Fontana St
22300 KrnC 2609 C1
22400 KrnC 2579 C7
Foothill Dr
8900 KrnC 2444 A6
21400 KrnC 2609 C2
Foothill Rd
7800 KrnC 2443 H6
Forbes Park Dr
9400 BKFD 2441 E6
Ford Av
4000 BKFD 2442 B7
Ford Ln
200 TAFT 2597 C2
Ford St
4600 KrnC 2250 F2
Fordham St
2700 BKFD 2443 A1
Fordman Ct
20400 CALC 2616 C3
Forest Blvd
- KrnC 2616 J5
7500 CALC 2615 G5
9600 CALC 2616 A5
Forest St
12700 KrnC 2673 A5
Forestdale Ct
4900 BKFD 2512 A1
Forest Hills Dr
- BKFD 2404 D4
S Forest Knoll St
400 RGCR 2259 F4
900 KrnC 2259 F6
2100 KrnC 2299 F2
2400 RGCR 2299 F2
Forest Oaks Ct
8900 KrnC 2401 E5
Forest Park St
6500 BKFD 2401 E6
6500 KrnC 2401 E6
N Fork Dr
5600 BKFD 2511 H1
Forrest St
1700 BKFD 2442 E6
Forrestal St
- RGCR 2219 F6
Fortier St
3200 BKFD 2443 H4
Fortune St
3100 BKFD 2512 D2
Fortune Hills Dr
4200 BKFD 2443 E2
Fort Worth Wy
- BKFD 2401 B7
Forum Wy
1200 BKFD 2481 D2
Forward Pass Ct
28400 KrnC 2637 D3
Foss Ridge Ct
5900 BKFD 2511 H1
Foster Av
4100 KrnC 2442 B1
Fotis Ln
- KrnC 2250 B4
Foundry Pl
- BKFD 2442 G4
Fountain Dr
2600 BKFD 2443 F4
S Fountain St
300 RGCR 2259 F4
Fountain Grass Av
5100 BKFD 2512 A5
Fountain Valley Dr
7000 KrnC 2401 G5
Fountain View Wy
5300 BKFD 2482 A7
5600 BKFD 2512 A2
Fouras St
2200 BKFD 2481 F3
Four Bears Dr
10700 BKFD 2441 C6
Four Seasons Ct
3900 BKFD 2512 C2
Fowler St
- RGCR 2219 F7
Fownes Ct
500 BKFD 2512 G2
Fox Ct
900 ARVN 2574 H1
21700 KrnC 2609 C2
Foxboro Av
4300 BKFD 2482 B4
Foxboro Ct
2900 BKFD 2482 B4
Fox Bridge Wy
600 BKFD 2441 F6
Fox Creek Ct
8600 BKFD 2441 F6
Foxcroft Ln
900 BKFD 2441 E6
Foxen Spring Dr
- SHFT 2359 B2
Foxfire Ct
2100 BKFD 2482 E6
Foxglen Ct
9300 BKFD 2441 E6
Fox Glove Ct
2000 BKFD 2482 E6
Fox Hollow Ct
12400 BKFD 2441 A5
Fox Ridge Ct
30300 KrnC 2577 A7
30300 KrnC 2607 A1
Fox Run Dr
8600 BKFD 2441 F6
Foxtail St
2300 KrnC 2763 D5
Foxtail Wy
9100 BKFD 2441 E6
Foxtail Pine Dr
8300 KrnC 2250 F3
Fox Tree Ct
800 KrnC 2443 J6
Foxtrot Ln
19200 KrnC 2608 G7
Foxwood St
3900 BKFD 2403 E7
Foyt Dr
- BKFD 2444 C2
Fran Ct
1900 KrnC 2249 B7
Fran Dr
22700 KrnC 2579 D7
France Wy
6100 BKFD 2401 B6
Frances Av
100 SHFT 2359 C3
Francis St
100 KrnC 2402 E5
Franciscan Plz
300 DLNO 2119 D6
Franciscan Wy
- KrnC 2440 F5
Franco Rd
200 KrnC 2483 A1
300 BKFD 2483 A1
Frank Av
3000 KrnC 2673 A3
Frank Cir
- CALC 2586 D1
- KrnC 2586 D1
Frank Ct
1700 BKFD 2512 E1
Frank J Fletcher St
6100 BKFD 2512 E1
Franklin Av
10 TAFT 2596 J3
100 KrnC 2596 J3
1500 KrnC 2763 E3
3700 KrnC 2218 D7
6600 KrnC 2443 G4
E Franklin Av
100 KrnC 2259 D6
100 RGCR 2259 D6
8100 KrnC 2257 B7
W Franklin Av
900 RGCR 2259 A6
1200 KrnC 2259 A6
1300 KrnC 2258 J6
1300 RGCR 2258 J6
Franklin St
100 ARVN 2545 A7
300 ARVN 2544 J7
E Franklin St
100 ARVN 2545 A7
Frazier Av
3900 BKFD 2482 B1
3900 KrnC 2482 B1
Fred
- KrnC 2443 B5
Frederick Av
- KrnC 2442 B4
Frederick St
- CALC 2615 B3
Fredrick Ct
900 SHFT 2319 D7
Freedman St
400 SHFT 2359 B1
Freedom Ct
6300 KrnC 2217 F2
Freedom Wy
10 KrnC 2402 F7
Freeman Dr
2000 ARVN 2574 J2
Freen Ct
- CALC 2616 B3
Freesia Wy
- BKFD 2511 B1
N Freeway Rd
- KrnC 2403 A1
Fremantle Ct
13800 KrnC 2440 H5
Fremont Av
3200 KrnC 2643 A7
Fremont St
100 DLNO 2159 F1
400 DLNO 2119 F7
1600 BKFD 2482 E3
1600 KrnC 2482 E3
Fremont St SR-155
100 DLNO 2159 F1
400 DLNO 2119 F7
Fremontia Wy
8400 KrnC 2250 F3
French Av
100 RGCR 2259 B3
E French Av
200 RGCR 2259 E2
W French Av
100 RGCR 2259 D3
Frenchglen Av
13300 BKFD 2480 J1
Frenchglen Ct
6400 BKFD 2481 H4
Fresno Av
28100 KrnC 2318 A7
30200 KrnC 2319 F7
30200 SHFT 2319 C7
E Fresno Av
600 SHFT 2319 B7
700 KrnC 2319 B7
W Fresno Av
29900 KrnC 2318 J7
29900 KrnC 2319 A7
29900 SHFT 2319 A7
Fresno St
- KrnC 2643 C5
400 MCPA 2627 H7
900 KrnC 2627 H7
Friant Ct
500 BKFD 2441 J7
Friant Dr
5800 BKFD 2441 J7
Frick Rd
3800 KrnC 2575 B7
3900 ARVN 2575 B6
Friedson Ct
6000 BKFD 2404 D7
Friesen St
21000 KrnC 2609 E3
21000 THPI 2609 E3
Frish Moss Ct
1500 BKFD 2481 B2
W Fritz St
9200 KrnC 2513 B5
Froehlich St
- BKFD 2440 J4
Frog Meadows St
7000 BKFD 2511 H1
Front St
- RGCR 2219 D7
300 KrnC 2597 B3
300 TAFT 2597 A3
E Front St
100 DLNO 2159 G1
100 KrnC 2436 J2
300 KrnC 2437 A2
E Front St SR-58
100 KrnC 2436 J2
300 KrnC 2437 A2
W Front St
100 KrnC 2436 H2
W Front St SR-58
100 KrnC 2436 H2
Frontage Rd
- DLNO 2119 C7
- KrnC 2250 G2
- KrnC 2401 F2
600 MCFD 2199 H4
3300 KrnC 2218 D6
S Frontage Rd
100 MCFD 2199 J6
400 KrnC 2199 J7
Frontier Rd
7700 KrnC 2129 H7
7700 KrnC 2169 H1
Frontier St
300 KrnC 2402 F7
Frontier Tr
10 KrnC 2129 G7
10 KrnC 2169 H1
N Frontier Tr
- KrnC 2129 G7
Frontier Wy
26600 KrnC 2577 G7
Frontier Peak Ln
5700 BKFD 2511 C1
Front Porch Ct
9900 BKFD 2401 D6
Frost Wy
3800 BKFD 2481 E6
Fruit Wy
3700 KrnC 2443 F6
Fruitvale Av
2100 KrnC 2441 H3
4600 BKFD 2401 H5
4600 BKFD 2441 J1
5900 KrnC 2401 H7
Fuchsia Av
8700 CALC 2615 H2
Fuentes St
8600 BKFD 2512 D4
Fuller Dr
8100 KrnC 2513 J1
8700 KrnC 2514 A1
Fuller St
200 SHFT 2359 C2
Fulop St
2500 KrnC 2249 C6
Fulton Av
4000 BKFD 2443 E1
Fuschia Ct
3700 BKFD 2512 C1
Fussel St
10 KrnC 2289 A2
Futura Rose Wy
3300 BKFD 2512 C2

G

G St
- KrnC 2219 D5
- RGCR 2219 D5
300 WASC 2278 F2
1200 BKFD 2442 E5
G & W Rd
- KrnC 2402 G2
G & W A Rd
- KrnC 2402 F1
Gabreski Ct
22100 CALC 2585 C7
Gabriel Dr
100 BKFD 2441 J7
Gaelic Ct
3700 BKFD 2481 C5
Gage St
10 BKFD 2442 J5
1100 BKFD 2443 A4
2100 KrnC 2443 A2
Gail Ct
21900 CALC 2585 C7
Gailen Wy
21000 KrnC 2609 A4
Gail Marie Dr
8100 KrnC 2513 J6
Gainsborough Ct
3600 KrnC 2763 E2
10300 BKFD 2441 C7
Galanos Ct
6200 BKFD 2481 J7
Galaxy Av
200 KrnC 2402 D4
Gale Av
2200 KrnC 2443 C3
2300 BKFD 2443 C3
Galena Falls Ln
6300 BKFD 2401 C6
Galileo Dr
11900 BKFD 2441 B2
Galina Ct
1500 BKFD 2482 F7
Galindo St
- BKFD 2483 E2
Galland Ct
6600 CALC 2585 C7
Galleron Wy
11200 BKFD 2401 B6
Gallery Dr
6900 BKFD 2401 A5
Galliard Ct
1400 BKFD 2441 A5
Gallito St
4300 BKFD 2441 G2
Gallup Dr
7600 BKFD 2481 G5
Galway Ct
3900 BKFD 2481 C5
Galway Bay Dr
10500 BKFD 2481 C5
Gambel Oak Wy
2100 BKFD 2481 E3
Game Set Wy
13000 BKFD 2404 D4
Gandola Dr
400 BKFD 2441 D6
Ganesha St
16700 KrnC 2643 B4
Ganter Ct
4700 BKFD 2481 F7
Garber Wy
10 BKFD 2482 H7
10 KrnC 2482 H7
5700 KrnC 2512 H1
Garces Ct
30000 KrnC 2577 A4
Garces Hwy
10 DLNO 2159 E1
29900 KrnC 2159 B1
Garces Hwy SR-155
600 DLNO 2159 H1
1900 KrnC 2159 J1
W Garces Hwy
100 DLNO 2159 D1
100 KrnC 2159 D1
Garces Circle Access Rd
- BKFD 2442 F3
Garcia Ct
6500 BKFD 2512 B2
Garcia St
19900 KrnC 2609 C6
Garden Dr
10 BKFD 2482 H7
10 KrnC 2482 H7
Garden St
2000 DLNO 2119 H5
2100 KrnC 2249 E7
2200 WASC 2278 D4
12000 KrnC 2673 B7
Gardenia Av
3300 KrnC 2443 E6
Gardenia Ct
600 KrnC 2763 G3
Gardenwood Ln
4400 BKFD 2482 B5
Gardiner St
12000 KrnC 2679 H4
Gardner Field Rd
300 TAFT 2597 H3
Garfield Av
500 KrnC 2596 J4
1300 BKFD 2482 F5
Gargano Rd
400 KrnC 2444 A6
Garibaldi Ct
21600 CALC 2616 B1
N Garibaldi Dr
10500 CALC 2586 B7
S Garibaldi Dr
21600 CALC 2616 B1
21800 CALC 2586 B7
Garibaldi Pl
21500 CALC 2616 B1
Garin Wy
- BKFD 2440 J4
W Garis Av
500 RGCR 2219 C7
Garland Av
10 BKFD 2482 D6
Garlock Rd
1300 KrnC 2218 J7
Garnet Av
100 RGCR 2259 D3
3500 KrnC 2763 A5
Garnet Ct
4300 BKFD 2441 H1
Garnsey Av
- BKFD 2482 C1
- KrnC 2482 C1
10 BKFD 2442 C7
S Garnsey Av
100 KrnC 2482 C1
Garnsey Ln
3400 BKFD 2442 B6
Garone Dr
10 KrnC 2512 H5
Garratt St
400 TAFT 2597 C2
Garrick Ct
11300 BKFD 2481 B4
Garrin Rd
8900 KrnC 2541 E4
Garrison Dr
- KrnC 2610 G4
Garth St
500 KrnC 2259 A2
500 RGCR 2259 A2
N Garth St
1000 KrnC 2219 A7
1000 KrnC 2259 A1
S Garth St
200 KrnC 2259 A3
400 RGCR 2259 A4
1600 KrnC 2299 A1
Gartner
- KrnC 2402 H6
Gary Pl
2700 KrnC 2482 H7
5700 KrnC 2512 H1
Gary St
10 KrnC 2289 A3
Garzoli Av
1000 DLNO 2159 G6
11100 KrnC 2159 G7
12000 KrnC 2199 G3
13000 MCFD 2199 G6
N Garzoli Av
100 KrnC 2199 G5
100 MCFD 2199 G5
Gas Company Rd
26000 KrnC 2597 F2
26000 TAFT 2597 F2
27000 KrnC 2567 E7
27000 TAFT 2567 E7
Gascony Ct
8900 BKFD 2481 E3
Gaskill St
12500 BKFD 2441 A6
Gasoline Alley Dr
4900 BKFD 2482 D7
5600 BKFD 2512 D1
Gaston St
1700 WASC 2278 F5
Gatehouse Ln
- BKFD 2441 C7
S Gates St
- KrnC 2299 B1
Gateway Av
2500 BKFD 2483 B1
N Gateway Blvd
100 RGCR 2259 F2
S Gateway Blvd
100 RGCR 2259 F4
700 KrnC 2259 F4
1700 KrnC 2299 F2
2400 RGCR 2299 F2
Gateway Ct
600 BKFD 2483 B1
Gatlin St
5500 BKFD 2401 H7
Gators Dr
- BKFD 2512 B4
Gatwick Ln
10900 BKFD 2481 C3
Gaucho St
4800 BKFD 2441 H1
Gay St
600 KrnC 2482 J1
Gaylene Av
4900 BKFD 2482 G7
Geflan St
3900 BKFD 2441 B2
Geissler Av
3000 KrnC 2673 A5
Gelding Wy
4300 BKFD 2441 A1
Gemini Ct
1400 BKFD 2482 A2
Gemline Av
2600 BKFD 2482 D4
Gempen St
10800 KrnC 2673 A7
Gemstone St
- BKFD 2512 A4
S Gemstone St
1100 KrnC 2259 D6
1100 RGCR 2259 D6
Gena Marie Ct
900 BKFD 2512 F1
General Beale Rd
7900 KrnC 2545 J5
General Petroleum Av
100 KrnC 2597 B3
General Petroleum Rd
- KrnC 2643 C7
- KrnC 2673 A2
General Petrolium Rd
- KrnC 2673 B1
Geneva Av
600 BKFD 2482 G4
Geneva Ct
3200 KrnC 2250 C5
Genevieve St
7700 BKFD 2512 F3
Genice Renee St
6800 KrnC 2401 E5
Genie Dr
1900 KrnC 2209 B4
Genoa Dr
5800 BKFD 2441 J2
Gentry St
2200 BKFD 2482 C3
George Blvd
- CALC 2586 H7
- KrnC 2586 J7
George Rd
78300 SBdC 2219 J1
George St
19800 KrnC 2609 D6
George Wy
1500 BKFD 2441 C5
Georges Latour Av
15300 KrnC 2440 F6
Georgetown Av
7700 KrnC 2543 H1
Georgetown St
20400 CALC 2616 B3
Georgette Pl
6500 CALC 2615 C1
Georgia Av
- CALC 2615 C6
- CALC 2616 C5
- KrnC 2616 G5
Georgia Dr
5200 BKFD 2402 G7
Georgia Oak Dr
2500 BKFD 2481 E4
Georgia Pine Wy
5900 BKFD 2511 G2
Gerald St
10 KrnC 2289 E4
10000 KrnC 2567 J2
Gerdi Rd
- KrnC 2289 B2
Geri Ct
3200 KrnC 2763 B3
Gerson Ln
- KrnC 2610 E4
Gertrude St
3000 KrnC 2763 B3
Getty Frwy
2300 KrnC 2403 A4
Getty St
3400 BKFD 2442 C2
3400 KrnC 2442 C2
Ghost Town St
18100 KrnC 2637 E2
Gibbs St
- CALC 2615 B5
Gibson Ln
400 SHFT 2319 B7
Gibson St
2200 BKFD 2442 B4
2200 KrnC 2442 B4
Gig Harbor Ct
9200 BKFD 2441 E3
Gihon Wy
4100 BKFD 2481 E6
Gila River Dr
12400 BKFD 2441 A6
Gilbert Ln
200 KrnC 2169 J1
Gilbert St
9700 KrnC 2513 H6
Gilead St
18700 KrnC 2359 H6
18700 SHFT 2359 H6
Gill Av
2400 BKFD 2443 C1
Gillingham Wy
- BKFD 2481 D7
Gillum St
600 KrnC 2402 F7
Gilmore Av
3100 BKFD 2442 A3
3300 KrnC 2442 C3
Giminiani Ln
9700 BKFD 2512 D6
9700 KrnC 2512 D6
Gina Ct
6400 KrnC 2401 G6
W Ginger Av
600 RGCR 2259 C4
Ginger Ct
21600 KrnC 2609 D2
Ginger Dr
5500 BKFD 2482 A5
5600 BKFD 2481 J5
Ginger Oak Ln
8800 BKFD 2481 E5
Ginger Snap Ln
300 BKFD 2512 G3
Ginnelli Wy
3500 BKFD 2482 C4
Ginseng Ln
3400 BKFD 2481 J5
Giordano Dr
6300 BKFD 2404 F7
Giovanetti Av
2800 BKFD 2512 D4
Girard St
1700 DLNO 2119 F4
2300 TulC 2119 F4
Giraudo Rd
26000 KrnC 2607 J4
26000 THPI 2607 J4
Giro Dr
13100 BKFD 2440 J4
Giuliani Wy
- BKFD 2511 E1
Giuseppe Ct
900 BKFD 2512 F1
Glacier Ct
5500 BKFD 2481 G7
Glacier Wy
1500 WASC 2278 C4
Glacier Canyon Ct
5000 BKFD 2512 A1
Glacier Springs Dr
5300 BKFD 2512 A1
Glade Av
9000 CALC 2615 J5
9500 CALC 2616 A5
Glade St
700 KrnC 2402 F6
Gladstone St
3100 KrnC 2402 G3
Gladys St
9200 KrnC 2512 H5
Glebe Rd
- BKFD 2483 H3
- KrnC 2483 H3
Gleeson Ct
8800 BKFD 2481 E6
Glen Ct
600 RGCR 2259 B4
8100 KrnC 2543 C2
Glenarm Ct
1700 BKFD 2481 G3
Glenbarr Ct
1900 BKFD 2481 G3
Glenbrea Ct
1800 BKFD 2481 G3
Glenbrook Av
3900 BKFD 2443 E1
Glenburnie Ln
1700 BKFD 2481 G3
Glencairn Ct
1800 BKFD 2481 G3
Glencannon St
4100 KrnC 2402 E2
Glencliffe Ln
2000 BKFD 2481 G3

STREET
Block City Map# Grid

Glencoe Pl
10900 KrnC 2513 J7
Glencove Wy
2100 BKFD 2481 G3
Glenda St
8800 KrnC 2512 F4
Glendale Av
- KrnC 2679 G2
Glendevon Ln
2300 BKFD 2481 G4
Glendon Ct
1900 BKFD 2481 J3
Glendower St
3000 KrnC 2763 D3
Gleneagle Ct
28600 KrnC 2637 D1
Gleneagles Dr
- BKFD 2441 D7
Glenellen Ln
1900 BKFD 2481 G3
Glenfauna Ln
2300 BKFD 2481 G3
Glenflora Ln
2200 BKFD 2481 G4
Glengary Pl
4500 BKFD 2512 B1
Glenlakes Ct
8300 BKFD 2401 F6
Glenmont Dr
1800 BKFD 2481 J3
Glenn Ln
10 KrnC 2289 F3
Glenn St
9700 KrnC 2441 D4
Glenneden Av
800 KrnC 2402 D2
Glenn Miller Ct
7200 BKFD 2401 D4
Glennsall Pl
6900 KrnC 2401 G5
Glenoak Pl
21500 KrnC 2608 J4
Glen Oaks Dr
100 BKFD 2482 A1
Glen Oaks Ln
20700 KrnC 2609 A4
Glenridge Av
3500 KrnC 2763 A5
Glenridge St
3400 BKFD 2403 F7
3400 BKFD 2443 F1
Glenrock Wy
6300 BKFD 2481 J2
Glenview Ct
18500 KrnC 2637 C2
Glenwood Av
100 MCFD 2199 J4
600 KrnC 2442 J1
Glenwood Cir
2900 KrnC 2443 D4
Glenwood Ct
1700 KrnC 2443 D4
Glenwood Dr
1300 KrnC 2443 D4
Glenwood Pl
3000 KrnC 2443 D4
Glenwood St
10 DLNO 2159 G1
400 DLNO 2119 F6
1800 TulC 2119 F4
S Glenwood St
100 DLNO 2159 G1
Gloria Ct
22200 CALC 2585 F7
Gloria Dr
8100 CALC 2585 F7
Glory Wy
2400 KrnC 2402 D4
Glouchester Dr
1800 BKFD 2481 B3
Glover St
2100 KrnC 2249 E7
Goal Point St
4500 BKFD 2441 D1
Goat Ranch Rd
3600 KrnC 2250 G3
Godey Rd
5500 SHFT 2360 F2
Godmother Ln
3600 KrnC 2289 F1
Goesling Av
7900 KrnC 2401 F6
8000 BKFD 2401 F6
Gold St
22100 KrnC 2609 D1
Goldbar Dr
3600 BKFD 2441 E2
N Gold Canyon St
100 RGCR 2259 E2
S Gold Canyon St
100 RGCR 2259 E4
1600 KrnC 2259 D7
Gold Country Wy
6100 BKFD 2511 G1
Gold Crest Ln
3400 KrnC 2763 C3
Gold Cup Ln
10500 BKFD 2441 C1
Gold Dust Dr
9700 BKFD 2481 D5
Golden Ct
7500 BKFD 2481 G5
Golden Dr
300 KrnC 2443 J6

Golden St
27000 KrnC 2679 J4
Golden Cat Rd
1700 KrnC 2627 C7
Golden Eagle Dr
2100 KrnC 2169 D7
2200 KrnC 2209 C1
Golden Fields St
6000 BKFD 2511 C1
Golden Gate Dr
6500 BKFD 2512 A2
Golden Hawk Ct
9000 BKFD 2441 E2
Golden Hills Blvd
19500 KrnC 2609 C6
20000 THPI 2609 C2
Golden Perch Ct
8300 BKFD 2441 F1
Goldenpointe Wy
5600 BKFD 2481 F7
5600 BKFD 2511 F2
Golden Poppy Ct
- SHFT 2359 A2
Golden Rise Ct
7500 BKFD 2481 G7
Goldenrod St
2400 KrnC 2402 D4
Golden Spur St
3500 KrnC 2249 D4
Golden Star Blvd
21600 KrnC 2609 C2
Golden State
12600 KrnC 2199 H4
12600 MCFD 2199 H4
Golden State Av
- KrnC 2442 C1
100 BKFD 2442 C1
Golden State Av SR-99 BUS
- KrnC 2442 C1
100 BKFD 2442 C1
Golden State Av SR-204
- KrnC 2442 C1
100 BKFD 2442 G4
Golden State Hwy
7000 KrnC 2402 A5
9100 KrnC 2401 G2
Golden State Rd
1500 BKFD 2442 E2
Golden Sunset Ct
5900 BKFD 2511 J1
Golden Valley Dr
10800 BKFD 2511 C1
Golden West Av
100 SHFT 2359 B2
Golden West Ct
900 THPI 2609 F4
Golden Wheat Dr
9200 BKFD 2512 B5
Goldfinch Dr
8600 BKFD 2441 G2
Gold Hill Av
10 KrnC 2441 H4
Gold Meadow Dr
- KrnC 2402 E3
Gold Mill Av
10 KrnC 2169 A6
Gold Ranch Wy
5800 BKFD 2404 G7
Gold Run Rd
- KrnC 2250 J3
Gold Rush Ct
1400 BKFD 2481 H2
Goldrush Ct
27500 KrnC 2637 F2
Golds Av
- SHFT 2359 F3
Gold's Av
800 SHFT 2359 F3
900 KrnC 2359 F3
Goldspike Rd
29500 KrnC 2577 B1
Goldstone Dr
6100 BKFD 2511 J2
Gold Stone Ln
3500 KrnC 2763 B2
Goldwood Av
4500 BKFD 2403 E7
Goldwood Ct
4000 BKFD 2403 E7
Golfari Ct
24200 KrnC 2577 C5
Golfer Ln
10 KrnC 2402 E2
Gonzales St
300 ARVN 2575 A2
Gonzalez Ct
2300 DLNO 2119 J5
Good Pl
12200 KrnC 2441 A3
Goodman St
100 BKFD 2442 H2
100 KrnC 2442 H2
800 KrnC 2443 B2
Goodmanville Rd
- BKFD 2403 F3
- KrnC 2403 F2
Goodrick Dr
900 THPI 2610 A2
Goodview Av
100 KrnC 2289 D4
Goodwin Av
14500 KrnC 2440 G5

Goodwin St
2600 KrnC 2250 C6
Goodyear Ct
4000 BKFD 2444 C2
Goose Creek St
11500 BKFD 2441 B7
Gorbett Ln
4500 BKFD 2481 E6
Gorden Wy
10 KrnC 2169 D7
Gordon St
3100 KrnC 2763 F3
4100 KrnC 2482 G6
N Gordon St
- RGCR 2259 B3
1500 RGCR 2219 B6
S Gordon St
200 RGCR 2259 B4
1500 KrnC 2259 B7
Gordon Valley St
5900 BKFD 2511 H1
Gorham Wy
5200 BKFD 2482 A1
Gorrill St
1100 BKFD 2442 J6
1300 BKFD 2443 A7
Gosford Rd
100 BKFD 2481 G4
5700 BKFD 2511 G6
8000 KrnC 2511 G6
9700 KrnC 2541 G5
Goshawk Ct
500 BKFD 2441 H7
Goshen Ct
9500 BKFD 2481 E6
N Goss St
1300 KrnC 2219 A7
S Goss St
100 KrnC 2259 A3
100 RGCR 2259 A3
Gossett Wy
28200 KrnC 2577 D6
Gossiper Ln
18400 KrnC 2359 C4
Gowdy Ln
5800 KrnC 2512 J1
Graaf Av
- KrnC 2217 A7
- KrnC 2218 B7
E Graaf Av
- RGCR 2219 D6
W Graaf Av
100 RGCR 2219 C6
1100 KrnC 2219 A6
1400 KrnC 2218 J6
5200 KrnC 2217 J7
Grace Av
6500 KrnC 2250 C3
Grace Ct
400 SHFT 2359 B1
Grace St
300 BKFD 2442 J3
900 BKFD 2443 A3
1000 KrnC 2443 A3
Graceville Ct
11700 BKFD 2441 B6
Graff Av
5900 KrnC 2217 G7
Grafton Ct
6900 BKFD 2512 G2
Graham St
19900 CALC 2615 F4
Gramercy Ct
2700 BKFD 2482 A4
Granada Av
3900 KrnC 2482 C2
Grand Av
- KrnC 2610 G4
Grand Bank Wy
- BKFD 2512 D3
Grand Canyon Dr
- BKFD 2404 E7
Grand Central Av
5900 BKFD 2511 E1
Grande Wy
100 RGCR 2259 D3
Grand Haven Ln
2700 BKFD 2512 D3
Grandifloras Ct
5700 BKFD 2401 E7
Grand Island Av
- BKFD 2481 B3
Grand Island Dr
- BKFD 2481 B2
Grand Lakes Av
900 BKFD 2481 C3
Grand Oaks Av
21200 KrnC 2609 A3
Grandpas Rd
- KrnC 2257 H3
Grand Prairie Dr
10500 BKFD 2511 C1
Grand Prix Pl
3700 BKFD 2444 C3
Grand Terrace Ct
5700 BKFD 2511 G2
5700 BKFD 2512 A1
Grand Teton Dr
12100 BKFD 2441 A1
Grandview Av
10 KrnC 2129 G6
Grandview Ln
2900 BKFD 2512 D3
Grandview Ter
2300 KrnC 2763 C2

Grand View Summit Dr
9900 BKFD 2481 D6
Grand Vista Ln
5000 BKFD 2481 C7
Granite Ct
3400 KrnC 2763 A3
S Granite Rd
3000 KrnC 2402 D1
Granite St
2500 KrnC 2763 D5
5100 BKFD 2482 C7
Granite Canyon Rd
8700 BKFD 2512 B5
Granite Creek Ct
3500 BKFD 2512 C3
Granite Dome St
7600 BKFD 2512 F3
Granite Falls Dr
8100 BKFD 2441 F3
Granite Hills St
7300 BKFD 2512 D3
Granite Mountain Ct
4500 BKFD 2481 D6
Granite Pass Av
800 BKFD 2443 E7
Granite Peak St
7700 BKFD 2512 D4
Granite Ridge Pl
2700 BKFD 2512 D3
Granlee Ct
3000 KrnC 2441 C3
Grant Av
10500 CALC 2616 C6
Grant Dr
700 KrnC 2402 D6
N Grant St
200 SHFT 2359 C2
S Grant St
700 SHFT 2359 C2
Grant Grove St
5200 BKFD 2443 E7
Grant Terrace St
500 KrnC 2596 H4
500 TAFT 2596 H4
Grant Wood St
6300 BKFD 2401 F6
Grapevine Dr
600 ARVN 2544 J6
Grape Vine Ln
- WASC 2278 C3
Grapewood Av
8800 CALC 2615 H3
Grasmere Av
12000 BKFD 2441 A7
Grass Ct
18100 BKFD 2404 D4
Grass Creek Dr
5700 BKFD 2511 C1
Grassotti Ct
3400 BKFD 2482 C4
Grassy Knob St
6800 BKFD 2511 H1
Gravenstein Dr
21000 CALC 2616 C2
Gray Ct
100 KrnC 2542 G7
Graydon Av
100 KrnC 2596 H3
100 TAFT 2596 H3
Grayfox Ln
10800 BKFD 2481 C2
Grayson Ln
10700 KrnC 2404 C3
Grazing Av
4500 BKFD 2441 B1
Great Bear St
6600 BKFD 2511 H1
Great Cir Dr
7000 CALC 2615 D3
Great Country Dr
12100 BKFD 2401 A5
Greatest Pl
14500 KrnC 2440 G4
Greatfalls Ct
4800 BKFD 2481 C7
Great Harvest Dr
8900 BKFD 2512 A5
Grecian Laurel St
11800 BKFD 2481 B3
Greeley Rd
- KrnC 2480 A1
1000 KrnC 2440 A3
Green Ct
20400 CALC 2616 B3
Green Rd
8100 BKFD 2511 D5
8100 KrnC 2511 D5
Green St
400 MCPA 2627 H6
2700 BKFD 2442 D3
N Green St
100 THPI 2609 H2
S Green St
800 THPI 2609 H5
12000 KrnC 2679 J4
Greenacres Dr
9400 KrnC 2441 E4
Greenbank St
9000 BKFD 2441 E3
Greenbriar Wy
3000 KrnC 2763 F3
Greenbrier Av
4800 KrnC 2443 E3

Greenbrier Ct
- KrnC 2443 D3
1500 WASC 2278 E5
Green Clover Av
5000 BKFD 2512 A5
Greenfair Ct
10 KrnC 2481 H2
Greenfield Park Dr
8700 BKFD 2512 G5
8700 KrnC 2512 G5
Green Garden Dr
6100 BKFD 2511 J1
Greenhaven Ct
10 BKFD 2442 A5
9400 BKFD 2481 E3
Greenhaven Dr
10 BKFD 2442 A7
Greenhaven Lp
10 BKFD 2442 A7
Greenhaven St
1500 BKFD 2441 B5
Greenhill St
2200 KrnC 2763 A6
Green Hills Dr
3200 KrnC 2444 E1
3600 BKFD 2404 E7
3600 BKFD 2444 E1
4000 KrnC 2404 E7
Greenhorn Ct
29800 KrnC 2637 A2
Greenhorn Mountain Ct
5600 BKFD 2481 F7
5600 BKFD 2511 G1
S Greenlawn St
900 RGCR 2259 E5
1900 KrnC 2259 E7
1900 KrnC 2299 E1
Greenleaf Ct
3600 BKFD 2442 C7
Greenleaf St
10 KrnC 2129 H6
Greenmore Ln
4900 BKFD 2482 B7
Green Mountain Ln
3000 BKFD 2441 E3
Green Oak Pl
9700 BKFD 2481 D3
Green River St
1100 BKFD 2441 A6
Greenrock Av
4100 BKFD 2512 B5
Greensward Wy
6600 BKFD 2481 J3
Green Valley Wy
6000 BKFD 2511 C1
Greenview Ln
4800 KrnC 2402 E1
Greenville Ct
4900 BKFD 2512 A1
Greenwater Dr
29200 KrnC 2577 A5
Greenwich Dr
10200 BKFD 2401 C7
Greenwood Av
8300 CALC 2615 G3
Greenwood Dr
700 KrnC 2443 G5
Greenwood Meadow Ln
600 KrnC 2402 C3
Gregg Ln
2100 ARVN 2575 A2
Gregory Av
8500 KrnC 2513 J7
8500 KrnC 2514 A7
Gregory Dr
3100 KrnC 2643 A6
Gretchen Ct
6700 BKFD 2512 E2
Grevillea St
500 KrnC 2567 A7
Grey Wy
10 TAFT 2596 J3
Grey Cliff Wy
- BKFD 2512 D4
Greycoat Ln
- BKFD 2481 B4
Grey Fox Rd
6200 KrnC 2250 B5
Grey Goose St
9700 BKFD 2481 D7
Greymouth Pl
5400 BKFD 2401 D7
Greystone Ct
5300 BKFD 2443 H1
Greywolf Ct
7600 BKFD 2512 G3
Grgich Wy
- KrnC 2440 F5
Gribben Ct
- KrnC 2439 F3
Griffin St
1600 RGCR 2219 C6
28200 THPI 2609 F3
Griffith Av
100 WASC 2278 E1
15800 KrnC 2278 E6
16400 KrnC 2318 E5
N Griffith Av
14900 KrnC 2278 E1
14900 WASC 2278 E1
Griffiths St
10 BKFD 2482 B1
10 KrnC 2482 B1

Grimsby Wy
- BKFD 2481 D7
Grimshaw St
1700 BKFD 2481 A3
Grinder Wy
6800 BKFD 2512 F2
Grissom St
3300 BKFD 2482 A6
Grizzly St
9800 BKFD 2481 D7
Grogan Dr
5200 BKFD 2481 H7
Gromer Av
800 WASC 2278 A1
1100 KrnC 2278 A1
Grouse Dr
29800 KrnC 2607 A7
Grove Av
8400 CALC 2615 G5
9600 CALC 2616 A5
17100 KrnC 2609 J6
Grove St
- ARVN 2574 J1
- KrnC 2545 A6
10 KrnC 2289 B2
100 BKFD 2442 H4
300 ARVN 2544 J7
Grove Park Wy
10 KrnC 2129 G7
10 KrnC 2169 H1
Grove Ridge Av
- BKFD 2443 E7
Groves St
- RGCR 2219 F7
Grundy Av
500 SHFT 2359 B1
N Guam Av
100 KrnC 2259 A3
100 RGCR 2259 A3
N Guam St
700 KrnC 2259 A1
1000 KrnC 2219 A7
1300 KrnC 2218 J6
S Guam St
400 RGCR 2259 A6
1700 KrnC 2259 A7
1900 KrnC 2299 A1
Guarandan Pl
11000 BKFD 2404 C7
Guava St
- KrnC 2440 G1
Guaymas Av
200 BKFD 2480 H1
Guenther St
100 SHFT 2359 B2
Guildford St
8000 BKFD 2481 F1
Guildhall Ln
- BKFD 2441 A7
Gulf St
- KrnC 2442 B2
3400 BKFD 2442 C2
Gulf Oil Co Rd
- BKFD 2442 A4
Gull Ct
21300 CALC 2615 B1
Gunnison Wy
3600 BKFD 2481 H5
Gurley St
2300 KrnC 2443 A2
Guru Ram Das Ct
7900 KrnC 2483 H2
Gus St
12100 KrnC 2673 A6
Gusher Ct
5500 KrnC 2402 C1
Gustavo Ct
10800 BKFD 2401 C6
Guynemer Ct
22300 CALC 2585 C6
N Gwen Dr
100 RGCR 2259 F3
Gwendolyn St
5500 BKFD 2482 D7
5700 BKFD 2512 D1
Gwenivere Ct
6900 BKFD 2512 C2
Gypsy Rose Ct
- KrnC 2401 H5

H

H St
- KrnC 2219 D5
- RGCR 2219 D5
10 BKFD 2442 E4
600 WASC 2278 F3
E H St
100 THPI 2609 H2
S H St
10 BKFD 2482 E1
200 KrnC 2482 F1
5500 BKFD 2512 F2
10500 KrnC 2512 F7
10700 KrnC 2542 F6
W H St
- KrnC 2643 B5
100 THPI 2609 H2
1000 KrnC 2209 A5
Habecker Rd
7200 KrnC 2514 A7
Hachita Ct
7400 BKFD 2481 G5
Hacienda Blvd
- CALC 2616 A7
- KrnC 2616 A7

Hacienda Blvd
19500 CALC 2615 J3
21700 CALC 2585 H7
Hacienda Dr
800 BKFD 2482 J4
800 BKFD 2483 A4
20900 KrnC 2609 A1
21200 KrnC 2608 J1
Hacienda Wy
800 DLNO 2119 D7
Hadar Rd
1200 BKFD 2512 F3
Hageman Rd
- BKFD 2402 A7
- BKFD 2442 A1
- KrnC 2439 J2
6000 BKFD 2441 J1
10000 KrnC 2441 C2
12900 BKFD 2440 J1
12900 KrnC 2440 F2
Hageman Frontage Rd
13100 KrnC 2440 J1
Haggin St
100 BKFD 2441 J7
Haggin Oaks Blvd
1400 BKFD 2481 F3
Hahn Av
4000 BKFD 2482 B4
Hail Ln
100 MCFD 2199 H4
Haji Ln
10 KrnC 2169 D7
Hajun Wy
- KrnC 2512 E6
Hal St
- KrnC 2404 D2
Haldon St
1500 KrnC 2402 E5
Hale Ct
27800 KrnC 2577 F5
Hale St
3300 BKFD 2483 A5
Haley St
10 BKFD 2443 A5
1600 KrnC 2443 A3
3400 BKFD 2403 A7
S Haley St
200 BKFD 2443 A7
Half Dome Wy
4600 BKFD 2482 E6
N Half Moon Dr
2600 BKFD 2481 H4
S Half Moon Dr
3200 BKFD 2481 H5
Halford Ct
3700 BKFD 2482 A5
Halifax St
5500 BKFD 2482 A4
Hall Ct
3400 KrnC 2249 E7
Hall Rd
7300 KrnC 2513 H6
8500 KrnC 2514 A6
Hallard Ln
- BKFD 2443 C2
Halleluiah St
6000 KrnC 2483 F4
Halliana Ct
1600 BKFD 2481 B3
Hallisey Ct
4000 BKFD 2482 B4
Hallisey St
2600 BKFD 2482 B4
E Haloid Av
300 RGCR 2259 E4
W Haloid Av
700 RGCR 2259 B4
W Haloid Rd
100 RGCR 2259 C4
Halsey St
1900 RGCR 2219 G5
Halter Ct
5700 BKFD 2404 E4
9300 KrnC 2512 H5
Halterio Ct
900 BKFD 2481 G2
Hambleton Hills Ln
5100 BKFD 2443 E7
Hambletonian Dr
17800 KrnC 2637 G2
Hamburg Ct
9500 BKFD 2481 E6
Hamilton Ct
3600 BKFD 2512 C4
Hamilton Rd
10 KrnC 2289 C3
Hamilton Wy
20100 CALC 2616 C4
Hamlet Wy
- BKFD 2481 D7
Hammond Wy
6500 BKFD 2512 F2
Hampshire Ct
8000 BKFD 2481 F2
Hampshire Wy
1000 KrnC 2763 F3
Hampton Ct
3800 KrnC 2763 A5
5100 BKFD 2482 A6
N Hampton Rd
26500 KrnC 2679 H3
Hampton Park Wy
1500 BKFD 2440 J5

Hancock Av
2100 KrnC 2673 C7
Hancock St
- RGCR 2219 E6
Handcock Wy
11800 BKFD 2401 A7
Handel Av
300 SHFT 2319 D7
11900 BKFD 2441 A4
Hanford Dr
6600 BKFD 2511 H1
Hangar Wy
2600 KrnC 2402 C4
Hank Rd
1500 KrnC 2402 B7
Hannah Av
5700 KrnC 2403 E3
Hannah Denise Av
11500 BKFD 2441 B2
Hanover Cir
7100 BKFD 2481 H5
Hanover Dr
10000 CALC 2616 B4
Hans Blvd
- CALC 2585 G4
- CALC 2586 J4
Hansen Dr
- KrnC 2610 G4
Hanson Ln
400 ARVN 2574 J1
400 ARVN 2575 A1
Hanson St
1100 KrnC 2444 A5
Hanzell Wy
5900 BKFD 2401 C7
Harbison Wy
18700 KrnC 2610 C7
Harbor Dr
- KrnC 2403 H2
Harbor Club Dr
8300 BKFD 2401 F6
Harbor Isle Wy
14500 BKFD 2440 G7
Harcourt Ln
1300 BKFD 2481 C2
Hardin Wy
3700 BKFD 2481 H5
Harding Av
100 KrnC 2402 E7
100 KrnC 2596 H3
100 TAFT 2596 H3
E Harding Av
100 KrnC 2402 F7
Harless St
6200 BKFD 2512 G1
Harlow Av
10 MCFD 2199 H5
Harmon Rd
2500 KrnC 2484 A6
Harmony Dr
2600 BKFD 2403 D7
8700 BKFD 2483 J7
8700 KrnC 2484 A7
Harnage St
2200 KrnC 2249 B7
Harness Dr
21000 KrnC 2607 G3
Harold St
7700 KrnC 2543 H2
Harold Wy
2000 KrnC 2443 B5
Harpenden Av
10600 BKFD 2481 C2
Harper Av
1800 BKFD 2443 A6
Harper Peak Ct
- KrnC 2579 A6
Harpoon St
1800 RGCR 2219 F6
Harpy Eagle Av
5600 BKFD 2403 H7
Harrell Blvd
- BKFD 2404 A3
- KrnC 2404 A2
Harrier Wy
- BKFD 2442 G5
N Harriet St
900 RGCR 2259 B1
Harrington Av
1800 KrnC 2289 B1
Harrington St
11300 BKFD 2481 A4
Harris Dr
100 KrnC 2442 D1
500 SHFT 2359 D1
Harris Rd
2900 BKFD 2512 C1
3800 KrnC 2512 C1
5800 BKFD 2511 J1
6900 BKFD 2481 G7
16000 KrnC 2610 B6
Harrisburg St
600 BKFD 2480 J2
Harrison Dr
2100 KrnC 2402 F5
Harrison St
100 KrnC 2597 B1
100 TAFT 2597 B1
200 KrnC 2567 B7
Harrods Dr
1800 BKFD 2481 B3
Harrogate Ln
3100 BKFD 2481 G4
Harry E Yarnell Ct
1900 BKFD 2512 E1

Hart Dr
- KrnC 2610 G4
24400 KrnC 2577 F4
Hart St
100 BKFD 2402 F7
100 KrnC 2402 F7
Hartford Av
4800 BKFD 2482 A5
Hartford St
- RGCR 2219 E7
Hartland St
10900 BKFD 2441 C7
Hartley Av
1300 KrnC 2259 G7
E Hartley Av
100 KrnC 2259 D7
100 RGCR 2259 D7
W Hartley Av
900 KrnC 2259 B7
1500 KrnC 2299 A1
Hartley St
800 SHFT 2359 D3
Hartman Av
5700 BKFD 2441 J7
Hartnett Ct
- BKFD 2444 G1
Hartwick Ct
4900 BKFD 2512 A1
Harty St
1200 KrnC 2482 D2
Harvard Av
10700 CALC 2616 C2
Harvard Dr
3200 BKFD 2443 D1
Harvell
1900 KrnC 2763 E5
Harvest Av
16100 KrnC 2440 E6
Harvest Creek Rd
400 BKFD 2441 E6
Harvest Crest Av
14500 KrnC 2440 G5
Harvest Grove Ct
17400 KrnC 2440 D7
Harvest Moon Av
5000 BKFD 2512 A5
Harvest Moon St
2400 KrnC 2763 B5
Harvey Ct
9700 BKFD 2441 D5
9700 KrnC 2441 D5
Harvey Dr
- CALC 2586 J4
Harvick Av
11700 BKFD 2401 A6
Harwood St
2100 BKFD 2481 A3
Hassam Dr
8500 BKFD 2481 F6
Hasti Acres Dr
2200 BKFD 2482 A4
Hasti Bob Ct
4800 BKFD 2482 B3
Hasti Joy Ct
4700 BKFD 2482 B3
Hastings Av
1000 KrnC 2763 F3
Hastings St
8200 BKFD 2481 F2
Haswell St
500 BKFD 2441 B6
Hatch St
15500 KrnC 2643 A6
Hatcher Pl
3700 KrnC 2763 E2
Hatton Av
4100 KrnC 2249 D3
Hauerhill Wy
1300 BKFD 2481 D2
Haupt Av
8500 KrnC 2443 J6
8500 KrnC 2444 A6
Havasu Falls Ct
7200 BKFD 2401 C5
Haven Av
900 KrnC 2402 D2
Haven Dr
100 ARVN 2545 A7
300 ARVN 2544 H7
1300 KrnC 2544 H7
Haven Ln
24500 KrnC 2608 C4
Haven St
3300 KrnC 2763 D3
Havenridge Dr
- KrnC 2440 D5
Haverling Ln
600 BKFD 2441 D6
Havilah Wy
4400 BKFD 2481 D6
Hawaii Ct
28600 KrnC 2637 D3
Hawaii Ln
12500 BKFD 2401 A7
12700 BKFD 2400 J7
Hawes Ct
10 KrnC 2169 G7
N Hawk St
100 KrnC 2257 C3
2900 KrnC 2217 C3
S Hawk St
1500 KrnC 2257 C7
Hawk Creek Dr
6000 BKFD 2511 J1

Kern County Street Index

STREET Block City Map# Grid

Hawkeye Dr
8100 BKFD 2512 B4
Hawks Ct
22100 CALC 2585 D7
Hawks Ln
8400 BKFD 2441 F2
Hawk Springs Dr
400 BKFD 2441 C6
Haworth Ln
10700 BKFD 2481 C3
Hawthorne Av
2800 BKFD 2443 A1
2800 KrnC 2442 J1
2800 KrnC 2443 A1
Hawthorne St
700 KrnC 2567 A6
1700 WASC 2278 D4
Haybert Ct
200 BKFD 2482 F1
E Hayden Av
200 RGCR 2259 D4
Hayden Ct
100 BKFD 2442 G5
Hayden Hill St
6900 BKFD 2512 F3
Haydock Ct
11500 BKFD 2481 B3
Hayes St
10 BKFD 2442 J7
N Hayes St
10 THPI 2609 J2
S Hayes St
10 THPI 2609 H3
200 BKFD 2482 J1
Hayfield Ln
20000 KrnC 2609 B5
Hay Market St
2200 KrnC 2763 B5
Hayslett Av
200 BKFD 2443 C7
200 KrnC 2443 C7
Haystack Canyon Ln
- BKFD 2512 C3
Hayward Av
400 RGCR 2259 E1
Hazel St
400 KrnC 2443 C6
Hazelmere Ct
1500 BKFD 2481 D2
Hazelnut Ct
6600 BKFD 2511 G2
Hazelnut St
900 WASC 2278 E1
Hazelton St
400 MCPA 2627 H6
900 KrnC 2627 J7
Hazelwood Ct
- KrnC 2439 F6
Headlands Dr
5300 BKFD 2401 F7
Headquarters Dr
- BKFD 2404 D4
Headwater Dr
5600 BKFD 2401 F7
Heard Ct
300 ARVN 2544 H6
Heartnut St
100 SHFT 2359 C3
Heartstone St
- BKFD 2512 B5
Heath Rd
- SHFT 2360 E3
- SHFT 2400 E2
10 BKFD 2480 F1
10 KrnC 2440 E6
10 KrnC 2480 F1
5100 KrnC 2400 E7
20000 BKFD 2400 E6
Heather Av
7900 CALC 2615 F1
10000 CALC 2616 A1
Heather Ct
600 RGCR 2259 C4
1700 WASC 2278 D4
24500 KrnC 2577 A4
Heather Ln
2800 KrnC 2441 B3
Heather Pl
21300 CALC 2616 A1
Heather Wy
1800 DLNO 2119 H4
Heatherfield Av
1000 KrnC 2763 F3
Heatherglen Dr
500 RGCR 2259 E4
Heather Valley Dr
10200 BKFD 2441 D6
Heatherwood Dr
6500 KrnC 2541 H4
Heathrow St
3100 BKFD 2481 C5
Heaton St
1900 BKFD 2481 A3
Hector Ct
21400 CALC 2616 B1
Hedgeland Ct
3200 BKFD 2481 B5
Hedgerow Wy
- BKFD 2481 D7
Heely Ct
8700 BKFD 2481 E6
Hehn St
6100 KrnC 2483 F4
Heidi Ct
12900 BKFD 2480 J1
Heifitz St
18900 KrnC 2610 C7
Height St
800 KrnC 2443 A2
1300 BKFD 2443 B2
Heim Ln
10 KrnC 2169 E6
Heimforth St
1900 BKFD 2441 B5
Heinrich St
18600 KrnC 2359 H5
Heirloom Rose St
7500 BKFD 2512 C3
Heisey St
3100 BKFD 2443 E1
Helen St
200 MCPA 2627 G6
Helen Wy
400 KrnC 2512 G5
4000 KrnC 2249 E3
S Helena Ct
1300 KrnC 2259 C6
1300 RGCR 2259 C6
N Helena St
100 RGCR 2259 C2
S Helena St
300 RGCR 2259 C4
Hellman Dr
- TAFT 2597 B2
Helm Dr
5800 BKFD 2401 F6
Helvey St
300 KrnC 2443 E7
Hemingway Pl
9000 BKFD 2481 E5
Hemlock Av
10 KrnC 2289 A2
8000 CALC 2615 F3
24300 KrnC 2579 C4
Hemlock Ct
8300 BKFD 2481 F5
Hempstead Ln
2600 BKFD 2481 J4
Henares St
6200 BKFD 2511 B2
Henderson Av
14600 KrnC 2440 G4
Hendricks Ln
1700 BKFD 2482 E4
Henley St
2200 KrnC 2443 C6
Henness Ct
7300 BKFD 2511 G2
Henry Av
- CALC 2586 H6
Henry Ln
2600 BKFD 2441 G3
3200 KrnC 2441 G3
Henry Rd
26400 KrnC 2566 D5
Henry St
300 RGCR 2259 E4
Henson St
400 KrnC 2440 H7
500 BKFD 2440 H6
Herb Wy
6100 BKFD 2481 J5
Herbert St
- KrnC 2258 E6
N Herbert St
100 KrnC 2258 E1
1300 KrnC 2218 E7
Hereford Wy
- BKFD 2401 A7
Heritage Dr
- BKFD 2443 C3
- KrnC 2443 C3
- RGCR 2219 C7
- RGCR 2259 C1
N Heritage Dr
900 RGCR 2259 C1
1000 RGCR 2219 C7
N Heritage Pl
400 RGCR 2219 C6
Hermosa Av
900 RGCR 2259 B1
2200 DLNO 2119 J4
Hermosa Dr
200 KrnC 2442 H1
Hermosa Rd
6500 KrnC 2483 G6
8100 KrnC 2484 D6
Herndon St
3300 KrnC 2441 C3
Herring Rd
700 KrnC 2574 E7
700 KrnC 2575 A7
Hersey Wy
3500 BKFD 2481 E5
Hesketh Dr
5700 BKFD 2441 J7
Hewlett St
400 BKFD 2441 J7
Hi Ct
19800 KrnC 2579 D7
Hialeah Dr
27100 KrnC 2637 F2
Hialeah Park Ln
4300 BKFD 2441 D1
Hickerson Dr
100 KrnC 2442 D1
Hickok Av
- BKFD 2404 D7
Hickory Av
3500 KrnC 2543 C1
Hickory Ct
3700 KrnC 2763 A5
Hickory Dr
8500 CALC 2615 G3
Hickory St
800 SHFT 2359 D3
1000 THPI 2609 F4
Hickory Hills Av
8700 KrnC 2401 E5
Hickorywood Ln
100 KrnC 2402 D7
Hicks Av
6100 KrnC 2217 F4
Hicks Ln
500 SHFT 2319 C7
Hidalgo Dr
- CALC 2615 J7
500 BKFD 2480 H2
Hidden Ln
10 KrnC 2481 H2
Hidden Bridge Dr
7300 BKFD 2481 G7
Hidden Burrow Dr
- BKFD 2401 A5
Hidden Canyon Dr
21600 KrnC 2578 J7
Hidden Cove Ct
6500 BKFD 2512 F2
Hidden Oak Dr
3000 BKFD 2443 G1
Hidden Oaks Dr
- KrnC 2607 B1
Hidden Rock St
3900 BKFD 2481 E6
Hidden Valley Rd
3400 BKFD 2403 G7
Hiett Av
500 DLNO 2159 D1
500 KrnC 2159 D1
600 DLNO 2119 D7
10000 TulC 2119 D4
12400 KrnC 2199 D3
12400 MCFD 2199 D3
Higgins Dr
300 KrnC 2402 D7
High St
100 DLNO 2159 G1
500 DLNO 2119 G7
2100 TulC 2119 F3
S High St
100 DLNO 2159 G2
Higham Av
2900 KrnC 2249 D3
High Country Dr
12100 BKFD 2401 A5
High Echelon Ct
28400 KrnC 2637 D3
High Goal Pl
10500 BKFD 2441 C1
High Gun Ct
16300 KrnC 2637 G4
High Gun Dr
15900 KrnC 2637 G4
Highland Ct
2600 BKFD 2443 E2
Highland Dr
- CALC 2615 J7
100 KrnC 2402 D5
E Highland Dr
100 KrnC 2402 F5
Highland Rd
- KrnC 2402 D5
Highlander St
5800 BKFD 2443 G1
Highland Hills St
3900 KrnC 2402 D2
Highland Knolls Dr
6300 BKFD 2443 G2
Highland Oaks Dr
5700 BKFD 2443 G1
Highland Orchard Pkwy
1200 THPI 2609 G5
Highland Orchards
100 THPI 2609 G5
Highland View Ct
21100 KrnC 2608 G3
Highline Rd
15000 KrnC 2610 A5
16500 THPI 2610 A5
17000 KrnC 2609 A6
17000 THPI 2609 A6
22200 KrnC 2608 G6
25000 THPI 2608 A6
25500 KrnC 2607 J6
High Meadow Wy
3400 KrnC 2402 D3
Highmoor Av
900 KrnC 2402 F4
High Oak Dr
9300 BKFD 2481 E3
High Peaks Dr
6600 BKFD 2511 H1
High Plains Dr
- BKFD 2481 C6
High Plateau Wy
10500 BKFD 2511 C1
High Point Dr
- BKFD 2441 D6
- KrnC 2441 D6
High Ridge Dr
8700 BKFD 2512 A5
High Rock Ct
25500 KrnC 2577 G2
Hilaire-Blaise Dr
11000 BKFD 2481 C4
Hill Av
5700 KrnC 2257 H6
Hill Ct
10 KrnC 2289 F4
Hill Rd
- KrnC 2403 J2
- KrnC 2404 A2
400 MCPA 2627 H6
Hill St
400 KrnC 2443 E5
400 MCPA 2627 H6
22500 KrnC 2579 B7
22500 KrnC 2610 G4
N Hill St
100 ARVN 2544 J6
500 KrnC 2544 J5
S Hill St
100 ARVN 2544 J7
Hillard St
100 KrnC 2596 J3
100 TAFT 2596 J3
Hillary Wy
12900 BKFD 2480 J1
Hillburn Rd
3100 KrnC 2443 E4
3900 BKFD 2443 F4
Hill Country Dr
12100 BKFD 2401 A5
Hill Creek St
5800 BKFD 2511 C1
Hillcrest Av
- KrnC 2259 F7
1800 KrnC 2763 D3
E Hillcrest Av
500 KrnC 2259 E7
W Hillcrest Av
7300 KrnC 2257 C7
Hillcrest Ct
21100 KrnC 2579 A7
Hillcrest Dr
500 KrnC 2442 J1
Hill Dale Ct
6000 BKFD 2403 G7
Hilldale Ln
- BKFD 2443 H1
Hill Dale Plz
5900 BKFD 2403 G7
Hillman St
600 SHFT 2359 C3
E Hills Dr
2300 BKFD 2443 E2
N Hills Dr
4700 KrnC 2402 E1
Hillsborough Dr
4200 BKFD 2442 B7
Hillside Ct
22300 KrnC 2607 B1
Hillside Dr
- KrnC 2129 H7
1500 KrnC 2443 D4
Hillside Ranch Rd
8000 KrnC 2250 F1
Hilltop Ct
400 TAFT 2596 H3
Hilltop Dr
- KrnC 2209 E2
8100 KrnC 2513 J1
Hill View Wy
25800 KrnC 2679 F3
Hillview Acres Rd
10000 KrnC 2250 J2
Hillyer Wy
8200 BKFD 2481 F7
Hilo Wy
- BKFD 2512 C2
Hilton Head Wy
7000 BKFD 2481 G4
Himalayas Dr
4200 BKFD 2441 A2
Hinault Dr
13100 BKFD 2440 J4
Hinderhill Dr
10200 BKFD 2441 C7
Hines Wy
2800 BKFD 2482 D2
2800 KrnC 2482 D2
Hingham Woods Ct
1000 BKFD 2512 F2
Hinkle Ln
- KrnC 2209 B5
Hinsdale Av
4000 BKFD 2443 E1
Hinsley St
2900 KrnC 2483 J4
Hinson St
2200 KrnC 2249 B7
His Wy
6200 BKFD 2441 J1
Hitchcock Av
600 SHFT 2359 B2
Hitchcock Dr
3800 BKFD 2481 E5
Hix Ct
700 KrnC 2443 H5
Hoad Ln
2700 BKFD 2481 H4
Hodges Av
1700 BKFD 2482 E3
Hoebeck Rd
10 KrnC 2289 A3
Hoffman Av
3800 BKFD 2482 C3
8100 KrnC 2513 J1
Hofman Ct
500 SHFT 2359 D1
Hofman Dr
500 SHFT 2359 D1
Hofman Dr E
600 SHFT 2319 D7
600 SHFT 2359 A1
Hofman Dr W
600 SHFT 2319 D7
600 SHFT 2359 A1
Hogan Wy
700 BKFD 2481 J2
Holbrook St
3100 KrnC 2441 C3
Holdane Ct
19000 CALC 2616 A6
Holden St
400 ARVN 2544 J7
Holden Wy
2100 BKFD 2482 E3
Holder St
2600 KrnC 2483 G4
Holiday Av
2500 KrnC 2763 B6
Holladay Av
2500 KrnC 2512 D6
Holland St
9700 KrnC 2441 D4
Holland Park St
12600 BKFD 2441 A6
Hollie Wy
10 KrnC 2289 F3
Hollins St
2700 BKFD 2443 B1
Hollis St
5100 BKFD 2401 H7
Hollister Av
6000 BKFD 2481 J7
Holloway Av
1000 KrnC 2763 F2
Holly Av
2100 KrnC 2443 B6
9100 CALC 2615 H3
Holly Ct
19500 KrnC 2608 G6
Holly Dr
300 THPI 2609 H3
S Holly Canyon Dr
100 RGCR 2259 E3
S Holly Canyon St
1300 RGCR 2259 E6
1400 KrnC 2259 E6
Hollyhill Dr
200 BKFD 2441 B7
Hollyhock Ln
2700 BKFD 2481 J4
Hollymount Av
5800 BKFD 2481 J4
Holly Oak Dr
9600 BKFD 2481 E4
Hollytree Ln
700 WASC 2278 C3
Hollywood Tulip Wy
- BKFD 2511 A1
Holmby Ct
100 BKFD 2481 J1
Holster Dr
4300 BKFD 2441 B1
Holt Rd
- KrnC 2643 A2
Holt St
400 ARVN 2544 H6
12100 KrnC 2673 B1
15000 KrnC 2643 B7
Holtby Rd
10 BKFD 2442 E7
Homaker Pl
500 BKFD 2442 G3
Homer Ln
4200 BKFD 2481 F6
Home Ranch Dr
12100 BKFD 2441 A1
Homestead Ct
10 KrnC 2169 B5
Homestead Wy
100 CALC 2616 C1
7400 BKFD 2401 B5
7400 KrnC 2401 B5
22900 KrnC 2577 B7
Homewood Av
800 BKFD 2443 E7
Hondo Ln
- BKFD 2512 C5
Honey Wy
7100 BKFD 2512 B3
Honeysuckle Av
5800 BKFD 2512 C1
Honolulu Rd
25600 KrnC 2567 J6
Hood Av
1400 RGCR 2259 G5
2400 KrnC 2258 G5
W Hood Av
900 RGCR 2259 B5
2400 KrnC 2258 G5
5300 KrnC 2257 H5
Hood Dr
600 KrnC 2442 D1
Hood St
200 ARVN 2545 A7
400 ARVN 2544 J7
1300 KrnC 2544 H7
Hoodsport Av
8400 BKFD 2441 F3
Hook Av
1000 KrnC 2763 E2
Hooker Ct
21700 CALC 2586 C7
Hooker Dr
10900 CALC 2586 C7
Hooper Av
6600 BKFD 2401 H7
Hooper Wy
5600 BKFD 2401 H7
Hoover St
200 BKFD 2442 H7
Hope Av
9000 KrnC 2514 A6
Hope Ct
14800 KrnC 2673 B1
Hope St
600 TAFT 2597 A3
Hopkins Av
100 KrnC 2402 F7
Hopper Ct
100 BKFD 2442 G4
Hopper St
100 MCFD 2199 J4
Horace Mann Av
2700 KrnC 2443 D4
Horace Mann Ct
2800 KrnC 2443 D4
Horizon Av
- TAFT 2597 F1
Horizon Ct
21800 KrnC 2607 F2
Horizon Dr E
2300 KrnC 2763 C2
Hornaday Ln
- BKFD 2401 B7
Horne St
3300 BKFD 2482 J5
Hornet St
- RGCR 2219 F7
Hornitos Ct
6500 BKFD 2481 H3
Hornitos Ln
6600 BKFD 2481 H3
Horn Pipe Rd
1400 SBdC 2259 J6
Horse Creek Ln
1100 BKFD 2441 B6
Horseshoe Ct
4200 BKFD 2481 C6
Horseshoe Ln
700 KrnC 2258 G1
Horsetail St
6400 BKFD 2511 H1
Horsethief Dr
28800 KrnC 2637 B2
Hosey Av
8100 KrnC 2541 F4
E Hosking Av
10 BKFD 2512 H4
300 KrnC 2512 J4
1400 BKFD 2513 A3
1400 KrnC 2513 A3
Hosking Rd
10 BKFD 2512 B4
Hot Springs Ln
6300 BKFD 2511 H1
Houchin Rd
300 KrnC 2482 E1
2700 BKFD 2482 E4
Houghton Rd
10 KrnC 2542 G3
4900 KrnC 2541 C3
Hounslow Sq
1100 BKFD 2481 C2
Houser St
1600 BKFD 2443 A6
Houston Av
9700 KrnC 2513 J6
Hovey Hills Rd
27600 TAFT 2597 E7
28200 KrnC 2597 D7
Howard Av
1500 KrnC 2402 E5
Howard Dr
8200 CALC 2585 F7
Howard St
2100 KrnC 2763 B5
9700 KrnC 2513 H6
13600 KrnC 2673 A3
Howell Av
4000 KrnC 2258 C1
5800 KrnC 2257 H1
W Howell Av
100 RGCR 2259 C1
1500 KrnC 2258 J1
1500 KrnC 2259 A1
Howell Dr
9900 BKFD 2481 D1
Howell Mountain Dr
10800 BKFD 2401 C6
Howermancel Rd
- KrnC 2578 H1
Howze Av
22100 KrnC 2399 F4
Hoxie Ct
9100 BKFD 2481 E6
Huachuca Ct
7600 BKFD 2481 G5
Huachuca Wy
3500 BKFD 2481 G5
Hub Av
1300 BKFD 2482 F5
Hub Ln
2100 KrnC 2249 E7
Hubbard Cir
400 RGCR 2259 E1
Hubbard St
2700 BKFD 2442 E3
Hubble Ct
7800 BKFD 2512 H3
Huber Av
3200 KrnC 2643 A6
Hubert St
2300 KrnC 2441 E4
Huckleberry Dr
14500 BKFD 2480 G1
Hudson Dr
10 KrnC 2512 G4
Hudson Pl
8600 KrnC 2512 G4
Huffnpuff Blvd
300 KrnC 2209 D2
Hufft St
2700 KrnC 2442 J1
Hughes Av
100 KrnC 2402 F6
3100 KrnC 2289 E1
W Hughes Av
900 RGCR 2259 B6
Hughes Ln
10 BKFD 2482 E1
600 KrnC 2482 E2
9900 BKFD 2512 E6
10100 KrnC 2512 E6
Hugo Wy
21000 CALC 2615 D2
Hull Rd
7300 KrnC 2567 J2
Humboldt Wy
- BKFD 2441 A1
Humboldt Peak Ct
10000 BKFD 2481 D6
Hume Av
10500 CALC 2616 B5
Hume Ln
100 BKFD 2481 J1
100 KrnC 2481 J1
Hummingbird Av
1800 DLNO 2119 H4
Hummingbird Ct
5100 BKFD 2481 H7
Humming Bird Rd
10 KrnC 2169 E6
Humphreys St
- BKFD 2404 B6
Hungry Gulch Rd
6400 KrnC 2209 C5
Hunter Av
5000 BKFD 2482 A1
Huntington Ct
7300 BKFD 2441 G1
Huntington Downs Av
9900 BKFD 2441 D1
Huntley Wy
18900 KrnC 2610 A7
Huntridge Ln
5800 BKFD 2512 B1
Huntsman Oak Ct
9400 BKFD 2481 E4
Hurlingham Dr
10000 BKFD 2401 D7
Huron Dr
3300 KrnC 2763 B3
Huron Pl
17700 KrnC 2609 H7
17700 THPI 2609 H7
Hurricane Creek Ct
1200 BKFD 2481 B2
Hurrle Av
1500 KrnC 2402 E5
S Hurrle Av
900 KrnC 2402 E6
Hurschell Av
800 RGCR 2259 B1
Hurst Park Dr
12000 BKFD 2481 A4
Huskey Dr
500 KrnC 2442 D1
Hussey Rd
1700 RGCR 2219 F6
Huth St
4100 KrnC 2249 E3
Hutson Av
800 ARVN 2574 H1
Hyacinth Dr
10100 BKFD 2481 D3
Hyde Park Dr
11200 BKFD 2481 B3
Hylton Ln
8100 KrnC 2514 C4
Hyperion Av
11600 BKFD 2441 B2

I

I St
- KrnC 2219 D4
- RGCR 2219 D4
E I St
100 THPI 2609 H2
S I St
15700 KrnC 2643 C6
W I St
100 THPI 2609 H2
Iberia Ct
6900 BKFD 2481 H5
Ibis Ln
6400 BKFD 2441 H7
Icarus Ct
6700 CALC 2585 D6
Icicle Creek Dr
8500 BKFD 2441 F3
Idaho St
2700 BKFD 2443 B1
S Idaho St
900 RGCR 2259 B7
Idlerock Av
4400 BKFD 2512 B5
Idlewood Ct
700 BKFD 2482 G5
Ilene Ct
5300 BKFD 2482 F7
Illusion Wy
11200 BKFD 2481 B5
Imperial Av
3500 KrnC 2763 A6
Imperial Ln
400 BKFD 2480 G1
Imperial St
29700 KrnC 2399 F1
34300 KrnC 2401 F1
Ina Ct
4900 BKFD 2443 F1
Incline Dr
3400 BKFD 2443 G2
Independence Ct
4800 BKFD 2481 C7
Independence St
- RGCR 2219 F7
Indianapolis Dr
11700 BKFD 2401 A7
Indian Clover Ct
8500 BKFD 2481 F5
Indian Clover Ln
3400 BKFD 2481 F5
Indian Gulch St
7300 BKFD 2511 G1
Indian Hawthorne St
11400 BKFD 2481 B2
Indian Peaks Av
6000 BKFD 2511 H1
Indian Rock Rd
3300 KrnC 2250 B4
8100 BKFD 2404 J4
Indian Wells Av
5600 BKFD 2481 J2
5600 BKFD 2482 A2
Indian Wells Ln
500 RGCR 2259 E2
Indian Wells Rd
21100 KrnC 2579 A7
21500 KrnC 2578 J7
N Indian Wells St
900 KrnC 2257 J1
1100 KrnC 2217 J7
S Indian Wells St
900 KrnC 2257 J6
Indie Ct
4100 BKFD 2443 E1
Indigo St
7600 BKFD 2512 C3
Induran Dr
13100 BKFD 2440 J4
Industrial Av
2000 KrnC 2763 E6
Industrial Pkwy
- THPI 2609 H2
Industrial St
10 BKFD 2443 B7
10 KrnC 2443 B7
100 MCFD 2199 J5
1000 KrnC 2763 E7
Industrial Wy
1500 TAFT 2597 C3
700 SHFT 2360 E1
Industrial Farm Rd
18000 KrnC 2361 D4
Industry Wy
- SHFT 2400 D2
Industry Parkway Dr
19600 KrnC 2401 H2
Infantry Wy
- BKFD 2442 G5
Inglenwood Av
1300 KrnC 2512 F6
Ingrid St
11300 KrnC 2513 A7
11300 KrnC 2543 A1
Innisfree Dr
2500 BKFD 2481 H4
Innsbruk Dr
1200 BKFD 2512 F4
Interlaken Dr
1500 BKFD 2512 F4
Intrepid Rd
2000 RGCR 2219 H5
Inverarry Ct
5400 BKFD 2482 A1
Invermay St
1000 BKFD 2481 B6
Inverness Ct
3800 KrnC 2443 E3
Invidia Ct
11600 BKFD 2441 B2
11600 KrnC 2441 B2
Inwood Dr
6700 BKFD 2481 H4
Inyo St
10 BKFD 2442 H5
1700 KrnC 2643 D5
1900 DLNO 2119 G5
1900 KrnC 2442 J3
N Inyo St
100 RGCR 2259 B2
1000 RGCR 2219 A7
1600 DLNO 2119 F5
2900 KrnC 2442 J1
3100 BKFD 2442 J1
S Inyo St
300 RGCR 2259 B4
1700 KrnC 2259 A7
1900 KrnC 2299 B1
Inyokern Rd
- RGCR 2219 D6
E Inyokern Rd
- RGCR 2219 H6
- SBdC 2219 H6
W Inyokern Rd
100 RGCR 2219 B6
1000 KrnC 2219 A6
1400 KrnC 2218 C6
5100 KrnC 2217 H6
W Inyokern Rd SR-178
100 RGCR 2219 B6
1000 KrnC 2219 A6
1400 KrnC 2218 B6
5100 KrnC 2217 H6
Inyo Madera St
5800 KrnC 2513 F1
W Iowa Av
900 RGCR 2259 A4
Iowa Ct
300 RGCR 2259 C4
Ipswich Wy
8100 BKFD 2481 F5
Irene Av
6600 CALC 2615 C1
9600 CALC 2616 A1
Irene St
10 BKFD 2442 H2
100 TAFT 2596 J1
100 TAFT 2597 A1
200 KrnC 2442 J2
800 KrnC 2443 B2
Iriart St
20000 KrnC 2609 D5
20000 THPI 2609 E5
Iris Ct
10 KrnC 2289 F3
Iris St
700 KrnC 2402 F6
900 WASC 2278 E1
Iris Wy
19600 KrnC 2609 D1
Irish Crystal Ct
200 BKFD 2440 G7
Ironbark St
- WASC 2278 D1
Iron Creek Av
10600 BKFD 2441 C6
Irone Av
- KrnC 2763 A2
Iron Mountain Ct
4500 BKFD 2481 D6
Iron Oak Ct
8400 KrnC 2401 F5
Iron Oak Dr
- BKFD 2401 F6
6600 KrnC 2401 F5
Iron Oak Wy
- BKFD 2401 F6
- KrnC 2401 F6
Ironrock Av
4100 BKFD 2512 B5
Ironstone Dr
1300 BKFD 2441 A5
Ironwood Av
8100 CALC 2615 G3
9700 CALC 2616 A3
Ironwood Ct
25800 KrnC 2577 J4
25800 KrnC 2578 A5
Ironwood St
100 KrnC 2567 A6
Ironwood Wy
3800 BKFD 2403 E7
Iroquois Ln
9700 BKFD 2401 D7
Iroquois Wy
9100 KrnC 2250 H1
Irvin St
700 KrnC 2482 E1
Irwin Av
2500 KrnC 2249 C6
Irwindale Av
11700 BKFD 2401 B6
Isaac Rd
7300 KrnC 2567 J3
Isaak Ln
5400 BKFD 2401 C4
5400 KrnC 2401 C4
Isabel Ct
300 MCFD 2199 J4
Isabell Rd
400 KrnC 2443 E5
Isabella Blvd
- CALC 2585 E7
19300 CALC 2615 E6
Isabella Walker Pass Rd
3100 KrnC 2289 A1
5200 KrnC 2249 B6

Kern County Street Index

STREET
Block City Map# Grid

Isabella Walker Pass Rd
8600 KrnC 2209 F7
10800 KrnC 2250 G2
Isabella Walker Pass Rd SR-178
3100 KrnC 2249 B6
3100 KrnC 2289 A1
8600 KrnC 2209 F7
10800 KrnC 2250 G2
Isaiah St
- BKFD 2403 H7
Isil Av
1700 BKFD 2482 E7
Isla Bonita St
600 BKFD 2483 E1
Isla del Sol Dr
10 KrnC 2443 D7
Island Breeze Wy
- BKFD 2481 E7
Island Mist Ct
4000 BKFD 2512 C2
Island Park Ct
900 BKFD 2481 B2
Islands Dr
4500 BKFD 2441 E1
Isla Verde St
4100 BKFD 2442 G1
Isle Verde St
400 BKFD 2442 G2
Ivan Av
1100 BKFD 2482 F5
Ives Ct
300 ARVN 2544 H6
21700 CALC 2586 C7
21700 CALC 2616 C1
Ives Dr
21600 CALC 2616 B1
Ivey Ln
- KrnC 2289 D3
Ivy Ct
- CALC 2616 B4
3600 BKFD 2442 C7
Ivy St
3700 KrnC 2217 B1
Ivybridge Wy
- BKFD 2481 D7
Ivy Trae Ln
700 BKFD 2512 F2
Ivywood Ct
3900 BKFD 2482 B5
Iwo Jima Rd
- RGCR 2219 D5
Ixtapa Dr
100 KrnC 2443 D7

J

J Av
- KrnC 2219 C4
J St
- CALC 2586 H2
- KrnC 2219 D4
- RGCR 2219 D4
100 WASC 2278 G2
E J St
100 THPI 2609 H2
S J St
1800 KrnC 2482 F3
2100 BKFD 2482 F4
W J St
400 THPI 2609 G2
Jacaranda Av
9100 CALC 2615 H3
10000 CALC 2616 A3
Jacaranda Dr
3000 BKFD 2442 D3
24000 KrnC 2578 A4
24500 KrnC 2577 H2
Jack Av
- KrnC 2318 J4
30400 KrnC 2319 D4
Jackie Ct
3100 BKFD 2512 D1
6100 KrnC 2257 G3
Jackie Dr
7000 KrnC 2217 E7
Jacks Ct
- KrnC 2608 D2
Jacks Hill Rd
18200 KrnC 2637 A2
18900 KrnC 2607 B7
Jackson Av
300 SHFT 2359 D1
29300 KrnC 2278 G6
29300 WASC 2278 G6
Jackson Pl
21600 CALC 2615 F1
Jackson St
100 KrnC 2597 B1
100 TAFT 2597 B1
200 KrnC 2567 B7
400 BKFD 2442 H4
28100 KrnC 2278 D6
28700 WASC 2278 E6
Jackson Lake Dr
13000 BKFD 2400 J7
Jackson Ridge Av
4300 BKFD 2512 B4
Jacksonville Av
12100 BKFD 2401 A7
Jack Springs Rd
29900 KrnC 2607 A6
N Jacks Ranch Rd
100 KrnC 2258 G2
900 KrnC 2218 G7
S Jacks Ranch Rd
900 KrnC 2258 G7
Jackstraw St
7900 BKFD 2512 G4
Jacober Av
10 KrnC 2484 D1
S Jacobs Ct
400 RGCR 2259 E4
N Jacobs Dr
1600 KrnC 2217 J6
Jacobsen Ct
500 THPI 2609 J3
Jacobson Wy
6500 KrnC 2401 G6
Jacona Av
1100 DLNO 2119 G4
Jacqueline
- BKFD 2482 J4
Jacqueline Av
12100 BKFD 2401 A4
12100 KrnC 2401 A4
Jacquelyn Ct
100 RGCR 2259 F3
Jacqulyn Renay Dr
- BKFD 2401 A6
Jade Av
3100 KrnC 2443 D3
Jade Hills Dr
- BKFD 2404 F7
Jadestone Dr
10900 BKFD 2481 C2
Jahon Ct
3300 KrnC 2763 A4
Jaipur Ct
27400 KrnC 2637 F2
Jalisco Av
200 BKFD 2480 H1
Jamaica Wy
300 BKFD 2481 H1
Jamaica Dunes Dr
29500 KrnC 2577 A6
James Av
- CALC 2586 C2
100 TAFT 2596 H3
James Ct
2100 ARVN 2574 J2
James Rd
300 KrnC 2129 J6
700 KrnC 2402 C1
2000 KrnC 2361 J5
James St
100 SHFT 2359 D1
700 RGCR 2259 A1
800 BKFD 2442 G3
12000 KrnC 2679 J5
Jameson Dr
4100 BKFD 2481 D6
Jameson Rd
13000 KrnC 2610 E4
Jameson St
19800 KrnC 2610 G5
Jamie Wy
1700 KrnC 2763 D6
Jamie Dawn Ln
3900 BKFD 2481 D5
Jamison Ln
- KrnC 2597 B3
Jamison Rd
26700 KrnC 2679 H3
Jamison St
- CALC 2585 A7
- CALC 2615 A3
Janata St
14500 KrnC 2643 H7
14500 KrnC 2673 H1
Jane Ct
21600 KrnC 2609 C2
Jane St
600 KrnC 2443 F5
Janelle Ct
800 RGCR 2259 B4
Janene Wy
3300 KrnC 2443 F3
Janet Av
300 KrnC 2482 G6
400 BKFD 2482 G6
Janice
- KrnC 2217 F7
- KrnC 2257 F1
Janice Dr
900 KrnC 2443 E5
Janice St
500 KrnC 2257 G1
Janice Marie Dr
10 KrnC 2169 C4
Janine Av
3000 KrnC 2763 B5
January Dr
2400 BKFD 2512 D2
Jardin Ct
200 BKFD 2442 G1
Jared Ln
11600 KrnC 2404 D3
Jared St
2100 KrnC 2440 F4
Jasmine Av
3600 KrnC 2763 A5
6800 CALC 2615 C1
12500 KrnC 2441 A3
12800 KrnC 2440 J3
Jasmine Ct
400 THPI 2609 H5
Jasmine St
2000 DLNO 2119 G4
2100 WASC 2278 D4
Jasmine Parke Dr
- BKFD 2441 F6
Jason Ln
2000 BKFD 2441 C5
2000 KrnC 2441 C4
Jason Rd
14500 KrnC 2440 G2
Jason Glenn Dr
4700 KrnC 2402 E1
Jaspar Av
4100 BKFD 2512 B1
Jastro Av
300 KrnC 2482 J1
Jaunt Av
BKFD 2444 B3
E Javis Av
- KrnC 2299 H2
- RGCR 2299 E3
W Javis Av
100 KrnC 2299 D2
100 RGCR 2299 D2
Javis Cir
2400 RGCR 2299 D2
Jawbone Av
8500 KrnC 2250 F3
Jay Av
8000 CALC 2585 F7
Jay Ct
3800 KrnC 2217 C1
7000 KrnC 2401 G5
Jay St
7700 KrnC 2513 H7
Jayme Av
7900 KrnC 2401 G6
8100 BKFD 2401 F6
Jaysix Pl
- KrnC 2440 C7
- KrnC 2480 C1
Jean Av
400 RGCR 2259 C3
3500 KrnC 2443 F6
W Jean Av
- RGCR 2259 B3
Jean Dr
3100 KrnC 2643 A6
Jeandora St
6700 BKFD 2512 B2
Jeanette Wy
10 KrnC 2169 C5
Jean Marie Av
6500 BKFD 2401 H7
Jeff St
1000 KrnC 2440 D6
Jefferson St
100 KrnC 2597 B1
100 TAFT 2597 B1
200 KrnC 2567 B7
300 BKFD 2442 J3
400 DLNO 2119 G6
400 DLNO 2159 H1
900 RGCR 2259 D1
1000 BKFD 2443 A3
1000 KrnC 2443 A3
3600 KrnC 2763 E2
13000 KrnC 2673 E4
S Jefferson St
100 DLNO 2159 G2
Jeffery Ln
2100 KrnC 2249 E7
Jeffery Rd
20500 KrnC 2609 A3
Jeffery Wy
200 KrnC 2249 E7
Jeffery Glenn St
600 BKFD 2441 B6
Jeffrey St
10 BKFD 2442 H2
100 KrnC 2442 J2
900 KrnC 2443 A2
W Jeffrey St
100 BKFD 2442 G2
Jeffries St
800 SHFT 2359 C3
Jeffry Av
8800 KrnC 2514 A7
Jeffry Rd
20500 KrnC 2609 A4
Jenica St
- SHFT 2401 A4
7400 BKFD 2401 A5
7400 KrnC 2401 A4
Jenine Lyn Wy
600 BKFD 2441 A6
Jenkins Rd
100 BKFD 2440 J7
100 BKFD 2480 G1
200 KrnC 2440 H3
5800 BKFD 2400 H6
5800 KrnC 2400 H6
S Jenkins Rd
100 BKFD 2480 H1
Jenlee Av
11300 BKFD 2441 B2
11300 KrnC 2441 B2
Jenna Kathryn Dr
8900 BKFD 2441 E3
Jennie Anne Ct
6900 BKFD 2512 D2
Jennifer Ct
1200 RGCR 2259 A2
Jennifer St
7300 BKFD 2401 H5
7300 KrnC 2401 H5
Jenny Ct
3100 BKFD 2482 D4
Jensen Av
7700 KrnC 2401 G5
Jeppi Rd
- KrnC 2436 H2
Jeremy Ct
10700 CALC 2616 B1
Jeremy Dr
10300 CALC 2616 B1
Jeremy St
1300 BKFD 2512 F1
Jeremy Jones Ct
6700 KrnC 2250 C4
Jerico Av
- KrnC 2249 E7
Jerlee St
300 BKFD 2480 J1
Jerome St
27000 KrnC 2679 J4
Jerome Wy
3800 BKFD 2481 G5
Jerry Av
2300 KrnC 2249 C6
Jerry Dr
22500 KrnC 2579 D7
Jerry St
8700 BKFD 2512 F5
8700 KrnC 2512 F4
Jersey Bounce Dr
9700 BKFD 2401 D5
Jervis Ct
500 BKFD 2512 G2
Jess St
500 ARVN 2574 J2
500 ARVN 2575 A2
Jesse D Rd
100 KrnC 2402 E2
Jessica Av
34700 KrnC 2361 H5
Jessica St
800 RGCR 2259 B1
Jessie Av
100 SHFT 2359 C3
Jessie St
1800 KrnC 2443 B3
26600 KrnC 2679 C6
Jet Wy
- BKFD 2441 G4
- KrnC 2441 G4
Jetta Av
6500 KrnC 2401 H6
8000 KrnC 2250 F1
Jewell Flower St
400 BKFD 2480 G1
Jewell Av
8800 KrnC 2514 A7
Jewell Ct
4900 BKFD 2482 E7
Jewelstone St
- BKFD 2512 B5
Jewett Av
3000 BKFD 2442 F2
Jewetta Av
- BKFD 2481 A1
2600 BKFD 2441 B3
3400 BKFD 2441 B1
5000 BKFD 2401 B6
7800 KrnC 2401 B5
Jewetta Av W
2500 BKFD 2441 B4
2500 KrnC 2441 B4
Jill Av
10 KrnC 2443 J4
Jill Jean Av
7700 KrnC 2401 G6
Jim Av
3300 KrnC 2643 A6
Jimrik Av
11400 BKFD 2441 B2
Jimson Av
7000 CALC 2615 D1
Jimson St
1000 BKFD 2482 F7
Joan Av
2000 KrnC 2249 C7
Joan Ct
21900 CALC 2586 B7
Joan St
400 MCFD 2199 J6
Joanne Av
4400 KrnC 2482 B1
4500 BKFD 2482 B1
Joba Tr
- KrnC 2259 H5
- RGCR 2259 H5
Jock Dr
- KrnC 2402 B7
Jody Ct
3600 KrnC 2402 F3
Joe Av
600 BKFD 2482 G6
600 KrnC 2482 G6
Joe Ed Wy
6400 KrnC 2401 G6
Joelle Ct
12900 BKFD 2480 J1
Jo Ellen Ct
2400 WASC 2278 D3
Joelyle St
- KrnC 2480 J1
100 BKFD 2480 J1
John Ct
2100 ARVN 2574 J2
John St
400 KrnC 2443 F6
26500 KrnC 2679 H5
Johnathan Pl
21400 CALC 2616 B2
Johndra Av
600 KrnC 2482 G6
Johnnie St
700 KrnC 2402 F6
Johns St
700 KrnC 2402 G6
Johnson Av
- CALC 2615 B3
Johnson Ct
3200 BKFD 2482 C5
23200 KrnC 2608 F3
Johnson Jct
- KrnC 2289 D5
Johnson Rd
- KrnC 2439 A7
13800 KrnC 2440 B7
14100 BKFD 2440 G7
Johnston Av
500 SHFT 2359 B2
3800 KrnC 2218 B6
S Jolene Ct
400 RGCR 2259 E4
Joleta Ct
2700 BKFD 2512 D4
Jolynn St
7100 KrnC 2401 G5
19800 KrnC 2609 D6
Jomani Dr
12400 KrnC 2440 J2
12400 KrnC 2441 A2
Jonah St
4900 BKFD 2482 F7
Jonathan Pl
400 THPI 2609 G4
Jonathon
- THPI 2609 G2
Jones St
10 KrnC 2289 A3
10 KrnC 2482 B1
800 BKFD 2482 B2
Joplin Ct
900 BKFD 2512 G3
Jordan Rd
- KrnC 2289 F3
Jordan St
5300 BKFD 2401 H7
Jorie Av
2900 BKFD 2482 D5
Joseph Av
8100 KrnC 2250 F2
Joseph Dr
4100 BKFD 2442 B7
Joseph St
- CALC 2615 C3
Joseph Phelps Av
15300 KrnC 2440 F5
Joshua Av
24100 KrnC 2679 D4
Joshua Ct
1200 RGCR 2219 A7
3000 BKFD 2442 D3
Joshua Dr
4400 KrnC 2250 A3
Joshua St
4700 KrnC 2250 F2
Josiah Pl
6300 BKFD 2511 J1
Joy Av
100 KrnC 2443 J4
Joyce Ct
7000 KrnC 2401 G5
W Joyner Av
500 RGCR 2219 C7
Juan Dr
- CALC 2586 G6
Juanita St
- KrnC 2513 J1
800 SHFT 2359 C3
Juanito Ct
6200 BKFD 2443 F3
Juarez Av
- BKFD 2480 H1
Juba Tr
1700 KrnC 2259 H5
Jubilee Dr
1900 WASC 2278 D4
Judan St
200 BKFD 2482 D1
200 KrnC 2482 D1
Judd Ct
2900 BKFD 2443 F3
Judith St
2500 BKFD 2443 F4
25400 KrnC 2545 A4
Judy Av
11300 BKFD 2441 B4
11300 KrnC 2441 B4
Judy St
4700 KrnC 2250 E2
Judy Wy
1100 RGCR 2259 A1
Juilliard St
20100 CALC 2616 B4
Jujube Av
6300 KrnC 2217 F2
Julesburg St
3100 BKFD 2481 A5
Julian Av
1700 BKFD 2482 E5
Julianne Marie Ct
7300 KrnC 2541 G4
Julie Ct
21100 CALC 2615 C2
Julie St
5400 BKFD 2482 B7
5500 BKFD 2512 B1
Jumbuck Ln
400 BKFD 2512 G1
Junction Rd
1700 KrnC 2403 A5
June Av
1800 BKFD 2482 E2
2100 KrnC 2482 E2
Juniper Av
24000 KrnC 2679 C4
Juniper Ct
1900 BKFD 2482 C3
Juniper Dr
10 KrnC 2129 H6
Juniper Ln
- KrnC 2209 J1
10 KrnC 2169 E7
1700 WASC 2278 D4
4400 KrnC 2250 B3
Juniper Rd
6100 KrnC 2250 B5
Juniper St
4500 KrnC 2250 F2
Juniper Point Rd
7300 KrnC 2209 E4
Juniper Ridge Ct
3100 BKFD 2443 G1
Juniper Ridge Ln
3700 KrnC 2763 E2
Juniper Ridge Rd
3200 BKFD 2403 G7
3200 BKFD 2443 G1
Jupiter Pl
21400 CALC 2616 B1
Jury Rd
- KrnC 2608 H5
Jury St
20400 KrnC 2608 G2
Jury Ranch Dr
20500 KrnC 2608 H3
Justin Ct
200 SHFT 2319 D7
Justine St
100 KrnC 2402 E5

K

K St
1200 BKFD 2442 F5
S K St
1500 KrnC 2209 B5
1900 KrnC 2482 F3
2100 BKFD 2482 F4
15500 KrnC 2643 C5
Kabara Ct
9500 BKFD 2511 E1
Kahala Dr
- BKFD 2401 A7
Kaibab Av
3200 BKFD 2443 D1
Kaiser Ln
100 KrnC 2542 G5
Kaiser Peak Ct
4600 BKFD 2482 E6
Kaitlin Ct
1100 RGCR 2219 A7
Kala Lp
900 MCFD 2199 H4
Kalar Ct
5300 BKFD 2401 H7
Kalibo St
2000 DLNO 2119 G5
2300 TulC 2119 G4
Kalmia Av
7600 CALC 2615 E3
Kam Av
8100 KrnC 2513 J2
8100 KrnC 2514 A2
Kamar St
2200 KrnC 2443 B3
Kamloops Dr
7400 BKFD 2481 G4
Kandarian Wy
7700 BKFD 2481 G5
Kane Wy
6400 BKFD 2481 H2
6400 KrnC 2481 H2
Kapral Wy
3300 BKFD 2482 B5
Karabas Ct
17200 KrnC 2637 F4
Karen Av
8000 CALC 2585 F7
8000 CALC 2615 F1
9700 CALC 2616 A1
Karen Pl
2700 KrnC 2482 H7
5700 KrnC 2512 H1
21600 CALC 2616 A1
Karen Anne Wy
- KrnC 2402 E4
S Karin St
400 RGCR 2259 D4
Karla St
300 SHFT 2359 B1
2600 KrnC 2441 C4
Karma Ct
800 BKFD 2482 G6
Kartala Wy
- BKFD 2404 B6
Kasmir St
200 RGCR 2259 D3
Kaspar Mountain Ct
7800 KrnC 2541 G5
Kast Ct
21600 CALC 2615 B1
Kast St
1800 KrnC 2289 D1
Kathimae Ln
4900 BKFD 2482 C7
Kathleen Av
14400 KrnC 2440 G6
Kathleen Ct
200 SHFT 2359 C3
Kathleen St
21500 CALC 2615 C1
21800 CALC 2585 C7
Kathryn Ct
1900 KrnC 2441 C5
Kathy Av
100 RGCR 2259 D6
Kathy Suzanne Wy
3300 BKFD 2512 C5
Katie Ct
900 SHFT 2319 D7
Katie Elder Ct
- BKFD 2512 C5
Kattenhorn Rd
100 SHFT 2359 C3
Kattie Av
8300 KrnC 2483 J3
Kauai Ln
5400 BKFD 2401 A7
Kavalier Ct
1800 KrnC 2482 E1
Kaweah Pl
- BKFD 2481 C5
Kayak Dr
8700 BKFD 2401 F7
Kayoming Wy
2400 KrnC 2443 D3
Kaytlain Av
4100 BKFD 2512 B2
Kearney Av
7400 KrnC 2513 H7
Kearney Hills Dr
9900 BKFD 2441 D6
Kearns Dr
10 KrnC 2289 F4
Kearsarge Av
1200 RGCR 2219 G5
Kearsarge Wy
6500 BKFD 2481 H2
Kedra St
6100 BKFD 2512 G1
Keel Ct
10 BKFD 2443 C2
Keene Ct
24700 KrnC 2577 J3
Keene Ln
500 TAFT 2596 J2
Keeneland Ct
10100 BKFD 2441 D1
Keini Ln
- KrnC 2169 E6
Keith Ct
6900 KrnC 2217 E3
Keith Ln
1800 KrnC 2763 D6
Keith St
5800 BKFD 2401 G7
Keith Wy
4300 BKFD 2482 B4
Keith Gregory Wy
- KrnC 2402 E4
Kellen Wy
10 KrnC 2289 B3
Keller Ct
21400 CALC 2616 B1
Keller Dr
10600 CALC 2616 B1
Kelley Rd
1900 RGCR 2219 H5
Kellie Av
3300 KrnC 2763 A4
Kellie Marie St
1900 KrnC 2440 F5
Kellogg Arc
2600 KrnC 2443 C4
Kelly St
1000 KrnC 2482 E2
1300 BKFD 2482 E2
Kelsey Ct
900 SHFT 2359 D3
3100 KrnC 2217 F3
Kelso Ct
27400 KrnC 2637 F2
Kelso Dr
27500 KrnC 2607 F3
Kelso Peak Av
1800 BKFD 2482 E6
Kelton St
800 THPI 2609 G4
Kelvin Grv
6100 BKFD 2401 E6
Kelwona Wy
7700 BKFD 2481 G4
Kem Av
2000 KrnC 2249 B6
Kempsey Ct
3900 BKFD 2512 C4
Kempton Park Wy
10100 BKFD 2441 D2
10100 KrnC 2441 D2
E Kendall Av
100 KrnC 2299 D1
100 RGCR 2299 D1
W Kendall Av
100 KrnC 2299 C1
100 RGCR 2299 C1
Kendall Wy
10800 BKFD 2481 C3
Kendrea St
- KrnC 2199 H4
- MCFD 2199 H4
Kenmar Ln
- KrnC 2575 A5
500 ARVN 2575 A5
3300 KrnC 2574 D5
Kenmar Rd
- ARVN 2575 A6
- KrnC 2575 A6
Kenmore Av
9700 KrnC 2513 J6
Kennedy Av
3400 BKFD 2482 C4
Kennedy Ct
200 RGCR 2259 D1
2700 BKFD 2482 C4
Kennedy Wy
2900 BKFD 2482 C4
Kennesaw Ct
4800 BKFD 2481 C6
Kennewick Ln
3000 BKFD 2441 E3
Kenniston St
21000 CALC 2615 F2
Kenny St
4100 KrnC 2482 G6
4800 BKFD 2482 G6
Kenseth St
11700 BKFD 2401 A7
Kensington Av
4300 BKFD 2442 B6
Kensington St
600 DLNO 2119 G6
Kent Dr
1800 KrnC 2443 D3
Kent Falls Ct
6400 BKFD 2401 C6
Kentfield Dr
4300 BKFD 2442 B7
Kenton Ct
4000 BKFD 2442 C6
Kentucky St
10 BKFD 2442 H4
1100 BKFD 2443 A4
3100 KrnC 2443 E5
Kenwood Rd
2400 BKFD 2443 D3
2400 KrnC 2443 D3
Kenyon Av
5200 BKFD 2482 A4
Kenyon Ct
2100 KrnC 2763 A5
20100 CALC 2616 B4
Kern Av
100 MCFD 2199 H5
500 MCFD 2200 A5
900 KrnC 2199 H5
W Kern Av
12000 KrnC 2679 H4
Kern Ct
15600 KrnC 2637 A1
Kern Rd
- KrnC 2402 J2
Kern St
100 TAFT 2597 A2
200 SHFT 2359 D1
400 MCPA 2627 H6
900 BKFD 2442 J4
1000 TAFT 2596 H1
1300 KrnC 2596 H1
1600 KrnC 2566 G7
1600 TAFT 2566 G7
2000 KrnC 2442 J3
Kern St SR-33
100 TAFT 2597 A2
1000 TAFT 2596 H1
1300 KrnC 2596 H1
1600 KrnC 2566 G7
1600 TAFT 2566 G7
E Kern St
100 TAFT 2597 B2
N Kern St
- RGCR 2219 A7
100 RGCR 2259 A2
2000 BKFD 2442 J3
2000 KrnC 2442 J2
S Kern St
700 MCPA 2627 H7
800 BKFD 2442 H6
900 KrnC 2627 H7
1900 KrnC 2259 B7
1900 KrnC 2299 B1
Kern Canyon Rd
8100 KrnC 2443 J4
8700 BKFD 2444 A4
8700 KrnC 2444 A4
11600 BKFD 2404 G6
12400 KrnC 2404 G6
Kern Canyon Rd SR-178
11600 BKFD 2404 G6
11600 BKFD 2444 D1
12400 KrnC 2404 G6
Kern Canyon Rd SR-184
8100 KrnC 2443 J4
8700 BKFD 2444 A4
8700 KrnC 2444 A4
Kern Island St
8900 KrnC 2512 F5
Kern Point Av
- KrnC 2217 F5
Kern River Av
9900 KrnC 2404 D2
Kern River Dr
10 KrnC 2129 J7
10 KrnC 2169 J1
Kern River Hwy
- TulC 2129 F1
Kern River Canyon Rd
2500 KrnC 2289 A2
Kernville Dr
100 KrnC 2129 J7
100 KrnC 2169 J1
Kernville Rd
- KrnC 2249 C4
10800 KrnC 2129 J7
Kernville Rd SR-155
- KrnC 2249 C4
Kerrnita Rd
8100 KrnC 2483 J1
8100 KrnC 2484 A1
Kerto Rd
25400 KrnC 2627 J3
Keswick Dr
10200 BKFD 2481 D4
Ketch Ct
10 BKFD 2443 D2
Kettering Dr
11800 BKFD 2441 B7
Kettle Dome St
5300 BKFD 2443 E7
Kettlerock
5700 BKFD 2511 F2
Kettlerock Mountain Ct
5900 BKFD 2511 G1
Kevin Ct
500 RGCR 2259 B2
Kevin Dr
4100 KrnC 2402 E2
Kevin Wy
800 RGCR 2259 B2
Kevin Glenn Ct
8000 BKFD 2401 F7
Keyes Ct
4300 BKFD 2481 D6
Keynes St
19100 CALC 2616 B6
Key Polo Wy
4300 BKFD 2441 D1
Keystone Ct
600 KrnC 2610 D3
600 THPI 2610 D3
Keysville Rd
1700 KrnC 2249 B3
Key West Dr
6100 BKFD 2481 J7
Kickapoo Ct
5100 BKFD 2401 D7
Kid Pl
19700 KrnC 2609 D1
Kiddyland Dr
- KrnC 2403 J1
Kidson Hill Ct
4900 BKFD 2443 D7
Kilbreth Dr
1700 KrnC 2289 B1
Kilcarey Ct
2600 BKFD 2443 F2
Kildeer Wy
300 BKFD 2441 H7
Kilkenny Ct
4100 BKFD 2512 B4
Killarney Ct
3700 BKFD 2481 C5
Kilmer Wy
- KrnC 2441 J4
Kilterbury Ln
4100 BKFD 2481 F6
Kiltie Wy
200 KrnC 2402 E2
Kim Ct
200 BKFD 2482 G7
Kimball Rd
- RGCR 2219 D7
Kimber Av
5700 BKFD 2483 F1
5700 KrnC 2483 F1
8100 KrnC 2484 A1
Kimberlina Rd
28100 KrnC 2318 C1
29100 WASC 2318 F1
29700 KrnC 2319 G1
Kimberly Av
6800 KrnC 2217 D3
7500 BKFD 2401 F7
Kimberly Ln
8200 RGCR 2259 E2
Kimelford Dr
11800 BKFD 2441 B7
Kimmel St
- KrnC 2440 C6
Kimmie Rachelle Ct
3300 BKFD 2512 C5
Kimo Ct
500 MCFD 2199 H4
Kincaid St
10 BKFD 2442 J7
S Kincaid St
100 BKFD 2482 J1

STREET
Block City Map# Grid

King Av
- RGCR 2219 E6
King Ct
3800 KrnC 2217 C1
King St
- KrnC 2545 A6
- MCPA 2627 J6
100 ARVN 2545 A6
900 BKFD 2442 J4
2000 KrnC 2442 J3
N King St
2000 BKFD 2442 J3
2000 KrnC 2442 J2
S King St
10 BKFD 2442 J7
King Arthur Ct
4200 BKFD 2442 F1
Kingfisher Av
12100 BKFD 2441 A1
Kingman Ln
4200 BKFD 2442 F1
King Palm Ct
12900 BKFD 2440 J5
Kings Ln
10 KrnC 2169 E7
100 KrnC 2402 D7
Kings Abbot Wy
1200 BKFD 2481 D2
King Salmon Dr
7900 BKFD 2512 B3
Kings Canyon Dr
5700 BKFD 2404 H7
Kingscross Av
700 BKFD 2512 G1
Kings Forest Ct
6900 BKFD 2512 B2
Kingsland Av
5600 KrnC 2443 F4
5700 BKFD 2443 F4
Kingsley Ct
3600 KrnC 2763 E2
Kingsley Ln
2900 BKFD 2482 D2
2900 KrnC 2482 D2
Kingsmill Ln
9300 BKFD 2441 E1
Kings River Wy
- BKFD 2481 B2
Kingston
- KrnC 2763 E3
Kingston Pl
2000 KrnC 2443 D3
Kingwood St
400 BKFD 2480 J1
N Kinnett Av
700 RGCR 2219 B7
Kinnicutt St
1300 KrnC 2643 D6
Kinross Ct
1900 BKFD 2481 J3
Kinser Ln
- BKFD 2401 B6
Kip St
1500 KrnC 2217 E7
N Kip St
200 KrnC 2257 E3
3300 KrnC 2217 E2
S Kip St
100 KrnC 2257 E4
Kip Wy
6800 BKFD 2512 F2
Kirby Ln
- KrnC 2482 G3
Kirk St
5800 KrnC 2512 J1
Kirkside Dr
5400 BKFD 2481 J3
5400 BKFD 2482 A3
Kirks' Korner
- KrnC 2403 F2
Kirkwood Av
1300 BKFD 2512 F3
Kirschenmann Av
12100 BKFD 2444 E1
12100 KrnC 2444 E1
Kitts Rd
2000 RGCR 2219 F5
Kitty Hawk Av
- SHFT 2360 F1
Klamath Dr
18000 KrnC 2609 F7
18000 THPI 2609 F7
Klamath Wy
6700 BKFD 2481 H4
Klassen Dr
- SHFT 2319 C7
Klassen St
400 SHFT 2319 B7
Kleeman Rd
3000 KrnC 2249 D5
Kleinpell Av
200 BKFD 2442 A7
5600 BKFD 2441 J7
Klemer St
1900 KrnC 2440 G5
Klipstein St
700 MCPA 2627 G7
Klipstein St SR-33
700 MCPA 2627 G7
Klipstein St SR-166
700 MCPA 2627 G7
Kneale St
2600 KrnC 2249 D4
Knight Ct
30100 KrnC 2577 A6
Knight St
200 SHFT 2359 B1
Knights Bridge Pl
12500 BKFD 2401 A6
12700 BKFD 2400 J6
Knob Ct
22100 KrnC 2609 A1
Knob Hill Dr
10 KrnC 2169 D6
Knob Hill Rd
20100 KrnC 2609 C7
Knoll Dr
4100 KrnC 2402 E2
Knollwood Ct
2100 KrnC 2763 A5
Knollwood St
4400 BKFD 2482 B5
Knotts St
300 KrnC 2442 J2
800 KrnC 2443 A2
1300 BKFD 2443 B2
Knox Av
2600 KrnC 2763 C3
Knox Rd
- RGCR 2219 E6
- RGCR 2259 E1
N Knox Rd
1700 RGCR 2219 E5
Knudsen Dr
5700 BKFD 2402 A7
5700 KrnC 2402 A5
Koala Ct
8500 BKFD 2512 C4
Koch Rd
7400 KrnC 2399 C4
Koch St
14500 KrnC 2673 A1
15800 KrnC 2643 A6
Kodiak Ct
6700 BKFD 2441 H1
Kojak St
700 KrnC 2402 G6
Kootenay Ct
2800 BKFD 2481 G4
Korean War
Veterans Mem Hwy
- KrnC 2578 J1
- KrnC 2579 A1
- KrnC 2609 F1
- KrnC 2610 F4
- KrnC 2643 J1
- THPI 2609 F1
- THPI 2610 F4
Korean War Vet
Mem Hwy SR-58
- KrnC 2578 J1
- KrnC 2579 A1
- KrnC 2609 F1
- KrnC 2610 F4
- KrnC 2643 H1
- THPI 2609 F1
- THPI 2610 F4
Kostopoulos Av
12000 KrnC 2679 J4
Kovacevich St
1000 ARVN 2575 A1
Kraft Harbour Ln
5300 BKFD 2481 E7
Kramer Dr
2400 BKFD 2481 H4
Kranenburg Av
17300 KrnC 2440 C6
Kratzmeyer Rd
12500 BKFD 2400 H6
12500 KrnC 2400 D6
17700 KrnC 2399 H6
Krauter St
1000 ARVN 2574 H1
Krebs Rd
5600 BKFD 2441 J2
7000 KrnC 2441 H2
Krista Ct
1100 RGCR 2219 B7
4100 BKFD 2443 E1
Krista St
2300 WASC 2278 D3
5300 BKFD 2482 C7
5500 BKFD 2512 C1
Kristin St
500 TAFT 2596 H1
600 KrnC 2596 H1
Kristina Ct
1400 BKFD 2482 E2
1400 KrnC 2482 E2
Kristina Lynn Ct
9100 KrnC 2401 E5
Kroll Wy
7000 BKFD 2481 G1
Krug Ct
8900 BKFD 2441 E6
Krystal Amber Wy
8800 BKFD 2512 C5
Kuhio St
1300 KrnC 2542 F3
Kurt Ln
1600 KrnC 2763 D6
Kyle Ct
1000 KrnC 2259 F5
Kylie Wy
300 SHFT 2359 C1
Kyner Av
900 BKFD 2482 F7
Kyte Av
17600 KrnC 2361 A4

L

L St
10 BKFD 2442 F7
1400 KrnC 2209 A5
15500 KrnC 2643 C6
La Barranca Av
20500 KrnC 2609 B6
Labonti Ln
- BKFD 2401 B6
Laboratory Rd
- KrnC 2402 F6
Laborde Pl
3800 BKFD 2441 G2
3800 KrnC 2441 G2
Laborough Dr
8100 BKFD 2481 F6
La Cabana Dr
- BKFD 2483 E1
La Canada St
- BKFD 2483 E1
La Casa Pl
3000 KrnC 2443 E4
La Cascada Ct
13900 KrnC 2440 H2
Lace Cascade Ct
10100 BKFD 2481 D3
Lacee Ln
1300 KrnC 2609 H5
1300 THPI 2609 H5
Lacewood Ct
10 KrnC 2289 E2
Lacey St
1700 BKFD 2482 E4
2300 RGCR 2299 C2
La Cita St
11700 KrnC 2673 G7
La Colina Dr
200 BKFD 2442 H1
200 KrnC 2442 H1
La Costa Ct
2600 BKFD 2443 F2
La Costa St
2700 BKFD 2443 F1
3300 BKFD 2403 F7
Lacoste Ln
7000 BKFD 2481 H4
La Crensenta Dr
10400 KrnC 2441 C4
La Cresta Dr
2700 KrnC 2442 H1
3200 KrnC 2402 J7
Lacroix Ct
9100 BKFD 2481 E6
La Dorita St
3300 KrnC 2483 E5
3600 BKFD 2483 E4
La Entrada Ct
3100 KrnC 2443 E4
La Farge Dr
4200 BKFD 2481 F6
Lafayette Wy
6600 BKFD 2481 H5
La Fortune Ln
100 KrnC 2217 E4
La France Dr
1300 BKFD 2482 E2
1700 KrnC 2482 E2
Lago de Como
8600 BKFD 2441 F1
Lago de Lesina
4500 BKFD 2441 F1
Lago di Orta Ln
- BKFD 2441 E1
Lagoon Dr
20600 KrnC 2437 H1
Lago Vista Dr
10 KrnC 2169 E6
Lago Vista Wy
- BKFD 2481 C7
E Laguna Av
10 KrnC 2673 J7
W Laguna Av
500 KrnC 2673 F7
Laguna St
2200 DLNO 2119 J4
5000 KrnC 2443 E3
Lahaina Av
7100 BKFD 2481 H3
Lahaina Club Dr
6000 BKFD 2401 F6
Laila Mansour Ct
14000 KrnC 2541 F4
Laity Ct
1200 KrnC 2444 A5
La Jara Dr
20100 KrnC 2609 C1
La Jolla St
9700 KrnC 2512 F6
Lake Dr
10 KrnC 2289 A3
8000 KrnC 2250 F2
22600 KrnC 2579 D7
S Lake Dr
8200 KrnC 2250 F2
W Lake Dr
20700 CALC 2615 J2
20700 CALC 2616 A2
Lake Rd
- KrnC 2403 H1
Lake St
10 BKFD 2442 J4
1100 BKFD 2443 A4
1600 KrnC 2443 C5
Lakeair Dr
10 KrnC 2169 D7
Lake Arrowhead Av
15500 KrnC 2440 F4
Lake Arthur Dr
9600 BKFD 2401 E6
Lake Berryessa Ct
15300 KrnC 2440 F5
Lake Casitas Ct
1900 KrnC 2440 F5
Lakecrest Ct
18900 KrnC 2608 H7
Lake Erie Ln
- BKFD 2401 E6
Lake Havasu Ct
5800 BKFD 2401 E6
Lake Isabella Blvd
3300 KrnC 2289 A2
4300 KrnC 2249 D4
Lake Kaweah St
1900 KrnC 2440 F5
Lakeland St
700 RGCR 2259 E5
4100 KrnC 2249 D3
Lake Loop St
5400 BKFD 2400 J7
Lake Ming Rd
- BKFD 2404 E4
11200 KrnC 2404 E3
Lake Powell Dr
9600 BKFD 2401 E6
Lake Pueblo Wy
12900 BKFD 2400 J7
Lake Pyramid Ct
9600 BKFD 2401 E6
Lake Ridge Wy
10 KrnC 2249 D6
Lakeshore Dr
10 KrnC 2169 F7
21300 CALC 2616 B1
Lake Side Ln
7800 BKFD 2481 G7
Lakeside Wy
14600 BKFD 2404 H7
Lake Superior Dr
9500 BKFD 2401 E6
Lake Tahoe Ct
1900 KrnC 2440 F5
Lake Valley Dr
300 BKFD 2512 G3
Lake Victoria Dr
9100 BKFD 2401 E6
S Lakeview Ct
600 RGCR 2259 C4
Lakeview Dr
10 KrnC 2169 F7
300 KrnC 2209 E2
20700 CALC 2615 J2
23000 KrnC 2577 D6
Lakeview Rd
3700 KrnC 2250 J2
Lakeview Ter
10 KrnC 2169 D6
S Lakeview Ter
10 KrnC 2169 D7
Lakewood Ct
11000 BKFD 2441 C1
Lakewood Shores
Dr
6000 BKFD 2401 F6
La Lila Av
1200 ARVN 2574 H2
La Linea St
- BKFD 2483 E1
La Madrid St
1100 ARVN 2544 H6
La Mancha Ct
400 RGCR 2219 B6
Lamar Ct
5300 BKFD 2482 A3
Lamb Av
- KrnC 2543 A1
10 KrnC 2542 H2
S Lamb Rd
700 SBdC 2259 H5
Lamberton St
12000 BKFD 2441 A7
La Mesa Ct
1300 ARVN 2574 H1
La Mesa Dr
10 BKFD 2442 H2
La Mina St
- BKFD 2483 E1
La Mirada Dr
4100 BKFD 2442 B7
La Mirage Ln
200 RGCR 2259 E2
Lamont Av
8100 KrnC 2513 J5
Lamplight Ln
2100 DLNO 2119 J4
Lamplight St
6000 BKFD 2403 G6
Lana St
8100 KrnC 2513 J5
Lanai Av
12500 BKFD 2441 A1
La Naranja St
1400 KrnC 2443 B2
Lancashire St
900 BKFD 2481 F2
Lancaster Av
- BKFD 2481 D7
- BKFD 2511 D1
Lance St
5100 BKFD 2401 G7
Lancelot Ln
4300 BKFD 2442 G1
Lancer Ct
4800 BKFD 2403 F7
Lancer Dr
3500 BKFD 2403 F7
Landbrook Wy
- BKFD 2401 A5
Landco Dr
5600 KrnC 2402 A7
Landco Rd
- BKFD 2402 A7
- BKFD 2442 A3
- KrnC 2402 A7
2600 KrnC 2442 A1
Landers Rd
16000 KrnC 2545 B5
Landfair Dr
5900 BKFD 2481 J3
Landis Dr
7000 CALC 2615 D2
Landover Ln
8600 BKFD 2481 E5
Landry Wy
18600 KrnC 2610 B7
Landsdowne St
8500 BKFD 2512 C4
Lane Dr
- KrnC 2679 H3
N Lane Dr
13000 KrnC 2679 H3
Lanesfield Dr
12600 BKFD 2481 A4
Langdon Av
5200 BKFD 2482 A5
Langford Av
100 ARVN 2545 A7
100 ARVN 2575 A1
400 ARVN 2574 J1
W Langford Av
100 ARVN 2575 A1
Langley Av
8900 BKFD 2441 D5
8900 KrnC 2441 E5
E Langley Av
700 RGCR 2259 F4
W Langley Av
900 RGCR 2259 A4
1500 KrnC 2258 J4
1500 RGCR 2258 J4
Langley Rd
- BKFD 2442 A5
5500 BKFD 2441 J5
Langston Ct
1500 BKFD 2482 F7
Langston St
1300 BKFD 2482 F7
Lani Av
- KrnC 2643 A7
Lanneau Ct
9200 BKFD 2481 E6
Lanner Tr
5700 BKFD 2404 G7
Lanora Av
8100 KrnC 2443 J6
Lanora Dr
8900 KrnC 2444 A6
Lansdale Dr
5100 KrnC 2443 E3
Lansing Dr
400 BKFD 2482 A1
Lantados St
4200 BKFD 2482 G6
Lantana Wy
2000 KrnC 2443 F4
La Palma Av
- KrnC 2643 A7
E La Palma Av
400 KrnC 2643 H7
N La Paloma St
600 RGCR 2259 B1
La Paz Ct
700 BKFD 2480 H2
La Pinta Maria Dr
5000 BKFD 2483 E2
Lapis Av
2700 KrnC 2763 C6
La Playa
10 BKFD 2482 G7
La Playa Wy
600 DLNO 2159 E1
La Posta St
4700 BKFD 2483 D1
La Puente Dr
1200 BKFD 2481 J2
La Puente Wy
1200 DLNO 2119 E7
La Quinta Ct
5400 BKFD 2482 A1
Larado St
10 WASC 2278 E4
Laramie Av
8900 KrnC 2401 D3
Laramie Peak Dr
10800 BKFD 2511 C1
Larch Ct
10 KrnC 2289 E2
Larcus Av
1700 KrnC 2443 B6
Laredo Wy
22300 KrnC 2609 A1
Lariat Ct
11400 KrnC 2441 B3
Larkhill Wy
300 BKFD 2441 D7
Larkin Dr
12500 BKFD 2401 A6
Larkspur Av
23100 KrnC 2579 B6
Larkspur Ct
22900 KrnC 2579 B7
Larkspur St
200 RGCR 2259 G3
Larkspur Wy
6600 KrnC 2443 G4
La Rosa Av
1200 ARVN 2574 H2
Larry St
400 KrnC 2443 D6
Larsen Rd
4000 KrnC 2250 G3
Larsen Rim Rd
10 KrnC 2169 E6
Larson Ln
2500 BKFD 2482 D4
Larson Rd
- KrnC 2250 F4
La Salceds At
- BKFD 2483 E1
La Salle Ct
2600 BKFD 2443 G1
Las Animas Ct
3700 KrnC 2217 C1
Las Arenas Ct
600 BKFD 2480 H1
Las Colinas St
500 THPI 2609 F3
Las Cruces Av
900 RGCR 2259 B2
7300 BKFD 2481 G1
Las Cruces Ct
1100 RGCR 2259 A2
Las Entradas
13700 BKFD 2440 H7
Las Flores Av
- KrnC 2257 J2
E Las Flores Av
100 RGCR 2259 D2
W Las Flores Av
100 RGCR 2259 B2
1300 KrnC 2259 A2
1400 KrnC 2258 H2
1400 RGCR 2258 J2
5700 KrnC 2257 G2
Las Flores Dr
200 KrnC 2442 H1
La Siesta Dr
2400 KrnC 2442 H2
Lasky St
19000 CALC 2615 H6
La Solana St
- BKFD 2483 E1
La Sonrisa Wy
9100 KrnC 2444 A5
Las Palmas Dr
14500 BKFD 2404 H7
Las Playas St
900 BKFD 2483 E2
Las Portallas Real
- BKFD 2441 H6
N Las Posas Ct
1200 RGCR 2219 B7
N Las Posas St
500 RGCR 2259 B2
Lassalette Dr
6700 BKFD 2401 H7
Lassen Av
300 TAFT 2596 J2
Lassen Dr
2600 KrnC 2441 A3
Lassen Ridge Rd
6000 BKFD 2404 G7
Last Lap Wy
2400 KrnC 2440 G4
La Strada Ct
15700 KrnC 2440 F2
Latham Ct
8000 BKFD 2443 H4
Latham St
2200 BKFD 2443 H4
2200 KrnC 2443 H4
Latina Dr
5700 BKFD 2441 J2
La Tonia Ct
3800 BKFD 2482 C7
Latte Ln
- BKFD 2441 F3
E Laura Av
100 KrnC 2299 E2
100 RGCR 2299 E2
Laura Ct
5100 BKFD 2401 G7
Laura St
15600 KrnC 2643 A6
Lauras Ln
28500 KrnC 2607 B4
Laurel Av
100 ARVN 2545 A7
600 ARVN 2544 J7
6000 KrnC 2250 B3
Laurel Ct
21100 KrnC 2579 A5
Laurel Dr
10 KrnC 2289 E3
700 THPI 2609 F4
2600 BKFD 2482 F4
Laurel Pl
21600 KrnC 2608 J5
Laurel St
10 KrnC 2169 F7
900 KrnC 2763 D7
Laurel Canyon Dr
5600 BKFD 2511 J1
5600 BKFD 2512 A1
N Laurelglen Blvd
7400 BKFD 2481 F3
S Laurelglen Blvd
7500 BKFD 2481 G5
Laurel Oak Wy
9300 BKFD 2481 E4
Laurel Park Av
9700 BKFD 2441 D1
Laurel Springs Dr
4600 BKFD 2441 J1
Laurel Willow Wy
- BKFD 2512 B3
Laurelwood Ct
2100 KrnC 2763 A5
Laurie Av
9800 BKFD 2441 D2
10100 KrnC 2441 D2
Lauriston Dr
- BKFD 2441 C7
Lauritsen Rd
- KrnC 2219 D3
2000 RGCR 2219 D4
N Lauritsen Rd
- RGCR 2259 F1
1600 RGCR 2219 F6
Laurkris Ct
400 RGCR 2259 C1
S Lauron Ct
2800 KrnC 2299 G3
Lausanne St
5800 BKFD 2401 J7
Lavender Wy
- BKFD 2511 A1
Lavender Gate Dr
6400 BKFD 2401 D6
Laver Ct
11900 BKFD 2404 D4
Laverham Ct
11100 BKFD 2441 C7
Laverne Av
3300 KrnC 2482 C2
Laverton Av
13700 KrnC 2440 H6
13900 BKFD 2440 H6
Lavina Av
12300 BKFD 2401 A6
La Vista Dr
200 ARVN 2545 A7
Lavoy Ct
3000 KrnC 2441 C3
Law Wy
4100 BKFD 2441 B2
Lawn St
- BKFD 2442 D4
Lawrence Ct
4900 BKFD 2482 A5
Lawrence Dr
15800 KrnC 2643 A6
Lawrence St
800 SHFT 2359 C3
Lawson Rd
300 KrnC 2482 G3
Layne St
400 KrnC 2443 D6
Layton Dr
2600 BKFD 2482 A4
Lazy Ln
- KrnC 2249 D6
5900 BKFD 2403 E4
Lazy River Ln
300 BKFD 2512 G3
Lea Ct
4200 BKFD 2443 E1
Leaf St
2700 BKFD 2442 D3
Leaf Crest Ln
1500 KrnC 2440 G5
Leaf Valley Dr
6600 BKFD 2481 H7
Leah Ct
22000 KrnC 2609 B1
Lea Oak Rd
9600 BKFD 2481 E4
Lear St
14300 KrnC 2673 A2
Le Conte Av
5400 KrnC 2443 E4
Lee Av
1000 RGCR 2259 A2
Lee Dr
2500 BKFD 2482 G4
Lee St
100 TAFT 2596 H3
15800 KrnC 2643 A6
19000 CALC 2616 A6
Leeds St
800 BKFD 2481 F2
Leeta St
100 BKFD 2443 E7
100 KrnC 2443 E7
Leeward Av
- BKFD 2443 C2
Leeward Point Dr
5400 BKFD 2401 B7
Legacy Ct
15700 KrnC 2440 F7
Legend Pl
- KrnC 2440 G4
Legend Oaks Ln
- KrnC 2440 D5
Legend Rose St
2600 BKFD 2481 D4
Legends West Av
- BKFD 2440 G7
- KrnC 2440 G7
Lehigh St
20000 CALC 2616 B3
Lehr Pl
2700 BKFD 2481 E4
Leigh River St
11700 BKFD 2441 B6
Leila Av
3500 KrnC 2673 A1
Leisure St
6700 BKFD 2512 B2
Leland Av
400 BKFD 2482 G4
Le May Av
1700 BKFD 2482 E3
Lemon Av
700 WASC 2278 E1
Lemon Ct
6900 BKFD 2512 B2
Lemon Lily Dr
14600 BKFD 2480 G1
Lenark Wy
8300 KrnC 2513 J7
Lencioni Av
34700 KrnC 2401 G2
Lene Pl
4700 BKFD 2404 E7
11600 BKFD 2444 D1
12400 KrnC 2404 E7
Lennox Av
5100 BKFD 2442 A7
5600 BKFD 2441 J7
Lenore St
300 RGCR 2259 D4
9700 KrnC 2514 A6
Lenz Ct
5800 BKFD 2512 F1
Leo St
5700 KrnC 2512 J1
Leonard St
3000 BKFD 2482 D4
Leprechaun Wy
8100 BKFD 2512 B4
Lerdo Hwy
32900 KrnC 2360 G2
32900 SHFT 2360 G2
33300 KrnC 2361 A2
E Lerdo Hwy
100 SHFT 2359 E2
5700 SHFT 2360 B2
30900 KrnC 2359 G2
31000 KrnC 2360 A2
W Lerdo Hwy
100 SHFT 2359 A2
29700 KrnC 2359 A2
N Leroy St
- KrnC 2258 B2
1300 KrnC 2218 B7
Lerwick Av
10200 BKFD 2481 D7
Leslie Ln
- BKFD 2482 G5
Leslie St
- KrnC 2437 A2
900 KrnC 2258 J1
1000 KrnC 2218 J7
15300 KrnC 2643 D7
Leslie Deann Ct
9300 KrnC 2401 E5
Lester St
1900 KrnC 2482 E1
Letty Av
7400 KrnC 2513 H6
Letzring Ln
4400 BKFD 2482 E6
Levee Rd
- KrnC 2403 J2
Lewelling St
10800 BKFD 2401 C7
Lewis Av
1100 DLNO 2119 G4
9600 CALC 2585 J7
Lewis Ct
100 SHFT 2359 C1
800 WASC 2278 F5
Lewis Rd
8000 CALC 2585 F7
Lewis St
1700 BKFD 2483 A5
Lewisham St
300 BKFD 2481 D1
Lewis Puller Dr
- BKFD 2442 G4
Lexington Av
100 KrnC 2596 J3
100 TAFT 2596 J3
1200 RGCR 2219 G5
3300 KrnC 2443 E5
Lexington St
10 DLNO 2159 G1
400 DLNO 2119 G6
S Lexington St
10 DLNO 2159 H4
Ley Pl
6600 CALC 2585 C6
Leyburn Ct
3700 BKFD 2481 C5
Leyte Av
1900 KrnC 2258 H6
W Leyte Av
- KrnC 2259 A6
Leyte Rd
1900 RGCR 2219 G5
Libatique Av
- CALC 2585 A3
Libby Ct
8100 BKFD 2512 D4
Liberty Av
- BKFD 2401 B7
Liberty Ln
10 KrnC 2402 F7
100 DLNO 2119 E4
Liberty Park Dr
8500 BKFD 2481 F2
Libra Ct
1400 BKFD 2482 B2
Lido Ln
5300 BKFD 2482 A5
Lido Isle Wy
200 BKFD 2440 G7
Lieb Ln
- KrnC 2512 H5
Lierly Av
100 KrnC 2597 A3
100 TAFT 2597 A3
Liggett St
10 BKFD 2442 H7
S Liggett St
300 BKFD 2482 H1
Light Ln
3400 BKFD 2441 B3
Lighthouse Dr
8400 BKFD 2401 F7
Lightner Wy
9700 BKFD 2481 D6
Lightning Ct
4200 BKFD 2441 A2
Lilac Ct
1500 WASC 2278 E5
Lilac Sq
100 RGCR 2259 G3
Lilac St
- KrnC 2402 F7
19600 KrnC 2609 D1
S Lilac St
200 RGCR 2259 G3
Lila Rose Ct
15300 KrnC 2440 F4
Lilienthal Ct
6700 CALC 2585 C6
Lillian Wy
3700 BKFD 2482 C4
Lilly St
8900 KrnC 2513 J5
Lily Ct
21900 KrnC 2609 D2
Lily Dr
3500 BKFD 2481 H5
Lily St
900 WASC 2278 E2
Lilydale Dr
6600 BKFD 2481 H7
Lily Falls Ct
14100 BKFD 2404 G7
Lily Pad Ct
5700 BKFD 2401 F7
Lima St
8800 BKFD 2512 D5
Lime Av
8000 CALC 2615 G4
9700 CALC 2616 A3
Lime St
5300 BKFD 2482 F7
Limestone Ct
3500 BKFD 2482 C7
Limestone Dr
3400 KrnC 2763 A3
Limoges Wy
8700 BKFD 2481 E3
Lincoln Av
100 KrnC 2402 E6
Lincoln Ln
100 DLNO 2119 E4
Lincoln St
300 BKFD 2442 J3
1000 BKFD 2443 A3
1000 KrnC 2443 B3
3200 KrnC 2763 E3
N Lincoln St
100 KrnC 2597 A1
100 TAFT 2597 A1
200 KrnC 2567 A6
S Lincoln St
300 RGCR 2259 F4
3000 KrnC 2763 E3
Lincolnshire Dr
12200 BKFD 2481 A5
Linda Av
6500 KrnC 2250 B3
Linda Ln
5000 KrnC 2209 J1
Linda Cara Wy
3700 BKFD 2482 C5
Linda Kay St
1300 KrnC 2440 G5
Lindalee Ln
10700 KrnC 2441 C4
10800 BKFD 2441 B4
Linda Vista Dr
100 KrnC 2402 D5
E Linda Vista Dr
100 KrnC 2402 F5
Lindbergh Blvd
- CALC 2586 G6

STREET Block City Map# Grid

Lindbergh Blvd
5000 CALC 2585 D6
Lindbergh Bnd
- CALC 2585 J6
- CALC 2586 A6
Lindbrook Wy
5900 BKFD 2481 J3
Linden Av
2900 KrnC 2442 J1
3100 BKFD 2402 J7
3100 KrnC 2402 J7
Linden Ct
600 THPI 2609 F3
Linden Dr
10 KrnC 2289 C3
Lindora St
2200 KrnC 2443 C3
Lindsay Dr
1100 BKFD 2482 F4
Lindsay Rd
6500 KrnC 2541 H4
Linen St
- KrnC 2440 G1
Link St
22000 KrnC 2609 D1
Links Dr
- BKFD 2401 F7
- BKFD 2441 E1
Linnell Wy
100 BKFD 2512 G1
Linton St
900 KrnC 2443 B5
Lisa Ct
5700 BKFD 2512 E1
Lisa Ann Ct
400 KrnC 2402 F6
Lisa Marie Ct
4900 BKFD 2482 A7
Lisbury Ct
1000 BKFD 2481 D2
Lisle St
1500 KrnC 2402 B6
Lismore Ln
4100 BKFD 2512 B4
Litchfield Dr
3500 BKFD 2481 G5
Little Ct
22400 KrnC 2579 B7
22400 KrnC 2609 B1
Little Ln
400 SHFT 2359 B2
Little Creek Rd
34500 KrnC 2278 J4
Little Elm Wy
- BKFD 2512 B3
Little Falls Ct
3700 BKFD 2441 E2
Littlejohn Av
500 BKFD 2512 G2
Little Ponderosa Dr
- KrnC 2249 C3
Littler Ct
4200 BKFD 2443 G2
Little Valley St
7300 BKFD 2512 F3
Live Oak Dr
10 KrnC 2169 E7
Live Oak Rd
10 KrnC 2169 E7
Live Oak Wy
7300 BKFD 2441 G1
Liverpool Wy
- BKFD 2481 B5
Livers St
400 SHFT 2359 B1
Liz Dr
3700 KrnC 2441 D2
Llamn Ln
10 KrnC 2169 F5
Lloyd St
300 BKFD 2442 H7
Lobo St
3700 KrnC 2483 F5
Loch Fern Ct
2600 BKFD 2443 E2
Loch Lloyd Ln
700 BKFD 2441 D6
Loch Lomond Dr
400 KrnC 2482 D2
Loch Ness Ct
2600 BKFD 2443 E1
Lockhaven Ct
5400 BKFD 2401 C7
Lockheed St
500 SHFT 2360 F1
Locksley Dr
12400 BKFD 2481 A3
Lockwood Av
100 MCFD 2199 H5
Lockwood Dr
4300 BKFD 2441 C1
Locust Av
- KrnC 2250 A3
6500 KrnC 2217 F7
Locust Ln
10 KrnC 2129 G5
Locust St
300 KrnC 2402 E7
2800 KrnC 2763 B4
21700 CALC 2585 D7
21700 CALC 2615 D1
S Locust St
100 RGCR 2259 G3
Locust Ravine
1300 KrnC 2443 C4

Lode Starr Rd
600 KrnC 2763 G1
Lodi Pl
21000 CALC 2616 C2
Loewen Av
400 SHFT 2359 B1
Logan St
5500 KrnC 2402 A7
Loganberry Ct
2500 KrnC 2402 D4
Lois Ln
100 BKFD 2482 G7
Lois St
100 THPI 2610 A2
Lokern Rd
100 KrnC 2436 A2
Lola Ln
20900 KrnC 2609 A6
Lola St
7200 KrnC 2401 E5
Loma Dr
10 KrnC 2169 E6
S Loma Ln
- KrnC 2259 C7
Loma Alta
2700 KrnC 2443 D4
Loma Linda Dr
10 BKFD 2442 H2
10 KrnC 2442 H2
Loma Vista Av
100 KrnC 2596 J3
100 TAFT 2596 J3
Loma Vista Ct
3700 BKFD 2442 C6
Lombardy Ct
5500 BKFD 2401 J7
5500 BKFD 2402 A7
Lomita Dr
800 KrnC 2482 H2
Lomita Verde Dr
2300 KrnC 2442 H2
Londonderry Av
4900 BKFD 2512 B4
Lone Butte Rd
11200 KrnC 2673 G7
14800 KrnC 2643 G7
Lone Grove Wy
6100 BKFD 2511 C1
Lonely Ln
21000 KrnC 2609 D3
21000 THPI 2609 D3
Lone Oak Ct
12200 KrnC 2441 A3
Lone Oak Dr
2600 KrnC 2441 B3
Lone Peak Dr
6300 BKFD 2511 H1
Lone Pine Wy
3700 BKFD 2481 D5
Lone Point Wy
5800 BKFD 2511 C1
Lonerock Av
4500 BKFD 2512 B5
Lone Star Wy
- BKFD 2401 A7
Lone Tree Ct
2100 BKFD 2441 A4
Lone Tree Ln
2600 KrnC 2763 D2
Longford Ct
6900 BKFD 2512 C2
Longhorn Av
6300 KrnC 2217 F4
Longhorn Ln
18900 KrnC 2637 C1
19100 KrnC 2607 C7
Long Island Dr
8900 BKFD 2511 E1
Longmeadow Wy
12200 BKFD 2441 A6
Longmont Ln
7400 BKFD 2481 G4
Longreach Dr
1200 KrnC 2440 H5
Long Valley Wy
6200 BKFD 2511 C2
Longview Dr
6800 BKFD 2401 A5
Longway Ln
1400 BKFD 2481 H2
Lonon Av
10100 KrnC 2441 D2
11100 BKFD 2441 B2
Lookout Ln
1300 BKFD 2481 H2
Lookout Pl
19400 KrnC 2579 E7
Lookout Hill Dr
- BKFD 2404 C6
Lookout Mountain Ct
4600 BKFD 2482 E6
Looming Bend Dr
3800 BKFD 2481 C5
Loon Ct
3000 BKFD 2441 F3
N Loop Blvd
8600 CALC 2615 J1
9600 CALC 2616 B1
S Loop Blvd
8600 CALC 2615 H3
9700 CALC 2616 A3
Loop St
21600 KrnC 2609 C2

Lopez Av
500 SHFT 2359 B2
Lopez Ct
300 SHFT 2359 B2
Loraine Ln
32100 KrnC 2400 C2
32100 SHFT 2400 C2
Lords Wy
- KrnC 2440 E6
Lordsburg Ct
3600 BKFD 2481 G5
Lordsburg Dr
7400 BKFD 2481 G5
Lorelei Rock Rd
8900 KrnC 2444 A4
Lorene Av
1000 KrnC 2402 C7
Lorene Ct
400 RGCR 2259 C5
Lorenzo Ct
2300 DLNO 2119 J4
Lori Ln
200 SHFT 2359 D2
Lori Wy
6000 KrnC 2401 H6
S Lorie Ann St
400 RGCR 2259 E4
Loring Cir
6300 BKFD 2481 J2
Loring Run
1500 BKFD 2481 J2
Lorna Wy
700 TAFT 2597 C2
Lorraine Ct
2700 BKFD 2442 D2
Los Alamitos Wy
- BKFD 2441 D1
Los Amigos Dr
5200 BKFD 2483 E1
E Los Angeles Av
- KrnC 2359 H3
- KrnC 2360 A3
1000 SHFT 2359 H3
W Los Angeles Av
10 SHFT 2359 A3
400 KrnC 2359 B3
Los Carneros Pl
2600 BKFD 2482 D5
Los Mochis Dr
600 BKFD 2480 H1
Los Nietos Ct
200 BKFD 2481 G1
Los Olivos Wy
1100 DLNO 2119 D7
Los Osos St
4100 BKFD 2403 D7
Los Robles Dr
1600 KrnC 2443 C4
Lost Canyon Ct
6500 BKFD 2512 G2
Lost Creek St
- BKFD 2511 H1
Lost Horizon Wy
- CALC 2616 C1
Lost Peak Ct
6300 BKFD 2511 C2
Lost Trail Ct
700 BKFD 2512 G2
Lost Trail Wy
900 BKFD 2512 F2
Lotus Ln
1400 BKFD 2482 J4
1400 BKFD 2482 J3
Lotus Vine
12100 BKFD 2511 A1
Lou Ct
6100 BKFD 2512 D1
Loudon St
3700 BKFD 2512 C1
3900 KrnC 2512 C1
Louella Dr
200 BKFD 2443 C7
200 KrnC 2443 C7
Loughborough St
2000 BKFD 2481 A3
Loughton Av
10200 BKFD 2481 C1
Louise Av
6000 CALC 2585 B7
Louise Ct
6600 CALC 2585 C7
Louise St
400 SHFT 2359 C2
Louisville Dr
3800 BKFD 2481 H5
Loumas Ln
22300 KrnC 2608 G6
Loustalot Ln
1500 BKFD 2482 E1
Love Ln
100 KrnC 2402 E2
Loveland Ct
2900 BKFD 2481 H4
Loveland Wy
3000 BKFD 2481 H4
Lovetta Dr
7300 KrnC 2401 G5
Lowe St
11300 KrnC 2513 G7
11300 KrnC 2543 G1
Lowell Dr
200 KrnC 2402 F4
Lowen Av
5100 BKFD 2482 A4

Lower Marcel Dr
26800 KrnC 2578 H1
N Lower Valley Rd
28900 KrnC 2577 A5
S Lower Valley Rd
25500 KrnC 2577 A6
Lower Waterford Dr
12000 BKFD 2441 A7
Lowry St
6500 BKFD 2512 G2
Loyalton Av
3300 BKFD 2512 C1
Loyola St
2700 BKFD 2443 C1
Lozano Wy
- BKFD 2404 B7
Luana Dr
19700 KrnC 2609 D1
Lucadia Av
34700 KrnC 2361 H5
Lucado Wy
- BKFD 2401 A5
Lucard St
100 TAFT 2597 A2
E Lucard St
300 TAFT 2597 C2
Lucaya Wy
18000 KrnC 2637 C2
Lucca Ct
5700 BKFD 2441 J1
Lucerne Dr
1200 BKFD 2512 F4
Lucerne Wy
2500 KrnC 2249 B6
Luces Corta
7900 BKFD 2481 G1
Luciano St
- BKFD 2401 A6
Lucille Av
6800 KrnC 2401 G6
W Lucille Ct
1100 RGCR 2259 A2
Lucille Dr
10 KrnC 2289 A3
Lucille St
15300 KrnC 2643 D7
Lucky St
2200 KrnC 2443 C6
Lucky Star Ct
6300 BKFD 2511 C1
Lucretia Ct
400 KrnC 2440 F6
Ludine
2500 KrnC 2249 D7
Ludlow Ct
3900 BKFD 2481 E5
Lufbery Pl
22400 CALC 2585 C6
Lugano Ln
- BKFD 2441 F1
Lugene Av
5800 BKFD 2512 C1
Luke Av
7000 KrnC 2401 G5
Luke Ct
22300 CALC 2585 C7
Lum Av
2500 BKFD 2482 D3
Lumberton Dr
- BKFD 2441 B7
Lumill St
300 RGCR 2259 G3
S Lumill St
100 RGCR 2259 G3
1100 KrnC 2259 G5
1800 KrnC 2299 G1
Luna Av
1100 BKFD 2441 B2
1100 KrnC 2441 B2
N Luna St
1000 RGCR 2259 B1
Lupine Av
6100 KrnC 2401 J6
23000 KrnC 2579 B6
Lupine Ct
1500 WASC 2278 E5
S Lupine Ln
300 RGCR 2259 F4
Lupine Lp
8600 CALC 2615 H2
Lupine St
2000 KrnC 2249 D7
2100 DLNO 2119 G4
Luton St
1900 BKFD 2481 A3
Luttrell Ct
13500 KrnC 2541 G4
Lux Av
10 KrnC 2436 J2
Lydia Dr
10700 CALC 2586 C7
Lyman Ct
100 BKFD 2481 J1
Lymington Wy
- BKFD 2481 D2
Lymric Wy
1100 KrnC 2482 C2
1500 BKFD 2482 C2
Lyn Av
21500 CALC 2615 H1
21700 CALC 2585 H7
Lynchburg Wy
1700 BKFD 2440 J5

Lynch Canyon Dr
6200 KrnC 2250 B3
Lynepark Dr
11500 BKFD 2441 B7
Lynett Ct
7400 KrnC 2513 H7
13200 BKFD 2480 J1
Lynett Wy
12900 BKFD 2480 J1
Lynhurst Ct
4600 BKFD 2482 B7
Lynn St
2500 KrnC 2443 B2
2600 BKFD 2443 B2
Lynn Wy
800 RGCR 2259 B2
Lynn Christie Av
12800 KrnC 2440 J3
Lyn River Ct
8600 BKFD 2441 F6
Lynwood St
2000 KrnC 2443 G4
2500 BKFD 2443 G3
Lynx Dr
2900 KrnC 2250 B6
Lyons Dr
3600 KrnC 2763 F2
Lyra Ct
5100 BKFD 2443 H1
Lyric Rose Wy
7400 BKFD 2512 C3
Lytle Av
- KrnC 2199 A4

M

M St
1500 KrnC 2209 A5
1600 BKFD 2442 F4
15400 KrnC 2643 C5
S M St
2200 BKFD 2482 F4
2200 KrnC 2482 F3
Maass Ct
12900 KrnC 2673 A5
Mabel Ct
15300 KrnC 2440 F7
Mabelthorp Dr
- BKFD 2441 A7
Mable Av
900 BKFD 2512 F1
Macadamia St
- KrnC 2440 G1
MacArthur Dr
10 KrnC 2402 D7
Macau St
2200 BKFD 2512 D4
Macbrady Av
800 KrnC 2402 D2
Macerata Ct
4700 BKFD 2442 A1
Machado Av
10 KrnC 2512 G6
MacHill Dr
10 KrnC 2169 G6
MacHill Pl
10 KrnC 2169 F6
Macintosh
- THPI 2609 G2
Mackelberry Wy
- BKFD 2481 D7
Mackenzie Ct
8900 KrnC 2444 A6
Macs Landing Dr
10 KrnC 2169 G6
Madan St
6200 BKFD 2512 G1
Madeline Wy
500 ARVN 2575 A2
700 ARVN 2574 J2
Madera Av
29300 KrnC 2318 H6
30000 KrnC 2319 B6
30000 SHFT 2319 A6
Madera St
400 MCPA 2627 H6
900 KrnC 2627 H7
Madison Av
3300 BKFD 2482 J5
7300 BKFD 2512 J3
7300 KrnC 2512 J3
11700 KrnC 2542 J1
Madison St
10 BKFD 2482 J4
100 KrnC 2597 B1
100 TAFT 2597 B1
200 KrnC 2567 B7
300 DLNO 2159 G1
400 KrnC 2482 J1
1000 DLNO 2119 G6
Madison Michelle Wy
14500 BKFD 2440 G7
Madonna Av
6300 BKFD 2401 H7
Madre St
4500 BKFD 2441 H1
21200 KrnC 2609 C3
Madrid Av
- BKFD 2482 C2
3300 BKFD 2482 C2
Madrona Av
3200 BKFD 2543 C2
3200 KrnC 2543 C2
Maganda Wy
2000 DLNO 2119 J4

Magdelena Av
1700 BKFD 2512 E2
Magellan Dr
9000 THPI 2579 G7
9000 THPI 2609 H1
Maggie Ln
- KrnC 2543 J3
Maggiore Ln
8600 BKFD 2441 E1
Magic Av
4900 BKFD 2443 E7
E Magna Vista Av
100 KrnC 2299 E7
Magnola St
- BKFD 2482 D6
Magnolia Av
- CALC 2615 G7
300 KrnC 2442 J1
700 KrnC 2278 B1
700 WASC 2278 B1
5500 KrnC 2217 H7
16200 KrnC 2318 B1
Magnolia Ct
1100 THPI 2609 F4
Magnolia St
1500 BKFD 2442 H3
Magnolia Valley Ct
5700 BKFD 2404 G7
Magruder Av
12100 BKFD 2441 A2
12100 KrnC 2441 A2
N Mahan St
100 KrnC 2259 A2
100 RGCR 2259 A2
1000 KrnC 2219 A7
1000 RGCR 2219 A7
S Mahan St
100 KrnC 2259 A7
100 RGCR 2259 A4
1800 KrnC 2299 A1
Maher Wy
- BKFD 2441 A4
2600 KrnC 2441 A3
Mahin Dr
500 ARVN 2544 H5
Mahogany Ct
- KrnC 2440 G1
Mahoney Dr
2100 KrnC 2482 G3
Maia Wy
4400 KrnC 2258 B1
Maidensford Dr
400 BKFD 2441 D7
Maidstore Pl
1500 BKFD 2481 C2
Main St
- KrnC 2610 G4
- TAFT 2566 G7
100 TAFT 2597 A2
200 KrnC 2436 J1
1100 KrnC 2402 F6
9700 KrnC 2513 J7
11300 KrnC 2543 J1
Main St SR-184
9700 KrnC 2513 J6
11300 KrnC 2543 J1
E Main St
- KrnC 2566 H7
- KrnC 2596 J1
- TAFT 2566 H7
- TAFT 2596 J1
100 DLNO 2159 G1
100 KrnC 2597 B3
100 TAFT 2597 B3
500 MCPA 2627 H6
1600 DLNO 2119 G6
7200 KrnC 2169 G7
8800 KrnC 2250 G2
28900 KrnC 2318 F2
N Main St
100 KrnC 2436 J2
Main Plaza Dr
2600 BKFD 2441 E2
Mainsail Dr
8400 BKFD 2401 F7
Maitland Dr
1200 BKFD 2482 F1
Maive Wy
6600 KrnC 2401 E5
Maize Ct
4000 BKFD 2482 C7
Majestic Pine Wy
- BKFD 2512 D3
Majesty Palm St
1900 BKFD 2440 J5
Majors Ct
600 KrnC 2402 D1
Malabar Ter
10 KrnC 2289 B3
Malaga Rd
- KrnC 2444 F7
1000 KrnC 2484 F3
4900 KrnC 2514 F6
11300 KrnC 2544 F2
16100 KrnC 2574 F2
Malaguena Ct
10200 BKFD 2401 C5
Malden Ct
5600 KrnC 2443 F3
Maldives Wy
5600 BKFD 2481 E7
5600 BKFD 2511 E1
Malerbi Ct
1300 BKFD 2482 F7
Maleta Ct
7300 BKFD 2441 G1

Malibar Av
300 KrnC 2512 H1
Malibu Ct
500 BKFD 2442 B6
Mallard Ct
1800 BKFD 2482 E5
Mallory Ct
700 TAFT 2596 H3
Mallory St
3800 BKFD 2441 C2
3800 KrnC 2441 C2
Mall View Rd
2800 BKFD 2443 C2
Malmo Rd
- SBdC 2259 J7
Malovich Rd
1100 ARVN 2575 B3
1200 KrnC 2575 B3
15700 ARVN 2545 B6
16100 KrnC 2545 B7
Mamie Av
11800 BKFD 2441 A4
W Mamie Av
300 RGCR 2259 C1
Mammoth Av
900 KrnC 2402 C7
Managua Dr
6100 BKFD 2481 J7
Manassa Ln
7400 BKFD 2481 G5
Manchester Av
2100 KrnC 2763 A6
Manchester Ln
6200 BKFD 2481 J4
Manchester St
2100 KrnC 2763 A5
Manchester Park Wy
1500 BKFD 2481 A2
Mandalay Pl
2900 BKFD 2481 A4
Mandarin Dr
900 KrnC 2443 F5
Mandeline Av
2500 BKFD 2482 D7
Mandeline Ct
2300 BKFD 2482 E7
Mandy Ct
1200 RGCR 2259 D6
Mandy Ln
6000 KrnC 2403 E4
Manhattan Dr
9700 BKFD 2401 D5
9700 KrnC 2401 D5
Manihiki Av
9300 BKFD 2481 E7
Manitou Wy
2600 BKFD 2481 H4
Manley Av
1800 KrnC 2443 C3
2100 BKFD 2443 C3
Manley Ct
2100 BKFD 2443 C3
Mannel Av
100 SHFT 2359 D1
500 SHFT 2319 D7
17000 KrnC 2319 D4
18800 KrnC 2359 D7
19100 KrnC 2399 D1
S Mannel Av
500 SHFT 2359 D2
Manning St
1300 BKFD 2481 H3
Manning Park Ct
11800 BKFD 2481 B2
Manon Dr
300 KrnC 2440 F7
Manon Rd
- KrnC 2440 E6
Manor St
10 BKFD 2442 G1
900 KrnC 2402 F3
4800 BKFD 2402 G7
Manorwood St
11900 BKFD 2481 B5
Man O War Av
7300 KrnC 2513 H3
Man O War Dr
27100 KrnC 2637 F2
Mantova Av
11300 BKFD 2401 B5
Manwell Blvd
500 KrnC 2483 H1
Manzanillo Dr
100 BKFD 2480 H1
Manzanita
- KrnC 2763 E3
Manzanita Av
3200 BKFD 2543 C1
3200 KrnC 2543 C1
8300 CALC 2615 G4
Manzanita Dr
300 DLNO 2119 D7
Manzanita Ln
100 THPI 2609 H5
Manzanita St
4200 KrnC 2250 F3
Manzmita Wy
- SHFT 2359 B2
Maple Av
100 WASC 2278 E2
300 TAFT 2597 B1
1700 BKFD 2442 E6
6000 KrnC 2250 A2

Maple Ln
10 KrnC 2209 E1
Maple St
200 SHFT 2359 E1
400 THPI 2609 G3
27500 KrnC 2567 G1
Maple Falls Wy
- BKFD 2401 C5
Maple Grove Ln
8200 BKFD 2441 F2
Maplewood Dr
100 KrnC 2402 C7
Maracapa St
8700 BKFD 2512 E4
Marazion Ct
11300 BKFD 2481 B4
Marbella St
5700 BKFD 2512 B1
Marble St
3200 KrnC 2763 B3
4900 BKFD 2482 C7
Marble Canyon Wy
- BKFD 2401 B6
Marbrisas Ct
6500 BKFD 2404 H6
Marby Grange Wy
9700 BKFD 2441 D6
Marc A Mitscher Ct
1900 BKFD 2512 E1
Marcel Ct
24600 KrnC 2579 A3
Marcel Dr
24500 KrnC 2579 A3
25200 KrnC 2578 J2
Marcelina Av
- CALC 2586 D2
March Av
2300 BKFD 2512 D3
March Meadows Wy
5600 BKFD 2512 A1
5700 BKFD 2511 J1
Marci Ct
23100 KrnC 2608 F4
Marcia Ct
21600 CALC 2615 B1
Marcilynn Ct
1900 KrnC 2441 C5
Marco Polo Av
9900 BKFD 2441 D2
Marcus Av
- CALC 2586 D1
Marcus St
300 BKFD 2442 H7
Marcy St
5100 BKFD 2482 E7
5500 BKFD 2512 E1
Mardella Dr
10 KrnC 2169 D6
Mardelle St
2900 BKFD 2482 C4
Marella Wy
3900 BKFD 2442 B6
Marengo Av
- SHFT 2359 B2
E Marengo Av
200 SHFT 2359 D2
W Marengo Av
400 SHFT 2359 B2
Marengo Wy
21300 KrnC 2607 G3
Margalo Av
3600 BKFD 2482 B7
3800 KrnC 2482 B7
Margalo Ct
3300 BKFD 2482 C7
Margalo St
900 WASC 2278 E1
S Margalo St
300 RGCR 2259 B4
Margaret Av
100 SHFT 2359 C3
W Margaret Av
900 RGCR 2259 B1
Margaret Ct
5900 BKFD 2404 D4
7000 BKFD 2481 H4
N Margaret St
1600 KrnC 2218 D6
Margate Ct
12700 BKFD 2481 A4
Marge Av
- BKFD 2512 G1
Margene St
5100 BKFD 2482 D7
Margery Av
6100 CALC 2615 B1
9600 CALC 2585 J7
9600 CALC 2586 A7
10400 CALC 2616 B1
Margie Ln
10 KrnC 2169 D7
Margo Ln
1900 KrnC 2402 D5
Mar Grande Dr
5000 BKFD 2483 E2
Marguerita Wy
800 KrnC 2443 F5
Mari Ct
300 RGCR 2259 C2
Maria Ct
- KrnC 2258 J2
300 MCFD 2199 J4
Maria Wy
800 DLNO 2119 C6

Maria Angelica St
8700 BKFD 2512 D5
Marian Wy
- CALC 2585 D6
Mariana Wy
3700 BKFD 2481 F5
Maricopa Hwy
25200 KrnC 2627 J7
25200 MCPA 2627 J7
Maricopa Hwy SR-166
25200 KrnC 2627 J7
25200 MCPA 2627 J7
Maricopa Pl
100 KrnC 2597 A3
Marie Av
1000 KrnC 2763 F6
7900 KrnC 2443 H4
Marielle Wy
3200 KrnC 2763 B3
Marietta St
1900 KrnC 2441 D5
Marigold Av
20900 KrnC 2579 B5
Marigold Dr
12100 BKFD 2511 A1
Marilee Av
9800 BKFD 2441 D2
Marilyn Pl
3900 BKFD 2482 B4
Marilyn St
- KrnC 2763 F3
4000 KrnC 2249 D3
Marilyn Osborne Wy
- BKFD 2443 D2
Marin St
5300 BKFD 2482 C7
5600 BKFD 2512 C1
Marina Ct
29500 KrnC 2577 B6
Marina Dr
10 KrnC 2209 E1
5000 BKFD 2482 B7
5600 BKFD 2512 B1
Marion Av
2500 KrnC 2483 G4
Marion Dr
1300 KrnC 2483 G2
1600 BKFD 2483 G2
Marion St
800 KrnC 2359 C3
800 SHFT 2359 C3
Mariposa Av
200 KrnC 2482 G2
23000 KrnC 2579 A4
W Mariposa Av
900 RGCR 2259 A5
Mariposa Rd
21800 KrnC 2609 A1
22400 KrnC 2579 A7
Maris Ct
3900 BKFD 2512 C1
Marjal Av
3700 BKFD 2482 C5
Marjoram Dr
- KrnC 2440 G1
Marjorie St
- CALC 2615 C3
Mark Av
300 SHFT 2359 B1
8800 KrnC 2514 A7
Mark Ct
300 KrnC 2257 F3
2100 BKFD 2482 E3
Mark Ln
6400 KrnC 2250 B6
Mark Rd
1200 ARVN 2544 H7
1200 KrnC 2544 H7
Market St
- KrnC 2441 H4
Market Hill Wy
100 BKFD 2441 A7
Markey Wy
2000 KrnC 2763 D6
Markham Wy
400 BKFD 2441 E6
Mark Twain Av
9800 BKFD 2441 D2
Marla Av
12100 BKFD 2401 A6
Marlborough Wy
1000 BKFD 2441 A6
Marlene Ct
400 RGCR 2259 C5
3300 KrnC 2763 A4
Marlene Pl
2900 BKFD 2482 G4
Marlin Ct
4900 KrnC 2442 A3
Marlin St
20000 CALC 2615 F4
Marlow Ct
4500 KrnC 2402 D2
Marmalade Wy
1100 KrnC 2443 J6
Marmot St
21300 CALC 2615 C1
Marnie Ln
3100 BKFD 2403 D7
Marquis St
2000 KrnC 2249 B7
2000 KrnC 2289 B1

Kern County Street Index

STREET
Block City Map# Grid

Marquita Ct
19200 KrnC 2609 A7
Marradi Av
12500 BKFD 2401 A6
Marriott Dr
3200 BKFD 2442 B4
3200 KrnC 2442 B4
Mars Ct
2100 KrnC 2401 J4
Mars Pl
1100 KrnC 2257 J6
Marsala St
3100 BKFD 2481 A4
Marsciano St
6600 BKFD 2401 B5
Marsden St
12700 BKFD 2481 A4
Marseilles Ct
9500 KrnC 2401 D3
Marsh St
200 BKFD 2442 H7
Marsha St
3900 KrnC 2482 B1
4500 BKFD 2482 A1
Marshall St
100 KrnC 2200 A6
100 MCFD 2200 A5
2400 BKFD 2482 E4
Marsh Creek Dr
- BKFD 2481 B2
Marshfield Wy
12200 BKFD 2441 A6
Marsh Hawk Dr
4700 BKFD 2441 F1
Martha Av
- SHFT 2359 B1
Martha Ct
21700 CALC 2586 C7
Martin Av
3300 KrnC 2643 A6
4200 KrnC 2399 D7
4200 KrnC 2439 D1
Martin Ct
1500 WASC 2278 D4
15100 KrnC 2610 D7
Martin St
- KrnC 2402 G6
1400 WASC 2278 D4
Martin Wy
600 KrnC 2402 F4
Martinez St
30700 KrnC 2359 E6
Martingale Dr
10900 BKFD 2401 C7
Martingale Wy
23800 KrnC 2577 F4
Martinique Ct
6100 BKFD 2511 J1
Martinsville Av
11300 BKFD 2401 B6
Marty Av
15500 KrnC 2440 F4
Marva Marie Ct
2400 KrnC 2440 F4
Marvel St
20500 THPI 2609 D4
Marvin Av
300 WASC 2278 F1
Marvin St
7300 BKFD 2512 H3
9200 KrnC 2512 H5
Marvin Gardens St
2900 KrnC 2217 D4
N Marvin Gardens St
2900 KrnC 2217 D3
S Marvin Gardens St
100 KrnC 2257 E4
Marvista Dr
10 KrnC 2169 E5
Mar Vista Pl
20300 KrnC 2609 B2
Mary St
- KrnC 2567 D7
- TAFT 2567 D7
- TAFT 2597 D1
200 MCPA 2627 H6
500 ARVN 2574 J1
500 ARVN 2575 A1
900 RGCR 2259 C5
2300 KrnC 2482 G3
Mary Alice Wy
6900 KrnC 2401 E6
Mary Ann Av
1000 RGCR 2259 B2
Maryann Av
3000 KrnC 2763 B2
W Mary Ann Av
500 RGCR 2259 C2
Marycrest Wy
9700 BKFD 2481 D6
Mary Ellen St
2100 KrnC 2483 J3
Mary Jane Wy
1900 KrnC 2483 J3
Mary Kay Ln
200 KrnC 2402 D7
Marylhurst St
400 BKFD 2480 J1
Marylyn Ln
15000 KrnC 2643 F7
Mashie Ct
23400 KrnC 2577 B6
Masielo
- KrnC 2402 H6
Mason Ct
100 KrnC 2289 C3
2400 KrnC 2249 B7
Mason St
19600 CALC 2615 F5
Mass Ct
12100 KrnC 2673 A6
Mast Av
100 DLNO 2159 H1
12200 KrnC 2199 J1
S Mast Av
100 DLNO 2159 H2
100 MCFD 2199 H7
13200 KrnC 2199 H7
Masterpiece Estates Dr
- BKFD 2440 J6
- KrnC 2440 J6
Masters Wy
5900 BKFD 2401 F6
Masterson St
4100 BKFD 2404 D7
4100 BKFD 2444 D1
Mataro Ct
7500 KrnC 2513 H6
Match Pointe Ct
16100 BKFD 2404 D4
Mathew Henson Dr
1100 BKFD 2443 A6
Mathews Av
30300 DLNO 2119 C7
Matlock Ct
7300 KrnC 2541 G4
Matt Ct
- KrnC 2440 C7
Matterhorn Wy
4700 BKFD 2441 A1
Matthew Av
2000 KrnC 2763 D5
Matthews Av
1500 DLNO 2119 A7
Mattnick Dr
4100 BKFD 2512 B2
Maturango St
1300 KrnC 2259 F6
2400 KrnC 2299 F2
Maui Dr
5100 BKFD 2401 A7
5100 BKFD 2441 A1
Mauna Loa Av
12100 BKFD 2441 A1
Maurer Av
- BKFD 2483 F1
5900 KrnC 2483 F1
Maurice Av
1700 BKFD 2512 E1
Maurice Wy
18600 KrnC 2610 D7
Maurissa Ct
2400 KrnC 2440 F4
Mausbach Av
13300 KrnC 2440 H3
Mavis Ct
400 RGCR 2259 C5
Max Dr
9400 KrnC 2441 E4
Max Ln
12900 KrnC 2543 J3
Maxey Dr
8100 KrnC 2543 J2
Maxfield St
4000 BKFD 2481 E5
Maxwell Ct
9000 KrnC 2514 A6
May St
300 KrnC 2442 E1
11300 KrnC 2513 H7
11300 KrnC 2543 H1
Maya St
- BKFD 2512 F3
Mayacamas Dr
10900 BKFD 2401 B6
Mayberry Pl
- BKFD 2401 A6
Maybrook Av
4500 BKFD 2512 B1
Mayer Av
4200 KrnC 2399 B7
4200 KrnC 2439 B1
Mayer Ln
700 SHFT 2319 B6
Mayer St
- KrnC 2643 D1
Mayfair Ct
4700 KrnC 2483 G2
Mayfair Rd
2600 KrnC 2249 C6
Mayfield Wy
- BKFD 2481 D7
N Mayflower Cir
1200 RGCR 2219 C7
Mayflower Dr
7900 KrnC 2513 J3
S Mayo St
900 RGCR 2259 A6
1500 KrnC 2259 A7
Maywood Dr
2700 BKFD 2443 E1
Mazatlan Dr
700 BKFD 2480 H2
McAbee Ln
4600 BKFD 2481 F6
McBride Pl
4800 KrnC 2442 A3
McCaffrey St
14500 KrnC 2542 F5
McCain St
2300 KrnC 2440 B4
McCall Av
2900 BKFD 2482 D5
S McCall St
900 RGCR 2259 B6
1500 KrnC 2259 B7
McCan Av
6900 KrnC 2541 H3
McCarthy Dr
22000 KrnC 2609 A1
22400 KrnC 2579 B7
McCay Ct
7400 BKFD 2401 B5
7400 KrnC 2401 B5
McClean Av
400 KrnC 2443 D6
McCleary Wy
1500 BKFD 2512 F1
McCloud Ct
4800 BKFD 2441 G1
McCombs St
6700 KrnC 2401 J5
McConnel Ln
- BKFD 2442 G5
McCord Av
100 KrnC 2402 E7
E McCord Av
100 KrnC 2402 F7
McCormac Av
10500 KrnC 2512 G7
McCourry St
3300 BKFD 2482 E5
McCray Ct
24300 KrnC 2577 C4
McCray Rd
2600 KrnC 2250 B3
McCray St
1500 KrnC 2402 D2
McCrumb Ln
500 SHFT 2319 C7
McCurdy Dr
1000 KrnC 2443 F4
1100 BKFD 2443 F4
McCutchen Rd
4900 BKFD 2512 A4
6400 BKFD 2511 C4
8800 KrnC 2511 E4
McDivitt Dr
6600 BKFD 2481 H6
McDonald Dr
- CALC 2585 G2
- CALC 2586 D2
McDonald Wy
10 KrnC 2482 B1
900 BKFD 2482 B2
N McDonald Wy
10 BKFD 2442 B7
McDuff Wy
7600 BKFD 2401 G7
McElroy St
800 ARVN 2544 J7
McGee Av
3700 KrnC 2218 D6
McGinley Av
900 KrnC 2402 D2
McGinnis St
4500 KrnC 2402 D2
McGlothin Dr
- KrnC 2567 A5
McGregor Av
900 KrnC 2402 F4
McGuire Blvd
6500 KrnC 2209 B6
McInnes Blvd
8900 BKFD 2481 E4
McIntire Rd
- RGCR 2219 F5
McIntire St
900 RGCR 2219 F5
McIntosh St
21200 KrnC 2609 E3
21200 THPI 2609 E3
McIntosh Wy
10700 CALC 2616 C2
McKaye Ct
2600 BKFD 2481 F4
E McKee Av
10 KrnC 2512 H5
W McKee Av
3700 KrnC 2218 D7
McKee Rd
1600 BKFD 2512 E5
2000 KrnC 2512 D5
2500 KrnC 2513 B5
E McKee Rd
8200 KrnC 2514 A4
8200 KrnC 2513 J4
McKelvey Av
100 KrnC 2402 D2
McKelvey Ct
4100 KrnC 2402 E2
McKenna St
3600 BKFD 2444 C3
McKinley Av
1000 KrnC 2402 C6
McKinley St
400 TAFT 2596 J2
McKinnon Av
8500 KrnC 2443 J6
8500 KrnC 2444 A6
McKittrick Hwy
35700 KrnC 2437 B2
42500 KrnC 2436 G2
McKittrick Hwy SR-58
35700 KrnC 2437 F2
42500 KrnC 2436 G2
McLagan Av
2800 KrnC 2673 B1
McLean Wy
- RGCR 2219 D7
McLemore Pl
- BKFD 2444 G1
McMurtrey Av
34900 KrnC 2401 G2
McNair Ln
7600 BKFD 2481 G6
McNew Ct
800 KrnC 2482 J1
1000 KrnC 2483 A1
McNutt St
2500 BKFD 2443 F4
McPherson Ln
1400 BKFD 2481 C2
McTavish Ct
4400 KrnC 2402 E2
Meacham Rd
9000 BKFD 2441 E2
9700 KrnC 2441 B3
12900 BKFD 2440 G3
22500 KrnC 2439 F3
Meade Ct
3700 BKFD 2481 H5
Meadow Av
1800 DLNO 2119 H4
Meadow St
100 KrnC 2437 A1
W Meadowbrook Ct
200 THPI 2609 G5
Meadowbrook Ln
7200 KrnC 2481 H2
Meadow Creek St
5400 BKFD 2401 C7
Meadow Glen Wy
6000 BKFD 2403 G7
Meadow Grove Ct
500 KrnC 2402 D4
Meadow Hills Ct
3700 KrnC 2402 E3
Meadow Lake Dr
3900 KrnC 2440 G2
Meadow Lakes Dr
10 KrnC 2577 B5
Meadowlane Av
3700 BKFD 2482 C5
Meadowlark Wy
4500 BKFD 2482 B3
Meadow Leaf Ct
9400 BKFD 2481 E3
Meadow Oaks Ct
5800 BKFD 2403 G7
Meadowood Ct
1900 BKFD 2482 C3
Meadow Ridge Av
2800 KrnC 2402 E4
Meadow Rise Ct
500 KrnC 2402 D3
Meadow Run Ln
3600 KrnC 2402 D3
Meadows Rd
19400 KrnC 2579 D7
19400 KrnC 2609 D1
Meadows St
600 KrnC 2443 G5
Meadows of the Kern Dr
7100 KrnC 2403 F2
Meadow Springs Ln
- KrnC 2402 D3
Meadow Valley Ct
5600 BKFD 2401 C7
Meadow View Ct
23400 KrnC 2577 G6
Meadowview Dr
3200 BKFD 2481 J5
Meadowview Ln
1000 RGCR 2219 C7
1000 RGCR 2259 C1
Meadow Vista Ct
3400 BKFD 2403 E6
3400 BKFD 2443 F1
Meadow Vista St
3200 BKFD 2443 F1
Meany Av
6500 KrnC 2441 G2
7000 BKFD 2441 G2
Mears Dr
100 KrnC 2443 B5
Mecca Pl
4800 BKFD 2441 H1
Medallion Dr
12700 BKFD 2481 A4
Medallion Rose Av
3200 BKFD 2512 C3
Medinah Ct
18600 KrnC 2637 D1
Medio St
20400 CALC 2615 G3
Medio Luna Av
5700 BKFD 2443 F3
Meeks Av
3300 BKFD 2482 J5
Meg Ct
22400 CALC 2585 G6
Megarey Ct
4700 BKFD 2481 F6
Megaris Av
6000 KrnC 2541 J2
Mehgan St
3500 KrnC 2441 C2
Mehnga Sanghera St
700 BKFD 2441 A6
Mei Yen Ln
3800 BKFD 2481 J5
Melanie Ct
12000 BKFD 2404 D7
Melba Ln
400 BKFD 2442 H7
Melba Glen Ln
10 KrnC 2169 E7
Melbourne Ln
2300 BKFD 2481 H3
Melcher Rd
10000 DLNO 2119 C7
10000 TulC 2119 C5
10600 DLNO 2159 C1
10600 KrnC 2159 C4
12000 KrnC 2199 C3
12400 MCFD 2199 C5
Melinda Ct
8000 CALC 2615 F1
Melissa Ct
400 BKFD 2482 G5
Melissa Wy
- KrnC 2403 E4
Mellon Ct
6600 KrnC 2401 G5
Melocoton Ct
10900 BKFD 2441 C5
Melody Ln
1500 KrnC 2402 B5
Melones Ct
6800 BKFD 2481 H3
Melrose Av
3000 KrnC 2402 F3
Melrose Ct
500 THPI 2609 G3
W Melting Ct
3700 KrnC 2218 D7
Melva St
15800 KrnC 2643 A6
Melville Dr
20500 CALC 2616 C2
Melville St
9200 KrnC 2512 F5
Melvin St
3000 KrnC 2763 B4
Melwood St
800 BKFD 2482 J3
800 BKFD 2483 A4
Memorial Dr
- CALC 2586 D7
Memory Ct
6700 BKFD 2401 D5
Mendiburu Rd
6000 CALC 2585 D7
9700 CALC 2586 A7
10600 CALC 2616 C1
Mendocino Dr
8900 BKFD 2441 E7
Menton Ln
5300 BKFD 2444 B1
Mercatello Av
11300 BKFD 2401 B5
Merced Av
28100 KrnC 2318 G5
29900 KrnC 2319 A5
Merced St
700 MCPA 2627 H7
900 KrnC 2627 H7
Mercury Av
3900 KrnC 2442 B1
Mercury St
1000 KrnC 2257 H6
N Mercury St
1200 KrnC 2217 H7
1200 KrnC 2257 H1
Mercy Wy
- BKFD 2481 D1
Meredith Dr
1100 BKFD 2482 F4
Meridian Av
4500 KrnC 2442 B2
Merion Wy
500 THPI 2609 G3
Meritage Ct
13700 BKFD 2440 H6
13700 KrnC 2440 H6
Meriwood Ln
- BKFD 2401 F6
Merle Haggard Dr
3800 KrnC 2402 A2
34900 KrnC 2401 G3
Merlin Wy
700 BKFD 2442 F1
Merlot Dr
12900 BKFD 2440 J4
Merlot St
400 MCFD 2199 H6
Merlot Cellars Dr
14700 BKFD 2440 G7
Merril
10 KrnC 2289 D3
Merrill Rd
10 KrnC 2169 D6
Merrill St
19100 CALC 2616 C6
Merrimac Av
600 BKFD 2482 F5
Mersham Ct
9500 BKFD 2441 E6
Mersham Hill Dr
10200 BKFD 2481 C2
Mertz Rd
- KrnC 2763 E2
Mervyns Pl
- BKFD 2442 B6
Mesa Ct
3200 KrnC 2763 B3
Mesa Dr
10 KrnC 2129 H7
3300 KrnC 2443 F5
4400 KrnC 2250 B2
19700 KrnC 2579 D7
19700 KrnC 2609 C1
Mesa Grande St
3300 BKFD 2482 D5
Mesa Marin Dr
4100 BKFD 2444 C2
Mesa Oak Dr
9600 BKFD 2481 D3
Mesa Peak Wy
4600 BKFD 2481 D6
Mesa Tan St
800 BKFD 2483 E1
Mesa Verde Av
300 SHFT 2359 C1
Mesa Verde Wy
7000 BKFD 2481 H1
Mesa Vista Wy
- BKFD 2481 C7
Mescalero Ct
10700 BKFD 2401 C7
Mesquite Av
- KrnC 2763 E3
200 RGCR 2219 C7
Mesquite Ct
- WASC 2278 D2
Mesquite Dr
100 THPI 2609 H5
Mesquite Ln
700 KrnC 2444 A6
N Mesquite St
500 KrnC 2257 E2
3900 KrnC 2217 E1
21700 CALC 2585 D7
21700 CALC 2615 D1
Mesquite Canyon Rd
- KrnC 2257 G5
Messina Dr
6300 BKFD 2404 F7
Meter St
100 KrnC 2627 G7
100 MCPA 2627 G7
Metherly Hill Rd
9700 BKFD 2441 D6
Metropolitan Wy
9400 BKFD 2511 D1
Mettler Av
500 SHFT 2359 B1
10400 DLNO 2119 B7
10600 DLNO 2159 B1
10600 KrnC 2159 B1
17200 KrnC 2319 B6
17400 SHFT 2319 B6
Mexicali Dr
4100 BKFD 2481 H6
Meyer St
- KrnC 2643 D3
100 ARVN 2544 J7
800 ARVN 2574 J2
Meyers St
- KrnC 2440 D3
Mezzadro Av
11300 BKFD 2401 A5
Miami St
3600 BKFD 2403 D7
Micah St
1600 KrnC 2218 H6
Michael Av
3200 KrnC 2673 A3
49500 THPI 2610 A2
Michael St
2300 KrnC 2482 G3
2400 BKFD 2482 G4
Michaelangelo Dr
- KrnC 2440 J5
13100 BKFD 2440 J5
Michaud Rd
6200 KrnC 2483 F4
Michelaine Av
3400 BKFD 2482 G5
Michele Av
10100 KrnC 2441 C2
Michele St
200 RGCR 2259 F2
9400 BKFD 2512 E6
9400 KrnC 2512 E6
Micheli Ct
3600 BKFD 2482 C4
Michelle Wy
1600 KrnC 2763 D6
Mid Wy
21700 KrnC 2609 C1
Midas St
5700 BKFD 2512 F1
Middlebrook Ct
7400 BKFD 2481 G4
Middlefield St
500 KrnC 2482 B1
Middleton Ln
7700 KrnC 2543 H2
Midland Tr
- KrnC 2643 C3
Midland Tr SR-14
- KrnC 2643 C3
Midnight Ct
300 BKFD 2512 G3
Midoil Rd
200 KrnC 2566 C7
900 KrnC 2596 D2
900 TAFT 2596 F2
Midsummer Dr
5300 KrnC 2402 A6
Midtowne Dr
12100 BKFD 2401 A5
Midvale Ct
1800 BKFD 2481 J3
Midway Av
700 RGCR 2259 F5
Midway Rd
10 KrnC 2566 H4
10 RGCR 2219 G5
7300 KrnC 2567 J4
Midwick Ct
6400 KrnC 2443 F2
Mignonette St
6200 KrnC 2401 H6
Miguel Ct
100 RGCR 2259 D4
Mike Dr
8500 CALC 2615 G1
Mike Lynn Ct
1500 BKFD 2482 F7
S Mikes Tr
1600 KrnC 2258 H7
Milagro Dr
5200 BKFD 2483 E1
Milan Dr
13100 BKFD 2404 F6
Milano Ct
2200 DLNO 2119 J4
Milano St
2300 DLNO 2119 J4
Milano Wy
3300 BKFD 2481 C5
Mildred Ln
3000 KrnC 2440 G3
Milestone Dr
100 KrnC 2440 F7
N Milham Dr
10 BKFD 2442 H7
S Milham Dr
100 BKFD 2482 H1
Milissa Wy
3100 BKFD 2512 D1
Milky Wy
22300 KrnC 2579 D7
22300 KrnC 2609 D1
Mill Av
10 KrnC 2289 A2
N Mill St
100 THPI 2609 G2
S Mill St
100 THPI 2609 G3
Millay Wy
3800 BKFD 2481 E5
Mill Bridge Dr
4400 BKFD 2441 F2
Millbrook Wy
4600 BKFD 2512 B1
Mill Creek Dr
6600 BKFD 2511 H1
Miller Av
100 KrnC 2436 J2
3000 KrnC 2673 A6
Miller Ln
1100 THPI 2609 E4
Miller Rd
10 KrnC 2169 C6
Miller St
10 BKFD 2442 J5
10 KrnC 2289 A2
1000 BKFD 2443 A4
1500 KrnC 2443 A3
Miller Ridge Dr
8200 BKFD 2512 A4
Millfort St
8900 KrnC 2512 G5
Mill Glen Forest Ct
6900 BKFD 2512 B2
Millikan Wy
9300 BKFD 2481 E6
Million Bushel Av
9200 BKFD 2512 A5
Mill Oak Run
3000 BKFD 2481 E4
Mill Rock Wy
1400 BKFD 2481 F3
Mills Dr
5700 KrnC 2443 H6
Millsend Ct
2800 BKFD 2481 A4
Millux Rd
- KrnC 2574 C6
100 ARVN 2575 C3
100 KrnC 2575 C3
900 ARVN 2574 H3
Mill Wheel Dr
5000 BKFD 2481 H7
Milner Dr
8100 CALC 2615 F1
Milo Av
300 KrnC 2436 J1
300 KrnC 2437 A1
4000 BKFD 2482 B7
Milstead St
2100 KrnC 2763 D3
Milton Dr
3000 KrnC 2643 A6
Milverton Wy
- BKFD 2441 B7
Milvia St
2100 KrnC 2443 B3
Mimosa Dr
400 WASC 2278 C2
Mimosa St
2500 KrnC 2402 D4
Minaret Meadows St
8600 BKFD 2512 D5
8800 KrnC 2512 D5
Miner St
10 BKFD 2442 H2
Mineral Ct
1900 KrnC 2402 A4
Ming Av
2400 BKFD 2482 D3
2400 KrnC 2482 E3
5900 BKFD 2481 H3
Mini Ct
20200 KrnC 2609 C2
Minnatree Ln
300 BKFD 2512 G3
Minner Av
100 KrnC 2402 E6
E Minner Av
100 KrnC 2402 F6
Mint St
1500 KrnC 2482 F3
Minter Av
500 SHFT 2359 D2
Minter Field Av
5100 SHFT 2360 E2
Mirador Dr
2500 KrnC 2443 B2
2700 BKFD 2443 B2
Miraflores Av
200 BKFD 2512 G2
Mirage Dr
10700 BKFD 2481 C5
N Mirage St
500 KrnC 2257 F2
3400 KrnC 2217 F2
Mira Loma Ct
4200 BKFD 2442 B6
Mira Loma Dr
400 BKFD 2442 B7
Miramar Ln
- BKFD 2481 C3
Miramonte Dr
4500 BKFD 2404 G7
5600 BKFD 2444 G1
5600 KrnC 2444 G1
Miraso
2900 KrnC 2436 E5
Mirasol Av
100 KrnC 2436 J2
Miria Dr
2300 BKFD 2482 E7
Mirror Dr
7600 KrnC 2403 H2
Mirrored Image Ct
11000 BKFD 2481 C6
Mirto Ct
2300 BKFD 2481 J3
Mission St
400 KrnC 2483 G1
2200 DLNO 2119 J4
21200 KrnC 2609 C2
Mission Hills Ct
3300 BKFD 2403 E6
3300 BKFD 2443 E1
Mission Hills St
3500 BKFD 2403 E7
Missouri Rd
- KrnC 2402 J1
Mist Falls Dr
7200 BKFD 2401 C5
Mistwood Dr
- BKFD 2441 D6
Misty Ct
4700 BKFD 2482 B3
8500 KrnC 2250 F4
Misty Breaks Dr
5000 BKFD 2481 G7
Misty Meadow Dr
100 KrnC 2402 E3
Mitchell Av
3800 KrnC 2443 E4
5100 SHFT 2360 E1
Mitchell Blvd
21000 CALC 2615 C2
21800 CALC 2585 C7
Mitchell Ct
6600 KrnC 2250 B4
Mitchell St
2100 DLNO 2119 G4
Mitscher Rd
- RGCR 2219 G5
Miwok Ct
6700 BKFD 2481 H2
Miwok St
19000 THPI 2609 G6
Mizzen Mast Ct
100 BKFD 2443 C2
Mobile Dr
4500 KrnC 2250 B2
Mobile Ln
10 KrnC 2289 D3
Mobiletown Dr
10 KrnC 2402 F7
Moble Ln
2000 KrnC 2249 C7
Mobley St
1000 KrnC 2643 E5
Mocal Rd
- KrnC 2542 F7
- KrnC 2566 A4
Mockingbird Ct
11500 KrnC 2441 B3
Mod Wy
- KrnC 2514 A6
Modena St
3900 BKFD 2441 J2
Modoc Av
18300 THPI 2609 F6
Moengo Wy
- BKFD 2404 C7
Moffitt Wy
2400 BKFD 2481 G3
Mohawk St
700 BKFD 2442 A6
2100 KrnC 2441 J3
4000 BKFD 2441 J1
4900 KrnC 2250 H1
5900 KrnC 2401 J6
19500 KrnC 2609 H6
Mohican Dr
10700 BKFD 2441 C1
N Mojave St
100 THPI 2609 H2
S Mojave St
100 THPI 2609 H3
Mojave-Barstow Hwy
- KrnC 2643 C6
- KrnC 2673 H1
- KrnC 2679 A4
Mojave-Barstow Hwy SR-58
- KrnC 2679 F4
Mojave-Barstow Hwy SR-58 BUS
- KrnC 2643 C6
- KrnC 2673 H1
W Mojave Rose Av
100 RGCR 2299 D2
Molakai Dr
12500 BKFD 2401 A7
Molise Ct
5400 BKFD 2401 J7
Mollison Ct
6700 CALC 2585 D7
Molly Ct
- SHFT 2359 B1
Molokini Ln
- BKFD 2401 A7
Mona Wy
3200 KrnC 2482 C1
Monache Dr
10 KrnC 2129 H7
700 KrnC 2402 D7
N Monache St
700 KrnC 2258 J1
1300 KrnC 2218 J7
S Monache St
1700 KrnC 2258 J7
1700 RGCR 2258 J7
1900 KrnC 2299 A1
Monache Meadows Wy
2900 BKFD 2512 D4
Monache Mountain Av
6700 KrnC 2217 E6
Mona Lisa Ln
9700 BKFD 2401 D6
Monarch Palm Av
12900 BKFD 2440 J4
Moncrieff Ln
- BKFD 2441 A6
Mondavi Wy
600 BKFD 2441 E6
Mondego Dr
11400 BKFD 2511 B2
Monet Pl
1300 BKFD 2440 J6
Moneta Av
100 KrnC 2402 E7
E Moneta Av
100 KrnC 2402 F7
Monica St
100 KrnC 2444 A7
19200 SHFT 2401 E2
Monique Av
1000 KrnC 2512 F4
Monitor St
- KrnC 2512 G4
3800 BKFD 2482 G6
5700 BKFD 2512 G3
Monje St
2100 KrnC 2763 A5
Monna Av
900 KrnC 2402 G4
N Mono Ct
1200 RGCR 2219 B7
Mono St
- KrnC 2643 C5
100 RGCR 2259 B3
900 MCPA 2627 G7
N Mono St
- RGCR 2219 B7

STREET Block City Map# Grid

N Mono St
100 RGCR 2259 B2
2100 KrnC 2643 C5
S Mono St
1700 KrnC 2259 B7
1700 RGCR 2259 B7
1900 KrnC 2299 B1
Monolith St
600 THPI 2610 C3
Monroe Av
- KrnC 2250 J3
Monroe Ct
800 KrnC 2402 C6
Monroe Ln
7000 BKFD 2481 H5
22800 KrnC 2579 C6
Monroe St
100 ARVN 2544 J7
100 KrnC 2597 B1
100 TAFT 2597 B1
200 KrnC 2567 B7
Montagna Dr
6500 BKFD 2404 F6
Montague Av
11300 BKFD 2401 B5
Montal St
8100 KrnC 2513 J5
Montalvo Dr
200 BKFD 2481 G2
Montana Wy
1000 DLNO 2119 E7
Montaro Ct
4700 BKFD 2483 D1
Montbatten Pl
12500 BKFD 2401 A6
12700 BKFD 2400 J6
Mont Blanc Ct
6500 BKFD 2443 F3
Mont Blanc Ter
3300 BKFD 2443 G3
Mont Blanc Wy
- BKFD 2443 G3
Montclair St
100 BKFD 2442 B6
S Montclair St
100 BKFD 2482 B1
Montebello Dr
3300 BKFD 2481 D5
Monte Carlo Wy
4300 BKFD 2443 E1
Montecito Dr
5100 KrnC 2443 E3
Monte Cristo Rd
2400 KrnC 2402 H3
Montefino Dr
400 RGCR 2219 C7
Montello St
3000 KrnC 2443 F4
3100 BKFD 2443 F4
Monterey Av
- RGCR 2219 F7
N Monterey Dr
900 RGCR 2259 C1
W Monterey Dr
300 RGCR 2259 C1
Monterey St
10 BKFD 2442 H4
1600 BKFD 2443 A4
4600 KrnC 2443 G5
Monterey Beach Dr
12200 BKFD 2481 A2
Monterey Pine Wy
7600 BKFD 2512 B3
Monterra Wy
3800 KrnC 2440 F2
Monte Vista Av
1300 KrnC 2763 E3
E Monte Vista Av
100 RGCR 2299 D1
1100 KrnC 2299 C1
Monte Vista Dr
10 BKFD 2442 H1
100 KrnC 2442 H1
Monte Vista St
12000 KrnC 2679 C5
Montgoler Ct
6700 CALC 2585 C6
Montgomery Av
1700 BKFD 2482 E3
Montgomery Ln
1800 DLNO 2119 H6
Monticello Av
500 KrnC 2443 A6
600 BKFD 2443 A6
Montmedy Ct
8800 BKFD 2481 E3
Montoya Ct
100 SHFT 2359 F2
Montrose St
10 BKFD 2442 H2
Montview Av
100 KrnC 2597 B3
Moon Dr
19300 KrnC 2579 E7
19400 KrnC 2609 D1
Moon Pl
900 KrnC 2257 H5
Mooney Av
15300 KrnC 2440 F4
Moon Lake Ct
1900 KrnC 2440 F5
Moonlight Wy
5600 BKFD 2481 J4
5600 BKFD 2482 A4
Moon Meadow Dr
- KrnC 2402 C3
Moon Meadow Wy
- KrnC 2402 E3
Moonmist Ln
1100 BKFD 2481 C2
Moon Ranch St
200 KrnC 2440 E7
Moonrise Ct
7900 BKFD 2512 G3
Moonstone Av
- BKFD 2512 G3
N Moonwind St
100 KrnC 2257 H3
1100 KrnC 2217 H7
Moore Av
10 KrnC 2289 D3
Moore St
800 KrnC 2443 B6
Mooresville Pl
14900 KrnC 2440 F4
Moorgate St
11200 BKFD 2481 C3
Moose Creek Ct
8900 KrnC 2444 A5
Moraga Ct
5400 BKFD 2401 J7
5400 BKFD 2402 A7
5400 KrnC 2401 J7
5400 KrnC 2402 A7
Moraine Ct
1400 BKFD 2481 H2
Morales Ct
13300 KrnC 2440 H3
Morano Wy
3900 KrnC 2440 F2
Moreland Wy
1300 BKFD 2512 F1
Morella Rd
3000 KrnC 2249 E7
3000 KrnC 2289 E1
Moreton Bay Ct
1400 BKFD 2481 B2
Morgan Av
27500 KrnC 2679 J3
Morgan Ct
18200 KrnC 2637 A2
Morgan Ln
1800 KrnC 2443 C3
Morgan Hill Dr
11600 BKFD 2441 B7
Morgantown Pl
- BKFD 2441 C1
Morin Ct
2700 BKFD 2482 D4
Mormacker St
900 KrnC 2258 G5
S Mormacker St
1100 KrnC 2258 G6
Morning Dr
100 KrnC 2443 J6
4500 BKFD 2404 A6
4800 BKFD 2443 J1
5700 BKFD 2403 J7
Morning Dr SR-184
100 KrnC 2443 J6
Morningdew Wy
7700 BKFD 2512 G3
Morning Glory Ct
300 CALC 2616 C1
Morning Glory Dr
300 CALC 2616 C1
Morning Harvest Av
9000 BKFD 2512 A5
Morning Oak Vw
3200 BKFD 2481 E5
Morning Rose Dr
- BKFD 2441 A5
Morningside Ct
8300 BKFD 2404 A6
Morningside Wy
2000 DLNO 2119 J5
Morningstar Av
7400 BKFD 2443 H1
Morningstar Ct
2000 KrnC 2763 A6
Mornington Av
1100 KrnC 2512 F5
Morocco Ct
2700 BKFD 2443 E1
Morovino Dr
5900 BKFD 2401 C6
Morris Av
- CALC 2586 E2
Morris St
19000 CALC 2616 B5
Morrison St
10 BKFD 2442 B7
Morro Dr
4700 KrnC 2483 G1
Morroco Av
13400 BKFD 2440 J7
13400 KrnC 2440 J7
Morse Ct
2900 KrnC 2402 F4
Morton Pl
100 ARVN 2544 J7
Mosasco St
2600 KrnC 2441 D4
Moscato St
700 MCFD 2199 H7
Moscato Wy
4400 BKFD 2403 E7
Moss Av
8800 CALC 2615 J5
9600 CALC 2616 A5
Moss St
3900 KrnC 2441 C2
Moss Crossing Av
7800 BKFD 2481 G7
Moss Landing Dr
12700 BKFD 2481 A2
Mossrock Dr
8100 BKFD 2401 F7
Motor Center Dr
3000 BKFD 2482 D7
Motor Sport Ct
4700 BKFD 2482 D7
Mount Pl
21000 KrnC 2607 G4
Mountain Av
12100 BKFD 2444 E1
12100 KrnC 2444 E1
Mountain Dr
10 KrnC 2249 D5
100 KrnC 2129 H7
100 KrnC 2169 H1
21200 KrnC 2609 A1
21400 KrnC 2608 J1
Mountain Wy
27700 KrnC 2577 E5
Mountainair Wy
- BKFD 2512 D4
Mountaingate Ln
10000 BKFD 2481 D5
Mountain Iron Dr
5500 BKFD 2511 H1
6800 BKFD 2481 F7
Mountain Mesa Rd
12100 KrnC 2250 B2
Mountain Mist Ct
600 KrnC 2402 D3
Mountain Oak Rd
1900 BKFD 2481 E3
Mountain Park Dr
700 BKFD 2481 B1
Mountain Plover Av
5300 BKFD 2481 D7
Mountain Ridge Dr
- KrnC 2512 A6
8100 BKFD 2512 A4
Mountain Shadows Dr
10 KrnC 2169 C7
Mountain Shadows Rd
100 KrnC 2169 C7
Mountainside Dr
10800 BKFD 2444 C2
Mountain Springs Ln
- KrnC 2608 C1
Mountain View Av
6700 KrnC 2217 E7
Mountain View Dr
- KrnC 2579 C4
1200 RGCR 2219 C7
Mountain View Ln
10 KrnC 2169 E7
Mountain View Rd
2500 KrnC 2249 D6
6500 KrnC 2513 J3
8100 KrnC 2514 C3
Mountain View St
3300 BKFD 2482 C5
Mountain Vista Dr
2900 BKFD 2481 D5
5700 BKFD 2511 D1
Mt Arbor St
100 KrnC 2200 A6
100 MCFD 2200 A5
Mt Bachelor Ln
6300 BKFD 2401 F6
Mt Baldy Cir
400 RGCR 2219 B5
Mt Celeste Ct
3700 BKFD 2512 C5
Mt Diablo Ct
4600 BKFD 2482 E6
Mt Everest Wy
4600 BKFD 2482 E6
Mt Hood Ct
6400 BKFD 2481 J1
6400 KrnC 2481 J1
Mt Hood Dr
6500 BKFD 2481 J1
6500 KrnC 2481 H1
Mt Lassen Ln
800 BKFD 2481 J2
800 KrnC 2481 J2
Mt Lowe Dr
300 KrnC 2481 H1
Mt Lussen Av
3500 KrnC 2763 A4
Mt McKinley Pl
400 RGCR 2219 B5
Mt Pleasant Dr
10500 BKFD 2511 C1
Mt Rainer Pl
400 RGCR 2219 B5
Mt Rainier Dr
6400 BKFD 2481 H2
6400 KrnC 2481 H2
Mt Shasta Cir
400 RGCR 2219 B6
Mt Shasta Dr
6400 BKFD 2481 J1
6400 KrnC 2481 H1
Mt Snow Ln
10300 BKFD 2481 D6
Mt St Helens St
2700 KrnC 2763 A4
Mt Susan Wy
4800 BKFD 2482 E7
Mt Veeder Wy
- KrnC 2440 F5
Mt Vernon Av
10 BKFD 2443 C1
10 KrnC 2443 C7
3300 BKFD 2403 B7
S Mt Vernon Av
10 BKFD 2443 C7
200 BKFD 2483 C1
Mt View Av
100 THPI 2609 F3
Mt Whitney Dr
6400 BKFD 2481 H1
6400 KrnC 2481 H1
Mt Whitney Ln
1200 RGCR 2219 C7
Moxee Ct
2900 BKFD 2441 E3
W Moyer Av
100 RGCR 2219 C7
Mugsy Av
100 KrnC 2542 H2
Muir Av
8700 CALC 2615 H5
9600 CALC 2616 A6
Muir Dr
1000 KrnC 2402 C6
Muirfield Dr
5300 BKFD 2444 H1
5400 BKFD 2404 H7
Mulberry Av
6000 KrnC 2250 A2
Mulberry Dr
3200 BKFD 2442 D3
Mulberry Ln
10 KrnC 2209 E1
N Mulberry Ln
10 KrnC 2129 G5
Mulberry Pl
900 THPI 2609 G4
Mulberry St
100 THPI 2609 G2
Mulberry Pass
1200 WASC 2278 E5
Mullen Av
6100 KrnC 2257 G2
Muller Rd
3300 BKFD 2483 E4
3300 KrnC 2483 G4
8400 KrnC 2484 H4
Mulligan Ct
9900 BKFD 2481 D7
Mumm Valley Wy
- KrnC 2440 F5
Munzer St
100 SHFT 2359 C1
Murano Rd
72600 SBdC 2259 J7
72600 SBdC 2299 J1
Murdock St
1100 BKFD 2442 J6
1300 BKFD 2443 A7
Murphys Ct
6700 BKFD 2481 H3
Murphys Ln
6900 BKFD 2481 H3
N Mustang St
1300 KrnC 2218 D7
Mustang Wy
19400 KrnC 2401 E3
19400 SHFT 2401 E3
Mustard Ct
- KrnC 2440 G2
Myer Rd
14000 KrnC 2673 D1
14900 KrnC 2643 C7
Myers Ranch Ct
10700 BKFD 2481 C6
Myriam St
- KrnC 2608 D7
Myrima Pl
6500 CALC 2615 C2
Myrtle Av
3100 KrnC 2763 B3
9700 KrnC 2513 J7
Myrtle St
1600 BKFD 2442 D5
S Myrtle St
10 BKFD 2482 D1
200 KrnC 2482 D1
Mystic Meadows St
1600 BKFD 2441 A5

N

N St
10 BKFD 2442 F7
15800 KrnC 2643 D6
S N St
300 BKFD 2482 F1
Nacelle Av
12100 BKFD 2441 A2
12100 KrnC 2441 A2
Nacelle Ct
2000 THPI 2610 C3
Nadeau St
300 RGCR 2259 E2
2100 KrnC 2643 C5
6500 BKFD 2512 G2
Nadine Ln
800 KrnC 2442 C1
Nadine St
15200 KrnC 2643 D7
N Nadine St
1100 KrnC 2217 G7
1100 KrnC 2257 G1
Nairn Ct
7800 BKFD 2481 G3
Nan St
3900 KrnC 2441 D2
4100 BKFD 2441 D2
Nanak Rd
7300 KrnC 2483 H2
Nance St
1300 ARVN 2544 H5
Nancy Av
100 RGCR 2259 D6
11800 KrnC 2679 H5
Nancy St
11500 KrnC 2673 D7
Nancy Ann St
4700 KrnC 2250 F2
Nantes Wy
1700 BKFD 2481 E3
Nantucket Pl
13000 BKFD 2440 J5
Nantwick Ct
11700 BKFD 2481 B3
Napal Ct
4500 BKFD 2482 F6
Napa Valley Wy
1400 BKFD 2481 A2
Napoli St
- BKFD 2401 A6
Nashua Ct
27300 KrnC 2637 G2
Nashua Ln
7300 KrnC 2513 H2
Nassau Ct
6400 KrnC 2443 F3
Natalie Dr
2000 KrnC 2763 D3
Natchez Ln
5100 BKFD 2401 C7
Natchitoches Wy
6800 BKFD 2481 H5
Nathan St
800 KrnC 2444 G7
Native Dancer Dr
4200 BKFD 2441 C1
Naumann Av
12900 KrnC 2444 F6
Navajo Av
3700 KrnC 2482 C1
9000 KrnC 2250 H1
Navajo Dr
19500 THPI 2609 F6
Navarro River Ct
1500 BKFD 2481 A2
Naylor Av
100 KrnC 2597 A4
100 TAFT 2597 A4
Naylor St
2100 KrnC 2402 F5
Nazareth Wy
- BKFD 2401 B7
Neah Bay Dr
3000 BKFD 2441 F3
Neale Dr
17100 KrnC 2609 J6
Neary Ct
3000 KrnC 2763 B5
Nebula Ct
11900 BKFD 2441 B3
Nectar Av
8200 KrnC 2443 J6
Nectarine Ct
800 ARVN 2544 J6
4400 BKFD 2482 B5
Nedham Dr
10 KrnC 2169 E5
Needles Ct
27000 KrnC 2637 G2
Neely Av
20100 KrnC 2609 B5
Neely Ct
20200 KrnC 2609 B5
Neipp Av
6600 KrnC 2217 E1
Nellie Ct
6700 BKFD 2512 F2
Nellie Dent Dr
10 KrnC 2169 F6
Nellison Ct
900 KrnC 2512 G5
Nello St
10 BKFD 2482 C1
Nelson Ct
1300 ARVN 2544 H5
Nelson Dr
10500 CALC 2586 C7
Nelson St
2200 KrnC 2443 A2
2500 BKFD 2443 A2
Nemophila St
21300 CALC 2615 G1
Nettie Ct
7900 KrnC 2443 H4
Nettle Pl
600 KrnC 2402 D4
Nettleton St
6800 BKFD 2401 A5
Netzer Ct
7700 BKFD 2443 H3
Neufield Ct
600 SHFT 2359 B2
Neufield St
400 SHFT 2359 B2
Neumann Rd
29300 KrnC 2318 G6
Neumarkel Rd
11300 KrnC 2545 G2
Neuralia Rd
20000 CALC 2615 F6
21700 CALC 2585 F4
24500 KrnC 2585 F1
N Nevada St
300 RGCR 2259 B2
S Nevada St
500 RGCR 2259 B4
New Bedford Ln
1600 BKFD 2440 J5
Newberg St
100 BKFD 2480 J1
Newbury Park Wy
- BKFD 2441 D1
Newcastle Ct
900 SHFT 2359 D3
Newcastle Dr
3000 KrnC 2440 E3
New Castle St
8200 BKFD 2481 F2
Newcombe Av
3800 BKFD 2482 B6
New Dawn Ct
6300 KrnC 2401 H5
New Forest Dr
10900 BKFD 2441 C2
New Grove Av
5200 BKFD 2482 A4
Newhall Ln
6400 BKFD 2511 J1
New Hampshire Wy
11700 BKFD 2401 B7
Newhaven Ct
8000 BKFD 2481 F5
New Horizon Blvd
4400 BKFD 2482 B6
New Market Wy
2600 BKFD 2443 C2
Newport Ct
2200 DLNO 2119 J4
Newport Ln
2400 BKFD 2481 H4
Newquay Ct
10500 BKFD 2481 C4
New Stine Rd
100 BKFD 2482 A2
Newton St
500 ARVN 2574 J2
500 ARVN 2575 A2
New Towne St
100 BKFD 2441 A7
Nez Perce Wy
5000 BKFD 2401 A6
5000 BKFD 2441 D1
NF-34E31 Tr
- KrnC 2250 J6
Niagara Falls Ct
5900 BKFD 2511 E1
Niblick Ln
29900 KrnC 2577 A6
Nichelini Ct
6500 BKFD 2401 C6
Nicholas St
5300 BKFD 2482 E7
5500 BKFD 2512 E1
Nichols St
26500 KrnC 2679 H5
Nickam Ct
9300 BKFD 2481 E6
Nickel St
100 SHFT 2359 D2
Nicki Ct
900 BKFD 2482 G7
Nickles Av
8100 CALC 2585 F6
Nickles Ct
22400 CALC 2585 F6
Nicole Wy
2700 KrnC 2441 C3
Nicolette Av
100 KrnC 2443 H4
Nighthawk Ln
3200 BKFD 2441 F2
Nightsong Ct
9500 BKFD 2481 E3
Nikkel Ct
17700 KrnC 2440 C3
Niles Pl
200 BKFD 2442 H4
Niles Pt
2200 KrnC 2443 C5
Niles St
10 BKFD 2442 J4
1000 BKFD 2443 A4
3700 KrnC 2443 F4
W Niles St
100 BKFD 2442 G3
Nimitz Av
500 RGCR 2219 E5
Nimrod Ct
900 BKFD 2482 B2
900 KrnC 2482 B2
Nina St
600 BKFD 2482 J3
Nine Iron Dr
8200 BKFD 2401 F6
Nipa Av
8100 CALC 2615 F4
9700 CALC 2616 A4
Nipomo Valley Wy
- BKFD 2401 B6
Nita Ln
300 KrnC 2402 D7
Nixon Wy
900 KrnC 2402 C6
Noah Av
6600 KrnC 2401 G5
Noble Av
900 BKFD 2443 A1
900 KrnC 2443 A1
Noble Rd
- RGCR 2219 G7
Noble Fir Wy
- BKFD 2512 B3
Noble Row Wy
5600 BKFD 2511 F2
Nocturne St
700 SBdC 2259 J5
Noel Pl
2300 BKFD 2403 C7
Noella Rd
4200 BKFD 2512 B2
Nogal Av
5800 BKFD 2481 J3
Nogal Ct
2300 BKFD 2481 J4
Nolan Ct
7900 BKFD 2443 H4
N Nolan St
100 KrnC 2258 H3
1500 KrnC 2218 G6
S Nolan St
300 KrnC 2258 H5
Nolina Av
5200 KrnC 2217 J7
5200 KrnC 2218 A7
Nomi St
5500 KrnC 2402 A7
Nora Wy
- ARVN 2574 J2
Nord Av
- SHFT 2360 C7
100 KrnC 2440 C5
100 KrnC 2480 D1
100 KrnC 2400 C4
19200 SHFT 2400 C2
Nordic Dr
4700 BKFD 2482 A2
Norfolk Ct
8200 BKFD 2481 F1
Noria Dr
600 THPI 2610 D3
Noriega Rd
9700 BKFD 2441 B1
12500 BKFD 2440 J1
14500 KrnC 2440 D1
30000 KrnC 2439 E1
Norma Ct
6000 BKFD 2403 G7
N Norma St
100 RGCR 2259 C2
900 RGCR 2219 C7
S Norma St
1300 KrnC 2259 C6
1700 KrnC 2299 C1
1700 RGCR 2259 C7
1700 RGCR 2299 C1
Norman Av
2500 BKFD 2482 D3
Norman Ct
6100 KrnC 2257 G3
Normandy Dr
700 KrnC 2443 F5
Normandy Rose Av
6600 KrnC 2401 J6
Normanton Dr
8100 BKFD 2512 C4
Norman Wood Ln
5700 BKFD 2512 B1
Norris Rd
100 KrnC 2402 D6
5300 KrnC 2401 H6
7900 BKFD 2401 D5
E Norris Rd
10 KrnC 2402 F5
Norseman St
4500 BKFD 2482 B2
North Dr
10 KrnC 2289 B2
North St
- KrnC 2596 G2
- TAFT 2596 G2
100 TAFT 2597 A2
E North St
100 TAFT 2597 B3
Northcreek Ct
1000 BKFD 2441 E5
Northgate Dr
3600 BKFD 2443 G3
Northrup St
10 BKFD 2442 J7
Northshore Dr
8300 BKFD 2401 F7
Northspur Ct
5200 KrnC 2442 A3
Northwind Dr
4100 BKFD 2512 B2
Norton Ln
2700 KrnC 2249 D6
Norwalk St
300 DLNO 2159 G1
1600 DLNO 2119 G5
2300 TulC 2119 G4
Norwich Ct
10000 CALC 2616 A5
Norwich Wy
1700 BKFD 2481 C3
Notre Dame Ct
1100 BKFD 2443 A1
Nottingham Ln
6200 BKFD 2481 H4
Nova Ct
200 KrnC 2402 E4
Novara Av
11700 BKFD 2401 B5
Novel Av
1000 KrnC 2627 G7
1000 MCPA 2627 G7
Nudgent St
26500 KrnC 2679 J4
Nugget Av
2700 KrnC 2249 D4
Nugget Wy
3500 BKFD 2482 C7
Nute St
1900 BKFD 2441 B5
Nutmeg Dr
5600 BKFD 2481 J5

O

O St
600 BKFD 2442 F6
1900 KrnC 2209 B5
S O St
1200 KrnC 2209 A5
2200 BKFD 2482 F3
2200 KrnC 2482 F3
15500 KrnC 2643 D6
Oahu Ln
12600 BKFD 2401 A7
Oak Av
- WASC 2278 E2
20100 KrnC 2609 C6
Oak Ct
10 KrnC 2129 G6
100 SHFT 2359 E1
N Oak Ln
1300 KrnC 2218 D7
4600 KrnC 2250 B2
Oak Pl
10 KrnC 2129 G6
100 THPI 2609 H5
3100 BKFD 2442 D7
Oak St
- BKFD 2482 D6
10 BKFD 2442 D7
10 KrnC 2169 F7
100 TAFT 2597 A3
300 SHFT 2359 E1
500 KrnC 2597 A3
600 WASC 2278 E3
2000 KrnC 2763 D4
20500 KrnC 2609 B3
Oak Wy
100 KrnC 2169 A6
Oak-Aire Ln
10 KrnC 2577 B5
Oakbank Rd
100 BKFD 2442 D7
Oak Branch Av
8500 BKFD 2481 F5
Oak Brook Ct
8700 KrnC 2401 E5
Oak Bush Ct
2700 BKFD 2481 F4
Oak Canyon Ct
4900 BKFD 2441 J1
Oak Creek Ct
2300 WASC 2278 D2
Oak Creek Pl
3400 KrnC 2643 A6
Oak Creek Rd
2300 KrnC 2643 A5
Oak Crest Ct
2500 BKFD 2481 F4
Oakdale Dr
10 BKFD 2442 C7
Oakdale Ln
20300 KrnC 2609 C7
Oakencroft Dr
15000 BKFD 2440 G7
Oakfair Wy
300 BKFD 2481 J1
Oakflat Dr
26000 KrnC 2577 H6
Oak Forest Ct
6900 BKFD 2512 B2
Oak Glen Av
20800 KrnC 2609 A6
Oak Glen Ct
20600 KrnC 2609 B6
Oak Grove St
2600 BKFD 2481 E4
Oakgrove St
2400 KrnC 2763 A5
Oakhaven St
5700 BKFD 2401 J7
5700 KrnC 2401 J7
Oak Highlands Av
20400 KrnC 2609 B6
Oak Hills Av
8700 KrnC 2401 E5
9500 BKFD 2401 E5
Oak Hollow Rd
10 KrnC 2169 G6
Oak Knoll Ct
9800 BKFD 2481 D3
Oak Knoll Dr
20000 KrnC 2579 C5
Oak Knoll Ln
10 KrnC 2289 B2
N Oak Knoll Ln
10 KrnC 2169 D6
S Oak Knoll Ln
10 KrnC 2169 D7
Oak Knolls Dr
10 KrnC 2169 E7
10 KrnC 2209 E1
Oakleaf St
5600 BKFD 2401 J7
5600 KrnC 2401 J7
Oakley St
2500 BKFD 2481 A4
Oak Meadow Ct
3100 BKFD 2481 E4
Oak Meadow Rd
3700 KrnC 2249 D4
Oakmont Ct
100 BKFD 2481 J1
Oakmont St
800 KrnC 2359 C3
800 SHFT 2359 C3
Oakmount Ct
21100 KrnC 2579 A7
Oak Pass Av
19300 KrnC 2609 A6
21200 KrnC 2608 J7
Oak Pass Ct
19300 KrnC 2609 B7
Oakridge Dr
3000 BKFD 2443 G1
Oak Ridge Wy
10 KrnC 2289 E3
Oak Run Ct
14900 KrnC 2440 G2
Oak Summit Ct
19400 KrnC 2608 J7
Oaktrail Ct
11000 BKFD 2441 C1
Oak Tree Av
2900 BKFD 2443 G1
Oak Tree Ct
24400 KrnC 2577 B4
Oak View Ct
- KrnC 2607 B3
2500 BKFD 2481 F4
Oakville Ct
4900 BKFD 2512 A1
Oakwood Ct
400 THPI 2609 G3
Oakwood Dr
10 KrnC 2209 E1
2100 BKFD 2482 D4
Oakwood Ln
1000 KrnC 2763 F2
Oakwood Rd
3400 KrnC 2250 B4
Oakwood St
500 THPI 2609 G4
Oasis Av
5700 KrnC 2483 F5
Oasis Dr
200 RGCR 2259 E2
Oberlin Ct
900 BKFD 2443 A1
Obregon Av
100 BKFD 2512 G2
Obsidian Ct
2600 KrnC 2402 D4
Occidental St
2700 BKFD 2443 B1
3400 BKFD 2403 B7
Ocean Breeze Av
3900 BKFD 2512 C2
Ocean Crest Dr
- BKFD 2401 B7
Ocean Jasper Dr
6100 BKFD 2511 J2
Ocean Point Wy
- BKFD 2401 B7
Oceanrock Av
4400 BKFD 2512 B5
Ocean View Dr
1700 BKFD 2512 E2
Ocean Wave Dr
11400 BKFD 2401 B7
Oceanwood St
4200 BKFD 2482 B5
Ocotillo Av
5200 KrnC 2217 J7
Ocotillo Dr
400 KrnC 2444 A7
Ocreza Wy
- BKFD 2511 B1
Octavia St
- BKFD 2483 E2
October Sky Wy
- BKFD 2512 E3
Odekirk St
19000 KrnC 2610 A7
Odessa Ct
3000 BKFD 2441 F3
O'Donnell Wy
2900 BKFD 2443 F3
Office Ct
2800 KrnC 2763 E4
Office Center Ct
5200 BKFD 2442 A7
Office Park Dr
5000 BKFD 2442 A6

Kern County Street Index

STREET Block City Map# Grid

Ogden St
1200 KrnC 2443 B5
Ohanneson Av
600 SHFT 2359 B1
Ohio Dr
100 BKFD 2482 H1
Ohman Ct
4700 BKFD 2482 F6
Oildale Dr
100 KrnC 2402 E7
S Oildale Dr
300 KrnC 2442 E1
Oiler Peak Rd
- KrnC 2579 A6
Oilfields Rd
- KrnC 2402 G4
Ojai Dr
4900 BKFD 2443 E2
4900 KrnC 2443 E2
Okanagan Ct
7600 BKFD 2481 G4
O'Keefe St
6000 KrnC 2401 G6
Olcese Rd
10700 KrnC 2404 C3
Olcott Av
7400 KrnC 2401 G5
Oldbury Ct
9600 BKFD 2481 E6
Oldcastle Av
4100 BKFD 2512 B4
Old Country Av
3000 KrnC 2763 B3
Old Drovers Ln
100 BKFD 2443 E7
Old Farm Rd
- KrnC 2401 A5
1200 BKFD 2441 A5
2400 KrnC 2441 A3
6300 BKFD 2401 A7
Oldfield Rd
1500 KrnC 2289 B1
Old Horse Thief Tr
- KrnC 2673 A2
Old Mine Rd
- KrnC 2169 F6
Old Pine St
- BKFD 2443 E7
- KrnC 2443 E6
Old Port Ct
4800 BKFD 2441 F1
Old Post St
5900 BKFD 2511 C1
Old River Rd
100 BKFD 2481 E6
5500 BKFD 2511 E1
9700 KrnC 2511 E7
9900 KrnC 2541 E2
Old Santa Fe St
- BKFD 2483 E1
- KrnC 2483 F1
Old Stage Rd
- BKFD 2443 H1
Old Stage St
1400 BKFD 2441 A5
Old State Rd
100 KrnC 2169 D7
1600 KrnC 2209 A1
Oldstead Ct
4900 BKFD 2443 E7
Old Taos St
- BKFD 2483 E1
Old Town Rd
- BKFD 2440 J5
12400 BKFD 2441 A5
20000 KrnC 2608 J5
20600 KrnC 2609 A3
Old Walker Pass Rd
- BKFD 2404 F5
Old Yard Dr
- KrnC 2482 H3
10 BKFD 2482 H3
Oleander Av
10 BKFD 2442 E6
300 SHFT 2319 D7
23900 KrnC 2579 B4
S Oleander Av
300 KrnC 2482 E1
1400 BKFD 2482 E2
9200 CALC 2615 J4
9600 CALC 2616 A4
Oleander Ct
900 WASC 2278 C3
Oleander Rd
700 TAFT 2596 J1
Oleander St
- BKFD 2482 D6
- KrnC 2359 H5
- SHFT 2359 H6
2000 DLNO 2119 G4
Oleson
28900 KrnC 2627 B2
Olgas Ct
2500 BKFD 2512 D1
Olindo St
20000 CALC 2615 E4
Olive Av
100 KrnC 2597 B3
100 TAFT 2597 B3
400 RGCR 2259 C6
Olive Ct
1500 WASC 2278 E4
Olive Dr
1100 KrnC 2402 B6
5600 KrnC 2401 G7

Olive Dr
5900 BKFD 2401 E6
12700 BKFD 2400 J6
Olive St
200 MCPA 2627 G6
500 SHFT 2319 D7
500 SHFT 2359 D1
2400 BKFD 2442 D4
S Olive St
100 BKFD 2482 D1
600 KrnC 2482 D1
Olive Gardens Ln
- KrnC 2402 C6
Olive Grove Ct
8300 BKFD 2441 F1
Olive Knolls Dr
6100 BKFD 2401 J7
Oliver St
3000 BKFD 2482 J5
Olive Springs Dr
6100 BKFD 2441 H1
Olive Tree Ct
5200 KrnC 2402 A6
Olivia St
4700 BKFD 2482 F7
Olivo Ct
21700 CALC 2585 F7
Olivo Dr
8100 CALC 2615 F1
8200 CALC 2585 G7
Ollie Ct
2400 KrnC 2440 F4
Olmo Ct
2500 BKFD 2481 J4
Olsen St
800 ARVN 2574 J1
Olsen Wy
300 ARVN 2574 J1
300 ARVN 2575 A1
Olson Av
100 SHFT 2359 C3
900 BKFD 2512 G3
Olson Ct
21800 CALC 2585 B7
Olympia Dr
6400 BKFD 2481 H5
Olympiad Rose Ct
10100 BKFD 2481 D4
Olympia Fields Dr
10300 BKFD 2441 C6
Olympic Ct
3100 KrnC 2402 F3
Olympic Dr
2100 KrnC 2402 F5
Olympus Ct
6100 BKFD 2404 G7
Omaha St
5100 BKFD 2401 D7
Omar Wy
21200 CALC 2615 D2
Omar Hill Rd
- KrnC 2402 J1
- KrnC 2403 A1
Omeara Ct
8900 BKFD 2481 E4
Omega Ct
3400 BKFD 2441 A3
Ona Ct
6700 BKFD 2512 E2
Oneida Av
18800 THPI 2609 F6
Oneida Falls Dr
5800 BKFD 2401 C6
O'Neill Av
1000 BKFD 2482 F7
O'Neill Ct
5300 BKFD 2482 F7
Onslow Ct
3900 BKFD 2512 C4
Ontario Ct
3000 KrnC 2763 B3
Ontario Park Wy
- BKFD 2441 D1
Onyx Ct
4300 BKFD 2441 H1
Opal St
8900 KrnC 2512 G5
Open Trail Rd
10800 BKFD 2481 C6
Oporto Wy
9700 BKFD 2404 B7
Opus One Dr
15300 KrnC 2440 F5
Ora Ct
2200 BKFD 2443 C3
Orange Av
10 ARVN 2545 A6
600 ARVN 2544 J7
26000 KrnC 2567 G1
E Orange Av
200 SHFT 2359 D2
W Orange Av
100 SHFT 2359 C2
Orange Ct
3700 KrnC 2763 A5
Orange Dr
1300 KrnC 2443 B4
Orange St
- KrnC 2360 A5
- SHFT 2360 B5
1700 BKFD 2442 E6
1700 KrnC 2763 D5
29700 KrnC 2359 F5
Orange Blossom Av
8300 KrnC 2443 J5

Orange Petal St
900 KrnC 2443 J6
Orangewood St
800 KrnC 2443 J6
Ora Vista Av
3400 BKFD 2482 C3
Orcas Ln
- BKFD 2441 F3
Orchard Av
6500 KrnC 2217 E7
8100 CALC 2615 G6
Orchard Dr
600 ARVN 2544 J5
Orchard Ln
10 KrnC 2289 C2
E Orchard Pkwy
300 THPI 2609 G5
Orchard St
500 BKFD 2482 G1
S Orchard St
200 RGCR 2259 F3
1200 KrnC 2259 F6
20000 KrnC 2610 D4
Orchard Crest Av
14500 KrnC 2440 G5
Orchard Grass Ct
- BKFD 2512 A6
Orchard Park Dr
11500 BKFD 2481 B1
Orchid Dr
500 KrnC 2402 D4
21000 CALC 2615 G2
Orchid Ln
1700 WASC 2278 E4
Orchid Field Ct
6100 BKFD 2511 B1
Orcutt Wy
3600 KrnC 2441 C2
Ordsall St
1900 BKFD 2481 A3
Oregano Rd
4300 BKFD 2512 B2
W Oregon Av
900 RGCR 2259 B7
Oregon Dr
2200 BKFD 2443 C4
Oregon St
300 BKFD 2442 H3
1000 BKFD 2443 B4
1600 KrnC 2443 B4
Orin Wy
3200 BKFD 2442 C2
Orinda Wy
4200 BKFD 2443 E1
Oriole St
2100 BKFD 2482 B3
N Oriole St
100 KrnC 2257 G3
2700 KrnC 2217 G4
S Oriole St
900 KrnC 2257 G6
Orkney Pl
2600 BKFD 2481 C4
Orleans Ln
6700 BKFD 2481 H5
Orpheus Ct
2200 KrnC 2401 J4
Orrick Av
17300 KrnC 2609 J7
Orrick Ct
4200 KrnC 2402 D2
Ortega St
- BKFD 2483 E2
Ortiz Ct
4800 KrnC 2402 D1
Orville Wright Ct
22300 CALC 2585 D7
Orvis Wy
9000 KrnC 2514 A6
Osborne Ct
5700 BKFD 2512 F1
Osborne Ln
10 KrnC 2169 E6
Osborne St
5400 BKFD 2482 F7
Osburn St
8000 KrnC 2543 J2
Oscar Av
- CALC 2585 A3
- CALC 2586 C3
1800 BKFD 2482 E4
Oshkosh Ct
1000 BKFD 2441 B6
Oso Wy
200 ARVN 2545 A7
Osprey Dr
4800 BKFD 2441 F1
Oswell St
- BKFD 2483 E3
- KrnC 2483 E7
- KrnC 2513 E1
10 BKFD 2443 E3
10 KrnC 2443 E7
S Oswell St
100 BKFD 2443 E7
100 BKFD 2483 E2
100 KrnC 2443 E7
100 KrnC 2483 E1
Oswell Front Rd E
700 KrnC 2443 E6
Oswell Front Rd NW
700 KrnC 2443 D6
Oswell Front Rd SE
600 KrnC 2443 E6

Oswell Front Rd SW
600 KrnC 2443 D6
Oswell Park Dr
4800 BKFD 2443 E7
5200 KrnC 2443 E7
Oswell Point Ct
5100 BKFD 2443 E7
Oswell Point Ln
400 BKFD 2443 E7
Otero Ct
7400 BKFD 2481 G5
Ottawa Ct
10700 BKFD 2401 C7
Ottawa St
19200 KrnC 2609 G7
19200 THPI 2609 G6
Otters Meadow Dr
4900 BKFD 2481 H7
Otto Ln
2300 KrnC 2402 G4
Ouray Wy
3100 BKFD 2481 G5
Outback Dr
6700 BKFD 2401 A6
Outingdale Dr
6900 BKFD 2481 G2
Outlook Ln
5100 BKFD 2401 F7
Overton St
12700 BKFD 2441 A5
Owen Dr
19900 CALC 2616 A4
Owens St
10 BKFD 2442 J5
1500 BKFD 2443 A3
1500 KrnC 2443 A3
S Owens St
10 BKFD 2442 J7
Owens Wy
2800 KrnC 2763 B3
Owens Peak Rd
100 KrnC 2257 F3
N Owens Peak St
2500 KrnC 2217 F3
S Owens Peak St
100 KrnC 2257 F6
Owl Av
7800 KrnC 2257 C7
Owl Creek Dr
5700 BKFD 2511 C1
Owl's Head Ct
6800 BKFD 2511 H1
Oxen Tr
4700 KrnC 2249 H1
Oxford Ct
900 BKFD 2443 A1
Oxford Pl
1100 DLNO 2119 H6
Oxford St
400 DLNO 2159 H1
2000 DLNO 2119 G4
2300 TulC 2119 G4

P

P St
10 BKFD 2442 G7
15900 KrnC 2643 D5
S P St
10 BKFD 2482 G2
500 KrnC 2482 G4
Pace Ln
500 BKFD 2443 E7
Pacer St
3300 KrnC 2402 F3
Pacer Valley Ct
5400 BKFD 2481 G7
Pacheco Rd
10 BKFD 2482 G7
10 KrnC 2482 H7
8100 BKFD 2481 E7
E Pacheco Rd
10 KrnC 2482 H6
100 BKFD 2482 H6
300 BKFD 2483 A6
300 KrnC 2483 A6
Pacific Av
100 SHFT 2359 D2
Pacific Dr
2000 KrnC 2443 B4
Pacific St
600 BKFD 2442 J3
1000 BKFD 2443 A4
1500 KrnC 2443 B4
Pacific Breeze Av
11300 BKFD 2401 B7
Pacific Crest Wy
4600 BKFD 2482 E6
Pacific Grove Ct
4200 BKFD 2441 F2
Pacific Harbor Av
11400 BKFD 2401 B7
Pacific Island Dr
6700 BKFD 2512 B2
Pacific Shores Dr
11300 BKFD 2401 B7
Pacific Wind Ct
4000 BKFD 2512 C2
Pacini Av
- KrnC 2440 E5
Pacini St
2600 KrnC 2440 D4
Pacino Ct
3700 BKFD 2482 A5

Packard Dr
1200 ARVN 2544 H6
1500 KrnC 2544 H6
Pack Saddle Ct
7600 BKFD 2441 G7
Paddock Av
11200 BKFD 2441 B3
Paddock Pl
12000 BKFD 2441 A2
12400 KrnC 2441 A2
Paddock St
22600 KrnC 2578 J7
Padero Ct
14900 BKFD 2404 H7
Padre Dr
- SHFT 2319 D7
Padre St
1000 BKFD 2482 J1
1000 BKFD 2483 A1
1000 KrnC 2482 J1
1400 KrnC 2483 A1
Padron Ct
19400 KrnC 2401 F3
19400 SHFT 2401 F3
Padua Ct
6200 BKFD 2441 J2
Pageant St
2500 KrnC 2443 G4
2600 BKFD 2443 G3
Pagosa Ct
7300 BKFD 2481 G4
Paine Ct
20400 CALC 2616 B3
Paine St
20300 CALC 2616 B3
Paintbrush Ct
8400 KrnC 2250 F3
Painted Daisy Ct
6100 BKFD 2511 B1
Paisley Ct
13300 BKFD 2480 J1
Pala Dr
10 KrnC 2169 A6
Palace Av
10 KrnC 2441 H4
Paladino Dr
- BKFD 2403 G6
7500 BKFD 2404 E6
Palermo Ct
7000 KrnC 2443 G6
Palisades Cir
4200 BKFD 2441 J1
Palladium Dr
- BKFD 2401 C5
Palm Av
100 WASC 2278 D1
300 KrnC 2278 D1
7700 KrnC 2513 J7
9700 KrnC 2441 A5
10600 BKFD 2441 A5
12900 BKFD 2440 J5
13400 KrnC 2440 E5
16200 KrnC 2318 D1
19300 KrnC 2439 J5
N Palm Av
16400 KrnC 2318 D2
Palm Dr
200 RGCR 2259 E3
1100 KrnC 2443 B5
Palm St
- BKFD 2482 D6
1700 BKFD 2442 C7
Palma St
9400 KrnC 2512 D6
Palmacia Dr
4300 BKFD 2482 F6
Palmbrook Ct
6300 BKFD 2404 G6
Palmer Dr
200 BKFD 2482 A1
Palmetto Ct
6900 BKFD 2481 H5
Palm Frond St
3200 KrnC 2763 A3
Palmora Dr
- KrnC 2514 J7
Palm Ranch St
1900 BKFD 2440 J4
Palm Tree Cir
6600 KrnC 2401 G5
Palm Tree Dr
12900 KrnC 2444 E7
Palmwood Dr
100 KrnC 2402 C7
Palodura Ct
7700 BKFD 2441 G1
Paloma St
600 KrnC 2482 D2
Palomar Ct
2200 DLNO 2119 J4
Palomas Av
2400 KrnC 2436 G3
Palomino Dr
300 KrnC 2443 J6
Palomino St
21200 KrnC 2579 A7
21300 KrnC 2609 A1
Palomino Wy
24200 KrnC 2577 G4
Palomo St
200 SHFT 2359 B2
Palo Verde Blvd
- KrnC 2763 E3
Palo Verde Ct
20400 KrnC 2609 B2

Palo Verde Dr
1100 RGCR 2219 D7
Palo Verde St
600 BKFD 2442 C6
Pam Ct
22600 KrnC 2579 C7
Pamela Av
3200 KrnC 2763 A4
Pamela St
4900 BKFD 2482 G7
4900 KrnC 2482 G7
Pampa Peak Rd
- KrnC 2578 J6
- KrnC 2579 A6
Panadero Ct
16900 KrnC 2440 D7
Panama Ln
100 BKFD 2512 A2
5700 BKFD 2511 A2
8100 KrnC 2511 A2
E Panama Ln
10 BKFD 2512 H1
700 BKFD 2513 F1
700 KrnC 2513 F1
8100 KrnC 2514 A1
Panama Rd
1900 KrnC 2512 A6
3000 BKFD 2512 D6
5500 BKFD 2511 H6
5800 KrnC 2511 F6
7700 KrnC 2513 H5
8700 KrnC 2514 E5
Panama Rd SR-119
1900 KrnC 2512 A6
3000 BKFD 2512 D6
5500 BKFD 2511 F6
5800 KrnC 2511 F6
E Panama Rd
10 KrnC 2512 H6
300 KrnC 2513 D5
2700 BKFD 2513 F5
Panama St
2800 BKFD 2442 G3
W Panamint Av
100 RGCR 2259 D3
Panamint St
2000 KrnC 2643 C6
Pandora Pl
4900 BKFD 2482 E7
Panhandle Dr
- BKFD 2401 A5
Panorama Ct
4900 BKFD 2403 F7
Panorama Dr
- BKFD 2404 B7
- KrnC 2209 E2
10 BKFD 2442 H1
10 KrnC 2169 F7
100 KrnC 2442 H1
200 BKFD 2402 H7
200 KrnC 2402 H7
900 BKFD 2403 B7
4900 BKFD 2443 F1
S Panorama Dr
10 KrnC 2129 H7
Panorama Ln
2300 KrnC 2763 C3
Panorama Crest Dr
5700 BKFD 2403 G7
Pansy Ct
4300 BKFD 2482 E6
Panther Falls Av
10400 BKFD 2401 C6
Paola Av
6600 KrnC 2443 G4
Paoletti Wy
- KrnC 2440 F5
Papago Ln
5200 BKFD 2401 D7
Paper Moon Wy
9700 BKFD 2401 D6
Par Ln
10 KrnC 2402 E2
Par St
9700 KrnC 2511 E6
Paradise Rd
8100 KrnC 2513 J6
8700 KrnC 2514 A6
Paradise Point Pl
2400 BKFD 2512 D3
Paradise Rose St
10000 BKFD 2481 D4
Paradiso Wy
9700 BKFD 2444 B1
9900 BKFD 2404 B7
Paramount Dr
24500 KrnC 2577 G1
Paramount St
4100 BKFD 2482 C6
Parish Av
12500 KrnC 2543 J2
Parite Rose Av
3000 KrnC 2763 B5
Park Av
1300 KrnC 2763 F3
6300 KrnC 2250 B3
Park Ct
900 ARVN 2574 J1
4300 BKFD 2441 D2
Park Dr
300 KrnC 2443 H4
1000 BKFD 2443 H4
21900 KrnC 2608 J1
N Park Dr
1500 DLNO 2119 H6

S Park Dr
1500 DLNO 2119 H6
Park Ln
1000 KrnC 2319 B7
1000 SHFT 2319 B7
Park Rd
20000 KrnC 2609 C3
Park St
500 THPI 2609 H3
1300 KrnC 2402 D6
2000 KrnC 2643 D6
Park Wy
10 KrnC 2289 B2
2100 BKFD 2442 E6
Park Bend Ct
3200 BKFD 2481 J5
Park Bend Wy
5700 BKFD 2481 J5
Park Cir Dr
- BKFD 2482 B2
Park City Av
1300 BKFD 2512 F3
Parke Ct
23800 KrnC 2577 A5
Parker Av
4100 BKFD 2482 B3
Parker Ln
2100 BKFD 2442 A4
2100 KrnC 2442 A4
Parkerhill Dr
12100 BKFD 2481 A4
Parkfield Ct
2700 BKFD 2443 F1
Parkgate St
2000 BKFD 2481 B3
Park Heath Wy
7700 BKFD 2511 G1
Park Knolls Blvd
12500 KrnC 2679 F4
Parkland Ct
3100 BKFD 2482 G4
Parklander Dr
10 KrnC 2443 J4
Park Meadows Av
800 KrnC 2402 C4
Park Meadows Dr
2900 KrnC 2402 D4
Park Mountain Dr
3700 KrnC 2402 E3
Park Oak Dr
2400 BKFD 2481 E3
Park Palisade Dr
13600 BKFD 2404 F7
Parkpath Wy
1500 BKFD 2481 C2
Park Pl Dr
5700 BKFD 2404 G7
Parkridge Av
3800 KrnC 2763 A5
Park Saybrie Ct
6100 BKFD 2512 A1
Parkside Dr
2500 WASC 2278 C3
5600 BKFD 2481 J5
Park Verde Ct
10200 BKFD 2481 D5
Parkview Cir
300 TAFT 2596 J3
Park View Dr
3400 BKFD 2481 E6
Parkview Dr
- BKFD 2481 E5
E Park View Dr
100 RGCR 2259 D3
E Parkview Dr
100 RGCR 2259 D3
Park Vista Ct
3800 KrnC 2763 A6
Parkway St
- KrnC 2169 F7
Park West Cir
6700 BKFD 2401 H7
Park West Wy
5800 BKFD 2401 H7
Parkwood Ct
4500 BKFD 2482 B2
Park Wy St
10 KrnC 2169 F7
Parma Ct
3900 BKFD 2441 J2
Parnell Ct
900 BKFD 2512 F2
Parsley Ln
3400 BKFD 2482 A5
Parsons Rd
- RGCR 2219 F6
Parsons St
- KrnC 2437 E6
Parsons Wy
6200 BKFD 2512 F1
Partridge Av
300 BKFD 2441 H7
Pasadena Ln
2500 KrnC 2249 E7
Pasadena St
2700 BKFD 2443 D1
3600 BKFD 2403 D7
Pasatiempo Dr
100 BKFD 2442 H1
Paseo Airosa
3500 BKFD 2481 C5
W Paseo Airosa Av
100 RGCR 2299 D1
Paseo de Pico St
30700 KrnC 2359 D6

Paso Robles Hwy
500 WASC 2278 F2
3200 KrnC 2278 B2
Paso Robles Hwy SR-43
500 WASC 2278 F2
Paso Robles Hwy SR-46
500 WASC 2278 A2
3200 KrnC 2278 B2
Pass Wy
22800 KrnC 2579 D7
Pat Av
3000 KrnC 2643 A6
Pat Ct
22300 KrnC 2609 D1
Patagonia Wy
10800 BKFD 2404 C7
Patino St
1000 BKFD 2482 J3
1000 KrnC 2482 J3
Patio Sierra
1600 KrnC 2443 C4
Patricia Av
600 BKFD 2482 G4
11800 KrnC 2679 H5
Patrick Ln
4200 KrnC 2440 H2
Patrick Henry Dr
11200 BKFD 2441 B6
Patriot Pl
100 KrnC 2402 F7
Patterson Ln
- KrnC 2250 E1
Patterson Rd
- KrnC 2763 H7
Patterson St
10000 BKFD 2481 D6
Patti Ct
2500 BKFD 2482 D5
Patton St
2000 DLNO 2119 H4
2100 TulC 2119 H4
Patton Wy
2600 KrnC 2441 G3
3800 BKFD 2441 G3
5100 BKFD 2401 G7
5900 KrnC 2401 G5
Paul Av
10100 BKFD 2441 D2
10500 KrnC 2441 C2
Paula St
2500 KrnC 2443 C6
Pauley Ct
10 THPI 2609 G3
S Pauley St
100 THPI 2609 G3
Pauline Ct
6700 BKFD 2512 E2
Pauma Ct
200 BKFD 2442 B7
Pavarian Dr
2400 KrnC 2763 C5
Pavia Ct
5400 BKFD 2401 J7
Pavilion Dr
9700 BKFD 2401 D5
Pavot Ct
17800 KrnC 2637 E3
Pawnee Ln
5100 BKFD 2401 D7
Paxton Wy
900 BKFD 2441 B6
Payne Dr
1700 ARVN 2574 J1
Payne Ln
3300 BKFD 2512 D1
Payton Av
- WASC 2278 C2
Peace St
500 ARVN 2574 J2
500 KrnC 2575 A2
Peacehaven Wy
- BKFD 2481 D7
Peace Rose St
3200 BKFD 2481 D4
Peach Av
8800 CALC 2615 H4
10100 CALC 2616 B4
Peach Blossom Av
10700 BKFD 2401 C7
Peach Blossom Ln
300 THPI 2609 H5
Peach Tree Ct
3200 BKFD 2442 D3
Peachtree Ct
200 THPI 2609 G5
1500 WASC 2278 E4
Peachwood Ct
3900 BKFD 2482 B5
Peacock Ct
4700 BKFD 2512 B1
Peak Dr
4000 BKFD 2441 E2
Peale Wy
4400 BKFD 2481 F6
Peanut Av
7700 BKFD 2401 G7
Pearl Ct
19700 KrnC 2609 D3
Pearl St
900 BKFD 2443 A3
1100 KrnC 2443 A3
Pearl Harbor Dr
2000 KrnC 2249 A5

Pearson Av
300 KrnC 2402 F6
Pear Tree Ct
8400 BKFD 2481 F5
Pebble Beach Av
5900 KrnC 2217 G6
Pebble Beach Dr
300 BKFD 2481 J1
9900 CALC 2616 A2
Pebble Beach Ln
23800 KrnC 2577 B5
Pebble Cove Ct
8100 BKFD 2441 F1
Pebble Creek Dr
4300 BKFD 2441 F1
Pebble Point St
6400 BKFD 2512 F2
Pebblewood Dr
- BKFD 2512 B1
Pecan Ct
7200 BKFD 2512 B3
Pecan St
- ARVN 2544 H6
900 WASC 2278 E1
Pecangrove Dr
2700 BKFD 2481 G4
Peckham Av
3600 KrnC 2482 B1
Pecos Av
2000 KrnC 2249 B6
Pecos Dr
3400 BKFD 2441 F2
Pecos River Dr
11300 BKFD 2441 B6
Pedlow Av
- CALC 2615 A3
Pedrick Ct
7300 BKFD 2511 G1
Peerless Av
2700 KrnC 2402 F4
N Peg St
200 RGCR 2259 C2
900 RGCR 2219 C7
Pegasus Dr
2100 KrnC 2402 A5
2800 KrnC 2401 J3
Pegasus Rd
- KrnC 2607 G4
Pegasus St
19000 KrnC 2607 F3
Peggy St
2300 KrnC 2440 F4
Peggy Wy
6500 BKFD 2512 F2
Pelham Ct
100 BKFD 2442 B7
Pelican Hill Dr
4800 BKFD 2441 E1
4900 BKFD 2401 E7
Pelliser Rd
21100 KrnC 2607 H3
Pellisier Rd
18000 KrnC 2637 H1
19000 KrnC 2607 H7
Peloton Wy
- BKFD 2440 J4
Pemberton Wy
2200 KrnC 2402 C5
Pembridge Ct
1500 BKFD 2481 D2
Pembroke Av
5400 KrnC 2402 A7
5700 KrnC 2401 J7
7300 BKFD 2401 G7
Pendleton Ct
3000 BKFD 2481 H5
Pendleton Falls Dr
5800 BKFD 2401 C7
Pendragon St
3300 BKFD 2512 C2
Penelope Pl
4900 BKFD 2482 E7
Pengilley Av
1800 KrnC 2763 D6
Peninsula Park Dr
11500 BKFD 2481 B1
N Penn St
- KrnC 2257 A3
Penner St
3800 BKFD 2441 B2
Penn Station Ln
5800 BKFD 2511 E1
Pennsylvania Wy
6300 BKFD 2511 J1
Penny Ln
2000 KrnC 2763 D6
Penny St
1400 KrnC 2443 J5
Penny Marie Av
7300 KrnC 2401 G6
Penryn Ln
- BKFD 2481 B4
Pensinger Rd
11300 BKFD 2511 B1
Penske Wy
- BKFD 2401 B7
Penticton Ct
8700 BKFD 2441 E2
Pentland Dr
- BKFD 2481 A4
Pentland St
100 MCPA 2627 H6
Pentz St
500 KrnC 2443 D5

Kern County Street Index

STREET — Block City Map# Grid

Penwood Ct
4900 BKFD 2512 A1
Penzance Dr
300 BKFD 2441 C7
Pepita Wy
1500 BKFD 2441 C5
Pepper Dr
10 KrnC 2444 D7
300 THPI 2609 H3
S Pepper Dr
10 KrnC 2444 D7
10 KrnC 2484 D1
Pepper Tree Ln
2900 BKFD 2482 A4
Pepper Tree St
- BKFD 2482 D6
Pepper Tree Close
1800 WASC 2278 E5
Pepperwood
10200 BKFD 2481 D5
Pepperwood Dr
3700 KrnC 2250 F3
Pequeno Wy
14800 BKFD 2444 H1
Peraltas Pl
- BKFD 2483 E2
W Perch Av
400 RGCR 2259 B5
1300 KrnC 2259 A5
1500 KrnC 2258 J5
Perch St
21100 KrnC 2608 C3
Percheron Pl
30000 KrnC 2637 A4
W Perdew Av
200 RGCR 2219 C6
1300 KrnC 2219 A6
1400 KrnC 2218 J6
Perdot Av
- KrnC 2763 B5
Perdue Av
4000 KrnC 2249 D3
Peregrine Ct
300 BKFD 2441 H7
Peregrine Pl
29000 KrnC 2607 B6
Perfect Ct
10 KrnC 2289 E3
Performance Ct
4700 BKFD 2482 D7
Pergola Av
13100 KrnC 2440 J3
Peridot Av
3100 KrnC 2763 B5
Periwinkle Ct
3500 KrnC 2443 E6
Perkins Av
100 MCFD 2199 J5
500 MCFD 2200 A5
12800 KrnC 2200 D5
30500 KrnC 2199 E5
E Perkins Av
100 MCFD 2199 J5
W Perkins Av
100 MCFD 2199 H5
900 KrnC 2199 G5
Perrin Ln
4300 BKFD 2481 F6
Perris St
- CALC 2585 E4
Perris Wy
4500 BKFD 2442 B7
Perry Pl
3100 BKFD 2443 E1
Perseus Ct
2300 KrnC 2401 J4
Pershing St
800 BKFD 2442 G6
Persimmon Dr
8300 BKFD 2481 F5
Pesante Rd
500 KrnC 2443 E4
Pescara St
3900 BKFD 2441 J2
Peso Ct
24300 KrnC 2577 A4
Petalo Dr
10500 BKFD 2481 C5
Peters Ct
200 SHFT 2359 B1
Peters St
700 WASC 2278 D3
800 ARVN 2574 H1
Peterson Dr
400 ARVN 2544 H6
Peterson Rd
29900 KrnC 2199 C2
31700 KrnC 2200 J2
Petite Sirah St
3200 BKFD 2403 F7
3200 BKFD 2443 F1
Petris Av
300 RGCR 2259 C4
7400 KrnC 2401 G5
Petrol Rd
- KrnC 2400 A2
- KrnC 2401 H2
- SHFT 2400 B2
100 KrnC 2402 D2
30900 KrnC 2399 F2
E Petrol Rd
100 KrnC 2402 E2
Petroleum Club Rd
- KrnC 2627 H2
400 TAFT 2597 G6
Petroleum Club Rd
400 TAFT 2627 H2
S Petroleum Club Rd
700 KrnC 2627 H4
Pettichord Wy
- KrnC 2543 D1
Petty Ct
10700 BKFD 2444 C3
Petunia St
400 KrnC 2443 E6
Phaffle Dr
3800 BKFD 2482 B3
Phairfield St
3000 BKFD 2440 J3
3000 KrnC 2440 J3
Pheasant Av
500 BKFD 2441 H7
Pheasant Ct
22600 KrnC 2578 A7
Pheasant Run Dr
700 SHFT 2359 A2
Philadelphia Av
- BKFD 2401 A6
- BKFD 2441 B1
Philip Pl
11000 BKFD 2444 C2
Philippine St
100 KrnC 2597 A3
200 KrnC 2596 J3
700 TAFT 2596 H3
Phillips St
10 KrnC 2169 G6
600 KrnC 2258 C2
1400 KrnC 2218 C7
N Phillips St
7700 KrnC 2543 H2
Phlox Av
2000 KrnC 2763 D5
Phoebe Dr
1000 KrnC 2444 A6
Phoenix Av
100 KrnC 2482 G3
Phoenix St
200 KrnC 2258 H3
S Phoenix St
900 KrnC 2258 H5
Phoenix Palm Ct
13200 BKFD 2440 J5
Phyllis St
6000 BKFD 2512 D1
Physicians Blvd
2000 BKFD 2442 G2
Piacenza Pl
5900 BKFD 2441 J2
Picasso Ct
7000 KrnC 2443 G6
Piccadilly St
12000 BKFD 2481 A4
S Pickrell St
1900 KrnC 2259 F7
1900 KrnC 2299 F1
Pickwick Dr
3400 KrnC 2443 E3
Pico Av
2800 BKFD 2443 D2
2800 KrnC 2443 E2
Pico St
100 KrnC 2597 A3
Pictoria Dr
2000 KrnC 2443 F4
Piebald Ct
30100 KrnC 2637 A1
Piedmont Av
3500 BKFD 2441 A2
3500 KrnC 2441 A2
Piedra Dr
19700 KrnC 2609 D2
Pierce Dr
11300 KrnC 2513 G7
11300 KrnC 2543 G1
Pierce Pl
5100 KrnC 2402 C7
Pierce Rd
1200 KrnC 2402 C7
4900 KrnC 2442 C1
Pierce St
100 KrnC 2597 A1
100 TAFT 2597 A1
200 KrnC 2567 A7
Pigott Ct
6400 BKFD 2441 J7
Pike St
1400 KrnC 2443 J5
Pikes Peak Ln
4700 BKFD 2481 D7
Pilar Wy
5800 BKFD 2404 C7
Pilgrim Av
100 TAFT 2596 J2
100 TAFT 2597 A2
W Pilgrim Cir
300 RGCR 2219 C7
Pilot Av
10 KrnC 2402 F3
W Pilot Av
100 KrnC 2402 E3
Pilot Plant Rd
- RGCR 2259 G1
- SBdC 2259 G1
E Pilot Plant Rd
1700 RGCR 2259 J1
1700 SBdC 2259 J1
Pimental Dr
- BKFD 2481 D6
Pimlico Ct
13300 KrnC 2440 J3
Pimlico Wy
28100 KrnC 2637 E3
Pine Ct
200 THPI 2609 G4
Pine Dr
300 TAFT 2597 B1
400 KrnC 2129 H6
Pine Ln
4500 KrnC 2250 B2
Pine Rd
- KrnC 2249 C2
Pine St
- BKFD 2482 E6
- KrnC 2359 H6
10 KrnC 2169 F6
100 SHFT 2359 E1
1500 WASC 2278 E4
1600 BKFD 2442 D5
Pine Bluff Wy
6200 BKFD 2401 B6
Pine Borough Ct
6400 BKFD 2511 G1
Pinebrook Dr
10 KrnC 2169 D7
Pinebrook Falls Dr
10500 BKFD 2401 C6
Pine Canyon Dr
5500 BKFD 2482 A7
5800 BKFD 2481 J7
Pine Castle Av
4500 BKFD 2512 B1
Pinecone Av
6700 KrnC 2401 H6
Pine Cone St
- SHFT 2359 A2
Pinecreek Ct
2900 KrnC 2402 D4
Pinedale Ct
6700 KrnC 2401 H6
Pinedale Dr
29400 KrnC 2577 B6
Pine Falls Dr
300 BKFD 2440 G7
Pine Forest Ct
6900 BKFD 2512 B2
Pineglen Dr
1300 BKFD 2441 A5
Pinegrove Ct
5300 BKFD 2481 J7
Pinehaven Av
11300 BKFD 2441 B5
Pinehurst Dr
3500 KrnC 2443 E3
Pinehurst Pl
18700 KrnC 2637 D1
Pinehurst Rd
10 KrnC 2169 D7
10 KrnC 2209 D1
Pine Knob Ln
14300 BKFD 2404 G7
Pine Meadow Dr
3500 KrnC 2402 D3
Pine Mist Ct
3400 KrnC 2763 A3
Pine Ridge Dr
19500 KrnC 2579 C4
Pineridge Ln
10 KrnC 2169 E7
10 KrnC 2209 E1
Pine Ridge Wy
9000 BKFD 2441 E6
Pine Rock Dr
10500 BKFD 2441 C6
Pine Springs Wy
5500 BKFD 2482 A7
Pine Summit Ct
19000 KrnC 2609 A7
Pine Trail Ct
5500 BKFD 2481 J7
5500 BKFD 2482 A7
Pine Tree Mine Rd
19400 KrnC 2609 C7
Pineview Ct
10 KrnC 2169 E7
Pine View Dr
6500 BKFD 2512 F2
Pinewood Ct
700 BKFD 2482 G5
Pinewood Dr
10 KrnC 2169 F7
Pinewood Rd
6000 KrnC 2250 A5
Pinewood Lake Dr
4100 BKFD 2482 C5
Pinheiro Ct
2700 BKFD 2512 D4
Pinion Ct
- KrnC 2440 G1
Pinion Ranch Rd
6200 BKFD 2404 G6
Pinnacle Ct
10200 BKFD 2481 D5
Pinnacle Peak Wy
- BKFD 2400 J7
Pinnacle Ridge Av
10100 BKFD 2481 D6
Pin Oak Park Blvd
3000 BKFD 2481 E4
Pinon Ct
600 RGCR 2259 B1
Pinon St
10 KrnC 2609 H4
10 THPI 2609 G4
N Pinon St
2500 KrnC 2249 D6
2900 KrnC 2217 E3
Pinon Wy
200 KrnC 2169 F6
Pinon Canyon Dr
20000 KrnC 2579 B5
Pinon Hills Wy
6200 BKFD 2401 F6
Pinon Springs Cir
2100 BKFD 2481 J3
Pinon Springs Ct
2400 BKFD 2481 J4
Pinot Noir Wy
3600 BKFD 2403 E7
Pinto St
600 BKFD 2440 G7
600 KrnC 2440 G7
1300 KrnC 2218 D6
Pinto Wy
22300 KrnC 2609 A1
Pioneer Dr
3100 KrnC 2443 J5
8800 KrnC 2444 A5
9500 BKFD 2444 B5
Pioneer Dr E
4900 KrnC 2249 H1
Pioneer Dr W
4300 KrnC 2249 H1
Pioneer Pl
10 KrnC 2289 B2
Piper Ct
2600 BKFD 2443 F2
Piper St
- SHFT 2360 E1
Piper Wy
2700 BKFD 2443 F1
Piper Glen Dr
- BKFD 2441 D6
- KrnC 2441 D6
Pippin
- THPI 2609 G2
Pippin Ct
19100 KrnC 2609 E2
19100 THPI 2609 E2
Pippin Wy
21000 CALC 2616 C2
Pisa Wy
- BKFD 2441 J2
Pistachio St
900 WASC 2278 F1
Pitts Av
10600 BKFD 2404 C6
Piute Ct
24500 KrnC 2577 B4
Piute Dr
100 KrnC 2129 J7
Piute St
10 KrnC 2289 E3
700 KrnC 2482 C2
Piute Hill Rd
3300 KrnC 2250 C5
Piute Peak Ln
7600 BKFD 2511 G1
Placer Ct
1700 BKFD 2481 H3
N Placer St
2900 KrnC 2217 B3
Plains Av
5600 KrnC 2257 H1
Planada Dr
100 SHFT 2359 C3
Planebrook Av
10200 KrnC 2441 D3
Planet St
100 KrnC 2257 J4
N Planet St
1200 KrnC 2217 H7
Plantation Av
800 BKFD 2482 F5
Plantation Ct
27800 KrnC 2577 F6
Planz Rd
10 BKFD 2482 C5
10 KrnC 2482 H5
E Planz Rd
10 BKFD 2482 H5
10 KrnC 2482 H5
1600 BKFD 2483 A4
Plaquemines Dr
6400 BKFD 2481 H5
Plata Av
- BKFD 2481 D7
- BKFD 2511 D1
Plateau Wy
25900 KrnC 2577 J6
Plater Rd
10 KrnC 2169 H3
Plato Ct
400 BKFD 2441 J7
Pla Vada Dr
5200 BKFD 2403 F7
5200 BKFD 2443 F1
Playa del Sol Ct
5900 BKFD 2511 J1
Player Ct
4200 BKFD 2443 G2
22600 KrnC 2579 A7
Plaza St
700 KrnC 2443 E5
Pleasant Creek St
6000 BKFD 2511 C1
Pleasant Hill Ct
10500 BKFD 2441 C1
Pleasant Valley Dr
10500 BKFD 2511 C2
Plover Ct
500 BKFD 2441 H7
Plum Av
500 WASC 2278 E1
Plum Blossom Ct
600 RGCR 2259 C4
Plum Tree Dr
- KrnC 2544 J5
100 ARVN 2544 J6
Plumwood St
800 KrnC 2439 A5
Plute Pass St
5200 BKFD 2443 E7
Pluto St
1100 KrnC 2257 J6
1300 KrnC 2217 J7
Plymouth Av
300 KrnC 2402 E7
S Plymouth Av
- KrnC 2442 E1
Poach St
4200 BKFD 2482 C6
Pocatello Rd
10600 BKFD 2441 C6
Pocono Wy
10600 BKFD 2444 C3
Poe Ct
9400 BKFD 2481 E5
Poe Ln
3600 BKFD 2481 E5
Pogososo St
- BKFD 2482 H3
- KrnC 2482 H3
Poinsetta St
400 BKFD 2443 E6
400 KrnC 2443 E6
Poinsettia Av
600 KrnC 2763 G3
W Point Dr
1100 BKFD 2443 A1
Pointer Ct
7000 BKFD 2441 H7
Point Lobos Dr
1200 BKFD 2481 A2
Pole Line Rd
78200 RGCR 2219 G2
78200 SBdC 2219 H1
N Pole Line Rd
- RGCR 2219 G3
- SBdC 2219 G3
Polk St
100 KrnC 2597 A1
100 TAFT 2597 A1
400 KrnC 2567 A7
800 KrnC 2402 C6
Pollen Crest Ct
1500 KrnC 2440 G5
N Pollock St
700 KrnC 2257 G2
Polly Ct
1000 ARVN 2574 J1
Polo Dr
10700 BKFD 2401 C7
Polo Club Dr
4500 BKFD 2441 C1
Polo Glen Dr
10300 BKFD 2441 C1
Polo Jump Ct
4500 BKFD 2441 D1
Polo Pony Ln
4300 BKFD 2441 B1
Polo Saddle Dr
9900 BKFD 2441 D1
Polo Sky Wy
4300 BKFD 2441 D1
Polo Trail Av
9900 BKFD 2441 D1
Polo View Dr
4400 BKFD 2441 C1
Polo Wood St
4700 BKFD 2441 D1
Pomona St
2700 BKFD 2443 B1
3400 BKFD 2403 B7
Pompadour Ct
6700 BKFD 2401 D5
Pompano Park Wy
4400 BKFD 2441 D1
Poncho St
- BKFD 2483 E2
Pond Rd
1000 DLNO 2159 J7
1000 KrnC 2159 J7
Ponderosa Av
8500 KrnC 2443 J6
8500 KrnC 2444 A6
Ponderosa Dr
1300 KrnC 2609 H5
1300 THPI 2609 H5
4300 KrnC 2249 C2
20900 KrnC 2579 A5
Ponta Pora Pl
10800 BKFD 2404 C7
Pontiac St
3800 BKFD 2482 G5
N Pony St
1100 KrnC 2258 D1
1200 KrnC 2218 D7
Pony Express Ln
12100 BKFD 2404 E4
Pony Mountain Rd
- BKFD 2512 A5
Poole Av
5900 KrnC 2217 G5
Poole St
900 KrnC 2643 E6
Poplar Av
- KrnC 2278 E1
10 KrnC 2289 D3
100 WASC 2278 E3
300 KrnC 2442 J1
500 KrnC 2359 A1
500 SHFT 2359 A6
1800 DLNO 2119 J4
16000 KrnC 2319 A4
17200 SHFT 2319 A7
19000 KrnC 2399 A2
N Poplar Ln
1500 KrnC 2218 D6
Poplar St
2000 KrnC 2763 D4
4200 KrnC 2250 C3
Poppy Blvd
6000 CALC 2615 B1
Poppy Ct
1500 WASC 2278 E5
Poppy Ln
12900 KrnC 2543 J3
Poppy St
2200 DLNO 2119 H4
2600 BKFD 2443 G4
2600 KrnC 2443 G4
Poppyseed St
4600 BKFD 2512 A2
Port Ct
1100 MCFD 2199 H7
Port Dr
5200 BKFD 2401 F7
Porta Al Fortezza
4400 BKFD 2441 F2
Portal Av
900 KrnC 2402 G4
Portales Real
10 BKFD 2481 H1
100 BKFD 2441 H7
Portebello Dr
12200 BKFD 2441 A6
N Porter St
100 RGCR 2259 A2
S Porter St
900 RGCR 2259 A6
1500 KrnC 2259 A7
Porterfield Av
- CALC 2616 C6
- KrnC 2483 F2
- KrnC 2616 F6
Portland Rose Av
9700 BKFD 2481 D4
Port Logan Dr
200 BKFD 2441 B7
Portofino Ct
9700 BKFD 2401 D6
Portola Ct
300 BKFD 2440 H7
Port Royal Ct
23700 KrnC 2577 A5
Portsmouth St
500 BKFD 2481 F1
Portway Ct
400 BKFD 2441 C7
Porty Av
1200 KrnC 2542 F4
Posada Av
4300 BKFD 2482 B4
Poso Av
- WASC 2278 G4
300 SHFT 2359 C1
28100 KrnC 2278 A4
Poso Ct
5900 BKFD 2441 J7
29500 KrnC 2637 B2
Poso Dr
700 WASC 2278 D4
2700 KrnC 2278 C4
Poso St
10 KrnC 2627 J7
10 MCPA 2627 H7
Poso St SR-33
800 MCPA 2627 H7
Poso St SR-166
10 KrnC 2627 J7
10 MCPA 2627 H7
Poso Heights Rd
- KrnC 2278 J5
Post Pl
22100 CALC 2585 D7
Post St
5400 BKFD 2482 G7
Potato Rd
700 ARVN 2545 A7
700 ARVN 2575 A1
Potenza Ln
5800 BKFD 2441 J2
Potomac Av
1600 BKFD 2443 A6
1600 KrnC 2443 C6
E Potomac Av
- KrnC 2443 A6
700 BKFD 2442 J6
1300 BKFD 2443 A6
Potter St
- KrnC 2610 G4
100 SHFT 2359 B2
Poulsen Wy
11200 BKFD 2441 B2
11200 KrnC 2441 B2
Pound Hills Wy
- BKFD 2481 B3
Powderhorn St
6500 BKFD 2511 H2
Powder River Av
13300 KrnC 2440 J2
Powell Ln
400 BKFD 2443 A6
400 KrnC 2443 A6
Practice Dr
10 KrnC 2481 H2
Prague Pl
6100 BKFD 2404 C7
Prairie Ct
22400 KrnC 2607 F1
Prairie Wy
3100 BKFD 2441 B3
3100 KrnC 2441 B3
Prairie Dog St
6300 BKFD 2511 C1
Prairie Meadows Wy
4800 BKFD 2441 D1
Prairie Rose Wy
12200 BKFD 2441 A4
Prairie Stone Pl
11100 BKFD 2481 C6
Prairie Wheat Av
5100 BKFD 2512 A5
Praire Ln
3000 BKFD 2482 D6
Prata Av
8100 KrnC 2483 J4
Preakness Dr
27800 KrnC 2637 E3
Precious Jewel Wy
- BKFD 2511 J3
Premier Av
- BKFD 2512 D4
Premier Dr
8200 BKFD 2512 D4
Presada Ct
11200 BKFD 2481 B5
Prescott Wy
7800 BKFD 2481 G5
President Wy
200 RGCR 2259 D1
Presidential Rd
11300 BKFD 2441 B1
Presidio Wy
- BKFD 2441 F6
Prestige Ln
3500 BKFD 2482 C6
Preston Ct
5800 BKFD 2441 J7
Prestun Dr
- KrnC 2209 A7
Prestwick Ct
2400 BKFD 2482 A3
Pretoria Pl
6400 BKFD 2404 B7
Price St
100 BKFD 2482 H7
100 KrnC 2482 H7
Price Wy
6100 KrnC 2441 J3
Pride St
4100 BKFD 2441 C2
4100 KrnC 2441 C2
Priest St
6100 BKFD 2512 H1
Priest River Pl
6400 BKFD 2404 C6
N Primavera St
100 KrnC 2258 H1
1100 KrnC 2218 H7
S Primavera St
100 KrnC 2258 H5
Primera Vista
2700 KrnC 2443 D4
Primrose Av
9700 KrnC 2513 J6
Primrose Ct
1500 WASC 2278 E5
S Primrose St
900 RGCR 2259 F5
1500 KrnC 2259 F7
Primrose Vista Ct
5700 BKFD 2404 G7
Prince Ln
400 SHFT 2319 B7
Prince St
4200 BKFD 2442 F1
Princeton Av
900 BKFD 2403 A7
10700 CALC 2616 C3
Princeton St
- RGCR 2219 F7
300 DLNO 2159 H1
1200 DLNO 2119 H6
2300 TulC 2119 H4
Princeville Ct
10900 BKFD 2481 C4
Prinero Av
- KrnC 2250 C6
Priscilla Ln
1100 BKFD 2482 F1
Priscilla Wy
300 BKFD 2482 F1
Prison Rd
- TAFT 2597 J6
Pristine Rose Ln
7100 BKFD 2512 D2
Privet Pl
11400 BKFD 2481 B2
Proctor Blvd
10500 CALC 2616 C2
Proctor Blvd
12000 KrnC 2616 H2
Proctor Ct
10800 CALC 2616 C2
Progress Rd
4900 BKFD 2481 F7
4900 BKFD 2511 F3
4900 KrnC 2511 F3
14500 KrnC 2541 F6
NW Promenade
- BKFD 2441 F3
Prospect Av
21200 KrnC 2608 J2
21200 KrnC 2609 A2
27900 KrnC 2278 F7
29000 WASC 2278 F7
Prospect St
2700 KrnC 2443 D5
26500 KrnC 2679 G4
Prosperity Rose Av
3300 BKFD 2512 C2
Prosser St
500 KrnC 2482 B1
E Proteus Rd
10 KrnC 2643 J2
Provencer Ct
800 BKFD 2440 H6
Providence Pl
12900 BKFD 2440 J5
Province Rose St
3200 BKFD 2481 D5
Pryor St
5600 KrnC 2401 J7
5600 KrnC 2402 A7
Puder St
2500 BKFD 2443 F4
Pueblo Ct
3500 BKFD 2481 C5
24300 KrnC 2577 F4
Pueblo Pl
4700 BKFD 2441 H1
Pueblo Peak Wy
4500 BKFD 2481 D6
Puerta Oeste
- BKFD 2481 G1
Puerto Wy
- KrnC 2444 A5
Pullman Wy
6900 BKFD 2481 H4
Purcell Ln
8900 KrnC 2250 G1
Purdue Dr
3200 BKFD 2443 D1
Purdy Av
1100 KrnC 2673 D2
Purdy Ct
600 BKFD 2441 G7
Purple Sage Ln
100 RGCR 2259 E3
Pusher St
- KrnC 2258 D4
Putter Ct
9900 CALC 2616 A2
Putter Ln
200 KrnC 2402 E1
Putting Green Wy
22600 KrnC 2579 B7
Pyramid Av
100 KrnC 2483 J7
Pyramid Peak Dr
9800 BKFD 2481 D6
Pyrford Ct
10800 BKFD 2481 C3
Pyrite St
- BKFD 2512 F2

Q

Q Ct
600 BKFD 2442 G6
Q St
100 KrnC 2597 A4
1300 BKFD 2442 G4
15900 KrnC 2643 D5
Quadrille Ct
11000 BKFD 2441 C1
Quail Ct
300 TAFT 2596 H3
21300 CALC 2615 B1
Quail Dr
6100 KrnC 2250 B6
19000 KrnC 2607 A7
19000 KrnC 2637 A1
Quail Ln
10 KrnC 2169 E7
800 BKFD 2441 G7
Quail St
- KrnC 2217 B3
N Quail St
100 KrnC 2257 C3
3500 KrnC 2217 B2
S Quail St
1300 KrnC 2257 C6
Quail Wy
1200 RGCR 2219 A7
Quail Brook Ct
8900 KrnC 2401 E5
Quailbrook Ct
21000 KrnC 2609 A6
Quail Canyon Rd
23200 KrnC 2579 C4
Quail Cove Ct
8900 BKFD 2401 E4
8900 KrnC 2401 E4
Quail Creek Rd
6500 BKFD 2401 E5
6500 KrnC 2401 E5
Quail Hill Ct
8700 KrnC 2401 E5
Quail Hollow Ct
8900 KrnC 2401 E4
Quail Park Ct
600 BKFD 2441 G7
Quail Park Dr
200 BKFD 2441 G7
Quailridge Rd
200 BKFD 2441 G7
Quail Rock Av
500 KrnC 2402 D4
Quail Run Ct
300 BKFD 2441 H7
Quail Run Rd
- KrnC 2209 C5
Quail Springs Rd
20800 KrnC 2579 A7
21400 KrnC 2578 J7
Quailwood Dr
6500 BKFD 2441 G7
Quaker Rd
20000 KrnC 2609 D5
20000 THPI 2609 D5
Quaking Aspen St
6000 BKFD 2511 G1
Quality Rd
17700 KrnC 2361 D1
Quality St
100 KrnC 2597 B3
Quantico Av
100 BKFD 2443 D7
100 KrnC 2443 D6
Quarter Av
3900 KrnC 2482 B1
4500 BKFD 2482 B1
N Quarter St
1200 KrnC 2218 D7
Quartz Av
10 KrnC 2441 H4
Quartz Hill Rd
1100 BKFD 2512 F3
Quartz Peak Wy
- BKFD 2512 D3
Quartzstone St
8900 BKFD 2512 B5
Quasar Ct
600 BKFD 2442 G1
N Quaser St
700 KrnC 2257 J1
1300 KrnC 2217 J7
Queen St
4500 BKFD 2404 B6
Queen Charlotte Wy
1200 BKFD 2481 D2
Queen Palm Ct
12900 BKFD 2440 J4
Queensbury Dr
10700 BKFD 2441 B7
Queensland Av
9300 BKFD 2441 E6
Quest St
7700 BKFD 2512 F3
Quezon Av
6000 CALC 2615 B2
Quick Dr
8300 CALC 2585 G7
Quicksilver Dr
3500 BKFD 2441 D2
Quiet Breeze Ln
10600 BKFD 2511 C1
Quiet Meadow Dr
5800 BKFD 2511 C1
Quiet Pasture Dr
12100 BKFD 2401 A6
Quiet Splendor Ct
3500 KrnC 2763 A3
Quincy Dr
2000 KrnC 2443 B4
Quincy St
10 BKFD 2442 H3
500 DLNO 2119 H7
900 BKFD 2443 B4
900 KrnC 2443 B4
2300 TulC 2119 H4
Quinn Ct
1300 DLNO 2159 G3
Quinn Rd
4000 KrnC 2401 G2
18600 KrnC 2361 G4
Quinn Canyon Ln
- BKFD 2511 J1
Quinones Av
30200 DLNO 2119 C6
Quintana Dr
700 BKFD 2480 H2
Quintero Pl
15700 KrnC 2440 E2

R

R Cir
1000 RGCR 2219 B7
R St
400 BKFD 2442 G6
Rabitisha Av
12500 KrnC 2610 H1
Raccoon Dr
2900 KrnC 2250 B6
Raccoon Rd
3000 KrnC 2250 B5

Kern County Street Index

STREET
Block City Map# Grid

Raceway Dr
3800 BKFD 2444 C3
Rachel Av
15300 KrnC 2440 F4
Racine Av
8800 BKFD 2512 C5
Racoon Ridge Rd
6800 KrnC 2209 C5
Radar Av
1800 KrnC 2258 J4
E Radar Av
1700 RGCR 2259 H4
1700 SBdC 2259 H4
Radcliffe Av
900 BKFD 2403 A7
S Rademacher Wy
1400 KrnC 2259 C7
1400 RGCR 2259 C7
E Rader Av
100 RGCR 2259 D4
W Rader Av
500 RGCR 2259 B4
2100 KrnC 2258 G5
W Rader St
- KrnC 2258 J4
- RGCR 2258 J4
Radford Av
- RGCR 2219 F7
Radiance Dr
1700 BKFD 2482 F2
2500 KrnC 2482 D2
Radiant Wy
8400 KrnC 2250 F4
Radicchio Av
100 BKFD 2512 G1
Radio St
100 KrnC 2443 B5
Radio Flyer Dr
6600 BKFD 2401 D5
Ragland Ct
2900 BKFD 2481 A4
Ragusa Ln
5800 BKFD 2441 J2
Raider Dr
3300 BKFD 2482 G5
Rail View Ct
24600 KrnC 2579 A3
Rain Dr
2400 BKFD 2512 D2
Rainbow Av
1100 KrnC 2259 G7
Rainbow Ct
500 KrnC 2442 D1
Rainbow Dr
2000 KrnC 2249 C7
Rainbow St
2000 DLNO 2119 J5
Rainbow Falls Wy
6000 BKFD 2401 C6
Rain Check Dr
9700 BKFD 2401 D5
Rainier Av
400 TAFT 2596 J2
Rainier Ct
3600 BKFD 2441 E2
Rainier Park Wy
- BKFD 2481 B2
Raintree Ct
1800 BKFD 2482 A3
Rainwater Ln
10700 BKFD 2444 C2
Raleigh Ct
2200 BKFD 2481 A3
Rally St
3500 BKFD 2403 D7
Ralph Av
12500 KrnC 2543 H2
Ralphs Rd
- KrnC 2257 H3
Ralston St
1100 BKFD 2442 J6
1300 BKFD 2443 A7
Ramada St
2600 KrnC 2441 A3
Rambler Av
12100 BKFD 2401 A7
Ramona Ct
5500 BKFD 2482 F7
Ramos Av
9600 KrnC 2512 G6
Rampart St
3600 BKFD 2403 C7
Rams St
7300 BKFD 2401 G5
7300 KrnC 2401 G5
Ramsgate Wy
10800 BKFD 2481 C4
Rancheria Rd
6600 BKFD 2404 J2
8600 KrnC 2404 J2
Ranchgate Dr
3100 BKFD 2441 B3
3100 KrnC 2441 B3
Ranch House Rd
6900 BKFD 2481 H2
N Rancho Dr
- KrnC 2544 G7
3000 KrnC 2574 G5
3300 ARVN 2574 G3
S Rancho St
200 RGCR 2259 E3
Rancho Cordova St
10800 BKFD 2511 C1
Rancho Mirage St
500 KrnC 2443 J7
Rancho Santa Fe St
3500 BKFD 2481 D5
Rancho Sierra St
3300 BKFD 2443 F1
3400 BKFD 2403 F7
Rancho Verde Dr
9700 BKFD 2481 D5
Ranco Ct
21500 CALC 2615 E1
Rand Ct
24100 KrnC 2577 C5
Randall Rd
13700 KrnC 2566 A3
Randall St
6700 KrnC 2401 G5
N Randall St
900 RGCR 2259 B1
1100 RGCR 2219 B7
Randolph St
- DLNO 2159 H5
- RGCR 2219 E7
400 DLNO 2119 H5
2300 TulC 2119 H4
Randsburg Mojave Rd
21400 CALC 2616 B2
21800 CALC 2586 D7
Randy Av
4500 BKFD 2482 B1
4500 KrnC 2482 B1
Ranelagh Wy
5300 BKFD 2401 D7
Range Dr
4200 BKFD 2441 B2
Range Vw
2300 KrnC 2763 C3
Ranger Ct
25400 KrnC 2577 G2
Ranger St
- RGCR 2219 F7
S Ranger St
900 RGCR 2259 B6
Rangeview Dr
6800 BKFD 2401 A5
Ranunculus Wy
- BKFD 2511 A1
Raphael Av
13400 BKFD 2404 F5
Rapids St
9500 KrnC 2404 D2
Rasmussen St
5900 BKFD 2401 G7
5900 KrnC 2401 G6
Rattle Snake Rd
- KrnC 2763 D1
Rattlesnake Creek Dr
700 BKFD 2441 B6
Ratzlaff Ln
18400 KrnC 2359 B4
18400 SHFT 2359 B4
Ravall St
2800 BKFD 2443 G4
Raven Dr
4000 BKFD 2403 D7
Raven St
1400 KrnC 2257 C7
Raven Crest Wy
5000 BKFD 2481 H7
Ravenhill St
7100 BKFD 2512 G3
Raven Oak Ct
3400 BKFD 2481 F5
Raven Pass St
6900 BKFD 2511 H1
Ravenrock Dr
9500 BKFD 2441 E6
Ravenwood Dr
9500 BKFD 2441 D6
Rawhide Ct
18000 KrnC 2637 F2
Rawhide Ln
100 RGCR 2259 E3
Rawhide Rd
- BKFD 2512 C5
- KrnC 2512 C5
Ray St
100 KrnC 2402 D5
Rayburn Wy
3400 KrnC 2443 F3
Raymond Av
- CALC 2615 A3
8100 CALC 2585 F7
Raymond Ct
20000 KrnC 2609 C7
Raymond St
19400 KrnC 2401 E3
19400 SHFT 2401 E3
Raymond A Spruance Ct
1900 BKFD 2512 E1
Rea Av
8800 CALC 2585 H7
10100 CALC 2586 A7
Reagan Rd
11300 BKFD 2401 B7
Real Rd
10 BKFD 2442 C7
S Real Rd
10 BKFD 2482 C3
200 KrnC 2482 C1
Ream Pl
1500 BKFD 2512 F1
Ream Wy
5800 BKFD 2512 F1
Reata St
19900 KrnC 2608 E5
Rebecca Av
1100 KrnC 2259 A1
1100 RGCR 2259 A1
Rebecca Pl
700 BKFD 2482 G1
Rebel Ct
700 BKFD 2482 G5
27200 KrnC 2577 G2
N Rebel Rd
500 KrnC 2258 H2
Red Apple Av
19000 THPI 2609 E2
19500 KrnC 2609 D2
Redbank Rd
4700 BKFD 2483 G2
4700 KrnC 2483 J2
8100 KrnC 2484 A2
Redbridge Wy
10400 BKFD 2481 C4
Red Bud Ct
7900 KrnC 2401 G5
Redbud Ct
8700 KrnC 2250 G3
Red Cedar Av
- BKFD 2512 B3
Red Crown Rd
- KrnC 2399 J6
Reddick Ln
1200 BKFD 2441 C6
Red Ford Ct
3900 BKFD 2512 C1
Red Hill Rd
7700 KrnC 2289 D1
Red Hills Ln
10500 BKFD 2404 C7
Redinger St
6200 BKFD 2511 G1
Redlands Dr
3100 BKFD 2443 D1
3800 BKFD 2403 D7
Redmire St
2000 BKFD 2481 A3
Red Oak Ct
9600 BKFD 2481 E4
Red Oak Dr
8400 KrnC 2250 F3
Redondo Ct
500 BKFD 2442 B7
Red River Ct
8900 BKFD 2441 E2
N Redrock Inyokern Rd
100 KrnC 2257 E2
1100 KrnC 2217 E7
S Redrock Inyokern Rd
100 KrnC 2257 C7
Red Rose Wy
12100 BKFD 2441 A4
Red Tee Ct
6300 BKFD 2401 E6
Redvale Dr
600 BKFD 2441 C6
Redwing Av
500 BKFD 2441 H7
Redwing Ct
6800 BKFD 2441 H7
Redwood Av
600 WASC 2278 D3
Redwood Blvd
7500 CALC 2615 F4
9600 CALC 2616 A4
Redwood Ct
1100 THPI 2609 F4
Redwood Dr
100 SHFT 2319 D7
900 KrnC 2402 C7
Redwood Canyon Ln
3100 KrnC 2440 G3
Redwood Crest Ln
3200 KrnC 2440 G3
Redwood Forest Wy
3000 KrnC 2440 G3
Redwood Hill Ct
2900 KrnC 2440 G3
Redwood Meadow Dr
200 KrnC 2402 E4
Redwood Pass Dr
14500 KrnC 2440 G3
Redwood Point Ct
2900 KrnC 2440 G3
Redwood Springs Dr
14500 KrnC 2440 G3
Redwood Valley Dr
14700 KrnC 2440 G3
Reed Pl
21300 CALC 2616 B1
Reed St
400 BKFD 2480 J1
800 ARVN 2574 H1
Reed Canyon Rd
- KrnC 2403 A1
Reeder Av
3300 BKFD 2482 C4
Reeder Dr
2100 KrnC 2249 B7
Reedsport Dr
3300 BKFD 2481 H5
S Reedy St
2200 RGCR 2299 D1
Reese Av
1300 KrnC 2482 J2
1300 KrnC 2483 A1
Reese St
300 RGCR 2259 F4
W Reeves Av
100 RGCR 2219 A7
1100 KrnC 2219 A7
4100 KrnC 2218 B7
5200 KrnC 2217 J7
Reeves St
- THPI 2609 E4
21500 KrnC 2609 D2
Refinery Av
5500 BKFD 2441 J5
Regal St
100 KrnC 2402 D7
100 KrnC 2442 D1
S Regal St
100 KrnC 2442 D1
Regarse Dr
11400 BKFD 2511 B1
Regatta Wy
10 BKFD 2443 D2
Regency Ct
600 RGCR 2259 B2
Regent Av
- KrnC 2616 F7
Regent St
2900 BKFD 2482 E4
Regent Wood Ct
6500 BKFD 2401 F6
Regiment St
- BKFD 2442 G4
Regina Ct
200 SHFT 2359 B1
Regina Wy
6200 BKFD 2512 F1
S Reiker Av
100 SHFT 2359 C2
N Reiker St
200 SHFT 2359 C1
S Reiker St
100 SHFT 2359 C2
Reina Ct
7900 BKFD 2481 G1
Reina Rd
10500 BKFD 2401 A7
12700 BKFD 2400 J7
12900 KrnC 2400 C7
Reisling Vines St
200 BKFD 2440 G7
Reliance Dr
5600 BKFD 2481 H7
5600 BKFD 2511 H1
Rembach Av
2000 KrnC 2289 D3
Remington Av
7200 BKFD 2441 G7
Remington Ct
25700 KrnC 2577 G1
Remington Park Dr
4500 BKFD 2441 D1
Rena Dr
- CALC 2586 J5
Rench Rd
1400 KrnC 2402 B5
Rendley St
12000 BKFD 2441 A5
Rene Ln
10 KrnC 2443 J4
Renee Av
4100 BKFD 2512 B1
4100 KrnC 2512 B1
Renee Ct
400 RGCR 2259 E4
Renee St
3500 KrnC 2250 F4
W Renee Wy
4400 KrnC 2258 B1
Renegade Av
2300 BKFD 2443 D1
Renfro Rd
- BKFD 2400 G1
- SHFT 2360 G3
- SHFT 2400 G3
100 BKFD 2440 H7
100 BKFD 2480 G1
300 KrnC 2440 G3
5100 KrnC 2400 G7
S Renfro Rd
500 BKFD 2480 G2
Reno Av
3900 BKFD 2482 B2
3900 KrnC 2482 B2
Reno St
16800 KrnC 2643 E6
Renoir Av
- BKFD 2440 J6
Renshaw St
- RGCR 2219 E7
Renwick St
4700 BKFD 2481 E7
Requa Ct
700 KrnC 2444 A6
Reserve Ct
13700 BKFD 2440 H6
Restfull Dr
3000 KrnC 2249 D6
Retail Dr
- BKFD 2441 E3
Retreat Pl
22800 KrnC 2579 A7
Retriever Ct
6900 BKFD 2441 H7
Reunion Rd
- KrnC 2403 J1
Revelstoke Wy
7700 BKFD 2481 G3
Revere Wy
700 BKFD 2441 A6
Revolution Rd
11300 BKFD 2401 B7
Rex Av
2600 BKFD 2482 D4
Rex Ct
21000 CALC 2615 C2
Rex Dr
18900 KrnC 2609 C7
Rexford Wy
6500 BKFD 2481 H3
Rexland Dr
10 BKFD 2482 H7
10 KrnC 2482 J7
Rexroth Av
5600 KrnC 2443 F3
5800 BKFD 2443 F3
Rexroth Dr
15600 KrnC 2643 A6
Reynard Rd
11000 BKFD 2444 C3
Reynolds Av
7200 KrnC 2513 H3
Reynolds Rd
- KrnC 2249 D6
Reynosa Av
100 BKFD 2512 G2
Rhebas Wy
100 KrnC 2258 D2
1000 KrnC 2218 D7
S Rhebas Wy
100 KrnC 2258 D4
Rhine River Dr
4200 BKFD 2441 H2
Rhinestone St
9200 BKFD 2512 B5
Rhine Valley Dr
8900 KrnC 2444 A5
Rhonda Wy
6200 BKFD 2512 G1
Rhone Dr
7000 BKFD 2441 H1
Rian Noelle Ct
400 KrnC 2402 D3
Riata Ln
9700 BKFD 2404 B7
Ribble Valley Dr
2200 BKFD 2481 A3
Ribbon Falls Wy
- BKFD 2401 C6
Ribbon Grass Dr
- BKFD 2512 A5
- KrnC 2512 B5
Ribier Av
7400 KrnC 2513 H6
Rice Dr
19100 KrnC 2609 C7
Rice St
2700 BKFD 2443 C1
Rich Ct
20500 KrnC 2609 C6
Rich St
10 KrnC 2443 J4
Richard Av
1700 KrnC 2643 D7
Richard Ct
200 RGCR 2259 F2
Richard St
100 ARVN 2544 H6
Richards Av
400 KrnC 2443 D6
Richards Dr
300 MCFD 2199 H6
Richardson Rd
16100 KrnC 2545 C5
Richfield Av
1300 KrnC 2763 E3
Richland Av
3000 KrnC 2763 B3
30300 KrnC 2359 C4
Richland Dr
100 SHFT 2359 C1
Richland St
1300 BKFD 2482 F1
Richmond Rd
- RGCR 2219 G7
- RGCR 2259 G2
N Richmond Rd
1800 RGCR 2219 G6
1800 RGCR 2259 G2
S Richmond Rd
1700 RGCR 2219 G6
Richmond St
800 KrnC 2443 B6
S Richmond St
100 RGCR 2259 G4
500 RGCR 2259 G4
1800 KrnC 2299 G2
Rich Springs Ct
2200 BKFD 2441 A4
Richthofen Ct
22300 CALC 2585 C6
Richwood Ct
10 KrnC 2289 E2
Rick Ct
400 RGCR 2259 C5
Rickenbacker Ct
6600 CALC 2585 C6
Ricker Av
20500 KrnC 2609 B6
Rickey Wy
3700 BKFD 2482 C4
Ricoh Wy
14700 KrnC 2440 G4
Riconada Pl
10900 BKFD 2481 C5
Riddle Wy
- KrnC 2250 B4
Ride St
4300 BKFD 2481 G6
Rider St
- BKFD 2480 F1
- KrnC 2480 F1
400 BKFD 2440 F7
400 KrnC 2440 F7
Ridge Rd
- BKFD 2443 C3
1700 KrnC 2443 C3
Ridgecrest Blvd
4900 KrnC 2257 J3
4900 KrnC 2258 A3
E Ridgecrest Blvd
- SBdC 2259 H3
100 RGCR 2259 H3
E Ridgecrest Blvd SR-178
- SBdC 2259 H3
100 RGCR 2259 H3
W Ridgecrest Blvd
10 RGCR 2259 C3
1200 KrnC 2259 A3
1400 KrnC 2258 D3
1400 RGCR 2258 J3
Ridgecrest Ct
1400 KrnC 2763 E2
5400 BKFD 2512 A4
Ridgecrest Dr
20600 KrnC 2579 B7
Ridgedale St
2900 KrnC 2443 E4
Ridgegate Ct
8200 BKFD 2512 A4
Ridge Lake Ct
5400 BKFD 2512 A4
Ridgemont St
3300 BKFD 2512 C1
Ridgemoor Av
3900 BKFD 2443 E1
Ridge Oak Dr
9400 BKFD 2481 D4
Ridgetop Ter
6100 BKFD 2443 F3
Ridgeview Ct
28400 KrnC 2577 D7
Ridgeview St
1200 KrnC 2443 J5
Ridge Walk Wy
7800 BKFD 2481 G7
Ridgeway Ct
6300 BKFD 2443 G2
Ridgeway Dr
20900 KrnC 2609 A1
Ridgeway Meadows Dr
13000 BKFD 2400 J7
Ridgewood Dr
1800 KrnC 2443 D3
Rifle Ct
26100 KrnC 2577 J2
Rifle Falls Wy
- BKFD 2400 J7
Rigby Av
300 KrnC 2482 G6
Riggs Av
- CALC 2585 E4
Riggs Ct
5800 BKFD 2404 D4
Riley Wy
1100 KrnC 2402 D2
Rim Rd
10 KrnC 2289 B3
Rim Wy
22900 KrnC 2579 D7
Rimridge Wy
6600 BKFD 2511 H1
Rim Rock Canyon St
2000 KrnC 2440 D4
Rincon Pl
3000 KrnC 2443 D3
Ringgold St
- RGCR 2219 E7
Ringsdale Ct
6100 BKFD 2512 C1
Ringwood St
6000 BKFD 2512 C1
Rink Dr
- KrnC 2543 D1
Rinker Wy
4000 BKFD 2482 B6
Rio St
- KrnC 2544 A4
Rio Bonita St
600 KrnC 2443 J7
Rio Bravo Dr
- BKFD 2481 J1
10 BKFD 2441 J7
N Rio Bravo St
500 RGCR 2259 B2
Rio de Janeiro Av
6300 BKFD 2481 J7
Rio de Janeiro Ct
5300 BKFD 2481 J7
Rio del Loma
10 KrnC 2129 F4
Rio del Mar Dr
10200 BKFD 2481 D6
Rio del Norte St
3900 KrnC 2402 D2
Rio Linda Dr
2800 BKFD 2442 H1
2800 KrnC 2442 H1
Rio Mesa Dr
- KrnC 2403 H1
Rio Mirada Dr
3200 BKFD 2442 C1
Rio Rancho Dr
- BKFD 2441 C6
Rios St
300 KrnC 2482 G3
Rio Viejo Dr
3700 BKFD 2512 B3
Rio Vista Dr
10 KrnC 2129 H6
2300 BKFD 2403 C6
Ripon Ct
2500 BKFD 2481 J4
Ripple Ct
4500 KrnC 2258 B1
Ripple Ln
21700 KrnC 2609 C2
Rising Mist Ln
2700 BKFD 2512 D3
Rising Sun Dr
10600 BKFD 2441 C6
Rissy Ct
- BKFD 2440 J4
Ristow Ct
6300 BKFD 2401 C6
Ritter Ct
100 BKFD 2480 J1
Ritz Dr
10500 BKFD 2401 C5
River Blvd
2100 BKFD 2443 A2
2100 KrnC 2443 A2
3100 BKFD 2402 J7
3500 BKFD 2442 J1
3500 KrnC 2442 J1
River Cross
- KrnC 2403 J1
River Ct
2300 DLNO 2119 J4
River Rd
- KrnC 2403 J1
- KrnC 2404 A2
River Acres Dr
5300 KrnC 2403 E3
River Birch Dr
- BKFD 2404 F7
River Crossing Wy
5100 BKFD 2481 G7
Riverfront Park Dr
11900 BKFD 2481 A2
River Glen Dr
4400 BKFD 2441 H1
River Grove St
5800 KrnC 2403 E3
River Hawk Ln
8100 BKFD 2441 F2
Riverlakes Dr
4200 BKFD 2441 F2
4800 BKFD 2401 E7
River Meadow Ln
- KrnC 2402 E3
River Mist Av
7600 BKFD 2481 G7
River Oaks Dr
100 BKFD 2481 J1
River Park Wy
700 BKFD 2481 B2
River Raft Wy
6000 BKFD 2511 C1
River Ranch Dr
1000 BKFD 2441 F6
Riverrock Dr
9800 BKFD 2481 D5
River Run Blvd
800 BKFD 2481 A3
Riverside Dr
3100 BKFD 2442 C4
Riverside St
500 KrnC 2359 G4
500 SHFT 2359 G4
31300 KrnC 2360 A4
31300 SHFT 2360 A4
River Spring Ct
8600 BKFD 2441 F6
Riverton Av
8200 BKFD 2401 E4
8200 KrnC 2401 E4
Riviera Dr
3900 BKFD 2443 E2
3900 KrnC 2443 E2
Riviera Greens Wy
900 BKFD 2441 D5
Rizal Dr
2200 DLNO 2119 J4
Rd 128
10 DLNO 2119 B4
10 TulC 2119 B3
Rd 136
10 DLNO 2119 D4
10 TulC 2119 D3
Rd 144
10 DLNO 2119 F4
10 TulC 2119 F1
Rd 148
10 DLNO 2119 G2
10 TulC 2119 G2
Rd 152
10 DLNO 2119 H1
10 TulC 2119 H1
Rd 156
10 DLNO 2119 J4
10 TulC 2119 J3
Rd 360
14400 TulC 2119 G3
Roadrunner Dr
- BKFD 2481 E2
Roan Cliff Dr
- BKFD 2441 C6
Roanoke Ct
2900 BKFD 2443 C1
Roaring River Av
11800 BKFD 2481 B2
Rob Av
- CALC 2615 A7
- KrnC 2616 D7
Robalo St
200 RGCR 2259 E2
Robbin Rd
2400 BKFD 2482 D1
2400 KrnC 2482 D1
Robby Rd
25500 KrnC 2607 J6
25500 KrnC 2608 A6
W Robert Av
1100 RGCR 2259 A1
Roberta Av
8200 KrnC 2250 F4
11600 KrnC 2679 H5
Roberta Wy
4600 BKFD 2482 B2
Roberts
600 WASC 2278 F3
Roberts Av
12400 KrnC 2679 H4
E Roberts Av
12000 KrnC 2679 H4
24500 KrnC 2608 C3
N Roberts Av
12900 KrnC 2679 H3
Roberts Dr
2700 KrnC 2249 D3
Roberts Ln
100 KrnC 2402 D7
E Roberts Ln
100 KrnC 2402 G7
Robertson Av
100 MCFD 2199 H5
800 MCFD 2200 A5
E Robertson Av
15400 KrnC 2610 C7
W Robertson Av
700 RGCR 2259 C4
E Robertson Rd
300 RGCR 2259 E3
W Robertson Rd
100 RGCR 2259 D4
Robertson St
12900 KrnC 2541 H3
Robin Ct
2300 DLNO 2119 H4
Robin Ln
500 THPI 2609 F5
Robin Wy
200 TAFT 2597 B1
Robin Peterson Wy
- RGCR 2299 D4
Robinson St
300 BKFD 2442 J5
800 BKFD 2443 A5
1500 KrnC 2443 A4
1700 DLNO 2119 H5
2100 KrnC 2217 B5
N Robinson St
100 THPI 2609 H2
S Robinson St
100 THPI 2609 H3
400 BKFD 2442 J6
Robinwood St
3300 BKFD 2482 B5
Roby Ln
10 KrnC 2169 E7
Rochelle Creek Ln
- BKFD 2404 G7
Rock Av
- CALC 2586 G7
Rock Wy
- KrnC 2399 F2
Rockaway Beach Ct
8900 BKFD 2511 E1
Rock Bottom Ln
4900 BKFD 2441 F1
Rockcastle Dr
3700 BKFD 2481 H5
Rockcreek Ct
3900 BKFD 2481 D6
Rockcrest Ct
3600 BKFD 2481 D5
Rockefeller St
8900 BKFD 2511 E2
Rockford Av
3600 BKFD 2512 C1
Rockhampton Dr
8100 BKFD 2512 C5
Rockhaven Rd
100 KrnC 2169 E7
Rockingham Wy
- KrnC 2440 H1
Rocking Horse Rd
- KrnC 2608 H7
Rock Lake Dr
4100 BKFD 2512 B3
Rockledge Ter
10 KrnC 2169 E6
Rocklin Wy
6200 BKFD 2511 G1
Rock Meadow Ct
3700 KrnC 2402 E3
Rockpile Rd
11300 KrnC 2545 E5
Rockport Dr
8300 BKFD 2441 F1
Rockridge Wy
10900 BKFD 2481 C2
Rockspring Ct
29500 KrnC 2607 B3
Rockvale Dr
800 BKFD 2441 C6
Rockview Dr
5400 BKFD 2512 A4
Rockwell Dr
5200 BKFD 2401 J7
Rockwood Av
900 KrnC 2402 F4
Rocky Rd
10 KrnC 2289 D3
Rocky Knolls Dr
10 KrnC 2169 G6
Rocky Mountain Wy
- BKFD 2441 C6
Rocky Point St
- BKFD 2481 D7
Rocky Rd Av
3400 BKFD 2482 C5
Rod Ct
19900 KrnC 2609 C3
Rodeo Av
12100 BKFD 2401 A7
Rodeo St
500 SHFT 2359 B2
Rodman St
- RGCR 2219 E7
200 BKFD 2442 H7
Rodney St
2200 KrnC 2482 G3
2400 BKFD 2482 G4
3200 KrnC 2763 B3
Rodriguez Av
100 SHFT 2359 C2
Rodriguez Rd
1400 KrnC 2440 E5
Rodriguez St
30700 KrnC 2359 D6
Roehampton Av
10000 BKFD 2401 D7
Rogers Ln
2700 KrnC 2289 D3
Rogers Rd
10 KrnC 2129 H7
Rogers St
6200 KrnC 2401 J5
Rogue Av
500 BKFD 2443 E7
Rogue River Dr
6900 BKFD 2481 H7
Rogue Water Ct
5000 BKFD 2481 H7
Rokan Wy
3500 BKFD 2482 C7
Roland St
2100 BKFD 2482 J4
Roland Wy
13800 BKFD 2440 H6
13800 KrnC 2440 H6
Rollingbay Dr
8400 BKFD 2441 F3
Rolling Hills Ln
6300 BKFD 2404 C7
Rolling Oak Dr
29500 KrnC 2577 A4
Rolling Ridge Dr
6800 BKFD 2443 G3
Rollo Ravine
1800 BKFD 2443 B2
1800 KrnC 2443 B2
Rolly Av
23500 KrnC 2579 A5
Roma Wy
3300 BKFD 2481 C5
Romance Ct
300 KrnC 2440 C7
Romanini Rd
- KrnC 2439 J7
Rome Beauty Dr
10800 CALC 2616 C2
Romero Av
13800 BKFD 2480 H2
Romero Rd
4900 KrnC 2511 J7
4900 KrnC 2512 A7
Ronald Wy
5900 BKFD 2401 H7
5900 KrnC 2401 H7
Ronita Ln
2000 KrnC 2249 D7
Ronnie Av
26300 KrnC 2637 H1
Ronnie Ct
22500 KrnC 2399 F4
Roosevelt Pl
10 KrnC 2597 A3
Roosevelt St
900 RGCR 2259 D1
1900 BKFD 2482 E1
Roost Av
25000 KrnC 2608 C2
25700 KrnC 2607 J1

Kern County Street Index

STREET / Block City Map# Grid

Rooster Dr
400 KrnC 2483 H1
Root Av
- KrnC 2318 H1
14800 KrnC 2278 H1
Root Wy
4400 BKFD 2481 D6
Roper St
16600 KrnC 2643 D5
Rosa Ct
800 DLNO 2119 C6
Rosa Wy
- KrnC 2399 F2
Rosado Ct
5500 BKFD 2404 B7
Rosalee Av
300 SHFT 2359 C2
Rosalia Dr
1100 BKFD 2482 F4
S Rosamond Blvd
- KrnC 2763 H3
W Rosamond Blvd
500 KrnC 2763 B4
Rosarita Av
12900 BKFD 2440 J7
12900 KrnC 2440 J7
Roscomare St
5700 BKFD 2401 J7
Rose Av
- CALC 2586 H6
100 KrnC 2597 A3
100 TAFT 2597 A4
1100 SHFT 2359 E1
19500 KrnC 2609 D1
Rose St
900 WASC 2278 E2
11300 KrnC 2513 G7
11300 KrnC 2543 G1
Rosebud Av
10000 BKFD 2481 D4
Rosedale Hwy
3500 BKFD 2442 A4
3500 KrnC 2442 B4
5700 KrnC 2441 G4
11100 BKFD 2441 A4
12900 BKFD 2440 E4
12900 KrnC 2440 A4
19300 KrnC 2439 H4
33700 KrnC 2437 H2
Rosedale Hwy SR-58
3500 BKFD 2442 A4
3500 KrnC 2442 B4
5700 KrnC 2441 A4
7300 BKFD 2441 G4
12900 KrnC 2440 A4
13100 BKFD 2440 E4
19300 KrnC 2439 H4
33700 KrnC 2437 H2
Rosedale Ln
- KrnC 2400 H7
4200 KrnC 2400 J1
Rose Garden St
9700 BKFD 2481 D5
Rose Marie Ct
1200 KrnC 2218 B7
Rose Marie Dr
1700 BKFD 2482 F2
1700 KrnC 2482 E2
Rose Marie St
- KrnC 2218 B7
Rosemary Ct
3500 BKFD 2482 A5
3600 BKFD 2481 J5
Rosemary Ln
3400 BKFD 2482 A5
Rose Petal St
2600 BKFD 2481 D4
Rose River Falls Av
10400 BKFD 2401 C6
Rosewalk St
9800 BKFD 2481 D4
Rosewall St
4200 BKFD 2482 C6
Rosewood Av
900 WASC 2278 E3
2000 KrnC 2763 D3
4700 KrnC 2443 H5
9300 KrnC 2444 A5
Rosewood Blvd
- CALC 2615 D7
- CALC 2616 B7
- KrnC 2616 J7
- KrnC 2643 H1
Ross Ct
24300 KrnC 2577 D4
Ross St
100 BKFD 2443 E7
100 KrnC 2443 E7
Rossetta Av
3200 KrnC 2643 A6
Rosslyn Ln
10600 BKFD 2481 C2
Rossmore St
4500 KrnC 2483 H6
Roswell Ln
8000 BKFD 2481 G5
Rotherfield Pl
11300 BKFD 2481 B4
Rough Rock Ct
400 BKFD 2441 C7
Round Mountain Rd
3400 BKFD 2403 C4
3400 KrnC 2403 D4
11200 KrnC 2404 A1
Rounds St
2000 DLNO 2119 H4
Round Up Wy
5700 BKFD 2404 E4
Rountree Ct
20800 KrnC 2609 A3
Rouse Av
4400 BKFD 2482 B7
Rowe
500 WASC 2278 F3
Rowe Av
300 RGCR 2219 D7
24100 KrnC 2608 D2
Rowe St
300 RGCR 2219 E7
Rowel Ct
24100 KrnC 2577 H4
Rowland Av
13700 BKFD 2440 H6
13700 KrnC 2440 H6
Rowsell Dr
19700 KrnC 2609 J6
19700 THPI 2609 J6
Roxanne Ct
21000 KrnC 2399 G6
Roxbury Ct
5200 BKFD 2482 A3
Roxbury St
3300 KrnC 2763 D3
Roxy Ln
32100 KrnC 2400 C2
32100 SHFT 2400 C2
Roy Ct
5100 BKFD 2401 G7
Royal Pl
22600 KrnC 2579 B7
Royal St
1100 ARVN 2544 H7
1200 KrnC 2544 H7
Royal Wy
300 KrnC 2443 J6
Royal Ascot Dr
10700 BKFD 2441 C1
Royal Coach Cir
5900 BKFD 2403 F7
Royal Coach Dr
6100 BKFD 2403 G7
Royal Oak Dr
2900 BKFD 2443 G1
Royal Palm Dr
1000 KrnC 2763 F3
Royal Palms Pl
5600 BKFD 2401 D7
Royal Scots Wy
8800 BKFD 2443 G1
Royalston Falls Dr
5800 BKFD 2401 D7
Royann Av
5400 KrnC 2443 E7
Roystad Ln
15500 KrnC 2643 A6
Ruben St
8900 KrnC 2513 J5
Rubicon Av
15300 KrnC 2440 F6
Ruby Ln
5600 BKFD 2402 H7
Ruby St
2100 BKFD 2441 B4
Ruby River Dr
12100 BKFD 2401 A5
Rudal Rd
12500 BKFD 2404 E4
12500 KrnC 2404 E4
Rudd Av
5100 KrnC 2400 F4
5100 KrnC 2440 F1
6500 BKFD 2400 F4
6500 SHFT 2400 F4
Rudd Rd
1900 KrnC 2440 F4
Rudnick Blvd
- CALC 2585 H3
- CALC 2586 J3
Rudnick Ct
4500 BKFD 2482 D6
Rudolph Dr
20500 KrnC 2608 F4
Rufnek Rd
8100 KrnC 2483 J7
8800 KrnC 2484 A7
Rugger St
600 BKFD 2440 H6
600 KrnC 2440 H6
Ruidoso Wy
7400 BKFD 2481 G5
Running Brook St
5600 BKFD 2401 D7
Running Deer Dr
4100 BKFD 2481 C6
Running Springs Wy
3500 BKFD 2481 D5
Rupel Wy
21400 KrnC 2578 J7
21400 KrnC 2579 A7
Rusche Blvd
21500 CALC 2615 G1
21700 CALC 2585 G7
Rush St
200 KrnC 2443 E7
300 BKFD 2443 E7
Rushing River Ct
7800 BKFD 2481 G7
Rushmore Dr
4300 BKFD 2441 A1
Rush Point Ct
6800 BKFD 2481 H7
Rushville Ct
12200 BKFD 2441 A6
Russell Av
- KrnC 2544 E3
900 BKFD 2512 F1
15300 KrnC 2545 G3
Rustic Canyon St
5300 BKFD 2443 H1
Rustic Creek Dr
10700 BKFD 2441 C6
Rustic Meadow Ct
- KrnC 2402 C3
Rustler Av
27800 KrnC 2637 E2
Ruston Ln
7100 BKFD 2481 G5
Rutgers St
900 BKFD 2441 B6
Ruth Av
16200 KrnC 2545 A4
Ruth Ct
5100 BKFD 2401 G7
Ruth Dr
2600 KrnC 2249 C7
Ruth Ln
2600 KrnC 2249 D7
Ruth St
300 MCPA 2627 G7
Rutherford Ct
700 KrnC 2402 B6
Ruthon Dr
300 BKFD 2441 A7
Rutledge Pl
3300 BKFD 2481 F5
Ryan Av
- CALC 2615 B3
Ryan Dr
- SHFT 2359 B1
7700 BKFD 2443 H4
Ryan Park Ct
6500 KrnC 2541 H4
Rycroft Wy
10600 BKFD 2481 C4
Ryder Ln
4200 BKFD 2481 F6
Ryder Cup Ln
29500 KrnC 2577 B6
Rye Field Dr
- KrnC 2440 G1
Ryerson Av
3000 KrnC 2673 A3
Ryzona Dr
4900 BKFD 2512 A4

S

S St
- CALC 2586 H1
- KrnC 2586 G1
1800 BKFD 2442 G4
Saarland St
- KrnC 2544 J2
Saba Wy
300 KrnC 2440 F7
Sabal Ct
4200 BKFD 2442 F1
Sable Point Dr
12500 BKFD 2401 A5
12800 BKFD 2400 J5
Sabovich St
1000 KrnC 2643 F5
Saco Rd
3700 KrnC 2401 F2
Sacramento St
900 BKFD 2442 H4
Sacramento Wy
18400 KrnC 2637 B2
Saddle Dr
3300 BKFD 2481 D5
N Saddle St
2500 KrnC 2217 F4
Saddleback Dr
6900 BKFD 2441 G7
22100 KrnC 2577 E7
22100 KrnC 2607 E1
Saddleback Rd
22000 KrnC 2608 G6
Saddleback Ridge Ct
5400 BKFD 2512 A4
Saddlebred Ct
10900 BKFD 2441 C1
Saddle Mountain Dr
17300 KrnC 2440 D4
Saddle Spring Rd
5400 KrnC 2289 A5
Saddlewood Ln
1900 KrnC 2763 C6
Sady
- KrnC 2543 C1
Safflower Ct
6900 BKFD 2512 B2
Saffron Ct
3800 BKFD 2481 J5
3800 BKFD 2482 A5
Sage
200 KrnC 2763 F3
Sage Av
23000 KrnC 2579 C6
24100 KrnC 2679 C4
Sage Ct
1200 RGCR 2219 D7
7800 KrnC 2257 C7
Sage Dr
- KrnC 2763 E2
5300 BKFD 2482 A5
5500 BKFD 2481 J5
Sage Ln
20000 THPI 2609 D4
20800 KrnC 2609 D3
Sage St
100 TAFT 2596 H3
Sagebrush Av
11300 BKFD 2441 B3
11300 KrnC 2441 B3
Sagebrush Rd
6100 KrnC 2250 B4
Sageland Ct
22900 KrnC 2578 A7
Sage Vineyard Ct
15100 BKFD 2440 G7
Sagewood Dr
9000 KrnC 2401 H3
Sago Palm St
400 KrnC 2444 A6
Saguaro Ct
4600 BKFD 2441 A1
Saguaro St
1500 KrnC 2217 J7
21700 CALC 2585 D7
21700 CALC 2615 D1
Sahara Dr
200 RGCR 2259 E2
Sahara Ln
3500 BKFD 2482 C6
Sainsbury Ct
1700 BKFD 2481 F3
St. Albans Av
10000 BKFD 2481 D7
St. Andrews Dr
7100 KrnC 2481 H2
18100 KrnC 2637 D1
St. Anne Ct
10 BKFD 2443 D2
St. Clair Ct
1700 BKFD 2512 E1
St. Cloud Ln
8700 BKFD 2481 E3
St. Croix Dr
6100 BKFD 2511 J1
St. Elmo Ct
23700 KrnC 2577 J5
St. George Av
- RGCR 2259 D4
W St. George Av
- RGCR 2258 J4
200 RGCR 2259 D4
1800 KrnC 2258 H4
St. Gobain St
2600 BKFD 2481 E4
St. Helens Av
1700 BKFD 2482 E6
St. Jean Ct
9000 BKFD 2441 E6
St. John Pl
6100 BKFD 2404 C7
St. Lawrence Dr
6700 BKFD 2441 H1
St. Marys St
2700 BKFD 2443 B1
St. Peters Ct
10 BKFD 2443 D2
St. Supery Wy
- KrnC 2440 F6
St. Thomas Dr
100 ARVN 2545 A6
100 KrnC 2545 A6
St. Thomas St
100 ARVN 2545 A7
100 KrnC 2545 A6
St. Thomas Wy
3100 KrnC 2443 F4
Salaine Dr
10 KrnC 2289 A3
N Salaine Dr
10 KrnC 2289 B2
Salem Ct
3800 BKFD 2482 A5
Salem St
1200 DLNO 2119 H6
Salerosa Ct
9700 BKFD 2401 D5
Salinas Dr
- BKFD 2404 H7
- BKFD 2444 J1
Salinas St
5700 KrnC 2513 F1
Salinger St
9400 BKFD 2481 E6
Salisbury Dr
10200 BKFD 2481 C2
Salix Ct
8500 BKFD 2481 F5
Sally Av
6000 CALC 2615 C1
6100 KrnC 2401 J6
9600 CALC 2616 A1
Sally Ct
21600 CALC 2615 G1
Salmon Run
10500 BKFD 2441 C6
Salmon Bay Ct
16200 KrnC 2440 E3
Salvador Av
- WASC 2278 D2
Salvatore Av
2100 BKFD 2512 E4
Salzburg St
- KrnC 2444 A5
Samantha St
3300 KrnC 2441 D3
Sammie Av
15500 KrnC 2440 F4
Sammons Av
4800 KrnC 2483 G2
Sampson Ct
3500 BKFD 2482 C4
Samuel St
- BKFD 2403 H7
- BKFD 2443 H1
San Acacio St
10500 BKFD 2511 C1
San Angelo Wy
6400 BKFD 2511 C2
San Antonio Wy
- BKFD 2401 A7
San Benito Ct
6100 BKFD 2404 H7
San Bernardino Blvd
100 RGCR 2259 H3
600 KrnC 2259 H4
San Bernardino Rd
900 KrnC 2259 H5
72100 KrnC 2299 H3
San Carlos Wy
900 BKFD 2481 G2
Sanchez St
- BKFD 2483 E2
San Clemente Av
1300 KrnC 2512 F6
San Clemente Ct
2000 DLNO 2119 J5
Sandalwood St
5600 KrnC 2401 J7
Sand Bridge Ct
11300 BKFD 2401 B7
Sandbrook Wy
4200 BKFD 2442 F1
Sand Castle Ct
5200 BKFD 2401 F7
Sand Creek Dr
700 BKFD 2441 F6
Sand Dollar Ct
5300 BKFD 2401 F7
Sand Dune Ln
100 RGCR 2259 E2
Sanderling Ln
4900 BKFD 2441 F1
Sanders Ln
6500 BKFD 2481 J2
N Sanders St
200 RGCR 2259 D2
S Sanders St
200 RGCR 2259 D4
Sand Fox Ct
8600 BKFD 2441 F6
San Diego St
9800 KrnC 2513 H6
29700 KrnC 2359 B7
San Dimas St
2700 BKFD 2442 G3
San Domingo Pl
15100 BKFD 2404 H7
Sandora St
300 RGCR 2259 E2
Sandown Ln
1400 BKFD 2441 B5
Sandpebble Wy
3500 BKFD 2482 C7
Sandpines Dr
8600 BKFD 2401 E6
Sandpiper Ct
24600 KrnC 2577 J3
Sandpiper Rd
2200 BKFD 2482 B3
Sandquist Rd
- KrnC 2219 D2
- RGCR 2219 C1
Sandra Dr
900 BKFD 2482 F4
Sandra Wy
1700 KrnC 2763 D6
Sandrinilla St
7100 BKFD 2512 C3
Sand Spring Ct
400 BKFD 2441 F7
Sandstone Peak Dr
13900 BKFD 2404 G7
Sand Trap Ct
9900 CALC 2616 A2
Sand Turtle Rd
16200 KrnC 2643 B5
Sandy Av
- CALC 2615 D5
- CALC 2616 C4
- KrnC 2616 C4
Sandy Ct
19500 KrnC 2579 D6
Sandy Ln
1900 KrnC 2443 D3
2500 BKFD 2443 D2
Sandy Flats Dr
- BKFD 2401 A5
Sandy Gap Wy
4200 KrnC 2440 J1
Sandy River Ct
11900 BKFD 2481 B2
San Emidio Ct
7400 KrnC 2513 H7
San Emidio St
100 TAFT 2596 J1
100 TAFT 2597 A1
2200 BKFD 2442 E6
10200 KrnC 2513 H7
E San Emidio St
100 TAFT 2597 B2
San Esteban Av
13800 BKFD 2480 H1
San Felipe
100 BKFD 2480 H1
San Fernando St
10900 KrnC 2513 H7
Sanford Dr
800 KrnC 2402 C6
San Gabriel Dr
21500 KrnC 2609 D2
Sangamon Ct
1300 RGCR 2219 G6
Sangara St
6200 BKFD 2512 G1
San Gorgonio St
10900 KrnC 2513 H7
Sangrado Dr
11400 BKFD 2511 B1
San Jacinto Av
3500 KrnC 2763 A4
San Joaquin Dr
29300 KrnC 2637 B1
San Joaquin St
800 MCPA 2627 H7
San Jose Av
14100 BKFD 2480 H1
San Juan Av
- BKFD 2441 A7
12900 BKFD 2440 J7
12900 KrnC 2440 J7
San Juan Dr
22900 KrnC 2577 E4
San Juan St
500 MCFD 2199 J5
San Juan Hill Rd
24600 KrnC 2577 E4
San Lazaro Av
13700 BKFD 2480 H1
San Lorenzo Av
2300 BKFD 2482 E5
San Lucas Dr
5000 BKFD 2483 E1
21500 KrnC 2609 C2
San Lucas St
100 KrnC 2200 A6
100 MCFD 2200 A5
200 MCFD 2199 J5
San Luis St
2100 KrnC 2443 B3
San Marco Pl
15700 KrnC 2440 E2
San Marino Dr
2200 BKFD 2482 B4
San Martin Dr
5200 BKFD 2483 E1
San Mateo Dr
5200 BKFD 2483 E1
San Miguel Wy
4300 BKFD 2443 E1
San Miniato Av
11300 BKFD 2401 B6
San Pablo Av
2400 BKFD 2443 C1
San Pedro St
100 KrnC 2200 A6
100 MCFD 2200 A5
San Pierre Ct
5700 BKFD 2441 J1
San Ramon Ct
2300 BKFD 2482 E5
San Remo Wy
- KrnC 2443 E4
San Rocca Ct
4900 BKFD 2441 J1
San Rogue Ct
6300 BKFD 2401 D6
San Simeon Av
13000 KrnC 2440 J7
13400 BKFD 2440 J7
Sansome St
800 BKFD 2442 H6
Santa Ana St
10500 KrnC 2513 J7
Santa Anita Ln
9900 BKFD 2441 D1
Santa Anita St
18100 KrnC 2637 E2
Santa Barbara Cir
2200 DLNO 2119 J4
Santa Barbara Dr
20000 KrnC 2609 C3
Santa Barbara St
10500 KrnC 2513 J7
Santa Clara St
10000 KrnC 2513 H7
Santa Cruz St
4200 BKFD 2482 G6
Santa Cruz Mountain Wy
2400 KrnC 2763 A5
Santa Fe Ct
13900 KrnC 2440 H2
Santa Fe St
- KrnC 2359 H5
- RGCR 2259 F1
Santa Fe Wy
- BKFD 2400 E4
200 SHFT 2359 D1
4300 KrnC 2400 G6
4300 KrnC 2440 J1
15800 WASC 2278 F6
16200 WASC 2318 F1
16600 KrnC 2318 G3
17200 KrnC 2319 A5
17300 SHFT 2319 A5
18000 KrnC 2359 G5
18700 KrnC 2360 A7
18700 SHFT 2360 A7
18700 SHFT 2400 B1
Santa Fe Wy SR-43
100 SHFT 2359 D1
15800 WASC 2278 F6
16200 WASC 2318 F1
16600 KrnC 2318 G3
17200 KrnC 2319 A5
17300 SHFT 2319 A5
N Santa Fe Wy
100 SHFT 2359 C1
600 SHFT 2319 C7
N Santa Fe Wy SR-43
100 SHFT 2359 C1
600 SHFT 2319 C7
S Santa Fe Wy
100 SHFT 2359 D2
S Santa Fe Wy SR-43
100 SHFT 2359 D2
Santa Lucia St
20500 KrnC 2609 C4
Santa Maria Dr
21100 KrnC 2609 C3
Santa Maria Wy
400 SHFT 2359 C1
Santana Av
4500 BKFD 2482 B4
Santana Sun Dr
6900 BKFD 2512 D3
Santa Paula Av
10900 KrnC 2513 J7
Santa Rosa Av
- KrnC 2545 A6
10900 KrnC 2513 J7
Santa Rosa St
300 ARVN 2544 H7
Santee Av
- RGCR 2219 E6
Santiago Ct
1300 BKFD 2482 F7
Santillan St
3600 BKFD 2441 A2
3600 KrnC 2441 A2
Santo Domingo Ct
6100 BKFD 2511 J1
Santos Ct
29800 KrnC 2637 B1
Santos Cumont Ct
22300 CALC 2585 D7
San Vicente Dr
900 BKFD 2482 F6
San Ysidro Ln
9700 BKFD 2401 D6
Saquaro Ct
- WASC 2278 D2
Sara Wy
2600 KrnC 2482 D2
Sarabande Av
500 KrnC 2402 D4
Sarah St
16500 KrnC 2643 A4
21900 CALC 2585 J7
Sarah Wy
- KrnC 2763 D6
Sara Jane St
5300 BKFD 2482 C7
5500 BKFD 2512 C1
Saratoga
- KrnC 2257 H7
Saratoga Av
1200 RGCR 2219 G6
1700 KrnC 2258 G7
1700 RGCR 2258 J7
7300 KrnC 2257 C7
Saratoga St
2900 KrnC 2443 E4
Sarazen Av
5400 BKFD 2482 A1
Sarbonne Dr
- BKFD 2441 J1
Sard St
- BKFD 2511 J2
Sardinia Dr
5400 BKFD 2442 A1
Sargent Ln
10 KrnC 2169 F5
Sargent Wy
8200 BKFD 2481 F6
Sarona St
5600 BKFD 2441 J2
Sasia Rd
- KrnC 2637 E1
19900 KrnC 2607 E5
Satinwood Av
8800 CALC 2615 H4
Saturn Ct
2100 KrnC 2401 J4
Saunders Av
34300 SHFT 2401 D2
Sauvignon St
- WASC 2278 C3
Savannah Av
3700 BKFD 2512 C3
Savannah Pl
400 THPI 2609 H5
Savannah Falls Dr
6700 BKFD 2401 C5
Savonburg Dr
12400 BKFD 2441 A6
Savory Ln
5800 BKFD 2481 J5
Savoy Wy
8700 BKFD 2481 F3
Sawmill Ct
500 BKFD 2441 C7
Sawmill Rd
100 KrnC 2209 A4
Sawtooth Av
12400 BKFD 2441 A1
Sawtooth Peak Av
7700 KrnC 2217 B5
Saxon Wy
1300 KrnC 2482 E2
Saybrook Wy
- BKFD 2401 A5
Sayword Ct
1000 BKFD 2441 B6
Scalloway Ct
4600 BKFD 2441 F1
Scarborough Ln
2300 BKFD 2481 J4
Scarlet Belle Ct
2400 KrnC 2440 F4
Scarletfire Dr
200 BKFD 2512 G3
Scarlet Maple Ct
7900 KrnC 2401 G5
Scarlet Oak Blvd
1400 BKFD 2481 E4
Scarlet Oak Dr
1200 THPI 2609 H5
Scarlet River Dr
- BKFD 2441 G2
- KrnC 2441 G2
Scaroni Av
17000 KrnC 2318 H7
Scatena Isle Dr
- BKFD 2481 E7
- BKFD 2511 E1
Scenic Av
- CALC 2585 D6
Scenic Wy
6100 BKFD 2481 J4
Scenic River Ln
- BKFD 2441 G2
- KrnC 2441 G2
Scenic View Dr
1700 BKFD 2512 E2
Schatz Rd
19700 THPI 2608 A6
21500 KrnC 2608 A2
Scheitlin Av
12400 KrnC 2199 H3
12400 MCFD 2199 H3
Scherer Dr
3600 KrnC 2763 F2
Schick Rd
2800 KrnC 2289 D1
Schipper St
100 ARVN 2575 A1
700 ARVN 2574 J1
1500 KrnC 2574 H1
Schirra Ct
5900 BKFD 2481 J6
Schnaidt St
100 SHFT 2359 B2
S Schnaidt St
100 SHFT 2359 B3
100 KrnC 2359 B3
Scholefield Wy
26600 KrnC 2627 G4
School St
100 KrnC 2484 D1
8100 KrnC 2513 J6
School House Ln
6900 BKFD 2481 H3
Schooner Beach Dr
12400 BKFD 2481 A3
Schout Rd
- KrnC 2609 A4
Schull Ct
1300 BKFD 2482 F7
Schuster Rd
1600 DLNO 2159 J5
31700 KrnC 2159 H5
Schwartz Av
5700 KrnC 2483 F5
Schweikart Av
19100 KrnC 2440 A3
Schwitter Av
3000 KrnC 2673 A5
Scobee St
8500 BKFD 2481 F7
Scodie Av
10 KrnC 2129 J7
Scofield Dr
1000 KrnC 2402 C6
Scorpio Ct
4900 BKFD 2482 A3
Scotch Pine Ct
8500 BKFD 2481 F5
Scott Cir
700 RGCR 2259 B1
Scott Dr
- KrnC 2627 G7
- MCPA 2627 G7
Scott Pl
2100 KrnC 2443 D3
Scott St
- CALC 2586 J4
900 RGCR 2259 B5
N Scott St
500 RGCR 2259 B2
1100 RGCR 2219 B7
Scottsbluff St
3300 KrnC 2441 D3
Scottsburg St
- KrnC 2480 J1
100 BKFD 2480 J1
Scout Point Ct
22800 KrnC 2578 J7
Scovern St
2500 KrnC 2249 C6
Scramsbery Wy
- KrnC 2440 F5
Screaming Eagle Av
15300 KrnC 2440 F5
Scribner Wy
4300 BKFD 2481 D6
Seabeck Av
9200 BKFD 2441 E3
Seabiscuit Ln
7000 KrnC 2513 H3
Seabiscuit Wy
28000 KrnC 2637 E3
Seaforth Dr
200 BKFD 2441 B7
Seager Ct
9300 BKFD 2481 E6
Seahurst Ct
9000 BKFD 2441 E3
Sealion Ln
4500 BKFD 2441 F1
Seal Point St
1700 BKFD 2512 E2
Sea Meadow Ln
8200 BKFD 2401 F6
Seann Ct
13200 BKFD 2480 J1
Seapines Dr
6800 BKFD 2481 H3
Sea Ridge Ct
2300 DLNO 2119 J4
Sears Dr
20000 KrnC 2579 C6
Searspoint Av
13800 KrnC 2440 H1
Seasons Dr
4800 BKFD 2512 A1
Seasons Park Dr
- BKFD 2404 B7
Seasons Valley Ct
5700 BKFD 2511 G2
5700 BKFD 2512 A1
Seaspray Ct
5400 BKFD 2401 B7
Sea Star Ln
5000 BKFD 2482 A3
Seaview Dr
3000 BKFD 2441 F3
Seaward Dr
8300 BKFD 2401 F7
Sebastiano Dr
- BKFD 2404 E6
Sebring Av
- BKFD 2444 C2
Sechart Ct
7800 BKFD 2481 G5
Sechrest Av
3700 BKFD 2482 C3
Seclusion Rd
3000 KrnC 2250 A4
Secretariat Ln
5100 BKFD 2401 C7
Secretariat Rd
20300 KrnC 2607 F5
Secret Rose St
10100 BKFD 2481 D4
Security Av
2500 KrnC 2443 C5
Sedgewick Rd
12800 BKFD 2511 A3
Sedona Wy
3500 BKFD 2481 G5
Sedwick St
5100 BKFD 2401 G7
Sees Wy
- BKFD 2481 E7
Segovia Wy
5300 BKFD 2444 B1
5500 BKFD 2404 B7
Segrue Rd
7400 KrnC 2513 J7
8700 KrnC 2514 A7
Segura Wy
6700 BKFD 2481 H4
Seguro Dr
8400 KrnC 2250 F3
Seine River Ln
4200 BKFD 2441 H2
Selby Ct
3700 BKFD 2482 A5
Seligman Dr
3400 BKFD 2481 G5
Selkirk Dr
7600 BKFD 2481 G3
Sellars Cir
300 RGCR 2259 D1
Seller Av
400 RGCR 2259 C1
Seminole Ct
8100 BKFD 2512 B4

Kern County Street Index

STREET — Block City Map# Grid

Senalda Ct: 7300 BKFD 2512 C3
Seneca Falls Av: 10000 BKFD 2401 D6
Senica Wy: 23400 KrnC 2577 H6
Senjaho Ln: 10 KrnC 2169 B6
Sentido Dr: 8900 KrnC 2444 A5
Sentori Ct: 5500 BKFD 2404 B7
September Dr: 2300 BKFD 2512 D3
Sequoia Grove Dr: 15300 KrnC 2440 F5
Sequoia Av: 24200 KrnC 2579 A4
Sequoia Blvd: 8000 CALC 2615 E6; 9500 CALC 2616 B6; 10500 KrnC 2616 D6
Sequoia Cir: 200 RGCR 2219 D7
Sequoia Dr: 100 KrnC 2402 D7; 100 KrnC 2442 D1; 1700 WASC 2278 D4
Sequoia Ln: 1000 KrnC 2763 F2
Serendipity Av: - KrnC 2299 G2
Serene Oak Dr: 4100 BKFD 2512 B3
Sergio Ct: - BKFD 2481 C6
Serra Pl: 24000 KrnC 2577 G4
Serrano St: 16700 KrnC 2643 B4
Serrant Ct: 9000 BKFD 2481 E3
Serve Ln: 10 KrnC 2402 E2
Service Al: - BKFD 2442 F4
Service Rd: - BKFD 2482 D3; - KrnC 2763 E3
Sesame St: 3300 BKFD 2481 J5
Sesnon St: 600 BKFD 2441 J7
Set Ln: 100 KrnC 2402 E2
Setter Ct: 6900 BKFD 2441 H7
Settlers Pl: 21600 KrnC 2608 J2
Seven Falls Av: 10100 BKFD 2401 D6
Seven Hills Dr: 8200 BKFD 2401 F6
Seven Oak Ct: 9700 BKFD 2481 D3
Seven Seas Av: 6300 KrnC 2441 J2
Seven Sisters Rd: 500 KrnC 2402 G2
Seven Time Dr: - KrnC 2440 G5
Seversky Pl: 22000 CALC 2585 D7
Seville St: - BKFD 2482 C2; 1300 KrnC 2482 C2
Sewell St: 3500 KrnC 2440 J3
Shaded Canyon Pl: 2700 BKFD 2512 D3
Shade Tree Ln: 10500 BKFD 2511 D1
Shadow Branch St: 5000 BKFD 2481 G7
Shadow Brook St: 5000 BKFD 2481 G7
Shadow Creek Ct: 8100 KrnC 2541 F4
Shadowglen Wy: 10 KrnC 2169 F7
Shadow Hills Dr: 5000 KrnC 2403 F4
Shadow Lake Dr: 5000 BKFD 2481 G7
Shadow Mountain Dr: 2300 KrnC 2250 B6
Shadow Oak Wy: 10000 BKFD 2481 D5
Shadow Rider Wy: - BKFD 2401 A7
Shadow Ridge Dr: - BKFD 2443 G2
Shadow Stone St: 4600 BKFD 2481 G7
Shadow Wells St: 7400 BKFD 2481 G7
Shady Ct: 21900 KrnC 2608 J1
Shady Ln: - KrnC 2643 B3; 100 BKFD 2442 G5; 22800 KrnC 2578 J7; 22800 KrnC 2579 A7
Shady Glen Ct: - KrnC 2361 G4
Shady Meadow Ct: 500 KrnC 2402 D3
Shady Oak Ln: 300 KrnC 2209 E1
Shady Pine Wy: 5600 BKFD 2482 A7
Shady Vista Dr: 3200 KrnC 2763 B3
Shaeffer Av: 10 KrnC 2484 D1
Shafter Av: 16600 KrnC 2319 C2; 17200 SHFT 2319 C6
N Shafter Av: 100 SHFT 2359 C1; 500 SHFT 2319 C7; 700 KrnC 2319 C7
S Shafter Av: 100 SHFT 2359 C2; 800 KrnC 2359 C7; 19000 KrnC 2399 C2
Shafter Rd: 100 KrnC 2542 G5; 4900 KrnC 2541 E5
E Shafter Rd: 10 KrnC 2542 J5; 1100 KrnC 2543 A5
Shaker Ct: 5300 BKFD 2401 H7
Shaker Crest Pl: 14600 KrnC 2440 G5
Shalane Av: 1900 KrnC 2443 J4; 1900 KrnC 2444 A4
Shalda Ct: 2500 KrnC 2443 B3
Shalimar Dr: 700 KrnC 2443 F5
Shallow Cove Wy: - BKFD 2512 D3
Shallow Water Ct: 12700 BKFD 2441 A6
Shaman Ct: 5000 BKFD 2401 A6
W Shamrock Av: 200 RGCR 2299 C2
Shamrock Ct: 1500 WASC 2278 E5
Shamrock Wy: 1700 BKFD 2482 E2; 2100 KrnC 2482 E2
Shamrock Hills Dr: 2300 BKFD 2443 E2
Shandin Hills Ln: 9200 BKFD 2441 E1
Shandon Ln: 5800 BKFD 2403 G7
Shane Ct: 1500 ARVN 2544 H6; 1500 KrnC 2544 H6
Shane St: - SHFT 2401 A4; 7400 BKFD 2401 A5; 7400 KrnC 2401 A4
Shangrila Cir: 2000 RGCR 2219 G5
Shangri-La Ln: 5900 BKFD 2401 D6
Shanklin St: 11500 BKFD 2441 B5
Shanley Ct: 500 BKFD 2481 D1
Shannon Ct: 28500 KrnC 2637 D1
Shannon Dr: 8700 BKFD 2512 G5; 8700 KrnC 2512 G5
Shannon Falls Ct: 10700 BKFD 2401 C5
Sharon Ct: 2300 WASC 2278 D4
Sharon Pl: 600 KrnC 2402 D7
Sharon St: 10 KrnC 2169 D6
Sharp Wy: 30700 KrnC 2359 E7
Shasta Dr: 1300 KrnC 2402 D6
Shasta St: 400 TAFT 2596 J2; 2000 KrnC 2643 C6
Shasta Daisy Wy: 6100 BKFD 2511 B1
Shattuck Av: 100 KrnC 2597 A4; 100 TAFT 2597 A3; 900 BKFD 2403 A7
Shaw Av: 300 SHFT 2359 B1
Shaw St: 21500 CALC 2615 J1
Shawn St: 3700 KrnC 2441 C2; 4100 BKFD 2441 C2
Shawnee Av: 17700 KrnC 2609 H6; 17700 THPI 2609 G6
Shawnee Dr: 5000 KrnC 2250 H1
Shea Pl: 4100 KrnC 2482 B1
Shed Rd: 12000 KrnC 2484 E1
Sheeptrail Ct: 30100 KrnC 2577 A6
Sheerness Wy: 800 BKFD 2481 D2
Sheffield Ln: 8100 BKFD 2481 F2
Sheila St: 1400 KrnC 2443 J5
Shelby Ct: 1100 RGCR 2219 B7
Shelby Lp: 6600 BKFD 2481 H5
Sheldon Dr: 700 KrnC 2402 B6
Shell: 500 WASC 2278 F3
Shell St: 3400 KrnC 2442 B2
Shellabarger Rd: 9300 BKFD 2441 E5; 9800 KrnC 2441 C5
Shelley Ln: 2800 KrnC 2443 D3; 2900 BKFD 2443 D2
Shelley St: 3100 KrnC 2763 D3
Shellie Marie Av: 15700 KrnC 2440 E3
Shellmacher Av: 3200 BKFD 2482 J5
Shelly Ct: 6400 KrnC 2257 F3
Sheltenham Wy: 2700 BKFD 2481 C4
W Shenandoah Av: 200 RGCR 2299 C2
Shenandoah Dr: 3800 BKFD 2482 G5
Shenandoah Pl: 22500 KrnC 2577 J7; 22500 KrnC 2607 H1
Shenandoah Hills Wy: - BKFD 2401 A7
Shepard Pl: 6400 CALC 2585 C6
Shepard St: 4100 BKFD 2482 A6
Shepperton Dr: 900 BKFD 2441 D5
Sherborne Av: 9700 BKFD 2481 D7
Sheridan Av: 900 KrnC 2402 G4
Sheridan Ct: 21500 CALC 2616 B1
Sheridan St: 10500 CALC 2616 B1
Sherlock Park Dr: 3100 BKFD 2481 B4
Sherman Av: 5000 BKFD 2482 A3
Sherman Ln: 10 KrnC 2443 J4
Sherman Pl: 6600 CALC 2615 C1
Sherman Rd: 7300 KrnC 2513 J3
Sherman Wy: - KrnC 2543 F3
Sherman Peak Dr: 200 KrnC 2402 E4
Sherrell Ct: 7700 BKFD 2443 H4
Sherrell Wy: 3000 BKFD 2443 H4
N Sherri St: 600 RGCR 2259 C1; 1000 RGCR 2219 C7
Sherry Ct: 1100 MCFD 2199 H7
Sherwood Av: 2100 BKFD 2482 E4; 29800 KrnC 2199 B6; 30000 MCFD 2199 B6; 32100 KrnC 2200 C6; 32100 MCFD 2200 C6
E Sherwood Av: 100 MCFD 2199 J6; 400 KrnC 2200 A6; 400 MCFD 2200 A6; 8000 CALC 2615 F5; 9600 CALC 2616 A5
W Sherwood Av: 10 MCFD 2199 H6; 900 KrnC 2199 G6
Sherwood Ct: 600 RGCR 2259 C4
Sherwood Pl: 400 THPI 2609 G4
Sherwood Forest Wy: 7200 BKFD 2512 B3
Sherwood Lake Ct: 5700 BKFD 2511 H1
Shetland Dr: 7500 BKFD 2481 G3
Shetland Pl: 29400 KrnC 2637 B1
Shields Dr: 1100 KrnC 2482 H2
Shiloh Ranch Ct: 3100 BKFD 2443 G1
Shiloh Ranch Rd: 3200 BKFD 2443 G1; 3300 BKFD 2403 G7
Shimmering Wy: 4100 BKFD 2481 C6
Shine Ct: 22500 KrnC 2579 D7
Shinedale St: 7000 BKFD 2512 G3
Ship Rock Dr: 8300 BKFD 2401 F7; 8300 BKFD 2441 F1
Shire Av: 10800 BKFD 2441 C1
Shirey St: - KrnC 2643 D7
Shirlee Ct: 1800 KrnC 2443 C3
Shirley Dr: 21300 KrnC 2609 D3
Shirley Ln: 4700 KrnC 2483 G2; 5700 BKFD 2483 F2
Shirley St: 15200 KrnC 2643 D7
Shirley Creek Dr: 10 KrnC 2169 B7
Shoal Ct: 8500 BKFD 2441 F2
Shofner St: 7800 KrnC 2441 G3
Shorebird Dr: 1400 BKFD 2441 F1
Shoreham Ct: 9500 BKFD 2481 D6
Shoreline Ct: 23700 KrnC 2577 A5
Shore View Dr: 8600 BKFD 2401 F7
Shoreview Villa Ct: 5200 BKFD 2481 C7
Short Rd: 200 KrnC 2209 D5
Short St: - KrnC 2402 D5; - KrnC 2610 E4; 2300 BKFD 2482 H3
Short Wy: 21200 CALC 2615 E2
Shorthair Wy: 7200 BKFD 2401 B5; 7200 KrnC 2401 B5
Shoshone Wy: 5200 BKFD 2401 D7
Shoshone Park Pl: 21900 KrnC 2608 J2
Shoveldown Ct: 10100 BKFD 2481 D2
Shower Springs St: 5200 BKFD 2481 G7
Show Horse Dr: 4500 BKFD 2441 B1
Show Ring Ln: 11500 BKFD 2441 B1
Shreveport Ct: 6500 BKFD 2481 H5
Shum Wy: 21500 KrnC 2608 J4; 21500 KrnC 2609 A4
Shut Out Pl: 27100 KrnC 2637 G3
Siam Ct: 4500 BKFD 2482 F6
Sicily Ct: 5500 BKFD 2401 J7; 5500 BKFD 2402 A7
Sidding Rd: 22500 KrnC 2439 F4
Sidewinder Rd: - RGCR 2219 G5
Sidney Dr: 1100 BKFD 2482 F4
Siduri Wy: - BKFD 2401 C6
Siena Dr: 23000 DLNO 2119 J4
Siena Ln: 5700 BKFD 2441 J2
Sierr Hwy: 1000 KrnC 2763 E7
Sierra Av: 400 SHFT 2319 D7; 6400 KrnC 2217 F7; 20200 KrnC 2609 C3
Sierra Dr: 10 KrnC 2129 J7
Sierra Hwy: 1000 KrnC 2763 D3; 11000 KrnC 2673 E6; 14700 KrnC 2643 C6
Sierra Hwy SR-14: 14300 KrnC 2673 D3; 14700 KrnC 2643 C6
Sierra Hwy SR-58 BUS: 15500 KrnC 2643 C6
Sierra St: 400 TAFT 2596 J2
Sierra Wy: 7500 KrnC 2209 J2; 9000 KrnC 2169 J7; 13400 KrnC 2129 J6
Sierra Caves Av: 5200 BKFD 2481 H7
Sierraglen Ct: 2700 BKFD 2443 F1
Sierra Grove Ln: 4100 BKFD 2441 F2
Sierra Hills Ct: 6400 BKFD 2401 J7
Sierra Meadows Dr: 3000 BKFD 2512 D4
Sierra Oak Dr: 8700 BKFD 2481 E5
Sierra Path Av: 7100 BKFD 2481 H7
Sierra Pine Ct: 5300 BKFD 2481 J7
Sierrarama Dr: 10 KrnC 2289 E2
Sierra Redwood Dr: 4100 BKFD 2512 B3
Sierra Rim Dr: 7000 BKFD 2481 H7
Sierra Summit Av: 1300 BKFD 2512 F3
Sierra View St: 600 RGCR 2259 C4
N Sierra View St: 500 RGCR 2259 C2; 1000 RGCR 2219 C7; 12200 KrnC 2679 C4
S Sierra View St: 900 RGCR 2259 C6
Sierra Vista Dr: 400 KrnC 2169 E7; 2100 DLNO 2119 J5; 21000 KrnC 2609 E3; 21000 THPI 2609 E3
Sierra Vista St: - KrnC 2217 A2; 2700 KrnC 2443 C4
N Sierra Vista St: 100 KrnC 2257 A1; 200 RGCR 2259 C3; 900 KrnC 2217 A7
Signa St: 5400 BKFD 2482 F7
Signal St: - BKFD 2441 B2
Silas Ct: 19600 KrnC 2609 A6
Silicz Av: 1800 KrnC 2249 B7
Silk Tree Ct: 1500 BKFD 2481 B2
Sill Pl: 4000 BKFD 2443 E2
Sillect Av: 3000 BKFD 2442 C3
N Sillect Av: 3000 BKFD 2442 D2
Silsbury Ln: 4100 BKFD 2481 E6
Silver Dr: 2400 BKFD 2403 C6; 21400 KrnC 2609 C2
Silver St: 10400 KrnC 2513 J6
Silverado St: 3600 BKFD 2403 E7
Silver Birch Av: 7800 BKFD 2511 G1
Silver Bluff Wy: - BKFD 2401 B6
Silver City Wy: 6200 BKFD 2511 G1
Silver Cliff Ct: 10900 BKFD 2441 C6
Silver Clover Av: 5000 BKFD 2512 A5
Silver Creek Rd: 5300 BKFD 2482 A7
Silver Creek Wy: 24200 KrnC 2577 C4
Silver Crossing St: 5100 BKFD 2481 G7
Silver Crown Av: 11300 BKFD 2401 B6
Silver Falls Av: 10800 BKFD 2401 C5
Silvergate St: 5300 BKFD 2481 G7
Silver King Av: - KrnC 2441 H4
Silverlake Dr: 3100 BKFD 2441 F3
Silver Maple Ct: 4100 BKFD 2512 B3
Silver Mine Rd: 10 KrnC 2129 G7; 10 KrnC 2169 H1
Silver Moon Dr: 6600 BKFD 2511 H1
Silver Mountain Ct: 4700 BKFD 2481 D6
Silver Oak Ct: 700 THPI 2609 F3
Silver Oak Dr: 700 BKFD 2441 E6; 700 THPI 2609 F3
Silver Queen Rd: 1000 KrnC 2673 E6
E Silver Queen Rd: 10 KrnC 2673 H6
Silver Ridge Ct: 3500 KrnC 2763 B3
Silver Ridge St: 900 RGCR 2259 E5
S Silver Ridge St: 500 RGCR 2259 E4; 1700 KrnC 2259 E7; 1900 KrnC 2299 E2; 2400 RGCR 2299 E2
Silver Shore Ln: 2700 BKFD 2512 D3
Silver Spray Av: 7000 BKFD 2481 H7
Silver Springs Ln: 5100 BKFD 2512 A1
Silver Spur Ct: 3500 KrnC 2763 B3
Silver Spur Wy: 3100 BKFD 2441 B3; 3100 KrnC 2441 B3
Silver Tip Ct: - BKFD 2481 G4
Silverton Av: 13300 BKFD 2480 J1
Silvertree Ln: 2600 WASC 2278 C3
Silverwood Ln: 4400 BKFD 2482 B5
Simmons Ln: 7300 KrnC 2541 G3
Simon Rd: 200 KrnC 2483 A1; 300 BKFD 2483 A1
Simpson Ct: 400 ARVN 2544 J6
Simpson Rd: 200 KrnC 2483 A1; 300 BKFD 2483 A1
N Sims St: 300 RGCR 2259 A2
S Sims St: 900 RGCR 2259 A6; 1500 KrnC 2259 A7
Sinaloa Av: 400 BKFD 2480 H1
Sinclair Ln: 7700 BKFD 2481 G3
Singing Hills Dr: 2900 BKFD 2443 F3
Single Oak Dr: 10000 BKFD 2481 D5
Singleton Av: 3700 BKFD 2512 C4
Sioux Ct: 9000 KrnC 2250 H1
Sioux Pl: 5000 BKFD 2401 D7
Sioux St: 19500 KrnC 2609 H6
Sioux Creek Dr: 500 BKFD 2441 C6
Sirell Peak Ct: - KrnC 2579 A6
Sirena St: - BKFD 2483 E2
Sirretta St: 10 KrnC 2129 H7
Sisken Av: 5400 BKFD 2481 D7
Siskiyou Dr: 19000 KrnC 2609 F7; 19000 THPI 2609 F7
Sisteron Ct: 2300 BKFD 2481 F4
Six Rivers St: 4900 BKFD 2441 G1
Skeet Ct: 200 BKFD 2441 G7
Skeldale Ct: 5200 BKFD 2443 E7
Skiles Dr: 9900 BKFD 2481 D6
Skippers Pl: - BKFD 2511 J6
Ski Slope Dr: 6000 BKFD 2512 A1
Skokie Dr: 3900 KrnC 2443 E3
Sky Pl: 700 KrnC 2259 F7
Skye Dr: 4100 KrnC 2402 E2
Skye Isle Wy: 8600 BKFD 2441 F1
Sky Lakes Av: 5700 BKFD 2511 H1
E Skylark Av: 900 KrnC 2299 F2; 900 RGCR 2299 F2
Skyline Blvd: - KrnC 2169 D6; 500 KrnC 2442 J1; 800 BKFD 2443 A1; 800 KrnC 2443 A1; 3100 BKFD 2442 J1
Skyline Dr: 10 KrnC 2169 E6; 25800 KrnC 2607 G1; 29600 KrnC 2577 A7; 31500 DLNO 2159 J6; 31500 KrnC 2159 J6
Skyline Ln: 3300 KrnC 2763 C3
Sky Lupine Ln: - BKFD 2480 G1
Sky Meadows Wy: 8500 BKFD 2512 D4
Sky Ranch Av: 5800 BKFD 2403 G7
Sky Ridge Dr: 8600 KrnC 2443 J6; 8700 KrnC 2444 A6
Sky View Dr: - BKFD 2512 E2
Skywatch Dr: - KrnC 2289 D4
Skyway: 4700 KrnC 2249 H1
Skyway Dr: 1600 KrnC 2402 B4
Slate Ct: 3500 BKFD 2482 C7
Slate Hill Wy: 5200 BKFD 2481 G7
Slaterfield Av: 3000 BKFD 2512 D2
Slatestone St: 9200 BKFD 2512 B5
Sleepy Hollow Ct: 10 KrnC 2169 E6
Sleepy Lagoon Dr: 7200 BKFD 2401 C5
Slender Oak Ct: 2600 BKFD 2481 F4
Slickrock Dr: 6800 BKFD 2511 H1
Slikker Dr: - KrnC 2441 D5
Sloan Ct: 22300 CALC 2585 F6
Sloan Dr: 8100 CALC 2585 F7
Sloan Elizabeth St: 600 BKFD 2441 A7
Slocan Ct: 2600 BKFD 2481 G4
Sloop Ct: 10 BKFD 2443 D2
Sly Ln: 6600 BKFD 2481 H2
Smith Ln: 2500 KrnC 2249 C7; 18400 KrnC 2359 C5
Smith Rd: - RGCR 2219 E7; 8100 KrnC 2483 J2; 8100 KrnC 2484 A2; 20300 KrnC 2609 C6
Smith St: 700 KrnC 2482 J1; 1000 KrnC 2483 A1; 16500 KrnC 2643 B4
Smoke Creek Av: 13300 KrnC 2440 J2
W Smoke Tree Av: 100 RGCR 2299 D1
Smoke Tree Ln: - KrnC 2609 H5; - THPI 2609 H5
Smoketree Ln: - KrnC 2402 C7
Smokey Mountain Wy: 4800 BKFD 2441 A1
Smokie Ln: 3400 BKFD 2482 G5
Smoky Quartz Dr: 6100 BKFD 2511 J2
Snake Av: - CALC 2615 E7
Snapdragon Dr: 1700 WASC 2278 D5
Snapdragon Ln: 4300 BKFD 2482 E6
Snead Wy: 2700 BKFD 2441 D6
Snort Access Rd: - KrnC 2218 E4; - KrnC 2219 C5; - RGCR 2219 D5
Snort Bypass Rd: - KrnC 2218 F4
Snow Rd: 5800 KrnC 2401 H5; 6500 BKFD 2401 H5; 12400 BKFD 2400 C5; 12400 KrnC 2400 J5; 21000 KrnC 2399 H5
Snowberry Ln: 11900 BKFD 2441 A3; 11900 KrnC 2441 A3
Snowbird St: 7700 BKFD 2512 F3
Snowcreek Falls Av: 10800 BKFD 2401 C5
Snowdon Av: 9700 BKFD 2481 D7
Snowdrift Ct: 5100 BKFD 2512 A1
Snowdrop Dr: 2000 BKFD 2481 D3
Snowfire Ct: 4400 BKFD 2444 C2
Snowflake Ct: 3500 BKFD 2481 G5
Snowmass Ln: 7200 BKFD 2481 H5
Snowridge Dr: 500 KrnC 2402 D4
S Snyder Av: 100 THPI 2609 J3
Snyder Ln: 900 BKFD 2482 F1
Socorro Ln: 7300 BKFD 2481 H5
Soda Springs Pl: 4700 BKFD 2441 G1
N Sol Ct: 900 RGCR 2259 B1
Solano Dr: 2100 KrnC 2443 B2
Solario Ln: 13100 BKFD 2404 F6
Soldi Wy: - BKFD 2401 A6
Solecita Wy: 10 BKFD 2480 G1; 100 BKFD 2440 G7
Soledad Ct: 6900 BKFD 2512 G2
Solitude Dr: 5600 BKFD 2401 E7
Solsona Av: - BKFD 2512 E3
Soltierra Ct: 3500 BKFD 2481 C5
Soltierra Pl: 11000 BKFD 2481 C5
Sol Vista Ct: 100 KrnC 2443 J4
Somerby Wy: 4200 BKFD 2481 F6
Somerford Ct: 200 BKFD 2441 C7
Somerset Dr: 14300 KrnC 2673 A2
Songbird Ln: 10800 BKFD 2481 C3
Sonja Av: 900 RGCR 2259 B1
W Sonja Av: 700 RGCR 2259 B1
W Sonja Ct: 600 RGCR 2259 C1
Sonja Dr: 2000 KrnC 2763 D7
Sonoita Dr: 3500 BKFD 2481 G5
Sonoma Wy: 9000 BKFD 2441 E6
Sonoma Creek Ct: 11100 BKFD 2401 C6
Sonoma Vine Ct: 300 BKFD 2440 G7
Sonora Ct: 27600 KrnC 2577 F1
Sonora Dr: - SHFT 2319 E7
Sonora St: 10 BKFD 2442 H5
Sonya Av: 3200 KrnC 2763 A5
Sonya Ct: 9300 KrnC 2401 E5
Soranno Av: 3500 BKFD 2482 C3
Sorrel Ct: 24000 KrnC 2577 F4
Sorrel St: 8800 KrnC 2512 F5
S Sorrel St: 500 RGCR 2259 E4
Sothebys Ct: 2700 BKFD 2481 C4
Sousa Ln: 100 KrnC 2402 E2
South Rd: - BKFD 2511 B4; - KrnC 2482 G3
South St: 100 KrnC 2597 A4; 20300 KrnC 2609 C4
Southampton Blvd: 500 BKFD 2481 F1
Southern Wy: 1100 KrnC 2259 B7; 1100 KrnC 2299 A1
Southern Breeze Dr: 4100 BKFD 2512 B2
Southgate Dr: 400 KrnC 2482 G3; 1600 BKFD 2482 F3
Southland Ct: 9700 KrnC 2512 F6
Southpass Dr: 3500 BKFD 2441 E2
Southport Gln: 10400 BKFD 2481 D4
Southport Wy: 800 BKFD 2440 H6; 1200 KrnC 2440 H6
Southshore Dr: 5100 BKFD 2401 F7; 8300 BKFD 2441 F1
Southwales Ct: 11000 BKFD 2441 C1
Southwest Dr: - BKFD 2481 E2
Southwick Dr: 9300 BKFD 2441 E6
Southworth Ct: 12300 BKFD 2481 A3
Souvereign Dr: 4100 BKFD 2441 C2
Souvereign Dr: 4100 KrnC 2441 C2
Sowell St: - KrnC 2541 J3
Sowerby Village Ln: - BKFD 2443 E7
Spanish Bay Dr: 8500 BKFD 2401 E6
Spanke St: 1600 KrnC 2441 C5; 1800 KrnC 2441 C5
Sparkler Wy: 7000 BKFD 2511 J2
Sparks St: 10 BKFD 2482 J7; 10 KrnC 2482 J7; 500 KrnC 2512 J1
Sparland Wy: 1200 BKFD 2441 A6
Sparling Av: 3500 KrnC 2443 A6
Sparrow: - KrnC 2218 F7; - KrnC 2258 F1
Spartans Dr: 8100 BKFD 2512 B4
Spaulding Ct: 4300 BKFD 2482 B6
Spectrum Park Wy: 8500 KrnC 2401 H3
Spencer Meadows Pt: 100 BKFD 2443 E7
Sperry St: 200 KrnC 2482 H7
Spice Wy: 6000 BKFD 2481 J5
Spinnaker Ln: 10 BKFD 2443 D2
Spirea St: 2200 BKFD 2480 G1
Spirit Falls Ct: 10700 BKFD 2401 C6
Spirit Lake Dr: 700 BKFD 2441 C6
Split Mountain Wy: 10 KrnC 2169 B5
Split Oak Ct: 9500 BKFD 2481 E3
Spokane Av: 9400 BKFD 2441 E2
Spoleto Av: 12500 BKFD 2401 A6
Spooner Ct: 20400 CALC 2616 B3
Sprague River Ln: 1300 BKFD 2481 B2
Sprig Ln: - KrnC 2402 D7
Spring Av: 1800 DLNO 2119 H4; 9000 CALC 2615 H1
Spring Ct: 10 KrnC 2289 E4
Spring Wy: 1900 KrnC 2443 D3
Springbank Ct: 3000 BKFD 2481 A4
Spring Blossom St: 5600 BKFD 2511 J1; 5600 BKFD 2512 A1
Springbrook Ct: 1300 BKFD 2512 F1
Springbrook Dr: 6200 BKFD 2512 F1
Spring Canyon Ct: 5300 BKFD 2401 J7
Spring Creek Lp: 4600 BKFD 2481 G7
Spring Crossing Dr: 14900 KrnC 2440 G2
Springdale Dr: 6100 KrnC 2512 D1; 6300 BKFD 2512 D1
E Springer Av: 100 KrnC 2259 F7; 100 RGCR 2259 D7
W Springer Av: 100 KrnC 2259 A7; 1300 RGCR 2259 A7; 1500 KrnC 2258 J7; 1500 RGCR 2258 J7
Springer St: 400 KrnC 2443 F6
Springfield Av: 1900 BKFD 2482 E7
Springfield Ct: 3700 KrnC 2763 F2
Spring Flower Wy: 5400 BKFD 2512 A1
Springford Ct: 3500 BKFD 2512 C1
Spring Gate Dr: 3800 BKFD 2481 D6
Spring Glen Dr: - BKFD 2512 A2; 6300 BKFD 2511 J1
Spring Grove Ln: 1700 BKFD 2481 D3
Springhill Av: 20000 KrnC 2579 C7
Spring Meadow Ct: 600 KrnC 2402 D3
Spring Mountain Av: 13300 KrnC 2440 J2

Kern County Street Index

STREET
Block City Map# Grid

Spring Oak Dr
9600 BKFD 2481 D4
Spring Pines Av
- KrnC 2361 G3
Spring Ridge Dr
6300 BKFD 2512 A1
Spring Rose Dr
2000 BKFD 2441 A4
S Springside St
200 RGCR 2259 F3
Spring Summit St
6100 BKFD 2511 J1
Springtime Ct
6400 BKFD 2511 J2
Spring Tree Ln
- KrnC 2440 G2
Spring Valley Dr
6100 BKFD 2401 J7
Spring View St
3300 BKFD 2481 F5
Springwood Ct
29400 KrnC 2577 B1
Sprinkle Ct
20500 KrnC 2607 D4
Sproat Wy
7700 BKFD 2481 G4
Spruce Av
- WASC 2278 D2
10 KrnC 2129 G6
Spruce St
200 THPI 2609 G4
1800 BKFD 2442 D4
Sprucehaven St
1600 BKFD 2441 B5
Spruce Mountain Wy
4500 BKFD 2481 D6
Spurgeon Wy
- KrnC 2218 J6
Spurs St
9300 KrnC 2512 G5
Spyglass Dr
28600 KrnC 2637 C3
Spyglass Hill Ct
5400 BKFD 2482 A1
Squall Pl
6600 BKFD 2512 C2
Square Bale Ct
- BKFD 2512 A5
Squire Ln
3400 KrnC 2482 C2
Squirrel Ct
3400 KrnC 2258 E2
Stable Av
300 KrnC 2512 G5
Stablegate Dr
12500 BKFD 2401 A5
Stacey Ln
21700 KrnC 2609 A2
Stacey St
5700 KrnC 2512 B1
Stacie Ln
10 KrnC 2443 J4
Stacy Ct
400 WASC 2278 C2
23500 KrnC 2577 J6
Stacy St
8600 CALC 2615 G1
Stacy Palm Ct
5600 BKFD 2512 A1
Stafford St
800 BKFD 2481 F2
Stafford Falls Dr
6700 BKFD 2401 C6
Staffordshire Wy
9400 BKFD 2441 D6
Stage Dr
21000 KrnC 2609 A1
21400 KrnC 2608 J1
Stagecoach St
2600 KrnC 2440 C4
Stagecoach Wy
- KrnC 2278 J5
Stageline Dr
5500 BKFD 2401 C7
Stags Leap Wy
- KrnC 2440 F5
W Stallion St
200 RGCR 2259 C4
Stallion Wy
19400 KrnC 2401 E3
19400 SHFT 2401 E3
E Stallion Wy
300 RGCR 2259 E4
Stallion Springs Dr
18500 KrnC 2637 F1
Stampede Wy
5800 BKFD 2404 E4
Stancliff Ct
4700 BKFD 2482 F7
Stancliff St
4900 BKFD 2482 F7
Stancombe Ln
11300 BKFD 2441 B7
Standard St
1000 TAFT 2596 J1
2800 BKFD 2442 B3
2800 KrnC 2442 C1
Standish Dr
8100 KrnC 2513 J3
Stanfield Pl
2900 KrnC 2443 D3
Stanford Ct
900 BKFD 2443 A1
Stanhill Av
8600 CALC 2615 H1
Stanislaus St
700 MCPA 2627 H7
900 KrnC 2627 H7
Stanley St
6300 KrnC 2401 J6
Stanton Wy
4600 BKFD 2442 B7
Stanyan Ct
2800 BKFD 2482 A4
Staples St
1200 ARVN 2544 H6
Stapp Ct
6700 CALC 2585 D6
Star Ct
100 KrnC 2402 E4
19800 KrnC 2609 D2
Star Pl
900 KrnC 2257 J5
Star Azalea Wy
- BKFD 2512 D2
Starboard Ct
3300 BKFD 2443 C2
Starbright Dr
6600 BKFD 2511 H1
Starbrite Av
2500 KrnC 2763 C3
Starbrite Ct
8400 KrnC 2250 F4
Starburst Ct
3200 BKFD 2481 J5
Stardust Wy
5500 BKFD 2481 H7
Starfish Dr
8700 BKFD 2401 F7
Stargaze Dr
7500 BKFD 2512 G3
Starina Rose Wy
- BKFD 2512 C3
Star Jasmine Ct
4400 BKFD 2482 E6
Starjet St
3400 KrnC 2763 C3
Stark Rd
4500 KrnC 2258 B2
Stark St
2600 BKFD 2443 B2
2600 KrnC 2443 B2
4500 KrnC 2258 B2
Starky Dr
2500 KrnC 2249 D3
Starland Dr
29500 KrnC 2577 A2
Starlight Dr
11600 BKFD 2441 B3
Starlight Peak Dr
10200 BKFD 2481 D6
Starling Dr
4200 BKFD 2482 B3
Starlite Ln
10 KrnC 2169 D7
Starmount Ct
100 BKFD 2481 G1
Starmount Ln
100 BKFD 2481 G1
Star Ruby Wy
- BKFD 2511 J2
Star Sapphire Dr
6100 BKFD 2511 J2
Starside Dr
3000 BKFD 2441 E3
Starwood Ln
3400 BKFD 2482 B5
State Av
500 SHFT 2359 E1
State Rd
3100 BKFD 2442 C1
3100 KrnC 2442 C1
3400 KrnC 2402 B7
State Farm Pl
- BKFD 2482 D2
State Forest Wy
- BKFD 2400 J7
State Highway 14 Frontage Rd
- KrnC 2763 D2
Staten Island Dr
8900 BKFD 2511 E1
W Station Av
100 RGCR 2259 D3
Station 36 Rd
- KrnC 2402 J3
Statkowski Ct
1100 BKFD 2512 F3
Staunton Ct
2800 BKFD 2443 C1
Steam Ct
3000 KrnC 2441 G3
Stearns Av
8700 CALC 2615 H1
Steele Av
2000 KrnC 2443 B5
Steele Ct
- KrnC 2443 B5
Steele St
2200 KrnC 2443 C5
Steelhead Dr
5600 BKFD 2403 H7
5600 BKFD 2443 H1
Steensen St
2500 KrnC 2249 C6
Steeple Ct
20400 KrnC 2609 C3
Steeple St
6400 BKFD 2511 J1
Steeplechase Dr
4400 BKFD 2441 C1
Steinbeck Ln
9300 BKFD 2481 E5
Steinbeck Wy
3400 BKFD 2481 E5
Stela St
11200 KrnC 2673 H7
Stella Av
3300 KrnC 2763 A4
Stella Ct
7200 BKFD 2401 D5
Stellar Av
1200 BKFD 2441 A2
Stemple Dr
12500 BKFD 2441 A6
Stenderup Av
10000 KrnC 2544 D5
Stephen Ct
800 WASC 2278 F4
Stephenie Rd
16100 KrnC 2440 E4
Stephenie St
15500 KrnC 2440 F4
Stephens Dr
10 BKFD 2482 D1
300 KrnC 2482 D1
Sterling Rd
- KrnC 2513 F4
10 BKFD 2443 F7
10 KrnC 2443 F5
5300 KrnC 2483 F7
S Sterling Rd
100 BKFD 2483 F4
100 KrnC 2443 F7
100 KrnC 2483 F1
Sterling Grove Ln
8300 BKFD 2401 F6
Sterling Silver St
10000 BKFD 2481 D7
Stetson Av
500 KrnC 2763 G3
Steuber Rd
100 THPI 2610 C3
20000 KrnC 2610 C4
E Steuber Rd
400 KrnC 2610 C3
400 THPI 2610 C3
N Steve St
3500 KrnC 2217 D2
Steven Ct
2200 BKFD 2443 C3
Stevens Ct
29800 KrnC 2577 A4
Stevens St
1000 KrnC 2597 B3
Stevenson St
- KrnC 2763 A7
12200 KrnC 2673 A7
Stevenson Peak Ct
- KrnC 2579 A6
Stewart Av
8600 CALC 2615 H1
Stewart Ct
20300 CALC 2615 H3
Stewart Wy
6100 KrnC 2441 J3
Stiekman St
- KrnC 2610 E3
- THPI 2610 E3
Stillbrook Dr
12600 BKFD 2481 A4
Still Glen St
2900 BKFD 2481 F4
Stillman Av
1700 BKFD 2482 E3
Stillwater Dr
5500 BKFD 2481 H7
Stine Ct
24400 KrnC 2577 C4
Stine Rd
10 KrnC 2482 C1
2900 BKFD 2482 B6
5700 BKFD 2512 B1
9000 KrnC 2512 B7
11300 KrnC 2542 B2
N Stine Rd
200 BKFD 2442 B7
Stirrup Av
200 KrnC 2512 G5
Stirrup Wy
26400 KrnC 2577 H2
Stobaugh St
9700 KrnC 2513 J6
Stockbridge Dr
11900 BKFD 2481 B3
Stockdale Cir
- BKFD 2481 H1
100 BKFD 2441 H7
Stockdale Hwy
3200 BKFD 2482 A1
3600 KrnC 2482 C1
5400 BKFD 2481 H1
6500 KrnC 2481 J1
14500 BKFD 2480 F1
14800 KrnC 2480 A1
Stockton Av
100 ARVN 2545 A7
700 ARVN 2575 A1
2200 KrnC 2402 E4
Stockton St
1300 BKFD 2442 H3
Stokes Av
400 TAFT 2596 J3
3700 BKFD 2482 C3
Stolle Ct
2700 BKFD 2481 H4
Stomferry Av
- BKFD 2441 A7
Stone Av
100 SHFT 2359 C2
Stone Pl
21700 KrnC 2609 D2
Stone Breakers Av
7400 BKFD 2481 G7
Stone Bridge Ln
5900 BKFD 2512 B1
Stonebridge Ln
- RGCR 2219 C7
Stone Canyon St
5300 BKFD 2443 H1
Stonecreek Av
3300 BKFD 2512 C4
Stonecrest Dr
10 KrnC 2169 D7
Stonecrest Wy
8200 BKFD 2512 A4
Stonecrop St
21400 CALC 2615 G1
Stone Cross Dr
300 BKFD 2441 C7
Stonegate Dr
6200 BKFD 2403 G7
Stone Haven Dr
10600 BKFD 2444 C2
Stone Meadows Dr
2900 BKFD 2512 D4
Stonepine Cir N
- BKFD 2481 J3
Stonepine Cir S
- BKFD 2481 J3
Stone Ridge Wy
7000 BKFD 2481 H7
Stone River Ct
14900 KrnC 2440 G2
Stonewall Ln
9500 BKFD 2401 E7
Stone Wheel Wy
5400 BKFD 2481 H7
Stonewood Ct
9700 BKFD 2481 E5
Stoney Peak Ln
3000 BKFD 2512 D3
Stonington St
11700 BKFD 2441 A6
Stony Brook Rd
3400 BKFD 2403 G7
Stony Point Dr
10900 BKFD 2481 C2
Stony River Ct
7700 BKFD 2441 G1
Stoops Ln
1000 KrnC 2483 F2
Stormy Ct
5000 BKFD 2482 A3
Story Ln
6600 KrnC 2483 G2
Stover Av
500 KrnC 2512 J1
N Stowell St
- KrnC 2217 A7
900 KrnC 2257 A1
Stradal St
16800 KrnC 2643 E6
Stradley Av
10000 DLNO 2159 E2
10000 KrnC 2159 E7
12000 KrnC 2199 E3
12400 MCFD 2199 E5
Strand Av
700 ARVN 2545 A7
Stratford Wy
1100 BKFD 2481 C2
Strathaven St
11000 BKFD 2441 C7
Stratosphere Av
11700 BKFD 2441 A2
Stratton Ct
10800 BKFD 2441 C7
Straub Ln
6200 BKFD 2512 G1
Strawberry Dr
- WASC 2278 C3
Strawberry Meadow Ct
3500 BKFD 2512 C3
Strawberry Roan Ln
300 RGCR 2259 E4
Strawflower Rd
22600 KrnC 2579 A7
Strebor Dr
15300 KrnC 2440 F7
N Strecker St
100 KrnC 2258 B3
1200 KrnC 2218 B7
N Street Al
- KrnC 2643 D6
Streever Av
1400 BKFD 2512 F2
Stricklind Ct
22200 KrnC 2399 G5
Stride Wy
4300 BKFD 2441 B1
Stroop Av
- RGCR 2259 E1
Stroope Ct
22900 KrnC 2579 C6
Stuart Ct
8200 BKFD 2481 F6
Stuart St
400 ARVN 2544 J6
Stub Oak Av
1100 KrnC 2512 F5
Studdard Rd
10 KrnC 2169 A6
Student Wy
- BKFD 2481 E1
Sturgeon Creek Dr
11800 BKFD 2481 B2
Stymle Ct
17800 KrnC 2637 F3
Suckow Rd
23200 KrnC 2679 B1
Sucre Pl
5900 BKFD 2404 C7
Sudan Av
300 KrnC 2436 J1
300 KrnC 2437 A1
Sudbury Ln
1800 BKFD 2481 F3
Sue Av
3000 KrnC 2763 B6
Sue Lin Wy
3700 BKFD 2482 C5
Sueno Ct
1500 KrnC 2444 A5
Suffield Ln
1300 BKFD 2441 B6
Suffolk St
1300 BKFD 2441 A5
Sugar St
2600 KrnC 2440 G4
12500 KrnC 2679 J4
Sugar Cane Av
4000 BKFD 2482 B7
Sugarleaf Ridge Dr
1500 BKFD 2481 A2
Sugarloaf Ln
6100 KrnC 2443 F7
Sugar Maple St
- KrnC 2440 G1
Sugarmill Ct
6800 BKFD 2443 G3
Sugar Pine Ct
8500 KrnC 2250 F3
Sugar Pine Dr
5300 BKFD 2481 J7
Suhre St
3500 KrnC 2249 C4
Sulky Ln
18000 KrnC 2637 F2
W Sullivan Av
900 RGCR 2259 B6
Sullivan Rd
- RGCR 2219 E7
20300 KrnC 2399 G7
Sully Ct
1900 BKFD 2481 F3
Sultry Rose Ct
- KrnC 2401 H5
Sumac Ct
17900 KrnC 2609 H7
Sumatra Av
9300 BKFD 2481 E7
Summer Ct
6200 KrnC 2401 G6
Summer Dr
1800 DLNO 2119 J4
Summer Breeze Av
3000 KrnC 2763 A5
Summer Breeze Ln
6500 BKFD 2512 C2
Summerchase Av
2500 KrnC 2763 C6
Summer Country Dr
5700 BKFD 2511 J1
5700 BKFD 2512 A1
Summer Creek Ct
3000 BKFD 2481 E4
Summer Creek Rd
8600 BKFD 2481 E4
Summer Cypress Dr
5200 BKFD 2482 A7
5300 BKFD 2512 A1
5800 BKFD 2511 G2
Summerfield Dr
6100 BKFD 2512 B2
Summer Hill Ct
2300 WASC 2278 D2
Summers Dr
18700 KrnC 2610 C7
Summer Savory Ct
5300 BKFD 2482 A7
Summerset Wy
6300 KrnC 2402 A6
Summer Shade Dr
5700 BKFD 2511 G2
Summer Side Ct
3100 BKFD 2482 B4
Summer Side St
4500 BKFD 2482 B4
Summer Solstice Dr
5200 BKFD 2482 A7
Summer Springs Dr
- BKFD 2482 A7
5700 BKFD 2512 A2
Summer Squash Wy
5600 BKFD 2482 A7
Summer Srrings Dr
- BKFD 2482 A7
Summer Tree Ln
4600 BKFD 2482 B3
Summerview Dr
200 KrnC 2402 E1
Summer Villa Dr
5300 BKFD 2482 A7
Summerwind Wy
5000 BKFD 2401 J7
Summerwood Ct
5500 BKFD 2482 A7
Summit Cir
2900 BKFD 2403 C7
Summit Rd
19100 KrnC 2609 H7
19200 THPI 2609 H6
Summit St
1300 KrnC 2259 G6
S Summit St
1700 KrnC 2259 G7
2200 KrnC 2299 G2
Summit Vw
2400 KrnC 2763 C2
Summit Gate Wy
- BKFD 2512 D3
Summit Hills Dr
3300 BKFD 2443 G2
Summit Pass Dr
10500 BKFD 2404 C6
Summit Point Ct
11300 BKFD 2401 B6
Summit Village Rd
13700 BKFD 2404 F7
Sumner St
10 BKFD 2442 J5
1100 BKFD 2443 A5
W Sumner St
100 BKFD 2442 G5
Sumter Dr
3800 BKFD 2482 F5
Sun Ct
19800 KrnC 2609 D2
Sun St
900 KrnC 2257 H5
Sunbeam Wy
5700 BKFD 2512 A1
Sunbird Ct
5300 BKFD 2482 A7
Sunburst Ct
5200 BKFD 2482 A7
Suncrest Ct
1100 KrnC 2763 F3
Suncrest Dr
3200 BKFD 2443 G1
3300 BKFD 2403 G7
Suncrest Ln
3500 BKFD 2482 C6
Sundale Av
5400 BKFD 2482 A2
5900 BKFD 2481 J2
Sundance Av
3300 KrnC 2763 A3
Sundance Wy
11200 BKFD 2401 B7
Sundance Canyon Dr
12100 BKFD 2401 A7
Sun Devils Av
4300 BKFD 2512 B4
Sundown Av
- TAFT 2597 F1
Sundowner Ln
21000 THPI 2609 F3
Sundowner Wy
- CALC 2616 D1
Sunflower Ct
3500 KrnC 2763 A5
Sunflower Wy
2900 BKFD 2512 D1
2900 KrnC 2512 D1
Sungro Wy
1000 BKFD 2481 C2
Sun Harbor Dr
8300 BKFD 2441 F1
Sunkist Ct
5900 KrnC 2443 H5
Sunland St
5700 BKFD 2512 E1
N Sunland St
100 RGCR 2259 E2
S Sunland St
900 KrnC 2259 E6
900 RGCR 2259 E6
1900 KrnC 2299 E1
2400 RGCR 2299 E2
Sunland Wy
29900 KrnC 2577 A7
Sunlight Ct
5200 BKFD 2482 A7
Sun Meadow Av
6300 BKFD 2401 J7
6300 KrnC 2401 J7
Sunny Ct
19500 KrnC 2609 C6
Sunny Ln
400 SHFT 2319 B7
2500 BKFD 2443 B2
19500 KrnC 2609 D6
Sunnybank Av
14000 KrnC 2440 G6
Sunnybrook Dr
21300 KrnC 2579 A7
21400 KrnC 2578 J7
Sunny Glen Ct
5300 BKFD 2482 A7
Sunny Hills Ct
5700 BKFD 2404 E7
Sunny Meadow Dr
100 KrnC 2402 E3
Sunny Oak Ct
3300 BKFD 2481 E5
Sunny Palms Av
5800 BKFD 2481 J2
Sunnyridge Av
7100 BKFD 2443 G4
7100 KrnC 2443 G4
Sunnyside Ct
1600 KrnC 2402 A4
Sunnyslope St
21400 KrnC 2609 A2
Sunray Ct
3000 KrnC 2402 D3
Sunrise Ct
22600 KrnC 2577 F7
Sunrise Dr
2400 BKFD 2481 H4
10200 KrnC 2404 D2
Sunrise St
2200 DLNO 2119 H4
Sunrise Wy
100 THPI 2609 H5
8400 KrnC 2250 F4
Sunrise Crest St
- BKFD 2511 H2
Sun River Av
6000 BKFD 2511 J1
Sun Rose Av
500 KrnC 2402 D4
Sunset Av
500 SHFT 2359 D1
2200 BKFD 2442 D6
3000 KrnC 2673 A5
6400 KrnC 2217 F7
Sunset Blvd
6400 BKFD 2543 F4
6400 KrnC 2543 F4
8100 KrnC 2544 J4
15300 KrnC 2545 A4
Sunset Ln
200 TAFT 2596 J2
Sunset Pl
200 RGCR 2259 C3
Sunset St
1300 WASC 2278 E3
3900 KrnC 2250 C4
S Sunset St
100 RGCR 2259 C4
Sunset Wy
24800 KrnC 2577 H3
Sunset Canyon Dr
10000 BKFD 2481 C5
Sunset Hills Ln
10500 BKFD 2404 C6
Sunset Meadow Ln
500 KrnC 2402 C3
Sunset Ranch Dr
10500 BKFD 2511 C1
Sunset Ridge Dr
2400 KrnC 2763 C2
Sunshine Av
1700 KrnC 2482 G3
Sunsplash St
2500 BKFD 2481 D3
Sun Stream Wy
8700 BKFD 2441 F6
Sun Valley Ct
5200 BKFD 2512 A1
Sunview Av
31600 KrnC 2199 J1
Sunview Dr
2700 BKFD 2443 E1
Superior Rd
10 KrnC 2439 H7
5000 KrnC 2399 H5
Supply Row
100 KrnC 2597 B3
100 TAFT 2597 B3
Surrey Ln
4800 BKFD 2482 A3
Surrey Wy
29100 KrnC 2577 C1
Susan Av
2800 KrnC 2643 B4
6900 CALC 2615 D1
9600 CALC 2616 A1
Susan Ct
3300 KrnC 2763 C3
21500 CALC 2615 H1
Susan Dr
900 DLNO 2119 G4
Susan St
6700 KrnC 2404 C3
Susan Eileen Av
15500 KrnC 2440 F4
Sussex Cir
1000 BKFD 2481 F2
Susten St
12900 KrnC 2673 A5
Sutherland Dr
7800 BKFD 2481 G3
Sutherland Falls Wy
- BKFD 2401 B5
Sutter Ct
26600 KrnC 2577 H5
Sutter Ln
1400 BKFD 2481 H2
Sutter St
- KrnC 2609 J5
- THPI 2609 J5
E Sutter St
100 KrnC 2609 H5
100 THPI 2609 H5
W Sutter St
100 THPI 2609 H5
Sutter Ranch Ct
5900 BKFD 2404 F7
Sutters Mill St
7300 BKFD 2511 G1
Sutton Av
7100 KrnC 2443 G4
Sutton Pl
2200 BKFD 2481 J4
Suzanne Ln
200 TAFT 2597 B1
Suzanne St
10 BKFD 2442 B7
S Suzanne St
500 RGCR 2259 C4
Suzie Q Dr
2600 KrnC 2249 C7
Suzy St
3800 BKFD 2441 B2
Swan Ct
300 BKFD 2441 H7
Swansee St
- BKFD 2481 D7
Swanson Dr
1000 ARVN 2574 J1
Swaps Ct
5100 BKFD 2401 C7
17900 KrnC 2637 E2
Sweet Briar Ln
- BKFD 2443 G1
Sweetbriar Wy
3500 BKFD 2481 D5
Sweetgum Av
1400 KrnC 2763 E2
Sweetleaf Ln
100 KrnC 2609 H5
100 THPI 2609 H5
Sweet River Dr
10900 BKFD 2511 C1
Sweet Springs St
3700 BKFD 2482 C5
Sweet Trail Ct
2700 BKFD 2443 F1
Sweet Water St
3700 BKFD 2482 C5
Sweitzer Lake St
5200 BKFD 2400 J7
Swift Falls Wy
6700 BKFD 2481 H7
Swigert Ct
8700 BKFD 2481 F7
Switch Grass Wy
4900 BKFD 2512 B5
Sycamore
500 KrnC 2169 F6
Sycamore Av
500 SHFT 2319 D7
500 SHFT 2359 D1
2800 KrnC 2763 B4
Sycamore Ct
2500 WASC 2278 D3
Sycamore Dr
- KrnC 2403 J1
10 KrnC 2169 F6
300 KrnC 2442 E1
1300 WASC 2278 D3
19100 KrnC 2579 D6
Sycamore Rd
8100 KrnC 2574 C1
12900 ARVN 2574 F1
16900 ARVN 2575 C1
16900 KrnC 2575 F3
E Sycamore Rd
100 ARVN 2575 A1
300 KrnC 2575 B1
W Sycamore Rd
100 ARVN 2575 A1
400 ARVN 2574 J1
1400 KrnC 2574 H1
Sycamore St
600 KrnC 2289 B3
2300 WASC 2278 D3
Sycamore Creek Dr
3500 BKFD 2512 C3
Sydnor Av
- KrnC 2218 E7
- KrnC 2258 F1
500 RGCR 2219 B7
700 RGCR 2259 B1
5300 KrnC 2257 J1
E Sydnor Av
8100 RGCR 2219 D7
W Sydnor Av
1100 RGCR 2219 A7
1200 KrnC 2219 A7
1500 KrnC 2218 J7
1900 KrnC 2258 H1
Sykamore Rd
- KrnC 2402 G1
Sykes Cir
300 RGCR 2259 D1
Sylvan Av
8800 CALC 2615 H6
Sylvan Wy
10400 CALC 2616 B6
Sylvan Lake Wy
- BKFD 2440 J1
- KrnC 2440 J1
Sylvester St
4200 BKFD 2481 D6
Sylvia Dr
800 BKFD 2482 F4
Sylvia St
600 RGCR 2259 C1
Symphony St
6200 BKFD 2512 G1
Syrah Ln
- WASC 2278 C3

T

T St
- CALC 2586 G1
10 BKFD 2442 G7
Table Mountain Dr
5600 BKFD 2511 H2
Table Rock Av
13400 KrnC 2440 H2
Tabor Ct
9100 CALC 2615 H1
Tabor Wy
500 BKFD 2441 B7
Taft Av
800 KrnC 2402 D6
Taft Hwy
10 KrnC 2512 F6
8900 KrnC 2511 A6
10500 BKFD 2511 A6
Taft Hwy SR-119
8900 KrnC 2511 C6
10500 BKFD 2511 A6
Tagus Dr
11400 BKFD 2511 B1
Tahama Wy
- BKFD 2480 G1
Tahiti Av
9300 BKFD 2481 E7
Tahitian Pearl Dr
6100 BKFD 2511 J2
Tahoe Ct
7700 BKFD 2441 G1
Tahoe Canyon Rd
14500 BKFD 2404 H7
Tahoe Pines Rd
5500 BKFD 2401 C7
Tailwind Pl
- BKFD 2401 A5
Tak Ct
23300 KrnC 2579 D6
Talcy Wy
1800 BKFD 2481 F3
Talisman Dr
1700 BKFD 2482 E2
2400 KrnC 2482 D2
Talladega Ct
11300 BKFD 2401 B6
Tallman Av
6300 KrnC 2401 J6
Tallulah Falls Ct
6200 BKFD 2401 D6
Tallyho Ct
22600 KrnC 2578 J7
Tallywood Dr
7100 BKFD 2401 A5
Talon Grove Dr
14300 BKFD 2404 G7
Tamara Ct
900 SHFT 2319 D7
5100 BKFD 2401 G7
Tamara Wy
700 SHFT 2319 D7
Tamarac Dr
20000 KrnC 2579 C5
Tamarac St
5400 KrnC 2483 J7
Tamarack Av
- CALC 2616 E4
- KrnC 2616 E4
8700 CALC 2615 H4
Tamarack Dr
6600 BKFD 2481 G3
Tamarisk Av
24100 KrnC 2679 C4
W Tamarisk Av
900 RGCR 2259 B1
1200 KrnC 2259 A1
Tamaron Dr
21000 KrnC 2608 E3
Tamatha Lynn Wy
16100 KrnC 2440 E5
Tamerisk Ct
3500 KrnC 2443 E3
Tami Ct
2600 KrnC 2440 G3
Tamil Wy
8300 KrnC 2443 J6
Tam O Shanter Dr
1000 KrnC 2481 H2
Tampico Ct
9400 BKFD 2441 E3
Tamworth St
8300 BKFD 2512 C4
Tanager Ct
7500 BKFD 2512 C3
Tanbark Av
8100 CALC 2615 F6
9600 CALC 2616 A5
Tandil Wy
5800 BKFD 2404 C7
Tanforan Dr
17700 KrnC 2637 E3
Tanforan St
2900 KrnC 2443 E4
Tangerine St
600 KrnC 2443 G5

STREET
Block City Map# Grid

Tangerine St
2500 BKFD 2443 G3
Tanglewood Av
3500 KrnC 2763 A5
Tanglewood Ct
3300 BKFD 2481 F5
Tanglewood Dr
1300 THPI 2609 H5
Tanker Rd
- KrnC 2402 J4
Tannehill Lease Rd
- KrnC 2627 D3
Tanner St
400 KrnC 2443 B6
Tanner Michael Dr
200 KrnC 2402 E4
Taos Wy
1100 BKFD 2512 F3
Taos Peak Wy
9800 BKFD 2481 D6
Tapia Ct
5500 BKFD 2404 B7
5500 BKFD 2444 B1
Tapo Ridge Dr
2800 BKFD 2512 D4
Tara Ct
1300 THPI 2609 H5
Taradale Ct
13800 KrnC 2440 H5
Tarbet Ct
2500 BKFD 2481 D4
Tarpey Av
18800 KrnC 2610 A7
Tarragon Ct
5200 BKFD 2482 A5
Tar Springs Av
1900 KrnC 2542 E2
2800 BKFD 2512 D4
Tartan Pl
2700 BKFD 2443 G1
Tarver Wy
2400 ARVN 2575 A2
Tate St
400 KrnC 2443 E5
Tatum St
10300 KrnC 2514 A6
Tauchen St
- KrnC 2443 C5
Taurus Ct
4800 BKFD 2482 B3
Tawney St
20000 CALC 2616 A4
Taylor Av
10 MCFD 2199 J7
400 KrnC 2199 J7
31700 KrnC 2200 A7
Taylor St
100 KrnC 2597 A1
100 TAFT 2597 A1
200 KrnC 2567 A7
400 BKFD 2482 A1
1700 KrnC 2259 E7
19400 CALC 2616 A5
Teak Wy
2800 BKFD 2481 F4
Teakwood Ct
100 THPI 2609 H4
Teakwood Dr
300 KrnC 2402 C7
Teakwood Ln
200 KrnC 2402 D7
Teal St
3500 BKFD 2482 E5
Tea Rose St
2900 BKFD 2481 D4
Tea Tree Ct
4300 BKFD 2482 F6
Tecate Dr
400 BKFD 2480 H1
Tecoma St
6700 BKFD 2401 A6
Tee Ct
20000 KrnC 2579 C7
Tee Ln
10 KrnC 2402 E2
E Tehachapi Blvd
100 THPI 2609 J2
700 THPI 2610 A3
2300 KrnC 2610 D3
E Tehachapi Blvd SR-58 BUS
100 THPI 2609 J2
700 THPI 2610 A2
W Tehachapi Blvd
- KrnC 2609 E1
100 THPI 2609 F2
W Tehachapi Blvd SR-58 BUS
100 THPI 2609 F2
1200 KrnC 2609 F2
W Tehachapi Blvd SR-202
200 THPI 2609 F2
1200 KrnC 2609 F2
Tehachapi Willow Springs Rd
17300 KrnC 2610 E4
20700 THPI 2610 E4
Tejon Dr
17800 KrnC 2637 B3
Tejon Hwy
11300 KrnC 2545 A5
15500 ARVN 2545 A6
17700 ARVN 2575 A6
17700 KrnC 2575 A6
Tejon St
200 MCPA 2627 H7
1500 KrnC 2443 B3
Tekoa Ct
8600 BKFD 2441 F2
Telegraph Av
1200 BKFD 2403 A7
Telluride Ct
3200 BKFD 2481 G5
Temas Tomayo Dr
10 KrnC 2169 E6
Tempe Pass Ct
6300 BKFD 2511 C1
Tempest St
6700 BKFD 2512 B2
Temple Ln
2600 KrnC 2482 D2
Temple Rock Wy
- BKFD 2512 D3
Templeton St
4200 BKFD 2441 A2
Tenbury Av
12400 BKFD 2441 A7
Tennis Ln
100 KrnC 2402 E2
Tenstrike Dr
6700 BKFD 2481 H7
Tepatitlan Ct
400 RGCR 2219 C7
Teresa Ct
800 DLNO 2119 C7
2300 BKFD 2482 E7
Teresa Wy
2500 BKFD 2482 D7
Tern St
4000 BKFD 2481 E6
Terra Bella Rd
8500 KrnC 2209 E3
Terrace Dr
100 TAFT 2596 H4
1800 DLNO 2119 G5
N Terrace Dr
100 TAFT 2596 H3
Terrace Pl
1800 DLNO 2119 G5
Terrace Wy
10 KrnC 2169 G7
1700 KrnC 2482 D1
3200 BKFD 2482 C1
E Terrace Wy
100 BKFD 2482 H1
Terrace Hill Av
200 KrnC 2402 E1
Terra Vista Ct
6100 BKFD 2441 J1
Terra Vista Ln
300 SHFT 2359 C2
Terrazzo Dr
14300 BKFD 2404 G7
Terrebonne Ct
6400 BKFD 2481 H5
Terrel Ct
3100 KrnC 2482 D1
Territory Wy
25500 KrnC 2577 H2
Terriwood Av
200 KrnC 2402 E1
Terry Ln
400 RGCR 2259 E4
Terry St
2700 BKFD 2482 D1
2700 KrnC 2482 D1
Terry John Av
7300 KrnC 2401 G6
Teslin Ct
500 KrnC 2402 F3
Tesoro Wy
- BKFD 2511 B1
Tess Wy
400 BKFD 2512 G2
Teton Av
5200 BKFD 2401 D7
Tevis Dr
6400 BKFD 2481 J1
6400 KrnC 2481 H1
Texaco Frwy
- KrnC 2402 J1
- KrnC 2403 A2
Texas Av
500 KrnC 2673 J1
Texas St
100 BKFD 2442 J7
2100 KrnC 2443 B7
2400 BKFD 2443 C7
E Texas St
100 KrnC 2673 H1
4000 BKFD 2443 F7
4000 KrnC 2443 F7
Thames Ct
3900 BKFD 2512 C4
Thatch Av
4000 BKFD 2482 B7
Thelma Dr
10 BKFD 2442 H2
200 KrnC 2442 H2
The Lords Av
16100 KrnC 2440 E6
Theodora Av
9800 BKFD 2441 D2
Thewalt Av
- KrnC 2514 G7
- KrnC 2544 G1
11300 KrnC 2545 A1
Thistle Ct
8700 KrnC 2250 G3
Thistle St
2200 KrnC 2763 D5
Thistlebloom Wy
5500 KrnC 2401 J6
5500 KrnC 2402 A6
Thistledown Ln
9900 BKFD 2441 D1
Thistlewood Ct
9300 BKFD 2441 E5
9300 KrnC 2441 E5
Thomas Av
- CALC 2586 J3
3500 BKFD 2442 C3
3500 KrnC 2442 C3
Thomas Ln
18200 KrnC 2359 C4
18200 SHFT 2359 C4
Thomas St
600 KrnC 2596 G2
600 TAFT 2596 G2
Thomas Wy
1000 DLNO 2119 H6
2300 TulC 2119 H4
8200 KrnC 2513 J5
Thompson Ct
1800 KrnC 2249 B7
Thompson St
- RGCR 2219 F7
300 SHFT 2359 D3
400 MCFD 2199 H7
Thoreau Av
9300 BKFD 2481 E5
Thoreson Av
3700 BKFD 2482 C4
Thoreson Ct
4000 BKFD 2482 B4
N Thorn St
700 KrnC 2258 D1
1500 KrnC 2218 D6
Thornaby Wy
- BKFD 2441 C7
Thorner St
5500 BKFD 2403 H7
5500 BKFD 2443 H1
Thorn Hedge St
3100 BKFD 2481 F4
Thornlake Dr
1400 BKFD 2441 B5
Thornton St
300 MCPA 2627 H6
Thornwood Dr
12100 BKFD 2481 A3
Thoroughbred St
12900 KrnC 2542 F3
Thorp Wy
6900 BKFD 2401 B5
Three Bars St
3400 KrnC 2440 H3
Three Bridges Wy
1800 BKFD 2481 B3
Three Flags Hwy
- KrnC 2217 A1
- KrnC 2257 H1
- KrnC 2258 B4
- KrnC 2299 A6
Three Flags Hwy US-395
- KrnC 2217 A1
- KrnC 2257 H1
- KrnC 2258 B4
- KrnC 2299 A6
Three Pines Canyon Av
7700 KrnC 2217 A3
Thunderbird St
1200 BKFD 2481 J2
Thunder Falls Av
10800 BKFD 2401 C6
Thunderhill Wy
6100 BKFD 2401 B6
Thunder Valley Rd
14900 KrnC 2440 G4
Thurber Ln
8900 BKFD 2481 E5
Thurman Ct
20800 KrnC 2609 B7
Thyme Ln
5200 BKFD 2482 A5
Tiara Ct
3600 BKFD 2403 C7
24500 KrnC 2577 G4
Tiata Av
17300 KrnC 2440 D7
Tiber River Ln
6700 BKFD 2441 H1
Tibethill Ln
20000 KrnC 2609 C6
Tiburon St
6500 BKFD 2512 H2
Tice Rd
400 KrnC 2289 E1
Ticonderoga Av
1300 RGCR 2219 G5
Tie Breaker Ct
15100 BKFD 2404 D4
Tiera Glen Ct
4900 BKFD 2441 J1
Tierra Ct
2400 KrnC 2763 A5
Tierra Blanca Av
13800 BKFD 2480 H1
Tierra Verde St
4200 BKFD 2442 G1
Tietgen Ter
10 KrnC 2169 E7
Tiffany Cir
20500 KrnC 2609 B4
Tiffany Dr
200 BKFD 2441 A7
Tigerflower Dr
6100 KrnC 2512 D1
Tiger Lily Ct
12100 BKFD 2511 A2
Tilbury Wy
11900 BKFD 2441 B5
Tilden Wy
2200 BKFD 2481 H3
Tillamook Dr
9500 BKFD 2441 E2
Tillie Creek Cir
10 KrnC 2169 E7
Tillie Creek Ln
10 KrnC 2169 E7
10 KrnC 2209 E1
Tillie Creek Rd
10 KrnC 2169 A6
Tillson Wy
8900 KrnC 2512 F5
Tilton Av
400 BKFD 2482 G4
Tilyard Ct
4600 BKFD 2481 F6
Timber Cove Ct
6600 BKFD 2512 E2
Timbercreek Dr
6100 BKFD 2441 J1
Timberleaf Dr
700 BKFD 2441 E6
Timberline St
3300 KrnC 2402 F3
Timberline Wy
23500 KrnC 2577 A6
Timberloch Ct
8600 BKFD 2481 F4
Timberloch Ln
2900 BKFD 2481 F4
Timber Mountain Wy
4600 BKFD 2482 E6
Timberpointe Dr
12100 BKFD 2401 A5
Timberspire St
3200 BKFD 2481 F4
Timber Wolf Ct
1100 KrnC 2444 A5
Timeless Rose Ct
9900 BKFD 2481 D4
Times Sq
5800 BKFD 2511 E1
Timmons Av
400 DLNO 2119 D7
400 DLNO 2159 D1
400 KrnC 2159 D1
Timms Hill Ct
- BKFD 2404 B6
Timothy St
3100 BKFD 2482 G4
Tim Tam Pl
27800 KrnC 2637 E4
Tin Ct
22000 KrnC 2609 C1
Tina Lynn Ct
600 KrnC 2443 G5
Tiny Ct
22000 KrnC 2609 A1
Tioga Ct
7100 BKFD 2481 H3
Tipperary Dr
11000 BKFD 2481 C5
Titan Ln
3500 BKFD 2482 C6
Titanium St
10000 BKFD 2481 D7
Titcher Ln
3100 KrnC 2763 F3
Tiverton Dr
2100 BKFD 2481 A4
Tivoli Ct
10500 BKFD 2481 C5
Tobago Ct
6300 BKFD 2511 J1
Tobias St
10 KrnC 2129 J7
Tobias Wy
6100 BKFD 2512 B1
Tobias Creek Wy
8000 BKFD 2512 B4
Tobin Rd
4600 BKFD 2481 F6
Toby St
3300 KrnC 2763 B3
Tocantins St
2500 BKFD 2512 D4
Todd Av
- CALC 2585 E3
Todd Ct
10 KrnC 2289 E2
Tokay St
400 MCFD 2199 H7
1500 DLNO 2159 H1
Tokeland Ct
9400 BKFD 2441 E3
Tollhouse Dr
200 BKFD 2482 H1
Toluca Dr
13800 BKFD 2480 H1
Tom Ct
22700 KrnC 2579 D7
Tomah St
600 KrnC 2483 F1
Tomlinson St
3000 BKFD 2512 D1
Tonasket Ln
9600 BKFD 2441 E2
Tonga Ct
5300 BKFD 2481 E7
Tonkawa Ln
5300 BKFD 2401 D7
Tony Ct
6600 KrnC 2250 B5
Tony St
3500 KrnC 2443 F6
Top Wy
9000 KrnC 2514 A6
Topanga Peak Ln
4600 BKFD 2481 D6
Topaz Ln
6700 BKFD 2441 H1
Topgun St
3400 KrnC 2763 C3
Topico Ct
9100 KrnC 2444 A5
S Tor Rd
5000 KrnC 2299 C7
Torbay Dr
11100 BKFD 2481 C4
Torcross Av
11800 BKFD 2441 C7
Tori Lorene Av
3300 BKFD 2512 C5
3300 KrnC 2512 D5
Toronto Wy
- BKFD 2401 B6
Torrey Dr
2000 KrnC 2441 C4
Torrey Pines Ln
10 KrnC 2402 D7
Tortoise St
1100 KrnC 2218 E6
1100 KrnC 2258 E1
Torulosa Dr
1300 BKFD 2481 B2
Toscana Dr
10200 BKFD 2404 B7
Totem Av
9200 BKFD 2441 E2
Tottenham Ln
- BKFD 2481 B4
Touchstone Dr
9700 BKFD 2481 D5
Toulouse Ln
1900 BKFD 2481 F3
Toumey Oak Wy
2500 BKFD 2481 D4
Tours Ct
1700 BKFD 2481 F3
Tower Wy
800 BKFD 2442 A6
Tower Line Rd
11300 KrnC 2545 C5
16100 ARVN 2575 C6
16100 KrnC 2575 C6
Towerline Rd
- KrnC 2217 F3
Towhee Dr
1000 KrnC 2257 G6
Towner Dr
500 ARVN 2544 H5
Townsley Av
500 BKFD 2482 F1
Townsley Pl
1100 BKFD 2482 F1
Toyon Ct
6600 BKFD 2511 G1
Trabancos Dr
11400 BKFD 2511 B1
Trabert Ln
2600 BKFD 2481 H4
Trabuco Canyon Dr
5000 BKFD 2483 E1
Tracey Ct
3700 BKFD 2481 C5
N Traci Ln
300 RGCR 2259 C2
Trackside Dr
11700 BKFD 2401 A7
Track View Dr
20400 KrnC 2607 E4
Tracy Av
20400 KrnC 2437 H1
Tracy Ln
- KrnC 2437 D1
Tradewinds Dr
6600 BKFD 2512 C2
Tradition Ct
15700 KrnC 2440 F7
16000 KrnC 2480 F1
Trafalgar Square Dr
12500 BKFD 2401 A6
12700 BKFD 2400 J6
Trail Ln
- KrnC 2763 E3
Trailblazer Dr
10500 BKFD 2481 C6
Trailcrest St
7500 BKFD 2512 F3
Trailhead St
5300 BKFD 2443 E7
Trail Peak Wy
5900 BKFD 2511 H1
Trail Rock Av
4100 BKFD 2512 B5
Trails Wy
5400 BKFD 2481 G7
Trails End Wy
- BKFD 2481 C6
Trakell St
2700 KrnC 2763 B4
Tralee Dr
14500 BKFD 2480 G1
Trambridge Wy
13700 BKFD 2440 H5
13700 KrnC 2440 H5
Tramonto St
7200 BKFD 2401 B5
Tranquil Cove Ct
6600 BKFD 2512 F2
Transport Ln
19000 KrnC 2359 E7
19000 KrnC 2399 E1
Transwest Cir
4400 BKFD 2482 A6
Traveller Pl
21000 KrnC 2607 F3
Travertine St
2400 KrnC 2763 C5
Travis St
7400 BKFD 2401 B5
7400 KrnC 2401 B5
Traviso Av
11300 BKFD 2401 B5
Treanna Av
4700 BKFD 2482 B4
Treasure Island St
3500 BKFD 2441 D2
E Treat Av
900 RGCR 2299 F2
1000 KrnC 2299 G2
W Treat Av
- RGCR 2299 E2
1100 KrnC 2299 D2
Tree Ct
22600 KrnC 2579 D7
Tree Crest Wy
1800 KrnC 2440 G5
Treehaven Av
3700 KrnC 2763 A5
Treehouse Dr
- BKFD 2401 D6
Tree Line Av
8100 BKFD 2512 F4
Treescape Rd
16400 KrnC 2643 D3
Treetop Av
9800 BKFD 2441 D2
Tremont Wy
100 BKFD 2441 A7
Trengate Wy
2700 BKFD 2481 C4
Trent St
2600 BKFD 2443 G4
2600 KrnC 2443 G4
Trentadue Dr
10900 BKFD 2401 C6
Trentino Av
2300 BKFD 2512 D4
Trenton St
700 DLNO 2119 H7
3800 BKFD 2482 B5
Trenton Jeffery St
500 BKFD 2441 A6
Trescape Rd
18000 KrnC 2643 F1
Tresselwyck Ln
3000 BKFD 2481 B5
Tretorn Av
3700 BKFD 2482 B6
Trevino Ter
200 SHFT 2359 D2
Trevor Av
2600 KrnC 2249 D7
N Triangle Dr
1600 RGCR 2219 D6
Tribute Wy
14500 KrnC 2440 G4
Trice Harvey
- BKFD 2441 E2
Trice Harvey Wy
- KrnC 2566 J7
- KrnC 2567 A7
Tricia Ct
2500 BKFD 2482 D5
Tri Duncan Av
7700 KrnC 2543 J1
W Tri Duncan Av
7500 KrnC 2543 H1
Trilby Ln
6200 BKFD 2512 B1
Trilliant Wy
6800 BKFD 2511 J2
Trimont Wy
5400 BKFD 2481 H7
Trinidad Av
6000 BKFD 2511 J1
Trinidad Ct
6100 BKFD 2511 J1
Trinidad Lake Wy
5100 BKFD 2400 J7
5100 BKFD 2440 J1
Trinity Av
200 KrnC 2482 G2
Trinity St
2000 KrnC 2643 C6
Trinity Park Wy
11500 BKFD 2481 B1
Trinity River Dr
12200 BKFD 2441 A6
Trino Av
500 ARVN 2574 J1
500 ARVN 2575 A1
Triple Crown Dr
4400 BKFD 2441 B1
Triple Falls Dr
7000 BKFD 2401 C5
W Trisha Ct
500 RGCR 2259 C1
Trisha St
- RGCR 2259 E2
Triton St
2000 KrnC 2763 F5
Trojan Ct
2200 KrnC 2401 J3
Trojes Av
3300 BKFD 2512 C3
Troon Ct
6400 KrnC 2443 F2
Trooper Wy
8700 KrnC 2443 J6
Trophy Ct
10500 BKFD 2441 C1
Tropical Av
2400 BKFD 2512 D2
Trotter Dr
26000 KrnC 2607 H2
Troutdale Ct
3700 BKFD 2441 E2
Trouville Ln
1700 BKFD 2481 E3
Troy St
400 KrnC 2443 F6
Truchard Ct
11000 BKFD 2401 B6
Truman Av
3300 BKFD 2482 C4
Truman Ct
3600 BKFD 2482 C4
Truman Rd
3000 KrnC 2763 A2
Trumbull Dr
4300 BKFD 2481 F6
Trumbull St
10300 CALC 2586 B7
10300 CALC 2616 B1
Trumpetvine Pl
14600 BKFD 2480 G1
Trust Av
2600 KrnC 2443 C5
Truxton Plz E
900 BKFD 2441 J6
Truxton Plz W
800 BKFD 2441 J6
Truxtun Av
100 BKFD 2442 C5
5600 BKFD 2441 G6
E Truxtun Av
10 BKFD 2442 H5
1200 BKFD 2443 A5
1700 KrnC 2443 A5
Tubac Ln
3900 BKFD 2481 G5
Tuberose Av
- KrnC 2440 G2
Tucker Ct
20300 CALC 2616 B3
Tucker Rd
100 KrnC 2609 F6
100 THPI 2609 E5
Tucker St
100 ARVN 2545 A6
800 ARVN 2544 J6
5000 BKFD 2441 H1
5100 BKFD 2401 H7
Tudor Wy
6000 BKFD 2403 F7
Tulane Park Pl
11900 BKFD 2481 B2
E Tulare Av
100 SHFT 2359 F1
W Tulare Av
100 SHFT 2359 A1
29700 KrnC 2359 A1
Tulare St
- MCPA 2627 H6
900 BKFD 2442 H4
N Tulare St
2000 BKFD 2442 J2
2000 KrnC 2442 J2
S Tulare St
500 BKFD 2442 H6
700 MCPA 2627 H7
900 KrnC 2627 H7
Tularosa St
1000 BKFD 2441 C6
Tule Ln
8900 BKFD 2441 E2
Tule Creek Ct
7900 BKFD 2481 G7
Tule Elk Rd
7300 BKFD 2511 B4
Tule River Wy
12200 BKFD 2441 A6
Tulip Ct
23000 KrnC 2579 D6
Tulip St
400 KrnC 2443 E6
22900 KrnC 2579 D6
Tulip Field Wy
- BKFD 2511 B2
Tulocay Ct
6500 BKFD 2401 C6
Tumbleweed Av
3200 KrnC 2763 B5
E Tumbleweed Cir
500 RGCR 2259 E3
Tumbleweed Dr
3100 BKFD 2441 B3
3100 KrnC 2441 B3
N Tumbleweed St
3300 KrnC 2217 A2
Tumeric Ln
3700 BKFD 2481 J5
Tumwater Av
9600 BKFD 2441 E2
Tungsten St
9900 BKFD 2511 D1
Tupper Ct
5300 BKFD 2482 F7
Turcon Av
3400 KrnC 2442 B2
Turf St
20000 KrnC 2610 B4
20400 THPI 2610 B3
Turfway Park Ct
9900 BKFD 2441 D1
Turia Wy
- BKFD 2511 B3
Turnagin Ct
14100 BKFD 2440 H5
14100 KrnC 2440 H5
Turner Av
2600 KrnC 2249 C4
Turquoise Ln
7000 BKFD 2441 H1
Turtlecreek Ln
1100 BKFD 2481 C2
Tuscany Ct
900 BKFD 2512 F1
Tuscany Hills Ln
- BKFD 2404 F6
Tuscany Villas Dr
13400 BKFD 2404 F6
Tuscarora Dr
9700 BKFD 2441 D2
Tuscarora Falls Wy
6500 BKFD 2401 C6
Tuttle Ct
29900 KrnC 2577 A2
Tuttle Rd
10 KrnC 2209 E1
TV Little St
100 SHFT 2359 B2
Twain Wy
9500 BKFD 2481 E5
Tweed Ct
8100 BKFD 2512 C4
Tweeddale Dr
4200 BKFD 2481 E6
Twelve Oak Ct
3200 BKFD 2481 E5
Twenty Mule Team Rd
22900 KrnC 2679 A5
Twenty Mule Team Parkway Rd
11400 CALC 2586 D7
Twentyone Canyon Rd
- KrnC 2566 G7
- KrnC 2596 F1
Twickenham Ct
2500 BKFD 2481 B4
Twilight Ct
2300 DLNO 2119 H4
Twilight St
- BKFD 2511 H1
Twilight Wy
- CALC 2616 C1
Twin Falls Dr
10700 BKFD 2441 C6
Twin Lakes Dr
5700 BKFD 2481 J7
5700 BKFD 2482 A7
Twinleaf Dr
500 KrnC 2402 D4
Twin-Oaks
800 KrnC 2169 F6
Twin Oaks Dr
6100 BKFD 2511 H2
Twin Peaks Wy
4700 BKFD 2481 D6
Twin Ridge St
- KrnC 2440 D5
Tyler Ct
12900 KrnC 2440 J3
Tyler St
- RGCR 2219 F7
100 KrnC 2597 A1
100 TAFT 2597 A1
200 KrnC 2567 A7
2800 BKFD 2482 C4
Tyler Fran Av
14700 BKFD 2440 G7
Tyndall Av
4100 BKFD 2512 B1
Tyner Ln
5200 BKFD 2483 E1
Tyringham Rd
- BKFD 2511 J5
- BKFD 2512 A5

U

U St
- CALC 2586 H2
10 BKFD 2442 G7
Uffert St
1300 KrnC 2443 E4
Ulrich Av
3200 KrnC 2643 A6
Ulysses Ct
10 BKFD 2480 G1
Umbrella Pine Wy
4100 BKFD 2481 F6
Un Rd
- KrnC 2577 B4
- KrnC 2608 B1
Underwood Av
8800 CALC 2615 H4
Underwood Ct
700 BKFD 2442 G1
Underwood Dr
4200 BKFD 2442 G1
Unicorn Rd
2700 KrnC 2401 J3
2700 KrnC 2402 A4
Union Av
10 BKFD 2442 H7
Union Av SR-99 BUS
10 BKFD 2442 H7
Union Av SR-204
10 BKFD 2442 H7
S Union Av
- BKFD 2512 G2
100 BKFD 2482 H7
700 KrnC 2482 H5
8000 KrnC 2512 H7
10500 KrnC 2542 H4
S Union Av SR-99 BUS
100 BKFD 2482 H7
700 KrnC 2482 H5
5500 BKFD 2512 H3
8000 KrnC 2512 H7
10500 KrnC 2542 H1
S Union Av SR-204
- BKFD 2482 H1
Union St
700 MCPA 2627 G6
1200 DLNO 2119 J6
Union Av Lp
- BKFD 2442 H4
United St
3000 KrnC 2763 F1
11000 KrnC 2673 F5
15300 KrnC 2643 F7
Unity Ct
13600 BKFD 2480 J1
Universe Av
100 KrnC 2402 E4
University Av
900 BKFD 2443 A1
900 KrnC 2443 A1
1300 BKFD 2403 E7
N University Peak St
700 KrnC 2258 A1
Unruh Av
16100 KrnC 2440 F3
Unser Ct
10900 BKFD 2444 C2
E Upjohn Av
100 RGCR 2259 D4
1700 SBdC 2259 H4
W Upjohn Av
100 RGCR 2259 B4
1200 KrnC 2259 A4
1500 KrnC 2258 H4
1500 RGCR 2258 J4
Upjohn Rd
4600 KrnC 2257 J4
4600 KrnC 2258 A4
Uplands of the Kern Dr
6300 KrnC 2403 G1
Upminster Wy
1400 BKFD 2481 D2
Upper Waterford Dr
12000 BKFD 2441 C7
Upton Ct
11000 CALC 2586 C7
Upton Dr
21700 CALC 2586 C7
21700 CALC 2616 C1
Urbano Dr
2500 KrnC 2482 D1
Urner St
5500 BKFD 2401 G6
5800 KrnC 2401 G6
Ursa Ct
5100 BKFD 2443 H1
Uxbridge St
10400 BKFD 2481 C2

V

V St
- CALC 2586 G2
10 BKFD 2442 G6
Vail Ln
10000 KrnC 2250 J2
Valarie St
700 RGCR 2259 A1
Valasco St
300 ARVN 2575 A2
Valdena St
3100 BKFD 2481 A5
Valdes Ct
1100 BKFD 2512 F3
Val Di Chiana Dr
9100 KrnC 2401 E4
Vale St
1300 KrnC 2443 E4

STREET Block City Map# Grid

Valemount Dr
7500 BKFD 2481 G4
Valencia Av
1000 DLNO 2119 G5
Valencia Dr
600 KrnC 2443 G4
2700 BKFD 2443 G3
Valentano Av
12300 BKFD 2401 A6
Valentine St
2300 BKFD 2512 E1
Valerie St
2200 KrnC 2763 B5
Valerio Ct
9700 BKFD 2401 D6
Vale Royale Dr
10300 BKFD 2404 B6
Valewood St
1900 BKFD 2481 A3
Valhalla Dr
900 BKFD 2482 B2
900 KrnC 2482 B2
Vallecito Ln
1700 BKFD 2481 H3
Vallejo Dr
900 BKFD 2483 F2
Valletta Av
11300 BKFD 2401 B5
Valley Av
6400 KrnC 2217 F7
Valley Blvd
- KrnC 2609 C3
E Valley Blvd
100 THPI 2609 H3
900 KrnC 2610 A3
900 THPI 2610 A3
W Valley Blvd
100 THPI 2609 G3
19200 KrnC 2609 A4
21300 KrnC 2608 C5
24900 THPI 2608 C4
W Valley Blvd SR-202
100 THPI 2609 D3
19200 KrnC 2609 A4
21300 KrnC 2608 F3
24900 THPI 2608 B4
Valley Ln
- BKFD 2404 B6
Valley Plz
- BKFD 2482 D3
Valley Rd
21200 KrnC 2609 B3
Valley St
3200 BKFD 2444 E1
3200 KrnC 2444 E1
5600 BKFD 2404 D7
N Valley St
100 SHFT 2359 C1
S Valley St
100 RGCR 2259 F3
100 SHFT 2359 C2
Valley Vw
200 KrnC 2169 E6
Valleybrook Dr
5300 BKFD 2401 J7
Valley Crest Dr
6100 BKFD 2441 J1
Valley Forest Ct
9600 BKFD 2481 D3
Valley Forge Wy
11300 BKFD 2401 B7
Valley Oak Ct
9400 BKFD 2481 E3
Valley Springs Av
3700 BKFD 2482 C5
Valley View Dr
- KrnC 2763 C3
10 KrnC 2169 E6
6400 BKFD 2443 G2
20100 KrnC 2579 C4
Valley View Rd
10 KrnC 2169 E6
Valley View St
1700 KrnC 2259 B7
1700 RGCR 2259 B7
Valley Vista W
2400 KrnC 2763 C2
Valley Vista Av
3700 BKFD 2482 C5
Valley Vista Dr
21800 KrnC 2609 A1
21900 KrnC 2608 J1
22300 KrnC 2578 J7
Valorie Av
2500 BKFD 2482 D3
Valov Ln
1200 KrnC 2440 A6
Valpariso Wy
4400 KrnC 2443 D7
Val Verde Ln
1800 DLNO 2119 H6
Valyrie Av
7000 KrnC 2217 D1
Van Buren Pl
2600 KrnC 2440 J4
2700 BKFD 2440 J3
Van Buren St
100 KrnC 2597 B1
100 TAFT 2597 B1
200 KrnC 2567 B7
Vance Av
3900 BKFD 2512 C1
Vancouver Dr
6400 BKFD 2481 H5
Vanderbilt Dr
1100 BKFD 2443 B1
Vanessa Av
9800 BKFD 2441 D2
W Vanessa Av
200 RGCR 2299 D1
Van Gogh Wy
- BKFD 2440 J5
Van Horn Rd
9700 BKFD 2512 C6
10500 KrnC 2512 C7
10500 KrnC 2542 C1
Vanilla Ct
6900 BKFD 2512 B2
Vanity Rose Ln
7400 BKFD 2512 C3
Van Meter St
800 SHFT 2359 C3
Vansite St
1000 KrnC 2443 C6
Vaquero Av
7400 BKFD 2441 G1
Vaquero Dr
22300 KrnC 2579 C7
22300 KrnC 2609 C1
Varese Ct
5400 BKFD 2442 A1
Vargas Ct
7900 KrnC 2541 G2
Varsity Rd
600 ARVN 2544 J5
600 KrnC 2544 G5
Vashon Dr
3900 BKFD 2441 E2
Vasquez Av
600 SHFT 2359 B2
Vassar Dr
1200 DLNO 2119 J6
Vassar St
1900 DLNO 2119 J5
2900 BKFD 2443 C1
Vaughn Dr
10 KrnC 2289 B2
Vaughn Wy
4100 BKFD 2482 B6
Vauxhall Bridge Dr
11300 BKFD 2481 B4
Veada Av
400 RGCR 2259 C5
Veblem Av
10500 CALC 2616 C6
Vecino Pl
4700 BKFD 2441 H1
Vee Jay Wy
10 KrnC 2443 J4
Vega Meadows Rd
- BKFD 2400 J7
- BKFD 2440 J1
- KrnC 2400 J7
- KrnC 2440 J1
Velda Ct
6800 KrnC 2443 G4
Velma Av
10400 KrnC 2513 J6
Venable Ln
200 SHFT 2319 B7
Veneto St
5400 BKFD 2442 A1
5500 BKFD 2441 J1
Venice Dr
2300 DLNO 2119 J4
Ventana Ct
2300 DLNO 2119 J4
Ventucopa Pl
- BKFD 2481 C3
Ventura St
- MCPA 2627 J7
600 KrnC 2627 J7
Venture
- KrnC 2442 B1
Venus Ct
5100 BKFD 2443 H1
Vera Av
500 RGCR 2259 C3
5800 KrnC 2257 G3
7500 KrnC 2483 H3
Veracruz Dr
13700 BKFD 2480 H1
Vera Cruz Wy
500 SHFT 2359 B1
Veramonte Wy
- KrnC 2440 F5
Verano Ct
5800 BKFD 2401 J7
5800 KrnC 2401 J7
Verbena Dr
1800 BKFD 2482 E6
Verdant Av
8700 CALC 2615 H6
Verdant Ct
3000 BKFD 2481 J4
Verdant Hills Ct
5900 BKFD 2511 J1
Verde Ct
1300 ARVN 2574 H1
Verde St
800 SHFT 2359 C3
2100 BKFD 2442 E7
21700 KrnC 2609 C2
Verdelho Av
12100 BKFD 2401 A6
Verdugo Ln
- KrnC 2361 C1
- SHFT 2361 B6
600 BKFD 2441 D5
1900 KrnC 2441 C4
5000 BKFD 2401 C7
8100 KrnC 2401 C3
8500 SHFT 2401 C3
Verlan Ct
3600 KrnC 2441 H2
Vermillion Dr
600 BKFD 2441 A6
Vern St
4300 KrnC 2482 G6
4600 BKFD 2482 G6
Verna St
10 KrnC 2289 A3
Vernal Pl
200 BKFD 2482 F1
Vernon St
17800 KrnC 2575 D2
Verona Dr
8200 BKFD 2512 D4
Veronese Ct
6300 BKFD 2404 F6
Veronika Av
- CALC 2585 G2
Verpolo Wy
10200 BKFD 2441 D1
Versailles Dr
8600 BKFD 2481 E3
Vertrice Av
9700 BKFD 2481 D7
Vet Of Foreign Wars Mem Hwy
- DLNO 2119 F2
- DLNO 2159 F2
- KrnC 2159 F2
- KrnC 2199 H1
- MCFD 2199 H1
- TulC 2119 F2
VFW Mem Hwy SR-99
- DLNO 2119 F2
- DLNO 2159 F2
- KrnC 2159 F2
- KrnC 2199 H1
- MCFD 2199 H1
- TulC 2119 F2
W Via Alegre
200 RGCR 2299 D1
Via Aprilia Av
2200 DLNO 2119 J6
2200 KrnC 2119 J6
Via Basilica Av
2100 DLNO 2119 J6
Via Calabria Av
2100 DLNO 2119 J6
Via Campana
3500 BKFD 2481 C5
Via Capilla Dr
3500 BKFD 2481 C5
Via Carisma
200 BKFD 2481 G1
Via Catania
9300 BKFD 2401 E7
Via Cecilia
7000 KrnC 2483 G2
Via Cervano
5500 BKFD 2401 E7
Via Contento
13700 BKFD 2440 H7
Via Delicia
400 BKFD 2440 H7
Via del Mar
6600 KrnC 2483 G2
Via de Luna
100 BKFD 2482 G7
Via Demorero
400 DLNO 2119 D4
Via Eliana
1000 KrnC 2483 G2
Via Esperanza
100 BKFD 2440 H7
100 BKFD 2480 G1
Via Espinoza
2200 DLNO 2119 E4
Via Firenza St
900 DLNO 2119 J7
Via Fontenelle Dr
- KrnC 2401 J7
4700 BKFD 2442 A1
5100 BKFD 2441 J1
5300 BKFD 2401 J7
Via Galleno Ct
2200 DLNO 2119 J7
Via Iglesia
3300 BKFD 2481 C5
Via la Madera
13700 BKFD 2440 H7
13700 KrnC 2440 H7
Via la Merced
14200 BKFD 2480 H1
Via Lazio Av
2100 DLNO 2119 J6
Via Lucca
5700 BKFD 2512 F1
Via Lugano
9100 BKFD 2401 E7
Via Madrugada
200 BKFD 2482 G7
Via Marisol St
5700 BKFD 2441 J1
Via Milano
15400 BKFD 2404 J7
Via Naranja
14300 BKFD 2440 H7
Via Parma
9300 BKFD 2401 E7
Via Pelago St
900 DLNO 2119 J6
Via Pescara
5800 BKFD 2401 E7
Viar Wy
- BKFD 2511 B1
Via Ravenna
5500 BKFD 2401 E7
Via Riata St
100 BKFD 2481 G1
N Via Riata St
- BKFD 2481 G1
100 BKFD 2441 G7
Via Roblada
100 BKFD 2440 H7
100 BKFD 2480 G1
Via Rosa
3400 BKFD 2481 C5
Via Rosario
300 BKFD 2440 H7
Via Sol
400 BKFD 2440 H7
Via Sorano St
900 DLNO 2119 J6
Via Sorrento
5300 BKFD 2404 J7
5300 BKFD 2444 J1
Via Stefano Av
2200 DLNO 2119 J6
2200 KrnC 2119 J6
Via Tevere
5800 BKFD 2401 E6
Via Tuscania Av
2100 DLNO 2119 J6
Via Venezia
5300 BKFD 2404 J7
5300 BKFD 2444 J1
Via Vidal
100 BKFD 2482 G7
Via Viretta Dr
5100 BKFD 2401 J7
5100 BKFD 2441 J1
Via Vista
10900 BKFD 2481 C5
Vibe St
2500 ARVN 2574 J2
Viburnum Av
8000 CALC 2615 G5
10500 CALC 2616 B4
Viceroy Av
3000 BKFD 2512 D2
W Vicki Av
800 RGCR 2259 B1
Vicki Ln
2300 KrnC 2402 G4
Victor Av
1600 KrnC 2643 D7
Victor Pl
7100 CALC 2615 D2
Victor St
- KrnC 2258 A4
10 KrnC 2597 B1
10 TAFT 2597 B1
5200 BKFD 2402 A7
5200 KrnC 2402 A6
N Victor St
300 KrnC 2258 A1
1100 KrnC 2218 A7
S Victor St
100 KrnC 2257 J4
500 KrnC 2258 A5
Victor Wy
21000 CALC 2615 D2
Victoria Ct
800 RGCR 2259 B4
23600 KrnC 2608 E3
Victoria Dr
2600 KrnC 2443 C6
Victoria Wy
3000 BKFD 2481 G5
Victoria Falls Av
10400 BKFD 2401 C6
Victoria Rose Dr
1300 THPI 2609 H5
Victory Dr
- KrnC 2402 D5
Victory Ln
2300 KrnC 2440 G4
Viejo Dr
300 DLNO 2119 D7
Viejo Pl
4800 BKFD 2441 H1
Viejo Rd
14500 KrnC 2440 G2
70700 KrnC 2299 J6
Vienna St
300 THPI 2609 H1
Vietti Ct
400 ARVN 2544 J6
N View Dr
10 KrnC 2289 E3
View St
3400 KrnC 2404 E7
3400 KrnC 2444 E1
Viewcrest Dr
5100 BKFD 2512 A4
Vieweg Cir
300 RGCR 2259 D1
Viking Ct
500 KrnC 2402 F3
Vilas Ln
100 KrnC 2402 E2
Villa Dr
1100 ARVN 2574 H1
Villa Pl
- ARVN 2574 H2
Villa St
400 BKFD 2442 H7
Villa Bella Ln
5000 BKFD 2481 C7
Villa Bonita Ct
5400 BKFD 2481 C7
Villa Carmel Wy
- BKFD 2481 C7
Villa Cassia St
3400 BKFD 2441 J2
Villa del Mar Wy
- BKFD 2511 C1
Villa Elegante Dr
200 BKFD 2440 G7
Villa Espana Wy
- BKFD 2481 C7
- BKFD 2511 D1
Village Av
100 TAFT 2597 B1
300 SHFT 2359 C2
Village Ct
20700 CALC 2615 J3
Village Ln
10 KrnC 2577 B5
100 BKFD 2482 A1
Village Pkwy
9400 CALC 2615 J3
9700 CALC 2616 A2
Village Wy
100 TAFT 2597 B1
Village Center Dr
9400 CALC 2615 J2
Village Oak Ct
1900 BKFD 2481 D3
Villa Hermosa Dr
10600 BKFD 2481 C7
Villa Lante St
3400 BKFD 2441 J2
Villalovos Ct
2700 BKFD 2482 D4
Villa Monterey Dr
10600 BKFD 2481 C7
Villa Ridge Wy
- BKFD 2512 D3
Villa Serena Dr
10500 BKFD 2481 C7
N Villas Greenbrier Ln
10 BKFD 2442 A5
S Villas Greenbrier Ln
10 BKFD 2442 A5
Villa Verona Wy
5500 BKFD 2481 C7
5500 BKFD 2511 D1
Vina Dr
10 SHFT 2359 C3
Vinca Ct
1700 BKFD 2482 E6
Vincenso Wy
8500 BKFD 2512 D4
Vincent Av
1800 BKFD 2482 E5
Vincent Ct
3500 BKFD 2482 E5
Vincent St
19500 KrnC 2608 G6
Vine Av
200 KrnC 2402 F6
Vine Dr
400 KrnC 2482 G3
Vine Wy
10 KrnC 2289 F3
Vineland Rd
- BKFD 2404 B7
- BKFD 2444 B1
100 KrnC 2444 B6
S Vineland Rd
10 KrnC 2444 B7
10 KrnC 2484 B6
4900 KrnC 2514 B1
11400 KrnC 2544 B3
16900 KrnC 2574 B2
Vineyard Rd
900 KrnC 2484 A2
Viola St
8900 KrnC 2512 G5
Violet Av
600 KrnC 2763 G3
Violet Ct
2500 KrnC 2402 D4
Violet St
2400 KrnC 2249 D7
Violet Rose Ct
3000 BKFD 2481 D4
Violette Ct
19500 KrnC 2609 D1
Virginia Av
10 KrnC 2289 D3
800 BKFD 2442 J7
1500 BKFD 2443 C6
1600 KrnC 2443 C6
Virginia Blvd
- CALC 2586 J5
Virginia Dr
6000 CALC 2615 B1
6200 CALC 2585 C7
Virginia St
1100 BKFD 2443 B4
1100 KrnC 2443 B4
Virgo Ct
4800 BKFD 2482 B2
Viscaino Pl
- BKFD 2481 C3
Visita Wy
600 DLNO 2159 D1
Viso Wy
2300 BKFD 2512 E4
Vista Ct
10 KrnC 2169 G6
2300 DLNO 2119 J4
21000 KrnC 2578 J7
Vista Dr
1100 ARVN 2574 H1
VIsta St
300 RGCR 2259 A4
900 KrnC 2443 D5
Vista Bonita Dr
10500 BKFD 2481 C7
Vista Colina Dr
9300 KrnC 2444 A6
Vista de Cally Dr
11000 BKFD 2481 C7
Vista de Lago Ct
3800 BKFD 2481 C5
Vista del Christo Dr
11000 BKFD 2481 C7
Vista del Lago Ln
10 KrnC 2209 E4
Vista del Luna Dr
10800 BKFD 2481 C7
Vista del Mar Av
4900 BKFD 2481 C7
Vista del Rancho Dr
10800 BKFD 2481 C7
Vista del Rio Ct
5500 KrnC 2403 E2
Vista del Sur Wy
- BKFD 2481 C7
Vista del Valle Dr
10900 BKFD 2481 C7
Vista Encatada Wy
- BKFD 2483 E2
Vista Estrella
6200 BKFD 2404 H7
Vista Finestra Dr
5700 BKFD 2404 D7
Vista Florida
14800 BKFD 2404 H6
Vista Fuego Dr
11100 BKFD 2481 B7
Vista Grande Dr
14800 BKFD 2404 H7
Vista Linda Wy
- BKFD 2481 C7
Vista Mesa Dr
4400 KrnC 2443 D7
Vista Mono Wy
- BKFD 2481 C7
Vista Montana Dr
11500 BKFD 2444 D1
12000 BKFD 2404 E7
Vista Ravine Wy
5600 BKFD 2481 H7
Vista Rica Ct
5100 BKFD 2481 C7
Vista Ridge Dr
10900 BKFD 2481 C6
Vista Sierra Wy
4900 BKFD 2481 C7
Vista Verde Wy
200 BKFD 2481 H1
Vista Via Dr
700 TAFT 2596 H4
Vistoso Wy
9300 BKFD 2441 E1
Viverone Ln
4000 BKFD 2441 J2
Vivian Ct
21000 CALC 2615 D2
Vivian Ln
200 KrnC 2402 D7
Vivian Pl
21000 CALC 2615 D2
Vivian Wy
900 KrnC 2484 D1
Voisin Pl
22400 CALC 2585 D6
Volcano Ct
6500 BKFD 2481 H3
Volley St
4200 BKFD 2482 C6
Voltaire Ct
11000 CALC 2616 C1
Von Braun Wy
22500 CALC 2585 C6
Vose Ln
3000 KrnC 2249 D6
Voth Ln
200 SHFT 2359 C1
Voyager Dr
1000 THPI 2579 G7
1000 THPI 2609 G1
Voyager St
3100 KrnC 2763 C3
W Vulcan Av
900 RGCR 2259 A5
1200 KrnC 2259 A5
Vultee St
100 SHFT 2360 E1
Vyn Dr
2500 BKFD 2443 F4

W

W St
- CALC 2586 G3
Waco Av
9700 KrnC 2514 A6
10200 KrnC 2513 J6
Wade Av
1200 TAFT 2596 G1
1500 KrnC 2596 H1
1800 BKFD 2482 E7
15000 KrnC 2610 D4
Wagers St
21200 CALC 2615 C2
Wagner Dr
19000 KrnC 2609 H7
Wagner St
5800 KrnC 2512 J1
Wagon Wheel Ct
27500 KrnC 2577 F5
Wagon Wheel Dr
3500 KrnC 2249 D4
Wagonwheel St
2900 KrnC 2440 C3
Wahoo Ct
30300 KrnC 2359 C3
Wailea Dr
5000 BKFD 2441 A1
5100 BKFD 2401 A7
Wainio St
- BKFD 2483 E5
- KrnC 2483 E5
Wainwright Dr
10 KrnC 2402 D7
Wakefield Ct
8200 BKFD 2481 F2
Wakehurst Ct
11300 BKFD 2481 B4
Walbrook Wy
- BKFD 2441 A7
Walden Ct
2600 BKFD 2481 J4
Walden Vly
10500 BKFD 2481 C5
Walden Park Pl
11900 BKFD 2481 B2
Walderi St
11500 BKFD 2481 B3
Waldorf Wy
7300 BKFD 2401 D5
7300 KrnC 2401 D5
Waldport Ln
3400 BKFD 2481 H5
Waler Ct
11100 BKFD 2401 C7
Walkabout Dr
- BKFD 2512 G1
Walker Ct
21500 CALC 2616 A1
Walker Dr
300 KrnC 2129 H7
E Walker Ln
800 RGCR 2259 F3
Walker St
100 SHFT 2359 C1
200 ARVN 2544 J7
900 ARVN 2574 J1
Walker Lake Dr
4100 BKFD 2512 B3
Wall St
1000 BKFD 2442 F5
N Wall St
400 SHFT 2359 C1
S Wall St
100 SHFT 2359 C2
Wallace Ln
4000 KrnC 2250 G3
Wallace Rd
- KrnC 2360 F1
12000 KrnC 2200 F1
Wallace St
400 BKFD 2442 H7
Wallawalla Wy
5000 BKFD 2441 C1
Walmar St
400 KrnC 2443 D6
Walnut Av
26000 KrnC 2567 H1
Walnut Dr
100 ARVN 2544 H7
100 THPI 2609 G4
500 KrnC 2442 J1
700 ARVN 2574 H1
Walnut St
200 SHFT 2359 E1
N Walnut St
100 ARVN 2544 J6
1100 WASC 2278 E4
Walnut Creek Ct
10300 BKFD 2481 D5
Walnut Grove Ct
7800 BKFD 2511 G1
Walpole Av
6100 CALC 2615 C2
Walter Av
10 KrnC 2484 E1
Walthamstow St
500 BKFD 2481 D1
Walton Dr
5300 BKFD 2482 E7
5500 BKFD 2512 E1
Walton Hill Av
- BKFD 2481 A3
Waltrip Wy
- BKFD 2401 B7
Wandering Oak Dr
9400 BKFD 2481 E3
Wanneta St
- KrnC 2483 F2
Wanstead Ln
600 BKFD 2441 D6
Wapiti Ct
29500 KrnC 2607 B7
Wapiti St
3400 BKFD 2444 E1
3400 KrnC 2444 E1
War Admiral Ct
27200 KrnC 2637 G3
Ward Av
- RGCR 2219 E7
5800 KrnC 2217 H7
E Ward Av
- RGCR 2219 D7
W Ward Av
100 RGCR 2219 D7
1200 KrnC 2219 B7
1500 KrnC 2218 F7
4900 KrnC 2217 J7
Ward Rd
2300 KrnC 2209 C5
Ward St
400 KrnC 2597 B3
1300 KrnC 2402 A6
Ware Ct
1900 KrnC 2249 B7
N Warner St
200 RGCR 2259 D2
S Warner St
100 RGCR 2259 D3
1300 KrnC 2259 D7
Warren Av
100 KrnC 2402 E7
E Warren Av
- KrnC 2403 A6
100 KrnC 2402 F7
Warren St
200 TAFT 2597 B2
E Warren St
100 TAFT 2597 B2
Warren Wy
2900 KrnC 2249 D4
Warrenton Av
13200 BKFD 2480 J1
Warwick Pl
5200 BKFD 2482 A3
Wasco Av
- KrnC 2318 F5
1400 KrnC 2278 F4
1400 WASC 2278 F4
Wasco Wy
1700 KrnC 2437 B3
Wasco-Pond Rd
14900 KrnC 2278 F1
14900 WASC 2278 F1
Wasco-Pond Rd SR-43
14900 KrnC 2278 F1
14900 WASC 2278 F1
Washburn Blvd
- CALC 2585 J1
- CALC 2586 A1
- KrnC 2585 D1
- KrnC 2586 A1
Washington Av
100 KrnC 2402 D6
500 KrnC 2596 H4
500 TAFT 2596 H4
Washington Ct
1600 DLNO 2119 J6
Washington St
- BKFD 2483 B1
- KrnC 2483 B1
10 BKFD 2443 B5
10 KrnC 2443 B5
100 KrnC 2567 C7
100 TAFT 2567 C7
100 TAFT 2597 C1
700 DLNO 2119 J7
Washington Wy
200 RGCR 2259 D1
E Wasp Av
600 KrnC 2259 E6
W Wasp Av
100 RGCR 2259 C6
Water Rd
900 SBdC 2219 F1
Water St
300 KrnC 2442 J2
900 KrnC 2443 A2
1300 BKFD 2443 B2
Waterbury Dr
9400 BKFD 2441 D6
Water Canyon Rd
17800 KrnC 2609 C7
Water Crest Ct
1500 KrnC 2440 G5
Waterfall Canyon Dr
3700 BKFD 2512 B3
Waterfield Dr
8200 BKFD 2401 F7
Waterloo Pl
3100 BKFD 2481 B5
Water Wheel Dr
6900 BKFD 2481 H7
Watkins Ln
23000 KrnC 2436 G1
Watkins Glen Dr
3900 BKFD 2444 C3
Watson Pl
22900 KrnC 2579 C7
Watson St
2100 KrnC 2402 F5
Watts Dr
100 BKFD 2482 H3
100 KrnC 2482 H4
800 BKFD 2483 A4
Waverly Av
3900 BKFD 2512 C4
Waycross St
200 BKFD 2482 H1
Wayland Ct
10200 KrnC 2441 D3
Waymon Av
30700 KrnC 2359 E7
Wayne Dr
700 KrnC 2482 E2
N Wayne St
1300 RGCR 2219 C7
Waynesborough Ct
1000 BKFD 2512 F2
Wealdshire Ct
1000 BKFD 2481 C2
Wear St
2600 KrnC 2441 H3
Weaver Av
1100 DLNO 2119 G4
5200 BKFD 2443 E7
5200 KrnC 2443 E7
Webb Av
2200 KrnC 2249 C7
Webb Wy
5800 BKFD 2512 F1
Webster St
900 KrnC 2443 C5
Wedding Ln
2000 KrnC 2441 H4
Wedgemont Pl
1700 BKFD 2481 C3
Wedgewood Av
1000 KrnC 2763 F2
Wedgewood Dr
1400 BKFD 2481 C3
Weed Ditch I
3800 KrnC 2436 J5
Weedpatch Hwy
10 KrnC 2443 J7
300 KrnC 2483 J2
5700 KrnC 2513 J2
11300 KrnC 2543 J2
Weedpatch Hwy SR-184
10 KrnC 2443 J7
300 KrnC 2483 J7
5700 KrnC 2513 J2
11300 KrnC 2543 J5
Weeping Willow Wy
8200 BKFD 2481 F5
Wegis Av
10 KrnC 2480 D1
800 KrnC 2440 D1
5100 KrnC 2400 D7
Weidenbach St
- KrnC 2399 J3
W Weiman Av
1100 RGCR 2219 A7
1500 KrnC 2219 A7
3700 KrnC 2218 D7
5300 KrnC 2217 J7
W Weiman Wy
1000 RGCR 2219 B7
Weir St
500 THPI 2609 F3
Weiss Av
3000 KrnC 2673 A5
Welch Av
10 BKFD 2512 H3
Welch Ct
100 THPI 2609 H4
Welch Dr
2200 KrnC 2440 H4
Welch St
400 MCPA 2627 G7
Welcome Av
- KrnC 2258 A2
W Welcome Av
- KrnC 2257 A2
1400 KrnC 2259 A2
1400 RGCR 2259 A2
2000 KrnC 2258 H2
Welcome St
10 KrnC 2443 J4
W Welcome Wy
4700 KrnC 2258 A2
Weldon Av
6700 BKFD 2441 H1
Wellington Ct
14000 KrnC 2440 H5
Wellman Wy
800 BKFD 2441 B6
Wells Av
800 KrnC 2402 E6
Wellstone Wy
8100 BKFD 2512 A4
Well-Tech Wy
4000 BKFD 2441 H2
4000 KrnC 2441 H2
Welshpool Ct
1700 BKFD 2481 C3
Welty Wy
300 KrnC 2440 F7

Kern County Street Index

STREET
Block City Map# Grid

Wenatchee Av
2700 BKFD 2443 C1
3300 BKFD 2403 C7
Wendell Av
2100 KrnC 2443 A3
Wendy Av
4200 BKFD 2443 E1
Wenham Dr
3300 BKFD 2481 F5
Wensley Ct
3700 BKFD 2481 C5
Wentworth Ct
10000 BKFD 2481 D5
Wenyor Wy
3000 KrnC 2249 D3
Werner St
2400 KrnC 2763 A4
Wernli Ct
900 ARVN 2574 H1
Wes St
- CALC 2615 A5
Wesley Ct
2000 BKFD 2482 A3
Wesley Ln
4000 KrnC 2402 F2
Wesley St
2300 RGCR 2299 C1
12000 KrnC 2679 H5
S Wesley St
11600 KrnC 2679 G5
West Dr
1100 KrnC 2443 B4
West St
100 SHFT 2359 B2
Westbluff Ct
100 BKFD 2442 G1
Westbourne Wy
1500 BKFD 2481 J3
Westbrook Dr
1700 BKFD 2482 C3
Westbury Av
13800 KrnC 2440 H5
Westbury Ct
900 KrnC 2512 F5
Westchester Av
3400 BKFD 2482 C3
Westcliff Dr
- BKFD 2441 C6
Westdale Dr
13700 BKFD 2440 H4
13700 KrnC 2440 H4
Westdumfries Ct
7800 BKFD 2481 G3
Westerham Ct
11300 BKFD 2481 B5
Westerly Dr
2000 KrnC 2763 D6
Western Av
14800 KrnC 2278 A4
14800 WASC 2278 A4
16200 KrnC 2318 A1
Western Dr
10 BKFD 2442 C7
Western Minerals Rd
25900 KrnC 2627 J7
25900 MCPA 2627 J7
Westerville Ct
500 BKFD 2441 B7
Westfield Av
- KrnC 2513 F4
5700 KrnC 2483 F7
Westfield Rd
7500 BKFD 2441 G7
Westgate Wy
2300 KrnC 2763 A5
Westhaven Av
2100 BKFD 2482 E4
Westholme Blvd
2000 BKFD 2481 J3
2100 BKFD 2482 A3
Westlake Dr
5900 BKFD 2401 J7
Westland Dr
2500 KrnC 2763 C3
Westlorne Ct
7800 BKFD 2481 G3
Westminister Dr
2000 BKFD 2482 A3
Westminster Dr
2000 BKFD 2482 A4
Weston Av
20100 KrnC 2579 C6
Westover Av
100 TAFT 2596 H3
Westpark Dr
2000 KrnC 2763 A5
Westpark St
4900 BKFD 2441 G1
5100 BKFD 2401 G7
Westpark Wy
10 TAFT 2596 J3
Westporte Ct
3600 BKFD 2482 A5
Westside Frwy
- KrnC 2437 G1
Westside Frwy I-5
- KrnC 2437 G1
West Side Hwy
25900 KrnC 2566 D5
27200 TAFT 2566 D5
28200 KrnC 2597 C3
28200 TAFT 2597 C4
28900 TAFT 2627 G2
30200 KrnC 2627 G7
30200 MCPA 2627 G7
West Side Hwy SR-33
- TAFT 2597 C4
25900 KrnC 2566 A2
27200 TAFT 2566 D5
28200 KrnC 2597 C3
28900 TAFT 2627 G2
30200 KrnC 2627 G7
30200 MCPA 2627 G7
West Side Hwy SR-166
30200 KrnC 2627 G7
30200 MCPA 2627 G7
Westview Ln
1300 KrnC 2763 E2
Westwind Dr
1600 BKFD 2442 C5
Westwold Dr
7700 BKFD 2481 G4
Westwood Blvd
21200 KrnC 2609 D3
22400 KrnC 2579 C7
Westwood St
200 BKFD 2482 B1
200 KrnC 2482 B1
Westwood Frontage Rd
- KrnC 2579 C7
- KrnC 2609 B1
Wetherby Ct
4600 BKFD 2481 F6
Wetherley Dr
10 BKFD 2442 C7
Wethersfield St
11700 BKFD 2441 B6
Wetzel Wy
- KrnC 2483 F5
Weyand Wy
1100 SHFT 2359 E1
Weybridge Dr
2200 BKFD 2481 C3
Weyburn Wy
1800 BKFD 2481 J3
1900 BKFD 2482 A3
Wharncliff Ct
2700 BKFD 2481 A4
Wharton Av
7300 KrnC 2513 J7
Wheatfield Pl
- BKFD 2401 A5
Wheat Grass Av
8900 BKFD 2512 A5
Wheatland Av
2700 KrnC 2512 D1
Wheelan Ct
2000 BKFD 2482 B3
Wheeler St
2300 KrnC 2441 E4
2400 BKFD 2441 E4
N Wheeler Ridge Rd
5700 KrnC 2543 J7
Wheeler Valley Ln
6100 BKFD 2511 D2
Whippoorwill Ln
11600 KrnC 2441 B3
Whirlaway St
7300 KrnC 2513 H3
Whirlwind Dr
3700 BKFD 2512 C2
Whisenant St
6900 BKFD 2512 F2
Whispering River Wy
- BKFD 2481 B2
Whisper Oak Wy
3000 BKFD 2481 E4
Whisper Sands Av
3200 KrnC 2763 A5
Whitburn St
10500 BKFD 2441 C7
White Ln
- KrnC 2484 A5
10 BKFD 2482 G6
10 KrnC 2482 G6
5900 BKFD 2481 C5
7900 KrnC 2483 J5
E White Ln
10 BKFD 2482 H6
100 BKFD 2483 A5
White St
1000 KrnC 2643 F5
20500 KrnC 2609 B3
White Birch Wy
6500 BKFD 2511 G1
White Frost Wy
5600 BKFD 2511 H2
Whitegate Av
4100 BKFD 2512 B4
White Gold Av
- BKFD 2481 D7
Whitehall Ct
3000 BKFD 2481 A4
Whitehead Ct
9700 BKFD 2481 E5
White Moor Mine Rd
12500 KrnC 2673 B6
White Oak Av
21000 KrnC 2609 B3
White Oak Dr
10 THPI 2609 H4
700 RGCR 2259 F4
2200 DLNO 2119 J4
9600 BKFD 2481 D3
21000 KrnC 2610 C4
White Pine Dr
100 KrnC 2200 A6
20600 KrnC 2579 A6
White Pine Wy
5300 BKFD 2482 A7
White River Dr
11300 BKFD 2481 B2
White Rock Dr
- KrnC 2578 J7
- KrnC 2579 A6
8600 BKFD 2441 F6
White Sands Dr
3700 BKFD 2512 C2
White Squall Ln
8300 BKFD 2441 F1
White Tail Av
1000 KrnC 2443 J6
Whitewater Dr
8100 BKFD 2441 G2
8200 BKFD 2401 F7
Whitewater Falls Dr
6900 BKFD 2401 B5
Whitley Ct
6200 BKFD 2481 J4
Whitley Dr
2700 BKFD 2481 J4
Whitlock Dr
8000 KrnC 2543 J2
Whitlock St
300 BKFD 2442 H7
Whitney Ln
10 KrnC 2249 C6
Whitney Rd
- KrnC 2169 H1
10 KrnC 2129 G7
Whittendale St
500 KrnC 2483 F2
Whittier St
19000 KrnC 2359 D7
Whittle Ct
22300 CALC 2585 D7
Wible Ct
23900 KrnC 2577 A5
Wible Rd
500 KrnC 2482 D1
2500 BKFD 2482 D7
5200 BKFD 2512 D2
8600 KrnC 2512 D5
10500 KrnC 2542 D7
Wichita Wy
5200 BKFD 2401 D7
Wicks St
5900 BKFD 2512 C1
Wide Loop Rd
7500 BKFD 2441 G7
Widmere Rd
100 ARVN 2545 C6
100 KrnC 2545 C6
Wiedmann Av
500 SHFT 2359 B2
Wigwam St
6600 KrnC 2404 C3
Wild Bend Ln
7600 BKFD 2481 G7
Wildcat Av
4900 BKFD 2512 B4
Wilderness Dr
5100 BKFD 2481 G7
5700 BKFD 2511 G1
Wilderness Wy
25500 KrnC 2577 F1
N Wildflower St
100 KrnC 2258 J3
1300 KrnC 2218 J7
S Wildflower St
400 KrnC 2258 J5
W Wildflower St
- RGCR 2258 J7
1800 KrnC 2258 J7
Wildheather Av
14300 KrnC 2440 G6
Wildlife Tr
3000 KrnC 2249 D4
Wildman Rd
14500 KrnC 2543 H6
Wildmint Dr
8300 KrnC 2250 F3
Wild Oak Ct
2200 BKFD 2481 E3
Wild Olive Dr
1300 THPI 2609 H5
Wild Rogue Ct
6900 BKFD 2511 H1
Wildrose Av
8400 KrnC 2250 F3
W Wildrose Av
500 RGCR 2259 B6
1300 KrnC 2259 A6
1700 KrnC 2258 J6
Wild Rye Wy
- BKFD 2480 G1
Wild Song Ct
5000 BKFD 2481 H7
Wildwood
- KrnC 2481 H2
Wildwood Dr
10 KrnC 2169 E7
Wildwood Rd
3600 KrnC 2250 A4
Wildwood Wy
100 MCFD 2199 J4
6500 KrnC 2481 H2
Wildwood Park Pl
12200 BKFD 2481 A2
Wiley St
100 KrnC 2200 A6
100 MCFD 2200 A5
Wilford Ct
7100 BKFD 2481 G4
Wilkesboro Ct
4000 BKFD 2444 C2
Wilkins St
300 BKFD 2442 H7
1500 BKFD 2443 A7
Willamette Ct
9000 BKFD 2441 E2
Willamette Falls Wy
- BKFD 2401 B5
Willcox Wy
3700 BKFD 2481 G5
William St
- KrnC 2763 G3
15200 KrnC 2643 F7
William F Halsey Av
1700 BKFD 2512 E1
Williams Ct
1800 KrnC 2249 B7
2400 KrnC 2763 D5
Williams Rd
25900 KrnC 2436 G1
Williams St
10 KrnC 2169 F7
1000 BKFD 2443 A4
1400 KrnC 2443 B3
10700 KrnC 2513 J7
S Williams St
400 BKFD 2443 A6
Williams Wy
300 TAFT 2597 C2
1200 KrnC 2597 B1
Williamsburg Pl
13000 BKFD 2440 J5
Williamson Rd
- KrnC 2610 G3
Williamson Wy
10 BKFD 2482 C1
10 KrnC 2482 C1
Willis Av
7700 BKFD 2443 H4
7700 KrnC 2443 H4
Willoughby Ct
8100 BKFD 2512 C4
Willow
- BKFD 2482 D6
Willow Av
8300 CALC 2615 G5
W Willow Av
900 RGCR 2259 A5
2000 KrnC 2258 H5
3000 KrnC 2763 A7
Willow Ct
900 THPI 2609 H4
2100 DLNO 2119 J4
Willow Dr
400 KrnC 2442 D1
20600 KrnC 2437 H1
Willow Ln
10 KrnC 2209 E2
N Willow Ln
10 KrnC 2129 G5
Willow Pl
1300 WASC 2278 D4
22300 KrnC 2579 C7
22300 KrnC 2609 C1
Willow St
100 KrnC 2437 A1
500 SHFT 2319 D7
500 SHFT 2359 D1
Willow Basin Ln
2900 BKFD 2512 D3
Willow Bend Ct
10200 BKFD 2401 D7
Willow Brook St
1900 KrnC 2440 H5
Willow Canyon Rd
23100 KrnC 2579 A5
Willow Creek Dr
7900 BKFD 2441 G1
Willowcrest St
5700 BKFD 2511 G1
Willowdale Dr
12500 BKFD 2401 A5
Willowglen Dr
8100 BKFD 2481 F4
Willow Grove Ct
5800 BKFD 2403 F7
Willow Grove Ln
5900 BKFD 2403 F7
Willow Oak Ct
9700 BKFD 2481 D3
Willow Park Wy
11800 BKFD 2481 B2
Willow Pass Dr
24000 KrnC 2577 D5
Willow Pond St
- KrnC 2440 D4
Willow Spring Ct
8600 BKFD 2441 F6
Willow Springs Rd
14600 KrnC 2763 H3
Willow Tree Dr
5000 BKFD 2482 B7
Willow Wind Wy
5500 KrnC 2403 E3
Wilma Ct
3400 KrnC 2443 C6
Wilma St
400 KrnC 2443 C6
Wilmington Wy
- BKFD 2440 J5
Wilshire Al
2200 KrnC 2443 A2
Wilson Av
- TAFT 2596 H4
100 KrnC 2402 D6
500 KrnC 2596 H4
E Wilson Av
100 RGCR 2259 D4
W Wilson Av
100 RGCR 2259 C4
1300 KrnC 2259 A4
2200 KrnC 2258 H4
Wilson Dr
9900 CALC 2616 A6
10900 KrnC 2616 C5
Wilson Ln
10400 KrnC 2514 A6
Wilson Rd
10 KrnC 2482 H4
100 BKFD 2482 G4
6100 BKFD 2483 F3
6100 KrnC 2483 F3
6400 BKFD 2481 J5
E Wilson Rd
6700 KrnC 2483 G3
8600 KrnC 2484 C3
Wilson St
400 ARVN 2544 J6
Wimbledon Wy
12100 BKFD 2404 D4
Wimbley Wy
8000 BKFD 2481 F2
Wincanton Dr
- BKFD 2441 B7
Winchester Ct
26300 KrnC 2577 J3
Winchester Dr
14000 KrnC 2673 A2
Winchester St
600 BKFD 2441 G7
W Wind Ct
2000 KrnC 2763 A6
Wind Blossom Av
10500 BKFD 2401 C7
Windbreak Dr
2000 KrnC 2763 D6
Windbrook Ct
700 BKFD 2481 C1
Windchime Ct
6700 BKFD 2512 C2
Windcove Pl
500 KrnC 2402 D4
Windcreek Ct
9300 BKFD 2441 E5
Windcroft Rd
10 KrnC 2169 E6
Windcurrent Dr
2000 KrnC 2763 D6
Winddrift Wy
6400 BKFD 2512 C2
Windermere St
- BKFD 2481 B4
- BKFD 2511 B2
Windflow Dr
2000 KrnC 2763 D6
Windflower Av
3700 BKFD 2512 C2
Windflower Dr
2100 KrnC 2763 D6
Windham Hill St
2900 BKFD 2481 C4
Windharp Dr
2000 KrnC 2763 D6
Windjammer Dr
8300 BKFD 2401 F7
Windmill Ln
10000 KrnC 2250 J2
Windorah Ln
5700 BKFD 2401 D7
Windpiper Ln
6500 BKFD 2512 C2
Windriver Dr
5300 BKFD 2401 F7
Windsong St
1100 BKFD 2441 E6
1400 KrnC 2441 E5
21100 CALC 2616 A2
Windsor St
1200 KrnC 2482 J2
Windsor Park Dr
300 BKFD 2481 D2
Windstarr St
1800 KrnC 2763 E6
Windward Ln
- BKFD 2443 D2
Windward Bay Ct
5500 BKFD 2401 B7
Windy Gap Ct
400 KrnC 2402 D3
Windy Hill Ct
10 KrnC 2169 D6
Windy Lynn Av
1100 RGCR 2259 A1
Windy Peak St
5200 BKFD 2443 E6
Windy Ridge Dr
12500 BKFD 2401 A5
Windy River Ln
6200 BKFD 2511 C2
Windy Walk Ct
- BKFD 2481 C6
Winesap Ct
21000 CALC 2616 C2
Winesap St
21900 KrnC 2609 E2
Winfield Av
- KrnC 2440 D2
Wingate Ct
2400 BKFD 2481 B4
Winger St
12000 BKFD 2441 A7
Wingfoot Ct
18600 KrnC 2637 C1
Wingfoot Dr
5200 KrnC 2443 E2
Wingfoot Pl
18600 KrnC 2637 C1
Wingland Dr
2000 KrnC 2402 D5
Wings Wy
3700 KrnC 2402 B3
Wingstone St
1900 BKFD 2482 J3
Winlock St
8400 BKFD 2441 E3
Winn Av
12500 KrnC 2441 A3
Winners Cir
4700 BKFD 2482 B3
Winnie Ln
- KrnC 2209 B4
Winston Dr
400 BKFD 2442 A7
Winter Ln
9000 KrnC 2514 A6
Winter Crest Dr
6300 BKFD 2512 A1
Winter Grove Dr
5700 BKFD 2512 A1
Winter Meadow Wy
200 KrnC 2402 E3
Winter Pasture Av
5000 BKFD 2512 A5
Winter Ridge Dr
5700 BKFD 2512 A1
Winters Dr
10 SHFT 2359 D3
Winterton Ct
200 BKFD 2441 C7
Winterwood Ct
5100 BKFD 2512 A1
Wior Dr
4500 KrnC 2250 D1
Wisdom Ln
5200 KrnC 2483 J7
Wise Av
500 SHFT 2359 B2
Wiseman St
10 KrnC 2443 D7
Wishon Dr
9000 KrnC 2401 H2
Wisteria Dr
- SHFT 2359 B2
Wisteria St
300 KrnC 2402 F7
21700 CALC 2585 D7
21700 CALC 2615 D1
Wisteria Valley Rd
5700 BKFD 2404 G7
Withee St
400 KrnC 2443 C6
Withington Rd
- RGCR 2259 E1
Within Heights Dr
10200 BKFD 2481 C2
Witte St
4000 BKFD 2441 J1
Wofford Blvd
5400 KrnC 2209 D2
7200 KrnC 2169 E7
Wofford Blvd SR-155
5400 KrnC 2209 D2
6400 KrnC 2169 E7
Wolfe Ln
3600 BKFD 2481 H5
Wolfe Creek Dr
6200 BKFD 2403 G7
Wolfpack Dr
8100 BKFD 2512 B4
Wolverines Ln
8300 BKFD 2512 B4
Wonder Ln
5400 BKFD 2482 A4
Wood Ln
3300 KrnC 2482 C2
3900 BKFD 2482 B2
Wood St
100 KrnC 2597 A3
200 BKFD 2442 H7
1100 TAFT 2597 B3
11300 KrnC 2513 H7
11300 KrnC 2543 H1
Woodall Ct
- BKFD 2404 B6
Woodard Ridge Dr
5400 BKFD 2512 A4
Woodbine Ct
3500 KrnC 2443 E6
Woodbourne Dr
200 BKFD 2441 A7
Woodbridge Ct
5900 BKFD 2403 G7
Woodbrier Wy
10 BKFD 2442 A5
Woodcrest Ct
4200 BKFD 2442 F1
Woodford Tehachapi Rd
20100 KrnC 2609 B4
22300 KrnC 2579 B4
25100 KrnC 2578 H1
Woodglen Dr
2800 BKFD 2481 F4
Woodhall Pl
11100 BKFD 2481 C4
Woodhaven Ct
3100 BKFD 2481 J4
Woodlake Ct
4200 BKFD 2442 B6
Woodlake Dr
4300 BKFD 2442 B6
Woodland
- KrnC 2169 E6
Woodland Ct
2600 BKFD 2512 D1
Woodland Dr
10 KrnC 2169 E6
Woodland Hills Dr
6600 BKFD 2401 B6
Woodland Park Av
900 BKFD 2481 A2
Woodlawn Av
10 TAFT 2596 J3
100 KrnC 2596 J3
Woodley Ct
3000 KrnC 2763 F3
Woodmere Dr
4600 BKFD 2482 A7
Woodmont Dr
900 BKFD 2441 E6
Woodrow Av
100 KrnC 2402 E6
Woodrow St
100 TAFT 2597 A2
E Woodrow St
100 TAFT 2597 B2
Woodruff Av
100 MCFD 2199 H6
Woodsford Ln
6000 BKFD 2511 G1
Woodside Dr
400 WASC 2278 C3
Woodside St
8100 BKFD 2481 F4
Woodson Bridge Dr
12400 BKFD 2481 A2
Woodstead Ct
8500 BKFD 2481 F5
Woodstead St
3500 BKFD 2481 F5
Woodstock Ln
- KrnC 2402 C6
Woodstown St
3100 KrnC 2441 D3
Woodton Av
3900 BKFD 2512 C1
Woodview Ct
29000 KrnC 2577 C1
Woodys St
4200 BKFD 2481 D6
Woolard Dr
2100 BKFD 2482 E4
Woollomes Av
400 DLNO 2159 G3
30400 KrnC 2159 C3
Wooner Dr
200 ARVN 2544 H6
200 KrnC 2544 H6
Workman St
400 BKFD 2483 D1
Worrell Ct
8600 BKFD 2481 F7
Worth St
13700 KrnC 2567 J2
Worthington Av
2700 KrnC 2402 F4
Wrangler Dr
11400 BKFD 2441 B1
Wrangler Wy
18300 KrnC 2637 F2
Wren St
21200 CALC 2615 B1
Wren Wy
6000 KrnC 2257 G6
Wrenwood St
3400 BKFD 2482 B5
Wright Av
5300 SHFT 2360 E1
5900 KrnC 2401 J5
Wright Ct
18600 KrnC 2610 B7
Wright Ln
15500 KrnC 2643 A7
Wrightwood Ct
1100 KrnC 2763 F2
Wulstein Av
5600 KrnC 2169 J7
Wuthering Heights Av
7500 BKFD 2512 F3
Wyandotte Ln
3600 KrnC 2763 E2
Wyant Av
1100 KrnC 2443 B5
Wyatt St
4100 KrnC 2483 H6
Wyman Rd
1300 KrnC 2609 J5
1300 THPI 2609 J5
Wyndham Av
3700 BKFD 2512 C4
Wyworry Ln
22300 KrnC 2608 G6

X

X Ct
- CALC 2586 H2
X St
- CALC 2586 H2
- KrnC 2586 H1
Xavier Av
6500 CALC 2615 C2
Xenia Ct
1600 DLNO 2119 J6
Xenia St
600 DLNO 2119 J7

Y

Yahweh Ct
600 DLNO 2119 J7
Yakima Ct
1600 DLNO 2119 J6
Yakima Wy
6400 BKFD 2481 H5
Yale Av
900 BKFD 2443 A1
900 KrnC 2443 A1
10500 CALC 2616 B3
Yamas Ct
9500 KrnC 2404 D2
Yampa St
300 KrnC 2443 B7
Yampa River St
13100 BKFD 2400 J7
Yankee Canyon Dr
4000 KrnC 2249 H1
5400 KrnC 2209 G7
Yankton Ct
12700 BKFD 2441 A6
Yarnell Av
9800 BKFD 2441 D2
Yates Wy
- BKFD 2401 B7
Yatesbury Dr
300 BKFD 2441 C7
Yeager Ct
22800 KrnC 2579 C7
Yeager Wy
4300 BKFD 2481 H6
Yearling Av
11800 BKFD 2441 B1
Yearling Pl
21200 KrnC 2607 F3
Yearling Wy
22800 KrnC 2579 A7
Yellow Astor Av
600 RGCR 2259 E4
N Yellowbird St
500 KrnC 2258 A2
Yellow Meadow Ct
500 KrnC 2402 D3
Yellow Rose Ct
4900 BKFD 2482 G7
Yellowstone Ct
2500 WASC 2278 D4
Yellowstone Pl
200 RGCR 2219 D7
Yellowstone River Dr
11300 BKFD 2481 B2
Yerba Blvd
- CALC 2615 D6
- KrnC 2585 D1
21700 CALC 2585 D7
Yesterdays Dr
10300 BKFD 2401 D5
Yokut Ct
5000 KrnC 2250 G1
Yokuts Ln
14000 BKFD 2404 J4
Yorba Linda St
1200 BKFD 2482 A2
Yorborough Av
11300 BKFD 2401 B6
York St
1600 DLNO 2119 J5
York Wy
- BKFD 2482 C5
Yorkshire Dr
11000 BKFD 2401 C7
Yorktown St
100 RGCR 2259 B3
N Yorktown St
300 RGCR 2259 B2
S Yorktown St
900 RGCR 2259 B7
Yosemite Ct
2700 WASC 2278 C4
Yosemite Dr
700 KrnC 2402 D6
N Yosemite Ln
1100 RGCR 2219 C6
Yosemite Pl
6400 BKFD 2481 H1
6400 KrnC 2481 H1
Yosemite Falls Av
10500 BKFD 2401 C7
Young Av
2000 KrnC 2249 B7
Young Cir
- RGCR 2259 E1
Young Dr
- CALC 2586 J4
Young St
5000 BKFD 2481 F7
5500 BKFD 2511 F1
Yountville Wy
- KrnC 2440 F6
Yucaipa St
- CALC 2615 C5
Yucatan Av
14200 BKFD 2480 H1
Yucca
- KrnC 2763 E3
Yucca Ct
20000 KrnC 2579 C4
Yucca St
1300 KrnC 2218 J7
Yukon Av
100 KrnC 2402 F3
Yuma Wy
6900 BKFD 2441 H1
Yvonne St
8900 KrnC 2512 G5

Z

Zachary Av
- BKFD 2400 D3
- KrnC 2400 D2
- SHFT 2400 D3
12000 KrnC 2200 D3
18800 SHFT 2360 D7
Zancara Dr
11400 BKFD 2511 B1
Zapato Pl
4900 BKFD 2441 H1
Zelda Wy
6800 BKFD 2512 F2
Zenaida Wy
11000 BKFD 2481 C3
Zenith Av
9700 BKFD 2441 D2
Zephyer Ln
4900 BKFD 2483 E1
5400 KrnC 2483 F1
Zephyr Ln
- BKFD 2483 D1
5700 KrnC 2483 G1
Zerker Rd
- KrnC 2361 A4
6100 KrnC 2200 H1
9000 BKFD 2400 H1
9000 KrnC 2400 H1
9000 SHFT 2400 H1
17600 KrnC 2360 J2
17900 SHFT 2360 J2
Zermatt St
- BKFD 2512 F4
- KrnC 2512 F4
Zeta Wy
- BKFD 2404 B6
Zeus Ct
2100 KrnC 2401 J4
Ziff Dr
3000 BKFD 2512 D4
Zimmerman St
300 ARVN 2575 A2
Zinfandel Ln
4800 BKFD 2403 F7
4800 BKFD 2443 F1
Zinfandel St
700 MCFD 2199 H7
Zinnia St
400 BKFD 2443 E6
400 KrnC 2443 E6
Zion Ct
12200 BKFD 2441 A1
Zurich St
200 THPI 2609 H1
Zwieback St
1300 BKFD 2482 F3
1300 KrnC 2482 F2

#

1st Av
10 DLNO 2159 F1
10 KrnC 2159 E1
1st Pl
- RGCR 2219 E7
1st St
- KrnC 2359 H6
- TAFT 2597 B3
10 KrnC 2566 A4
100 MCFD 2199 J6
900 WASC 2278 D2
1100 BKFD 2442 F7
E 1st St
100 KrnC 2436 J2
W 1st St
100 KrnC 2436 J2
2nd Av
100 KrnC 2597 A3
100 TAFT 2597 A3
2nd Pl
- RGCR 2219 E7
300 KrnC 2566 A5
2nd St
- KrnC 2610 G4
- MCFD 2199 J6
100 KrnC 2436 J1
100 TAFT 2597 B2
400 KrnC 2402 E5
900 BKFD 2442 F7
1100 KrnC 2217 F7
1500 WASC 2278 D2

Kern County Street Index

STREET
Block City Map# Grid

S 2nd St
100 TAFT 2597 B3
200 KrnC 2597 B3
W 2nd St
10 KrnC 2566 A4
100 KrnC 2436 J1
1900 KrnC 2209 B6
3rd Av
10 DLNO 2159 E1
10 KrnC 2159 E1
100 KrnC 2596 J3
100 TAFT 2596 J3
3rd Pl
- RGCR 2219 E7
400 DLNO 2159 F1
500 MCFD 2199 H5
3rd St
- KrnC 2610 G4
100 BKFD 2442 G7
100 MCFD 2199 J5
100 TAFT 2597 B2
300 KrnC 2597 A3
1500 WASC 2278 E2
E 3rd St
100 BKFD 2442 H7
1500 BKFD 2443 A7
2100 KrnC 2443 B7
N 3rd St
10 KrnC 2566 A5
100 KrnC 2257 F3
3200 KrnC 2217 E2
S 3rd St
100 KrnC 2257 F4
W 3rd St
100 KrnC 2436 H1
4th Av
100 ARVN 2545 A6
100 KrnC 2545 A6
100 KrnC 2596 J3
100 TAFT 2596 J3
400 ARVN 2544 J6
4th Pl
- RGCR 2219 E7
100 MCFD 2199 H6
1000 WASC 2278 F2
4th St
100 BKFD 2442 F7
100 TAFT 2597 A2
600 MCFD 2199 H5
800 WASC 2278 F2
1100 KrnC 2597 B1
E 4th St
10 BKFD 2442 H7
6900 KrnC 2209 B4
S 4th St
100 TAFT 2597 A3
300 KrnC 2597 A3
W 4th St
200 KrnC 2436 J1
5th Av
100 ARVN 2545 A6
100 KrnC 2545 A6
100 KrnC 2596 J3
100 TAFT 2596 J3
400 ARVN 2544 J6
1600 DLNO 2119 H7
5th Dr
1800 DLNO 2119 J7
5th Pl
- RGCR 2219 E7
1000 WASC 2278 F2
1600 DLNO 2119 H7
5th St
100 MCFD 2199 H5
100 TAFT 2597 A2
500 BKFD 2442 G6
600 WASC 2278 E2
14700 KrnC 2673 J1
16500 KrnC 2643 J4
5th St E
11500 KrnC 2673 J7
E 5th St
100 BKFD 2442 H6
S 5th St
100 KrnC 2597 A3
100 MCFD 2199 H6
100 TAFT 2597 A3
6th Av
100 DLNO 2159 F1
100 KrnC 2596 J3
100 TAFT 2596 J3
1200 DLNO 2119 H7
6th Pl
- RGCR 2219 E7
1300 WASC 2278 E3
6th St
100 MCFD 2199 H5
100 TAFT 2597 A2
500 BKFD 2442 G6
1100 KrnC 2597 A2
1300 WASC 2278 E2
E 6th St
100 BKFD 2442 H6
S 6th St
10 TAFT 2597 A3
400 KrnC 2597 A3
6800 KrnC 2209 B5
7th Av
2000 DLNO 2119 J7
7th Pl
- RGCR 2219 E7
1000 WASC 2278 E3
1200 DLNO 2119 H7
7th St
100 TAFT 2597 A2
200 MCFD 2199 H5
700 WASC 2278 A3
1300 BKFD 2442 F6
3400 KrnC 2278 B3
E 7th St
100 BKFD 2442 H6
S 7th St
300 TAFT 2597 A3
400 KrnC 2597 A3
7th Standard Rd
9000 KrnC 2401 B3
9000 SHFT 2401 E3
13700 BKFD 2400 J3
13700 KrnC 2400 C3
13700 SHFT 2400 C3
18100 KrnC 2399 H3
32500 BKFD 2401 A3
8th Av
10 DLNO 2119 E7
8th Pl
1000 WASC 2278 E3
8th St
100 BKFD 2442 G6
100 TAFT 2597 A2
200 MCFD 2199 H5
700 WASC 2278 F3
E 8th St
100 BKFD 2442 H6
S 8th St
300 TAFT 2597 A3
400 KrnC 2597 A3
9th Av
10 DLNO 2119 E7
2200 KrnC 2119 J7
9th Pl
- RGCR 2219 E7
1000 WASC 2278 E3
9th St
- SHFT 2360 F1
400 MCFD 2199 H5
400 TAFT 2597 A2
700 BKFD 2442 F6
2100 WASC 2278 D3
E 9th St
100 BKFD 2442 H6
1300 BKFD 2443 A6
7200 KrnC 2209 A4
10th Av
800 DLNO 2119 G7
10th Pl
- RGCR 2219 D7
900 WASC 2278 E3
10th St
100 MCFD 2199 H5
500 BKFD 2442 G6
10th St W
- KrnC 2763 F1
E 10th St
1100 BKFD 2442 J6
1400 BKFD 2443 A6
N 10th St
100 TAFT 2597 A1
900 KrnC 2597 A1
6500 KrnC 2209 A5
S 10th St
200 TAFT 2597 A3
400 KrnC 2597 A3
700 WASC 2278 F3
11th Av
100 DLNO 2119 H6
W 11th Av
100 DLNO 2119 E7
11th Pl
1400 DLNO 2119 G6
W 11th Pl
100 DLNO 2119 E7
11th St
100 MCFD 2199 G5
800 BKFD 2442 G6
800 WASC 2278 F3
6800 KrnC 2209 A5
E 11th St
100 BKFD 2442 J6
1600 BKFD 2443 A6
12th Av
700 DLNO 2119 G6
12th Pl
1800 DLNO 2119 H6
W 12th Pl
100 DLNO 2119 E6
12th St
1400 WASC 2278 E4
7000 KrnC 2209 A4
13th Av
1800 DLNO 2119 J6
W 13th Av
100 DLNO 2119 E6
W 13th Pl
200 DLNO 2119 E6
13th St
500 BKFD 2442 F5
1000 WASC 2278 E4
14th Av
100 DLNO 2119 F6
14th St
- RGCR 2219 D5
700 BKFD 2442 F5
1000 WASC 2278 E4
15th Av
300 DLNO 2119 F6
W 15th Av
100 DLNO 2119 E6
15th Pl
100 DLNO 2119 E6
W 15th Pl
100 DLNO 2119 E6
15th St
- BKFD 2442 F5
1000 WASC 2278 F4
7000 KrnC 2209 A5
15th St W
2000 KrnC 2763 E5
16th Pl
2100 DLNO 2119 J6
16th St
- RGCR 2219 D5
700 WASC 2278 F4
1700 BKFD 2442 F5
17th Av
700 DLNO 2119 G5
17th Pl
1000 BKFD 2442 F5
1600 DLNO 2119 H5
2300 KrnC 2119 J5
17th St
- KrnC 2219 D5
- RGCR 2219 D5
100 BKFD 2442 E5
1100 WASC 2278 E4
18th Av
1600 DLNO 2119 H5
18th Pl
700 DLNO 2119 F5
18th St
- KrnC 2219 D5
100 BKFD 2442 D5
700 WASC 2278 F4
E 18th St
100 BKFD 2442 H5
1200 BKFD 2443 A5
19th Av
200 DLNO 2119 F5
2300 KrnC 2119 J5
19th Pl
700 DLNO 2119 F5
W 19th Pl
100 DLNO 2119 E5
19th St
- KrnC 2219 D5
100 BKFD 2442 D4
700 WASC 2278 F5
E 19th St
1100 BKFD 2442 J5
1200 BKFD 2443 A5
20th Av
700 DLNO 2119 J5
2300 KrnC 2119 J5
W 20th Av
100 DLNO 2119 E5
20th Pl
- BKFD 2442 F4
20th St
- KrnC 2219 C4
700 BKFD 2442 G4
20th St W
1000 KrnC 2763 D5
21st Av
500 DLNO 2119 F4
21st St
200 BKFD 2442 D4
E 21st St
100 BKFD 2442 H4
1100 BKFD 2443 A5
22nd Av
1700 DLNO 2119 H4
22nd St
700 BKFD 2442 G4
23rd Av
900 DLNO 2119 G4
23rd St
800 BKFD 2442 F4
23rd St SR-178
1100 BKFD 2442 F4
24th St
400 BKFD 2442 D4
24th St SR-178
1100 BKFD 2442 D4
25 Hill Rd
2000 KrnC 2596 H5
2200 TAFT 2596 H5
3800 KrnC 2597 A6
25th St
800 BKFD 2442 F4
25th St W
1000 KrnC 2763 C3
14000 KrnC 2673 C2
26th St
1300 BKFD 2442 F4
27th St
1300 BKFD 2442 F3
28th St
1200 BKFD 2442 F3
28th St W
2500 KrnC 2763 B4
29th St
1300 BKFD 2442 F3
30th St
1500 BKFD 2442 E3
30th St W
1000 KrnC 2763 B3
31st St
500 BKFD 2442 F3
32nd St
500 BKFD 2442 G3
33 South Rd
- KrnC 2403 B2
33 West Rd
- KrnC 2403 B2
33rd St
500 BKFD 2442 G3
34th St
200 BKFD 2442 F2
35th St
900 BKFD 2442 F2
35th St W
2000 KrnC 2763 A3
36th St
600 BKFD 2442 F2
38th St
1100 BKFD 2442 F2
40th St
400 BKFD 2442 G2
40th St W
2000 KrnC 2763 A5
42nd St
500 BKFD 2442 G1
43rd St
500 BKFD 2442 G1
44th St
500 BKFD 2442 G1
45th St
500 BKFD 2442 G1
46th St
600 BKFD 2442 G1
55th St
- CALC 2615 A7
61st St
21100 CALC 2615 B1
21700 CALC 2585 B7
62nd St W
21700 CALC 2585 B7
21700 CALC 2615 B1
66th St
21400 CALC 2615 C1
67th St
21100 CALC 2615 D2
21800 CALC 2585 C7
68th St
21400 CALC 2615 D1
69th St
21400 CALC 2615 D1
21700 CALC 2585 D7
71st St
20800 CALC 2615 D2
72nd St
21000 CALC 2615 E2
73rd St
20500 CALC 2615 E3
74th St
20800 CALC 2615 E2
75th St W
- CALC 2615 E7
76th St
21400 CALC 2615 E1
77th St
- CALC 2585 E7
- CALC 2615 E1
78th St
20900 CALC 2615 F2
79th St
21000 CALC 2615 F2
81st St
20000 CALC 2615 F4
22000 CALC 2585 F7
82nd St
20100 CALC 2615 F4
22300 CALC 2585 F6
83rd St
19300 CALC 2615 G5
21900 CALC 2585 F7
84th St
20800 CALC 2615 G3
85th St
19700 CALC 2615 G5
22000 CALC 2585 G7
86th St
20200 CALC 2615 G4
87th St
19300 CALC 2615 H5
88th St
21700 CALC 2615 H1
21900 CALC 2585 H7
89th St
21500 CALC 2615 H1
21800 CALC 2585 H7
90th St
- CALC 2585 H6
- KrnC 2585 H1
21500 CALC 2615 H1
91st St
21000 CALC 2615 H2
92nd St
19200 CALC 2615 J5
93rd St
20600 CALC 2615 J3
21700 CALC 2585 J7
94th St
21000 CALC 2615 J1
95th St
21500 CALC 2615 J1
96th St
19500 CALC 2616 A4
21600 CALC 2615 J1
21700 CALC 2585 J7
97th St
- CALC 2586 A7
19200 CALC 2616 A5
20200 CALC 2615 J4
21700 CALC 2585 J7
98th St
21500 CALC 2616 A1
99th St
20100 CALC 2616 A4
21800 CALC 2586 A7
101st St
19000 CALC 2616 A6
21800 CALC 2586 A7
103rd St
19000 CALC 2616 B6
106th St
19600 CALC 2616 B5
107th St
19600 CALC 2616 C5
21900 CALC 2586 C7
108th St
19000 CALC 2616 C5
109th St
20800 CALC 2616 C2
110th St
- CALC 2586 C2
- KrnC 2586 C1
111th St
- CALC 2586 C2
114th St
- CALC 2586 D3
115th St
- CALC 2586 D2
- CALC 2616 D4
- KrnC 2586 D1
- KrnC 2616 D6
116th St
- CALC 2586 D2
117th St
- CALC 2586 D2
118th St
- KrnC 2616 E5
119th St
- CALC 2586 E2
120th St
- CALC 2586 E4
- CALC 2616 E4
- KrnC 2586 E1
- KrnC 2616 E5
121st St
- KrnC 2616 E5
122nd St
- KrnC 2616 F5
123rd St
- KrnC 2616 F5
125th St
- KrnC 2616 F7
127th St
- CALC 2586 G7
- KrnC 2586 F7
- KrnC 2616 G6
130th St
- CALC 2586 G5
- KrnC 2586 G1
- KrnC 2616 G3
131st St
- CALC 2586 G6
132nd St
- KrnC 2616 H3
133rd St
- CALC 2586 H6
135th St
- CALC 2586 H6
- KrnC 2586 H7
- KrnC 2616 H1
136th St
- CALC 2586 H6
137th St
- CALC 2586 H6
138th St
- CALC 2586 J6
- KrnC 2616 J2
140th St
- CALC 2586 J1
- KrnC 2586 J7
- KrnC 2616 J4
141st St
- CALC 2586 J3
142nd St
- CALC 2586 J3

Kern County Points of Interest Index

Airports

FEATURE NAME Address City ZIP Code	MAP#	GRID
Bakersfield Municipal, BKFD	2482	H4
California City, CALC	2585	C5
Delano Municipal, DLNO	2159	H3
Inyokern, KrnC	2217	C6
Kern Valley, KrnC	2169	J4
Meadows Field, KrnC	2401	J2
Mojave, KrnC	2643	F4
Rosamond Skypark, KrnC	2763	A3
Shafter Mintor Field, SHFT	2360	D1
Taft-Kern County, TAFT	2597	C2
Tehachapi Municipal, THPI	2610	A2

Buildings

FEATURE NAME Address City ZIP Code	MAP#	GRID
International Trade & Transportation Center - 2 Zachary Av, SHFT, 93263	2400	D2

Buildings - Governmental

FEATURE NAME Address City ZIP Code	MAP#	GRID
Arvin City Hall, 200 Campus Dr, ARVN, 93203	2544	J6
Bakersfield City Hall, 1501 Truxtun Av, BKFD, 93301	2442	F5
Bakersfield Civic Center, 1601 Truxtun Av, BKFD - 93301	2442	F5
Bakersfield Municipal Court, 1215 Truxtun Av, BKFD - 93301	2442	F5
California City City Hall, 21000 Hacienda Blvd, CALC - 93505	2615	J2
California Correctional Institution - 24900 W Valley Blvd, THPI, 93561	2608	B4
Delano City Hall, 1015 11th Av, DLNO, 93215	2119	G6
Kern County Municipal Court, 6405 Lake Isabella Blvd - KrnC, 93240	2249	D4
Kern County Municipal Court, 132 E Coso Av, RGCR - 93555	2259	D2
Kern County Superior Court, 1415 Truxtun Av, BKFD - 93301	2442	F5
Kern County Superior Courthouse, 336 James St - SHFT, 93263	2359	D1
Maricopa City Hall, 400 California St, MCPA, 93252	2627	H6
McFarland City Hall, 401 Kern Av, MCFD, 93250	2199	H5
North Division Court, 1122 Jefferson St, DLNO, 93215	2119	G6
Ridgecrest City Hall, 100 W California Av, RGCR - 93555	2259	D3
River Branch-East Kern Municipal Court - 7046 Lake Isabella Blvd, KrnC, 93240	2249	E2
Shafter City Hall, 336 Pacific Av, SHFT, 93263	2359	D2
Shafter City North Kern Municipal Court - 325 Santa Fe Wy, SHFT, 93263	2359	D1
South Division-Taft Maricopa, 311 N Lincoln St, KrnC - 93268	2566	J7
Superior Court of California, 12022 Weedpatch Hwy - KrnC, 93241	2543	J1
Superior Court of California - 1773 Mojave-Barstow Hwy, KrnC, 93501	2643	D6
Taft City Hall, 209 E Kern St, TAFT, 93268	2597	C2
Tehachapi City Hall, 115 S Robinson St, THPI, 93561	2609	H2
Wasco City Hall, 746 8th St, WASC, 93280	2278	F3

Cemeteries

FEATURE NAME Address City ZIP Code	MAP#	GRID
Arvin Cem, KrnC	2544	B5
California City Memorial Park, CALC	2586	D7
Desert Memorial Park Cem, RGCR	2259	H4
East Kern Cem, KrnC	2643	C5
Greenlawn Cem, BKFD	2402	J7
Greenlawn Southwest Cem, BKFD	2512	D2
Hillcrest Memorial Park, KrnC	2444	A4
Kern River Valley Cem, KrnC	2169	H5
Midway Cem, KrnC	2597	A4
North Kern Cem, DLNO	2119	E7
Old Tehachapi Cem, KrnC	2609	D1
Shafter Memorial Park, KrnC	2359	H5
Tehachapi East Side Cem, KrnC	2610	B2
Tehachapi West Side Cem, THPI	2609	F1
Union Cem, BKFD	2442	H6
Wasco Cem, WASC	2278	A2
Westside District Cem, KrnC	2567	D7

Colleges & Universities

FEATURE NAME Address City ZIP Code	MAP#	GRID
Bakersfield College, 1801 Panorama Dr, BKFD, 93305	2403	B7
Bakersfield College-Delano Campus - 1942 Randolph St, DLNO, 93215	2119	H5
Bakersfield Coll-Delano Cmp Science & Tech - 1450 Timmons Av, DLNO, 93215	2119	D6
California State University-Bakersfield - 9001 Stockdale Hwy, BKFD, 93311	2481	E1
Cerro Coso Community College - 3000 S College Heights Blvd, RGCR, 93555	2299	D3
Kern Community College District, 2100 Chester Av - BKFD, 93301	2442	F4
National University-Bakersfield, 4560 California Av - BKFD, 93309	2442	B6
San Joaquin Valley College-Bakersfield - 201 New Stine Rd, BKFD, 93309	2482	A1
Santa Barbara Business College, 211 S Real Rd - BKFD, 93309	2482	C1
Taft College, 29 Emmons Park Dr, TAFT, 93268	2597	A1

Entertainment & Sports

FEATURE NAME Address City ZIP Code	MAP#	GRID
Bakersfield College Memorial Stadium - 3800 Mt Vernon Av, BKFD, 93305	2403	B7
Bakersfield Community Theatre, 2400 S Chester Av - KrnC, 93304	2482	F3
Bakersfield Dome, 2201 V St, BKFD, 93301	2442	G4
Bakersfield Music Theater, 1931 Chester Av, BKFD - 93301	2442	F4
Bakersfield Symphony Orchestra, 1328 34th St - BKFD, 93301	2442	F3
Buck Owens Crystal Palace Theater & Museum - 2800 Buck Owens Blvd, BKFD, 93308	2442	C3
Desert Empire Fairgrounds, S Richmond St, RGCR - 93555	2259	G4
Dore Theater-California State University - 9001 Stockdale Hwy, BKFD, 93311	2481	F1
Fox Theater, 2001 H St, BKFD, 93301	2442	E4
Gaslight Melodrama Theatre, 12748 Jomani Dr, KrnC - 93312	2441	A2
Golden West Casino, 1001 S Union Av, KrnC, 93307	2482	G2
Kern County Fairgrounds, 1142 S P St, KrnC, 93307	2482	G2
Rabobank Arena, 1001 Truxtun Av, BKFD, 93301	2442	G5
Rabobank Convention Center, 1001 Truxtun Av - BKFD, 93301	2442	F5
Sam Lynn Ballpark, 4009 Chester Av, BKFD, 93301	2442	E2
Spotlight Theater, 1622 19th St, BKFD, 93301	2442	E4

Golf Courses

FEATURE NAME Address City ZIP Code	MAP#	GRID
Bakersfield CC, KrnC	2443	F2
California City Municipal Par 3 GC, CALC	2616	B2
Camelot GC, KrnC	2673	A2
China Lake GC, RGCR	2219	G5
Delano Public GC, DLNO	2159	G1
Horse Thief CC, KrnC	2637	C2
Kern River GC, KrnC	2404	F3
Kern Valley GC, KrnC	2169	J2
Links at Riverlakes Ranch GC, The, BKFD	2401	E7
Oak Tree GC, KrnC	2577	B5
Pepper Tree GC, BKFD	2483	A3
Rio Bravo CC, BKFD	2444	H1
Seven Oaks CC, BKFD	2481	C3
Stockdale CC, KrnC	2481	H2
Sundale CC, BKFD	2481	J2
Sycamore Canyon GC, ARVN	2575	B5
Tierra del Sol GC, CALC	2616	B1

Historic Sites

FEATURE NAME Address City ZIP Code	MAP#	GRID
Colonel T Baker Memorial, 1415 Truxtun Av, BKFD - 93301	2442	F5
Errea House, 311 S Green St, THPI, 93561	2609	H3
Gordons Ferry Site, China Grade Lp, KrnC, 93308	2403	B5
Historic Fort, The, 915 N 10th St, TAFT, 93268	2596	J1
Pioneer Village, 3801 Chester Av, BKFD, 93301	2442	E2
Shafter Cotton Research Station, 17053 Shafter Av - KrnC, 93263	2319	C4
Tehachapi Railroad Depot, 101 W Tehachapi Blvd - THPI, 93561	2609	G2

Hospitals

FEATURE NAME Address City ZIP Code	MAP#	GRID
Bakersfield Heart Hosp, 3001 Sillect Av, BKFD, 93308	2442	C3
Bakersfield Memorial Hosp, 420 34th St, BKFD - 93301	2442	G2
Delano Regional Med Ctr, 1401 Garces Hwy, DLNO - 93215	2159	H1
Good Samaritan Hosp, 901 Olive Dr, KrnC, 93308	2402	D7
Kern Med Ctr, 1830 Flower St, KrnC, 93305	2443	B3
Kern Valley Hosp, 6412 Laurel Av, KrnC, 93240	2250	B3
Mercy Hosp, 2215 Truxtun Av, BKFD, 93301	2442	E5
Mercy Southwest Hosp, 400 Old River Rd, BKFD - 93311	2481	D1
Mercy Westside Hosp, 110 E North St, TAFT, 93268	2597	B2
Ridgecrest Regional Hosp, 1081 N China Lake Blvd - RGCR, 93555	2219	D7
San Joaquin Community Hosp, 2615 Eye St, BKFD - 93301	2442	E3
Tehachapi Hosp, 115 W E St, THPI, 93561	2609	H2

Law Enforcement

FEATURE NAME Address City ZIP Code	MAP#	GRID
Bakersfield Police Dept, 1601 Truxtun Av, BKFD - 93301	2442	F5
California Highway Patrol-Bakersfield - 4040 Buck Owens Blvd, BKFD, 93308	2442	C2
Kern County Sheriff, 12022 Weedpatch Hwy, KrnC - 93241	2543	J1
Kern County Sheriff, 400 California St, MCPA, 93252	2627	H6
Kern County Sheriff, 129 E F St, THPI, 93561	2609	H2
Kern County Sheriff-Delano, 1122 Jefferson St, DLNO - 93215	2119	G6
Kern County Sheriff-Mojave - 1771 Mojave-Barstow Hwy, KrnC, 93501	2643	D6
Kern County Sheriff-Rosamond, 1379 Sierra Hwy - KrnC, 93560	2763	E7
Kern County Sheriff's Dept, 1350 Norris Rd, KrnC - 93308	2402	B5
Kern County Sheriff's Dept, 124 E Coso Av, RGCR - 93555	2259	D2
Kern County Sheriff-Wasco, 748 F St, WASC, 93280	2278	F3
Taft City Police Dept, 320 Commerce Wy, TAFT, 93268	2597	C3

Libraries

FEATURE NAME Address City ZIP Code	MAP#	GRID
Arvin, 201 Campus Dr, ARVN, 93203	2544	J6
Beal Memorial-Main, 701 Truxtun Av, BKFD, 93301	2442	G5
Boron, 26967 Twenty Mule Team Rd, KrnC, 93516	2679	H5
Bryce C Rathbun, 200 W China Grade Lp, KrnC, 93308	2402	E4
Button Willow Public, 116 Buttonwillow Dr, KrnC - 93206	2436	H2
California City, 9507 California City Blvd, CALC, 93505	2615	J2
County of Kern Public-Taft, 27 Emmons Park Dr, TAFT - 93268	2597	A1
Delano, 925 10th Av, DLNO, 93215	2119	G7
Fire Department, 5642 Victor St, KrnC, 93308	2402	A7
Kern County-Baker, 1400 Baker St, BKFD, 93305	2442	J3
Kern County-Holloway-Gonzales, 506 E Brundage Ln - BKFD, 93307	2442	H7
Kern County-Lamont Branch, 8304 Segrue Rd, KrnC - 93241	2513	J7
Kern County Public-McFarland, 500 Kern Av, MCFD - 93250	2199	H5
Kern County-Shafter Branch, 236 James St, SHFT - 93263	2359	C1
Kern County-Tehachapi Branch - 1001 W Tehachapi Blvd, THPI, 93561	2609	F2
Kern County-Wilson, 1901 Wilson Rd, BKFD, 93304	2482	E4
Kernville Branch, 48 Tobias St, KrnC, 93285	2129	J7
Lake Isabella Public, 7054 Lake Isabella Blvd, KrnC - 93240	2249	E3
Mojave, 16916 Midland Tr, KrnC, 93501	2643	C3
North East, 3725 Columbus St, BKFD, 93306	2443	D1
Ridgecrest Branch, 131 E Las Flores Av, RGCR, 93555	2259	D2
Southwest Branch, 8301 Ming Av, BKFD, 93311	2481	F3
Tehachapi, 450 W F St, THPI, 93561	2609	G2
Wanda Kirk Branch, 3611 W Rosamond Blvd, KrnC - 93560	2763	A4
Wasco Public, 1102 7th St, WASC, 93280	2278	E3
Wofford Heights Branch, 6400 Wofford Blvd, KrnC - 93285	2169	E7

Military Installations

FEATURE NAME Address City ZIP Code	MAP#	GRID
China Lake Naval Weapons Center, KrnC, 93555	2218	E3
Edwards Air Force Base, KrnC, 93523	2763	H4
Naval Petroleum Reserve No 2, KrnC, 93268	2567	D4
Us Government Reservation, KrnC, 93215	2159	B2

Museums

FEATURE NAME Address City ZIP Code	MAP#	GRID
Bakersfield Mus of Art, 1930 R St, BKFD, 93301	2442	G4
Buena Vista Mus of Natural History, 2018 Chester Av - BKFD, 93301	2442	F4
California Living Mus, 10500 Alfred Harrell Frontage R - KrnC, 93308	2404	B4
Delano Heritage Park Mus, 330 Lexington St, DLNO - 93215	2159	G1
Kern County Mus, 3801 Chester Av, BKFD, 93301	2442	F2
Kern Valley Mus, 49 Big Blue Rd, KrnC, 93285	2129	H7
Maturango Mus, 100 E Las Flores Av, RGCR, 93555	2259	D2
Minter Field Air Mus, 401 Vultee St, SHFT, 93263	2360	E1
Saxon Aerospace Mus, 26922 Twenty Mule Team Rd - KrnC, 93516	2679	H5
Shafter Mus, 150 Santa Fe Wy, SHFT, 93263	2359	D1
Tehachapi Art Center, 106 S Mojave St, THPI, 93561	2609	H2
Tehachapi Mus, 310 S Green St, THPI, 93561	2609	H3
Twenty Mule Team Mus, 26962 Twenty Mule Team Rd - KrnC, 93516	2679	H5
US Naval Mus-Armament & Tech at China Lake - 1 Lexington Av, RGCR, 93555	2219	G5
Wasco Historical Society Mus, 918 6th St, WASC - 93280	2278	F2
West Kern Oil Mus, 1168 Wood St, TAFT, 93268	2597	C4

Open Space

FEATURE NAME Address City ZIP Code	MAP#	GRID
Desert Tortoise Natural Area, KrnC	2586	F1
Kern River Parkway, KrnC	2404	H5
Wilderness Pk, BKFD	2511	G1

Park & Ride

FEATURE NAME Address City ZIP Code	MAP#	GRID
Park & Ride, BKFD	2442	C7
Park & Ride, KrnC	2249	C4
Park & Ride, KrnC	2567	B6
Park & Ride, KrnC	2483	J1
Park & Ride, RGCR	2259	G3

Parks & Recreation

FEATURE NAME Address City ZIP Code	MAP#	GRID
Albany Pk, DLNO	2119	E4
Amberton Pk, BKFD	2481	H3
Balsitis Pk, CALC	2615	E2
Beach Pk, BKFD	2442	C4
Beale Pk, BKFD	2442	E6
Bear Mountain Pk, KrnC	2513	H6
Belle Terrace Pk, KrnC	2482	J2
Benz Visco Sports Pk, KrnC	2610	D4
Bill Pk Greens, BKFD	2480	H1
Boron Recreation Pk, KrnC	2679	H5
Bowie Street Pk, KrnC	2637	F2
Brite Pk, KrnC	2608	F6
Browning Road Pk, MCFD	2199	J4
Buttonwillow Pk, KrnC	2437	A1
Campus Pk North, BKFD	2481	E5
Campus Pk South, BKFD	2481	F6
Carrizo Plain National Monument, KrnC	2596	A7
Casa Loma Pk, BKFD	2482	H3
Castle Pk, BKFD	2481	J4
Cecil Pk, DLNO	2119	G5
Centennial Pk, BKFD	2442	B7
Central Pk, CALC	2616	B1
Cesar Chavez Pk, DLNO	2119	F7
Challenger Pk, BKFD	2512	B1
Circle Pk, KrnC	2129	J7
City Pk, THPI	2609	H3
College Pk, BKFD	2403	C7
Coral Keys Pk, BKFD	2511	J1
Cormack Pk, WASC	2278	E3
Corvallis Pk, BKFD	2481	H4
Deer Peak Pk, BKFD	2481	C2
Delano Memorial Pk, DLNO	2159	H1
Di Giorgio Pk, ARVN	2544	J7
Dr ML King Jr Pk, BKFD	2442	J6
Emerald Cove Pk, BKFD	2441	G1
Ford City Pk, KrnC	2567	A7
Franklin Field, TAFT	2597	C1
Fruitvale-Norris Pk, KrnC	2401	J6
Garden Pk, BKFD	2481	F5
Golf Course Pk, KrnC	2637	D2
Greenacres Community Pk, KrnC	2441	E4
Greenfield Baseball Pk, KrnC	2513	A6
Greenfield Pk, KrnC	2512	G5
Grissom Pk, BKFD	2482	A5
Haggin Oaks Pk, BKFD	2481	E4
Harrington Pk, BKFD	2441	J7
Hart Memorial Pk, KrnC	2403	H2
Helmer's Pk, RGCR	2259	C3
Heritage Pk, KrnC	2443	B3
Hudson Pk, SHFT	2359	D2
Hughes Pk, BKFD	2441	E6
International Square, BKFD	2442	J4
Jastro Pk, BKFD	2442	D5
Jefferson Pk, BKFD	2442	J3
Joshua McMorris Pk, BKFD	2442	G3
Kern County Soccer Pk, KrnC	2404	A3
Kern Delta Pk, KrnC	2512	E5
Kern River County Pk, KrnC	2404	D3
Kerr McGee Sports Complex, RGCR	2259	B3
Kovacevich Pk, ARVN	2545	A6
Kroll Pk, BKFD	2481	G1
Lamont Pk, KrnC	2513	J7
Leroy Jackson Pk, RGCR	2259	D2
Liberty Pk, BKFD	2441	C6
Lowell Pk, BKFD	2442	G7

Kern County Points of Interest Index

FEATURE NAME Address City ZIP Code	MAP#	GRID
Mannel Pk, SHFT	2359	D1
McCray Pk, KrnC	2402	D5
McFarland Pk, MCFD	2199	J6
Meadowbrook Pk, KrnC	2609	D1
Mesa Marin Ball Diamonds, BKFD	2444	B1
Mojave East Pk, KrnC	2643	D6
Mojave West Pk, KrnC	2643	A5
Morningside Pk, DLNO	2119	J5
Morris Memorial Pk, THPI	2609	J4
North Beardsley Pk, KrnC	2402	C6
North Highlands Pk, KrnC	2402	D2
North Pk, KrnC	2402	D4
North Rosedale Pk, BKFD	2441	B2
Olive Pk East, BKFD	2401	G7
Olive Pk West, BKFD	2401	G7
Orangewood Pk, KrnC	2444	A5
Panorama Pk, BKFD	2402	J7
Patriots Pk, BKFD	2482	A2
Peacock Pk, BKFD	2402	G7
Pin Oak Pk, BKFD	2481	E4
Pioneer Pk, KrnC	2443	G6
Planz Pk, BKFD	2482	F5
Potomac Pk, KrnC	2443	D6
Quailwood Pk, BKFD	2441	G7
Railroad Pk, THPI	2609	H2
Rexland Acres Pk, KrnC	2512	H1
Riverview Pk, KrnC	2442	E1
Rodriguez Pk, SHFT	2359	C2
Rosamond Pk, KrnC	2763	D3
Saunders Pk, BKFD	2442	C6
Sears Pk, KrnC	2402	E5
Seasons Pk, BKFD	2512	A1
Sequoia National Forest, KrnC	2129	C5
Siemon Pk, BKFD	2443	D1
Silver Creek Pk, BKFD	2511	H1
Skate Park, BKFD	2442	C4
Smothermon Pk, ARVN	2574	J1
Standard Pk, KrnC	2402	F6
Stiern Pk, BKFD	2482	F7
Stone Creek Pk, BKFD	2512	B4
Stringham Pk, SHFT	2359	D2
Taft Heights Pk, TAFT	2596	H3
Tevis Pk, BKFD	2481	D5
University Pk, BKFD	2403	E7
Upjohn Pk, RGCR	2259	E4
Valle Vista Pk, DLNO	2159	F1
Virginia Avenue Pk, KrnC	2443	B6
Wasco Ball Pk, WASC	2278	E4
Wayside Pk, BKFD	2482	F2
Weill Pk, BKFD	2442	G3
Westdale Pk, BKFD	2440	H5
West Pk, THPI	2609	G3
Westside Pk, WASC	2278	C2
Westwold Pk, BKFD	2481	G4
Wilkins Pk, KrnC	2442	J1
Wilson Pk, BKFD	2482	E3
Windermere Pk, BKFD	2481	B5
Windsor Pk, BKFD	2481	D1
Wofford Heights Pk, KrnC	2169	F7
Yokuts Pk, BKFD	2442	C5

Post Offices

FEATURE NAME Address City ZIP Code	MAP#	GRID
Arvin, 140 N Hill St, ARVN, 93203	2544	J6
Bakersfield Downtown Station, 1730 18th St, BKFD - 93301	2442	E5
Bakersfield Main Office, 3400 Pegasus Dr, KrnC - 93308	2401	J3
Bear Valley, 25101 Bear Valley Rd, KrnC, 93561	2578	B7
Bodfish Main, 1 Miller St, KrnC, 93205	2289	A2
Boron, 26990 Anderson St, KrnC, 93516	2679	H4
Brundage Station, 2525 E Brundage Ln, BKFD, 93307	2483	B1
Buttonwillow Main, 121 N Main St, KrnC, 93206	2436	J2
California City, 21100 Hacienda Blvd, CALC, 93505	2615	J2
Camino Media Station, 10001 Camino Media, BKFD - 93311	2481	D2
Delano, 1800 Garces Hwy, DLNO, 93215	2159	H1
East Bakersfield Station, 727 Kentucky St, BKFD - 93305	2442	J4
Edison, 12299 S Edison Rd, KrnC, 93307	2484	D1
Fellows Main Office, 36 Midway Rd, KrnC, 93224	2566	A4
Hillcrest Station, 1436 Crestmont Dr, KrnC, 93306	2443	D4
Kernville, 45 Big Blue Rd, KrnC, 93285	2129	J7
Lake Isabella Main Office, 6441 Lake Isabella Blvd - KrnC, 93240	2249	D4
Lamont, 11940 Weedpatch Hwy, KrnC, 93241	2543	J1
Maricopa Main, 345 California St, MCPA, 93252	2627	H6
McFarland, 633 2nd St, MCFD, 93250	2199	J5
Minner Station, 118 Minner Av, KrnC, 93308	2402	E6
Mojave, 2053 Belshaw St, KrnC, 93501	2643	C5
Ridgecrest Main Office, 101 E Coso Av, RGCR, 93555	2259	D2
Rosamond, 1950 W Rosamond Blvd, KrnC, 93560	2763	D4
Shafter, 322 State Av, SHFT, 93263	2359	D2
South Station, 3200 Larson Ln, BKFD, 93304	2482	D4
Stockdale Station, 5601 Stockdale Hwy, BKFD, 93309	2482	A1
Taft Main Office, 314 North St, TAFT, 93268	2597	B2
Tehachapi Main, 1085 Voyager Dr, THPI, 93561	2609	G1
Wasco Main Office, 800 E St, WASC, 93280	2278	F3
Wofford Heights Main Office, 6336 Wofford Blvd - KrnC, 93285	2169	E7

Schools

FEATURE NAME Address City ZIP Code	MAP#	GRID
Abraham Lincoln Independent Study Program - 3082 Glendower St, KrnC, 93560	2763	D3
Actis Junior High School, 2400 Westholme Blvd, BKFD - 93309	2482	A3
Albany Park Elementary School, 235 W 20th Av - DLNO, 93215	2119	E5
Alicante School, 7998 Alicante Av, KrnC, 93241	2513	H6
Almondale Elementary School, 10510 Chippewa St - BKFD, 93312	2401	C7
Almond Tree Middle School, 200 W 15th Av, DLNO - 93215	2119	E6
American Elementary School, 800 Verdugo Ln, BKFD - 93312	2441	D6
Arvin High School, 900 Varsity Rd, ARVN, 93203	2544	J5
Auburn Community School, 3700 Auburn St, BKFD - 93306	2443	D1
Bakersfield Adventist Academy, 3333 Bernard St - BKFD, 93306	2443	D2
Bakersfield Apostilic Academy, 519 S Mt Vernon Av - BKFD, 93307	2483	C1
Bakersfield Christian High School - 12775 Stockdale Hwy, BKFD, 93314	2481	A1
Bakersfield High School, 1241 G St, BKFD, 93301	2442	E5
Beardsley Intermediate School, 1001 Roberts Ln - KrnC, 93308	2402	C7
Beardsley Junior High School, 1001 Roberts Ln, KrnC - 93308	2402	C7
Bear Mountain Elementary School, 1501 Hood St - ARVN, 93203	2544	H7
Berkshire Elementary School, 3900 Berkshire Rd - BKFD, 93313	2512	C3
Bessie E Owens Intermediate School, 815 Eureka St - BKFD, 93305	2442	J5
Bessie E Owens Primary School, 815 Potomac Av - BKFD, 93307	2442	J6
Bethel Apostolic Academy, 1418 W Columbus St - BKFD, 93301	2442	F2
Boron Junior-Senior High School, 26831 Prospect St - KrnC, 93516	2679	H4
Browning Road Elementary School, 410 E Perkins Av - MCFD, 93250	2199	J5
Buena Vista Elementary School, 6547 Buena Vista Rd - BKFD, 93311	2511	B2
Burroughs High School, 500 E French Av, RGCR - 93555	2259	E2
Buttonwillow Elementary School - 400 McKittrick Hwy, KrnC, 93206	2436	H2
California City Middle School, 9736 Redwood Blvd - CALC, 93505	2616	A4
Carden Elementary School, 7900 Niles St, KrnC - 93306	2443	H4
Carden School, 714 Columbus St, KrnC, 93305	2442	J1
Carden School of Tehachapi, 20419 Brian Wy, KrnC - 93561	2609	C3
Caroline Harris Elementary School, 4110 Garnsey Ln - BKFD, 93309	2442	B6
Casa Loma Elementary School, 525 E Casa Loma Dr - BKFD, 93307	2482	H3
Castle Elementary School, 6001 Edgemont Dr, BKFD - 93309	2481	J4
Cecil Avenue Middle School, 1430 Cecil Av, DLNO - 93215	2119	G6
Centennial Elementary School, 15200 Westdale Dr - KrnC, 93314	2440	H5
Centennial High School, 8601 Hageman Rd, BKFD - 93312	2441	F1
Central Junior-Senior High School, 1831 Ridge Rd - KrnC, 93305	2443	B3
Cesar Chavez High School, 800 Browning Rd, DLNO - 93215	2119	J7
Cesar E Chavez Elementary School - 4201 Mesa Marin Dr, BKFD, 93306	2444	C2
Chipman Junior High School, 2905 Eissler St, BKFD - 93306	2443	F1
CLC Technical School, 300 E Truxtun Av, BKFD, 93305	2442	H5
College Heights Elementary School, 2551 Sunny Ln - BKFD, 93305	2443	B2
Colonel Howard Nichols Elementary School - 3401 Renegade Av, BKFD, 93306	2443	D1
Columbia Elementary School, 703 Mondavi Wy - BKFD, 93312	2441	E6
Community Christian High School, 3311 Manor St - KrnC, 93308	2402	F3
Community Learning Charter, 222 34th St, BKFD - 93301	2442	G2
Compton Junior High School, 3211 Pico Av, KrnC - 93306	2443	D2
Conley Elementary School, 623 Rose Av, KrnC, 93268	2597	A4
Country Christian School, 2416 Dean Av, KrnC, 93312	2441	D4
Cummings Valley School, 24220 Bear Valley Rd, KrnC - 93561	2608	B2
Curran Junior High School, 1116 Lymric Wy, KrnC - 93309	2482	C2
Delano High School, 1331 Cecil Av, DLNO, 93215	2119	G5
Del Rio Elementary School, 600 Hidalgo Dr, BKFD - 93314	2480	H1
Del Vista Elementary School, 710 Quincy St, DLNO - 93215	2119	H7
Di Giorgio Elementary School - 19405 Buena Vista Blvd, KrnC, 93203	2545	E2
Discovery Elementary School, 7500 Vaquero Av - BKFD, 93308	2441	G1
Downtown Elementary School, 2021 M St, BKFD - 93301	2442	F4
Dr Juliet Thorner Elementary School - 5501 Thorner St, BKFD, 93306	2403	H7
East Bakersfield High School, 2200 Quincy Dr, KrnC - 93306	2443	C4
Edison Middle School, 721 Edison Rd, KrnC, 93307	2444	D6
El Camino Real Elementary School - 911 El Camino Real Rd, ARVN, 93203	2574	J2
Emerson Middle School, 801 4th St, BKFD, 93304	2442	G7
Endeavour Elementary School, 9300 Meacham Rd - BKFD, 93312	2441	E2
Erwin Owen High School, 14401 Sierra Wy, KrnC - 93238	2129	J6
Evergreen Elementary School, 2600 Rose Marie Dr - KrnC, 93304	2482	D2
Fairfax Middle School, 1500 S Fairfax Rd, KrnC, 93307	2483	G2
Fairview Elementary School, 425 E Fairview Rd, KrnC - 93307	2512	H1
Faller Elementary School, 1500 W Upjohn Av, RGCR - 93555	2259	A4
Foothill High School, 501 Park Dr, KrnC, 93306	2443	H6
Franklin Elementary School, 2400 Truxtun Av, BKFD - 93301	2442	D5
Frank West Elementary School, 2400 Benton St - BKFD, 93304	2482	E3
Freedom Middle School, 11445 Noriega Rd, BKFD - 93312	2441	B1
Fremont Elementary School, 607 Texas St, BKFD - 93307	2442	H7
Fremont Elementary School, 1318 Clinton St, DLNO - 93215	2119	F6
Frontier High School, 6401 Allen Rd, BKFD, 93312	2400	J6
Fruitvale Junior High School, 2114 Calloway Dr, KrnC - 93312	2441	E4
Garces Memorial High School, 2800 Loma Linda Dr - BKFD, 93305	2442	H1
Gateway Elementary School, 501 S Gateway Blvd - RGCR, 93555	2259	F4
General Shafter Elementary School, 1825 Shafter Rd - KrnC, 93313	2542	E5
Glas Alternative High School, 3228 Douglas Av, KrnC - 93501	2643	A5
Golden Hills Elementary School, 20215 Park Rd - KrnC, 93561	2609	C3
Golden Oak Elementary School, 223 Lerdo Hwy - SHFT, 93263	2359	C2
Golden Valley High School, 801 Hosking Av, BKFD - 93307	2512	G4
Greenfield Middle School, 1109 Pacheco Rd, BKFD - 93307	2482	F7
Hamilton Elementary School, 2800 W Rosamond Blvd - KrnC, 93560	2763	C4
Harding Elementary School, 3201 Pico Av, KrnC - 93306	2443	D2
Hart Elementary School, 9501 Ridge Oak Dr, BKFD - 93311	2481	E4
Harvest Elementary School, 1320 Vassar St, DLNO - 93215	2119	J6
Haven Drive Middle School, 341 Haven Dr, ARVN - 93203	2545	A7
Henry Eissler Elementary School, 2901 Eissler St - BKFD, 93306	2443	F1
Heritage Christian School, 2401 Bernard St, BKFD - 93306	2443	C2
Heritage Junior High School, 2101 Mt Vernon Av - BKFD, 93306	2443	C3
Heritage Oaks School, 20915 Schout Rd, KrnC, 93561	2609	A4
Highland Elementary School, 2900 Barnett St, KrnC - 93308	2402	F4
Highland High School, 2900 Royal Scots Wy, BKFD - 93306	2443	F1
Horace Mann Elementary School, 2710 Niles St - KrnC, 93306	2443	D4
Hort Elementary School, 2301 Park Dr, KrnC, 93306	2443	H4
Immanuel Christian School, 201 W Graaf Av, RGCR - 93555	2219	D7
Independence Elementary School, 2345 Old Farm Rd - BKFD, 93312	2441	A4
Jacobsen Middle School, 711 Anita Dr, THPI, 93561	2609	J3
James Monroe Middle School, 340 W Church Av - RGCR, 93555	2259	C3
Jefferson Elementary School, 816 Lincoln St, BKFD - 93305	2442	J3
Jefferson Elementary School, 318 Taylor St, KrnC - 93268	2567	A7
John L Pruiett Elementary School, 3501 7th St - WASC, 93280	2278	B3
Joshua Middle School, 3200 Pat Av, KrnC, 93501	2643	A6
Karl Clemens Elementary School, 523 Broadway St - WASC, 93280	2278	E2
Kendrick Elementary School, 2200 Faith Av, BKFD - 93304	2482	E7
Kern Avenue Elementary School, 356 W Kern Av - MCFD, 93250	2199	H5
Kern Valley High School, 3340 Erskine Creek Rd, KrnC - 93240	2249	D7
Kernville Elementary School, 13350 Sierra Wy, KrnC - 93238	2209	J1
Kern Workforce 2000 Charter Academy - 5801 Sundale Av, BKFD, 93309	2482	A2
Lakeside Elementary School, 14535 Old River Rd - KrnC, 93311	2541	E5
Lamont Elementary School, 10621 Main St, KrnC - 93241	2513	J7
Las Flores Elementary School, 720 W Las Flores Av - RGCR, 93555	2259	B2
Laurelglen Elementary School, 2601 El Portal Dr - BKFD, 93309	2481	G4
La Vina Middle School, 1331 Browning Rd, DLNO - 93215	2119	J6
Leo G Pauly Elementary School, 313 Planz Rd, BKFD - 93307	2482	G5
Liberty High School, 925 Jewetta Av, BKFD, 93312	2441	B6
Lighthouse Christian School, 1417 H St, BKFD, 93301	2442	E5
Lincoln Junior High School, 810 6th St, TAFT, 93268	2597	A1
Longfellow Elementary School, 1900 Stockton St - BKFD, 93305	2442	H3
Loudon Elementary School, 4000 Loudon St, BKFD - 93313	2512	C1
Lum Elementary School, 4600 Chaney Ln, BKFD - 93311	2481	E6
Maple Elementary School, 29161 Fresno Av, KrnC - 93263	2318	F7
Maricopa Elementary School, 955 Stanislaus St - MCPA, 93252	2627	H7
Maricopa High School, 955 Stanislaus St, MCPA - 93252	2627	H7
McAuliffe Elementary School, 8900 Westwold Dr - BKFD, 93311	2481	F4
McFarland High School, 259 W Sherwood Av, MCFD - 93250	2199	H6
McFarland Middle School, 405 Mast Av, MCFD - 93250	2199	H6
McKee Elementary School, 201 McKee Rd, KrnC - 93307	2512	G5
McKee Middle School, 205 McKee Rd, KrnC, 93307	2512	G5
McKinley Elementary School, 601 4th St, BKFD - 93304	2442	G7
Midway Elementary School, 259 F St, KrnC, 93224	2566	A5
Mojave Elementary School, 15800 O St, KrnC, 93501	2643	D6
Mojave Senior High School, 15732 O St, KrnC, 93501	2643	D6
Morningside Elementary School, 2100 Summer Dr - DLNO, 93215	2119	J4
Mountain View High School, 3228 Douglas Av, KrnC - 93501	2643	A5
Mountain View Middle School, 8001 Weedpatch Hwy - KrnC, 93307	2513	J3
Mt Vernon Elementary School, 2161 Potomac Av - KrnC, 93307	2443	B6
Munsey Elementary School, 3801 Brave Av, KrnC - 93309	2482	C1

Schools

Kern County Points of Interest Index

Visitor Information

FEATURE NAME Address City ZIP Code	MAP#	GRID
Murray Middle School, 921 E Inyokern Rd, RGCR - 93555	2219	F6
Myra A Noble Elementary School, 1015 Noble Av - BKFD, 93305	2443	A1
Myrtle Avenue Elementary School, 10421 Myrtle Av - KrnC, 93241	2513	J6
New Life Christian School, 4201 Stine Rd, BKFD - 93313	2482	B6
Norris Elementary, 7110 Oldform Rd, BKFD, 93312	2401	B5
Norris Middle School, 6940 Calloway Dr, KrnC, 93312	2401	D5
North Beardsley School, 900 Sanford Dr, KrnC, 93308	2402	C6
North High School, 300 Galaxy Av, KrnC, 93308	2402	E4
North Kern Christian School, 710 Peters St, WASC - 93280	2278	D3
North Kern VO-TR Center School 1, 2150 7th St - WASC, 93280	2278	D3
North Kern VO-TR Center School 2, 1732 Norwalk St - DLNO, 93215	2119	G5
Old River Elementary School - 9815 Campus Park Drive, BKFD, 93311	2481	D6
Olive Drive Elementary School, 7800 Darrin Av, KrnC - 93308	2401	G6
Olive Knolls Christian School, 6201 Fruitvale Av - KrnC, 93308	2401	H6
Ollivier Middle School, 7310 Monitor St, BKFD, 93307	2512	G3
Oppurtunities for Learning Ridgecrest HS - 330 E Ridgecrest Blvd, RGCR, 93555	2259	D3
Orangewood Elementary School, 9600 Eucalyptus Dr - KrnC, 93306	2444	A6
Our Lady of Guadalupe School, 609 E California Av - BKFD, 93307	2442	H6
Our Lady of Perpetual Help School, 124 Columbus St - BKFD, 93305	2442	H1
Palm Avenue Elementary School, 1017 Palm Av - WASC, 93280	2278	D3
Panama Elementary School, 9400 Stine Rd, KrnC - 93313	2512	B5
Parkview Elementary School, 520 A St, TAFT, 93268	2596	J3
Patriot Elementary School, 4401 Old Farm Rd, BKFD - 93312	2441	A1
Pierce Elementary School, 674 N Gold Canyon St - RGCR, 93555	2259	F2
Pioneer Drive Elementary School, 4404 Pioneer Dr - KrnC, 93306	2443	F5
Plantation Elementary School, 901 Plantation Av - BKFD, 93304	2482	F5
Planz Elementary School, 2400 Planz Rd, BKFD - 93304	2482	E4
Princeton Street Elementary School - 1959 Princeton St, DLNO, 93215	2119	H5
Quailwood Elementary School, 7301 Remington Av - BKFD, 93309	2441	G7
Raffaello Palla Elementary School, 800 Fairview Rd - BKFD, 93307	2482	G7
Ramon Garza Elementary School, 2901 Center St - KrnC, 93306	2443	D5
Reagan Elementary School, 10800 Rosslyn Ln, BKFD - 93311	2481	C2
Redwood Elementary School, 331 N Shafter Av - SHFT, 93263	2359	C1
Richland Junior High School, 331 N Shafter Av, SHFT - 93263	2359	C1
Richmond Elementary School, 1206 Kearsarge Av - RGCR, 93555	2219	G5
Ridgeview High School, 8501 Stine Rd, BKFD, 93313	2512	A4
Rio Bravo Elementary School, 22725 Elementary Ln - KrnC, 93314	2399	F5
Rio Bravo-Greeley Elementary School, 6601 Enos Ln - KrnC, 93314	2399	F6
Robert F Kennedy High School, 1401 Hiett Av, DLNO - 93215	2119	D6
Roosevelt Elementary School, 2324 Verde St, BKFD - 93304	2442	E7
Roosevelt Elementary School, 811 6th St, TAFT - 93268	2597	A1
Rosamond Elementary School - 1981 W Rosamond Blvd, KrnC, 93560	2763	D3
Rosamond High School, 2925 W Rosamond Blvd, KrnC - 93560	2763	C3
Rosedale Middle School, 12463 Rosedale Hwy, BKFD - 93312	2441	A4
Rosedale-North Elementary School - 11500 Meacham Rd, KrnC, 93312	2441	B3
Ruggenberg Career Center, 610 Ansol Ln, KrnC - 93306	2443	G6
St. Ann School, 446 W Church Av, RGCR, 93555	2259	C3
St. Francis Parish School, 2516 Palm St, BKFD, 93304	2442	D6
St. Johns Lutheran Elementary School - 4500 Buena Vista Rd, BKFD, 93311	2481	C6
St. John the Evangelist School, 929 Broadway St - WASC, 93280	2278	E3
St. Mary Elementary School, 1732 11th St, DLNO - 93215	2119	H6
Sandrini Elementary School, 4100 Alum Av, BKFD - 93309	2482	B5
Seibert Elementary School, 2800 Agate St, BKFD - 93304	2482	D4
Sequoia Middle School, 900 Belle Ter, BKFD, 93304	2482	G1
Shafter High School, 526 Mannel Av, SHFT, 93263	2359	D1
Shirley Lane Elementary School, 6714 Shirley Ln - KrnC, 93307	2483	G2
Sierra Middle School, 3017 Center St, KrnC, 93306	2443	D5
Sierra Vista Elementary School, 300 Franklin St - ARVN, 93203	2545	A7
South High School, 1101 Planz Rd, BKFD, 93304	2482	F5
Special Services-Constellation Center - 501 S Mt Vernon Av, BKFD, 93307	2483	C1
Standard Elementary School, 115 E Minner Av, KrnC - 93308	2402	F6
Standard Middle School, 1222 N Chester Av, KrnC - 93308	2402	F6
Stella I Hills Elementary School, 3800 Jewett Av - BKFD, 93301	2442	F2
Stine Elementary School, 4300 Wilson Rd, BKFD - 93309	2482	B3
Stockdale Christian School, 4901 California Av, BKFD - 93309	2442	B6
Stockdale Elementary School, 7801 Kroll Wy, BKFD - 93309	2481	G1
Stockdale High School, 2800 Buena Vista Rd, BKFD - 93311	2481	C4
Stone Creek School, 8000 Akers Rd, BKFD, 93313	2512	C3
Suburu School, 7315 Harris Rd, BKFD, 93313	2481	H7
Sunset School, 8301 Sunset Blvd, KrnC, 93307	2543	J4
Taft Primary School, 212 Lucard St, TAFT, 93268	2597	B2
Taft Union High School, 701 7th St, TAFT, 93268	2597	A1
Tehachapi High School, 801 S Dennison Rd, THPI - 93561	2609	J3
Terrace Elementary School, 1999 Norwalk St, DLNO - 93215	2119	G5
Tevis Junior High School, 3901 Pin Oak Park Blvd - BKFD, 93311	2481	F5
Thomas Jefferson Middle School, 305 Griffith Av - WASC, 93280	2278	E2
Thompson Junior High School, 4200 Planz Rd, BKFD - 93309	2482	B5
Tompkins Elementary School, 1120 S Curry St, THPI - 93561	2609	H4
Ulrich Elementary School, 9124 Catalpa Av, CALC - 93505	2615	H2
Valle Verde Elementary School, 400 Berkshire Rd - BKFD, 93307	2512	G2
Valle Vista Elementary School, 120 Garces Hwy - DLNO, 93215	2159	F1
Valley Elementary School, 2300 E Brundage Ln, BKFD - 93307	2443	C7
Valley High School, 2300 E Brundage Ln, BKFD, 93307	2443	C7
Valley Oak Charter School, 3501 Chester Av, BKFD - 93301	2442	E2
Van Horn Elementary School, 5501 Kleinpell Av - BKFD, 93309	2442	A7
Veterans Elementary School, 6301 Old Farm Rd - BKFD, 93312	2401	A6
Vineland Elementary School, 14327 S Vineland Rd - KrnC, 93307	2544	B4
Virginia Avenue Elementary School - 3301 Virginia Av, BKFD, 93307	2443	E7
Voorhies Elementary School, 6001 Pioneer Dr, KrnC - 93306	2443	H5
Wallace Elementary School, 3240 Erskine Creek Rd - KrnC, 93240	2249	E6
Walter Stiern Middle School, 2551 Morning Dr, BKFD - 93306	2443	J4
Warren Junior High School, 4615 Mountain Vista Dr - BKFD, 93311	2481	D6
Wasco Union High School, 1900 7th St, WASC, 93280	2278	D3
Washington Middle School, 1101 Noble Av, BKFD - 93305	2443	A1
Wayside Elementary School, 1000 Ming Av, BKFD - 93304	2482	F2
Wells Elementary School, 300 S Robinson St, THPI - 93561	2609	H3
West Boron Elementary School, 12300 Del Oro St - KrnC, 93516	2679	C4
West High School, 1200 New Stine Rd, BKFD, 93309	2482	A2
Westpark Elementary School, 3600 Imperial Av, KrnC - 93560	2763	A6
West Side ROP Vocational School, 515 9th St, TAFT - 93268	2597	A2
William Bimat Elementary School - 8600 Northshore Dr, BKFD, 93312	2401	F7
William Penn Elementary School, 2201 San Emidio St - BKFD, 93304	2442	E6
Williams Elementary School, 1201 Williams St, BKFD - 93305	2443	A4
Williams Elementary School, 5601 Harris Rd, BKFD - 93313	2512	A1
Wingland Elementary School, 701 Douglas St, KrnC - 93308	2402	D5
Woodrow Wallace Middle School - 3240 Erskine Creek Rd, KrnC, 93240	2249	E7
Ygnacio Valencia Alternative High School - 1927 Randolph St, DLNO, 93215	2119	H5

Shopping Centers

FEATURE NAME Address City ZIP Code	MAP#	GRID
Northwest Promenade, 9400 Rosedale Hwy, BKFD - 93312	2441	E3
Valley Plaza, 2000 Wible Rd, BKFD, 93304	2482	D3

Subdivisions & Neighborhoods

FEATURE NAME Address City ZIP Code	MAP#	GRID
Bakersfield South, BKFD	2482	H6
China Lake, RGCR	2219	D6
Gosford, BKFD	2481	G6
Greenacres, KrnC	2441	D4
Kern City, BKFD	2481	H1
Minter Village, SHFT	2360	F1
Venola, BKFD	2482	B6
Wible Orchard, BKFD	2482	F6

Transportation

FEATURE NAME Address City ZIP Code	MAP#	GRID
Amtrak-Bakersfield, BKFD	2442	G5
Greyhound-Bakersfield, BKFD	2442	E5
Greyhound-Delano, DLNO	2119	G6
Wasco Amtrak Station, WASC	2278	F3

Visitor Information

FEATURE NAME Address City ZIP Code	MAP#	GRID
Bakersfield Conv Center & Visitors Bureau - 1325 P St, BKFD, 93301	2442	F5
Ridgecrest Visitors Bureau, 139 N Balsam St, RGCR - 93555	2259	D3
US Borax Visitors Center, 14486 Suckow Rd, KrnC - 93516	2679	C1

FEATURE NAME Address City ZIP Code	MAP#	GRID